HISTOIRE

DE

DANEMARK

HISTOIRE

DE

DANEMARK

DEPUIS LES TEMPS LES PLUS RECULÉS JUSQU'A NOS JOURS

AVEC UNE BIBLIOGRAPHIE

ET DES TABLES GÉNÉALOGIQUES

PAR

C.-F. ALLEN

OUVRAGE COURONNÉ, TRADUIT D'APRÈS LA SEPTIÈME ÉDITION DANOISE

PAR

E. BEAUVOIS

Complété pour les neuf dernières années
du règne de Frédéric VII

ET ENRICHI D'UNE BIBLIOGRAPHIE ET DE TROIS CARTES EN COULEUR

TOME SECOND

ANDR.-FRED. HØST ET FILS

ÉDITEURS

1878

HISTOIRE DE DANEMARK

TROISIÈME PÉRIODE

DEPUIS L'ANNÉE OÙ LA RÉFORME FUT RECONNUE POUR RELIGION DE L'ÉTAT JUSQU'À L'ÉTABLISSEMENT DU POUVOIR ABSOLU (1536-1660).

PREMIÈRE DIVISION

1536-1596.

I

Christian III. — Diète de Copenhague. — Introduction de la Réforme. — Recez et capitulation. — La Norvège perd son indépendance. — Organisation ecclésiastique. — L'Université et l'instruction publique. — Intolérance religieuse. — Relations avec l'empereur Charles-Quint. — Les gendres de Christian II. — Alliance avec la Suède à Brœmsebro. — Partage des duchés. — Commerce et législation.

Après la chute de Copenhague, le roi et les nobles furent maîtres du Danemark. Christian III tenait particulièrement à l'introduction de la Réforme, et, pour atteindre ce but, il agit tout à la fois avec force et prudence. Avant que tous les membres ecclésiastiques du Rigsraad fussent arrivés à Copenhague, il réunit les membres laïques dans un conciliabule secret, le 12 août 1536, et proposa de priver les évêques, à l'avenir, de toute participation à la puissance temporelle et de confisquer leurs biens au profit de la couronne. Les conseillers laïques donnèrent volontiers leur consentement à une mesure qui les rendait omnipotents au Rigsraad, et il fut convenu que, « à l'avenir, le gouvernement du Danemark n'appartiendrait plus à l'archevêque et aux autres prélats, mais seulement au roi et à ses descendants, ainsi qu'aux Rigsraads laïques et à leurs descendants ». Pour assurer la réussite de ce projet, l'ordre fut donné de saisir et d'emprisonner les évêques dans tout le royaume ; ce qui fut exécuté avec succès le même jour (12 août 1536) pour ceux qui étaient présents à Copenhague ; un seul, l'évêque *Rœnnov*, doit avoir retardé d'un jour son incarcération en se cachant sous le toit de l'évêché, à Copenhague. Les évêques qui étaient en dehors de la capitale furent également capturés si bien à point, qu'aucun n'eut le temps de se préparer à la résistance, quand même il en aurait eu le courage. Cependant, comme cette mesure n'était prise que par précaution, le roi rendit la liberté aux prisonniers, peu après l'introduction de la Réforme, et leur donna les moyens de subsister honorablement, lorsqu'ils s'engageaient, sur l'honneur, la vie et les biens, à se tenir tranquilles. Ayant souscrit volontairement à cette condition, ils furent relâchés ; deux des évêques, *Knud Gyldenstjerne* et le digne *Ove Bilde*, passèrent même à l'Église protestante. Rœnnov, au contraire, fut retenu captif jusqu'à sa mort (1544), bien qu'il eût cherché plusieurs fois à se réconcilier avec le roi, et que son parent, le roi de Suède, Gustave Vasa, eût intercédé pour lui auprès du gouvernement danois. On ne s'explique pas suffisamment cette sévérité de la part d'un monarque d'ailleurs si doux.

Le consentement de la nation était encore nécessaire pour légitimer l'acte du roi et du Rigsraad et pour faire reconnaître partout le luthéranisme pour religion de l'État. Une diète fut donc convoquée à Copenhague, où elle s'ouvrit le 15 octobre 1536 ; presque toute la noblesse du royaume, environ quatre cents personnes, les élus de la bourgeoisie et quelques-uns du tiers état, s'y rendirent ; mais l'influence des ordres inférieurs, et notamment de celui des paysans, fut minime ; on en peut juger par ce fait qu'il ne sembla pas même nécessaire de faire signer ou sceller les résolutions de la diète par les députés des paysans, comme par ceux des autres ordres. Vers la fin de la session (le 30 octobre 1536) fut tenue une assemblée en plein air, sur l'Ancien Marché (Gammeltorv), où étaient réunis tous les ordres. La séance fut ouverte par un long discours, dont la lecture dura quatre heures, et où se trouvait d'abord une sévère mercuriale à l'adresse des ordres des bourgeois et des paysans, parce qu'ils avaient fait de l'opposition aux nobles, « leurs seigneurs et supérieurs »; venaient ensuite des accusations aussi bien contre l'épiscopat en général que contre chaque évêque en particulier, qui étaient représentés comme la principale cause des sanglantes luttes des années précédentes. Pour cette raison, le roi proposa d'abolir le titre et la dignité d'évêque, d'introduire la Réforme et de faire gouverner l'Église par des *surintendants* (Superintendenter) sans pouvoir temporel; les biens épiscopaux devaient être confisqués au profit de la couronne pour réduire les contributions des sujets et payer les dettes du royaume; la dîme épiscopale, les biens monastiques et les autres propriétés ecclésiastiques devaient être affectés à des usages religieux, à des fondations pieuses, à des pensions pour les savants, à l'amélioration de l'Université et des écoles. On demanda ensuite à l'assemblée si elle approuvait ces propositions, à quoi tous répondirent, l'un plus bruyamment que l'autre, « qu'ils voulaient conserver le saint Évangile et ne plus avoir d'évêques, et que les biens de l'Église devaient être réunis à la couronne pour alléger les charges du peuple ».

Après que les affaires religieuses eurent été réglées de cette manière, on proposa de désigner comme héritier présomptif le fils de Christian III, le prince *Frédéric,* âgé de deux ans, afin de prévenir de nouveaux troubles si le roi venait à mourir sans que son successeur fût élu; l'assemblée y consentit également. Les résolutions de la diète furent consignées dans un *recez,* avec d'autres articles, principalement destinés à accroître la puissance de la noblesse. Pour éviter à l'avenir, y est-il dit, les fréquentes luttes qui avaient eu lieu autrefois entre la noblesse et le roi à propos des amendes de quarante marcs et d'autres droits, le monarque, tant en son nom qu'en celui de ses successeurs, concédait solennellement à tous les nobles du Danemark les amendes de quarante marcs, le droit de rendre les jugements et de les exécuter, et tous les autres droits et priviléges sur leurs propres paysans et serviteurs, à l'égal de ceux dont le roi jouissait sur les paysans de la couronne. De même fut confirmé pour la première fois le droit pour la noblesse de pêcher librement hors de son propre territoire et de faire le commerce du poisson frais ou salé, « comme le faisaient tous autres commerçants regnicoles ou étrangers », droit extrêmement important et lucratif à cette époque où les pêcheries étaient beaucoup plus considérables qu'aujourd'hui. La noblesse fut, en outre, autorisée à vendre autant de bœufs d'étable qu'elle en pourrait élever ou faire élever chez ses paysans ; ce qui depuis dégénéra, au grand détriment des paysans et du pays, en *privilége exclusif* pour la noblesse de faire engraisser des bêtes à cornes. Il devait y avoir, comme par le passé, un *majordôme* du royaume, un *chancelier* et un *maréchal*, mais l'autorité de ces fonctionnaires fut augmentée : « Ils devaient recevoir les plaintes de tous ceux qui se plaignaient d'avoir souffert une injustice de la part du roi, puis admonester le monarque d'avoir à faire raison au plaignant. Si le roi refusait réparation, l'affaire devait être portée devant le Rigsraad, qui jugeait le différend, conjointement avec quelques nobles qu'il convoquait. »

C'est aussi à la diète que fut composée et souscrite la capitulation du roi. Les priviléges du clergé y étaient remplacés par une promesse que fit le roi de maintenir et de défendre la doctrine évangélique ; au reste, cet acte, comme les précédents, contenait les mêmes dispositions qui étendaient le pouvoir de la noblesse et restreignaient celui du roi, à l'exception pourtant de l'article qui autorisait les sujets à se révolter dans le cas où le roi n'observerait pas la capitulation, droit dont on avait fait une trop fâcheuse expérience pour ne pas finir par l'abroger. La faculté qu'avaient les nobles, condamnés au bannissement pour voie de fait, « de racheter leur peine » après avoir transigé avec l'offensé, fut reproduite d'après les deux précédentes capitulations. Celles-ci contenaient aussi la même faculté pour les plébéiens ; mais cette capitulation et les suivantes sont muettes sur le rachat de la peine pour les roturiers, tandis qu'elles maintiennent ce droit pour les nobles. La capitulation de Christian III contient aussi un remarquable article qui abolit l'indépendance de la Norvège comme royaume autonome : « La

Norvège, y est-il dit, étant maintenant si diminuée en puissance et en fortune, qu'elle ne peut plus entretenir un roi pour elle seule ; comme elle est, en outre, tenue à perpétuité de rester unie à la couronne de Danemark, et que malgré cette obligation elle a fait deux fois acte de rébellion en peu de temps (allusion à la tentative de Christian II en 1531 et aux troubles provoqués récemment dans le Nordenfjelds par l'archevêque Olaf Engelbrektssen), — nous avons promis *au Rigsraad et à la noblesse* du Danemark que, si nous parvenons à soumettre la Norvège, elle restera à l'avenir assujettie à la couronne de Danemark, comme un des autres pays, le Jutland, la Fionie, la Sélande ou la Skanie, et qu'elle ne portera plus le titre de royaume séparé, mais fera partie à perpétuité de la couronne de Danemark. » Cette promesse fut, en effet, exécutée dans ce qu'elle avait d'essentiel, car, bien que le roi de Danemark continuât à s'intituler roi de Norvège, comme si ce pays eût formé un État spécial, il ne fut pourtant plus couronné à Throndhjem, mais reçut simplement l'hommage à Oslo (aujourd'hui Christiania), comme dans les autres provinces du Danemark ; et par l'abolition du Rigsraad norvégien, sans que ses membres fussent admis dans le Rigsraad danois, le pays perdit une importante partie de ses droits politiques. La Norvège fut désormais gouvernée par un lieutenant général (Statholder) et un chancelier, et les affaires qui étaient hors de la compétence de ces dignitaires ou des baillis étaient portées au Rigsraad danois. Pourtant, jusqu'à l'établissement de l'autocratie, il y fut souvent tenu des assemblées de tous les ordres du royaume ou de quelques-uns d'entre eux, et elles exercèrent une influence assez considérable sur la législation et l'assiette de l'impôt. Cet assujettissement de la Norvège trouve, sinon sa justification, du moins son explication dans l'état de faiblesse où était ce pays depuis longtemps, faiblesse qui permit de concevoir un tel projet et de le réaliser sans opposition de la part de la Norvège. L'idée ne partit pas du roi ou du peuple danois, mais du Rigsraad et de la noblesse, qui aspiraient à obtenir des domaines et des fiefs en Norvège, où la noblesse indigène était peu nombreuse. Aussi, dans les temps suivants, surtout sous Frédéric II, la domination de la noblesse danoise en Norvège donna-t-elle lieu à des plaintes fondées, et les abus furent enfin réformés par Christian IV, qui avait une sollicitude égale pour les deux royaumes.

Avec la diète de Copenhague finit le dernier acte de la lutte du peuple contre la noblesse. Les ordres des bourgeois et des paysans, ayant eu le dessous, subirent le sort ordinaire de tous les vaincus : une oppression plus lourde et un asservissement plus complet. En abaissant le clergé, en excluant du Rigsraad l'épiscopat, en réduisant la Norvège à la condition de province et en s'appropriant peu à peu une énorme quantité de biens de l'Église, l'aristocratie s'éleva à un degré de richesse et de puissance qui la rendit presque maîtresse absolue de l'État. Le pouvoir royal, qui s'était coalisé avec la noblesse contre le reste de la nation, n'eut pas longtemps à se réjouir des résultats de cette alliance. Tandis que, dans le passé, les monarques avaient souvent trouvé dans les conseillers ecclésiastiques un appui contre les prétentions des conseillers laïques, ils furent désormais à la merci et dans la dépendance de ceux-ci. Un grand avantage, cependant, avait été obtenu : la Réforme religieuse et l'anéantissement de la théocratie, qui étaient la condition indispensable de progrès ultérieurs. La conséquence la plus directe de la Réforme fut une plus grande liberté de penser et la diffusion plus générale des lumières que l'Université régénérée et les écoles améliorées répandirent surtout dans les villes; et les relations d'hostilité déplorable qui avaient longtemps régné entre le peuple et le clergé subirent un heureux changement. Les ecclésiastiques qui, auparavant, étaient placés presque au-dessus de la loi, étaient maintenant, pour ainsi dire, abandonnés sans défense à l'esprit vindicatif, à la grossièreté et à la cupidité de la noblesse. La conséquence fut qu'ils se joignirent au peuple, du milieu duquel ils sortaient maintenant exclusivement, car les nobles n'ambitionnaient plus les fonctions ecclésiastiques depuis qu'elles avaient cessé de procurer honneurs et profits. Les opinions du clergé, ses connaissances plus étendues, ses vues, pénétrèrent peu à peu dans la masse du peuple, et c'est ainsi que la conception toujours plus claire du dommage que la noblesse causait à l'État et le sentiment toujours plus profond de l'injustice que souffraient les ordres inférieurs, fortifièrent la puissance qui devait renverser le régime aristocratique.

Après l'introduction de la Réforme, il fut nécessaire de réorganiser l'Église en dissolution, et, dans ce but, l'ami de Luther, *Bugenhagen*, professeur à Wittenberg, fut appelé en 1537. Il couronna d'abord le roi, puis il sacra, le 2 septembre 1537, les nouveaux *surintendants* (Superintendenter) ou évêques ; car ce dernier nom, plus conforme à l'usage religieux, supplanta bientôt le nouveau mot. Pour cette première fois, le roi nomma les évêques, et le choix qu'il fit parmi les principaux réformateurs et autres savants théologiens fut généralement heureux, si l'on en excepte l'évêque de Ribe, l'Allemand *Wandal*, qui ne comprenait pas un mot de danois ; aussi dans ses visites de diocèse était-il accompagné d'un interprète. Il est aussi très-surprenant que *Jean Tausen*, malgré ses mérites, ait été laissé de côté ; mais plus tard, après la mort de Wandal, il fut élu évêque par le clergé du diocèse de Ribe. Le siége épiscopal de Roeskilde fut transféré à Copenhague, et celui de *Bærglum*, désormais appelé diocèse de Vendelbo, fut transféré à Aalborg (1554). Le jour du sacre fut promulguée la loi ecclésiastique ou *ordonnance religieuse* (Kirkeordinantsen), rédigée par des ecclésiastiques danois et approuvée par Luther, à qui elle avait été soumise. Il y est déclaré qu'elle est fondée exclusivement « sur la pure parole divine, c'est-à-dire la Loi et les Évangiles », sans qu'aucun des livres symboliques y soit nommé, et elle reçut force de loi à la diète d'Odensé, en 1539. La législation ecclésiastique reçut des additions aux synodes de Copenhague (1540), de Ribe (1542), d'Antvorskov (1546) et de Copenhague (1555). Elle traite aussi bien de l'administration de l'Église que des rites religieux et du service divin. D'après ses dispositions, les prêtres devaient être élus dans les campagnes par les paroissiens, à moins que le seigneur n'eût le droit de nomination, ce qui était le cas en beaucoup de localités ; dans les villes, les pasteurs étaient élus par les bourgmestres et les conseillers ; les prévôts l'étaient par les prêtres, et les évêques par quatre délégués des prêtres des villes. Cependant, ce droit d'élection n'eut pas grande importance dans les temps postérieurs. A côté de chaque évêque étaient placés un ou deux *baillis diocésains* (Stiftslensmænd), qui avaient à exercer les attributions temporelles des anciens évêques, à administrer les biens confisqués de l'Église, et, conjointement avec l'évêque, à surveiller les finances des églises, les écoles, les hôpitaux et l'administration des pasteurs ; ils avaient également à confirmer dans leurs fonctions les pasteurs élus par les paroisses rurales et approuvés par les évêques. Cependant, dès 1582, une ordonnance transféra les attributions des baillis diocésains aux simples baillis de chaque circonscription. — Bien que les évêques fussent exclus du Rigsraad depuis 1536, le clergé eut pourtant dans cette période une influence politique, à la vérité peu considérable, étant convoqué et ayant siège à la diète, comme ordre particulier.

Luther avait, à diverses reprises, donné le conseil et exprimé le vœu que les biens de l'Église catholique fussent appliqués aux besoins des églises et des écoles et à l'entretien des pauvres; mais il s'en fallut beaucoup que ce programme fût exécuté dans toute son étendue. Les biens des évêques furent, comme on l'a vu, confisqués au profit de l'État; mais la noblesse s'appropria une énorme partie des domaines monastiques et du reste des biens de l'Église. Une partie même des domaines épiscopaux passèrent peu à peu entre les mains de la noblesse à titre soit de don, soit de fief à vie ou héréditaire. Le droit que le recez de 1536 reconnaissait aux nobles de revendiquer les domaines que leurs ancêtres avaient donnés aux églises et aux monastères, parfois plusieurs siècles auparavant, fournit surtout un excellent prétexte à la rapacité de cet ordre. Lorsque la noblesse ne pouvait venir à bout de ses prétentions par les voies légales, elle recourait parfois à la violence. Une fois, par exemple, Jean Tausen, dans sa chaire à prêcher, fut assailli, l'épée dégainée, par un noble, parce qu'il refusait de restituer un domaine que les ancêtres de celui-ci avaient donné à l'église de Ribe longtemps auparavant. La dîme épiscopale fut transformée en dîme royale et fut employée, en partie, comme Luther l'avait proposé. La dîme des pasteurs et des églises continua, comme par le passé, à servir à leur entretien; mais, bien que la Réforme fût devenue une source de richesse pour la noblesse, cet ordre refusa pourtant de contribuer aux dépenses du culte, et Christian III dut, bien malgré lui, par sa capitulation, exempter les nobles de payer la dîme pour leurs seigneuries. C'est en vain que la loi ecclésiastique les invita « à songer qu'ils étaient chrétiens et à donner en conséquence aux serviteurs de l'Église, sinon la dîme complète, du moins ce qui leur semblerait bon et juste »; c'est en vain que le roi donna l'exemple en payant la dîme pour les biens et domaines de la couronne : la noblesse ne se soucia pas plus de l'exhortation que de l'exemple, et il fut enfin réglé, sous Christian III, dans le recez de 1558, « que les nobles seraient exempts de la dîme pour leurs seigneuries, à charge de tenir la main à ce que leurs paysans s'en acquittassent légitimement », exemption qui s'est perpétuée jusqu'à nos jours. Non contente de s'être soustraite à la dîme du pasteur, la noblesse s'appropria même plus tard en beaucoup de localités la dîme de l'Église et, par donation ou échange, la dîme royale. A la vérité, elle se chargea en retour d'entretenir les églises; mais, au lieu de remplir ce devoir, elle dépouilla les sanctuaires de leurs ornements, les laissa totalement tomber en ruines, et les démolit même pour employer les matériaux à la construction de ses châteaux. Cependant, outre une portion considérable de la dîme royale, divers domaines des monastères et des chapitres furent employés au profit de l'église et de l'école. Quelques couvents échappèrent à la confiscation jusqu'à ce que les occupants s'éteignissent successivement; d'autres furent même maintenus postérieurement sous une forme quelque peu modifiée, et le dernier d'entre eux, le couvent de filles de Maribo, ne fut supprimé qu'en 1621. Les couvents des ordres mendiants furent seuls abolis totalement; aussi la plupart des moines mendiants, avec une partie des prêtres catholiques, qui n'avaient maintenant pas d'autre alternative que d'embrasser le luthéranisme ou de résigner leurs fonctions, prirent-ils le chemin de l'exil. De même, les chapitres des cathédrales de Lund, de Roeskilde, de Ribe, d'Aarhuus et de Viborg subsistèrent jusqu'à l'extinction des chanoines; après quoi, leurs revenus furent employés au profit des hommes de science, des évêques, des pasteurs des villes, parfois même des fonctionnaires civils, jusqu'à ce que, lors de l'établissement de l'autocratie, ils fussent peu à peu confisqués.

L'introduction de la Réforme ne causa d'effusion de sang qu'en Islande. L'évêque de Holum, *Jon Arason*, et l'ex-évêque de Skálholt, *OEgmund*, s'opposèrent à l'application du nouveau règlement ecclésiastique, déclarant « qu'ils ne pouvaient accepter une nouvelle foi qui dépassait leur intelligence, et qu'aucun changement ne pouvait avoir lieu dans les rites de l'Église et les messes dites pour remédier à la pauvreté et à la folie du pays ». Les luttes de famille se joignirent, comme par le passé, aux querelles religieuses, et, au bout de plusieurs années de discordes sanglantes, Jon Arason fut fait prisonnier par son ennemi, *David Gudmundarson*, et exécuté avec ses deux fils (1551); après quoi la Réforme fut généralement adoptée.

Par suite de l'état de dissolution dans lequel l'Église danoise s'était trouvée pendant plusieurs années, la rareté de théologiens capables était grande; aussi, dans le commencement, des moines ignorants qui avaient embrassé le protestantisme, des secrétaires et des serviteurs d'évêques, des domestiques de nobles et des régisseurs, furent-ils nommés pasteurs. Il était d'autant plus utile de songer à la restauration de l'Université, dont l'œuvre avait été complétement interrompue pendant les troubles civils. Le roi, aidé par Bugenhagen, s'en occupa avec tant de zèle, que les leçons purent recommencer dès 1537. Deux ans plus tard, l'Université reçut une nouvelle lettre de fondation, d'après laquelle il devait y avoir quatorze professeurs : trois en théologie, un en jurisprudence, deux en médecine, et huit dans la faculté philosophique, parmi lesquels un professeur de musique; « car, y est-il dit, en cultivant la musique, les étudiants seront d'autant plus allègres pour leurs autres exercices, plus paisibles, plus doux et plus sociables ». Dans la désignation des matières qui devaient être enseignées à l'Université, on fut guidé par un esprit libéral et scientifique : « Nous maintenons à cette académie, est-il dit dans l'acte, et sans nous préoccuper si le menu peuple en comprend l'utilité, l'enseignement de toutes les sciences, pour apprendre aux esprits ouverts à connaître les œuvres divines, à servir le prochain avec de beaux et rares talents, et pour élever et instruire des hommes capables de remplir aussi bien les emplois civils que les fonctions ecclésiastiques dans nos royaumes. » Christian III pourvut avec une large libéralité aux besoins de la nouvelle institution, au traitement des professeurs et à l'assistance des étudiants nécessiteux, en donnant à l'Université une grande quantité de biens ecclésiastiques et une partie de la dîme royale; et, dans cette louable sollicitude pour les sciences, il fut imité par son fils Frédéric II. Les *écoles latines* furent également améliorées par l'introduction de manuels mieux appropriés et de meilleures méthodes d'enseignement, et elles reçurent des subventions prises sur le domaine de l'Église. Il devait y avoir, *dans chaque ville, une de ces écoles* avec deux ou trois maîtres. Cependant le *latin* continua à être l'objet presque exclusif autour duquel tournait l'enseignement. Après les deux premières classes, les enfants ne devaient parler que latin, et même dans leurs jeux ils devaient se garder d'employer un mot danois; on n'apprenait le grec que dans les hautes classes, et il n'y avait pas une seule leçon de langue maternelle. On montra de la sollicitude pour les écoles bourgeoises des villes, en imposant aux autorités le devoir d'en fonder; mais on ne songea aucunement aux écoles rurales. A la campagne, voici en quoi consista l'enseignement pendant longtemps : le chantre réunissait la jeunesse une fois par semaine et lui répétait le petit catéchisme de Luther, avec quelques prières et chants, jusqu'à ce qu'elle en retînt une partie. Christian III travailla à la diffusion de l'instruction religieuse commune, parmi le peuple, en faisant traduire en danois toute la Bible, dont quelques parties seulement avaient été publiées en langue vulgaire; mais, par suite de l'état défectueux des écoles primaires, cette excellente mesure n'eut pas des suites aussi profitables que l'on en aurait autrement pu attendre avec raison.

La Réforme n'amena pas plus en Danemark qu'ailleurs la tolérance religieuse; il s'y introduisit au contraire, en matière de foi, une oppression contraire à l'esprit du protestantisme, et une tendance peu chrétienne à traiter d'hérésie tout ce qui s'écartait tant soit peu de la lettre des doctrines en honneur. Il y en eut un déplorable exemple dès le règne de Christian III; et l'on en verra d'autres plus tard. *Jean Lascy*, noble polonais, fuyant l'Angleterre, en 1553, avec cent soixante-dix de ses coreligionnaires réformés, pour se soustraire aux sanglantes persécutions de la reine Marie Tudor, passa en Danemark dans l'espoir d'y trouver un refuge; mais il fut complétement déçu : le prédicateur de la cour, *Paul Noviomagus*, ayant dans un prêche représenté les fugitifs comme les pires des hérétiques, le roi leur enjoignit de vider *de suite* le royaume, bien que l'on fût au cœur de l'hiver et qu'il y eût à craindre que beaucoup de tendres enfants et de femmes enceintes succombassent aux fatigues du voyage. Un délai de deux mois qu'ils demandaient ne leur fut pas accordé, et, au milieu du mois de décembre, ils durent se mettre en route pour l'Allemagne; là, le traitement rigoureux qu'ils avaient éprouvé en Danemark provoqua, non sans raison, beaucoup de murmures et un blâme sévère de la part de ceux qui ne pensaient pas que la haine et les persécutions contre les dissidents fissent partie des devoirs d'un bon protestant.

Bien que Christian III n'ait fait aucune guerre, ses relations avec diverses puissances étrangères furent fort tendues. Les gendres de Christian II, le duc *François de Lorraine,* et surtout le comté palatin, plus tard prince électeur, *Frédéric,* menacèrent plusieurs fois de faire valoir par les armes leurs prétentions sur le trône de Danemark ; en quoi ils étaient soutenus par le beau-frère de Christian II, Charles-Quint, et par la sœur de l'empereur, Marie, qui était gouvernante des Pays-Bas. Pour se garantir de ces dangereux ennemis, Christian III fit alliance avec le roi de France, *François Ier*, alors en guerre avec Charles-Quint, et avec le duc *Guillaume de Clèves,* autre ennemi de l'empereur. Il chercha en même temps à renouveler et à affermir les relations amicales avec la Suède, qui avaient été sur le point d'être rompues dans les dernières années, partie en raison de certaines créances que Gustave Vasa prétendait avoir sur le gouvernement danois, partie à propos de la possession de l'île de Gotland, cette ancienne pomme de discorde, outre quelques différends à propos des douanes internationales. Cependant tous ces démêlés furent terminés dans une entrevue personnelle des deux rois du Nord, à *Brœmsebro* (1541), et il y fut conclu entre les deux royaumes une étroite alliance, d'après laquelle aucun d'eux ne devrait commencer la guerre ni faire la paix sans le consentement de l'autre ; les deux États devaient se soutenir mutuellement de leurs troupes et de leurs vaisseaux dans toute guerre, aussi bien offensive que défensive ; tous les différends qui pourraient se produire par la suite devaient être tranchés par un certain nombre d'arbitres élus par chaque État ; les successeurs des contractants seraient tenus, à leur avènement, de confirmer ces clauses par serment. Cette alliance, qui aurait pu être d'un si grand profit pour tous les royaumes du Nord, était faite pour cinquante ans au moins ; mais, du vivant même de Gustave Vasa et de Christian III, leur amitié se refroidit considérablement. Le roi de Danemark, ne pouvant oublier que ses ancêtres avaient régné sur tous les pays du Nord, mit dans ses armes trois couronnes (1548), pour manifester ses prétentions sur les trois royaumes septentrionaux, bien que, l'année avant l'alliance de Brœmsebro, Gustave Vasa eût déterminé les États de Suède à assurer la succession du trône à ses fils ; et les prétentions de Christian III, jointes à d'autres circonstances, furent l'occasion d'une guerre sanglante qui éclata, peu après la mort des deux rois, entre leurs fils Frédéric II et Erik XIV.

Charles-Quint, jugeant que le rétablissement des relations commerciales, longtemps interrompues, entre le Danemark et la Norvège, était plus important pour lui que l'affaire de Christian II et de ses gendres, finit par conclure la paix à *Spire,* en 1544. D'après ce traité, l'empereur cessait de soutenir Christian II, et les Pays-Bas obtenaient la liberté de naviguer en Danemark et en Norvège, en payant la douane, comme il était d'usage de temps immémorial. Christian III avait promis d'user de ménagements envers Christian II, et, bien que les gendres de ce dernier eussent refusé de souscrire le traité de Spire et continué longtemps après à élever des prétentions sur le Danemark et la Norvège, il résolut néanmoins d'adoucir le sort du roi déchu. Avant la paix de Spire, il avait déjà traité avec plus d'humanité son parent captif, et, lorsque Christian II, après cette paix, eut renoncé aux royaumes pour lui et ses descendants, sa situation fut grandement améliorée ; après avoir passé dix-sept ans à Sœnderborg, il fut enfin transféré, en 1549, au château de Kallundborg, où il vécut dix ans, sous une garde décente ; il y mourut au commencement de 1559, peu de semaines après Christian III, à l'âge de soixante-dix-huit ans, dont il avait passé les vingt-sept derniers en captivité.

Dès 1538, Christian III était entré dans la ligue de Schmalkalden, qui avait pour but de défendre le protestantisme contre les attaques des catholiques ; mais, la guerre de Schmalkalden ayant éclaté peu après la paix de Spire, le roi ne fut pas peu embarrassé, parce qu'il ne pouvait remplir ses devoirs envers la ligue sans violer le traité récemment conclu avec l'empereur. Toutefois il se plia aux circonstances, et il prohiba dans ses États tout recrutement de troupes pour le service des coalisés ; mais il envoya secrètement un messager en Allemagne avec les subsides pécuniaires qu'il avait promis de fournir en place de troupes auxiliaires. Cependant, cette somme n'arriva pas à destination : l'envoyé la garda, parce que le sort de la ligue était déjà décidé ; elle avait, en effet, perdu la bataille de *Mühlberg*, et les deux chefs du protestantisme, l'électeur de Saxe et le landgrave de Hesse, étaient tombés au pouvoir de l'empereur.

A la politique extérieure de ce prince se rattachent aussi ses efforts pour racheter les Orcades et les Shetlands, que l'Écosse conservait à titre de gage depuis près de cent ans, bien que les rois de Danemark se fussent successivement obligés par leur capitulation à les dégager. De longues négociations furent nouées à ce sujet sous le règne de Christian III et continuées par son successeur, mais sans conduire au but désiré. Christian III prépara, au contraire, la vente des diocèses d'OEsel, de Wieck et de Courlande, marché qui fut conclu sous Frédéric II. La ville de Reval, vivement pressée par les Russes, offrait de se soumettre volontairement à Christian III; mais celui-ci déclina l'offre, pour ne pas entrer en lutte avec le puissant et violent czar Ivan II Vasilievitch.

Les duchés de Holstein et de Slesvig étaient restés indivisément (ungedeelt) unis avec le Danemark de 1460 à 1490, où le roi Jean les partagea avec son frère Frédéric : à l'avénement de ce dernier, en 1523, l'union fut rétablie ; mais, en 1544, Christian III fit un nouveau partage avec ses deux frères, bien qu'un homme d'État et de guerre expérimenté, le vieux *Jean Ranzau*, désapprouvât beaucoup cette mesure. Ne pouvant faire adopter son opinion, il fut si mécontent, qu'il se démit de ses fonctions. Un des frères, *Adolphe*, obtint la partie gottorpienne et fut la souche de la maison de Holstein-Gottorp, dont les relations avec le Danemark furent si hostiles dans les temps suivants ; l'autre frère, *Jean l'Ancien*, obtint Haderslev avec ses dépendances, et la partie de Sœnderborg revint au roi. La suzeraineté sur la chevalerie, les couvents nobles, les douanes de Gottorp et de Rendsborg, Hambourg et les prétentions sur les Ditmarches, restèrent indivis et communs aux trois princes régnants. Le quatrième frère, *Frédéric*, n'obtint rien dans ce partage, mais il reçut, en 1551, le diocèse de Slesvig et plus tard celui de Hildesheim. Les pernicieuses conséquences de ce partage se montrèrent du vivant même de Christian III; car, après la mort de son frère, l'évêque Frédéric, Adolphe s'appropria, illégalement et malgré le roi, le diocèse de

Slesvig, et les deux ducs refusèrent de recevoir l'investiture du roi. Ils remirent en effet sur le tapis la question, si souvent débattue au moyen âge, de savoir si le vassal slesvigois était tenu au service militaire envers son suzerain, le roi de Danemark, et ils le niaient, prétendant que le Slesvig était un fief libre et héréditaire. La conséquence fut que les ducs restèrent dans leur pays, sans faire hommage au roi, tant que Christian III vécut.

La puissance commerciale des villes Hanséatiques dans le Nord fut considérablement diminuée sous Christian III, et, à partir de son successeur, Frédéric II, elle cessa complétement. A mesure que le pouvoir des princes augmentait, beaucoup de villes Hanséatiques perdirent leur constitution libre et en même temps leur commerce florissant; les Lübeckois subirent, pendant la guerre du Comte, un échec dont ils ne se remirent jamais, et le commerce européen prit une autre direction, dont la conséquence fut que les Hollandais et les Anglais, jusque-là rivaux des Hanséates, devinrent leurs supérieurs. Les Danois commencèrent aussi à exporter les produits du pays et à importer des marchandises étrangères sur leurs propres navires; plusieurs villes, comme Kjœge, Copenhague et Aalborg, se mirent à faire un commerce considérable; le commerce international avec la Norvège, qui auparavant avait été exclusivement entre les mains des Lübeckois, devint surtout important et lucratif. Les Hanséates, à la vérité, ne laissèrent pas passer sans protestations ces empiétements sur leurs anciens priviléges; mais leur ton d'impératif était devenu suppliant, et les doléances remplaçaient les déclarations de guerre. Christian III prit aussi diverses mesures en faveur du commerce national; il établit l'unité de poids et de mesures dans les deux royaumes, et il fit frapper des monnaies de bon aloi; c'est alors seulement que celles-ci purent être les mêmes dans toutes les provinces, le droit de monnayage des évêques ayant été aboli par la Réformation. Plusieurs villes conservèrent encore longtemps ce droit; mais elles durent adopter pour leurs monnaies le titre légal et les faire frapper à l'effigie du roi. La *rente* fut, pour la première fois, fixée légalement dans une des dernières ordonnances de ce monarque, où il est dit : « Bien que la rente soit de l'usure contraire aux préceptes divins, on ne peut pourtant la supprimer totalement, mais il faut que chacun juge dans sa conscience s'il peut toucher des intérêts; en tout cas, ceux-ci ne doivent pas dépasser cinq pour cent par an, sous peine de forfaire le capital. » — Le grand changement que l'État avait subi au point de vue religieux, lors de l'introduction de la Réforme, nécessita des modifications correspondantes dans les lois civiles et fournit à Christian III l'occasion de bien mériter de la législation. En dehors de l'ordonnance ecclésiastique et du *recez de la diète de Copenhague* en 1536, les plus importantes de ses lois sont le *recez de Copenhague* en 1547, le *recez de Dronningborg* en 1551 et l'ample *recez de Kolding* en 1558; ce dernier est un résumé des recez et des ordonnances de ce roi qui sont postérieurs à l'année 1547, et plus tard il a passé en partie dans la loi danoise de Christian V.

Christian III mourut au château de Kolding (Koldinghuus), le premier jour de l'année 1559. Bien qu'il n'ait pas eu de grands mérites comme souverain, on le loue du moins unanimement, comme homme, de sa justice, de sa piété et de sa droiture; comme prince, de sa sollicitude pour le bien de l'État. Il avait de l'étude, et il protégeait les sciences et les savants; simple dans sa manière de vivre, il était fort hostile aux excès de l'époque : la somptuosité dans le vêtement et l'intempérance dans le boire et le manger. On ne peut nier, au contraire, que sa bonhomie dégénéra parfois en une faiblesse préjudiciable à l'État. Tel fut le cas pour sa condescendance pour la noblesse et le Rigsraad, aussi bien en ce qui concerne la Norvège que sous d'autres rapports, pour le partage des duchés, pour ses arrangements postérieurs avec les ducs Jean et Adolphe, de même aussi pour la trop grande influence qu'il laissa prendre à l'impérieuse reine *Dorothée*. Cette princesse doit avoir été cause que *Peder Oxe*, homme d'une grande expérience en matière de finances et d'impôts, quitta le royaume en fugitif, et on la rend généralement responsable des relations tendues qui existèrent entre la Suède et Christian III, dans les dernières années de son règne.

II.

Le roi Frédéric II. — Conquête des Ditmarches. — Le prince Magnus. — La guerre septentrionale de sept ans. — Daniel Ranzau. — Peder Oxe. — Douane du Sund. — Fin du rôle de la Ligue Hanséatique. — Nouveaux partages des duchés. — Sollicitude pour les sciences. — Tycho Brahe. — Oppression religieuse. — Niels Hemmingsen. — Christian IV. — Régence.

Frédéric II, qui avait été élu en 1536, reçut d'abord l'hommage à la diète de Copenhague en 1542 ; ensuite, selon la coutume ancienne, mais alors sans importance, il parcourut les diverses provinces pour se faire reconnaître des diétines de Viborg, d'Odense, de Lund et de Ringsted, et, cinq ans après, de celle d'Oslo, en Norvège. Il monta sur le trône aussitôt après la mort de son père.

Avant d'être couronné, il prit part, avec ses oncles *Jean* et *Adolphe*, à l'expédition dans les *Ditmarches*, qui eut pour résultat la soumission de ce pays. L'ambitieux et belliqueux duc Adolphe avait, à diverses reprises, excité Christian III à attaquer les Ditmarches pour effacer la tache que la campagne de 1500 avait laissée sur les armes danoises ; mais ses projets de conquête échouèrent contre les tendances pacifiques du roi. Après la mort de Christian III, il résolut de conquérir les Ditmarches pour son propre compte ; mais le lieutenant général du roi dans les duchés, Henri Ranzau, ayant eu connaissance de ce plan et en ayant fait avertir le roi par son père, Jean Ranzau, Adolphe dut se résigner à partager la gloire et le butin avec son frère Jean et son neveu Frédéric II. Une armée de vingt mille hommes, sous la conduite du vieux *Jean Ranzau*, envahit les Ditmarches, dont les habitants, malgré leur résistance désespérée, durent céder à des forces bien supérieures et à l'expérience militaire du général. Ayant réuni le gros de leurs troupes à *Heide*, l'unique localité qui ne fût pas au pouvoir de l'ennemi, ils y livrèrent le dernier combat pour la liberté, auquel prirent part les femmes comme les hommes ; mais tous leurs efforts furent infructueux : le bourg fut pris d'assaut, après que trois mille de ses défenseurs eurent succombé. Le lendemain, le reste de la population virile des Ditmarches, au nombre d'environ quatre mille hommes, s'étant réunie en dehors de Heide, demanda à genoux pardon d'avoir combattu pour l'indépendance héréditaire de la patrie, et rendit hommage aux trois nouveaux seigneurs, qui se partagèrent le pays.

Après la conquête des Ditmarches (1559), le roi fut couronné à Copenhague et signa sa capitulation, qui ne diffère pas sensiblement de celle de son père. Le droit pour la noblesse de pêcher et de faire le commerce des bœufs avec les marchands indigènes et étrangers fut confirmé dans le sens le plus étendu; la disposition d'après laquelle tous les châteaux et forteresses du royaume devaient être placés sous l'autorité du Rigsraad, après la mort du roi, avait été exclue de la capitulation de Christian III, parce que son fils était déjà désigné comme héritier présomptif; mais elle fut reprise cette fois, et le Rigsraad devint ainsi totalement maître de l'élection du roi. Il fut pour la première fois stipulé, en faveur de l'ordre des paysans, que la noblesse ne pourrait ni acheter ni recevoir en gage de franc-alleu roturier *sans le consentement du roi;* cet article avait principalement pour but de prévenir la perte de revenus que subissait la couronne, lorsqu'une terre taillable d'un roturier entrait dans le domaine franc d'un noble. Mais cette mesure vint trop tard, et il n'était pas difficile d'obtenir en tel cas le consentement du roi; car on remarque précisément que, sous Frédéric II, la noblesse acquit beaucoup plus de francs-alleux que sous ses prédécesseurs.

En Suède, Gustave Vasa était mort un an après Christian III et avait eu pour successeur *Erik XIV.* Sous les deux jeunes princes belliqueux qui étaient montés presque en même temps sur les trônes de Danemark et de Suède, une rupture, que leurs sages prédécesseurs avaient évitée, devint inévitable entre les deux royaumes. Une des causes de la guerre fut l'usage des armoiries suédoises, les trois couronnes, auquel le roi de Danemark ne voulait pas renoncer; à quoi il faut ajouter qu'Erik XIV tentait d'attirer le commerce de la Baltique dans la ville de Reval, dont il était récemment devenu maître. Il s'était en outre permis d'offenser plusieurs fois le frère du roi Frédéric, le prince Magnus, qui habitait la Livonie. Frédéric II, en effet, pour éviter le partage des duchés, au moins avec un de ses frères, avait cédé à Magnus les diocèses d'*Œsel* et de *Courlande*, contre la renonciation de ce prince à toute prétention sur les duchés de Slesvig et de Holstein. Mais, lorsque Magnus arriva en Livonie (1560), il fut bientôt impliqué dans les luttes ardentes que la possession de la Livonie excitait entre la Suède, la Russie, la Pologne et le grand-maître de l'ordre Teutonique, *Gothard Kettler*. Le czar de Russie, *Ivan II Vasilievitch*, se servait du prince comme d'un instrument dans ses projets de conquête, et, bien qu'il l'eût une fois nommé roi de Livonie sous la suzeraineté russe et l'eût même marié à une princesse russe, il finit pourtant par le priver de toutes ses possessions, de sorte que Magnus mourut dans un grand dénûment. L'attitude hostile que la Suède prit en Livonie vis-à-vis de ce prince fut une des principales causes de la sanglante guerre septentrionale de Sept Ans, qui éclata en 1563. Les Danois ne furent pas heureux sur mer, bien qu'ils eussent pour chefs d'héroïques marins, comme *Peder Skram*, « l'audacieux Danois » (Danmarks Vovehals), le noble et brave *Herluf Trolle* et l'intrépide *Otte Rud*; mais le premier était âgé et déposa bientôt le commandement, le second fut blessé à mort, et le troisième fait prisonnier et emmené en Suède, où le roi Erik XIV, ce prince violent et sujet à des accès de folie, lui infligea les traitements les plus indignes. A la perte de ces hommes s'ajoutèrent les désastres causés par une furieuse tempête qui détruisit une grande partie de la flotte danoise sous l'île de Gotland, et qui doit avoir fait périr environ sept mille hommes; après quoi les Suédois, contre leur habitude, furent longtemps maîtres sur mer.

Les Danois furent beaucoup plus favorisés sur terre, mais seulement après que les opérations militaires ne furent plus conduites par le comte *Günther de Schwartsburg;* car ce général laissait l'armée dans l'inaction, ne s'occupant que de faire passer dans son comté, en Allemagne, de grands troupeaux de bétail qu'il avait ramassés en pays ennemi. Après que le comte Günther eut été congédié, *Otte Krumpen*, vieillard qui avait conquis la Suède plus de quarante ans auparavant, sous Christian II, reçut le commandement supérieur; mais il le céda bientôt à *Daniel Ranzau*, qui s'immortalisa dans cette guerre. Son plus bel exploit fut la bataille livrée, le 20 octobre 1565, près du Svarterå, dans *la bruyère de Falkenberg* (Falkenbergs Hede). Avec des forces qui s'élevaient à sept ou huit mille hommes au plus, il fut enveloppé par une armée suédoise de vingt mille hommes, sous les ordres de *Jacob Henriksson Hæstesko*. Il n'avait d'autre alternative que de se rendre ou de se battre ; il se prononça pour la dernière. Ayant rassemblé tous ses soldats, il leur adressa une harangue pour les exciter à ne pas avoir peur du nombre des ennemis, mais à combattre bravement et à se rappeler ce qu'ils devaient au roi, à la patrie et à leur propre gloire. Tous s'écrièrent qu'ils voulaient se défendre jusqu'à la dernière extrémité, après quoi ils se mirent à genoux, demandant à Dieu de leur accorder la victoire. Le général suédois faisait fi de la petite armée danoise et disait qu'il l'écraserait sous les pieds de ses chevaux ; mais le succès ne répondit pas à ces fanfaronnades. Les Danois, ayant à leur tête *Daniel Ranzau* et le brave *Frants Brockenhuus*, se lancèrent en avant avec une bravoure irrésistible et mirent l'ennemi en fuite ; quarante-huit pièces de campagne furent gagnées par eux et trois mille Suédois au moins avaient succombé. Cette défaite mit Érik XIV dans une telle fureur qu'il fit décapiter un grand nombre de ses soldats et fit ensuite une entrée triomphale à Stockholm avec divers prisonniers danois dont il s'était emparé dans une autre circonstance. Daniel Ranzau accrut par de nouveaux exploits la gloire qu'il avait conquise. En 1566, il fit une incursion dévastatrice dans le Vestergœtland, qui fut ravagé jusqu'au lac Wenern, et battit l'armée suédoise qui l'attaqua à son retour. D'une plus grande importance encore fut la campagne de l'année suivante. Il partit avec son armée le 20 octobre 1567, jour anniversaire de la bataille de Falkenbergs Hede, fit irruption dans le Småland, s'ouvrit à travers la dangereuse forêt de Holaveden, à l'est du Wettern, un passage que l'ennemi et la nature rendaient extrêmement difficile, et pénétra dans l'Œstergœtland. Lui et Brockenhuus, ils portèrent leurs armes victorieuses de l'autre côté du canal de Motala, où ils gagnèrent une brillante victoire à *Konungs Norrby*. Cependant, comme Ranzau ne pouvait rester longtemps dans un pays privé de moyens de subsistance et ravagé par les Danois et les Suédois, il battit en retraite ; et cette opération est, avec la victoire de Svarterå, son meilleur titre à être appelé l'un des plus grands capitaines de son temps. Au milieu de l'hiver, il conduisit l'armée à travers des contrées montueuses et boisées, par de dangereux défilés, continuellement poursuivi par des forces supérieures, et la ramena saine et sauve en Danemark, où il arriva le 14 février 1568, après avoir battu deux grandes armées suédoises et fait prisonniers trois généraux. La Suède finit par être fatiguée de cette guerre longue et malheureuse, et, après la déposition d'Erik XIV, son frère *Jean* demanda la paix qui, à la suite de négociations très-longues aussi, fut conclue à *Stettin* (1570) aux conditions suivantes: la Suède payerait 150,000 rigsdaler pour les frais de guerre, on se rendrait mutuellement les pays conquis, et la question livonienne serait remise à la décision de l'empereur d'Allemagne. Le droit de placer les trois couronnes dans les armoiries, droit qui avait été accordé au Danemark dans les négociations commencées à Roeskilde, mais plus tard interrompues, serait soumis à des arbitres nommés par les deux parties.

Le Danemark renonçait à toute prétention sur la Suède, de même que ce royaume abandonnait les siennes sur la Norvège, la Skanie, le Halland, le Bleking et l'île de Gotland. C'est ainsi que furent enfin complétement apaisées les longues querelles occasionnées par la rupture de l'Union de Kalmar. Cette paix fut glorieuse pour le Danemark, qui en revanche eut à déplorer la perte de ses deux grands généraux Daniel Ranzau et Frants Brockenhuus, tués tous deux au siége de *Varberg*, peu avant l'ouverture des négociations.

Une circonstance grâce à laquelle le Danemark avait pu faire la guerre avec tant d'énergie dans les dernières années était le rappel de l'habile ministre des finances *Peder Oxe*. A son arrivée, les finances et les impôts étaient dans un tel désordre, que l'on pouvait à peine continuer la guerre, et les troupes mercenaires s'étaient plusieurs fois soulevées, parce qu'elles ne pouvaient obtenir leur solde. Mais Peder Oxe mit bientôt les choses sur un autre pied, partie en introduisant l'économie, partie en déterminant plus exactement les redevances des fiefs de la couronne et en tenant sévèrement la main à leur rentrée exacte, partie en augmentant la douane du Sund, enfin en établissant des impôts qui furent répartis si équitablement et si également d'après les moyens de chaque contribuable, que personne ne s'en plaignit. Ce personnage a bien mérité aussi de l'économie rurale du Danemark, en important la carpe, le carassin, l'écrevisse et divers bons arbres fruitiers.

Frédéric II avait, pendant la guerre de Sept Ans, fait l'expérience que le château de *Krogen*, situé près du Sund, ne suffisait pas à commander ce détroit, la flotte suédoise s'étant embossée dans le Sund et ayant exigé la douane des vaisseaux qui passaient. Pour prévenir le retour de ce fait, il fonda la forteresse de *Kronborg*, dont la construction dura neuf ans (1574-1583). L'augmentation des droits de douane, qui se fit à l'instigation de Peder Oxe, occasionna beaucoup de plaintes, et les Lübeckois allèrent même jusqu'à porter leurs doléances devant l'empereur d'Allemagne. Mais Frédéric II en fut si irrité, qu'il éleva les tarifs pendant quelques années, surtout à cause des Lübeckois. On ne peut préciser à quelle époque fut établie la douane du Sund; mais il paraît qu'elle existait dès le treizième siècle ou même plus tôt, et au quatorzième siècle elle était déjà une source de querelles avec les villes Hanséatiques. Christian Ier décida que le payement, qui jusqu'alors s'était fait en marchandises, se ferait désormais en argent fin, et, dans l'un des premiers traités de commerce qui furent conclus avec l'Angleterre (1490), sous le roi Jean, il fut expressément convenu qu'aucun vaisseau ne devrait prendre le passage des Belts au lieu de celui du Sund, si ce n'est en cas d'extrême nécessité, et qu'alors les droits de douane seraient acquittés à Nyborg. Ce tribut est fondé sur le droit de souveraineté que les rois de Danemark ont exercé de temps immémorial sur les bras de mer et les détroits de leurs États. L'étroit Œresund ou Sund, resserré des deux côtés entre des terres danoises, était considéré comme un cours d'eau dont la navigation pouvait être, soit totalement interdite par le maître du pays, soit au moins soumise à des contributions, et ce droit de douane n'a jamais non plus été nié ou contesté par les puissances étrangères, mais il a, au contraire, été admis et confirmé par de nombreux traités. Les tarifs, en revanche, et le mode de payement ont, à différentes époques, été l'objet de grandes difficultés. En vertu du même droit de souveraineté, on reconnaissait aussi aux rois de Danemark le droit de mettre l'embargo sur tous les navires se trouvant dans le Sund, et de s'en servir pour la course, moyennant indemnité à l'armateur. Ce droit fut exercé à diverses reprises, même au seizième siècle, notamment par le roi Jean, qui, pendant la guerre avec les Lübeckois (1511), mit l'embargo sur une partie de la flotte marchande des Hollandais, et, pour la dernière fois, par Christian III, pendant la guerre du Comte. Au moyen âge, d'ailleurs, toutes les puissances maritimes de l'Europe employaient ainsi pour la guerre tous les navires de commerce étrangers qu'ils trouvaient dans leurs ports. La douane du Sund a été extraordinairement productive pour le Danemark ; aussi, dans un entretien avec l'empereur Charles-Quint, *Severin Norby* l'appelait-il, non sans raison, la « mine d'or » du Danemark ; mais cette mine causa aussi la perte des provinces danoises situées au-delà du Sund : la Skanie, le Halland et le Bleking, car les puissances maritimes, inquiètes de l'élévation exagérée à laquelle avait été portée la douane du Sund sous Christian IV, crurent devoir prévenir le retour de cet abus en privant le Danemark de l'une des rives du détroit.

Les Lübeckois avaient pris parti contre la Suède dans la guerre de Sept Ans ; ce fut le dernier acte de leur rôle politique dans le Nord ; le déclin de leur puissance se manifesta ouvertement lorsqu'ils durent consentir au rachat de l'île de Bornholm avant que la durée de l'engagement fût expirée et se soumettre à l'augmentation des tarifs douaniers du Sund. Le commerce danois prit un si grand essor, par suite de l'affaiblissement des villes Hanséatiques, que Frédéric II en prit occasion d'octroyer un nouveau droit maritime (1561), basé sur l'ancienne loi maritime de Visby. Pendant toute cette période aussi, le commerce du bétail fut si actif par terre, que l'exportation annuelle du Jutland seul était évaluée à cinquante mille bœufs et cent cinquante mille porcs. — Tandis que la plupart des villes Hanséatiques perdaient leur ancien éclat, l'une d'elles pourtant, grâce à son heureuse situation du côté où le commerce du monde s'était porté, dans la mer du Nord et l'Atlantique, conservait sa richesse et son importance, et elle aurait volontiers continué à jouer son rôle politique si les circonstances l'avaient permis ; il s'agit de *Hambourg*. Cette cité chercha à faire valoir un prétendu « droit de contrainte » (tvangsret) ou monopole, en vertu duquel elle voulait, jusque sous Christian III, avec autant d'injustice que d'arrogance, forcer les villes holsteinoises situées en aval, sur l'Elbe, à lui amener leurs grains et leurs autres denrées, pour les vendre à un prix fixé par le conseil. Christian III mourut pendant les différends occasionnés par cette prétention, mais Frédéric II contraignit Hambourg à l'abandonner et à payer une indemnité de 10,000 rigsdaler; et plus tard, lorsque cette ville eut renouvelé la lutte et même fait croiser des vaisseaux de guerre sur l'Elbe pour exercer cette contrainte, elle eut à payer 100,000 rigsdaler d'indemnité.

Les querelles relatives à l'investiture du Slesvig durèrent jusqu'en 1579, où un arrangement fut conclu à *Odense*. Il y fut convenu que le Slesvig étant un fief héréditaire, les ducs ne seraient tenus de prendre part qu'aux guerres « entreprises avec leur consentement ». — L'année suivante, les oncles du roi, *Jean l'Ancien* et *Adolphe*, et son frère, *Jean le Jeune*, furent solennellement investis du Slesvig, dont les deux premiers avaient possédé leur part pendant trente-six ans sans rendre l'hommage féodal. Le partage des duchés continua sous Frédéric II, qui, en 1564, céda les amts ou bailliages de Sœnderborg, Nordborg et Ærœ à son frère *Jean le Jeune*, souche de la *ligne de Sœnderborg; Magnus*, son autre frère, avait été, comme on l'a vu, indemnisé avec des possessions en Livonie. A la mort de Jean le Jeune, la ligne de Sœnderborg se divisa en quatre branches : *Sœnderborg, Nordborg, Plœen* et *Glücksburg*, et la première, de nouveau, en cinq autres. Toutes ces branches se sont éteintes peu à peu, à l'exception de celles d'*Augustenborg* et de *Beck*[1], qui ne possèdent pourtant plus de territoires dans les duchés. Les domaines des autres lignes éteintes ont été successivement réunis à la couronne danoise, soit par héritage, soit par achat, soit par accord. Les États cependant se refusèrent constamment, aussi bien en 1564 que plus tard, à rendre foi et hommage à Jean le Jeune, pour le motif qu'ils avaient déjà assez de seigneurs. Aussi, ni Jean ni ses descendants ne devinrent-ils princes souverains; ils étaient seulement possesseurs des districts qui leur étaient échus, et, après la mort de Jean l'Ancien (1580), le gouvernement commun ne fut exercé que par la maison de Holstein-Gottorp et le roi de Danemark. Après la mort du duc susnommé, son frère, Adolphe de Gottorp, voulait s'approprier ses possessions, se fondant sur la

---

[1] Appelée de *Glücksburg*, depuis 1825.

loi jutlandaise, qui attribue l'héritage au frère, à l'exclusion du neveu ; mais, par une transaction, l'héritage fut partagé entre lui et le roi. Le frère du roi, Jean le Jeune, aurait aussi justement dû avoir part à la succession ; mais Frédéric II l'accommoda en lui cédant quelques districts de la partie royale des duchés. C'est ainsi que les duchés furent divisés, comme s'il se fût agi de domaines privés, et ce, malgré le droit électoral compris dans les priviléges accordés aux États par Christian Ier ; mais ces priviléges ne furent que rarement pris en considération, et seulement lorsqu'ils devaient être appliqués contre le Danemark.

Les sciences furent encouragées et protégées par Frédéric II, qui, à l'exemple de son père, pensionna avec générosité non-seulement les savants regnicoles, mais aussi les étrangers. Il augmenta les revenus de l'Université par d'importantes allocations de terres et de dîmes, et il fonda, en 1569, la bienfaisante institution appelée la *Communauté* ou le *Cloître*, où cent étudiants jouissaient d'une pension gratuite. Les bases de cet établissement étaient déjà posées sous Christian III ; mais, par le conseil de *Peder Oxe* et du chancelier *Jean Friis* de Hesselager, Frédéric II lui donna tant d'extension, qu'il peut en être considéré comme le fondateur. Le *Cloître de Soræ* fut transformé (1586) en une école, où trente enfants nobles et autant de bourgeois étaient élevés gratuitement ; les pauvres étaient même habillés. Une autre école savante doit sa fondation à la bienfaisance privée ; c'est l'*école de Herlufsholm*, à laquelle l'héroïque marin *Herluf Trolle* et sa noble épouse *Brigitte Gjœ* (1565) firent donation de Skovkloster, près Nestved. Le règne de Frédéric II fut aussi illustré par beaucoup de grands savants. *Henri Ranzau*, surnommé le savant, fils du général Jean Ranzau, était célèbre dans toute l'Europe pour ses richesses, sa science et sa bibliothèque, considérable pour le temps, se composant de sept mille volumes, et pour la quantité de statues, de peintures et d'inscriptions qui ornaient tous ses châteaux. Il employait sa grande fortune non-seulement à l'encouragement des sciences, mais aussi à l'exécution d'autres entreprises d'intérêt général ; il construisait des ponts, traçait des routes, établissait de belles fontaines et des jets d'eau, fondait des imprimeries, des huileries, des poudreries, des scieries, des papeteries, des forges et des fonderies de cuivre.

C'est grâce à Frédéric II que le célèbre *Tycho Brahe* fut conservé à sa patrie. Il était sur le point de quitter le Danemark pour toujours, lorsque le roi le fit mander et lui alloua une pension annuelle de 500 rigsdaler, ainsi que toute l'île de Hveen, outre plusieurs fiefs très-productifs. Tycho Brahe fit élever à Hveen son célèbre château d'*Uranienborg* et l'observatoire de *Stjerneborg*, et il passa vingt et un ans, occupé soit de profondes spéculations sur la sphère céleste, soit d'autres travaux qui avaient pour but le progrès des sciences, des arts et de l'industrie en Danemark. Il introduisit la teinturerie à Copenhague, établit à Hveen une fabrique d'instruments, une imprimerie, un moulin à vent pour la mouture des céréales, la fabrication du papier et la préparation des peaux. Il fit venir des artistes étrangers, des peintres, des architectes, et il était toujours entouré de quantité de jeunes gens, auxquels il enseignait soit les arts nautiques pour le service de la flotte, soit les mathématiques, soit les sciences naturelles. Plusieurs de ses disciples furent plus tard utiles à leur patrie et honorèrent leur maître par leur science et leurs vues. De tous les points de l'Europe, rois, princes et savants allaient à Hveen pour rendre hommage au grand esprit de Tycho Brahe et admirer ses ingénieuses inventions. Pourtant il ne manquait pas non plus d'envieux et d'ennemis, même parmi les membres de sa propre famille; ceux-ci regardaient comme une tache pour leur blason les études du grand homme, ses publications, ses leçons à l'Université, et encore bien plus son mariage avec une fille de la bourgeoisie. De son côté il n'épargnait pas non plus ses nobles confrères, mais il faisait de piquantes railleries de leur grossièreté, de leur ignorance et de leurs préjugés. Les médecins le haïssaient, parce que sa profonde connaissance des sciences naturelles le mettait à même de guérir beaucoup de malades abandonnés comme incurables. Mais ses plus dangereux ennemis étaient le majordome *Christophe Valkendorf* et le chancelier *Christian Friis* de Borreby. Valkendorf était d'ailleurs un homme de valeur et s'était distingué comme bailli royal à Bergen; en maintenant en respect les orgueilleux Lübeckois. Plus tard même, il mérita bien des sciences en fondant, pour loger gratuitement les étudiants, l'établissement qui porte son nom; mais son esprit vindicatif l'entraîna à des actes qui ont terni sa mémoire.

Après la mort de Frédéric II, les envieux réussirent à persuader à son successeur encore inexpérimenté, le jeune Christian IV, que les établissements de Tycho Brahe étaient inutiles et trop coûteux. Un de ses rivaux dans la science, *Thomas Fincke*, professeur de mathématiques à l'Université, fut envoyé à Hveen pour examiner ses instruments et ses appareils, et, à son retour, il déclara que c'étaient de coûteuses bagatelles de nulle utilité. Tycho Brahe fut peu à peu privé de la plupart de ses revenus, mortifié et vexé de beaucoup d'autres manières, de sorte qu'il finit par quitter le Danemark et se rendit à l'étranger, où sa célébrité lui valut partout l'accueil le plus empressé. Il s'établit enfin auprès de l'empereur Rodolphe II, qui aimait la science et qui pourvut généreusement les enfants laissés par le grand astronome, à sa mort arrivée en 1601.

Sous Frédéric II, vivait aussi *André Sœrensen Vedel*, qui a bien mérité de la langue et de l'histoire nationales, par sa traduction de Saxo, son édition des *Chants populaires* et d'autres travaux. Il avait été chargé d'écrire une histoire de Danemark; mais, de même que Tycho Brahe, sous la minorité de Christian IV, il encourut la disgrâce du parti régnant. Il dut livrer toutes ses grandes collections et ses travaux préparatoires ; le tout fut remis à *Niels Krag*, qui avait à écrire, en qualité d'historiographe royal, l'histoire de Danemark, non pas en danois, comme Vedel, mais en *latin*. Ce coup brisa Vedel ; il n'avait alors que cinquante-quatre ans, et il vécut encore vingt ans ; mais, depuis ce jour, il n'écrivit plus rien.

Bien que les sciences aient été encouragées sous Frédéric II, la libre science ne pouvait pourtant s'accommoder de la contrainte en matière religieuse qui régnait à cette époque. Dès 1554, Christian III avait prescrit d'interroger les étrangers sur leurs croyances, avant de les autoriser à s'établir dans le royaume. Cette mesure fut aggravée par Frédéric II, qui publia, en 1569, une profession de foi en vingt-cinq articles que tout étranger devait accepter par serment avant de pouvoir se fixer en Danemark. Quiconque s'y refusait devait vider le royaume dans le délai de trois jours. Et si, après y avoir adhéré, on ne s'y conformait pas, « on devait être puni sans merci de la perte de la vie et des biens ». Cet esprit d'intolérance eut des suites pernicieuses pour le Danemark, car, précisément à cette époque, nombre de Hollandais laborieux et entreprenants erraient exilés de leur malheureuse patrie et se seraient volontiers établis dans le royaume s'ils n'avaient pas été rebutés par ces sévères prescriptions. Une déplorable victime des étroites idées d'alors en matière de religion fut *Niels Hemmingsen*, qui était aussi célèbre pour son esprit et sa science théologique que Tycho Brahe l'était pour sa connaissance des sciences naturelles. Dans les écrits du temps, son nom n'est presque jamais mentionné sans être accompagné des honorables épithètes de « précepteur universel du Danemark » ou de « gloire et orgueil de la patrie et de l'Université ». Il était soupçonné de pencher vers la doctrine de l'Église réformée sur la communion; c'est pourquoi il était odieux aux théologiens luthériens d'Allemagne, et notamment à *Jacob Andreæ*, professeur de Tubingue, qui excita l'électeur Auguste de Saxe à le dénoncer auprès de Frédéric II. Pour ce motif, Hemmingsen fut cité devant quelques membres du Rigsraad, que le roi avait chargés d'examiner l'affaire; mais, cette fois, il réussit, par une éloquente apologie, à détourner l'orage menaçant. « L'Allemagne, dit-il entre autres choses, est grande et a beaucoup de théologiens qui professent une multitude d'opinions; chacun se plie à la volonté de son prince et seigneur, ce qui produit beaucoup de confessions singulières et étranges, l'une parfois contraire à l'autre; mais, puisqu'il n'y a qu'un Dieu et qu'une vérité, il semble injuste que l'on soit forcé de vaciller à chaque vent et de souscrire à ce que des étrangers remuants peuvent imaginer ou inventer. Je retrancherai volontiers de mon livre l'article dont on se formalise, mais je ne puis rien écrire ou mettre à sa place. » Cependant il fut bientôt accusé de nouveau par l'électeur de Saxe, et le sexagénaire (Hemmingsen avait alors soixante-trois ans), qui d'un côté était menacé d'une complète disgrâce du roi, que d'autre part ses nombreux disciples suppliaient de se ménager pour son futur enseignement et de céder aux circonstances, finit, après une longue résistance, par publier une rétractation, d'abord en latin, ensuite en danois, pour que le peuple pût en prendre connaissance. La haine de ses ennemis d'Allemagne n'était pourtant pas satisfaite; ils ne cessèrent pas qu'ils ne l'eussent fait déposer de ses fonctions, ce qui arriva soudainement, en 1579, par un ordre du roi, sans enquête ni jugement. Pour prébende, il obtint un canonicat, à Roeskilde, où il vécut honoré et plaint de tous les hommes justes. Il y mourut en 1600, à l'âge de quatre-vingt-sept ans. La principale cause de toute cette persécution fut le désir qu'avait Jacob Andreæ d'introduire en Danemark sa *Formule d'unité* (Kondordieformel), ce à quoi Hemmingsen s'opposa, parce que, sous prétexte d'établir l'unité dans l'Église, ce livre remplissait la doctrine luthérienne de quantités de subtiles nouveautés. La chute de Hemmingsen ne rapprocha pourtant pas son rival du but où il tendait, car le roi, aussi bien que le clergé, avait la plus profonde antipathie pour la Formule d'unité. Le roi doit même avoir, de sa propre main, jeté au feu un exemplaire de ce traité que lui avait envoyé son beau-frère, l'électeur de Saxe, en disant « qu'il avait pris un diable et qu'il voulait le brûler ». De même que, peu auparavant, ceux qui penchaient vers les doctrines des Réformés avaient été persécutés, les partisans de ce livre le furent à leur tour. Les libraires qui le vendaient « devaient être frappés de la perte de leurs biens et de la peine de mort sans rémission », et les prêtres qui le possédaient devaient être déposés de leurs fonctions et subir d'autres peines.

Frédéric II mourut au château d'Antvorskov, le 4 avril 1588, à l'âge de cinquante-quatre ans seulement, et l'on pense que l'usage immodéré de boissons spiritueuses, auxquelles il était adonné comme la plupart de ses contemporains, abrégea ses jours.

Frédéric II était resté longtemps sans se marier, probablement à cause de l'amour qu'il avait conçu pour la fille du majordome Hardenberg. Il finit par épouser la princesse meklenbourgoise *Sophie*, qui était douée d'éminentes facultés intellectuelles et qui fut mère de *Christian IV*. Comme celui-ci était encore mineur à la mort de son père, la reine-mère devait, d'après un ancien usage, qui avait en outre été confirmé à la diète de Copenhague, en 1542, exercer la régence jusqu'à la majorité de son fils. Mais, l'ambitieux Rigsraad y ayant fait beaucoup d'objections, elle abandonna enfin ses légitimes prétentions et se retira dans l'île de Falster, qui lui avait été donnée en douaire avec celle de Laaland. Dans les duchés au contraire, où les États ne firent aucune difficulté de laisser une part du gouvernement à l'intelligente reine, elle fut nommée tutrice de son fils. Le Rigsraad danois chargea de la régence quatre de ses membres : le chancelier royal *Niels Kaas*, l'amiral du royaume *Peder Munk,* les conseillers *George Rosenkrands* et *Christophe Valkendorf* (trésorier), dont les uns moururent et les autres donnèrent leur démission ou furent remplacés avant que le roi atteignît sa majorité. Pour conserver le pouvoir aussi longtemps que possible, le Rigsraad décida que le roi ne serait majeur qu'à vingt ans accomplis, limite extraordinairement reculée. La régence fut d'ailleurs en général exercée d'une manière irréprochable. Diverses doléances sur de prétendus droits violés sous le règne précédent, doléances que la noblesse croyait opportunes, furent écartées avec dignité par le Rigsraad. Dans une autre circonstance, au contraire, la régence agit contre les intérêts du roi. En effet, lorsque Christian IV devait recevoir l'hommage dans les duchés (1588), les envoyés du gouvernement danois confirmèrent le droit électoral des prélats et de la chevalerie, droit qui jusqu'ici n'avait été pour ainsi dire jamais exercé; et ils lui attribuèrent tant d'étendue, qu'ils déclarèrent même que les États seraient dégagés de leur serment de fidélité et autorisés à élire un autre duc, si le roi, à sa majorité, ne confirmait pas tous leurs privilèges. C'était d'autant plus singulier que *Philippe*, fils du duc Adolphe de Gottorp, mort en 1586, avait énergiquement protesté contre ces prétentions et réclamé l'hommage héréditaire, qu'il aurait certainement obtenu si les membres du gouvernement danois n'avaient trahi sa cause et celle de leur pupille. La régence eut le grand mérite de faire donner au jeune prince une excellente éducation, qui porta de si bons fruits, grâce aux goûts studieux et aux dispositions de Christian. Il reçut une profonde instruction, aussi bien dans les langues que dans les sciences, et il apprit non-seulement l'allemand et le français, mais aussi l'espagnol, l'italien et le latin ; il parlait couramment ces deux derniers idiomes. Parmi les sciences, il était surtout passionné pour les mathématiques, et il s'appliqua en outre avec tant d'ardeur au dessin et aux arts mécaniques, qu'il put lui-même tracer le plan de beaucoup des édifices, des machines et d'autres travaux qu'il fit exécuter, et tenir personnellement le compte des dépenses. Comme il montra de bonne heure du penchant pour la marine, on fit construire pour lui un navire sur le lac de Skanderborg, où de continuels exercices lui procurèrent l'habileté et l'expérience maritimes, qui plus tard furent si précieuses pour sa patrie et si honorables pour lui-même. Il entendait si bien l'architecture navale, qu'il fit lui-même les modèles de beaucoup des vaisseaux de guerre construits par ses ordres et passant pour les plus beaux de l'Europe. On surveilla avec la même sollicitude le développement de ses forces corporelles et de ses facultés intellectuelles, et il acquit une telle adresse dans les exercices chevaleresques, que peu de ses contemporains pouvaient, à cet égard, se mesurer avec lui. Lorsqu'il eut atteint l'âge de dix-neuf ans, une partie de la noblesse proposa qu'il fût déclaré majeur par le Rigsraad, d'autant plus qu'il l'avait déjà été, quelques années auparavant, dans les duchés; mais le conseil de régence ne voulut pas abandonner le pouvoir avant le temps. Il ne fut proclamé majeur, en 1596, que quelques mois avant l'accomplissement de sa vingtième année; après quoi, il promulgua une capitulation qui est identique avec celle de Frédéric II.

III

Situation intérieure. — Finances et impôts. — Oppression croissante de la classe des paysans. — Justices seigneuriales; jugement et exécution. — Diminution du nombre des propriétaires. — Échanges. — Les paysans opprimés et le clergé avili par la noblesse.

Les relations *extérieures* du Danemark, pendant les années qui s'étaient écoulées depuis l'introduction de la Réforme, avaient été particulièrement bonnes et continuèrent à l'être dans le premier quart du siècle suivant; les guerres étaient heureuses, et l'État respecté et considéré des puissances étrangères. La situation *intérieure* avait aussi ses côtés brillants : le pays avait en abondance de grands savants (Tycho Brahe, Niels Hemmingsen, Henri Ranzau, André Sœrensen Vedel, etc.), des hommes d'État et des guerriers distingués (Peder Oxe, Jean Ranzau, Daniel Ranzau, Peder Skram, Herluf Trolle, Otte Rud). Les finances publiques étaient, depuis le temps de Peder Oxe, dans le meilleur état, et, bien que les revenus ne fussent pas considérables, ils excédaient pourtant de beaucoup les dépenses. D'après une moyenne basée sur trois années, les recettes de la Norvège et du Danemark s'élevaient, en 1602, à 411,000 rigsdaler species (2,466,000 fr.), dont 142,000 fournis par la douane du Sund, et les dépenses à 247,000 rigsdaler species, de sorte qu'il y avait un excédant de 164,000 rigsdaler, soit les deux cinquièmes des recettes. Les dépenses s'appliquaient surtout à l'entretien de la cour, à la flotte, au traitement des ambassadeurs et des fonctionnaires, aux pensions, quand des fiefs et des domaines n'étaient pas affectés à ces chapitres. Les forces de terre ne coûtaient rien, puisqu'il n'y avait pas d'armée permanente. Cette supputation ne comprend pas certaines dépenses éventuelles, mais pourtant considérables; mais d'autre part on n'y a pas fait entrer les recettes des duchés. Les principales sources de revenus étaient les redevances des fiefs de la couronne, les contributions des villes, les douanes, dont les plus importantes étaient la douane jutlandaise du bétail à Kolding, et la douane des vins et des bières étrangères. Le produit des amendes et des peines pécuniaires, qui autrefois avait été si considérable, n'avait plus maintenant une importance particulière, attendu que la noblesse se les était attribuées. La douane du Sund, au contraire, devint d'année en année plus productive, par suite de l'accroissement du trafic dans la Baltique et de l'élévation des tarifs.

Bien que l'heureuse situation des finances, l'épanouissement des sciences et d'autres circonstances favorables semblent attester la puissance et la prospérité intérieures, l'État souffrait pourtant de maux profonds qui épuisaient ses forces et qui expliquent son complet affaiblissement pendant les trente-cinq dernières années avant la révolution de 1660. Bien que les revenus de l'État ne puissent être regardés comme considérables, la charge des impôts était pourtant lourde pour les contribuables, soit parce qu'elle reposait seulement sur les paysans, les bourgeois et les ecclésiastiques, tandis que la riche noblesse n'avait absolument aucune part aux fardeaux publics, soit parce que les redevances payées aux baillis étaient beaucoup plus considérables que celles qui entraient dans la caisse de l'État. En cas de guerre et dans les circonstances extraordinaires, les revenus habituels n'étaient pas suffisants, et l'on imposait des subsides ou *skatter*, mot qui désigne précisément ces taxes extraordinaires, car on ne connaissait pas alors les contributions perpétuelles. En ces occasions, les paysans étaient répartis en districts comprenant chacun dix domaines; lorsqu'un de ces districts était composé de propriétaires, le subside était de 20 daler species, mais parfois un peu plus; pour les fermiers, de moitié; les journaliers de la couronne, ou corvéables perpétuels, payaient moitié moins que les fermiers, et les journaliers de la noblesse, absolument rien. Il était extrêmement rare que la noblesse consentît à ce que ceux-ci fussent imposés, et encore plus rare qu'elle prît part elle-même à la contribution. Chaque ville était taxée à une somme, que l'autorité municipale répartissait ensuite sur les industriels et les propriétaires fonciers. L'impôt était ordinairement payé en numéraire ou en argent non monnayé, mais souvent aussi en denrées pour l'usage de la flotte (Madskat) et parfois en métal pour fondre des canons (Kobberskat). Le recouvrement des impôts était fait à la campagne par les lensmænd ou baillis royaux, qui présidaient en outre, chacun dans sa circonscription, à la justice, à la police et à toutes les autres branches importantes de l'administration intérieure, et qui pouvaient par conséquent être comparés aux amtmænd de notre temps. Les fiefs (len), qui devaient en général être renouvelés chaque année et qui n'étaient que rarement concédés pour plusieurs années et presque jamais pour la vie, étaient soit à *traitement* (paa Genant), lorsque le feudataire ou bailli envoyait au majordome ou au surintendant des finances tous les revenus, après en avoir déduit les frais, et recevait des appointements annuels; soit *à redevance* (paa Afgift), lorsque le bailli gardait tous les revenus, à charge de payer une certaine redevance à la couronne; ou bien *à comptabilité* (paa Regnskab), lorsque le bailli recevait une certaine partie des produits de son fief, à charge de rendre compte; certains fiefs enfin étaient, comme on dit, *francs et libres* (qvit og frit), lorsque le titulaire n'avait ni compte à fournir ni redevance à payer. En outre de ses revenus, le bailli avait d'habitude la jouissance d'un ou de plusieurs châteaux royaux, avec les terres dépendantes; mais il était tenu d'équiper et d'entretenir un certain nombre de cavaliers pour la défense du royaume (*Rostjeneste*). Tous les fiefs du pays devaient, en vertu des capitulations, être exclusivement concédés à des nobles, et ils formaient une des plus importantes sources de revenus de la noblesse, vu que les redevances payées à la couronne étaient le plus souvent très-minimes, relativement à ce que le fief rapportait.

Mais le mal qui, dans cette période (1536-1660), eut la plus funeste influence sur l'État, fut l'appauvrissement et l'abaissement de *l'ordre des paysans*, par suite de la domination et de la tyrannie de la noblesse. A la vérité, dans la première génération après la Réforme, et encore un peu plus longtemps, l'oppression n'était pas si lourde et le sort des paysans n'était en général pas si mauvais qu'il le devint. Dans les premiers temps, il y eut assez fréquemment des exemples de fermiers qui comparaissaient devant les tribunaux et défendaient leur cause contre le seigneur ou le bailli royal; parfois même ils se présentaient comme demandeurs contre ces personnages. Mais la noblesse affermit et développa dans cette période la puissance qu'elle avait acquise lors de la Réformation, et, depuis, elle ne laissa pas d'en user et d'en abuser tout à la fois.

Un remarquable signe des temps, relativement au changement qui se produisit bientôt dans la condition de la classe rurale, c'est ce fait que la présence des paysans aux diètes (où d'ailleurs, *depuis longtemps déjà,* elle ne signifiait presque plus rien) cesse entièrement après l'année 1570. On ne peut du moins pas prouver qu'ils aient assisté ou qu'ils aient été convoqués postérieurement à quelque diète. Dans les premiers temps furent bien promulguées de loin en loin quelques ordonnances, qui avaient pour but de protéger l'ordre des paysans. Mais des lois et des décrets ne suffisent pas à opposer des barrières durables à des abus qui ont leur racine dans toute la constitution de l'époque et qui sont fondés sur des bases solides. L'aristocratie était dans son mouvement ascendant, et rien ne pouvait arrêter ses progrès avant qu'elle eût atteint son point culminant, d'où elle fit soudainement une chute rapide. Plusieurs des ordonnances faites en faveur des paysans montrent aussi à quel degré d'oppression ils étaient soumis, puisque de telles défenses étaient nécessaires. Par exemple, Frédéric Ier ordonna (1532), relativement à l'île de Laaland, qu'*un des fils de chaque propriétaire ne serait pas asservi, mais resterait dans le domaine de son père;* par où l'on voit que, en dépit de la loi et du droit, on a étendu le servage aux autres fils de propriétaires. En 1539, Christian III exempte du servage de la glèbe les bourgeois de Nakskov, qui étaient nés dans les domaines de la couronne, *mais* il prescrivit aussi de n'accorder à l'avenir le droit de bourgeoisie à aucun serf. Comme les nobles et les baillis voulaient aussi traiter en serfs les fils de prêtres et de marguilliers et les attacher à la glèbe, ce monarque interdit cette illégalité par une ordonnance en 1550. Frédéric Ier défendit, en 1523, de priver le fermier de sa terre, aussi longtemps qu'il remplirait les obligations de son bail, et ce droit de possession à vie est supposé comme règle générale dans le recez de Kolding, promulgué sous Christian III, en 1558. En 1565, sous Frédéric II, il fut décidé, relativement aux domaines affermés de la couronne, que la veuve conserverait le domaine du mari, sans nouveau bail, tant qu'elle ne convolerait pas en secondes noces, coutume qui semble aussi avoir été bientôt adoptée pour les domaines nobles.

Les paysans étaient, dans cette période, soit *propriétaires*, soit *fermiers*, soit *journaliers*; cette dernière dénomination désignait les fermiers habitant le plus près du château, où ils étaient tenus de faire des corvées *plusieurs fois par semaine*, ou bien si souvent et si longtemps que le seigneur le désirait. Les fermiers plus éloignés ne faisaient de corvée qu'au temps des travaux pressants, au printemps et en automne; ils faisaient aussi des charrois plus ou moins longs pour leur seigneur (Kortægts- et Langægts-Bœnder). La corvée devint, dans cette période, beaucoup plus pénible qu'auparavant, car autrefois les propriétés de la noblesse consistaient principalement en une quantité de petits domaines qui étaient disséminés par tout le royaume, et dont la culture n'exigeait pas beaucoup de travail. Mais, à partir de la fin du quinzième siècle, et surtout après la Réformation, où les guerres intestines cessèrent et où la noblesse prit goût à une vie plus paisible, elle se mit à réunir les petits domaines en grandes seigneuries, soit par achat, soit par échange entre nobles ou avec la couronne, soit par acquisition de grands biens de l'Église, dont les fermiers passèrent du doux patronage du clergé sous le dur joug de la noblesse. Comme ces grandes possessions de la noblesse n'étaient cultivées que par des journaliers, la corvée devint extrêmement onéreuse; et plus soigneusement furent cultivées les terres dépendant des châteaux, moins il restait de temps au corvéable pour son travail, et plus il négligeait sa propre culture. La corvée était déjà depuis longtemps *indéterminée,* moins par suite d'une prescription législative que comme conséquence de l'oppression toujours croissante; mais les expressions vagues sur « *l'obéissance* due par le paysan à son maître et sur *ses obligations quant aux charrois et au travail* », expressions figurant aussi bien dans les précédentes ordonnances que dans le recez de Kolding (1558) de Christian III, pouvaient, à défaut d'autre titre, servir à autoriser toute sorte d'actes arbitraires. Les *arrhes* ou Stedsmaal, payés lors de l'entrée en jouissance, n'étaient pas déterminés, mais variaient beaucoup, selon les lieux. Le cens annuel dépendait bien, en général, de l'ancienne coutume et de l'usage local; le maître de la terre n'était pourtant pas tenu de s'y conformer; et, bien que le fermier déjà en possession pût se plaindre, et parfois obtenir gain de cause contre le propriétaire qui cherchait à augmenter le prix une fois fixé, rien n'empêchait pourtant qu'une telle augmentation eût lieu lors du renouvellement du bail. La corvée aussi était en général réglée par la coutume, mais il n'y avait là rien de fixe. Dans ces circonstances, un vaste champ restait ouvert aux caprices d'un seigneur injuste, qui pouvait augmenter les arrhes, aggraver la corvée et élever la rente foncière. Même sur les domaines de la couronne, où la condition des paysans était pourtant meilleure, ils furent néanmoins, en beaucoup d'endroits, tellement appauvris, qu'il fallut réunir plusieurs domaines pour parfaire la rente que chacun d'eux payait auparavant.

La servile sujétion du paysan à l'égard du seigneur fut complétée, pendant cette période, en divers lieux, par un nouveau privilége nobiliaire, savoir la *justice seigneuriale* (Birkeret). Ce droit consistait, pour le seigneur, à pouvoir faire comparaître les paysans de son birk ou district devant le juge et le greffier nommés par lui. Ce privilége est sans doute ancien, mais il ne fut pas appliqué sérieusement tant que les domaines nobles furent petits et dispersés. C'est dans la lettre d'affranchissement octroyée au Jutland, par Christian Ier, en 1466, que l'on trouve la première trace tant soit peu certaine des justices seigneuriales, qui sont ainsi beaucoup plus récentes que les juridictions ecclésiastiques et que celles des paysans, lesquelles paraissent au treizième siècle, et que les justices royales, qui sont mentionnées dans la première partie du quatorzième siècle. L'origine des justices seigneuriales peut être attribuée, dans les temps plus anciens et plus troublés, à des usurpations ; plus tard, particulièrement à des concessions royales, à l'acquisition par donation, achat ou échange, de domaines de la couronne, à la transformation de fiefs engagés en domaines nobiliaires. Après que le pouvoir judiciaire de la nation eut été si considérablement réduit par le fait des baillis ou feudataires royaux qui chargeaient leurs fogeds ou procureurs de juger dans les tribunaux de canton, il n'y avait rien d'insolite à ce que les nobles exerçassent le même droit dans leurs propres domaines ruraux. Mais les conséquences en furent très-pernicieuses pour l'administration de la justice et le maintien de l'équité. Les juges institués par les seigneurs étaient le plus souvent ignorants et corruptibles ; ils étaient les serviteurs du seigneur et dépendaient de lui, de sorte que celui-ci était en quelque façon juge dans sa propre cause. A la vérité, aucune prescription législative n'interdisait au paysan d'appeler de la justice subalterne à un tribunal supérieur ; mais ordinairement le pauvre opprimé aimait mieux se soumettre au jugement que d'encourir la colère du seigneur par un appel qui aurait eu une apparence de rébellion. En outre il ne pouvait avoir qu'une faible expectative d'obtenir un arrêt plus juste, lorsque ses différends avec son seigneur devaient être tranchés par le tribunal provincial (Landsthing), où tous les juges étaient nobles. Un autre privilége nobiliaire était *le droit de juger et d'exécuter*, qui date de Frédéric Ier, mais dont la première mention expresse se trouve dans la capitulation de Christian III. Quelques nobles seulement avaient une juridiction spéciale (Birkeret), mais tous avaient sur leurs paysans *le cou et la main* (Hals og Haand), c'est-à-dire le droit de les faire arrêter, emprisonner et poursuivre devant le tribunal compétent, puis d'exécuter le jugement. Ce droit tire son nom de ce qu'il ne concernait originairement que les causes pouvant entraîner la décapitation et la perte de la main, catégorie sous laquelle furent plus tard comprises les moindres affaires. Lorsqu'il n'était pas joint à la justice seigneuriale, il ne donnait pas lieu à tant d'abus, attendu qu'en ce cas le jugement appartenait aux tribunaux ordinaires ; les seigneurs sans conscience en mésusèrent pourtant, en ce que parfois, sans laisser au tribunal supérieur le temps de se prononcer, ils faisaient exécuter aussitôt le jugement du tribunal inférieur; d'autres fois, au contraire, la faveur ou la corruption procuraient l'impunité aux plus grands crimes. C'est ce qu'attestent suffisamment les fréquentes doléances des sujets, entre autres la plainte adressée par la bourgeoisie jutlandaise à Christian IV, en 1629, et les continuelles remontrances faites à cette occasion par les rois à la noblesse. — Dans les pays où la puissance de la noblesse et l'oppression des ordres inférieurs atteignent un tel degré, les lois sur la chasse sont en général cruelles et barbares : c'était aussi le cas pour le Danemark. Dans une lettre royale de Frédéric II (1573), il est ordonné que, dans les lieux de chasse, personne n'ait plus d'un chien à la maison, encore devait-il avoir une des pattes de devant coupée au-dessus du genou. Le recez de 1537 autorisait quiconque pouvait saisir un braconnier à le conduire au siége du tribunal le plus rapproché et à lui faire crever les deux yeux, ou aussi à le faire pendre au premier arbre venu. Le même recez interdisait aux bourgeois, aux paysans et aux ecclésiastiques de tenir des chiens de chasse, et cela sous peine de mort et de confiscation de leurs biens.

La dure oppression dont l'ordre des paysans avait souffert pendant plusieurs siècles avait amené une diminution considérable dans le nombre des propriétaires, qui avaient autrefois formé le noyau de la population rurale. Ce fut le résultat soit de l'asservissement et des procès injustes, soit d'acquisitions faites en dépit des capitulations, soit de la cession volontairement consentie par le propriétaire, lorsqu'il croyait n'avoir pas d'autre moyen de se soustraire aux entreprises du puissant seigneur ; quelquefois aussi il était séduit par la promesse d'un bail avantageux ou par la perspective de voir diminuer ses impôts, moitié moins élevés pour le fermier que pour le propriétaire. Si le fermier habitait dans le voisinage du château, il était de nouveau facilement transformé en *journalier* (Ugedagstjener); car il échappait ainsi tout à la fois aux impôts et au service militaire. Et même lorsqu'il habitait à une plus grande distance du château, son seigneur savait en faire un journalier en construisant une *grange* (Ladegaard), à laquelle il attribuait tous les droits qui n'appartenaient proprement qu'à son manoir. De cette manière, des villages entiers furent démolis et convertis en terres corvéables, cultivées par des journaliers, au grand profit de la noblesse, mais au préjudice de l'ordre des paysans, des revenus de l'État et de sa force militaire; le tout par une violation évidente des lois, qui n'accordaient l'exemption d'impôt aux nobles que pour leur *manoir principal* ou résidence ordinaire (Sædegaard) et pour les terres situées dans la même paroisse. Mais la noblesse était puissante, les rois faibles, ou, comme Frédéric Ier et Frédéric II, mieux disposés pour la noblesse que pour le peuple et la bourgeoisie; ils fermèrent donc les yeux sur ces abus ou ne les poursuivirent pas avec assez d'énergie pour les faire cesser. Dans les possessions de la couronne même, beaucoup de propriétaires endettés vendirent leurs propriétés ou les cédèrent au roi pour obtenir divers adoucissements ou des faveurs comme fermiers.

Cependant rien ne contribua autant à la ruine de l'ordre des paysans danois que les *échanges* (Mageskifte) dont il a été souvent question, et qui se firent de deux manières. Car, d'un côté, la noblesse échangea ses mauvaises fermes épuisées et lourdement imposées contre les excellents domaines peu imposés de la couronne, et ceux-ci tombèrent bientôt, sous leur nouveau maître, au même rang que les autres; d'autre part, le résultat de ces échanges fut la transformation d'un grand nombre de propriétés libres en fermes. Souvent, en effet, la couronne céda comme soulte à des nobles son droit aux impôts et redevances des francs-alleux, et elle les autorisa même le plus souvent à acheter ces terres et à les posséder à titre perpétuel. A la vérité, ce n'était qu'une faculté, et, à la rigueur, la situation du propriétaire n'était changée qu'en ce qu'il payait ses impôts à un seigneur au lieu de les verser dans la caisse publique. Mais, dans la plupart des cas, le dénoûment de l'affaire fut que, de gré ou de force, le propriétaire dut céder son domaine au seigneur et devenir fermier. Ces échanges ne commencèrent à devenir très-fréquents que vers la fin du quinzième siècle, sous le roi Jean, que Hvitfeldt, l'historien aristocratique, loue « d'avoir volontiers fait des échanges avec sa noblesse ». Sous aucun règne pourtant elles ne furent aussi nombreuses et pernicieuses pour la classe des paysans propriétaires que sous Frédéric II. Dans la période de 1572 à 1588 seulement, il se fit en Danemark (sans même y compter les provinces skaniennes) trois cent trente échanges entre la couronne et la noblesse, et l'on peut admettre comme faible moyenne que, dans la moitié au moins de ces actes, la couronne céda son droit d'imposition sur dix francs-alleux, plus ou moins; dans un partage de l'année 1583, elle le céda même sur deux cents domaines, avec faculté pour le cessionnaire d'en acquérir la propriété. Si l'on suppose que, dans la moitié seulement de ces échanges, la couronne céda chaque fois son droit sur dix domaines allodiaux, non moins de mil six cent cinquante de ceux-ci passèrent entre les mains de la noblesse pendant les seize dernières années du règne de Frédéric II, et la plupart d'entre eux devinrent des propriétés nobles à perpétuité. Dans ces circonstances, on ne peut être surpris de ce que, quelques années après la mort de Christian IV, le nombre des francs-alleux en Danemark était tombé au chiffre de cinq mille. C'est dans le Jutland que se trouvaient la plupart d'entre eux, au nombre de trois mille quatre cents, dont deux mille deux cents dans le bailliage de Skanderborg, de sorte qu'il n'y en avait que mille deux cents dans tout le reste du Jutland. Dans les autres provinces, on en comptait environ mille quatre cent soixante-dix, savoir six cent trois en Fionie, six cent dix-huit dans l'île de Laaland, cent quatre-vingt-cinq en Sélande, cinquante-cinq dans l'île de Langeland, et deux dans celle de Falster !

Ceux des propriétaires qui ne devinrent pas fermiers souffraient aussi de l'oppression générale de l'ordre des paysans. Auparavant les paysans avaient, comme la noblesse, la pleine propriété de leurs domaines et ne payaient à la couronne qu'une redevance en argent, au lieu de l'ancien hébergeage, de l'impôt de guerre, de la contribution militaire, et ils faisaient quelques charrois et corvées; mais, dans la présente période, il y eut à cet égard un si profond changement, que l'idée de franc-alleu roturier disparut entièrement des lois; désormais, celles-ci ne parlèrent plus que de paysans libres qui n'avaient pas la pleine propriété de leurs domaines. Cette restriction au droit de propriété consistait principalement en ce que le propriétaire roturier ne pouvait vendre son domaine à qui il voulait, ni en détacher aucune partie, ni faire de ses bois ce qu'il lui plaisait; en cas d'infraction, il pouvait être dépossédé de ses biens, qui passaient alors à un de ses cohéritiers. Le domaine était en outre soumis à certaines corvées, devait payer un cens annuel, et des *lots et ventes* appelés *Huusbond-*

hold, chaque fois qu'il changeait de propriétaire. L'ensemble de ces droits, appelés *seigneuriaux* (Herlighed), appartenait soit à la couronne, soit au seigneur le plus voisin, qui était nommé *patron* (Huusbonde) du propriétaire. La raison pour laquelle les propriétaires furent ainsi dépouillés d'une partie de leurs droits et soumis à des charges auparavant inconnues ne peut être cherchée dans la révolte des paysans jutlandais (1534), au temps de la guerre du Comte. Il est vrai que le nombre des propriétaires fut sensiblement diminué dans le Jutland à cette occasion; mais les roturiers qui rachetèrent leurs biens confisqués les obtinrent avec les mêmes franchises et droits qu'auparavant. Cette dépossession s'explique mieux, au contraire, soit en général par l'oppression croissante des paysans par suite des progrès continus de l'aristocratie, soit en particulier par les nombreux échanges qui furent la source de tant de malheurs pour les roturiers. Par là, en effet, les droits seigneuriaux furent transportés aux nobles, qui ne manquèrent pas, à l'occasion, de les aggraver et de les étendre.

Comme la noblesse avait été dispensée, après la Réforme, de payer la dîme, elle n'avait dans cette période aucune autre charge que l'obligation de faire le service militaire à cheval; elle ne payait donc pas cher les grands priviléges et franchises dont elle jouissait. Mais, dans les derniers temps, elle se déroba fréquemment même à cette charge, et, pendant la guerre, elle restait tranquillement à la maison; c'est pourquoi Christian IV prit beaucoup de peine pour obtenir que les nobles, au lieu de servir personnellement, fourniraient pour la défense de l'État un certain nombre de chevaux et de cavaliers complétement équipés. Le chiffre en était très-peu élevé, savoir : un cavalier pour un revenu de trois cent douze tonneaux d'orge; mais le pis, c'est que les chevaux étaient très-mauvais et impropres au service, et, au lieu de cavaliers belliqueux et exercés, la noblesse fournissait, comme la bourgeoisie du Jutland s'en plaignait à Christian IV, « des coureurs, des cochers, des pêcheurs, des valets de ferme et des marmitons ». Aussi fallait-il ordinairement recourir à des mercenaires étrangers, aussi bien fantassins que cavaliers. En cas de nécessité pourtant, on levait des fantassins parmi les jeunes gens du pays, à la ville comme à la campagne. On répartissait ordinairement les habitants de la campagne par districts comprenant chacun dix hommes, dont un était pris pour la milice, tandis que les autres étaient chargés de son équipement et de son entretien. Parfois on levait un homme sur cinq, et, dans les périls extrêmes, on enrôlait tous les hommes d'une province capables de porter les armes. Les journaliers de la noblesse étaient seuls, comme on l'a vu, exemptés de toute conscription.

Un auteur, nommé *Cornelius Hamsfort* (sans doute *l'ancien*, qui mourut en 1580), nous a laissé un tableau des mœurs de son temps et des relations mutuelles des ordres, notamment de la noblesse et des roturiers. Ses couleurs, pour être noires, ne sont pas pour cela forcées de ton, car l'époque qu'il décrit était sombre aussi. « L'ordre le plus inférieur en Danemark comprend, dit-il, ceux qui vivent dans les villages et les hameaux, et qui, ainsi que les femmes et les enfants, partagent leur logement avec le bétail. Leurs demeures sont des huttes à parois de terre et à toit de chaume; leurs aliments consistent en pain grossier, en laitage, en lard, en gruau d'orge et en choux; leur boisson se compose de petit lait et de bière faite avec du malt d'avoine; leur costume, d'une jaque de bure ou de toile, de deux sabots et d'un bonnet râpé. Ils doivent souvent travailler pour leur seigneur, qu'ils appellent *patron* (Huusbonde); leur travail porte en général le nom de *corvée* (Hovtjeneste); ils ont à cultiver sa terre, à semer, à moissonner, à rentrer les récoltes, à scier le bois de chauffage, à bâtir, à bêcher; bref, il n'est rien dont ne doivent s'accommoder ces pauvres esclaves, rien qu'ils osent refuser de faire, lorsqu'ils en ont reçu l'ordre, car un refus serait puni sévèrement. Le plus pénible pour cette classe d'hommes, c'est qu'un petit nombre d'entre eux possèdent les maisons qu'ils occupent; ils ont, chaque année, à payer un certain cens foncier, en blé ou en d'autres denrées, à leur seigneur, de qui les enfants doivent reprendre l'amodiation, en cas de mort du père, pour ce que le maître en exige, ou bien s'en affranchir par une résiliation coûteuse. D'une condition supérieure sont les *habitants des villes*, qu'ils soient hommes de qualité ou simples bourgeois. *Ceux-là* vivent de leurs revenus et ont l'existence de la noblesse, ou bien ce sont des marchands dont le commerce le plus lucratif est avec le paysan, qu'ils dupent gentiment; *ceux-ci* s'occupent de leurs ateliers et de leurs métiers. Leurs vêtements sont de laine, mais ils diffèrent de couleur et de coupe, car personne maintenant ne porte le simple costume des anciens. Quant aux maisons, les riches les bâtissent en maçonnerie, les moins aisés en charpente ; mais elles sont toujours couvertes de tuiles, et les rues pavées. *Les nobles* possèdent le sol, d'où ils tirent leurs revenus. Ils regarderaient comme une tache à leur honneur d'épouser une plébéienne ou de s'établir comme bourgeois dans une ville ; mais, tout en méprisant la vie des citadins, ils font maintenant le commerce au détriment des bourgeois. Ils s'adonnent fort à la chasse, et ils prétendent que les lois leur en donnent le privilége spécial ; si d'autres chassent, ils encourent la peine capitale. Somptueux en festins et en boissons, magnifiquement vêtus, suivis d'une escorte nombreuse, les nobles s'efforcent d'attirer les regards de la multitude. D'ordinaire, c'est une gent orgueilleuse, qui accable ses paysans de travaux sans relâche et maltraite ces malheureux, qu'elle peut même faire mourir sans crainte de châtiment. — Quant à la vie quotidienne en Danemark, il est ordinaire de se tenir à table et de boire nuit et jour, en vidant verre sur verre. Il n'y a pas de noce, de festin ou de repas de corps où l'on ne se livre à la boisson, et, lorsque l'un des convives est à moitié ivre ou qu'il a totalement perdu connaissance, on le couche dans un lit, on rit et l'on s'en donne à cœur joie en lui faisant mille niches. C'est surtout la noblesse qui mène une telle vie, en négligeant la défense de l'État. On regarde comme le plus belliqueux celui qui boit le mieux, tandis que l'homme sobre est méprisé et traité de poltron. Autrefois la noblesse s'exerçait au jet, à la course, à la lutte, à l'équitation ; maintenant elle dédaigne toute discipline militaire et n'a pas d'autres armes que le verre. »

La *bourgeoisie* ne souffrait pas moins que les paysans du joug oppressif de la noblesse. Les vestiges peu nombreux qui subsistaient encore de l'indépendance des municipalités disparurent entièrement. Dans la plupart des villes, les baillis royaux nommaient le bourgmestre et le conseil, l'échevin et le greffier ; les ordres donnés par le roi aux autorités municipales étaient d'abord adressés au bailli ; c'est devant le tribunal de ce dernier qu'était cité le magistrat prévenu d'avoir transgressé les ordres du roi ; c'est à son approbation que le caissier devait soumettre ses comptes, et en sa présence, ainsi qu'en celle de quelques conseillers, qu'il devait verser le boni. La vérification des registres des marchands, la nomination des tuteurs supérieurs, l'inspection des écoles et des hôpitaux et d'autres branches de l'administration municipale, appartenaient au bailli royal. On a vu plus haut comment le commerce et l'industrie des villes furent ruinés par les priviléges accordés à la noblesse, comme l'exemption de douane et d'octroi, etc. Dans cette période, les nobles s'emparèrent si exclusivement de l'important et lucratif commerce des bestiaux, qu'ils interdirent aux prêtres et aux paysans d'engraisser des bœufs pour leur propre compte. Celui qui ne se souciait pas de faire le commerce par lui-même permettait au bourgeois de le faire en son nom, et, en retour du bénéfice illégitime qu'il lui procurait, il obtenait gratis, pendant toute l'année, du vin et d'autres marchandises. Le bourgeois qui avait une créance sur un noble était presque dans l'impossibilité de se faire payer, car le noble qui ne voulait ou ne pouvait satisfaire à ses engagements faisait faillite par spéculation, et le bourgeois devait alors renoncer à sa créance ou bien acheter le domaine à un prix que les amis du débiteur faisaient monter bien au-delà de la valeur réelle. Et encore ne pouvait-il conserver cette terre, mais, d'après les règlements en vigueur, il devait la céder à un noble dans le délai d'un an et un jour, vente forcée qui naturellement devait être faite à perte. Outre cette oppression et les injustices de ce genre que la noblesse faisait souffrir aux bourgeois, elle leur donnait la qualification méprisante de *ufrie* (non francs, asservis), dont elle se servait presque exclusivement dans cette période pour désigner les ordres inférieurs, ce qui, joint au reste, contribua grandement à entretenir la haine universelle contre la noblesse dans un temps où l'amour-propre de la bourgeoisie croissait peu à peu.

Le *clergé* partageait, à cet égard, les sentiments des ordres inférieurs et il avait de graves raisons de le faire, car la noblesse, non contente de se refuser à payer la dîme, diminuait sans cesse les revenus des prêtres en annexant aux terres franches des châteaux les nombreux domaines roturiers et villages abandonnés de leurs habitants. Elle exerçait de la manière la plus scandaleuse son droit de collation. Souvent les cures étaient le prix, non de la science et de la capacité, mais d'un mariage avec la concubine ou la servante du patron, ou d'autres honteux trafics. Le prêtre ainsi nommé avait à subir la pétulance et les insolences du seigneur de la paroisse et à se prêter en tout à ses caprices, s'il ne voulait s'exposer à être taquiné, vexé, persécuté, et même finalement expulsé de sa place. Les plus hauts ecclésiastiques du royaume, les évêques eux-mêmes, n'étaient pas à l'abri des plus grandes indignités, de la part de la grossière noblesse. C'est ainsi que l'évêque *Niels Jespersen,* d'Odense, fut, en 1564, interrompu au milieu d'un prêche et injurié par une dame noble avec le mari de laquelle il avait un différend. Vainement lui enjoignit-il de rester calme, au moins jusqu'à la fin du service divin. Elle continua à l'outrager, et il dut interrompre son sermon et descendre de la chaire à prêcher. Cette conduite scandaleuse n'attira, autant qu'on le sait, ni peine ni désagrément à la dame noble. Parmi les anecdotes concernant les violences de la noblesse contre le clergé, on peut citer le traitement infligé (1570) au prêtre *Mads* par le chevalier et rigsraad *George Lykke* de Bunderup. Dans un prêche, l'ecclésiastique avait vivement reproché à G. Lykke d'avoir fait démolir une église (ce que l'aristocratie se permettait d'ailleurs souvent, mais ce dont G. Lykke avait en ce cas obtenu la permission spéciale), et d'avoir employé les pierres à la construction d'un château. Le noble, exaspéré, doit avoir poursuivi le prêtre jusqu'à ce qu'il l'eût fait condamner à mort par un jugement du tribunal cantonal; puis, aussitôt, devançant l'appel, il le fit décapiter dans le voisinage de l'église démolie[1].

---

[1] La relation de Hoffmann sur cette affaire, dans sa continuation de l'Atlas danois de *Pontoppidan* (t. IV, p. 550-1), est tellement circonstanciée, que l'on ne peut la révoquer en doute. Dans ses *Annales eccl.,* t. III, p. 430, Pontoppidan est aussi généralement d'accord avec Hoffmann, bien que moins exact. Le fait est aussi mentionné dans le journal de Mads Petersen Farstrup et Laurids Axelsen, pour les années 1536 à 1715, dans les additions, p. 311 et s. Dans le même ouvrage, p. 318 et suiv., est rapportée la conduite de George Lykke à l'égard d'un autre prêtre, maître André Grœnning. Que G. Lykke ait été un seigneur violent et orgueilleux, il y en a plusieurs preuves dans les sources imprimées et inédites. La reine douairière Dorothée se plaint par exemple dans une lettre (Archives privées) à son fils Frédéric II, datée de Sœnderborg, 5 septembre 1567, du traitement que ce personnage faisait souffrir aux prêtres d'Als.
« Les pasteurs de notre île d'Als, dit-elle, déclarent ensemble que G. Lykke, pour les détourner de leurs devoirs envers nous, les effraie par de grandes menaces signifiant: à bas la tête, pour leur indiquer qu'il là leur ferait couper. » (Die Pastores albie in Alsen, bekhennen sambtlich, das sie von Jorgen Lucke, sich namlich aus unser verpflichtung zu geben, mit höchster be-

C'est ainsi que toute la nation, paysans, bourgeois, ecclésiastiques, était foulée aux pieds par huit ou neuf cents nobles. On ne trouve pourtant pas que, jusqu'au temps de Christian IV, le peuple ait donné des signes publics d'impatience à supporter le joug. La lutte acharnée, mais malheureuse, livrée au commencement du siècle, avait brisé le courage du peuple ; il n'y avait aucun secours à attendre de Frédéric Ier et de Christian III, qui étaient montés sur le trône après avoir vaincu le peuple avec l'aide de la noblesse, non plus que de Frédéric II, qui avait des tendances extrêmement aristocratiques. Aussi, dans toute cette période, le peuple n'osa-t-il ni se plaindre, ni agir, mais souffrit et soupira silencieusement. Il commença enfin à reprendre courage sous le règne de Christian IV, et la colère longtemps cachée se montra plus ouvertement. Le peuple se plaignit hautement et clairement de l'insupportable tyrannie de la noblesse, que des écrivains attaquaient dans leurs livres, et le roi Christian IV, l'ami du peuple, prit sous sa protection les paysans opprimés. Mais les liens ne pouvaient être brisés au premier effort ; les plaintes du peuple retentirent en vain encore quelque temps ; les écrivains furent réduits au silence, et le noble Christian IV usa une partie de ses meilleures forces dans une lutte infructueuse contre l'aristocratie ; mais le temps de la délivrance approchait.

drawung geschreckt, mit der bedeutung : *Kopff ab, Kopff ab*, wollte sie kopffen lassen). Une lettre de Frédéric II lui-même, datée du 6 mai 1567 (Esquisse de toutes les provinces, fol. 315), contient une vive admonestation à G. Lykke, parce qu'il avait fait désaveu au greffier du château de Hald et l'avait menacé de mort. Ces traits ne caractérisent pas favorablement ce personnage, et, joints à ce que l'on sait, ils montrent que son surnom de « Præstehader » (ennemi des prêtres) n'est pas tout à fait immérité.

SECONDE DIVISION

1596-1660.

I

Christian IV. — Sollicitude pour la Norvège. — La guerre de Kalmar. — Améliorations intérieures. — L'Université et les écoles. — Commerce et industrie. — Nouvelles constructions, fondation de villes et de forteresses. — Maintien de la justice. — Participation à la guerre de Trente ans. — Malveillance des ordres inférieurs pour l'aristocratie. — L'ordre des paysans. —. Relations avec les ducs de Gottorp. — Douane du Sund. — Guerre avec la Suède. — Différends du roi et du Rigsraad.

Christian IV monta sur le trône en 1596. C'était un monarque plein de force et du désir de bien faire, et pourvu des qualités qui sont nécessaires pour un prince qui veut travailler avec succès pour l'État. La Norvège, qui avait été si négligée sous ses prédécesseurs, attira aussitôt l'attention du jeune roi. A partir de son avénement, il fit presque chaque année un ou plusieurs voyages dans ce pays, et il continua jusqu'à un âge avancé, et même jusqu'à l'avant-dernière année de sa vie, sans se laisser effrayer par les fatigues d'une longue navigation. Dans ces visites assidues en Norvège, il travailla, par la réforme de la justice, par le rigoureux maintien de l'équité et par une sévère surveillance de toute l'administration intérieure du royaume, à réparer les fautes de ses prédécesseurs. Un des plus remarquables de ces voyages fut celui qu'il fit en 1599, avec une flotte sur laquelle il servait lui-même comme capitaine. Il navigua le long des côtes méridionales et orientales de la Norvège, doubla le cap Nord et s'avança jusqu'au golfe de Kola, faisant partout la reconnaissance des côtes, des ports, des embouchures de rivières, et explorant exactement la frontière nord-est du côté de la Suède et de la Norvège. La cause spéciale de ce voyage fatigant, où il fut même une fois en danger de mort, fut la prétention que la Suède élevait dès lors sur une partie du Finmark norvégien. Dans un autre voyage (1604), il destitua son bailli, *Pierre Grubbe*, de même qu'il avait fait précédemment de *Louis Munk*, lesquels s'étaient tous les deux rendus coupables des injustices les plus honteuses et des exactions les plus horribles. Entre les années 1600 et 1604, tous les justiciers (Lagmænd), à l'exception de deux, eurent le même sort à cause de leur mauvaise administration. Le désir que le roi nourrissait depuis longtemps, d'améliorer la législation norvégienne, se réalisa enfin en 1604, lorsque fut promulguée la nouvelle loi norvégienne, dont la plus grande partie avait été rédigée par le chancelier de Norvège, *Hans Pedersen Basse ;* le code fut suivi, en 1607, du règlement ecclésiastique pour la Norvège. — En ce pays, où l'influence du Rigsraad et de la noblesse était moindre, le roi avait les mains plus libres ; mais, en Danemark, il eut, dès la première année de son règne, à combattre l'opposition de la noblesse à toute mesure d'utilité publique. En 1604, il avait convoqué à Horsens les représentants de toutes les villes du Jutland pour délibérer avec eux sur ce qui pourrait contribuer à la prospérité des villes et aux progrès du commerce ; mais, aussitôt que le Rigsraad et la noblesse jutlandaise eurent vent de cette périlleuse entreprise, ils adressèrent au roi des remontrances si sérieuses et si pressantes, qu'il dut contremander la réunion.

La mésintelligence qui avait longtemps régné entre Christian IV et le roi de Suède, *Charles IX*, finit par éclater en hostilités déclarées (1611). Cette guerre est appelée *guerre de Kalmar* (Kalmarkrigen), en souvenir de la place forte qui fut pendant quelque temps l'objet de la lutte. Une des causes fut que Charles IX avait pris le titre de « roi des Lapons des Nordlands », et fait lever un tribut dans ces contrées ; mais le motif véritable fut un démêlé commercial. Charles IX avait, en effet, fondé et solidement fortifié la ville de *Gœteborg*, sur l'étroite bande de territoire que la Suède possédait alors entre les frontières danoise et norvégienne, et il avait ainsi pourvu son royaume d'un port situé au nord du Sund, et d'où l'on pouvait faire le commerce avec la mer du Nord sans avoir à payer la douane du Sund. De plus, il voulait interdire aux commerçants danois et autres toute navigation en Livonie et en Courlande, et il fit afficher d'une manière offensante, pendant la nuit, à la douane de Helsingœr (Elseneur), un placard relatif à cette prohibition ; enfin, le commerce international entre la Norvège et la Suède fut chargé de taxes nouvelles et extraordinaires. Dans les quinze années qu'avait déjà duré le règne de Christian IV, il avait construit une belle flotte, parfaitement équipée, qui pouvait se mesurer avec celle de n'importe quelle puissance maritime de l'Europe. Il maintint la liberté de la navigation dans la Baltique en faisant convoyer les navires marchands, danois et étrangers, par des vaisseaux de guerre, et, comme Charles IX ne voulait pas renoncer à ses prétentions mal fondées, il finit par déclarer la guerre à la Suède. Les Danois eurent des succès sur terre et une supériorité marquée sur mer, où la flotte suédoise se retirait partout sans oser accepter la bataille. Sous la propre conduite de Christian IV, ils prirent, après un siége acharné, la forte place de *Kalmar*, ce dont le vieux roi de Suède fut si irrité qu'il provoqua son adversaire à un combat singulier dans un cartel conçu en termes grossiers, qui reçut une réponse écrite sur le même ton. Ensuite Christian IV conquit les forteresses de Guldborg et d'Elfsborg, situées près de Gœteborg; après quoi cette ville, dont la fondation lui avait été si désagréable, fut entièrement détruite. Charles IX étant mort dans le cours de cette guerre, son successeur, qui fut plus tard le célèbre *Gustave-Adolphe*, demanda la paix, qui fut conclue à *Knærœd* ou *Sjœrœd* (1613), aux conditions suivantes : Le roi de Suède renonçait au titre de roi des Lapons; la Suède payait au Danemark un million de rigsdaler, pour lesquels Elfsborg et Guldborg, avec les cantons qui en dépendaient, étaient remis en nantissement; il fut décidé, relativement à la ville de Gœteborg, que, si elle était rebâtie, ses priviléges ne devaient pas porter préjudice au droit que le roi de Danemark avait à la douane du Sund; le commerce avec la Livonie et la Courlande devait être libre, à l'exception de la navigation à Riga, tant que cette ville serait bloquée par les Suédois; enfin, la longue querelle sur l'usage des trois couronnes dans les armoiries fut vidée ainsi : les deux royaumes étaient autorisés à les porter, sans que le Danemark en pût tirer un droit sur la Suède. — C'est dans cette guerre que les paysans norvégiens du Gudbrandsdal gagnèrent une si grande renommée par leur combat héroïque contre le colonel *Sinclair*. Celui-ci cherchait, avec environ six cents mercenaires écossais, à pénétrer en Suède par la Norvège. Sur son trajet, il avait à passer par plusieurs gorges étroites du Gudbrandsdal, où le chemin était resserré d'un côté par le cours impétueux du Lougen, de l'autre par de hauts rochers. Cette entreprise causa sa perte. Le brave foged (procureur) *Lars Gram* réunit les paysans des provinces voisines; il en plaça une partie dans le passage de Kringlen, et leur donna pour chefs les paysans Hans Hage et Gudbrand Seglestad ; il se posta lui-même avec une troupe de ses compatriotes dans un passage voisin, pour massacrer ceux des ennemis qui réussiraient à s'échapper de la gorge du Kringlen. Mais Sinclair fut accueilli de telle façon par l'embuscade du Kringlen, qu'il périt sur place avec tous ses Écossais, à l'exception de deux. Une autre troupe d'environ mille quatre cents hommes, composée d'Écossais et de Néerlandais, recrutés par un colonel *Munkhaven*, réussit, au contraire, à pénétrer en Suède par le Nordenfjelds, sans opposition de la part des paysans. Elle dut, en grande partie, son succès à la négligence du bailli de Throndjem, Steen Bilde, qui, après la conclusion de la paix, fut puni par un jugement sévère.

L'heureuse issue de la guerre de Kalmar fut suivie de la période la plus heureuse du règne de Christian IV, de 1613 à 1625, date de sa participation à la guerre de Trente ans, et, dans cet intervalle, il déploya toutes les rares qualités qui lui ont assigné un si haut rang parmi les rois de Danemark. Les sciences, le commerce, l'industrie, la législation, les fortifications, tout fut, au plus haut degré, l'objet de son infatigable activité. — L'*Université* fut réformée par les nouveaux statuts de 1621, et son domaine fut successivement étendu par l'érection de sept nouvelles chaires, dont les titulaires eurent à enseigner diverses sciences, comme l'histoire et la géographie, plusieurs parties de la philosophie, les sciences naturelles, etc., qui avaient été négligées, lors de la réorganisation de l'Université en 1539. Le roi affecta au traitement des nouveaux professeurs les revenus de domaines de l'Église, qui n'avaient pas été aliénés après la Réformation. On commença à créer un jardin botanique. La Régence fut construite, en 1623, pour servir de logement aux étudiants pauvres ; la

bibliothèque reçut une organisation plus régulière, de plus grands
revenus et fut considérablement accrue; le roi lui-même lui fit
don d'une notable partie de sa bibliothèque, c'est-à-dire de onze
cents volumes. Sa bienfaisante sollicitude s'étendit aussi aux
écoles savantes, où fut introduit un système d'enseignement amélioré (1604); il pourvut aussi à la composition et à la propagation de
manuels nouveaux et plus convenables. Afin que les jeunes étudiants fussent plus mûrs et mieux préparés pour entrer à l'Université, on créa, à partir de 1618, des *gymnases* ou colléges à côté
des plus importantes des écoles latines, celles de Roeskilde,
d'Odense, de Ribe, d'Aarhuus, de Lund, de Christiania. Dans chacun de ces gymnases furent placés trois à quatre professeurs,
dont les uns devaient pousser plus loin l'étude des langues
anciennes commencée à l'école latine, et dont les autres devaient
faire des leçons sur la théologie, la logique, la physique, les
mathématiques et également, s'il y avait lieu, sur la botanique et
l'anatomie. Ces utiles institutions périrent cependant pour la
plupart lors des revers qui accablèrent plus tard le royaume : il
n'y eut que les gymnases de Roeskilde et d'Odense qui se perpétuèrent jusqu'à la fin, l'un du dix-septième siècle, l'autre du dix-
huitième. Comme le goût des voyages, qui semble être un trait
caractéristique du peuple danois, se manifesta très-fort sous
Christian IV, particulièrement chez les riches nobles, qui non-
seulement visitaient sans cesse les universités d'Allemagne, de
France et d'Italie, mais qui, poussés par le désir de voir le monde,
poussaient jusqu'à de lointaines contrées de l'Asie, le roi, pour
retenir la noblesse dans le pays, résolut de fonder une *Académie
noble à Soræ* (1623) et défendit en outre à tous les nobles de partir pour l'étranger avant leur dix-neuvième année. Un grand
nombre de professeurs appelés de l'étranger furent chargés de
cours à l'Académie, qui fut richement dotée avec les biens des
cloîtres de Maribo et de Bœrglum. Les élèves ne furent pas seulement instruits dans les sciences et les langues les plus importantes, aussi bien anciennes que modernes (le latin, l'allemand,
le français, l'italien), mais encore formés à toutes sortes d'exercices corporels. L'école savante, pour les nobles et les bourgeois,
qui avait été fondée par Frédéric II, continua à subsister à côté
de l'Académie. L'esprit du temps se peint d'une manière remar-

quable dans un article des statuts de l'Académie : « Les enfants nobles qui sont à l'école, y est-il dit, devront désormais, pour diverses raisons, être séparés des autres enfants, à la salle d'étude, à table, au dortoir et ailleurs. » — Même après que ses ressources eurent été considérablement diminuées par sa malheureuse et ruineuse guerre avec l'empereur, Christian IV continua à témoigner de son zèle pour le progrès des sciences, notamment par la construction de la « Tour ronde » pour les observations astronomiques et par la création d'un amphithéâtre d'anatomie.

Pour la *commodité du commerce et des échanges*, Christian IV eut soin de frapper des monnaies de meilleur titre, ce qui fut facilité par la découverte de filons argentifères à Kongsberg (1823), d'introduire en Danemark et en Norvège le mesurage par tonneaux, et de fixer plus exactement l'étalon des poids et de l'aune. Il fonda quantité de *sociétés commerciales*, qui furent pourvues de grands privilèges. Bien que, d'après les théories plus avancées des temps modernes, les monopoles ne doivent pas être regardés comme favorables au développement du commerce, ils répondaient cependant aux idées de l'époque, et, dans toute l'Europe, on les considérait comme d'excellents moyens de faire progresser le commerce d'un pays. Pour faire participer ses propres sujets aux bénéfices du commerce avec l'Islande, qui jusque-là avait, en grande partie, été entre les mains d'étrangers, les Anglais et les Hanséates, il fonda, en 1602, la Compagnie islandaise, à laquelle fut aussi plus tard attribué le commerce du Nordland et du Finmark. Il établit aussi une société de draperie, d'où tous les serviteurs de la cour tiraient leurs vêtements, une compagnie de soieries et une compagnie de saunage, dont les vaisseaux allaient chercher le sel en France et en Espagne. Christian IV encouragea les armateurs à construire de grands vaisseaux pour de longs voyages maritimes et à les armer de canons, qui servaient à la fois à les protéger contre les corsaires et les pirates, alors nombreux, et à les mettre à même d'être employés, en cas de nécessité, à la défense du royaume (Defensionsskibe). — C'était le temps où les Portugais et les Hollandais s'enrichissaient extrêmement par le commerce des Indes orientales. Le roi, désireux de faire participer le Danemark à ces avantages, fonda une *Compagnie des Indes orientales* (1616). C'est en faveur de ce commerce qu'il chercha à acquérir quelques possessions dans les Indes orientales et que, à l'instigation d'un aventurier hollandais, nommé *Boshouver*, il envoya (1618) à Ceylan une flotte commandée par l'amiral *Ove Gjedde*. Les tentatives sur cette île échouèrent ; en revanche, on gagna la ville de Trankebar, sur la côte de Coromandel, où fut fondée la forteresse de Dansborg et où l'on fit pendant quelque temps un commerce florissant. Christian IV se donna beaucoup de peine pour rétablir les relations avec le Grœnland et retrouver l'Œsterbœigd (colonie orientale), dont on avait depuis longtemps oublié la route. Il fit faire quatre voyages de découverte dans ces régions septentrionales. Les deux premiers furent entrepris par l'amiral *Lindenov*, le troisième par le navigateur holsteinois *Richardson*, le quatrième par *Jens Munk* (1619). Cette dernière expédition avait aussi pour but de découvrir un passage au nord de l'Amérique pour se rendre en Asie, passage que cherchaient alors activement les puissances maritimes de l'Europe, et qui avait une importance particulière pour Christian IV, depuis qu'il avait acquis des possessions dans les Indes orientales et établi des relations commerciales avec cette contrée. Jens Munk ne réussit pas, mais il immortalisa son nom dans ce voyage, par son courage inébranlable et les rares talents de navigateur dont il fit preuve. Il s'avança jusqu'au 63° de latitude septentrionale ; il y fut pris dans les glaces et dut hiverner dans une île déserte, où l'équipage souffrit tellement du froid, que deux de ses hommes seulement survécurent avec lui. Une situation aussi désespérée ne le découragea pas. Avec ses deux compagnons il se rembarqua sur l'un des deux navires qu'il avait avec lui et regagna heureusement le Danemark, l'année suivante. Bien que ces coûteux et périlleux voyages n'aient pas eu les résultats désirés, la découverte d'un passage au nord-ouest et de l'ancienne colonie orientale du Grœnland, on réussit pourtant à retrouver la côte occidentale de ce pays, où une Compagnie grœnlandaise, fondée à cette occasion, commença à envoyer des navires pour la pêche de la baleine. Christian IV recueillit plus de satisfaction de ses autres efforts en faveur du commerce danois, devenu si florissant dans cette heureuse période de son règne, que plusieurs villes atteignirent un haut degré de prospérité et que les flottes marchandes du Danemark fréquentaient les mers les plus éloignées.

D'une grande importance pour le commerce et les relations intérieures et extérieures fut l'institution de la *poste,* dont Christian IV peut être nommé le créateur, si l'on ne tient pas compte de l'essai plus imparfait de Christian II. En 1624 fut établie la poste de Hambourg, qui allait de Copenhague à Hambourg, en passant par Nyborg et Kolding, où elle recevait les lettres jutlandaises ; la poste reliait aussi Copenhague avec Helsingœr et les provinces skaniennes, avec les îles de Laaland et de Falster, ainsi qu'avec Kallundborg ; plus tard furent posées les premières bases de relations postales avec la Norvège. Comme la poste était instituée principalement en faveur du commerce, l'administration en fut confiée à quatre directeurs élus par les quatre sociétés de commerce qui étaient alors les plus importantes à Copenhague, savoir celle d'Islande, celle des Indes orientales, et celles des draperies et des soieries. En 1619, le roi commença à construire, au profit des commerçants de Copenhague, le bel édifice de la Bourse, qui fut terminé en 1640. De même les encouragements à donner aux *fabriques,* aux *métiers* et aux *arts* étaient l'objet de sa continuelle attention. Outre les fabriques de drap et de soieries, il fonda des sauneries, des salpêtrières, des poudreries, des papeteries, des fonderies de cuivre, des raffineries de sucre, des savonneries et de nombreuses brasseries. En 1617, il établit la *maison de correction* (Tugthuset) ou *maison des enfants* (Bœrnehuset), qui etait en partie destinée à recevoir les mendiants et les vagabonds, et en partie mise en relations avec des manufactures où l'on fabriquait diverses espèces de draps, de dentelles, de satins, de velours. Il appela beaucoup de commerçants, principalement hollandais, qui s'établirent à Copenhague, et nombre d'artisans, de jardiniers, d'architectes et d'autres artistes, parmi lesquels il faut citer le peintre hollandais *Charles van Mandern.* Les anciennes confréries (Gilder) s'étaient, surtout depuis le temps d'Erik de Poméranie, transformées en *corporations* qui avaient pris de la consistance sous les règnes suivants. Christian IV, qui voyait les inconvénients de ces entraves à la liberté du travail et de l'industrie, abolit par une ordonnance de 1613 toutes les maîtrises et jurandes, et, bien que huit ans plus tard, il ait été amené à permettre aux artisans d'avoir des maisons de communauté et d'y tenir des assemblées, il défendit pourtant de rétablir les anciennes corporations. Les maîtres jurés crurent néanmoins que c'était l'occasion de recouvrer leurs priviléges, et ils commencèrent à introduire les prix forcés et à rendre plus difficile l'admission des jeunes maîtres, en augmentant les droits, en exigeant des chefs-d'œuvre, des certificats d'apprentissage et même des attestations de naissance légitime. Le roi, en ayant été informé, promulgua l'année suivante (1622) une nouvelle ordonnance pour mettre fin à ces abus et pour permettre à chacun d'embrasser la profession qu'il voudrait, sans avoir à fournir de chef-d'œuvre, sans avoir besoin de se faire inscrire chez le prévôt de la corporation, ou de produire des certificats d'apprentissage ou de légitimité. Ces ordonnances n'empêchèrent pourtant pas que la liberté de l'industrie ne subît plus tard de nouvelles restrictions.

Dans un seul règne, Christian IV éleva plus d'édifices, fonda plus de villes et de forteresses que ses prédécesseurs pendant des siècles, et par là il contribua puissamment à vivifier les arts et les métiers. Outre les édifices déjà mentionnés, la Bourse, la Régence et la Tour ronde, il fit construire à Copenhague les églises de la Trinité et de l'Ilot (Holmens Kirke), commença celle de Sainte-Anne, éleva le quartier de Nyboder pour le logement des ouvriers de l'arsenal, le magasin d'approvisionnement, l'arsenal, le château de Rosenborg, Christianshavn dans l'île d'Amager, la solide forteresse de Glückstadt sur l'Elbe, Christianspriis sur le golfe de Kiel, la place de Christianopel dans le Bleking, aussi appelé *Styr-Kalmar* (gouverne Kalmar), parce qu'elle était destinée à tenir tête à Kalmar, Christianstad en Skanie, Christiania, Kongsberg et Christiansand en Norvège. Le beau château de *Frederiksborg*, qui depuis fut sa résidence favorite, fut construit avec grande magnificence de 1602 à 1620, après que l'ancien château du même nom eut été presque totalement rasé. Le roi ne manqua pas d'argent pour ces constructions et pour beaucoup d'autres institutions coûteuses, car c'était un excellent administrateur, qui s'entendait tout à la fois à épargner et à dépenser. Au milieu de ces occupations pacifiques, il ne négligeait pas de se préparer pour la guerre; car, outre les forteresses qu'il fonda sur les frontières de Suède et les importantes positions militaires qu'il mit en état de défense sur l'Elbe et le golfe de Kiel, il organisa à Copenhague un arsenal bien pourvu et tint la flotte sur un si bon pied, qu'elle inspirait la crainte à l'ennemi et contribua puissamment au salut du Danemark dans la malheureuse guerre qui suivit. En 1615, il établit une *armée permanente* de cinq mille hommes, la première en Danemark depuis l'abolition du Thingmannalid. Les soldats étaient recrutés parmi les paysans de la couronne et mis en garnison dans les villes, où ils étaient continuellement exercés au maniement des armes, sous le commandement d'officiers qui s'étaient distingués pendant la guerre de Kalmar. Leur solde et leur équipement étaient payés par la cassette du roi. Dès 1598, Christian IV avait organisé une *milice bourgeoise* (Borgervæbning) complète dans les villes, où il levait en outre quinze cents bossemans (Baadsmænd), qui étaient exercés à toutes sortes de travaux maritimes à l'arsenal de Bremerholm (Copenhague) et qui formaient des cadres fixes pour l'équipement de la flotte. Les *Nyboder* (nouvelles baraques) furent construites pour loger ces ouvriers permanents, et l'*École de navigation* fut fondée pour leur instruction.

Christian IV fut également un *législateur* actif. Outre la loi norvégienne (1604) et le règlement ecclésiastique pour la Norvège (1607), il publia, en 1625, le *Petit Recez* ; en 1621, le *Droit et la procédure du royaume* (Rigens Ret og Dele); en 1623, le *Droit seigneurial* (Birkeret); en 1643, le *Grand Recez*, qui comprend les ordonnances et les lois parues depuis son avénement en 1596. Il ne se borna pas à donner des lois, mais veilla aussi à leur maintien. A ces fins, il parcourait sans cesse le Danemark et la Norvège pour assister aux diètes, et chacun aurait voulu être jugé lorsqu'il était présent, car sa sévère équité était universellement connue. Dès sa quatorzième année, il donna, à une diète tenue à Copenhague, une remarquable preuve d'un vif sentiment du droit et de la justice, qui ne se laissait ni aveugler ni séduire par le prestige du rang et de la position. Trois nobles jutlandais de la famille *Friis* avaient assailli, dans une rue de Viborg, un gentilhomme sans défense, nommé *Peder Skram*, et lui avaient coupé une main. Lorsque l'affaire fut portée devant la diète, le Rigsraad aurait volontiers épargné les trois frères nobles ; mais le roi demanda ce que la loi décidait pour un tel cas. Il lui fut répondu par le chancelier *Niels Kaas* que la loi skanienne frappait bien de 3 marks d'amende celui qui coupait la main d'un esclave, mais que Skram avait été mutilé en Jutland et que les inculpés et l'offensé étaient nobles. Le jeune prince, se levant alors, dit : « Ainsi, un esclave de Skanie serait mieux protégé par la loi qu'un gentilhomme de Jutland! Mon avis est que deux des coupables survivants doivent payer leurs 3 marks et être privés de l'honneur, et que le troisième, déjà mort, sera jugé par Dieu ! » Les particularités de ce récit peuvent ne pas être exactes, car la loi jutlandaise, aussi bien que celles des autres provinces, punissait en effet d'amende le crime en question. Le désaccord entre le roi et les Rigsraads paraît avoir consisté en ce que le premier voulait punir un si grand crime d'une peine plus dure que l'amende, tandis que ses conseillers s'en tenaient aux dispositions de la loi. L'opinion du roi l'emporta, et le jugement porte que les deux criminels *seraient estimés et déclarés infâmes*. Mais, même avec ces restrictions, cette affaire atteste néanmoins le sentiment du juste qui anima le roi dès son jeune âge et qu'il conserva toute sa vie. La rare perspicacité judiciaire de Christian IV se montre sous son plus bel aspect dans la manière dont il découvrit le faux de Christophe Rosenkrands. Ce gentilhomme cherchait en effet, au moyen d'un écrit falsifié, à extorquer une somme d'argent considérable à la veuve de Christen Juel ; mais le roi, en examinant le papier sur lequel était écrite la prétendue créance, remarqua que le timbre était postérieur à la date du document; ce qui prouvait la fausseté de ce dernier. Cette découverte sauva la veuve, mais coûta la vie au faussaire, qui persista avec opiniâtreté à nier son crime évident.

Il y avait maintenant douze ans que Christian IV se livrait aux travaux de la paix, lorsqu'il fut une seconde fois amené à faire la guerre. La guerre de Trente ans désolait alors l'Allemagne, et les princes protestants, qui étaient sur le point d'être accablés par les Impériaux, recoururent dans leur détresse à Christian IV, qui fut élu directeur du cercle de Basse-Saxe et chef de l'armée. Ses alliés allemands lui avaient fait de brillantes promesses pour le décider à prendre leur cause en main ; mais, au moment décisif, ils lui firent défaut. La Hollande, la France et l'Angleterre, qui lui avaient promis d'importantes subventions pécuniaires, ne remplirent pas non plus leurs obligations. La conséquence fut que le roi, malgré son courage et ses talents de stratégiste, fit une campagne malheureuse. Les succès qu'il eut aux débuts prirent fin lorsqu'il fit une chute à cheval du haut des remparts de la forteresse de *Hameln*, accident qui le mit pour longtemps hors d'état de commander l'armée. Après une lutte acharnée et longtemps indécise, qui dura de huit heures du matin à cinq heures de l'après-midi, il fut vaincu par le général bavarois *Tilly* à la bataille de Lutter sur le Baremberg (1626). Cette défaite mit le Danemark à la merci de l'ennemi, qui, l'année suivante, sous *Tilly* et *Wallenstein*, s'empara du Holstein, du Slesvig et du Jutland. Le dernier tenta ensuite de se rendre maître de la Baltique et de compléter ainsi la conquête du Danemark ; mais Christian IV déjoua ce plan à l'aide de sa flotte et empêcha toute tentative de ce côté. Comme il n'avait aucun secours à attendre de ses alliés, que la situation du royaume devenait de jour en jour plus critique, qu'en outre le Rigsraad, par des prières et même des remontrances menaçantes, le pressait de faire la paix, il résolut à la fin de conclure le traité de *Lübeck*, en 1629. Il promettait de ne plus intervenir dans les affaires de l'Allemagne et renonçait aux diocèses de Brême, de Verden et de Schwerin, qu'il avait acquis précédemment pour ses fils Frédéric et Ulrik. La paix était relativement favorable ; mais le Danemark restait dans une triste situation : toutes les ressources de l'État étaient épuisées, et la moitié du royaume, le Holstein, le Slesvig et le Jutland, avait été occupés deux ans par l'ennemi, qui avait effroyablement ravagé ces contrées. Cependant un État bien organisé, sous un roi comme Christian IV, aurait bientôt repris ses forces ; mais en Danemark dominait une noblesse égoïste et sans patriotisme dont l'opiniâtre refus de prendre part aux charges publiques fit échouer tous les efforts tentés par le roi pour relever la nation. Aussi la situation s'aggrava-t-elle de plus en plus ; quatorze ans plus tard éclata une guerre encore plus ruineuse, et dix ans après une troisième qui mit le Danemark à deux doigts de sa perte.

Dans cette détresse publique, on vit pourtant qu'un nouvel esprit commençait à animer le peuple et que celui-ci ne voulait plus subir impunément la tyrannie nobiliaire. L'année où finit la guerre avec l'empereur, les villes du Jutland adressèrent au roi de très-remarquables doléances, empreintes de la haine la plus ardente pour la noblesse, et où sont montrés clairement les inconvénients du régime aristocratique et ses suites pernicieuses pour l'État en général, que les nobles refusaient d'assister; pour les paysans qu'ils maltraitaient; pour le clergé qui avait à subir leurs outrages et leurs injustices; pour les bourgeois dont ils ruinaient le commerce et l'industrie. Les plaintes sur l'oppression de *l'ordre des paysans* ne forment pas la moindre partie de ces griefs rédigés par les *bourgeois* : « Ainsi, y est-il dit vers la fin, les francs-alleux roturiers sont passés, par suite d'échanges, de nantissements et de cession des droits seigneuriaux, entre les mains de la noblesse et sont devenus sa propriété perpétuelle; car beaucoup de paysans, pour se soustraire à de trop lourdes charges, ont renoncé à leurs droits et sont partis avec leurs femmes et leurs enfants; par là a été ruinée une classe qui supportait avec fidélité sa part des charges publiques; et personne n'ose s'en plaindre, à cause des lourdes chaînes qui lient l'homme du peuple, et dont il doit journellement subir l'étreinte jusqu'à ce qu'elles soient dénouées par le Dieu tout-puissant qui voit et sait tout. » La noblesse, furieuse de l'audace des bourgeois, obtint une ordonnance qui défendait aux ecclésiastiques, aux bourgeois et aux paysans de présenter une pétition au roi sans l'avoir soumise au bailli compétent et la lui avoir fait apostiller. Ces doléances et d'autres, que l'ordre des bourgeois présenta plus tard à Christian IV, n'eurent ainsi pas de suite immédiate; mais c'était cependant un remarquable signe des temps et l'indice de ce qui devait arriver prochainement. Un peu auparavant, deux hommes déjà s'étaient présentés successivement comme adversaires déclarés de la noblesse; mais leur opposition avait eu des suites fâcheuses pour eux. Le premier était *George Dybvad*, professeur de théologie à l'Université de Copenhague, grand savant, mais en même temps inconsidéré, querelleur et opiniâtre. Il publia, en 1607, un écrit universitaire où il tonnait contre la tyrannie des puissants à l'égard des ordres inférieurs, blâmait la vanité que la noblesse tirait des exploits de ses ancêtres et rappelait l'égalité originelle de tous les hommes; il faisait également ressortir ce qu'il y avait d'injuste dans l'exemption de la dîme que la riche aristocratie s'était arrogée depuis le règne de Christian III. La noblesse était trop puissante pour laisser impunie une telle audace. Elle intenta immédiatement une action contre George Dybvad, qui, par un jugement de l'Université, fut destitué de tous ses emplois et privé de tous ses revenus, de sorte que, avant de mourir, il tomba dans une grande misère. Il eut pour émule son fils le docteur *Christophe Dybvad*, qui avait comme lui l'esprit ouvert et qui était également un homme de science, mais d'un caractère peu estimable. Celui-ci, dans ses voyages à l'étranger, s'était mis au fait de la constitution des autres pays et était ainsi arrivé à voir plus clairement les grands défauts de la constitution danoise. A son retour dans sa patrie, sa haine pour les nobles, excitée par le sort de son père, se donna carrière dans des propos amers et dans quelques remarques qu'il écrivit, sans les faire imprimer. Ces notes et encore plus ses paroles lui attirèrent un procès où on lui fit un grief d'avoir dit que la *noblesse était la plus mauvaise* et non la meilleure classe; que le roi de Danemark ne l'était que de nom; que les fiefs de la couronne ne devraient pas être donnés à des nobles, mais bien à des fonctionnaires qui rendraient compte des revenus; que l'aristocratie devrait être privée du droit de lever les amendes de 40 marcs, de juger ses paysans et de mettre la sentence à exécution; que le trône devrait être héréditaire; que les bourgeois et les autres membres du corps social devraient siéger au Rigsraad avec la noblesse, etc. De plus, ses notes ne contenaient pas seulement les plus violentes attaques contre la doctrine luthérienne, religion dominante du pays, et contre les théologiens danois qui soutenaient contre Calvin les idées de Luther sur la communion, mais elles ridiculisaient le christianisme en général. Ces railleries jointes au reste firent qu'il ne put se soustraire aux sévérités de la justice; en 1620, il fut condamné à la prison perpétuelle et il y mourut quelques années après.

Si ces événements démontraient que la noblesse avait tout à la fois la volonté et le pouvoir de réprimer l'explosion du mécontentement qui fermentait secrètement dans la nation, l'insuccès des efforts de Christian IV pour alléger l'oppression de la classe rurale montre non moins clairement que la noblesse était en état d'étouffer tout essai d'amélioration dans l'état des choses, alors même que cette tentative était faite par le roi. Les suites injustes et nuisibles du *servage* et de la *corvée* n'avaient pas échappé à l'attention du roi, qui unissait à un esprit lucide un vif sentiment d'équité et un sincère amour du peuple. Dès 1620, il s'était révélé comme protecteur des paysans, en affranchissant du servage ceux du bailliage d'Antvorskov; trois années plus tard, les fermiers de la couronne dans les bailliages de Copenhague, de Frederiksborg et de Kronborg reçurent de lui, à titre de propriété héréditaire, les bâtiments de leur exploitation; et, en 1633, il commença à supprimer la corvée dans les domaines royaux en la remplaçant par une redevance pécuniaire. Plus importante encore fut la tentative qu'il fit l'année suivante (1634) pour l'abolition du servage en Sélande, à Laaland, à Falster et à Mœn; mais ce projet fut accueilli avec la plus grande froideur par la noblesse. A la diète de Copenhague, où l'affaire fut discutée, il n'y eut que deux nobles qui approuvèrent complétement la proposition du roi; c'étaient le chancelier royal *Christian Friis* de Kragerup et le maréchal du royaume, *George Urne;* seize d'entre eux s'opposèrent sans réserve au projet et les autres attachèrent à leur consentement des conditions irréalisables. De sorte que, ici encore, les généreuses intentions du roi furent neutralisées par l'égoïsme de la noblesse et par son défaut de patriotisme. L'opinion publique se prononça à cette occasion avec beaucoup de sévérité contre l'aristocratie et fut exprimée par plusieurs écrivains contemporains, qui prédirent à la noblesse qu'elle ne manquerait pas d'être punie de sa conduite inhumaine.

Les relations du Danemark avec les *ducs de Holstein-Gottorp* furent très-amicales pendant la première partie du règne de Christian IV. Le duc *Jean-Adolphe,* marié avec la sœur de ce monarque, mourut en 1616 et eut pour successeur son fils *Frédéric III,* qui régna jusqu'en 1659, en même temps que son oncle Christian IV et son cousin Frédéric III. La constitution des duchés subit une modification importante sous Jean-Adolphe, en ce que, par une disposition testamentaire (1608), approuvée par Christian IV et confirmée par l'empereur, il établit l'hérédité du gouvernement dans sa descendance agnatique, par ordre de primogéniture, et prévint ainsi pour l'avenir le partage du territoire ducal du Holstein et du Slesvig. Les États auxquels cette disposition fut communiquée en 1609 n'y firent alors aucune opposition; mais, lorsque le duc Frédéric III, après la mort de son père, voulut lui succéder sans élection, ils présentèrent diverses réclamations qui n'eurent pourtant pas de suites. Dans la partie royale des duchés l'hérédité ne fut introduite que par le roi Frédéric III, en 1650 ; mais, à partir de l'avénement de Christian IV, il n'y eut pas de partage, attendu que le roi s'opposa énergiquement aux prétentions de ses frères à cet égard, et les indemnisa d'une autre manière. Une des nombreuses conséquences funestes qu'eut la participation du Danemark à la guerre de Trente ans fut de troubler la bonne intelligence qui avait régné précédemment entre le Danemark et les ducs de Holstein-Gottorp, et d'être l'origine de l'inimitié qui se perpétua au grand détriment de l'un et de l'autre. En effet, lorsque Wallenstein envahit les duchés, en 1627, le duc Frédéric III conclut avec lui un accord par lequel il lui remit ses forteresses, double trahison envers son suzerain, le roi de Danemark, et envers son oncle maternel, Christian IV. Sans doute le différend fut depuis apaisé, du moins en apparence, et l'union conclue entre le Danemark et les duchés, en 1533, et étendue peu avant la guerre avec l'empereur d'Allemagne, fut même renouvelée à diverses reprises; mais le duc s'étant comporté, dans la guerre de Suède, en 1643, comme il l'avait fait dans la guerre d'Allemagne, et ayant même eu le dessein, à ce qu'il paraît, de se mettre entièrement du côté des Suédois, si les circonstances le permettaient, — l'inimitié entre les deux familles princières devint irréconciliable.

En 1603, Christian IV avait reçu l'hommage à Hambourg (et c'est la dernière fois que cette cité remplit ce devoir envers les rois de Danemark, en leur qualité de ducs de Holstein); il fut néanmoins en lutte continuelle avec cette ville, qui, sous son règne comme sous les précédents, cherchait à maintenir son *droit de coercition*. (Tvangsret). Lors de la participation du Danemark à la guerre de Trente ans, le sénat de Hambourg obtint même de l'empereur pour cette ville le privilége d'être déclarée maîtresse de l'Elbe. Christian IV ne voulut naturellement pas reconnaître cette prétention; aussi, dans l'année qui suivit la conclusion de la paix avec Lübeck, entra-t-il dans l'Elbe avec une flotte pour réduire la ville à la soumission. Cependant la puissante cité, ayant aussi réuni environ trente vaisseaux de guerre, livra bataille sur le fleuve à l'escadre danoise, qui remporta une victoire complète. Le roi continua donc, pendant treize ans, à contraindre tous les navires hambourgeois à payer la douane à la nouvelle forteresse de

Glückstadt, qui dominait l'Elbe. Lorsque enfin, en 1643, pour mettre fin d'un seul coup à cette longue querelle, il fit mine d'investir Hambourg, aussi bien par terre que par eau, la cité dut se soumettre, en faisant amende honorable et en payant 280,000 rigsdaler d'indemnité.

Christian IV augmentait sans cesse la douane du Sund, et il se croyait d'autant plus autorisé à le faire qu'il équipait annuellement, à grands frais, des flottes considérables pour la sauvegarde de la navigation dans la Baltique pendant la guerre européenne universelle. Cette élévation des tarifs, jointe à la prétention du roi d'être maître exclusif de la partie de la mer du Nord située entre la Norvège et l'Islande, excita beaucoup de mécontentement et provoqua de nombreuses plaintes de la part de toutes les nations maritimes, mais surtout des Hollandais et des Anglais. Le tout cependant n'eut pas de conséquences ultérieures tant que le Danemark fut florissant et en possession d'une marine redoutable. Mais, lorsque le roi, après la guerre d'Allemagne, pressé par le manque d'argent, eut élevé la douane du Sund au point qu'une tonne de salpêtre, par exemple, payait 14 rigsdaler à la douane, et qu'il eut refusé de tenir compte des protestations de la Hollande, cette puissance s'allia étroitement avec la Suède et guetta ensuite l'occasion de séparer du Danemark les provinces situées à l'est du Sund. La Suède était très-mal disposée pour le Danemark; parce que Christian IV faisait obstacle à ses grands projets de conquête en Allemagne, et que, par sa médiation, il s'efforçait de mettre fin à la sanglante guerre de Trente Ans, de telle sorte que la Suède n'en tirât pas de trop grands avantages. L'habile ministre *Oxenstjerna* résolut donc de lancer contre le Danemark une des armées suédoises qui étaient sur le pied de guerre en Allemagne, et de forcer ainsi le médiateur inopportun à prendre part à la lutte, plan très-habilement combiné, vu la mauvaise situation du Danemark, qui n'était pas du tout préparé à la guerre. Christian IV avait bien appréhendé longtemps les desseins hostiles de la Suède et exhorté sérieusement la noblesse et le Rigsraad à lui fournir les moyens de mettre le royaume en état de bonne défense ; mais le Rigsraad était aussi insouciant et imprévoyant que la noblesse était peu disposée à des sacrifices pour la patrie. En 1642, où *Torstenson* faisait des progrès si menaçants en Allemagne, Christian IV renouvela ses instances auprès du Rigsraad et déclara, pour lui et ses successeurs, qu'il ne voulait pas répondre de ce qui pouvait arriver ; mais le conseil refusa de prendre des mesures pour la sécurité du royaume. Aussi, lorsque le général suédois fit une soudaine irruption dans le Holstein, *sans déclaration de guerre*, en décembre 1643, n'y avait-il aucun préparatif de fait pour résister à l'ennemi. Le duc Frédéric trahit une seconde fois le Danemark en faisant une paix séparée avec Torstenson, qui en peu de temps occupa toute la péninsule nordalbingienne. En même temps une autre armée suédoise envahit la Skanie; elle devait, comme celle du Jutland, être transportée dans les îles des Belts par une flotte hollando-suédoise combinée, afin d'achever ainsi la conquête du Danemark. Mais Christian IV veillait sur son royaume. Bien que âgé de soixante-sept ans, il montra, dans cette heure de péril, le même zèle infatigable que dans les meilleures années de sa virilité ; il courait d'une province à l'autre, de la flotte à l'armée et de la terre à la mer, et, partout où il se trouvait, les efforts de l'ennemi étaient impuissants. Cependant, l'escadre qui devait transporter dans les îles les armées suédoises avait pris la mer et s'était postée près de l'île de Femern. Christian IV s'avança, avec trente navires, contre la flotte ennemie, composée de quarante-six vaisseaux, et la rencontra dans la rade de Colberg, près de Femern, où fut livrée, le 1er juillet 1644, une violente bataille, trois fois interrompue et reprise. Le vieux roi commandait lui-même sur le navire *la Trinité* (*Trefoldighed*), qui était exposé au plus violent feu de l'ennemi, et qui dut quelque temps combattre seul. Il avait déjà reçu plusieurs blessures lorsqu'un boulet toucha une poutre du navire avec tant de force que les éclats de bois, dispersés, tuèrent ou blessèrent douze hommes dans l'entourage du roi, et il perdit lui-même l'œil droit et plusieurs dents. Ce coup l'ayant renversé sans connaissance sur le pont, l'équipage, qui le croyait mort, poussa des cris lamentables et commença à perdre courage. Mais le roi, couvert de sang, se leva subitement et dit : « Non, Dieu m'a encore laissé la vie et la force de combattre pour mon peuple, tant que chacun de vous fera son devoir. » Il se tint ensuite debout sur le pont, la tête bandée et appuyé sur son épée, et il continua la lutte jusqu'à la nuit, pendant laquelle l'ennemi se retira fort maltraité.

La flotte suédoise chercha refuge dans le golfe de Kiel, où le roi la fit bloquer par l'amiral *Pierre Galt*, avec ordre sévère de veiller à ce qu'elle ne s'échappât pas. Elle réussit pourtant à s'esquiver, grâce à l'impardonnable négligence de Pierre Galt, qui fut plus tard puni de la peine capitale. Les flottes suédoise et hollandaise, composées ensemble de soixante-quatre navires, firent alors leur jonction et attaquèrent à l'improviste dans les eaux de Laaland une flotte danoise qui ne se composait que de dix-sept navires. L'amiral danois *Pros Mund* et ses hommes combattirent comme des héros, mais ils succombèrent sous des forces infiniment supérieures ; toute la flotte danoise fut anéantie, mais les vainqueurs subirent eux-mêmes de si grandes pertes qu'ils durent gagner le rivage. Le Danemark était dans la situation la plus critique : les parties occidentales, le Holstein, le Slesvig et le Jutland, étaient occupées par l'ennemi sous *Torstenson* et *Wrangel*, qui se conduisaient avec une extrême barbarie ; dans les provinces orientales, la Skanie, le Halland et le Bleking, les Suédois faisaient également de grands progrès, et sur mer dominait la flotte hollando-suédoise combinée. L'unique allié du Danemark, l'empereur d'Allemagne, ne lui rendait aucun service, car le général impérial *Gallas*, qui fut envoyé avec une armée dans le Holstein, fit si peu de chose qu'il devint la risée des amis comme des ennemis. Christian IV dut donc, malgré qu'il en eût, se décider à un arrangement dont les conditions, dans ces circonstances, ne pouvaient être que défavorables. Mais, lorsqu'il fut informé des prétentions excessives formulées par les négociateurs suédois, son courage et sa colère s'enflammèrent de nouveau. Il convoqua les États et leur demanda « s'ils n'aimaient pas mieux combattre que subir les exigences ignominieuses de l'ennemi ». Les ordres des bourgeois et du clergé lui donnèrent une réponse à peu près satisfaisante, mais la noblesse lui conseilla la paix, « quelles qu'en fussent les conditions », et le Rigsraad fut de même opinion. Le roi dut alors plier sous les lois de la nécessité, et, par la paix de *Brœmsebro* (1645), il accorda à la Suède l'exemption des droits de douane dans le Sund et les Belts, lui céda le Herjedal, le Jemtland, les îles de Gotland et d'Œsel, et, comme garantie pour la franchise douanière, lui remit en gage le Halland pour trente ans, après quoi cette province pourrait être échangée contre une autre. Cette exemption produisit un sensible déficit dans la douane du Sund qui, de 300,000 rigsdaler species, tomba à 80,000. Cette grande diminution provenait cependant non-seulement de la franchise concédée aux Suédois, mais encore bien plus de l'usage que les autres nations faisaient de leur pavillon, abus que l'on ne pouvait prévenir, attendu que les Suédois étaient dispensés de la visite à Helsingœr. Il faut ajouter aussi que les droits de douane furent abaissés pour les Hollandais ; en effet, le jour même de la signature de la paix à Brœmsebro, fut conclu avec la Hollande, à *Christianopel,* un traité par lequel fut établi un nouveau tarif fort avantageux pour cet État, tarif qui depuis fut aussi appliqué aux autres nations maritimes.

L'histoire du Danemark dans les trois dernières années du règne de Christian IV présente le triste tableau d'un pays ruiné et épuisé et d'un roi très-méritant qui était journellement insulté et humilié par un Rigsraad arrogant et une noblesse mal disposée. Le monarque écrivit au Rigsraad plusieurs lettres sérieuses où il l'invitait, ainsi que la noblesse, à prendre en considération la détresse du royaume et à ne pas refuser à l'État les subventions qui lui étaient si nécessaires. Il reprocha à la noblesse « de n'avoir pas l'habitude de faire du bien à ses maîtres », et il dit dans une autre lettre : « *La noblesse de ce pays étant si peu d'accord avec les autres ordres, nous craignons, s'il arrive du nouveau, que l'issue n'en soit pas favorable.* Il nous semble étrange aussi que, lorsqu'il s'agit de fournir de l'argent à votre seigneur pour la défense de la patrie, vous manquiez de moyens ; mais, lorsqu'il s'agit de prendre en nantissement ou de mettre sous votre juridiction les domaines de la couronne, vous trouvez facilement de l'argent. » Ayant bientôt remarqué que ces remontrances étaient infructueuses, il résolut de faire une tentative pour gagner le Rigsraad par des concessions et par l'octroi de nouvelles faveurs. Le Grand Conseil s'était longtemps plaint de ce que le roi accaparât pour ainsi dire tout le gouvernement en laissant vacantes les plus hautes fonctions de l'État, comme l'importante place de majordome, qui resta inoccupée de 1601 à 1630 et de 1632 à 1643 ; il était en outre fort irrité de ce que le monarque augmentât son influence au Rigsraad, en y admettant plusieurs de ses gendres. Parmi ceux-ci le majordome du royaume, *Korfits Ulfeldt,* prenait surtout une prépondérance que ne pouvaient supporter les autres conseillers. Il était marié avec *Éléonore-Christine*, la fille bien-aimée de Christian IV et de *Christine Munk*, que le roi avait épousée de la main gauche, en 1615, après la mort de la reine Anne-Catherine. Pour se concilier le Rigsraad, il consentit, en 1645, à ce que les membres du Grand Conseil et les commissaires de la province où était domicilié un conseiller décédé lui présentassent six à huit membres de la noblesse de cette province, parmi lesquels il choisirait un remplaçant du défunt. Bien que le Rigsraad et la noblesse y gagnassent la faculté de tenir à l'écart ceux qu'ils voulaient exclure du Grand Conseil, ils ne furent pourtant pas satisfaits; aussi le premier profita-t-il de la bonne occasion qui se présenta trois ans plus tard, lors de l'avénement de Frédéric III, partie pour restreindre encore le droit de nomination du roi, partie pour s'arroger un droit très-important, la présentation pour les plus hauts emplois de l'État, c'est-à-dire pour les fonctions de majordome du royaume, de chancelier royal, de maréchal, amiral et chancelier du royaume, enfin de lieutenant général en Norvège; de sorte que, à chaque vacance de l'une de ces charges, le roi fût obligé de nommer, pour la remplir, un des trois candidats proposés par le Rigsraad. Ces nouveaux priviléges achevèrent de rendre le Grand Conseil complètement indépendant des rois; mais il n'en jouit pas longtemps, le pouvoir absolu ayant été établi peu d'années après.

La condescendance de Christian IV rendit le Rigsraad encore plus opiniâtre. La proposition faite par le roi dans le but de pourvoir aux pressants besoins actuels du royaume portait principalement sur deux points: l'abolition de la plupart des fiefs, de manière à pouvoir amodier au plus offrant les terres et les bâtiments qui en dépendaient, et la transformation de l'inutile service militaire de la noblesse et des baillis en une redevance pécuniaire qui fournirait au roi le moyen d'entretenir une armée suffisante pour la défense du pays. Mais ces projets soulevèrent la plus vive opposition au Rigsraad, qui, dans sa réponse, osa même menacer du mécontentement de la noblesse un monarque septuagénaire qui, depuis plus d'un demi-siècle, gouvernait l'État avec tant d'honneur, aussi bien dans l'adversité que dans la prospérité. Le roi dut donc abandonner le plan avantageux de l'amodiation des fiefs et restreindre aux domaines de la couronne la transformation du service militaire. Dans le cours de ces négociations il eut la douleur de perdre son fils *Christian* qui, dès 1608, avait été nommé héritier présomptif. Le Rigsraad profita indignement du deuil du père pour faire prévaloir sa volonté. Il lui fit savoir, en effet, « qu'il serait inutile de chercher à faire élire héritier présomptif le second fils du roi si les représentations du Grand Conseil n'étaient pas écoutées ». Le roi publia alors une lettre patente, en date du 23 novembre 1647, où il retira toutes ses propositions relatives aux fiefs et au service militaire féodal, et à la fin de ce document il ajouta même, comme une sorte d'excuse à la noblesse, qu'il n'avait aucunement eu l'intention de transgresser les anciennes lois et capitulations, attendu qu'il ne convenait pas à sa Majesté, dans son âge avancé, de violer la constitution du royaume. Trois mois après cet événement il mourut à Copenhague, au château de Rosenborg, le 28 février 1648, à l'âge de soixante et onze ans.

Christian IV fut un des monarques les plus remarquables du Danemark. L'insuccès de plusieurs de ses entreprises ne doit pas ternir sa gloire, car ces échecs tenaient soit à de malheureuses circonstances, dont il n'était pas responsable, soit à la perversité de la noblesse, qui préférait son propre avantage au bien public. Il était animé d'un profond sentiment de ses devoirs comme monarque et d'une vive affection pour le peuple qu'il était appelé à gouverner. Peu de rois ont été doués de l'infatigable activité avec laquelle il embrassait toutes les affaires de l'État, les moindres comme les plus grandes; sa tâche lui était facilitée, non moins par sa saine et forte constitution que par les connaissances très-variées qu'il avait acquises dans sa jeunesse. Il était d'un caractère ouvert, affable envers tous, grands et petits, pieux, juste, personnellement brave au plus haut degré, bon général et encore plus habile amiral. Nous avons journellement sous les yeux des monuments de ses goûts artistiques, mais ses grandes vertus et son véritable esprit patriotique lui ont élevé dans le cœur de tous les Danois un monument encore plus beau qui se transmettra jusqu'aux générations les plus éloignées.

II

Frédéric III. — La noblesse aggrave la capitulation. — Rapports avec la Hollande. — La poste. — Chute de Korfits Ulfeldt. — Guerre avec la Suède. — Paix de Roeskilde. — Nouvelle guerre avec la Suède. — Siége de Copenhague. — Paix de Copenhague. — Mœurs. — Sciences. — Intolérance religieuse. — L'idiome national.

Après la mort de Christian IV, son fils *Frédéric* n'étant pas encore élu, le trône resta vacant deux mois. Dans cet interrègne le royaume fut gouverné par les quatre grands fonctionnaires : le majordome du royaume, *Korfits Ulfeldt;* le chancelier royal, *Christian Thomæsen Sehested;* le maréchal du royaume, *André Bilde;* et l'amiral du royaume, *Ove Gjedde.* Le premier a été accusé, mais certainement sans raison, d'avoir convoité la couronne soit pour lui, soit pour le frère de sa femme, le comte *Valdemar Christian,* fils de Christian IV et de Christine Munk. Pour l'élection du roi fut convoquée à Copenhague, en avril 1648, une diète à laquelle assistèrent la noblesse, le clergé et la bourgeoisie ; il ne fut pas question de l'ordre des paysans. On remarqua, à cette occasion, que les ordres inférieurs n'étaient plus disposés à subir patiemment l'arrogance du Rigsraad et de la noblesse, car, lorsque le chancelier, dans son discours d'ouverture, affirma que les ordres n'étaient appelés que pour acquiescer au choix du Rigsraad, le professeur *Scavenius,* recteur de l'Université, se leva subitement et déclara, au nom de tous les États, « que tous avaient été convoqués par le roi défunt pour délibérer sur le choix de son héritier présomptif; c'est pourquoi les États se croyaient autorisés à voter pour l'élection et ne se considéraient pas comme tenus d'adhérer simplement au choix fait par le Rigsraad ». On ignore ce que le chancelier répondit, mais cette courageuse revendication ne resta pourtant pas sans effet, car, dans le discours prononcé par le chancelier lors du couronnement de Frédéric III, il est dit : « Le Rigsraad du Danemark a désigné, et *tous les hommes des deux royaumes ont, d'un avis et d'un vote unanimes, adopté et confirmé Frédéric pour roi* », tandis que, au contraire, lors du couronnement de Christian IV, il avait été dit seulement : « *Le Rigsraad de Danemark* à l'unanimité a élu, appelé et confirmé Christian comme roi. »

La capitulation de Frédéric III contenait plus de réserves qu'aucune des précédentes, sans excepter celle de Christophe II. C'était la première fois, après un long espace de temps, que le trône était resté vacant après la mort du roi, circonstance dont le Rigsraad ne manqua pas de se prévaloir pour s'arroger de nouveaux priviléges et s'assurer une puissance plus effective qu'il n'en avait eu au temps de la vigueur de Christian IV. La tardive concession faite par ce dernier devint un article de la nouvelle capitulation, mais sous une autre forme : lors du décès d'un membre du Rigsraad, les conseillers et les nobles de la province où le défunt avait son domicile étaient autorisés à soumettre au Rigsraad les noms de six à huit candidats, dont il devrait choisir trois; et le roi serait tenu de désigner l'un de ces trois pour remplacer le défunt. De même fut introduit, pour la première fois dans une capitulation, l'article d'après lequel le roi était tenu, lors de la vacance d'une des hautes fonctions du royaume, de choisir un des trois candidats proposés par le Rigsraad. Il ne devait pas non plus laisser cet emploi sans titulaire pendant trop longtemps, mais tout au plus jusqu'à la réunion de la prochaine diète seigneuriale. Il fut en outre convenu que le roi ne ferait aucun changement aux monnaies sans le consentement du Rigsraad. La disposition par laquelle il était défendu au roi de déclarer la guerre fut étendue au point qu'il ne pouvait plus armer la flotte, en partie ou en totalité, ni convoquer le ban et l'arrière-ban, ni même se rendre à l'étranger sans le consentement du Rigsraad. Christian IV, en augmentant les redevances des fiefs, avait cherché à établir une proportion équitable entre celles-ci et les revenus. Le Rigsraad décida que les redevancs des fiefs ne seraient pas augmentées et que les traitements (genant) des feudataires ne seraient pas diminués, que personne ne pourrait être dépossédé de son fief sans le consentement des conseillers de la province où ce fief était situé. L'application de ce règlement se manifeste par ce fait que les revenus de tous les fiefs de la Sélande, s'élevant à 36,000 rigsdaler sous Christian IV, n'en produisirent que 10,000 sous Frédéric III. Le dernier article enfin portait que si le roi ne se conformait pas à la capitulation et ne voulait pas suivre les avertissements et les conseils des conseillers, il devait convoquer tout le Rigsraad pour entendre sa sentence. « Si Nous ne faisons pas ainsi, est-il dit plus loin, les conseillers présents auront le droit de convoquer leurs collègues dans une localité convenable pour Nous amener à l'opinion qu'ils regardent comme bonne et juste. Si Nous ne Nous conformons pas à cet avis (ce qui n'est pas probable), le Rigsraad pourra alors statuer selon la loi et le droit du pays et ordonner ce qui est juste et raisonnable, et Nous en serons satisfait. »

Frédéric III travailla, autant que le permettait son pouvoir restreint, à relever le royaume de ses ruines et à améliorer les critiques relations avec l'étranger. Par une expérience chèrement acquise on en était venu à reconnaître qu'il était nécessaire de s'allier étroitement avec la Hollande pour se garantir contre la Suède, qui devenait toujours de plus en plus ambitieuse. Korfits Ulfeldt fut donc, dans l'année qui suivit l'avénement de son beau-frère, envoyé en Hollande, où il négocia un traité par lequel cet État et le Danemark s'engageaient à se secourir mutuellement par terre et par mer contre tout ennemi, et conclut un arrangement relatif à la douane du Sund. Par ce *traité*, dit *de rachat* (Redemptionstraktat), la Hollande s'affranchissait de la douane du Sund en payant annuellement 150,000 gulden, et ses navires ne devaient plus être arrêtés ni visités à Helsingœr. Cependant, comme il causa du mécontement en Danemark et en Hollande, il fut aboli, en 1653, par le *traité* dit *de rescision* (Rescissionstraktat); mais l'alliance fut, à cette occasion, confirmée et étendue. Les ressources défensives du pays, la flotte aussi bien que l'armée de terre, avaient grand besoin de réformes, et quelques mesures, en effet, furent prises à cet égard, mais la guerre qui éclata peu après montra combien le tout avait été mal exécuté. Sur la frontière du Jutland et du Slesvig fut élevée la solide forteresse de *Fredericia*, qui obtint en même temps de grands priviléges comme ville de commerce et fut bientôt dans une situation prospère ; mais, comme forteresse, elle ne servit de rien au pays. Le roi fût plus heureux dans ses efforts pour le développement de la poste instituée par Christian IV, et il lui donna un excellent directeur dans *Paul Klingenberg*. Bien que la puissance du Rigsraad fût élevée à un degré qu'elle semblait à peine pouvoir dépasser, si le

Danemark continuait à être gouverné par un roi, elle reçut pourtant, en 1651, une nouvelle et importante extension : il fut décidé que la reine-mère serait totalement exclue de toute participation au gouvernement pendant la minorité du roi, son fils, laquelle fut, à cette occasion, limitée à dix-neuf ans ; jusqu'à ce que le roi eût atteint cet âge, l'État devait être gouverné par sept membres du Rigsraad.

Dans les premières années du règne de Frédéric III, le majordome du royaume Korfits Ulfeldt joua le rôle politique le plus important, et sa puissance, ainsi que sa considération, n'étaient pas loin d'éclipser celles du roi lui-même. Il les devait non-seulement à ses hautes fonctions, à ses richesses et à ses rares talents, mais encore à ses nombreuses relations de famille. Par son mariage avec la fille de Christian IV, *Éléonore-Christine*, il était allié avec les nombreux fils et gendres de ce monarque. Sept de ses propres frères et sœurs étant encore en vie, il était ainsi, d'une façon ou d'une autre, apparenté avec les principales familles nobles du pays. Le roi haïssait ce puissant personnage, dont la renommée disait qu'il avait été le plus ardent à exagérer les dures conditions de la capitulation et qu'il avait même pensé à exclure du trône le prince Frédéric, et la reine, l'orgueilleuse *Sophie-Amélie*, nourrissait une haine personnelle contre Éléonore, parce qu'il s'en fallait peu qu'elle fût éclipsée par l'esprit et la beauté de celle-ci. Pour éloigner Ulfeldt du Danemark, le roi le chargea, comme on l'a vu, d'une mission en Hollande ; mais, à son retour, comme on ne fut pas satisfait de sa conduite, une commission fut aussitôt instituée pour faire une enquête aussi bien sur son ambassade en Hollande que sur son administration des finances sous Christian IV. Soupçonné de malversations, il en fut profondément irrité et se tint dès lors à l'écart de la cour, d'autant plus que l'on commençait à n'y plus rendre à sa femme les honneurs dont elle avait joui précédemment comme fille de Christian IV. Pendant que les affaires empiraient, un certain colonel *Walter* imagina un artifice aussi grossier que misérable pour préparer la chute de l'odieux majordome. Il poussa en effet une femme décriée, *Dina Winhofer*, à accuser Ulfeldt et Christine-Éléonore de vouloir attenter à la vie du roi par le poison. Mais Dina s'étant embrouillée dans une foule de contradictions, il devint évident qu'elle mentait, et elle paya de la vie sa fausse accusation. Walter fut seulement banni du royaume, et l'indulgence avec laquelle il avait été traité excita l'indignation d'Ulfeldt, qui demandait, non sans raison, pourquoi le colonel était puni s'il était innocent, et, s'il était coupable, pourquoi on ne le frappait pas des sévérités de la loi. Plein de haine contre le Danemark et son gouvernement, il quitta secrètement le pays avec sa femme et ses enfants, et il ne rentra dans sa patrie que comme traître, avec l'armée envahissante de Charles X de Suède. Il se rendit d'abord en Hollande, et de là en Suède, dont la capricieuse reine *Christine* prenait plaisir à vexer le gouvernement danois : elle traita donc le fugitif avec beaucoup de distinction ; il est vrai que peu après elle abdiqua, mais Ulfeldt conserva son influence auprès du nouveau roi, Charles X Gustave, qu'il prit à tâche d'exciter à la guerre contre le Danemark.

Bien que le successeur de Christine ne fermât pas l'oreille à ces suggestions, il résolut pourtant d'attaquer d'abord la Pologne ; car, relativement au Danemark, il était sans inquiétude, son envoyé à Copenhague, *Dureel*, lui ayant donné des informations exactes sur l'état du pays, et l'ayant assuré que la Suède n'avait rien à craindre du Danemark aussi longtemps que durerait la constitution du royaume et que celle-ci ne serait pas améliorée, et tant que la noblesse serait toute-puissante, — en quoi il avait parfaitement raison. En Danemark pourtant beaucoup de personnes croyaient que le vrai moment de reconquérir les provinces perdues dans la dernière guerre était venu, maintenant que Charles X était occupé avec son armée en Pologne ; les gens plus sages avaient beau objecter que l'on n'avait ni argent, ni flotte, ni armée de terre pour faire la guerre, les plus belliqueux réussirent à l'emporter par leur zèle intempestif. Leurs calculs prirent aussi une apparence de réalité lorsque la Pologne, le Brandebourg, la Hollande et l'empereur d'Allemagne promirent au Danemark l'assistance la plus énergique ; mais ces puissances étaient plus empressées de faire des promesses que de les tenir, n'aspirant au fond qu'à voir sortir les Suédois de l'Allemagne et de la Pologne. Le Danemark commença la guerre (1657), en s'emparant des redoutes et des fortifications de la maison de Holstein-Gottorp, car on pensait avec raison que, cette fois encore, le duc Frédéric III ne se montrerait pas plus fidèle envers le Danemark que dans les guerres précédentes, d'autant plus que maintenant le roi de Suède était son gendre. Charles X n'eut pas plutôt appris la rupture de la paix, qu'il quitta la Pologne, se hâta de traverser l'Allemagne et parut sur les frontières du Holstein avant que l'on sût en Danemark son départ de la Pologne. Après avoir pourvu à Hambourg à tous les besoins de ses soldats épuisés, il envahit le Holstein et se répandit, comme un fleuve débordé, dans les deux duchés. Le maréchal danois *André Bilde* fut poussé d'un lieu à l'autre et finit par se jeter dans Fredericia, mais il laissa prendre cette solide forteresse, qui avait six mille hommes de garnison, par trois mille Suédois sous les ordres du général *Wrangel*. La chute de cette place ouvrit à l'ennemi la route du Jutland ; elle eut encore une autre conséquence, le général polonais *Czarnetzsky*, qui accourait au secours du Danemark avec douze mille cavaliers, pensant que tout espoir était maintenant perdu et son assistance inutile, se retira avec ses troupes. Ulfeldt accompagna partout Charles X, cherchant à provoquer la défection des habitants ; il écrivit une lettre aux sénéchaux du Jutland pour leur conseiller de prêter foi et hommage à Charles X ; mais sa circulaire n'obtint que le mépris, même auprès des membres de sa famille.

Le plus vif désir de Charles X, après la conquête du continent, était de passer dans les îles, et dans ce but il mit en mer une flotte de cinquante-neuf navires ; mais elle fut attaquée à Falsterbo par l'escadre danoise, de trente navires, commandée par le vice-amiral *Henri Bjelke,* et fut tellement maltraitée qu'elle dut gagner le rivage. Cependant le rigoureux hiver de 1657-58 rendit bientôt les flottes inutiles : la mer gelée permit les communications entre les îles danoises, et l'audacieux roi de Suède n'hésita pas à passer sur la glace! Il se rendit d'abord dans la Fionie, qui se soumit presque sans résistance, bien qu'il y eût dans cette île des troupes en assez grand nombre. Le commandeur *Bredahl*, qui avait sous ses ordres quatre navires pris par les glaces dans le fjord de Nyborg, montra seul, à cette heure de misère et de découragement, qu'il y avait encore de la virilité en Danemark. Bien que les vaisseaux, condamnés à l'immobilité, fussent canonnés par la forteresse de Nyborg et attaqués par les Suédois venus sur la glace, il ne voulut pas entendre parler de reddition, mais continua à se défendre bravement, jusqu'à ce qu'il pût se dégager des glaces et conduire son escadrille en sûreté à Copenhague. De la Fionie, Charles X se rendit sur la glace en Sélande, en passant par Langeland, Laaland et Falster. Tout se soumit à l'heureux vainqueur, et, par un statragème de Ulfeldt, la place forte de *Nakskov* fut elle-même amenée à se rendre sans coup férir. A Copenhague, où l'on n'était rien moins que préparé à recevoir l'ennemi, les progrès inattendus de Charles causèrent la plus profonde consternation, et l'on commença, mais trop tard, à se repentir d'avoir si imprudemment entrepris cette guerre. Le majordome du royaume *Gersdorf* et le membre du Rigsraad *Skeel* furent chargés d'aller demander la paix au roi de Suède. Les négociations furent entamées au village de *Hœie Tostrup*, situé à quelques milles de Copenhague, et closes à *Roeskilde*. Charles X fit subir aux plénipotentiaires danois l'humiliation de négocier avec le traître Korfits Ulfeldt, qui demanda, au nom de son nouveau maître, la cession de la Skanie, du Halland, du Bleking, de Bornholm, d'Anholt, de Lessœ, de Hveen, de Saltholm, des Ditmarches, de Pinneberg, du Bahuus, des diocèses de Throndhjem et d'Agershuus, de la moitié de la douane du Sund, de douze navires de guerre et de 1 million de rigsdaler. L'intervention de la France et de l'Angleterre fit pourtant un peu rabattre de ces révoltantes prétentions, de sorte que par la paix de Roeskilde, signée le 26 février 1658, Charles X se contenta de la Skanie, du Halland, du Bleking, du Bahuus, de Throndhjem, de Bornholm, de douze navires de guerre et de deux mille cavaliers ; le duc Frédéric III obtint l'amt de *Schwabstædt* et fut délié du vasselage à l'égard du Danemark, ou, en d'autres termes, il obtint, pour lui et ses descendants de ligne agnatique, la *souveraineté*, avec le maintien pourtant du gouvernement commun pour les parties royale et ducale des duchés ; il fut enfin convenu que Ulfeldt serait remis en possession de tous ses biens.

Charles X, dont le secret désir était de placer sur sa tête les trois couronnes du Nord, regretta bientôt d'avoir conclu la paix. L'accomplissement des conditions fut traîné en longueur sous toute sorte de prétextes et la plus grande partie des troupes suédoises restèrent en Danemark. Cinq mois après la signature du traité de Roeskilde, le 8 août 1658, le roi de Suède débarqua subitement à Korsœr et déclara qu'il regardait le dernier traité comme non avenu. Lorsque cette nouvelle arriva à Copenhague, on envoya aussitôt des ambassadeurs à Charles X pour lui demander la raison de cette rupture inattendue ; mais il refusa de leur répondre et les renvoya à ses ministres. Ceux-ci prirent un ton hautain et arrogant : « Peu importait que le roi des Danois s'appelât Charles ou Frédéric ; la dernière heure du Danemark était arrivée ; après la conquête du pays, il serait assez temps d'indiquer les causes de la guerre, etc. » Lorsque cette réponse fut rapportée à Copenhague, on n'hésita pas longtemps entre une lâche résignation, qui aurait causé la perte du Danemark, et une virile résistance, quel qu'en dût être le résultat : soit la victoire, soit une mort glorieuse. L'indignation excitée par l'odieuse rupture d'un traité si récent, la conviction universellement répandue que le salut de l'État dépendait de la défense des remparts de la capitale, le courageux exemple du roi : tout excitait l'enthousiasme des citoyens et les portait à sacrifier leur sang et leur vie pour la patrie. Bourgeois et étudiants, fonctionnaires civils et ecclésiastiques, femmes et hommes, jeunes et vieux, étaient animés d'un seul esprit et travaillaient jour et nuit à mettre les fortifications en bon état de défense. Quelques personnes conseillaient au roi de quitter la ville et de chercher un refuge en Norvège ou en Hollande ; mais il répondit « qu'il voulait mourir dans ses foyers ». Il montra, en effet, que c'était sa ferme résolution de partager avec les habitants tous les périls du siége : il était sans cesse sur les remparts, se transportant d'un point à l'autre pour surveiller les travaux, et souvent la vaillante reine, *Sophie-Amélie*, l'accompagnait à cheval. Pour encourager encore davantage les citoyens à une résistance opiniâtre, il leur octroya de grands priviléges : la ville fut déclarée port libre, et affranchie de l'obligation de loger les soldats en temps de paix ; les bourgeois obtinrent le droit d'acheter et de posséder des domaines nobles au même titre que la noblesse, et furent placés sur le même pied que celle-ci pour l'accès aux plus hautes dignités.

Le 11 août, Charles X arriva avec son armée devant Copenhague. et, peu de jours après, eurent lieu plusieurs sorties impétueuses qui montrèrent à l'ennemi ce qu'il avait à attendre. Mais ce fut un grand malheur pour Copenhague que la forteresse de Kronborg se rendît aux Suédois par la lâcheté et la simplicité des commandants supérieurs, *Brunov, Beenfeldt* et *Bilde*. Le général Wrangel, qui assiégeait cette place, fit en effet répandre la nouvelle que Copenhague était prise et le roi en captivité, et à cette occasion il fit tirer des salves d'artillerie, battre le tambour et sonner de la trompette. Les officiers en question furent si effrayés de ces démonstrations, que, sans en demander plus long, ils livrèrent la forteresse solide et bien approvisionnée; les assiégeants furent ainsi mis en possession d'une quantité de canons, de poudre et d'autres munitions dont ils avaient grand besoin pour pousser vigoureusement le siége de Copenhague. Trois hommes qui mettaient l'amour de la patrie au-dessus de tout, *Steenvinkel, Rostgaard* et le pasteur *Gerner*, tentèrent de recouvrer Kronborg; mais le plan fut découvert et ses auteurs punis cruellement. Steenvinkel fut supplicié ignominieusement comme un criminel; Gerner eut la vie sauve après avoir été torturé; Rostgaard seul parvint à gagner Copenhague, où il rendit de grands services pendant le siége en allant à la reconnaissance des positions de l'ennemi et en servant d'intermédiaire entre le roi et les auxiliaires étrangers qui approchaient. Une tentative analogue faite par les bourgeois de *Malmœ* pour soustraire leur ville à l'odieux joug de la Suède et la rendre au Danemark n'eut pas plus de succès : le complot fut découvert par hasard avant son exécution, et plusieurs des principaux conjurés périrent sous la hache du bourreau.

Cependant les bourgeois de *Copenhague* continuèrent, sous les ordres de *Schack*, de *Gyldenlœve*, du chef de la milice urbaine, *Thuresen*, et du *roi* lui-même, qui ne se ménageait jamais, à se défendre courageusement et à troubler l'ennemi par des sorties continuelles. L'une de celles-ci est surtout remarquable; c'est celle qui eut lieu à Amager, à laquelle Frédéric III lui-même prit part et où Charles X fut sur le point d'être fait prisonnier. Mais le manque de vivres devenait de plus en plus sensible, et l'on attendait avec impatience l'arrivée de la flotte que la Hollande, par la bouche de son envoyé *Van Beuningen*, avait promis d'envoyer au secours du Danemark. Il était extrêmement important pour cette puissance d'empêcher que la chute du Danemark ne rendît la Suède maîtresse de la Baltique; aussi équipa-t-elle une escadre avec autant de hâte et de zèle que s'il se fût agi de son propre salut. Cette flotte, commandée par l'amiral *Opdam*, arriva dans le Sund le 29 octobre 1658, et, quoique canonnée aussi bien par Kronborg que par Helsingborg, elle battit pourtant une plus grande escadre suédoise qui voulait lui barrer le passage. Elle parvint à gagner Copenhague, où son arrivée avec des vivres et des troupes fraîches répandit une joie générale et affermit les assiégés dans leur résolution de résister avec persévérance. Pendant que ces événements se passaient en Sélande, les Suédois avaient subi des pertes considérables dans d'autres lieux. Les braves insulaires de Bornholm, sous la conduite de *Jens Kofod*, de *Niels Gummelœs* et du prêtre *Paul Anker*, avaient secoué le joug de l'ennemi ; dans le diocèse de Throndhjem, les Suédois avaient été également repoussés, et le prince électeur *Frédéric-Guillaume* de Brandebourg, allié du Danemark, envahit le Holstein à la tête d'une armée de trente mille hommes, composée de Polonais, de Brandebourgeois et d'Impériaux. Avec leur aide, toute la péninsule fut bientôt purgée d'ennemis, excepté Fredericia, qui fut mieux défendue par les Suédois que par André Bilde. Dans ces circonstances, Charles X comprit qu'il était nécessaire de hasarder un coup décisif ; aussi résolut-il de donner un assaut général à la place de Copenhague. L'attaque, commencée au milieu de la nuit du 10 au 11 février 1659, ne finit que le matin. On combattit des deux côtés avec acharnement, mais à la fin les Suédois durent opérer leur retraite après un épouvantable carnage, et leur roi, gâté par la victoire, dut pour la première fois reconnaître avec humiliation que le citoyen combattant pour sa patrie est plus fort que le soldat excité par l'appât de la gloire et du butin.

Après cette défaite, les Suédois convertirent le siége en blocus, et une partie de leurs troupes furent employées à la conquête des petites îles, ce qui n'eut pas lieu sans une vive résistance de la part des habitants, que l'exemple de la capitale avait réveillés de la torpeur où ils étaient plongés. Les bourgeois de *Nakskov* se distinguèrent surtout par une éclatante bravoure : ils ne rendirent leur ville qu'après un siége de dix semaines, lorsqu'il ne leur restait plus une pincée de poudre ; cette vaillance lava complétement la tache dont ils s'étaient souillés dans la guerre précédente par leur soumission hâtive. Le courage s'était maintenant raffermi à tel point que même une petite île comme *Mœn* fit une vive résistance à l'ennemi. Dans cette guerre, le Danemark sentit amèrement la privation d'une flotte, attendu qu'il fut impossible de transporter les troupes auxiliaires du Jutland dans les îles; car la Hollande, ne voulant rien faire de plus que de sauver le Danemark de la ruine, refusa le concours de ses navires. A la fin pourtant, l'amiral hollandais *Ruyter* se décida à transporter quelques milliers d'hommes en Fionie. Ces auxiliaires étrangers combinés avec les troupes danoises remportèrent une victoire décisive sur les Suédois, près de Nyborg, le 14 novembre 1659, et s'emparèrent ensuite de cette forteresse, de sorte que tous les soldats suédois de la Fionie furent faits prisonniers. A la suite de ce grave revers, Charles X évacua le Danemark et se rendit à Gœteborg, où le chagrin d'avoir vu la ruine de ses espérances le conduisit au tombeau. Si Ruyter avait alors voulu transporter les troupes en Sélande et en Skanie, il aurait été facile d'expulser totalement les Suédois et de reconquérir toutes les provinces perdues; mais il fut impossible de l'y déterminer. La dernière entreprise des Suédois fut l'invasion de la Norvège, où les habitants de *Frederikshald* gagnèrent, pour la troisième fois dans cette guerre, une gloire impérissable par le courage héroïque avec lequel ils défendirent leur ville.

Depuis longtemps déjà les plénipotentiaires de l'Angleterre, de la Hollande et de la France à *La Haye* travaillaient au rétablissement de la paix; elle finit par être signée à Copenhague le 27 mai 1660. Par ce traité le Danemark dut céder le Bahuus, la Skanie, le Halland et le Bleking; il ne recouvra que le diocèse de Throndhjem et Bornholm, et pour cette île il fallut même payer une indemnité à la Suède. Quelques comptoirs suédois de peu d'importance, situés en Guinée, furent en outre cédés au Danemark; la politique commerciale de l'Angleterre et de la Hollande ne permit pas que de meilleures conditions fussent faites au Danemark, et cet État dut s'y soumettre, ses alliés, la Pologne et le Brandebourg, ayant déjà fait leur paix avec la Suède.

Les *mœurs* n'avaient pas subi de modifications essentielles depuis la fin du siècle précédent, ou bien le changement fut plutôt en mal qu'en bien. L'intempérance des riches en fait d'aliments et de boissons, leur luxe exorbitant, leur prodigalité démesurée pour les vêtements et les parures s'éleva à un degré dont on ne se ferait pas idée. Christian IV s'efforça de mettre des bornes à ce faste ruineux. En 1631 il prit le parti de convoquer *des dames nobles et distinguées* du Jutland et de la Fionie, afin qu'elles délibérassent à ce sujet avec quelques gentilshommes et établissent des règlements somptuaires ; mais l'on ne voit pas que cette mesure ait eu plus d'efficacité que d'autres. Le même monarque interdit l'importation de la bière étrangère et défendit aux *bourgeois* de faire usage du vin dans leurs festins, de se vêtir de satin et de velours et d'aller en voiture couverte. Par suite en quelque sorte de cette prohibition, l'usage de l'*eau-de-vie* devint plus général et l'ivrognerie fit de tels progrès dans les classes inférieures que l'on jugea nécessaire d'ordonner aux pasteurs de ne plus réunir leurs paroissiens dans l'*après-midi*, de peur que ceux-ci ne fussent ivres à cette heure de la journée. Les fréquents procès de sorcellerie attestent que la civilisation générale était à un niveau très-bas ; le plus célèbre, connu sous le nom de *Kjœge Huuskors* (la croix domestique de Kjœge), commença en 1608. Une femme fut brûlée comme sorcière à Ribe, en 1641 ; elle avait été acquittée par le tribunal municipal de Ribe, mais le Rigsraad, devant lequel l'affaire fut portée par le bailli du roi, la jugea à la diète de Copenhague en 1641. Après que l'inculpée eut avoué son crime au milieu des tortures, elle fut condamnée à périr sur le bûcher. Au reste, dans la même ville de Ribe, de 1572 à 1652, non moins de *douze* femmes furent condamnées à être brûlées comme sorcières. A Helsingœr, dans l'espace de douze ans seulement (1570-1581), trois hommes furent brûlés vivants pour sorcellerie et magie.

Pour cette période, on ne manque pas non plus de témoignages contemporains relatifs à l'oppression et au dur asservissement des paysans attachés à la glèbe. Un écrivain du milieu du dix-septième siècle dit, par exemple : « Les serfs (vornede) de Sélande, de Laaland, de Falster et de Mœn, privés de toute liberté, sont absolument au rang des esclaves ; leur maître peut même les forcer à cultiver n'importe quelle terre déserte qu'il leur attribue, quand même ils ne voudraient pas s'établir en cet endroit et n'y pourraient nourrir ni eux ni leur famille. Ils peuvent être vendus et échangés comme des animaux. Quelques maîtres aussi ne se font pas scrupule, s'ils trouvent un pauvre homme qui ait défriché une terre inculte, qui puisse à peu près y vivre et qui paraisse y avoir fait des économies, de le mettre dehors sans retard, pour peu qu'il soit en faute, de lui assigner une autre ferme inculte et de le forcer finalement à la défricher de la même manière, jusqu'à ce qu'il soit appauvri et tombe avec sa femme et ses enfants dans la dernière détresse ; aussi, le résultat de cette dure oppression et du joug de l'esclavage est que beaucoup de serfs deviennent récalcitrants, oisifs et paresseux, de sorte que, par pure haine contre l'autorité, ils restent mécontents, sans s'occuper de leur métier ni de leur culture, encore moins de réparer leur logement, ce qui est trop visible et ce que reconnaissent sans doute beaucoup d'honnêtes gens. »

Les *sciences* furent, pendant cette période, protégées et encouragées par les rois Christian III, Frédéric II et Christian IV. La noblesse elle-même avait du goût pour les sciences, et c'est un des beaux côtés par lesquels elle se montre alors. Il n'était pas rare de rencontrer des gentilshommes versés dans la littérature ancienne et parlant couramment le latin, le français, l'italien, l'espagnol ; quelques-uns étaient même célèbres pour leur profonde érudition, comme *Henri Ranzau, Holger Rosenkrands,* etc. Divers nobles consacrèrent une grande partie de leur fortune à des fondations scientifiques ; tels furent *Herluf Trolle* et *Christophe Walkendorf.* La savante et noble *Brigitte Thott* se distingua, dans ses traductions de classiques latins et grecs, par la pureté et la beauté de son style danois. Bien que l'histoire n'ait été enseignée publiquement qu'à partir de Christian IV, il y avait pourtant, dès le règne de Frédéric II, des historiographes royaux appointés pour écrire toute l'histoire de la patrie ou celle des divers rois ; mais il est singulier que plusieurs de ces historiographes fussent étrangers, comme *Pontanus* et *Meursius*[1]. L'aristocrate *Arild Hvitfeldt,*

---

[1] *Pontanus* était né à Helsingœr de parents hollandais, mais il se rendit de bonne heure dans les Pays-Bas, où il passa tout le reste de sa vie et où il écrivit son *Histoire de Danemark. Meursius* était un Hollandais qui fut appelé en Danemark et nommé professeur à Sorœ.

qui était historiographe royal sous Christian IV, acheva, au commencement de ce règne, son importante *Chronique du Danemark*, qui finit avec Christian III. La littérature *islandaise*, qui est si importante pour l'histoire du Danemark et de tout le Nord, commença alors aussi à être cultivée, et le premier qui l'approfondit et en traita fut le savant prévôt (premier pasteur) islandais, *Arngrim Jonsson*. Après lui *Brynjulf Sveinsson*, évêque de Skálholt, mérita bien de la science en recueillant et en sauvant de la ruine une grande quantité de manuscrits islandais. Le premier évêque protestant de Sélande, *Pierre Palladius*, se distingua non moins par son savoir théologique que par son activité pastorale et son zèle pour l'instruction du peuple et du bas clergé. L'évêque *Hans Poulsen Resen*, qui publia, sous Christian IV, une traduction de la Bible faite d'après les langues orientales, était un savant théologien, comme *Gaspar Brochmand*, son successeur au siége épiscopal de Sélande, mais il manquait à l'un et à l'autre l'esprit de *Hemmingsen*. Le Slesvigois *George Callisen* (Calixt) se fit à l'étranger une réputation de théologien savant et perspicace. *Gaspar Bartholin*, souche de la savante famille des Bartholins, était comme son fils *Thomas Bartholin*, célèbre comme médecin et anatomiste. *Oluf Vorm* se signala dans l'art médical et aussi dans l'étude des antiquités nationales qu'il fut le premier à mettre en lumière. *Langberg* ou *Longomontanus*, disciple de Tycho Brahe, se fit une assez grande renommée comme mathématicien.

Bien que les sciences fussent ainsi favorisées de toutes parts et qu'il ne manquât pas non plus de savants en plusieurs spécialités, il ne put ni se former une littérature nationale originale, ni se développer une libre vie scientifique, et la raison doit en être cherchée principalement dans *l'intolérance religieuse*, dans *la censure* et dans *l'usage presque exclusif du latin*. La censure, cette invention des papes, qui s'accorde aussi bien avec l'esprit du catholicisme, ennemi de la lumière et de la vérité, qu'elle répugne à l'essence du protestantisme, fut néanmoins admise dans les États protestants et introduite en Danemark avec la Réforme. Dès 1537, l'ordonnance ecclésiastique avait prescrit à l'Université de Copenhague, aussi bien qu'aux évêques, de surveiller non-seulement les publications théologiques, mais encore les écrits politiques et historiques parus en Danemark ou importés de l'étranger, « parce que, y est-il dit, il paraît en ce temps beaucoup de mauvais livres qui égarent, non-seulement les ignorants et les novices, mais encore les savants ». Plusieurs tristes exemples des suites de la censure et de l'étroite intolérance religieuse ont été cités précédemment (Jean Lascy, les vingt-cinq articles de foi imposés aux étrangers, Niels Hemmingsen, les deux Dybvad), et l'on pourrait en ajouter encore plusieurs autres. Sous Frédéric II, un prêtre, *Iver Berthelsen*, fut condamné à la peine capitale parce qu'il avait exclu l'exorcisme des cérémonies du baptême ; à la vérité on lui fit grâce de la vie, mais on le jeta en prison pour le reste de ses jours. L'évêque *Jean Knudsen Vedel* fut, avec le concours de l'évêque H.-P. Resen, destitué de ses fonctions (1616), parce qu'il penchait vers la doctrine des Réformés. Plus tard le même Resen fut, à son tour, accusé d'hérésie par un prêtre de Copenhague nommé *Kock;* mais, après que l'affaire eut été débattue dans une discussion publique à laquelle prit part Christian IV, qui était très-sévère dans les questions religieuses, l'inculpé fut acquitté et Kock banni des États du roi. Un savant ecclésiastique d'Helsingborg, *Niels Mikkelsen Aalborg*, auteur d'un ouvrage que les censeurs avaient pourtant déclaré bon et innocent, fut destitué en 1614, parce qu'il professait « la détestable erreur », comme on disait, de croire que les païens pouvaient être sauvés par la grâce de Dieu.

La *langue nationale* avait encore à lutter contre ses anciens ennemis, le latin et l'allemand. Le mouvement animé qui s'était produit dans la nation après la Réforme, et qui avait été si favorable au développement de la littérature danoise, se perdit peu à peu et fut remplacé par l'immobilité dans la vie et la littérature nationales. On écrivait en latin non-seulement les ouvrages de science, mais encore les autres publications, à l'exception des livres de piété proprement dits. La langue nationale était si peu estimée que les historiographes royaux recevaient l'ordre exprès de composer en latin l'histoire de la patrie; mais ceux d'entre eux que le sentiment national animait plus puissamment, comme *André Vedel* et *Lyskander*, ne tinrent pas compte de cette prescription. L'allemand fut en général la langue de la cour, si ce n'est sous le règne du patriotique Christian IV, et il le devint encore à un plus haut degré dans la première partie de la période suivante. Bien que le danois végétàt ainsi dans l'abandon, les premières lueurs de la poésie nationale se montrèrent pourtant, avant le commencement de la période suivante, dans les œuvres religieuses d'*André Arreboe,* né à Ærœ en 1587, mort en 1637.

QUATRIÈME PÉRIODE.

DEPUIS L'ÉTABLISSEMENT
DU POUVOIR ABSOLU JUSQU'A NOS JOURS

(1660-1866).

PREMIÈRE DIVISION

1660-1766.

I

Frédéric III. — Situation du pays et dispositions du peuple. — La diète de Copenhague. — Désaccord entre la noblesse et les autres ordres. — Le roi est proclamé monarque héréditaire. — La capitulation est abolie. — Vœux de l'ordre des paysans. — L'acte de souveraineté. — Les trois ordres reçoivent chacun des priviléges propres. — Organisation du nouveau gouvernement, les colléges, etc. — Abus de pouvoir. — Kay Lykke. — Korfits Ulteldt. — Sollicitude pour le commerce et les sciences. — Guerre avec l'Angleterre.

Après la paix de Copenhague, le Danemark restait dans la situation la plus malheureuse. Le royaume avait été subitement privé de plusieurs de ses plus anciennes et de ses meilleures provinces; l'armée était désorganisée, la flotte détruite et le commerce ruiné; le pays endetté et le Trésor vide, de sorte qu'il n'y avait pas même de quoi payer le traitement des fonctionnaires et pourvoir aux autres dépenses nécessaires. Alliés et ennemis avaient à l'envi ravagé et épuisé le pays; des milliers de domaines ruraux et même des cantons entiers restaient déserts et incultes; partout régnaient un profond découragement et l'appréhension de ce que l'avenir tenait en réserve. Si l'on demandait d'où provenait la triste situation du royaume et quelle était la cause des calamités qui l'accablaient, partout on entendait la même réponse : la faute en était à la *noblesse*. L'aristocratie, avec ses droits exorbitants, avec ses funestes priviléges, tarit les sources de la richesse du pays : l'agriculture et le commerce; elle maltraite de la manière la plus inexcusable ses fermiers corvéables et attachés à la glèbe, et par ses accaparements elle veut arriver bien vite à ce qu'il n'y ait plus un seul franc-alleu en Danemark; son exemption des droits de douane et d'accise ruine le commerce terrestre et maritime des habitants des villes. Elle seule doit posséder des domaines ruraux; toutes les fonctions honorifiques et lucratives lui sont exclusivement réservées. L'administration de la justice est complétement entre ses mains, depuis le poste de chancelier jusqu'au plus modeste emploi de prévôt; quant aux places qui ne sont pas assez honorables ou lucratives pour être occupées par ses membres, elle a la faculté de les donner à ses serviteurs ou secrétaires, au grand détriment du droit et de la justice. Si un noble cause quelque dommage aux bourgeois ou aux paysans, ils ont peine à le forcer de le réparer et de les indemniser, car il est partout muni de priviléges et soutenu par des parents et des amis puissants. L'aristocratie seule est investie des fiefs de la couronne, et cela moyennant des redevances ridiculement faibles, tandis que la pénurie du Trésor public est complète; elle exerce tous les hauts commandements dans l'armée et la flotte et, dans la dernière guerre, elle s'est déshonorée par sa lâcheté; elle seule a siégé au Rigsraad, et, pour l'élection du roi, elle seule a le droit de vote qui, dans les anciens temps, appartenait incontestablement à tous les ordres du royaume. Elle est exempte d'impôts et de dîmes pour elle et pour ses journaliers; un grand nombre de cures sont à sa collation, et dans beaucoup de localités elle perçoit les dîmes ecclésiastiques; elle laisse néanmoins des églises en ruines dans tout le royaume, et les prêtres sont outragés et foulés aux pieds non moins que les paysans. La noblesse a les justices seigneuriales, le droit de rendre les jugements et de les exécuter, de lever les amendes dans toutes les causes qui concernent ses domaines et ressortent de ses justices. Or, tous ces priviléges ne sont grevés que d'une charge très-légère : le service à cheval, dans l'accomplissement duquel les nobles ne font que remplir le devoir civique commun, la défense de la patrie, — et avec quelle mollesse ne s'en sont-ils pas acquittés! Si l'on porte la guerre hors des frontières du royaume, cette riche caste n'a pas honte d'exiger une solde de l'État appauvri! Quel sera le terme des insatiables prétentions de la noblesse et du Rigsraad? où s'arrêtera l'arbitraire toujours croissant? Dans les quinze dernières années où le royaume est allé sans cesse en déclinant, le Rigsraad s'est successivement arrogé de nouveaux priviléges; en 1645, le droit de présentation aux places vacantes dans son sein; en 1648, additions à la capitulation de Frédéric III; en 1651, le droit d'exercer la régence à l'exclusion de la reine douairière. Quel droit restera-t-il finalement au bourgeois, au *roturier;* quelle puissance au roi? Aucun monarque dans toute l'Europe n'est si limité que le roi de Danemark; il lui est impossible d'introduire dans le gouvernement les réformes même les plus nécessaires, lorsqu'elles lèsent les droits réels ou prétendus de la noblesse. Pour la guerre et la paix, pour la législation et les impôts son pouvoir est borné, non par celui de tous les ordres du royaume, mais par une petite coterie de vingt et quelques nobles qui font la loi au roi et à l'État. Bien plus, il n'est pas même maître de sa personne, il ne peut même sortir du pays sans en demander l'autorisation au Rigsraad; il ne peut choisir librement ni ses ministres ni les principaux fonctionnaires; mais il doit nommer ceux que le Rigsraad lui présente, quand même ce seraient ses pires ennemis et ses adversaires personnels. — Ainsi pensaient et parlaient les bourgeois; aussi ne tardèrent-ils pas à agir.

Les relations de la bourgeoisie avec la noblesse et ses dispositions à l'égard de cet ordre avaient subi un profond changement. La soumission servile avec laquelle on avait subi le joug de la noblesse pendant les règnes qui suivirent immédiatement la malheureuse insurrection terminée en 1536, avait fait place à un profond ressentiment d'être réduit à cet état humiliant. Depuis le règne de Christian IV, divers signes: les doléances des villes du Jutland, les écrits des deux Dybvad, les tentatives de Christian IV pour l'abolition du servage et de la corvée et l'appui qu'elles trouvèrent dans l'opinion publique, le discours du professeur Scavenius, lors de l'élection du roi, en 1648, — tout faisait prévoir qu'une révolution n'était pas éloignée. Les bourgeois, dans plusieurs villes, étant devenus plus aisés, le sentiment de leur dignité avait été éveillé, surtout chez les citoyens de Copenhague, par la conscience d'avoir contribué au salut de l'État par leur bravoure et leurs services. Les lumières et l'instruction qui s'étaient peu à peu largement répandues dans la bourgeoisie, et la part de gouvernement, d'ailleurs très-minime, que la noblesse accordait à cet ordre, suffisaient pourtant à l'intéresser aux affaires publiques et à l'entretenir dans la connaissance de la constitution politique ; c'est ce qu'attestent les nombreux projets bien motivés que la bourgeoisie présenta à la diète de Copenhague. Le clergé, qui, avant la Réforme, avait été l'allié de la noblesse et l'avait aidée à pressurer le peuple, étant venu, à partir de 1536, à souffrir de la même oppression dont les bourgeois et les paysans étaient victimes, s'unit étroitement à eux. Sa puissante influence sur l'éducation du peuple agit lentement, mais sûrement ; ses plaintes et son mécontentement trouvèrent de l'écho dans la nation, et, lorsque le moment décisif fut venu, les délégués du clergé et de la bourgeoisie formèrent une troupe compacte, prête à combattre l'ennemi commun avec ses forces unies. L'exaspération toujours croissante des ordres inférieurs, qui s'exprime dans les publications du temps, et encore plus ouvertement et sans ménagement dans les lettres et les communications privées, faisait regarder comme inévitable une sanglante et violente révolution ; les hommes clairvoyants la redoutaient, et, dans une de ses lettres au Rigsraad, Christian IV avait fait allusion à ce danger ; mais la tempête menaçante fut détournée par la diète de Copenhague, qui résolut la question d'une manière pacifique.

Le roi avait soumis au Rigsraad divers projets qui avaient surtout pour but de mettre le pays en meilleur état de défense ; mais le Grand Conseil répondit par des excuses et des plaintes sur la détresse du royaume. Aussi le monarque résolut-il de convoquer les États ; le Rigsraad y consentit, mais il demanda que la diète se réunît à Odense ; Frédéric III voulait au contraire que l'assemblée siégeât à Copenhague, dont la bourgeoisie lui était dévouée, et il comptait trouver en elle un ferme appui pour ses projets. Il finit encore par l'emporter en ce point. Le 8 septembre 1660, les députés de la noblesse, du clergé et de la bourgeoisie se réunirent à Copenhague ; l'ordre des paysans n'avait pas été

convoqué cette fois, pas plus qu'en 1648. Dès avant l'ouverture
de la session les ordres inférieurs s'allièrent étroitement entre eux
et convinrent de ne pas prendre de résolution sans en avoir délibéré en commun. Leur accord se manifesta publiquement le
10 septembre, jour où les ordres se réunirent au château pour
entendre le discours par lequel le majordome *Gersdorf* ouvrit la
diète, car les députés du clergé et de la bourgeoisie s'y rendirent
en procession, deux par deux, un ecclésiastique avec un bourgeois. Le majordome, après avoir rappelé que le roi avait bien
mérité de la patrie, exposa la situation malheureuse du royaume
et termina en invitant chacun des ordres à proposer les moyens
d'y remédier. Les séances commencèrent dès le lendemain; la
bourgeoisie tint les siennes au siége de la corporation des brasseurs; le clergé se réunit dans l'église du Saint-Esprit ou au couvent de Notre-Dame; la noblesse dans l'église de l'Ile (Holmens
Kirke) ou bien dans les bâtiments de la Compagnie islandaise, où
parfois les trois ordres s'assemblaient pour délibérer en commun ;
les deux ordres inférieurs tenaient souvent des réunions communes au siége de la corporation des brasseurs. Le gouvernement proposait de créer des ressources en établissant un impôt
de consommation sur toutes les denrées ; mais la noblesse montra
aussitôt qu'elle était peu disposée à supporter sa part des sacrifices impérieusement exigés par les besoins de l'État : elle se prévalut de ses immunités, chercha à rejeter tout le fardeau sur les
autres ordres, et un noble, *Ove Juel*, fit la remarque que « le roi
lui-même ne pouvait imposer aucune contribution à la noblesse ».
Peut-être bien la puissante aristocratie, appuyée par les députés
de plusieurs cités, notamment des petites villes du Jutland, qui
dépendaient complètement des nobles de la campagne, aurait-elle triomphé dans sa lutte avec le clergé et la bourgeoisie, si ces
deux ordres n'eussent eu, par bonheur, des chefs distingués qui
savaient tout à la fois parler et agir ; il manquait au contraire une
tête à la noblesse pour prendre la direction de ses affaires et donner à ses efforts de l'unité et de la force.

A la tête du clergé était l'évêque de Sélande, *Svane*, homme
d'une remarquable éloquence, d'une grande habileté politique et
d'un regard qui lui faisait saisir le vrai moment; son caractère personnel n'avait d'ailleurs rien d'aimable, car il est partout men-

tionné comme vain, impérieux, dur et vindicatif. Son auxiliaire actif et zélé était *Villadsen*, premier pasteur de Slagelse. La bourgeoisie était dirigée par *Nansen*, bourgmestre de Copenhague, homme prudent et intrépide, qui pendant le siége avait gagné l'estime et la confiance du roi et de tous les citoyens; le commandant de la milice urbaine, *Thuresen*, eut aussi une grande part à l'heureuse issue des délibérations. Le plus grand malheur pour la noblesse fut que quelques-uns de ses membres les plus capables se joignirent au parti de la cour. *Hannibal Sehested*, qui était, après Ulfeldt, le noble le plus capable et le plus habile politique du Danemark, cherchait à regagner la faveur du roi qu'il avait perdue par suite du désordre de son administration en Norvège et à cause de ses liens avec Ulfeldt; il travailla contre le Rigsraad et les nobles avec d'autant plus de zèle qu'il n'avait pas été ménagé par eux après la chute d'Ulfeldt, bien qu'il fût lui-même un ennemi acharné de son beau-frère. *Schack*, gouverneur de la ville, qui était aimé tout à la fois des bourgeois et des militaires pour la bravoure avec laquelle il avait défendu la ville contre l'ennemi, était dévoué à la maison royale et favorablement disposé pour un changement dans l'état des choses; c'était aussi le cas pour le rigsraad *Henri Bjelke*. Très-actif était le secrétaire de la chambre du roi, l'Allemand *Gabel*, esprit extraordinairement ingénieux qui savait se tirer avec facilité des pas les plus difficiles; et qui fut particulièrement utile comme intermédiaire secret entre le roi et les États. Pour sa part, Frédéric III, qui ne voulait pas avoir l'air de violer le serment prêté par lui lors de sa capitulation, observa, sans être absolument passif, une sage et prudente réserve; mais la grande affection que lui portait surtout la bourgeoisie de Copenhague, à cause de sa bravoure pendant le siége, ne contribua pas peu à donner aux affaires la tournure qu'elles prirent. La reine, l'habile et résolue Sophie-Amélie, travailla avec zèle à son projet d'humilier la noblesse et d'accroître la puissance de la royauté. Dans ces circonstances, on pouvait attendre que le premier projet de la noblesse, relativement à l'impôt de consommation, serait non-seulement accueilli avec froideur, mais encore repoussé carrément. Il portait, en effet, que les nobles payeraient cet impôt pendant trois ans, lorsqu'ils résideraient dans les villes, mais que, pendant leur séjour dans leurs châteaux, ils seraient exempts de toute contribution, ainsi que leurs journaliers. Comme l'aristocratie ne voulut pas entendre parler de projets plus acceptables, Svane et Nansen mirent sur le tapis la question des fiefs de la couronne. Après avoir montré les injustes avantages qu'en tiraient les possesseurs, ils proposèrent préalablement d'en faire le retrait et de les amodier au plus offrant, roturier ou noble, ou de les faire administrer par des agents comptables; que, par suite de cette mesure, ils rapporteraient quelque cent mille rigsdaler de plus qu'auparavant, et que l'on verrait alors si de nouveaux impôts étaient nécessaires. Cependant le clergé et la bourgeoisie tombèrent d'accord de proposer un impôt de consommation qui, pendant trois ans, serait exigible de tous, sans distinction. Quelques députés des petites villes du Jutland firent des objections, pensant qu'il suffisait d'assujettir à l'accise la bourgeoisie et le clergé; mais on obtint aussi leur adhésion, soit par de bonnes paroles, soit par des menaces. Lorsque ce projet fut présenté à la noblesse, il souleva la plus violente exaspération. Le Rigsraad fit aussitôt mander quelques députés et les accabla d'injures; mais le second bourgmestre de Copenhague, *Christophe Hansen*, répondit hardiment : « Nous ne sommes pas vos domestiques, pour être ainsi rudoyés par vous ! »

La discorde s'aggrava des deux côtés, et la bourgeoisie alla toujours plus loin dans ses projets de réforme. Elle adressa au roi plusieurs propositions détaillées, où figurent entre autres les vœux importants qui suivent : « Les fiefs de la couronne ne devraient plus être conférés à la noblesse, mais amodiés ou bien administrés par des fonctionnaires; les métairies royales devraient être abolies et être partagées entre les paysans ou bien amodiées comme les fermes de la couronne; les serfs pourraient racheter leur liberté à un prix raisonnable; les paysans de la couronne, au lieu d'être tenus aux corvées et aux charrois, payeraient un fermage en argent, « ce qui serait à leur avantage, tout en augmentant les revenus du royaume »; il ne faudrait pas entretenir de troupes permanentes en plus grand nombre qu'il n'est besoin pour occuper les forteresses du royaume; en revanche, tous les habitants du royaume seraient soumis aux exercices militaires; les vaisseaux de guerre devraient être disposés de manière à pouvoir aussi servir au commerce ; il faudrait introduire des économies dans le train de vie de la cour et dans les douanes ; toutes les réquisitions de grains et d'autres denrées pour la cour et la flotte seraient abolies, et les provisions dont elles auraient besoin devraient être achetées comptant ; les recettes et les dépenses de l'État seraient placées sous la surveillance de quelques délégués de la bourgeoisie et de la noblesse, et il en serait rendu compte chaque année ; les baillis ne devraient pas s'occuper de l'administration intérieure des villes, qui pourraient élire chacune leurs propres autorités ; on devrait s'abstenir de qualifier de *ufrie* (non libres) les ordres inférieurs ; les villes devraient avoir un mandataire accrédité à la cour pour exposer au roi leurs besoins ; il devrait en être de même de chaque province, et une assemblée provinciale serait tenue annuellement à Roeskilde ; le monopole de la gabelle et tous les autres devraient être abolis ; aucune résolution concernant l'intérêt général ne devrait être prise sans le consentement de tous les ordres. »

Lorsque la noblesse eut connaissance de ces propositions, elle devint un peu plus accommodante à l'égard de l'accise, dans l'espoir de sauver ses fiefs par cette concession. Elle offrit donc de payer l'octroi, non-seulement pour elle-même, lorsqu'elle séjournerait dans les villes, mais encore pour ses journaliers, « bien que ce fût un impôt fâcheux, non pas tant par ce qu'il coûtait que parce qu'il portait une si profonde atteinte aux priviléges » ; mais elle se refusait encore à le payer lorsqu'elle résiderait dans ses châteaux et ses fermes : « car, si elle y était soumise là aussi, il n'y aurait plus de différence entre un noble et un paysan, si ce n'est le nom seulement ». Cependant, comme les ordres inférieurs étaient aussi peu disposés à accepter cette concession que la précédente, la noblesse finit par céder et consentit à payer l'accise pour ce qu'elle consommerait dans ses châteaux. Mais il était trop tard : le cours des événements ne pouvait plus être arrêté et le coup qui devait briser à jamais le pouvoir de l'aristocratie en Danemark était déjà lancé. Les députés des ordres inférieurs avaient en effet, le 26 septembre, présenté personnellement leur proposition au roi, qui les remercia de leur sollicitude pour le bien de l'État, mais déclara en même temps que, d'après sa capitulation, il ne pouvait faire aucun des changements en question sans le consentement du Rigsraad. Mais les États prévoyaient bien que ce corps ne s'y prêterait jamais, et c'est alors seulement que paraît avoir mûri l'idée de proclamer l'hérédité de la monarchie et de donner au roi un pouvoir plus étendu. Le même soir, Gabel remit à Svane et à Nansen une lettre autographe du roi, où il les autorise à communiquer le projet en question à Thuresen et à d'autres hommes sûrs, et leur recommande la fermeté, l'union et la promptitude, « car, si les autres gagnent du temps, y est-il dit, ils pourront peut-être gagner davantage ». La garde urbaine fut doublée et tous les militaires qui n'appartenaient pas à la garnison reçurent l'ordre de quitter la ville. La noblesse commença alors à soupçonner que des événements sérieux se préparaient, mais elle ne savait pas exactement lesquels ; dans son embarras, elle chercha à sauver sa situation en semant la zizanie entre les coalisés. Elle répandit, en effet, le bruit que, si l'aristocratie était privée de ses fiefs, le clergé perdrait aussi sa dîme. Cette menace n'inquiéta pas peu le clergé de la Sélande ; c'est pourquoi Svane se hâta d'envoyer Villadsen à Roeskilde, où étaient convoqués tous les premiers pasteurs de la Sélande (4 octobre). Villadsen réussit promptement à les tranquilliser et à obtenir de nouveau un mandat plus étendu, par lequel ils donnaient leur adhésion non-seulement à ce qui avait été fait, mais encore à tout ce qui serait résolu par la diète. Lorsque l'envoyé fut de retour de Roeskilde (le 5 octobre) et qu'il eut fait connaître l'heureuse issue de sa mission, une nouvelle vie anima les chefs de la bourgeoisie et du clergé. Ils tinrent de fréquentes réunions, initièrent au complot un plus grand nombre de personnes, et tous furent entretenus dans leur résolution par les messages que Gabel apporta de la part du roi.

Le 8 octobre enfin, tout était bien à point ; Svane et Nansen avaient préparé un document par lequel la couronne était proclamée héréditaire dans la lignée agnatique et cognatique du roi ; Nansen avait justement apporté à l'assemblée des bourgeois la nouvelle qu'une ordonnance sur le papier timbré avait été rédigée, par l'influence de la noblesse, autrement que les ordres ne l'avaient désiré. Pendant que les assistants exprimaient bruyamment leur mécontentement d'avoir été convoqués à une diète où l'on ne tenait pas compte de leurs vœux, Nansen trouva d'autant plus facilement le moyen de faire accueillir sa proposition, et l'on fut aussitôt prêt à y souscrire. A peine le clergé en fut-il instruit, qu'il se rendit en masse à l'assemblée de la bourgeoisie, dans la maison de la corporation des brasseurs, où Svane était en train de convaincre les hésitants par un discours, comme d'ordinaire, plein de force persuasive. Lorsque tous eurent souscrit le document, il fut remis le même soir au majordome du royaume, Gersdorf, qui fut chargé de le transmettre au Rigsraad et aux nobles. Ceux-ci furent surpris et exaspérés au suprême degré de cette démarche imprévue; mais ils ne pouvaient donner cours à leur fureur que dans de vaines menaces. Le lendemain, Nansen, qui venait de la cour, rencontra précisément sur le pont du château l'orgueilleux membre du Rigsraad, *Otte Krag*, qui lui demanda, en lui montrant la *Tour bleue* (Blaa Taarn), « s'il la connaissait », à quoi Nansen répondit avec calme en désignant le clocher de Notre-Dame et en lui demandant « s'il savait ce qui y était pendu », faisant par là allusion à la cloche d'alarme, qui pouvait instantanément appeler aux armes tous les bourgeois de Copenhague. Après avoir laissé passer deux jours, le Rigsraad fit enfin savoir aux États, le 10 octobre, qu'il était prêt à leur donner la réponse réclamée, mais qu'il désirait que quelques députés seulement vinssent la recevoir. L'assemblée protesta que, tous ayant souscrit, tous voulaient être présents. Lorsque l'on fut arrivé au Rigsraad et que quelques membres de la diète eurent pénétré dans la salle, Otte Krag cria plusieurs fois de fermer les portes et de ne pas admettre d'autres personnes; mais les députés se firent jour par force et se placèrent devant le Conseil assemblé. Celui-ci présenta diverses objections contre le changement proposé de la forme du gouvernement : ce point n'était pas du nombre de ceux qui étaient soumis aux délibérations de la diète; le Rigsraad n'était pas au complet, par suite de la maladie et de l'absence de plusieurs de ses membres; les États pouvaient tranquillement s'en remettre à lui pour le soin de l'honneur et de l'intérêt de la maison royale; les députés des ordres inférieurs n'étaient même pas tous d'accord sur le projet, etc. Svane exprima son étonnement de ce que le Rigsraad s'opposât à une proposition uniquement destinée à honorer le roi, qui avait si bien mérité de tous, et, ajouta-t-il, « principalement de vous, nobles seigneurs, qui possédez la meilleure et la plus grande partie du territoire et qui jouissez des plus grands priviléges ; c'est pourquoi vous devriez être les premiers à témoigner de la reconnaissance au roi et à sa maison. Vous dites que tous les députés ne sont pas d'accord ; renseignez-vous et vous verrez s'il en est ainsi ». Au même moment il se tourna vers les députés et tous crièrent d'une voix unanime qu'ils étaient d'accord sur le projet. Les membres du Rigsraad furent tout stupéfaits de ces vociférations. Après avoir plusieurs fois demandé une réponse écrite et avoir finalement reçu un refus positif, Svane déclara qu'alors les États allaient se rendre auprès du roi, à quoi Otte Krag répondit « qu'ils pouvaient faire comme il leur plairait ». Lorsque les députés arrivèrent au château, ils furent accueillis avec la plus grande affabilité par le roi, la reine et le prince de la couronne, Christian ; ils obtinrent du roi la déclaration qu'il négocierait avec le Rigsraad sur leur projet. On prit des mesures plus sérieuses, car on avait appris que la noblesse voulait chercher à dissoudre la diète en quittant secrètement la ville. Les portes furent fermées, les communications par mer interrompues, et la milice urbaine reçut l'ordre de se réunir aussitôt qu'elle entendrait sonner le tocsin. La noblesse et le Rigsraad durent faire de nécessité vertu et se résigner à proclamer l'hérédité de la couronne, non-seulement dans la ligne agnatique, mais encore dans la ligne cognatique. Il réserva pourtant expressément que cet acte ne serait pas au détriment des droits et des priviléges du Rigsraad et des ordres ; après quoi le droit d'hérédité fut solennellement conféré au roi par tous les États, le 13 octobre 1660.

Vers ce temps, la bourgeoisie fit diverses motions qui contenaient en partie des répétitions et en partie de nouveaux vœux ; elles décèlent une attitude plus hardie chez les ordres inférieurs et des dispositions encore plus acerbes à l'égard de la noblesse. Il y était proposé, entre autres réformes, « d'abolir l'ancienne capitulation et de la remplacer par un nouveau recez ; de nommer quatre bourgeois et deux ecclésiastiques de chacune des grandes provinces du royaume pour prendre siége au Rigsraad, « afin que
« celui-ci, y était-il dit, pût être au complet et ne refusât pas,
« comme récemment à propos de l'hérédité de la couronne, de
« prendre une résolution sous prétexte de l'insuffisance du

« nombre des membres présents » ; de choisir les sénéchaux, les commissaires provinciaux et les receveurs des domaines aussi bien dans les ordres inférieurs que dans la noblesse ; de nommer les hauts fonctionnaires sur la proposition de *tous* les ordres ; de rendre compte de l'emploi des revenus de la couronne et du royaume pendant tant d'années ; de réunir chaque année la bourgeoisie et ensuite de tenir la diète à Copenhague et non ailleurs ; d'abolir le servage dans les îles de Sélande, de Laaland, de Falster et de Mœn (vœu répété presque dans chaque motion), « afin que « les paysans aussi pussent se réjouir de l'établissement de l'héré- « dité et que le roi, désormais délivré de dures entraves, retirât « de cet affranchissement une gloire immortelle » ; de rendre à l'avenir les paysans justiciables des tribunaux de canton ; de priver totalement la noblesse de ses justices seigneuriales et de son droit de rendre les jugements et de les exécuter, « parce qu'il en « résulte les plus grands abus et la violation du droit » ; de restituer à la couronne les dîmes attribuées à la noblesse, ainsi que le droit de collation que les nobles s'étaient approprié par des échanges et d'autre manière ; de rendre aux paroisses, comme le prescrit l'ordonnance ecclésiastique, le droit de présentation aux emplois de l'Église ; de donner aux bourgeois la faculté d'acheter et de posséder les biens nobles ; de modifier toutes les lois du royaume conformément au nouvel ordre de choses, à l'exception de la loi jutlandaise et de l'ordonnance ecclésiastique ».

La monarchie héréditaire était maintenant établie ; mais l'influence que ce changement à un article de la constitution exercerait sur la forme du gouvernement en général, et la puissance qui en découlait pour le roi héréditaire, restaient indéterminées. Il n'était aucunement dit, dans l'acte d'établissement de l'hérédité, que la capitulation était abrogée ; le Rigsraad au contraire, tant en son nom qu'en celui des États, avait réservé le maintien de tous les droits et priviléges. Parmi les députés eux-mêmes, les opinions et les vues les plus différentes semblent s'être entrecroisées : quelques-uns avaient exprimé l'avis qu'il valait mieux être gouverné par un seul que par plusieurs ; mais, parmi les motions des États, il y en avait un grand nombre d'absolument inconciliables avec la monarchie absolue et plusieurs députés prétendaient que, avant d'abroger l'ancienne capitulation, il fallait en mettre une nouvelle en vigueur; on possède en effet un projet de capitulation qui, tout en reconnaissant l'hérédité de la couronne, lie le monarque aussi étroitement que les précédentes, mais avec la remarquable différence que la bourgeoisie et le clergé sont partout mis sur le même pied que la noblesse, et que les principaux vœux des ordres y sont pris pour règle du futur gouvernement. Cependant les partisans de cette opinion eurent pour adversaires déterminés deux des membres les plus actifs et les plus considérés de l'assemblée, Svane et Nansen, qui étaient complétement dévoués à la cour, et leur manière de voir triompha d'autant plus facilement, que l'aristocratie cherchait de nouveau, avec un orgueil intolérable et un zèle inopportun, à faire reconnaître ses anciens droits dans toute leur étendue, et indisposa par là les ordres inférieurs. Le roi agit avec beaucoup de promptitude et de résolution. Le soir même du jour où l'hérédité avait été proclamée, il nomma un comité, composé de quatre membres du Rigsraad, de quatre nobles et de douze membres des ordres de la bourgeoisie et du clergé, parmi lesquels étaient plusieurs de ses partisans déterminés, Schack, Bjelke, Thuresen, Nansen et Svane. Ce comité fut chargé de délibérer sur les dispositions à prendre relativement à l'autorité royale et de faire à ce sujet un rapport écrit. Sa première réunion eut lieu le lendemain, 14 octobre, qui était un dimanche, à dix heures du matin. Au milieu des délibérations arriva le professeur *Villum Lange,* qui avait reçu du roi l'ordre d'y prendre part comme représentant de l'Université. Il commença par exposer que chaque État de l'Europe avait sa constitution et ses lois fondamentales, servant de règles de gouvernement, et il exprima l'avis que cet exemple devrait être imité dans le cas présent. Son discours obtint l'approbation de quelques membres du comité; mais Svane leva subitement la séance, en proposant de l'ajourner jusqu'après le prêche, le service du soir devant bientôt commencer; la majorité des membres y consentirent. La séance continua après les vêpres; mais le professeur Lange avait auparavant reçu du roi l'ordre de ne plus reparaître à l'assemblée. On fut bientôt d'accord pour abroger l'ancienne capitulation, qui était le premier point mis en délibération; mais, quand il s'agit d'en établir une nouvelle, la discussion dura quelques heures, plusieurs des membres du comité soutenant avec animation que les États avaient besoin d'une garantie de leurs droits et privilèges. A la fin, Nansen demanda quels privilèges voulait se réserver l'aristocratie; un noble commença alors à énumérer tous les articles de l'ancienne capitulation, à quoi il ajouta que la noblesse était l'unique ordre libre et franc du royaume; ces expressions et d'autres également choquantes excitèrent la colère des députés de la bourgeoisie et provoquèrent plusieurs manifestations malveillantes contre la noblesse. Svane saisit alors le moment, et, comme d'habitude, par son éloquence entraînante, il mena l'assemblée où il voulait. Il fut résolu que l'ancienne capitulation serait regardée comme lettre morte et que le roi serait invité à en rédiger une nouvelle qui répondrait aux besoins de tous les ordres. Le 18 octobre, les trois États lui rendirent solennellement l'hommage en qualité de monarque héréditaire; celui des paysans fut ridiculement et tristement représenté par une bande de paysans d'Amager. Cependant, comme beaucoup de députés n'étaient pas présents à cette prestation de serment de fidélité, une nouvelle cérémonie fut organisée le 14 novembre, et à cette occasion plusieurs délégués de l'ordre des paysans furent aussi appelés.

Les paysans venus à Copenhague, voyant que l'ancienne puissance de l'aristocratie était enfin brisée, reprirent courage et, le lendemain de l'hommage, ils présentèrent une pétition qui contenait leurs plaintes bien fondées sur le gouvernement tyrannique de la noblesse. « Dans les anciens temps, y est-il dit, avant que la noblesse fût si puissante, il y avait dans le royaume environ 6,000 francs-alleux dont chacun entretenait un cavalier pour le service de l'État, et cette mesure pourvoyait sagement à la sécurité du royaume; mais elle a été modifiée par le gouvernement aristocratique, et peu à peu un grand nombre de ces domaines libres ont été cédés par la couronne à la noblesse, en échange de terres de peu de valeur et obérées. Nos prédécesseurs et nous, nous avons été lourdement chargés de corvées, presque comme les enfants d'Israël pendant la captivité d'Égypte; de sorte que beaucoup de propriétaires ont dû abandonner des domaines qui valaient quelques milliers de rigsdaler; des procès injustes ont été intentés à quelques-uns pour les opprimer, et la noblesse s'efforce encore de s'approprier à titre d'échange et de nantissement le reste des francs-alleux et aussi les domaines de la couronne, politique qui mine et renverse un puissant soutien de la patrie. Ce n'est pas tout : les nobles ont acquis par échanges beaucoup d'églises et de justices libres, afin de les faire ériger en comtés, ce qui diminue les possessions de la couronne; de même les églises sont en grande partie dégradées, leurs revenus étant employés à tout autre chose qu'à leur profit, et pour leur entretien, au grand détriment des prêtres, dont les droits sont aussi violés. Si Votre Majesté voulait charger ses fidèles sujets des ordres inférieurs de faire une enquête sur la situation, on verrait comment Elle a été trompée dans les échanges; car c'était l'aristocratie qui les sollicitait, les baillis nobles qui donnaient leur avis, d'autres nobles qui faisaient l'estimation et donnaient cours à l'instance devant la chancellerie, et un noble ne voulait pas travailler contre un autre, son frère ou son beau-frère; le pauvre paysan au contraire, malgré ses supplications et ses offres de services à la couronne, n'était ni entendu ni écouté. Mais puisque, grâce à Dieu, Votre Majesté a maintenant le droit et le pouvoir de reprendre les domaines qu'Elle a donnés de cette façon, en restituant ceux qu'Elle a reçus, Elle pourrait accorder une grâce importante au grand profit du royaume; aussi La supplions-nous très-humblement de soustraire ses pauvres sujets à ce joug de servage. Il serait aussi hautement à désirer que Votre Majesté interdît à l'avenir aux baillis de la noblesse de régir les paysans, à leur grand détriment, ce qui était malheureusement d'usage auparavant; car, si le paysan a soit un bœuf, soit autre chose qu'ils convoitent, il doit le céder à moitié prix ou même pour rien, s'il ne veut être persécuté, emprisonné et maltraité, ou souffrir d'autres avanies que l'on n'ose révéler maintenant. Nous espérons très-humblement que Votre Majesté Royale prendra en grâce notre humble supplication et favorisera d'une réponse bienveillante ses pauvres sujets opprimés. Puisse une telle grâce royale être récompensée par le Dieu très-haut! » Mais ces doléances de l'ordre des paysans ne furent point entendues ; il eut encore à gémir cent vingt-huit ans sous le joug du servage.

Le roi avait été reconnu par tous les ordres du royaume comme monarque héréditaire et délié de son serment d'observer fidèlement la capitulation. Cependant il pouvait encore s'élever des doutes sur l'étendue du pouvoir royal; car les États avaient bien abrogé la capitulation, mais avec la réserve que le roi promulguerait une nouvelle constitution; c'est pourquoi, longtemps après l'hommage, les ordres continuèrent à présenter des motions qui supposaient une forme de gouvernement limitée, et dans l'acte d'hommage même le pouvoir royal héréditaire n'était pas exactement déterminé. Pour lever tous les doutes et se prémunir contre les mécontents que l'on savait exister çà et là dans le royaume, fut publiée, le 10 janvier 1661, une déclaration par laquelle était reconnue l'hérédité du roi et sa souveraineté ou pouvoir absolu; le droit pour le roi de déterminer plus amplement la forme du gouvernement et l'ordre d'hérédité, y fut également reconnu, et ce document fut signé par chaque noble du Danemark, par tous les ecclésiastiques et par un grand nombre de députés de la bourgeoisie; la souscription de l'ordre des paysans, au contraire, ne fut pas jugée nécessaire. Une semblable déclaration fut publiée la même année en Norvège, et la suivante en Islande et dans les Færeys ou Færœer. Cet acte de souveraineté compléta l'œuvre et transforma le roi électif le plus restreint en un monarque héréditaire absolu. La puissance de la noblesse fut brisée par cette révolution, la bourgeoisie considérablement élevée, et le gouvernement y gagna plus de fixité et d'unité. Mais, d'un autre côté, on ne peut pas nier non plus que ce changement, par suite duquel tout le pouvoir politique fut placé dans la main d'un seul, n'ait eu des conséquences peu favorables. La nation se désintéressa peu à peu des affaires publiques et se livra uniquement à ses occupations privées, sans se soucier de l'État, dont on s'accoutuma à regarder la prospérité et la détresse comme étant de la compétence exclusive du gouvernement. En même temps s'éteignit l'esprit public et la coopération des gouvernés et des gouvernants, qui est nécessaire pour le développement progressif de la vie politique. Il s'en fallut beaucoup aussi que la chute de la noblesse amenât l'égalité des citoyens; car l'ordre des paysans demeura sous le joug du servage comme auparavant; puis, d'un côté, l'aristocratie conserva beaucoup de priviléges inconciliables avec l'idée d'égalité commune devant la loi et de proportionnalité des droits et des devoirs; d'autre part, il sembla, pendant quelque temps, que la noblesse, non pas l'ancienne d'origine danoise, mais une nouvelle, principalement allemande, allait reprendre le dessus. C'est seulement après une lutte paisible, continuée lentement pendant un siècle, que les principes de l'égalité politique triomphèrent par l'émancipation des paysans et par la suppression de tous ceux des droits nobiliaires qui ne s'accordaient pas avec le bien public; à la fin, l'égalité et la liberté triomphèrent lors de l'établissement de la nouvelle constitution.

Après avoir obtenu le pouvoir absolu, Frédéric III s'efforça d'assurer, par des mesures appropriées, le fonctionnement de la nouvelle constitution et de remédier à quelques-uns des graves défauts dont souffrait le gouvernement de l'État et que les ordres avaient plusieurs fois signalés dans leurs propositions. Au lieu du recez ou de l'engagement général qu'ils avaient demandé, le roi, par un document du 24 juin 1661, octroya à chaque ordre des priviléges particuliers, non parce qu'il y était tenu, mais « par grâce et faveur royale », et sous la réserve que « ce ne serait en aucun cas au détriment du roi ou du bien public ». La *noblesse* obtint la confirmation d'une partie de ses anciens priviléges : la justice seigneuriale, pour ceux qui l'avaient possédée, le droit de juger ses paysans et d'exécuter la sentence, les droits de collation, d'épaves et de chasse; aucun noble ne pouvait être mis en état d'arrestation ; il avait la faculté de fournir caution, excepté dans les affaires entraînant la perte de la vie ou de l'honneur, en quel cas il avait un for spécial dans la cour suprême. A diverses autres libertés furent jointes, non-seulement la réserve générale sous laquelle tous les priviléges étaient octroyés, mais encore d'autres conditions, par exemple : l'exemption d'impôts et de contributions, « à moins que l'intérêt de la maison royale et des sujets n'exige le contraire »; l'exemption du service à cheval, « mais seulement pour dix ans »; l'exemption pour les paysans de la noblesse d'être incorporés dans la milice, « si ce n'est en cas de nécessité »; l'accès aux bénéfices et aux postes honorifiques fut ouvert à l'aristocratie, mais seulement « lorsqu'elle en était digne ». Aussi, conformément à ces réserves, celle-ci fut-elle bientôt soumise à des impôts, qu'elle dut payer jusqu'à l'avénement de Christian V.

Le *Clergé* fut affranchi de la sujétion aux baillis et n'eut plus à recevoir d'ordres du roi autrement que par l'intermédiaire des évêques; les pasteurs furent garantis de la diminution de leurs revenus, en cas de transformation d'un domaine de paysan en biens nobles; les patrons des églises furent mis en demeure de les entretenir en bon état, sous peine de perdre leur titre, et les habitants d'une paroisse durent être préférés pour en amodier la dîme ecclésiastique. Il fut également octroyé à *la bourgeoisie de tout le Danemark* des priviléges en vertu desquels le bourgmestre et le conseil de chaque ville n'étaient plus à la nomination du bailli, mais à celle du roi lui-même, dont les ordres devaient être adressés directement aux autorités locales, sans passer par le canal des fonctionnaires royaux; et ceux-ci n'avaient plus à apostiller les pétitions adressées par les villes au roi; la qualification de *ufri* (non libre) ne devait désormais être appliquée à aucun bourgeois; les métiers, à très-peu d'exceptions près, ne devaient plus être exercés à la campagne, mais seulement dans les villes, dont les habitants obtinrent aussi le droit d'engraisser des bœufs d'étable et furent exemptés des charrois pour le compte du monarque; cette dernière charge fut entièrement rejetée sur les cultivateurs. C'est ainsi que trois des ordres de l'État obtinrent des priviléges; le quatrième, celui des paysans, n'en reçut aucun; les deux derniers que l'on vient d'énumérer furent au contraire une aggravation et une charge pour les agriculteurs. Tout ce que Frédéric III fit en faveur des paysans, ce fut d'affranchir les soldats qui avaient servi pendant le siége de Copenhague et les paysans du domaine royal de Frydendal. Outre les droits communs pour « toute la bourgeoisie du royaume du Danemark », les citoyens de *Copenhague,* qui avaient bien mérité de l'État et de la dynastie, obtinrent des priviléges qui étaient en partie nouveaux et en partie la répétition et la confirmation de ceux qui leur avaient été accordés peu avant le siége. Le conseil civique, composé de trente-deux membres, qui s'était formé pendant le siége, fut maintenu par le roi. Il devait être élu par la bourgeoisie et le magistrat, et fut autorisé à délibérer, de concert avec ce dernier, aussi bien sur les intérêts généraux de la cité que sur son budget, et deux de ses membres furent accrédités auprès du monarque pour lui exposer les affaires de la ville. La capitale reçut, en outre, du roi tout le fief de Roeskilde pour être affecté au traitement de ses fonctionnaires et à d'autres dépenses. Mais, au bout de vingt et quelques années, la bourgeoisie fut exclue de l'élection des trente-deux conseillers, qui pourvurent eux-mêmes, avec la coopération du magistrat, aux vacances qui se produisirent parmi eux, et les autres priviléges de la cité perdirent successivement de leur importance dans le cours des temps.

Il y eut aussi des récompenses pour les divers personnages qui avaient prêté le concours le plus actif au coup d'État : *Svane* obtint le titre d'archevêque, et c'est le premier et le seul qui l'ait porté depuis la Réforme ; il fut nommé président du consistoire de l'Université et reçut en don de grosses sommes d'argent et de grands domaines ; *Nansen* reçut également de riches présents et fut nommé premier président du magistrat de Copenhague ; *Hannibal Sehested* devint trésorier du royaume, et *Gabel*, gouverneur de la Norvège ; tous les quatre furent en outre placés dans les hauts colléges ministériels de récente création ; le premier pasteur *Villadsen* fut nommé évêque de Viborg. Les braves insulaires de Bornholm, qui avaient, avec leurs seules forces, expulsé les Suédois et ensuite remis leur île au roi à titre de propriété perpétuelle, ne furent pas non plus oubliés. Cette heureuse petite dépendance du Danemark, qui, en raison de sa situation isolée et de son sol moins fertile, n'avait pas autant excité les convoitises de la noblesse, était aussi exempte des corvées arbitraires et du servage, et, par suite de son organisation militaire particulière, l'obligation plus récente du domicile forcé n'y avait pas été introduite ; elle obtint de grands priviléges, que ses habitants ont en plusieurs occasions fait valoir avec beaucoup de fermeté. Jusqu'aujourd'hui elle est restée exempte de grandes charges : les impôts de consommation, la dîme royale, l'impôt sur les bœufs, etc., et elle n'a supporté que la moitié, ou moins encore, de la plupart des autres. Les habitants ne sont pas non plus soumis à la conscription militaire ; mais en revanche ils sont tenus de défendre eux-mêmes leur île, au moyen d'une milice composée de tous les hommes en état de porter les armes.

Le roi et les hommes dont il suivit les conseils introduisirent dans le gouvernement et dans toute l'administration intérieure de grandes modifications qui tendaient à deux fins principales : partie à affaiblir le Rigsraad en répartissant les affaires entre plusieurs colléges ministériels, partie à élever la bourgeoisie comme contre-poids de la noblesse en l'admettant dans ces colléges. A cet effet, une ordonnance provisoire du 4 novembre 1660, à laquelle furent plus tard ajoutées quelques dispositions plus précises, institua six colléges, savoir : le *collége d'État*, qui dirigeait les affaires extérieures, conduisait les négociations et préparait les traités avec les puissances étrangères, veillait aux intérêts du pouvoir absolu et de la dynastie; le *collége de la Trésorerie*, qui avait dans ses attributions tous les impôts et les finances; le *collége de la Guerre*, qui avait la direction de l'armée de terre; le *collége de l'Amirauté*, qui avait celle de la flotte; la *Chancellerie*, de laquelle ressortissait une partie de la justice, les affaires ecclésiastiques, la police et diverses autres branches de l'administration intérieure; enfin, le *collége de la Justice* ou *Tribunal suprême*, dont les sentences étaient sans appel. Un collége consistorial, qui aurait connu de toutes les affaires ecclésiastiques et dont l'archevêque Svane aurait été président, fut projeté, mais non institué. Les nobles et les bourgeois étaient en égal nombre dans chacun de ces colléges ; le roi lui-même était président du tribunal suprême ; les présidents des cinq autres colléges formaient un *Conseil d'État privé* (Gcheime-Statsraad), où étaient de nouveau remises en délibération, sous la présidence du roi, et finalement décidées les affaires qui avaient été déjà traitées par les divers colléges. Dans les affaires de grande importance, le conseil privé comprenait, outre les présidents, un membre bourgeois et un membre noble de chacun des cinq colléges ; et, lorsqu'il y avait à prendre des résolutions sur les impôts, la guerre, les alliances et les traités, tous les membres des colléges devaient se réunir en un *grand collége royal de la cour* (stort kongeligt Hofraad), et leur résolution soumise ensuite à *tous les ordres du royaume*. Cette dernière résolution, qui est répétée dans les priviléges accordés postérieurement à la bourgeoisie de Copenhague, est extrêmement remarquable : elle montre que, dans les premiers temps après l'établissement du pouvoir absolu, on ne considérait pas les ordres comme privés de toute participation au gouvernement. L'organisation collégiale introduite par Frédéric III forma, jusqu'en 1848, bien que modifiée dans le cours des temps, la base de l'administration de l'État.

Un des maux dont l'État souffrait le plus gravement alors était le manque d'argent et le complet désordre des finances ; aussi le roi tourna-t-il aussitôt son attention de ce côté et chercha-t-il à y remédier, soit en imposant à la noblesse les mêmes charges qu'aux autres ordres, soit en réalisant le projet du retrait des fiefs, si vivement réclamé par les États. Jusqu'au 1er mai 1662, il fut permis à la noblesse de conserver les fiefs qui, postérieurement à cette date, furent pour la plupart remis aux *baillis* (Amtmænd) et aux *baillis diocésains* (Stiftamtmænd), et les effets du changement d'administration se firent bientôt sentir dans l'augmentation des impôts, qui furent presque quintuplés. A ces fonctionnaires royaux furent aussi confiées la police et les branches les plus importantes de l'administration, qui auparavant avaient été entre les mains des feudataires (Lensmænd).

Pour assurer l'avenir du nouvel ordre de choses, le roi, agissant en vertu des pouvoirs qui lui avaient été conférés par les États, fit rédiger la *Loi royale* (Kongeloven), probablement par *Schumacher*, plus tard anobli sous le nom de *Griffenfeldt,* qui commença sous ce règne sa brillante mais courte carrière. Composée sous sa forme actuelle, d'après plusieurs projets présentés par les plus importants acteurs du coup d'Etat, cette loi fut souscrite le 14 novembre 1665 par Frédéric III, mais tenue secrète jusqu'à sa mort, où elle fut publiée pour la première fois lors du couronnement de Christian V ; mais elle ne fut imprimée qu'en 1709. Elle fut déclarée immuable, aussi bien pour le roi que pour ses sujets ; elle fixa l'ordre d'hérédité aussi bien parmi les cognats que parmi les agnats, et la régence pendant la minorité du roi, laquelle cessait lorsqu'il avait accompli sa treizième année ; les pouvoirs exécutif, judiciaire et législatif y étaient attribués au monarque, qui était placé au-dessus des lois et ne devait compte qu'à Dieu ; la seule restriction à sa toute-puissance était qu'il devait professer e maintenir la foi évangélique protestante d'après la Bible et la confession d'Augsbourg non modifiée, résider dans le pays et ne pas diviser le royaume. Malgré l'établissement du pouvoir absolu, l'*administration* de l'État fut pourtant toujours exercée au moyen de colléges, où les affaires étaient traitées et discutées avant que le roi prît une résolution, et le *pouvoir judiciaire* suprême fut abandonné à un tribunal indépendant, la Haute-Cour (Hœiesteret). Ainsi, même sous cette constitution, les sujets ne furent jamais sans garanties contre l'arbitraire et les abus de pouvoir. Le nouvel ordre de choses nécessita un changement de législation correspondant, qu'exigeait d'ailleurs l'imperfection des lois existantes, en grande partie surannées. En 1661 fut instituée une commission législative composée des plus savants jurisconsultes ; en outre, tous les évêques, les premiers pasteurs et les fonctionnaires judiciaires furent invités à proposer des modifications dans les lois en vigueur. La commission termina son travail en 1669, mais le résultat de ses études, qui fut plusieurs fois revu et corrigé, ne parut qu'en 1683, sous le titre de *Loi danoise de Christian V* (Christian den femtes danske Lov). Cette loi, à la rédaction de laquelle le professeur *Rasmus Vinding,* assesseur à la chancellerie et à la Haute-Cour, et un autre assesseur au même tribunal, *Peder Lasson,* prirent la part la plus importante, était pour l'époque un excellent code, remarquable par la beauté de la langue, la clarté et la concision.

Bien que le pouvoir absolu ait été généralement exercé avec modération et ménagement par Frédéric III, on ne peut pourtant pas disculper ce monarque de quelques injustices. La grande part qui revient, dans ces actes, à l'altière et vindicative reine Sophie-Amélie peut à la rigueur servir de circonstance atténuante, mais non pas de justification à Frédéric III. *Kay Lykke,* un des gentilshommes les plus riches, les plus distingués et les plus puissants du royaume, s'était compromis par une lettre adressée à une certaine *Sophie, fille d'Abel,* qui vivait dans sa maison et qui paraît avoir été sa maîtresse. Pour tranquilliser cette femme alarmée par des bavardages sur ses relations avec Kay Lykke et songeant à quitter sa maison, il lui avait écrit que la reine elle-même passait pour n'être pas pure du péché le plus honteux pour une femme mariée, et il ajoutait en termes grossiers qu'il ne doutait pas lui-même de la vérité de ce bruit. Cette lettre inconsidérée, qui avait été écrite le 12 avril 1656, fut produite au jour dans l'année qui suivit l'établissement du pouvoir absolu, et Kay Lykke fut accusé du crime de lèse-majesté. Il avoua, dans une lettre adressée aux juges, qu'il s'en était rendu coupable et qu'il avait forfait son honneur, sa vie et ses biens ; mais, comme il avait péché moins par méchanceté que par imprudence, il demanda à être jugé moins sévèrement et à ne pas être puni de la perte de la vie et de l'honneur. Il offrit, au contraire, de se racheter par la cession de tous ses biens ou le payement de telle amende que l'on fixerait. Mais il n'y avait aucun pardon pour lui : la dégradation, la peine capitale et la confiscation furent prononcées contre lui; et, comme il réussit à s'évader, il fut exécuté en effigie et ses grands biens confisqués au profit de la couronne. — *Gunde Rosenkrands,* un des membres âgés du Rigsraad, s'étant attiré l'inimitié personnelle du roi et de son favori, Gabel, dut quitter le Danemark pour la défense duquel il avait sacrifié deux fils qui promettaient beaucoup.

On ne peut pas non plus approuver en tout les procédés dont Ulfeldt fut la victime, et encore moins le traitement que l'on fit subir à sa noble et innocente épouse. Dans les dernières années du règne de Charles X, Ulfeldt était aussi devenu suspect en Suède, et une commission avait été chargée d'une enquête sur l'affaire. Cependant il fut acquitté; mais, avant que la sentence fût connue, il s'était enfui sur la fausse nouvelle d'une condamnation prononcée contre lui. Dans l'espoir de trouver asile en Danemark, il se rendit avec sa femme à Copenhague ; ils furent arrêtés aussitôt après leur arrivée et plus tard envoyés dans l'île de Bornholm, où ils furent d'abord traités très-durement; mais, après le coup d'État, ils furent remis en liberté moyennant la promesse, faite solennellement par Ulfeldt, de ne rien entreprendre contre les intérêts du roi et du royaume, de ne pas quitter le pays sans y être autorisés par le monarque, et de lui céder une partie de leurs biens. Ulfeldt, ne pouvant se faire au nouvel ordre de choses, demanda la permission de se rendre aux eaux de *Spaa;* elle lui fut aussi accordée, mais, au lieu de partir pour sa destination, il alla à Amsterdam, où il doit avoir entretenu des relations déloyales avec le gouvernement de la Hollande, la France et le prince électeur de Brandebourg. Celui-ci le dénonça à la cour de Copenhague, sans vouloir pourtant que son nom fût compromis dans cette affaire; mais il n'a jamais été donné de preuve valable de la vérité de ces accusations secrètes, qui n'osaient se produire ouvertement. Si l'on réfléchit aussi à la puissance des ennemis qu'Ulfeldt avait à la cour, on est porté à douter de la justice du jugement rendu contre lui et par lequel il était condamné à la perte de l'honneur, de la vie et des biens (1663). Il ne fut d'ailleurs, comme Kay Lykke, exécuté qu'en effigie, parce que l'on n'avait pu s'emparer de lui, malgré l'importance de la somme proposée à celui qui l'amènerait mort ou vif. Son hôtel, à Copenhague, fut rasé et l'on éleva sur l'emplacement désert une colonne, « à l'éternelle honte du traître Korfits Ulfeldt », qui ne fut enlevée qu'en 1841. Les enfants furent punis avec leur père : ils subirent la dégradation de noblesse, ne reçurent aucune part du grand héritage paternel, qui fut confisqué au profit de la couronne, et durent errer sans ressource dans les pays étrangers. Ulfeldt, poursuivi d'un pays à l'autre comme banni, abandonné de tous à l'exception de ses enfants, mourut l'année après sa condamnation (1664) dans un bateau, sur le Rhin, et fut inhumé secrètement par ses fils sous un arbre du rivage. Le médecin *Sperling,* son ami et son confident, dont la seule faute connue consistait à s'être chargé de traduire une des apologies d'Ulfeldt, fut attiré de Hambourg à Altona, où on lui disait qu'un malade avait besoin de ses soins, puis jeté en prison où il passa le reste de sa vie. Si Ulfeldt avait été victime de l'injustice, sa femme, la noble *Éléonore,* le fut de vexations cruelles et révoltantes. Elle s'était rendue en Angleterre pour réclamer une somme d'argent que son mari, dans des temps meilleurs, avait prêtée au roi Charles II ; mais celui-ci, pour se soustraire au remboursement, commit l'infamie de livrer Éléonore au gouvernement danois. En arrivant à Copenhague, elle fut dépouillée de ses joyaux et de ses parures, couverte de vêtements communs, puis jetée dans un cachot puant, à la Tour-Bleue du château royal. Elle eut à y subir les plus grossiers traitements de la part des rudes gardiens. N'ayant pas de couteau, elle était réduite à se servir d'un morceau d'os, et, comme elle cherchait à se distraire de sa solitude en travaillant des mains et en exécutant des objets d'art, on eut la cruauté de lui en ôter les moyens. Cette fille de Christian IV, cette sœur du roi régnant, cette princesse contre laquelle on n'avait d'autre grief que son dévouement à un époux malheureux, eut à subir ces indignités pendant une série d'années ! Pendant le règne de Christian V, sa captivité fut successivement adoucie un peu ; mais c'est seulement lorsque la mort eut mis fin à la puissance et à la haine de la reine Sophie-Amélie que Christian V rendit la liberté à Éléonore (1685), après vingt-deux ans de captivité, et lui donna, dans l'île de Laaland, un domaine où elle trouva enfin le port du repos, après une vie agitée. Elle y mourut le 16 mars 1698, à l'âge de soixante-dix-sept ans.

Les dernières années du règne de Frédéric III s'écoulèrent paisiblement, tandis qu'il travaillait avec persévérance à améliorer la situation du royaume et à affermir la nouvelle constitution. Pour attirer, si c'était possible, dans ses États une partie du commerce de Hambourg, il agrandit considérablement *Altona*, lui donna le titre de cité et lui conféra d'autres priviléges, par exemple, la liberté religieuse pour toutes les confessions. Des relations commerciales furent établies avec la Guinée et les Indes occidentales, mais sans grand profit. La Compagnie du Saunage, dont les ordres s'étaient tant plaints et qui avait élevé le prix du sel au point de le faire payer trois fois plus cher qu'il ne coûtait à l'étranger, fut dissoute, ainsi que la Compagnie islandaise; mais toutes deux furent rétablies peu après. Dans les dernières années de ce règne, la flotte fut mise sur un excellent pied par *Kort Adelaer*, Norvégien de naissance obscure, que le roi avait rappelé du service vénitien, où il s'était fait, dans la guerre contre les Turcs, le nom d'un des premiers hommes de mer de l'époque. L'armée de terre fut également améliorée et augmentée de vingt-quatre mille hommes, pour la plupart recrutés. Frédéric III, qui avait lui-même reçu une éducation scientifique, protégeait les sciences. Il fonda *la grande Bibliothèque royale* et posa les premiers fondements d'un cabinet des beaux-arts et d'un cabinet d'histoire naturelle; la bibliothèque de l'Université, qui avait été considérablement augmentée par des dons particuliers, de sorte qu'elle passait pour une des plus riches de l'Europe, fut installée dans une salle au-dessus de l'église de la Trinité et inaugurée le 7 juillet 1657. L'Académie noble de Sorœ fut au contraire fermée en 1665, en partie parce que ses domaines avaient été ruinés pendant la guerre, mais aussi parce qu'une telle institution aristocratique ne cadrait plus avec le nouveau régime et que la malveillance régnant contre les nobles la rendait impopulaire. La science de Frédéric III ne le préserva pas d'une superstition alors répandue: la croyance à l'alchimie, qui le porta à dépenser de grandes sommes pour faire fabriquer de l'or par l'Italien *Burrhis*.

Des hostilités eurent lieu entre le Danemark et l'Angleterre; la cause apparente fut l'attaque tentée par un amiral anglais contre une flotte marchande hollandaise, au milieu du port de Bergen. Mais cette guerre n'eut pas d'importance, et l'année suivante (1667) la paix de *Breda* y mit fin. Plus graves, au contraire, semblaient devoir être les complications avec *Christian-Albert,* qui avait succédé (1659) à son père, le duc Frédéric III, dans le gouvernement de la partie gottorpienne des duchés, lorsque ce prince entra dans l'union la plus étroite avec la Suède. Il survint de sérieuses querelles à propos de divers points, mais surtout à l'occasion de la souveraineté stipulée en faveur des ducs de Gottorp dans les traités avec la Suède. Cependant, ces différends furent heureusement apaisés par le recez de Glückstadt (1667), et le bon accord fut scellé par un mariage entre le duc et la princesse Frédérique-Amélie, fille du roi Frédéric III. Par cette alliance et par une autre conclue plus tard entre Charles XI de Suède et une des filles de Frédéric III, on pensait prévenir des luttes ultérieures; mais la suite montrera combien peu solides sont les liens entre États lorsqu'ils ne sont noués que par des mariages.

Après un remarquable règne de vingt-deux ans, Frédéric III mourut en 1670. C'était un prince d'une grande prudence et d'une rare habileté; pendant le siége de Copenhague, il donna des preuves de sa bravoure personnelle et d'une grande fermeté de caractère. On a au contraire blâmé, non sans motif, la trop grande influence qu'il laissa prendre à la reine Sophie-Amélie, par laquelle il fut poussé à des actes qui jettent une ombre sur son gouvernement, d'ailleurs juste et glorieux. On lui a aussi reproché de s'être entouré de tant de courtisans allemands, et d'avoir, de concert avec la reine, introduit à la cour un ton germanique et l'usage de l'allemand; ce dernier abus fut poussé au point que, pendant longtemps, le prince de la couronne, Christian, ne comprit pas le danois [1].

[1] D'après une relation de Suhm, c'est à une circonstance accidentelle que le prince Christian doit d'avoir appris la langue de sa patrie. Il est dit à ce sujet dans le *Recueil des œuvres* (Samlede Skrifter) de Suhm, t. X. p. 51, que Frédéric III, ayant demandé à Torfæus ou Thormod Torfesen, qu'il aimait beaucoup, s'il avait vu le prince de la couronne et parlé avec lui, et ayant reçu une réponse négative, l'engagea à lui rendre visite. Lorsque Torfæus se présenta, Christian lui adressa la parole en allemand. Torfæus savait un peu cette langue; mais par patriotisme il ne voulait pas la parler. Il fit sa révérence, sortit, et l'audience était terminée. Quelque temps après, le roi interrogea Torfæus sur son entrevue avec le prince, et demanda ce que celui-ci avait dit. — « Je l'ignore » répondit Tor-

II

Christian V. — Faveur de l'aristocratie. — Création d'une haute noblesse. — Rangs et ordres. — Acquisition de l'Oldenbourg et du Delmenhorst. — Guerre avec la Suède. — Le duc de Gottorp. — Paix de Fontainebleau. — Griffenfeldt. — Favoris et courtisans. — Nouveau différend avec le duc de Gottorp. — Administration intérieure. — Dur asservissement de l'ordre des paysans. — Commerce et industrie. — Intolérance religieuse et méfiance politique.

Christian V fut le premier roi de Danemark qui, en vertu de la nouvelle constitution, monta sur le trône (1670) sans avoir signé de capitulation. Au commencement de son règne, de tout autres principes que ceux qu'avait suivis son prédécesseur semblaient devoir être adoptés dans le gouvernement. C'était sans doute le sérieux désir de Frédéric III d'établir peu à peu la proportionnalité entre les droits et les devoirs des divers ordres, ou du moins de s'en approcher. Car, bien qu'il n'ait pas, à beaucoup près, réalisé tous les projets et les vœux de la bourgeoisie, il ressort pourtant évidemment de plusieurs mesures, qu'il s'efforçait d'égaliser les profits et les charges des diverses classes, et précisément l'espoir conçu à cet égard par la bourgeoisie avait puissamment contribué à faire abolir la capitulation. Mais Christian V était à peine depuis deux mois sur le trône, qu'il accorda de nouveau aux seigneurs la franchise d'impôts pour le domaine attaché à leur résidence ; l'année suivante, il créa une *nouvelle noblesse* qui obtint encore plus de privilèges que l'ancienne. Un peu plus tard (1676), le *Collége d'État,* qui avait jusqu'alors fonctionné à côté du *Conseil privé,* fut aboli ; comme il se composait aussi bien de plébéiens que de nobles, il avait représenté l'élément bourgeois dans l'administration supérieure, tandis que, au contraire, dans la période suivante jusqu'à la constitution actuelle, très-peu de bourgeois ont eu siége dans le conseil ou *Collége privé*. A la vérité, la résolution royale, qui confère aux résidences sei-

fœus. La vérité se fit jour, et le prince dut apprendre le danois, qu'il ne savait pas encore. Le roi l'ignorait, parce que l'on se servait généralement de l'allemand à la cour. La date de cette anecdote n'est pas indiquée. Mais il existe une lettre autographe du 24 juillet 1661, adressée par le prince Christian à son père et écrite en assez bon danois. Elle montre que, à l'âge de quinze ans, le prince comprenait et écrivait cette langue.

gneuriales l'affranchissement des taxes, ne dit pas que ce privilége appartiendrait seulement aux *seigneurs nobles ;* mais elle leur profita presque exclusivement, car la plupart des châteaux étaient encore entre les mains de l'aristocratie, et c'est seulement par l'ordonnance du 28 juillet 1682, confirmée par la loi danoise de Christian V, que toute la bourgeoisie obtint expressément le droit d'acheter et de posséder des résidences seigneuriales. Trois ans après cette résolution, la noblesse dut bien reprendre le service à cheval dans les armées (1673), mais elle fut bientôt de nouveau exemptée de cette charge (1679), et alors même qu'elle aurait contribué à la supporter, c'eût été une médiocre compensation pour ce grand privilége. Une raison plus importante de l'exemption d'impôts pour les résidences seigneuriales fut la détresse où étaient tombés les grands propriétaires aussi bien que les paysans ; la misère faisait que la couronne ne pouvait recouvrer les impôts ; on préféra donc en exempter les seigneurs, à condition qu'ils seraient responsables des redevances dues au fisc par leurs paysans. De cette façon, les revenus de la couronne furent bien garantis, mais l'exemption des uns imposa une charge d'autant plus lourde aux autres. Il y avait un autre moyen de remédier aux maux dont souffrait le pays, un moyen que les ordres avaient recommandé avec tant d'instance à la diète de 1660, un moyen dont la mise à exécution avait été confiée par Frédéric III à la sollicitude particulière de l'un de ses colléges, un moyen dont l'habile Hannibal Sehested, dans son *Testament politique,* avait si clairement montré la nécessité pour l'affermissement intérieur et la prospérité du Danemark : c'était l'*abolition du servage et de la corvée;* mais on ne voulut pas y recourir.

Le motif réel de la création d'une haute noblesse, de la classe des *comtes* et des *barons*, était sans doute le désir d'imiter la brillante cour de Louis XIV, qui donnait alors le ton en Europe et que Christian V avait pris pour modèle en ce point, comme en beaucoup d'autres. A quoi se joignait une tendance à fortifier le nouveau pouvoir monarchique, en attachant à la cour les plus riches et les plus puissantes familles du pays, et en se servant de cette nouvelle noblesse comme contre-poids à l'ancienne. Ces nouveaux priviléges furent aussi plus rarement conférés à des nobles danois, plus fréquemment à des immigrés allemands, de sorte que, dans la seconde moitié du xviiie siècle, 11 seulement des 31 comtés et baronnies étaient possédés par des Danois ; le reste appartenait à des familles allemandes. Pour qu'un domaine pût être constitué en comté ou en baronnie, il fallait que ses redevances annuelles fussent l'équivalent, dans le premier cas, de 2,500 tonneaux de grain (Hartkorn), et dans le second de 1000 tonneaux. Les nouveaux fiefs et leurs possesseurs obtinrent non-seulement les mêmes droits que l'ancienne noblesse, mais encore d'autres grands priviléges particuliers. Les comtes et les barons eurent le droit de collation, la justice seigneuriale, le droit de juger leurs paysans et d'exécuter la sentence, un droit de chasse plus étendu, la jouissance du rivage et le droit de varech ; leur fief fut entièrement soustrait au bailli royal et à ses bureaux ; l'administration de la justice, le recouvrement des impôts, l'enrôlement des paysans pour le service militaire, etc., avaient lieu par les soins des fonctionnaires de chaque seigneurie ; aussi tous les ordres du roi devaient-ils être adressés directement aux feudataires ; les sentences des juges institués par les comtes et les barons ne pouvaient être portées en appel que directement devant la cour suprême, à l'exclusion des cours provinciales ; les comtés et les baronnies ne pouvaient être hypothéqués ni saisis, si ce n'est pour sommes dues au roi ; leurs possesseurs, dont l'unique juridiction était la cour suprême, ne pouvaient être ni emprisonnés, ni condamnés, pour quelque dette que ce fût, à la perte « de l'honneur et du bon renom » ; lors même qu'ils étaient accusés de crimes punis de peine capitale et infamante, ils ne devaient pas être enfermés dans la prison commune, mais gardés à vue dans leur domaine. Mais le plus important des priviléges conférés à la nouvelle noblesse était l'*extension de la franchise d'impôts*. Les possesseurs d'anciennes seigneuries n'avaient, en 1670, obtenu l'exemption d'impôts que pour les terres dépendant de leur *résidence* (Sædegaard ou Hovedgaard). Les nouveaux fiefs reçurent la même immunité, non-seulement pour le domaine dépendant du château, mais encore pour une notable portion des terres affermées, savoir : jusqu'à concurrence de 300 tonneaux de grain pour un comté, et de 100 pour une baronnie ; les paysans qui cultivaient les terres exemptes n'en continuaient pas moins à payer les impôts, mais ceux-ci entraient dans la caisse du seigneur et non dans la caisse publique. Les comtés et les baronnies furent également dispensés de payer la *dîme* pour le domaine de la résidence, bien que les privilèges du clergé, en date du 24 juin 1661, portassent que, à l'avenir, les revenus des pasteurs ne devaient pas être diminués par l'érection de nouvelles seigneuries. D'autres privilèges accordés à la nouvelle noblesse avaient moins d'importance, mais ils caractérisent très-bien l'esprit du temps ; par exemple : les comtes et les barons avaient seuls la faculté de sceller en cire rouge ; seuls ils pouvaient se servir de siéges à baldaquin, etc. L'extension de l'immunité accordée à la haute noblesse, encore plus que l'exemption concédée, l'année auparavant, à toutes les résidences seigneuriales, devait accroître les charges des contribuables, en produisant un déficit que ceux-ci avaient à combler par l'augmentation de leur cote. La *corvée* était en outre considérablement étendue par son application aux grands domaines dépendant des seigneuries nouvellement créées, et ce mal déjà si fortement enraciné devint pour les paysans, ainsi que le *servage,* une autre plaie presque inguérissable, à cause du grand nombre des influentes familles intéressées à son maintien. L'agriculture ne gagna rien à la création de ces grands domaines privilégiés ; car ceux-ci, par suite de l'absence de leurs propriétaires qui résidaient ordinairement dans la capitale, près de la cour, furent mal administrés par des étrangers et bientôt ruinés et endettés.

Le 25 mai 1671, c'est-à-dire le même jour que parut l'ordonnance sur les comtés et les baronnies, fut aussi promulgué le *premier règlement des rangs* (Rangforordning) qui ait été établi en Danemark. Frédéric III avait bien, dès 1661, conféré aux fonctionnaires royaux, résidants à Copenhague, les mêmes privilèges qu'aux bourgeois de cette ville ; mais Christian V est le créateur de la classification sociale proprement dite, qui fut l'objet de diverses ordonnances dans le cours de son règne. C'est ainsi que se forma une nouvelle classe de citoyens privilégiés ; car les personnes élevées à certains rangs obtenaient la noblesse pour elles et leurs descendants légitimes. Lorsque le rang était conféré en rémunération de véritables services, il était un moyen d'attacher au trône les hommes capables de différents ordres, et ce fut sans doute la pensée qui inspira cette institution ; mais celle-ci ne fit

souvent qu'alimenter la vanité et exciter la mesquine ambition.
Au même ordre d'idées se rattachent l'institution de l'*ordre du Dannebrog* ou *ruban blanc* (1671) et de l'*ordre de l'Éléphant* ou *ruban bleu ;* il y a pourtant des traces beaucoup plus anciennes de ce dernier, notamment dans la confrérie fondée par Christian I, dont les membres portaient le même insigne.

Les premiers rois absolus tinrent en grande suspicion l'ancienne noblesse danoise, la supposant avec raison mécontente et irritée d'une révolution qui l'avait privée de sa puissance et de son influence séculaires et qui avait tari pour elle les sources de la richesse. Les monarques craignaient qu'elle ne cherchât l'occasion de renverser le nouveau régime et de recouvrer son ancienne prépondérance. Ils s'efforcèrent donc de la tenir à l'écart et dans un état d'infériorité, soit en lui préférant des hommes de la bourgeoisie, soit en employant pour les affaires de l'État des étrangers et surtout des nobles allemands. Que telle ait été leur politique, on le voit par la manière dont les premiers rois absolus remplirent les hauts postes à la cour, dans l'armée, dans la flotte et dans les diverses branches de l'administration. Il ressort aussi de quelques remarquables paroles, prononcées par Christian V et Frédéric IV, que c'était un *principe* de gouvernement, pour la famille royale, d'exclure l'ancienne noblesse des fonctions politiques qui donnaient de la puissance et de l'influence. Il reste quelques dispositions testamentaires que Christian V laissa à son fils et à ses successeurs et qu'il leur prescrivit de suivre dans le gouvernement de l'État. Elles sont entièrement conçues dans l'esprit de la Loi royale et peuvent en être regardées comme la continuation et l'explication. Il y donne des préceptes aussi bien sur l'administration intérieure que sur la politique étrangère. A plusieurs reprises il exprime sa défiance de l'ancienne noblesse. Il dit par exemple au sujet de la nomination du gouverneur de l'Académie fondée par le roi à Copenhague : « Surtout, qu'un gouverneur capable soit toujours placé à la tête de l'Académie royale ; s'il se trouve un personnage doué des qualités nécessaires pour ces fonctions et qu'il n'appartienne pas à l'ancienne noblesse, il doit toujours être préféré à tout autre ; attendu que, dans une monarchie absolue bien organisée, tous les sujets doivent être, depuis leur enfance, accoutumés à obéir très-humblement à leur souverain maître héréditaire ; il faut bien remarquer que de sa prospérité dépend celle de tous les autres et *vice versa*, ce que ne reconnaissent peut-être pas parfaitement les membres de l'ancienne noblesse. » Autre part, il est dit de la cour suprême : « La plupart des affaires concernant des gens qui ne font pas partie de la noblesse, il convient que la cour suprême compte toujours plus de membres de la bourgeoisie que de la noblesse. Il faut surtout bien se garder d'appeler un membre de l'ancienne noblesse au poste de procureur général, dont la principale fonction est de veiller à ce que la souveraineté et la dignité royales ne reçoivent aucune atteinte, et, si cela arrivait, de s'y opposer immédiatement. » Il est aussi recommandé de ne choisir pour précepteurs des princes royaux aucune personne qui puisse être quelque peu suspecte « d'incliner vers la monarchie tempérée d'autrefois, et de revendiquer pour la noblesse les grands privilèges, si préjudiciables à la royauté, qu'elle s'était arrogés sous le précédent régime électif ». Il est aussi prescrit de nommer plus de bourgeois que de nobles dans toutes les commissions chargées d'affaires importantes, et de ne permettre à aucun grand dignitaire de la chambre des rentes et des finances de s'allier avec l'ancienne noblesse.

Le successeur de ce monarque, Frédéric IV, exprime, avec beaucoup plus de force encore, sa défiance de l'ancienne noblesse ; dans les *Règles de gouvernement* qu'il laissa à son fils, il lui conseille de ne jamais appeler à siéger au Conseil privé, sous quelque prétexte que ce soit, plus d'un membre à la fois de l'ancienne noblesse danoise ou holsteinoise ; que s'il voulait absolument avoir au Conseil un homme de cette origine, il devait bien avoir soin de ne pas choisir « un raffiné, un intrigant », mais devait prendre quelqu'un qui s'entendît seulement bien à l'économie rurale, et que, si c'était du reste un brave et honnête homme, il serait plus propre à cet emploi. Il conseille de ne jamais prendre dans l'ancienne noblesse les hauts fonctionnaires dont l'énumération suit : les secrétaires généraux des chancelleries danoise, allemande et militaire, les secrétaires généraux intimes, les députés à la chambre des rentes et au commissariat général de l'état-major de terre et de mer, le commissaire général des guerres et le conservateur des archives royales, ainsi que toute une série de dignitaires de la cour et de hauts fonctionnaires militaires, comme le grand maréchal, le grand écuyer, le grand veneur, le grand échanson, et surtout le grand chambellan, pas même les gentilhommes de la chambre ou les pages de service, ce qui aurait pu avoir des conséquences fâcheuses. Il en est de même du commandant de la cavalerie, de l'infanterie et de toute l'armée; car autrement la souveraineté et l'intérêt de la couronne seraient gravement compromis. Pour le même motif, aucun noble ne devait être nommé commandant d'une forteresse, et encore moins de la place ou de la citadelle de Copenhague, ni être placé à la tête de la garde ou de l'artillerie, ou des cadets de marine. « Et c'est précisément pour ce motif, ajoute le roi, que nous n'avons pas voulu maintenir dans cet emploi l'amiral Christen Thomesen Sehested, mais que nous l'avons nommé membre du Conseil privé et envoyé dans l'Oldenbourg, comme grand maréchal du pays, principalement parce que c'est un homme raffiné, malicieux et intrigant, qui ne donnait d'ailleurs à la jeunesse que de mauvais principes. C'est pourquoi mon fils bien-aimé doit avoir soin de ne confier à cet homme et à ses pareils aucune charge importante. De même calibre étaient les frères Christian et Gregers Juel, majors généraux; le vieux levain de l'aristocratie danoise fermentait dans leur cœur, bien qu'ils sussent le dissimuler. Mon fils doit bien se tenir en garde contre de tels gens. » Or, l'amiral Christen Sehested, que Frédéric IV récompensait de la sorte, l'avait servi loyalement et fidèlement pendant trente-huit ans, et, par ses brillants exploits dans la grande guerre du Nord, il avait bien mérité de la patrie et s'était fait un nom immortel. Le roi enjoint aussi à son fils de ne jamais prendre pour amiral-général de toute la flotte un membre de la noblesse danoise ou holsteinoise, à moins qu'il n'eût d'abord complétement battu toute la flotte suédoise, et même alors il faudrait lui lier les mains par des instructions telles, qu'il ne pût rien entreprendre au préjudice du royaume et du roi. A la fin, Frédéric IV remarque qu'il ne voit pas d'inconvénient à ce que ces nobles soient classés dans les premiers rangs et pourvus de hauts titres ou bien d'emplois différents de ceux pour lesquels il a fait des réserves.

— Il frappait, comme on voit, la noblesse holsteinoise de la même exclusion que la noblesse danoise; il ne pouvait supporter l'orgueilleuse aristocratie des duchés, qui possédait de si grands privilèges et qui lui avait causé tant d'ennuis lors de la guerre du Slesvig. Mais la noblesse danoise lui était encore plus odieuse : comme elle se sentait plus maltraitée, on la craignait davantage. Elle fut réduite à rien par la politique des rois absolus : étant en grande partie exclue de la vie publique et privée de ses anciennes sources de richesses, elle perdit l'occasion de se former et le désir de se distinguer, tomba dans l'insignifiance, végéta et s'éteignit ou bien perdit son empreinte nationale, en s'alliant avec la noblesse allemande, venue moins du Holstein que des autres parties de l'Allemagne septentrionale et immigrée en Danemark, où elle acquit honneurs et dignités, biens et richesses.

La bonne intelligence qui, dans les dernières années de Frédéric III, avait régné entre le Danemark et le duc Christian Albert de Gottorp, fut troublée, au commencement du règne de Christian V, par les affaires d'*Oldenbourg* et de *Delmenhorst*. Le dernier comte de ces pays, *Antoine Günther*, étant mort en 1667, ses États devaient être partagés entre le roi de Danemark et le duc de Gottorp, à supposer qu'ils fussent ses plus proches héritiers. Mais, peu après l'avénement de Christian V, le duc de Plœn, *Joachim Ernest* éleva des prétentions sur les deux comtés et prouva qu'il avait les meilleurs titres. L'habile Griffenfeldt, prévoyant que le duc de Plœn gagnerait la cause portée devant la cour de l'empire, négocia un arrangement amiable avec lui et invita Christian Albert à y prendre part; et, sur le refus positif de celui-ci, il continua seul les négociations et amena Joachim Ernest à céder toutes ses prétentions au Danemark, moyennant une compensation en argent et en domaines. Aussi la cour de l'Empire s'étant prononcée en faveur du duc de Plœn, le roi de Danemark entra sans partage en possession des comtés, au grand mécontentement de Christian Albert qui, pour se venger, conclut une alliance intime avec la Suède. En ce temps, il éclata de grandes guerres en Europe, lorsque Louis XIV attaqua la Hollande et que cet État courut le danger d'être anéanti. Plusieurs puissances, entre autres l'empereur d'Allemagne et le prince électeur de Brandebourg, firent des armements pour la défense de la Hollande; la Suède au contraire prit le parti de la France. Griffenfeldt était d'avis que le Danemark devait rester neutre dans cette querelle, parce qu'il avait encore besoin de beaucoup de réformes qui seraient interrompues par la guerre; et si la paix ne pouvait être conservée, il opinait pour une alliance avec la France, ce qui permettrait de rester en bonnes relations avec la Suède. En quoi il suivait les principes du grand homme d'État Hannibal Sehested, qui dans son testament politique, mentionné plus haut, avait conseillé à Frédéric III non-seulement de rester en paix avec la Suède et d'oublier la perte des provinces skaniennes, mais encore de conclure une étroite alliance avec ce royaume; car c'est seulement en s'unissant que ces États pouvaient, l'un avec sa flotte, l'autre avec son armée de terre, prendre une situation indépendante et la maintenir vis-à-vis des autres puissances européennes. Griffenfeldt fit en outre remarquer que, grâce à la prépondérance de Louis XIV, l'État qui marcherait d'accord avec lui, était sûr de faire une paix avantageuse, et la suite des événements ne montra que trop combien il voyait juste. L'espérance illusoire de reconquérir les provinces skaniennes, le désir du jeune roi de cueillir des lauriers sur le champ de bataille et les représentations du prince électeur de Brandebourg firent que la guerre fut déclarée à la Suède en 1675.

Il était d'une grande importance, pour l'heureuse issue de la guerre, de prendre ses sûretés contre le duc de Gottorp. Aussi Christian V eut-il une entrevue avec son beau-frère à Rendsborg et lui proposa-t-il la conclusion d'un traité par lequel toutes les forteresses et les troupes du duc seraient mises à la disposition du Danemark; mais ces offres ayant été repoussées, les portes de la forteresse furent fermées et le duc déclaré prisonnier. Par surprise et par force, celui-ci dut signer le traité de Rendsborg (10 juillet 1675), et renoncer à tous les avantages que les armes de la Suède lui avaient procurés dans la dernière guerre, savoir la souveraineté et l'amt de Schwabstædt, et remettre au Danemark ses forteresses et son armée. S'étant ensuite rendu à Hambourg, il protesta contre tout ce qui s'était passé, et la conséquence fut que le roi fit saisir la partie ducale du Slesvig et en opéra le retrait. Tous ces procédés, qui dénotent plus de finesse que d'équité, étaient l'œuvre de Griffenfeldt; il conseilla alors de commencer les hostilités en Skanie, parce que cette province était dépourvue de troupes et que les habitants, opprimés par le gouvernement suédois, conservaient encore beaucoup d'attachement pour le

Danemark; mais ce prudent conseil ayant été rejeté par l'influence du Brandebourg et les hostilités portées en Allemagne, le grand ministre employa tout son génie à mener cette campagne à bonne fin. Il s'agissait de conquérir la solide forteresse de *Wismar;* les Suédois la défendirent avec tant d'opiniâtreté que les généraux danois la déclarèrent imprenable et voulurent lever le siège. Malgré eux, les opérations furent continuées, grâce à la persévérance de Griffenfeldt, et la place fut prise, le 13 décembre 1675. Aussi le roi, après avoir fait son entrée dans la ville, déclara-t-il publiquement que ce beau résultat était uniquement dû à Griffenfeldt. L'année suivante, le plan de ce dernier finit enfin par l'emporter : la guerre fut transportée en Skanie et la flotte se montra sur mer. Au commencement les armes danoises obtinrent de brillants succès ; la plus grande partie de la Skanie et du Bleking fut conquise ainsi que plusieurs solides forteresses; le frère consanguin du roi, *Gyldenlœve*, fils naturel de Frédéric III, envahit la Norvège, s'empara du Jemtland et fit de grands progrès dans le Halland et le Bahuus Len, où il conquit la forteresse de *Carlsteen*, située au sommet d'un rocher, près de *Marstrand*, et regardée comme imprenable. Le général *Lœvenhjælm* surprit près de *Uddevalla* une armée suédoise, supérieure en nombre, lui enleva presque toute son artillerie et une grande quantité de prisonniers, et la força de fuir en désordre. Mais bientôt suivit une série de malheurs; les Danois furent vaincus à *Halmstad;* les batailles de *Lund* et de *Landskrona*, où les deux rois commandaient eux-mêmes leurs troupes, et où Christian V se distingua par sa bravoure personnelle, ne furent pas décisives à la vérité, mais l'avantage fut plutôt pour les Suédois. A la fin les Danois ne gardaient plus, de leurs conquêtes, que la forteresse de *Christianstad*. Le général *Frédéric Ahrensdorf* fut envoyé, avec une armée de 16,000 hommes, au secours des assiégés; mais ce chef lâche et indolent laissa prendre sous ses yeux cette place importante, dont le commandant *von Osten* et la vaillante garnison se défendirent jusqu'à la dernière extrémité ; ils ne se rendirent que lorsque la famine fut devenue si effroyable qu'ils n'avaient plus même de chiens et de chats pour apaiser leur faim.

La guerre maritime au contraire fut tout le temps conduite avec succès par *Niels Juel,* qui savait se servir habilement de la flotte construite et mise en très-bon état par les soins de *Kort Adelaer*. Il conquit l'importante île de *Gotland*, remporta ensuite, de concert avec l'amiral hollandais *Tromp*, une brillante victoire sur les Suédois, près de l'île d'*Œland* (1ᵉʳ juin 1676); vainquit, à la même date de l'année suivante, l'amiral suédois *Sjœblad* dans la rade de Kolberg, près de l'île de Femern (1ᵉʳ juin 1677); enfin, un mois après (1ᵉʳ juillet 1677), anéantit totalement la flotte suédoise, dans la baie de *Kjœge*; c'est surtout ce dernier exploit qui a rendu célèbre le héros de tant de grands et mémorables faits d'armes. Les batailles d'OEland et de Kjœge eurent une notable influence sur le cours de la guerre : la première permit aux Danois de faire une descente en Skanie, et la dernière empêcha les Suédois de débarquer une armée en Sélande. Par suite de la supériorité des Danois sur mer, leurs navires de commerce continuèrent pendant toute la guerre à naviguer dans les eaux du Nord avec la même sécurité que pendant la paix la plus profonde. Cependant les autres puissances, fatiguées d'être battues par la France, avaient conclu la paix; aussi le Danemark dut-il également se soumettre aux conditions que lui imposa le puissant Louis XIV. Bien qu'il eût évidemment eu l'avantage dans l'ensemble des opérations, la paix de *Fontainebleau* avec la France et celle de *Lund* avec la Suède (1679) ne lui donnèrent pas un pouce de terre, et encore moins la Skanie, le Halland et le Bleking, dont la conquête avait été le principal but de la guerre. Il dut au contraire s'obliger à remettre le duc de Gottorp en possession de tous les droits dont il jouissait antérieurement au traité de Rendsborg. Il lui fut seulement permis de prendre seize canons dans chacune des forteresses conquises, faible dédommagement de tant de sang versé et de frais si considérables. Pour affermir les bonnes relations avec la Suède, un mariage fut résolu entre Charles XI et *Ulrique-Éléonore*, fille de Frédéric III, union qui avait déjà été l'objet de délibérations antérieures, mais que la guerre avait fait ajourner. La princesse danoise fut mère du célèbre Charles XII.

L'habileté de Griffenfeldt aurait sans doute donné une meilleure issue à cette guerre, mais le grand homme ne siégeait plus dans les conseils du roi; il en avait été éloigné trois ans avant la fin de la guerre, et sa chute fut une des causes principales de la tournure malheureuse que prirent les opérations de l'armée terrestre. Car les personnages qui lui succédèrent dans la confiance du roi, les Allemands *Hahn, Ahlefeldt, Ahrensdorf* et d'autres, étaient incapables, ignorants, lâches, et ne songeaient qu'à s'attribuer des avantages au détriment de l'intérêt général. *Griffenfeldt*, comme l'indique son premier nom *Peder Schumacher* (Pierre Cordonnier), était d'origine plébéienne; fils d'un débitant de vin de Copenhague, il attira dès sa jeunesse, par ses rares talents, l'attention de Frédéric III, qui le prit à son service et lui témoigna la plus grande confiance. Après avoir posé les fondements de sa grandeur, sous le règne de son protecteur, il s'éleva de dignités en dignités, sous Christian V, dans l'espace de quatre ans. Dans l'année qui suivit l'avènement de ce monarque, il fut anobli sous le nom de *Griffenfeldt* (Champ de griffons), nommé membre du Conseil privé et chevalier du Dannebrog. Ensuite il devint chancelier du royaume (1673), chevalier de l'Éléphant et reçut le titre de comte; à cette occasion, ses domaines, situés dans l'amt de Tœnsberg en Norvège, furent érigés en comté; l'année suivante, l'empereur le nomma comte de l'Empire. Mais cette élévation rapide, jointe à des imprudences de Griffenfeldt, lui attira de puissants ennemis; ceux-ci déterminèrent le faible monarque à sacrifier un ministre qui avait si bien mérité de la patrie et qui passait pour le premier homme d'État de l'Europe. La reine douairière *Sophie-Amélie* était irritée contre Griffenfeldt, à cause du traitement infligé à son gendre et à sa fille, le duc et la duchesse de Gottorp; le frère consanguin du roi, *Gyldenlœve*, ne put jamais pardonner au ministre d'avoir refusé de ratifier un traité désavantageux pour le Danemark, conclu entre Gyldenlœve et le duc de Gottorp; sa haine devint encore plus irréconciliable, lorsque Griffenfeldt l'eut fait envoyer en Norvège, comme gouverneur, parce qu'à Copenhague il entraînait le roi aux débordements les plus scandaleux. Le duc *Jean Adolphe* de Plœn aspirait à venger sa parente, une princesse d'Augustenborg, dont Griffenfeldt avait dédaigné la main après l'avoir acceptée; les *Ahrensdorf, Ahlefeldt, Hahn, Knuth* et les autres courtisans allemands travaillaient à la chute du parvenu, qu'ils croyaient beaucoup moins capable qu'eux de diriger le roi et de gouverner l'État. Ces envieux trouvèrent un appui dans *Brandt*, l'influent envoyé du prince électeur de Brandebourg, dont les plans intéressés avaient toujours eu dans Griffenfeldt un adversaire invincible. Le ministre fut arrêté subitement dans l'antichambre du roi (le 11 mars 1676) et accusé de haute trahison. Les chefs d'accusation exposés par un certain *Mauritius*, docteur allemand, mal famé à cause de ses nombreuses vilenies, étaient pour la plupart évidemment faux ou bien il était impossible de les prouver, et plusieurs des actes qualifiés de crimes étaient au contraire les meilleurs titres de Griffenfeldt à la réputation de grand homme d'État. Il n'était sans doute pas sans reproche, mais ce furent moins ses fautes que la haine et les calomnies de ses ennemis qui le perdirent. La sentence portait qu'il était condamné, comme traître, à la perte de l'honneur, de la vie et des biens; mais trois des juges, le gentilhomme *Christian Skeel*, le conseiller privé *Holger Vind* et le savant *Rasmus Vinding*, déclarèrent qu'ils ne pouvaient en bonne conscience souscrire à cette condamnation; un quatrième, le savant jurisconsulte *Peder Lasson*, mourut bourrelé de remords, parce que, après une longue hésitation, il s'était laissé persuader de voter la mort. Convaincu de la grande injustice avec laquelle il avait été traité et fortifié par la conscience d'avoir rendu d'éminents services à l'État, Griffenfeldt marcha à la mort avec calme et fermeté et il s'agenouilla sur l'échafaud en déclarant que tous ses efforts avaient eu pour objet la gloire du roi et l'intérêt de la patrie. Le bourreau levait déjà l'épée, lorsque le général Schack s'avança subitement et proclama, au nom du roi, la commutation de la peine capitale en prison perpétuelle, grâce que Griffenfeldt lui-même jugeait plus dure que la mort. Il fut d'abord incarcéré à la citadelle de Copenhague, d'où il fut transporté, au bout de quatre ans, à la prison de Munkholm, située sur un rocher dans le golfe de Throndhjem. Il y resta enfermé pendant dix-huit ans et ne recouvra la liberté que l'année avant sa mort (1699). Son absence se fit bientôt sentir dans toutes les branches de l'administration; mais personne ne s'en aperçut mieux que le roi lui-même : un jour, au milieu des discussions sur une affaire difficile, il s'écria de mauvaise humeur : « Griffenfeldt, à lui seul, savait mieux que tout le Conseil privé ce qu'exigeait le bien de l'État. » Ce fut sans doute le motif pour lequel Griffenfeldt fut éloigné encore davantage de la personne du roi et envoyé à Munkholm, où il fut traité avec une si incroyable cruauté qu'on le priva de livres, de papier et d'autres passe-temps innocents, servant à le distraire de la solitude du cachot. Quelques années après sa chute, un des gentilshommes allemands, qui avaient contribué à le perdre, *Frédéric Ahrensdorf,* fut condamné à la même peine, à cause de sa mauvaise conduite pendant la guerre de Skanie ; mais son sort fut bien différent : il fut gracié par le roi et occupa plus tard de hautes fonctions, tandis que Griffenfeldt traîna sa vie dans la prison de Munkholm.

Par les traités de Lund et de Fontainebleau, Christian Albert avait recouvré tous ses anciens droits ; mais il s'éleva bientôt de nouvelles querelles à l'occasion du gouvernement commun et de l'indemnité de guerre. On en vint au point que le roi fit de nouveau occuper la partie ducale du duché de Slesvig (1684) ; mais plusieurs puissances intervinrent et ménagèrent l'accommodement d'Altona (1689), par lequel furent reconnus les droits du duc sur le Slesvig. L'infortuné Christian Albert put donc enfin quitter Hambourg, où il avait vécu, comme homme privé, depuis 1676, dans une condition assez précaire. La paix entre les beaux-frères régna ensuite jusqu'à la mort de Christian Albert, en 1694 ; mais, lorsque son fils et successeur, le duc Frédéric IV, eut fait alliance avec la Suède, épousé la sœur de Charles XII, construit des forteresses et fait venir des troupes suédoises pour y tenir garnison, il se produisit une nouvelle mésintelligence, qui éclata en hostilités après la mort de Christian V. — Ce monarque, comme ses prédécesseurs, eut avec Hambourg de longues querelles, qui furent apaisées par le traité de Pinneberg (1679), d'après lequel les deux parties conservaient leurs droits réciproques, mais Hambourg s'engageait à payer au roi 220,000 rigsdaler. Le désaccord recommença, en 1686, et Hambourg fut investie par terre et par eau ; mais, lorsque le prince électeur de Brandebourg eut déclaré que le siége de cette ville lui déplaisait autant qu'aurait fait l'attaque de Berlin, le traité de Pinneberg fut mis à exécution. Les troupes réunies furent ensuite employées à lever des contributions dans quelques petits États de l'Allemagne septentrionale, qui avaient été exempts de garnison dans la guerre avec la Suède.

Sous Christian V, il régna beaucoup d'activité dans la partie intérieure du gouvernement de l'État. Le code de lois, qui avait été rédigé sous Frédéric III, mais qui avait depuis subi divers remaniements, parut en 1683 sous le titre de *Loi danoise de Christian V* (Christian den Femtes danske Lov), et il est encore en vigueur dans le royaume de Danemark, tandis que le Slesvig suit toujours la Loi jutlandaise de Valdemar II. La Norvège reçut aussi, en 1687, une Loi générale, de même teneur à peu près que le Code danois. Une cour et un tribunal municipal furent institués à Copenhague et, en Norvège, une cour supérieure, d'où les appels étaient portés à la haute cour de Copenhague, dont Griffenfeldt avait amélioré l'organisation. Pour mettre de l'uniformité dans le service religieux, un *rituel* fut publié en 1685 et un *missel* (Alterbog) en 1688 ; un nouveau psautier fut composé, pour la plus grande partie, de pièces écrites par le poëte *Thomas Kingo,* évêque d'Odense. — Le grand mathématicien *Ole Rœmer* fut un des hommes les plus actifs à introduire des améliorations utiles pour le pays en général, et en particulier pour la ville de Copenhague dont il était bourgmestre et directeur de la police. Par ses soins, le royaume fut doté de l'unité de poids et mesures, les routes mesurées, des colonnes milliaires dressées, la viabilité améliorée et les rues de Copenhague éclairées par des réverbères. Il fut pris des mesures pour le pavage et la propreté des rues ; la sécurité publique fut assurée par l'institution d'une police nocturne régulière, le danger de l'incendie diminué par la réforme des sapeurs-pompiers, une maison d'assistance instituée pour secourir les nécessiteux, la ville embellie de plusieurs rues, de places et de constructions publiques. Au nombre des grands mérites de Rœmer est la composition d'une *matrice cadastrale* (Matrikel) ou *terrier général* (almindelig Jordebog), qui permit d'établir pour la première fois la péréquation de l'impôt foncier. Auparavant on avait évalué la redevance des terres d'après le nombre de mesures de grain nécessaires à l'ensemencement, ou bien on l'avait fixée approximativement d'après le revenu du domaine. Une telle taxation ne pouvait être que très-inexacte et incertaine. Aussi, après l'établissement du pouvoir absolu, lorsqu'il fallut imposer les fermes de l'aristocratie comme les autres terres, on vit d'autant mieux les inconvénients du mode de répartition de l'impôt, et, à cette occasion, Rœmer fut chargé de dresser un nouveau cadastre qui fournirait une meilleure base. Ce travail long et difficile fut exécuté de 1681 à 1688 ; toutes les terres du royaume furent arpentées et évaluées d'après leur qualité respective. La contenance et la plus ou moins grande fertilité du sol servirent à mesurer la faculté contributive et à établir la nouvelle assiette des impôts. Il est vrai que chaque matrice cadastrale, si juste qu'elle soit à l'origine, cesse de l'être dans le cours du temps, par suite de défrichements, de changements ou d'améliorations dans la culture. Dans ce siècle, un nouveau cadastre a été dressé et mis en vigueur (1844), pour remplacer celui de Rœmer.

Sous le règne de Christian V, le royaume fut tenu en bon état de défense. *Span* et *Jens Juel*, le frère de l'amiral, s'occupèrent de la flotte qui, à la fin de la guerre de Suède, se composait de 48 vaisseaux de guerre, avec 14,000 hommes d'équipage. L'armée de terre fut organisée sur le modèle français par le comte *de Roye*, qui avait été appelé à cet effet, et comprenait en temps de paix 24,000 hommes, recrutés soit par conscription, soit au moyen de primes. Les cavaliers, presque tous engagés, étaient cantonnés dans les domaines royaux, dont les paysans étaient fort chargés par leur entretien. Plusieurs nouvelles forteresses furent construites, notamment l'importante citadelle de *Christiansœ*, dans l'une des Ærteholms près de Bornholm, et les anciennes furent restaurées et étendues. — Les finances étaient la branche de l'administration qui fut le plus mal administrée sous Christian V : les ministres des finances se succédaient et chaque fois l'on tombait de mal en pis, jusqu'à ce que l'habile *Sigfried von Pless* remît de l'ordre dans la comptabilité. Bien que l'on eût recours à des moyens tels que la vente des églises et du droit de collation, et le louage des troupes danoises pour des guerres étrangères, Christian V laissa pourtant une dette d'un million et demi de rigsdaler, déficit occasionné par les prodigalités de la cour, les guerres coûteuses, et l'avidité des favoris qui s'enrichissaient au détriment de l'État.

La *condition des paysans* n'a peut-être jamais été plus mauvaise que sous Christian V. Pendant la domination de l'aristocratie, ils étaient bien accablés de corvées, mais exempts de redevances à l'État et de service militaire ; ils furent maintenant tout à la fois écorchés par les seigneurs et épuisés par des levées d'hommes et d'argent, souvent arbitraires et injustes. Dans ces circonstances, la valeur des terres subit une dépréciation extraordinaire, et l'on chercha à y remédier par l'ordonnance du 28 janvier 1682, plus amplement expliquée par les circulaires du 16 décembre 1682 et du 2 octobre 1694, qui permettaient à chacun, bourgeois ou plébéien, privilégié ou non, d'acheter et de posséder des seigneuries. Celles-ci continuèrent à être exemptes d'impôts, lorsque le domaine comprenait, outre les dépendances du château, 200 tonneaux hartkorn de terres amodiées à des paysans et situées à moins de 2 milles (15 kilomètres) du château. De même, l'exemption de dîme fut maintenue au nouveau propriétaire de tout domaine qui avait joui de ce privilége avant 1661 ou bien qui l'avait obtenue postérieurement par un acte spécial du roi. Ces mesures firent augmenter considérablement le prix des grands domaines, mais ne remédièrent aucunement à la détresse des paysans. Par l'ordonnance du 27 décembre 1687, il fut défendu « aux paysans, aux ecclésiastiques, aux régisseurs et aux meuniers » d'engraisser des bœufs, droit réservé aux possesseurs de seigneuries et aux habitants des villes. La conséquence naturelle de cette restriction fut que le commerce des bestiaux, autrefois si florissant, perdit chaque jour de son importance. L'ordonnance déjà mentionnée du 28 janvier 1682 porte « qu'aucun paysan ou qu'aucune veuve *ne peuvent donner congé et quitter un domaine aussi longtemps que le seigneur les juge capable de le faire valoir*, à moins qu'il n'ait violé les lois à leur égard » ; il y est dit en outre « que si un paysan forfait ou quitte le domaine qu'il cultive, et ne se conforme pas aux lois, *le seigneur pourra l'envoyer à Bremerholm pour y travailler aux forges pendant une année* ». Ce droit exorbitant qui faisait du fermier l'esclave de son seigneur et ouvrait la voie aux plus détestables abus, fut, quelques années plus tard, non pas aboli, mais un peu atténué, lorsque la dénonciation dut être confirmée par le bailli. La même ordonnance prescrivit de soumettre à la conscription, comme les jeunes gens, les fermiers âgés qui ne voulaient pas se marier. Dans la situation précaire qui leur était faite, beaucoup de paysans en effet aimaient mieux garder le célibat et ne cherchaient que l'occasion d'abandonner leur ferme et leur patrie, ce qui était alors l'unique moyen d'échapper à la tyrannie des seigneurs. Cet état de choses et ces lois devaient nécessairement faire tomber dans une profonde décadence l'agriculture et l'élève du bétail. On calculait que *plus du cinquième* des biens de paysans dans les domaines de la couronne étaient incultes et la proportion était encore plus forte dans les domaines de particuliers; un pays fertile et riche en pâturages, comme le Danemark, autrefois si avancé dans l'élève du bétail, était réduit à faire venir de Hollande le *fromage* et le *beurre* nécessaires à l'armée. L'émancipation des paysans mâles, qui s'établissaient dans les domaines royaux astreints à fournir des cavaliers, et des habitants des îlots de Baagœ et de Mœn, lorsqu'ils faisaient élever pour la marine au moins un de leurs fils (1695 et 1696), n'avait pas grande importance, tant que toute la population de la Sélande, de Laaland et de Falster gémissait dans le servage.

Le *commerce et l'industrie* eurent sous Christian V un meilleur sort que l'agriculture et l'économie rurale, bien qu'à la vérité, conformément aux préjugés d'alors, on cherchât à les protéger surtout par les monopôles et la création de sociétés de commerce, pourvues de priviléges exclusifs. Un *Collége de Commerce* fut institué pour veiller aux intérêts du commerce et de l'industrie; une école de navigation, qui fut fondée à Copenhague et placée sous la direction de Rœmer, fournit aux marins les moyens d'acquérir les connaissances nécessaires dans leur profession. Les navires en état de défense (Defensionskibe), qui s'étaient montrés si utiles sous Christian IV, furent de nouveau mis en usage et contribuèrent beaucoup à ranimer le commerce direct avec les pays éloignés. La Compagnie des Indes orientales fut renouvelée et l'on créa des Compagnies de commerce, islandaise, færeyenne et deux grœnlandaises, dont une à Copenhague, l'autre à Bergen. Le commerce avec les Indes occidentales avait commencé sous Frédéric III, mais il ne prit de l'importance que sous Christian V, par l'acquisition des îles de Saint-Thomas et de Saint-Jean (1672). C'est surtout dans les dix dernières années du règne de Christian V que le commerce danois eut une période brillante, lorsque presque toutes les autres nations commerçantes de l'Europe étaient impliquées dans des guerres sanglantes. Comme quelques-unes des puissances belligérantes, jalouses de cette prospérité, cherchaient à le troubler, le Danemark et la

Suède conclurent, en 1691, comme une centaine d'années plus tard, en pareille occasion, un *traité de neutralité armée*, pour la protection de la marine marchande.

Les sciences, après avoir perdu leur zélé protecteur, Griffenfeldt, ne furent plus favorisées par le gouvernement; mais la bienfaisance privée fonda au profit des étudiants le *Collegium mediceum* de *Ole Borch* et le *Collége d'Elers*, dont le fondateur avait perdu ses deux seuls enfants dans le funeste incendie du château d'Amalienborg. L'indifférence de la cour fut pourtant moins nuisible aux progrès de la science que le défaut de liberté pour les recherches scientifiques, dans ces jours où régnaient l'intolérance religieuse et la suspicion politique. C'était le temps où Louis XIV persécutait si cruellement les réformés de son royaume, qui émigrèrent en masse et cherchèrent refuge dans les pays étrangers, notamment en Danemark. Mais l'évêque de Sélande, *Bagger*, adressa au roi d'amples représentations, où il montrait le danger qu'il y avait pour la pureté de la doctrine luthérienne à admettre ces hérétiques dans le pays, et où il dépeignait en même temps les réformés comme des citoyens peu fidèles et turbulents, disposés à résister au roi comme ils résistaient à Dieu. Les avis exprimés par plusieurs autres évêques étaient dans le même sens que celui de Bagger. La reine *Charlotte-Amélie* était de la religion réformée; mais, comme elle avait moins d'influence sur le roi que *Sophie-Amélie Moth*, fille de son ancien précepteur et médecin ordinaire, *Paul Moth*, plus tard élevée au rang de comtesse de Samsœ, elle ne put rien faire pour ses coreligionnaires. Les laborieux et industrieux réformés français furent donc expulsés du Danemark, comme l'avaient été cent ans auparavant les fugitifs des Pays-Bas; ils se rendirent en Hollande et dans le Brandebourg, dont ils mirent dans un état florissant les fabriques et les manufactures. Cet esprit d'intolérance était d'autant plus étonnant, que le Danemark avait accordé aux juifs et aux catholiques le libre exercice de leur religion dans la ville de Fredericia, en 1682, et même, deux ans après, aux juifs portugais, dans tout le royaume. Cependant l'on vit bientôt l'étendue de la faute qui avait été commise, et, en 1685, les réformés furent autorisés, sous certaines conditions, à pratiquer librement leur religion à Copenhague et à bâtir une église. Mais peu d'entre eux en profitèrent, soit que dans l'intervalle ils se fussent établis ailleurs, soit qu'ils n'attendissent rien de bon de l'esprit étroit et des dispositions hostiles des théologiens luthériens. Cette méfiance n'était pas sans fondement, comme on le vit peu après, lorsque le professeur *Masius*, prédicateur allemand de la cour, où il jouissait d'un grand crédit, fut l'instigateur de diverses mesures oppressives contre les réformés de Copenhague. Il fut par exemple ordonné, par le rescrit du 6 septembre 1690, que les époux de communion différente seraient mariés et leurs enfants baptisés dans une église luthérienne; de même il fut défendu aux réformés de sonner leurs offices avec la cloche du clocher. La cause de l'inimitié persévérante de Masius contre les réformés était une discussion qu'il avait soutenue contre quelques savants de cette confession. Il avait publié, en 1687, un écrit dédié au roi de Danemark, où il cherchait à montrer que le pouvoir royal venait immédiatement de Dieu et qu'il était de l'intérêt des princes, de favoriser les doctrines protestantes, parce que les autres communions ne s'accordaient pas aussi bien avec le régime absolu et que notamment il ne fallait pas se fier aux réformés à cet égard. Le philosophe *Thomasius* de Halle entre autres le réfuta dans un écrit, où il montrait que le pouvoir royal était fondé sur le consentement de la nation, et que les réformés pouvaient être des sujets aussi fidèles que les luthériens. Masius eût la satisfaction de voir cet écrit brûlé par le bourreau de Copenhague; c'est ainsi que finit la dispute, mais non le souvenir de ce qu'elle avait d'odieux. C'est précisément au moment où elle était le plus violente que parut l'ordonnance contre les réformés.

Un autre exemple affligeant du peu de liberté de penser et d'écrire qui régnait alors en Danemark, est fourni par le traitement infligé au savant *Oluf Rosenkrands*, membre de cette célèbre et ancienne famille noble qui était encore considérée avec défaveur et méfiance par le gouvernement danois. Un professeur allemand, nommé *Buno*, avait écrit un livre pour démontrer que le Danemark avait toujours été une monarchie héréditaire, et que c'était seulement par usurpation que la noblesse avait exercé le droit d'élire les rois. Pour réfuter cette théorie, Rosenkrands écrivit « une apologie de la noblesse danoise ». A cause de ce livre, qui contenait bien quelques expressions choquantes, mais qui était d'ailleurs purement historique, Rosenkrands fut, en 1682, accusé de crime de lèse-majesté. Il demanda grâce, s'il était coupable, et exprima le vœu que son écrit fût lu et jugé par des hommes savants et compétents, au lieu d'être soumis à la sentence d'un tribunal; mais ce désir si juste fut repoussé. L'affaire fut d'abord portée devant une commission de six membres; mais, comme la moitié de ceux-ci refusèrent de signer le jugement, qui prononçait la confiscation du livre et la condamnation de l'auteur à 6,000 rigsdaler d'amende, la cause fut renvoyée devant la cour suprême; celle-ci condamna l'inculpé à la perte de son héritage, au bannissement de Copenhague et à la rétractation de ce qu'il avait écrit. La première de ces peines fut commuée par le roi en une amende de 20,000 rigsdaler. Mais Rosenkrands fut tellement affecté de cette persécution, qu'il en mourut de chagrin quelque temps après.

Christian V décéda, en 1699, à l'âge de cinquante-trois ans, après avoir régné presque trente ans. Tous s'accordent à le louer de sa bravoure personnelle et de ses sentiments généreux et chevaleresques; mais on n'est pas moins unanime à lui attribuer le goût des plaisirs et de la dissipation, le manque d'économie, et un caractère faible et inconstant à un haut degré. Cette faiblesse le livra aux séductions de son frère consanguin, le dissolu Gyldenlœve, et fit que, pendant tout son règne, il se laissa guider par d'autres, d'abord par l'habile Griffenfeldt, ensuite par les successeurs incapables de ce dernier. Sa guerre avec la Suède était imprudente et inutile, et sa politique à l'égard de son beau-frère le duc de Gottorp et de divers petits princes allemands était plutôt basée sur la force que sur la justice. Pendant son règne, le ton allemand prit plus d'empire à la cour qu'il n'en avait eu précédemment: le roi était entouré de courtisans allemands; des fonctionnaires allemands étaient placés dans les plus hauts colléges du gouvernement, et des généraux allemands commandaient l'armée; la flotte seule resta danoise; les opéras eux-mêmes étaient joués en allemand et les monuments publics pourvus d'inscriptions allemandes. L'éducation de l'héritier de la couronne, cet important devoir d'un roi, fut entièrement négligée, et le prince fut soigneusement tenu à l'écart des affaires du gouvernement, de sorte qu'il ne fut admis à siéger au Conseil privé que quelques jours avant la mort de son père. — Christian V avait épousé *Charlotte-Amélie* de Hesse, princesse noble et aimable, qui pourtant ne sut pas prendre sur son inconstant époux une influence, dont elle était plus digne que plusieurs des reines précédentes et suivantes. Bien que d'origine allemande, elle était meilleure Danoise que beaucoup de personnes de la cour. Elle s'assimila la langue nationale, qu'elle aimait ainsi que la littérature de sa nouvelle patrie.

III

Frédéric IV. — Guerre avec le duc Frédéric IV de Gottorp. — Guerre de onze ans avec la Suède. — Le Slesvig est réuni au Danemark. — Relations tendues avec la Russie. — Abolition du servage, établissement du domicile forcé. — Hans Egede. — Sollicitude pour l'instruction du peuple. — Bon ordre des finances de l'Etat.

Frédéric IV trouva dans la succession de son père la querelle avec son homonyme le duc de Gottorp. Celui-ci releva les fortifications détruites par Christian V, fit alliance avec le Hanovre et obtint de son beau-frère Charles XII des troupes à employer contre le Danemark. Le roi de Danemark, après s'être fortifié par une alliance avec *Pierre le Grand* de Russie et *Auguste*, prince électeur de Saxe et roi de Pologne, fit entrer en Slesvig une armée qui remporta d'abord de notables avantages. Mais l'Angleterre, la Hollande et la Suède, puissances garantes de l'exécution du traité conclu à Altona en 1689, s'étaient peu auparavant mises d'accord pour soutenir le duc de Gottorp, s'il était attaqué par le Danemark. En conséquence, une armée composée de troupes suédoises, allemandes et hollandaises, avait immédiatement pénétré dans le Holstein et empêché l'armée danoise de rien entreprendre contre le duc. En outre, l'habile et actif Guillaume III, qui gouvernait alors l'Angleterre et la Hollande, désirait vivement le maintien de la paix au Nord, afin d'avoir les mains libres pour prendre part au règlement de la succession d'Espagne, qui s'annonçait chaque jour comme devant occasionner une guerre sanglante au midi de l'Europe. Aussi l'Angleterre et la Hollande envoyèrent-elles chacune une flotte, de la mer du Nord dans le Sund, et une flotte suédoise vint aussi du Sud. Ces trois escadres enveloppèrent la flotte danoise dans la rade de Copenhague, et cherchèrent à la mettre en feu, ainsi que la capitale, par un bombardement. Le roi était alors avec l'armée dans le Holstein; mais la reine douairière, la vaillante Charlotte-Amélie, qui était restée dans la capitale, encouragea les bourgeois par son attitude résolue. Elle leur déclara qu'aucun péril ne pourrait la séparer d'eux, qu'elle voulait vivre et mourir avec eux. La tentative d'incendier la flotte et la ville ne réussit pas; mais vers le même temps Charles XII débarqua en Sélande (le 4 août 1700), avec 12,000 hommes, et s'approcha de Copenhague par terre. Dans ces circonstances périlleuses, le roi de Danemark, qui n'était pas suffisamment secondé par ses alliés, se hâta de conclure la paix de *Traventhal*, le 18 août 1700, l'année même où les hostilités avaient commencé. Par là fut confirmée la souveraineté du duc, qui obtint expressément le droit d'établir des forteresses, d'entretenir des troupes, de conclure des traités; le gouvernement commun fut restreint aux prélats et à la chevalerie, et le roi paya au duc 260,000 rigsdaler. Cependant une nouvelle mésintelligence éclata bientôt. Le duc Frédéric IV périt en 1702, dans une bataille, en Pologne, où il avait suivi son beau-frère Charles XII, et, comme son fils, *Charles-Frédéric*, n'était âgé que de deux ans, le gouvernement des duchés fut exercé par la duchesse douairière, *Hedevige-Sophie*, sœur de Charles XII, et le frère du duc défunt, l'administrateur *Christian-Auguste*, coadjuteur de Lübeck, ainsi que par le conseil privé. Mais il s'éleva des discordes entre les membres du conseil de régence, dont quelques-uns penchaient pour le Danemark, d'autres pour la Suède. A la tête du premier parti était l'intègre *Wedderkopp*; le dernier était conduit par l'habile, mais artificieux *Gœrtz*, qui fit tomber Wedderkopp et l'aurait fait exécuter, si le roi Frédéric IV ne l'en eût empêché par ses menaces. Les difficultés portaient soit sur *l'évêché de Lübeck*, sur lequel l'administrateur élevait des prétentions, mais que le roi cherchait à acquérir pour son frère *Charles*; soit sur le gouvernement commun, que les Gottorpiens voulaient faire cesser totalement; soit enfin sur la question de savoir si le nom et le titre du duc devaient être écrits dans les actes communs avec d'aussi grandes lettres que ceux du roi de Danemark. Cette grotesque querelle sur le caractère d'écriture fit que pendant huit ans aucun tribunal ne tint de séances dans les duchés. Au bout de ce temps, il semblait que tout allait se terminer à l'amiable par le traité de Hambourg (1711), qui régla les principaux points de la querelle, et qui fut amplement interprété par le traité de Rendsborg (1712). Mais les affaires prirent subitement une autre tournure, par la duplicité dont le gouvernement de Gottorp se rendit coupable envers le Danemark, dans la nouvelle rupture avec la Suède.

La cause apparente de cette guerre, c'étaient les avanies exercées par la Suède sur des navires danois et quelques expressions de Charles XII, donnant à croire qu'il attaquerait le Danemark lorsqu'il serait débarrassé de ses autres ennemis. Mais le véritable motif était la perspective, alors plus séduisante que jamais, de recouvrer les provinces skaniennes : la Suède étant dans la situation la plus désespérée et fort épuisée par les brillantes, mais vaines victoires de son roi, qui aboutirent à la défaite de Pultava (1709); elle ne semblait alors plus en état de résister à une attaque sérieuse. Frédéric IV avait entrepris, à la fin de l'année 1708, un voyage en Italie et, à son retour, visité le roi Auguste, à Dresde, où fut conclue contre la Suède une alliance entre le Danemark, la Pologne et la Saxe, traité auquel la Russie accéda plus tard. Une armée danoise de 16,000 hommes, sous le commandement du comte de *Reventlov,* qui s'était fait dans des guerres à l'étranger une réputation d'officier capable et expérimenté, débarqua en Skånie, à la fin de 1709, et se répandit dans toute cette province, au commencement de l'année suivante. Mais le brave *Magnus Stenbock,* qui forma en toute hâte une armée de conscrits, força à la retraite l'armée de Reventlov, si mal approvisionnée qu'elle manquait des choses les plus nécessaires. On en vint aux mains, le 10 mars 1710, à *Helsingborg,* que *George Ranzau,* investi du commandement pendant la maladie de Reventlov, perdit complétement pour avoir imprudemment abandonné l'excellente situation choisie par son prédécesseur. Les débris de l'armée danoise furent ensuite embarqués pour la Sélande et un nouveau débarquement en Skånie devint impossible en raison d'une peste meurtrière qui ravageait ce pays et cette île.

La guerre fut transportée en Allemagne, où les Danois eurent de grands succès et conquirent toutes les importantes possessions allemandes de la Suède, à l'exception de Stettin et de Stralsund.

Cependant Stenbock réussit aussi à passer en Allemagne et à vaincre les Danois dans un combat acharné et sanglant, à *Gadebusch*, le 20 décembre 1712 : une partie des auxiliaires saxons ayant, par une fuite honteuse, laissé un vide dans la ligne de bataille des Danois et mis le désordre dans leurs rangs. La perte de cette bataille n'eut pourtant pas des conséquences aussi fâcheuses qu'on aurait pu le supposer; ses suites éloignées furent même heureuses pour le Danemark. Car Stenbock, qui se voyait partout environné d'ennemis, fut réduit à se jeter dans la forteresse ducale de *Tœnning*, après avoir commis sur son passage une cruauté aussi inutile que déshonorante, en brûlant au milieu de l'hiver la ville ouverte d'Altona. Mais de nombreuses troupes danoises ou auxiliaires poursuivirent Stenbock, l'investirent dans Tœnning et commencèrent le siége de cette place. Frédéric IV était avec raison irrité contre le gouvernement ducal, qui, après lui avoir tout récemment fait les protestations d'amitié les plus solennelles et lui avoir promis la neutralité la plus inviolable, donnait néanmoins refuge au général suédois. En représailles, par sa patente du 13 mars 1713, il prit possession de toute la partie gottorpienne du duché de Slesvig. Quelque temps après, le 20 mai, Stenbock étant sorti de la forteresse et ayant capitulé avec ses 11,000 hommes, comme Gœrtz continuait à assurer que le commandant de la place de Tœnning en avait ouvert les portes à Stenbock sans ordre du gouvernement ducal, le roi inclina quelque temps à restituer au duc les territoires séquestrés. Mais lorsque la forteresse de Tœnning, après avoir été défendue encore une année par les troupes ducales, se rendit enfin, Frédéric IV fut mis en possession de l'ordre formel en vertu duquel le commandant de la place y avait laissé entrer Stenbock; il résolut de ne pas persister davantage dans des sentiments de magnanimité mal placée, mais de conserver ce que les circonstances et la fortune des armes avaient mis entre ses mains.

Sur mer, les Danois furent encore plus heureux que sur terre. L'affaire de la baie de Kjœge (1710) n'est pas aussi remarquable par son importance militaire que par la bravoure de *Iver Hvitfeldt*, commandant du *Dannebroge*. Dès le début de l'action, ce navire prit feu à l'arrière; le capitaine aurait pu sans aucun doute sauver sa vie et celle de son équipage, en se retirant du combat et en s'échouant à la côte; mais alors il aurait pu communiquer l'incendie aux autres vaisseaux et même à la ville; il aima mieux s'efforcer de demeurer à l'ancre et il y parvint. Tandis que les flammes gagnaient de proche en proche et le menaçaient d'une mort certaine, Hvitfeldt continua imperturbablement le combat, tirant coup sur coup avec les canons de l'avant, jusqu'à ce que le feu atteignît la sainte-barbe et fît sauter le navire. Le commandant et tout l'équipage, environ 500 hommes, trouvèrent une mort héroïque dans les flammes et les flots. — L'amiral *Gabel* détruisit ou conquit toute une escadre suédoise dans la rade de Kolberg, en 1715; et, de concert avec *Sehested* et *Raben*, il domina si bien la Baltique, que les communications entre la Suède et ses possessions allemandes devinrent extrêmement précaires. Cependant Charles XII qui, à la suite de la défaite de Pultava, avait passé cinq ans en Turquie dans une singulière inaction, tandis que son royaume était ravagé et démembré par les ennemis, revint à la fin de l'année 1714 et se rendit d'abord à la solide forteresse de Stralsund, une des seules qui restaient à la Suède en Allemagne. Le retour de cet adversaire redouté fit que le Danemark, la Pologne et la Russie se lièrent par une alliance plus étroite, dans laquelle entrèrent aussi la Prusse, le Hanovre et l'Angleterre. A cette occasion, le prince électeur *George* de Hanovre, qui était roi d'Angleterre, depuis 1714, acheta pour six tonneaux d'or les duchés de *Brême* et de *Verden*, que le Danemark avait conquis sur la Suède. Lorsque Charles XII ne put plus tenir à Stralsund, qui était vivement pressée par les puissances alliées, il se rendit en Suède, au mois de décembre 1715 et mit bientôt sur pied une grande armée, avec laquelle il comptait passer la mer sur la glace et attaquer le Danemark à l'improviste; mais un dégel soudain préserva le Danemark de ce péril. Charles se tourna ensuite du côté de la Norvège; mais, là aussi, ses desseins échouèrent contre le courage et le patriotisme des bourgeois de Frederikshald; ceux-ci, dirigés par les nobles frères *Pierre* et *Jean Kolbjœrnsen*, mirent le feu à leur propre ville et se retirèrent dans la citadelle, que Charles XII ne put prendre, tout le matériel de guerre qu'il avait réuni dans ce but ayant été détruit par *Tordenskjold* à Dynekilen. Parmi les nombreux hommes de mer qu'ont produits le Danemark et la Norvège, depuis Sévérin Norby, Peder Skram, Otte Rud, Herluf

Trolle, Christian IV jusqu'à Kort Adelaer et Niels Juel, *Torden-skjold* ou *Peder Vessel*, comme il s'appelait avant d'être anobli, est un des plus célèbres. Né d'une famille d'artisans, il fut d'abord apprenti tailleur, ensuite matelot, mais, par une série d'exploits, dans lesquels son courage était toujours à la hauteur du péril, par une adresse et une présence d'esprit, qui triomphaient de difficultés en apparence insurmontables, il s'éleva à la dignité d'amiral. Frédéric IV, qui avait beaucoup d'affection pour ce marin distingué, lui donna le surnom de *Tordenskjold* (bouclier du tonnerre), parce qu'il était le bouclier du Danemark et la terreur de ses ennemis. Au nombre de ses plus beaux exploits est le combat naval de *Dynekilen* et la prise de la forteresse escarpée de *Carlsten*, regardée comme imprenable. Avec une frégate et cinq petits navires seulement, il pénétra dans le port, soigneusement fortifié, de Dynekilen et, après quatre heures de combat, réduisit les batteries au silence, s'empara de douze vaisseaux de guerre et de huit transports, chargés de matériel de guerre pour le siége de Frederikshald; la flotte suédoise comprenait en outre une galère qui fut coulée à fond, un autre qui sauta en l'air; deux flûtes seulement s'échappèrent. — La forteresse de *Carlsten*, près de Marstrand, fut attaquée par Tordenskjold avec des forces très-minimes; mais par son seul nom et par un mélange d'adresse et d'audace il déconcerta si bien le commandant suédois, que celui-ci livra une des plus solides forteresses de l'Europe, capable de résister à des forces bien supérieures à celle de Tordenskjold. Ce héros mourut dans un âge peu avancé, tué par le colonel et duelliste suédois Stahl; mais ses incomparables exploits, son noble cœur, son caractère ouvert et vraiment septentrional, lui assurent l'immortalité dans le souvenir du peuple danois.

Tandis que Charles XII usait ainsi ses forces devant Frederikshald, on faisait en Danemark des préparatifs sérieux pour une nouvelle descente en Skanie. En 1716, une armée de 22,000 hommes fut rassemblée en Sélande et la flotte fut équipée; aux troupes danoises s'unit une armée russe d'environ 40,000 hommes qui, sous le commandement de Pierre le Grand en personne, campa sous les murs de Copenhague, pendant qu'une importante escadre russe était à l'ancre dans la rade. Mais la mésintelligence se mit entre les alliés, parce que Frédéric IV disputait à Pierre le

Grand la possession de Carlskrona dans le Bleking, que le czar désirait beaucoup pour assurer sa puissance dans la Baltique. On en vint bientôt à soupçonner fortement que celui-ci songeait moins à envahir la Suède qu'à s'emparer de Copenhague et de Kronborg, c'est pourquoi l'on prit rapidement des mesures pour opposer la force à ces perfides desseins, et le czar dut se retirer sans en avoir tenté la réalisation. Il entama alors des négociations secrètes avec Charles XII, par l'intermédiaire de *Gœrtz,* qui était entré au service du roi de Suède. Ce dernier s'efforçait d'amener la Russie et sa nouvelle patrie à signer un traité de paix et d'alliance, puis à se concerter pour attaquer le Danemark et le forcer de céder la Norvège à la Suède et tout le Holstein et le Slesvig au duc de Gottorp. Ces projets et d'autres non moins ambitieux s'en allèrent en fumée, lorsque Charles XII, ayant de nouveau envahi la Norvège, tomba devant Frederikshald, le 11 décembre 1718. Le nouveau gouvernement de la Suède désirait la paix qui fut conclue, par la médiation de l'Angleterre et de la France, à *Frederiksborg,* le 3 juillet 1720. Ce fut pour le Danemark une heureuse et honorable issue de la guerre de onze ans; car, outre qu'il avait reçu huit tonneaux d'or pour la cession des duchés de Brême et de Verden, la Suède lui paya encore 600,000 rigsdaler pour frais de guerre et renonça à l'exemption de la douane du Sund, dont elle avait été en possession depuis 1645. Ce point était extraordinairement important : en effet, par suite de cette franchise dont les autres nations profitaient aussi en arborant frauduleusement le pavillon suédois, la douane du Sund ne donnait plus qu'un revenu insignifiant (70 à 80,000 rigsdaler), mais elle remonta alors au chiffre de 400,000 rigsdaler et s'accrut ensuite sans cesse, à mesure que le commerce se développait.

Le plus grand bénéfice de cette guerre fut pourtant l'acquisition de la partie ducale du Slesvig qui fut réuni, par la force des armes, à la mère-patrie dont il était séparé depuis des siècles. La Suède s'engagea à ne plus soutenir l'ex-duc de Gottorp, et la France et l'Angleterre garantirent au Danemark la possession du Slesvig à perpétuité. Conformément à ces conditions, Frédéric IV, par des lettres patentes du 22 août 1721, annexa l'ancienne partie ducale de ce pays et enjoignit aux habitants de lui jurer obéissance. Les états, la chevalerie et le prélat du couvent des demoiselles nobles, ainsi que les propriétaires et les premiers pasteurs, au nom du clergé, prêtèrent serment de fidélité, au château de Gottorp, le 4 septembre 1721 ; à la campagne et dans les villes, ce serment fut reçu par le bailli royal; le duc d'Augustenborg fit hommage par écrit. Dans la prestation d'hommage, chacun promit pour soi et ses descendants d'être fidèle et obéissant au roi, comme à son unique seigneur souverain, de même qu'à ses successeurs royaux, en vertu des dispositions de la loi royale. En raison de cette nouvelle situation du Slesvig dans la monarchie, les deux lions des armoiries slesvigoises furent transférés de l'ancienne place qu'ils occupaient, avec les armes du Holstein, dans l'écusson central, et mis dans l'écu principal avec les autres armoiries du royaume.

Le Slesvig était donc de nouveau réuni à la couronne ; mais, pendant sa longue séparation, de grands changements avaient eu lieu. Les mesures prises, sous le gouvernement des comtes de Holstein et lors de l'immigration de la noblesse holsteinoise en Slesvig, pour substituer la langue allemande à l'idiome national et introduire des institutions germaniques, furent continuées après 1460, sous les princes de la maison d'Oldenbourg. Plusieurs des rois étaient, par suite de leur éducation allemande, indifférents à la langue danoise, et les ducs qui régnèrent après le partage de 1490, étant foncièrement allemands et étrangers au Danemark, n'avaient généralement pour lui que des sentiments hostiles. La Réforme, qui fut si bienfaisante à d'autres points de vue et dont l'un des principaux buts était justement de faire de l'idiome du pays la langue de l'Église, porta préjudice au danois du Slesvig et favorisa beaucoup le germanisme. C'étaient surtout des Allemands qui avaient propagé les nouvelles doctrines et, après l'introduction de la Réforme, le Slesvig, qui avait été précédemment inondé de nobles holsteinois, fut maintenant envahi par une infinité d'ecclésiastiques et de fonctionnaires, en quête d'une position et de moyens de subsistance. Parmi les treize surintendants généraux, qui ont eu la direction supérieure des affaires ecclésiastiques dans le Slesvig, aucun n'était originaire du royaume; trois étaient nés dans le duché, les autres venaient de la Westphalie, de la Saxe, de la Livonie, du Holstein, de Hambourg, du Brandebourg, de la Poméranie, etc. Le partage de 1490 fut suivi de celui de 1544 et de beaucoup d'autres. Les nombreux petits princes qui pullulaient en Slesvig, ceux même qui sortaient directement de la maison royale de Danemark, étaient allemands d'esprit et de langage et travaillaient de tout leur pouvoir à la germanisation du pays. Les princes, les cours, la noblesse, le clergé, les fonctionnaires, étant allemands, l'idiome danois du duché devait être en grand péril. Dans cette détresse pourtant, le peuple conserva avec fidélité et ténacité sa langue maternelle; mais l'allemand fut partout adopté comme langue de l'administration; il se répandit de plus en plus comme langue des tribunaux, et on l'entendait dans la bouche des prêtres, à l'église et au dehors, même dans les paroisses où le peuple ne parlait que danois. La confusion et les souffrances du peuple devinrent encore plus grandes, lorsque le platt-deutsch fut supplanté par le haut allemand, qui était encore beaucoup plus incompréhensible à la population danoise. Cette substitution eut lieu d'abord dans les cours et dans l'administration civile, à peu près au milieu du XVIe siècle; un peu plus tard, dans les tribunaux; dans l'Église enfin, pendant la première moitié du XVIIe siècle. Un Westphalien, *Étienne Klotz*, et un Saxon, *Jean Reinboth*, tous deux surintendants, l'un dans la partie royale, l'autre dans la partie ducale du Slesvig, se firent une triste renommée en substituant, dans les églises, à l'idiome populaire le haut allemand qui n'était pas même compris des Allemands du Slesvig méridional, et encore moins des Danois de la péninsule d'Angel. Les paroisses danoises se plaignaient parfois amèrement de ce que le clergé dédaignait la langue du pays et parlait une langue étrangère; mais ces doléances étaient infructueuses. — Bien que toutes les maisons princières, qui se partageaient le Slesvig, se distinguassent par leur germanisme, celle de *Gottorp*, qui avait de plus grandes possessions, enchérissait pourtant encore sur les autres; elle était animée d'une vive haine pour le Danemark et tout ce qui était danois. Toute son histoire est une série d'hostilités et de félonies contre son suzerain, le roi de Danemark. Ses efforts pour détacher entièrement le duché du royaume rencontraient un obstacle détesté dans l'idiome danois du peuple; car, à défaut d'autres liens, la communauté de langage aurait puissamment contribué à maintenir l'union entre la mère-patrie et la province séparée. L'oppression du danois faisait donc partie de la politique des ducs de Gottorp ; et l'un des derniers, Frédéric IV, déclarait sans réticence qu'il se proposait d'extirper cet idiome du Slesvig. Lorsque ce duché fut heureusement réuni au royaume par les efforts du roi Frédéric IV, il était grandement temps de prendre des mesures efficaces pour protéger la nationalité danoise longtemps opprimée dans le Slesvig, et remédier aux graves inconvénients et aux monstrueux abus qui n'avaient pu naître et s'enraciner que dans des temps malheureux et sous une dynastie de princes hostiles à l'idiome national du pays. Les difficultés auraient été alors beaucoup moindres que plus tard ; car le danois n'était pas encore complétement exclu des tribunaux ; il se maintenait dans un grand nombre d'églises, et, ce qui était le point capital, il était encore parlé par la population dans toute l'étendue du territoire qu'il occupait de temps immémorial, c'est-à-dire jusqu'au golfe de la Slie, et même de l'autre côté dans la péninsule de Svans. Mais Frédéric IV négligea de se servir de cette heureuse occurrence et d'autres circonstances favorables, qui étaient le fruit de la victoire. Il n'avait pas autant d'habileté et de prévoyance pour rétablir l'ordre et assurer l'avenir, qu'il avait déployé de force et d'énergie pour recouvrer la province perdue. Pour garantir la langue nationale contre le retour de l'oppression, il aurait fallu éloigner les fonctionnaires allemands et donner à la population danoise des prêtres et des magistrats parlant sa langue. Le roi se contenta de séparer le Slesvig du Holstein, aux points de vue judiciaire et administratif, en instituant à Gottorp une cour suprême, qui était en même temps un collége de gouvernement pour le duché. On croyait que c'était assez pour le moment.

Le Danemark eut encore à lutter à peu près un demi-siècle pour la défense du Slesvig. Le duc *Charles-Frédéric* qui, après la paix, choisit Kiel pour sa résidence, ne voulut pas ratifier la cession du Slesvig, ni entrer en arrangement à cet égard, et, comme il épousa plus tard *Anna*, fille de *Pierre le Grand*, il devint un ennemi très-dangereux pour le Danemark. Le czar son beau-père et *Catherine* Ire qui lui succéda, menaçaient de faire valoir par la force les prétentions du duc ; aussi Frédéric IV dut-il entretenir de grandes escadres dans la Baltique jusqu'à la mort de Catherine Ire, en 1727, où les relations amicales entre les cours danoise et russe furent rétablies. La Russie et l'Autriche garantirent même au Danemark (1732) la possession de tout le duché de Slesvig. Mais postérieurement la querelle fut plusieurs fois renouvelée et mit le Danemark dans la situation la plus précaire jusqu'à ce que l'échange de 1767 mît fin à cette situation embarrassée. Frédéric IV régna d'ailleurs en paix depuis 1720 et annexa encore à sa monarchie le comté de Ranzau, qu'il acquit en 1725; le comte *Christian Detlev Ranzau* avait été tué et une enquête judiciaire montra que le plus jeune frère du duc avait participé à l'assassinat.

Frédéric IV profita de la paix, aussi bien avant qu'après la guerre de Suède, pour introduire beaucoup d'améliorations dans le gouvernement. Ce monarque intelligent et dévoué à ses sujets s'immortalisa *en abolissant le servage de la glèbe*. Dès son avénement, il avait affranchi les serfs du domaine de Jægerspriis, et trois ans plus tard parut l'ordonnance du 21 février 1702, où il déclare que, «ayant remarqué les heureuses suites de cette liberté, il veut l'étendre aux habitants de la Sélande, de Laaland, de Falster et des îles voisines, afin de les mettre sur le pied de l'égalité avec les sujets des autres provinces, et de leur donner plus de goût, de force et de courage à être laborieux, actifs et entreprenants, et même à exposer leur vie pour le roi et la patrie, en cas de nécessité, surtout lorsqu'ils verront qu'il leur est loisible, à eux et à leurs enfants, de posséder en liberté et de faire valoir la terre qu'ils cultivent. De la sorte, les jeunes gens des autres provinces peuvent aussi prendre envie de servir dans lesdites îles et d'y amodier des fermes, au lieu de s'expatrier par crainte du servage de la glèbe; et les habitants de la campagne, qui ont beaucoup de fils, lesquels ne leur sont pas nécessaires ou n'ont pas de goût pour l'agriculture et les travaux rustiques, peuvent leur faire apprendre des métiers, le commerce, la navigation ou d'autres professions, dont ils pourront vivre plus tard honorablement, sans craindre d'être astreints à résider au lieu de leur naissance». Conformément à ces principes, l'ordonnance porte que les fils de paysans du Jutland et des autres provinces, où le domicile forcé n'était pas en usage, conserveraient leur liberté, lorsqu'ils s'établiraient en Sélande et dans les autres îles précitées; de plus, que tous les paysans nés après l'avénement de

Frédéric IV (25 août 1699) et leurs descendants à perpétuité seraient affranchis du servage de la glèbe et de l'obligation de résider au lieu de leur naissance. Le sort des autres paysans fut réglé par les dispositions suivantes : il fut enjoint aux propriétaires de domaines de *ne pas vendre leurs serfs* et, moyennant une juste indemnité, proportionnée à la fortune de chacun, qui ne devait pas s'élever à plus de 30 à 50 rigsdaler, ils furent tenus de donner la liberté à chaque homme qui la demandait ; les fermiers *ne pouvaient être dépossédés malgré eux des terres qu'ils cultivaient ou être forcés de prendre une ferme en friches et inhabitée,* mais, de même que dans les provinces où le fermage n'existait pas, ils devaient conserver toute leur vie la ferme qu'ils avaient alors ou qu'ils amodieraient à l'avenir. Enfin tous les serfs, qui avaient demeuré un certain temps en dehors du lieu de leur naissance, soit dans les villes ou ailleurs, ne pouvaient plus être réintégrés dans leur domicile. Il fut particulièrement prescrit aux baillis de veiller exactement à l'application de cette ordonnance et d'empêcher que les paysans fussent opprimés en quelque façon par les seigneurs. Malheureusement les améliorations que cette belle ordonnance avait en vue furent en partie anéanties avant d'avoir été réalisées. Car, l'année précédente, le 22 février 1701, il avait paru une ordonnance sur l'institution d'une *milice nationale* (Landevæern ou Landmilits), d'après laquelle *tout le pays* devait être divisé en districts, dont chacun fournirait un soldat assujetti à six ans de service. Mais dans les domaines privilégiés, il fut permis aux seigneurs eux-mêmes de tracer les circonscriptions et de désigner comme soldats ceux qu'ils voulaient ; ces conscrits étaient couchés sur un rôle et ne devaient pas quitter le domaine avant d'être libérés du service militaire. Le pouvoir arbitraire, que les seigneurs obtinrent ainsi sur leurs subordonnés, leur avait été assuré par une ordonnance, parue quelques jours auparavant et défendant à chaque pasteur du royaume de délivrer à un domestique un certificat pour quitter la paroisse, à moins que celui-ci n'eût d'abord obtenu un passe-port de son propriétaire ; les seigneurs égoïstes firent de ce droit l'abus le plus révoltant. La faveur et les dons, l'amitié et l'inimitié, déterminèrent ceux qui étaient soumis au service militaire et ceux qui en étaient exempts. Le paysan qui avait quelques épargnes était pressuré jusqu'au dernier denier, s'il voulait échapper à l'enrôlement; celui qui n'avait rien ou qui s'était attiré l'animadversion du seigneur ou du régisseur devait porter le mousquet. Malgré tout, l'ordonnance du 21 février 1702 était encore extrêmement avantageuse aux paysans ; ils n'étaient plus courbés sous le joug du servage depuis leur naissance, ni considérés comme une classe d'hommes différente des autres citoyens. On ne pouvait plus, comme auparavant, les forcer d'accepter une ferme en friches et les condamner ainsi à une ruine certaine, ni les déposséder de celle qu'ils cultivaient. Enfin le seigneur ne conservait le droit de retenir dans son domaine que les enrôlés; d'après la loi, il ne pouvait refuser de passe-port aux autres. Mais, vingt-trois ans plus tard, l'autorité seigneuriale reçut un accroissement extraordinaire par l'ordonnance du 8 février 1724, portant que tous les jeunes gens seraient enrôlés dans la réserve de quatorze à trente-cinq ans, et devraient demeurer dans le domaine ou le district auquel ils appartenaient, jusqu'à ce qu'ils eussent fait six ans de service ou atteint leur trente-cinquième année. Le *domicile forcé* ou *Stavnsbaand*, comme on appelait la nouvelle servitude qui remplaça le servage de la glèbe, eut des suites d'autant plus déplorables qu'il ne fut pas restreint aux îles où celui-ci avait régné, mais étendu à tout le Danemark, à l'exception de Bornholm.

La milice nationale instituée par Frédéric III se composait de 18,000 hommes et elle aurait pu être fort utile, notamment pour préparer l'abolition de l'armée recrutée qui s'élevait à plus de 20,000 soldats, si elle n'avait pas été basée sur l'asservissement des paysans. Ce monarque, qui eut généralement beaucoup de sollicitude pour la défense du royaume, élargit l'ancienne institution en mettant la cavalerie en subsistance dans les domaines de la couronne ; il répartit de cette façon non moins de douze régiments de cavaliers, dont trois en Jutland et neuf dans les îles. Bien que les paysans des domaines affectés à la cavalerie (Ryttergods) fussent, en raison de cette charge, exempts d'autres redevances, ces répartitions de troupes furent pourtant une véritable calamité pour eux, attendu que, de l'officier au simple cavalier, tous se permettaient les plus grandes vexations contre ces hommes sans défense. C'est ce qu'attestent plusieurs ordonnances royales ayant pour but de réprimer ce désordre; une entre autres, du 9 avril 1701, défend aux officiers, sous peine de destitution, « d'employer les paysans à leurs travaux privés, labourage, journées, moisson, voyages, ou autres de quelque nom que ce soit » ; une autre, de 1729, interdit aux officiers et aux cavaliers « de frapper le paysan, lorsqu'il est de corvée ». — Les dangers auxquels la ville de Copenhague avait été exposée en 1700, avaient montré que la ville n'avait pas des moyens de défense suffisants du côté de la mer. Pour la protéger à l'avenir, en pareille occasion, la construction des batteries maritimes de *Tre Kroner* (trois couronnes) et *Prœvestenen* (la pierre de touche) fut commencée pendant la guerre, en 1713. Pour former de bons officiers, deux académies, chacune de cent élèves, furent fondées successivement, l'une pour les cadets de marine, l'autre pour ceux de l'armée. Pour avoir toujours sous la main des marins exercés, on augmenta de trente compagnies de matelots le corps fixe de l'Ilot (Holmen), et, à cette occasion, les *Nyboder* (Nouvelles Baraques) construites par Christian IV furent considérablement augmentées. Frédéric IV chercha comme son père à augmenter ses revenus en louant aux puissances étrangères des troupes danoises. Cette mesure fit entrer des sommes considérables dans le trésor public et les soldats danois gagnèrent beaucoup de gloire dans la guerre de la succession d'Espagne et dans les campagnes de Hongrie contre les Turcs ; mais cet argent et cet honneur étaient chèrement payés par les flots de sang qui furent versés pour des affaires étrangères aux intérêts nationaux.

Le *commerce* n'était pas dans des conditions bien favorables sous un roi qui fut impliqué dans des guerres sanglantes pendant presque la moitié de son règne ; plusieurs mesures furent pourtant prises en sa faveur, aussi bien avant qu'après la guerre. Un nouveau collège ou ministère fut institué pour le commerce et, en 1726, fut créée une Compagnie d'assurances maritimes, qui fit beaucoup de bien ; le Grœnland fut de nouveau visité par les navires danois et une Compagnie grœnlandaise fondée en 1723. La Compagnie des Indes Orientales au contraire déchut complétement, jusqu'à ce que, à la fin du règne de Frédéric IV, elle fût remise sur pied par les soins du prince de la couronne, plus tard Christian VI. En 1726, Copenhague obtint le monopole de brandevin, du vin, du sel et du tabac. Cette mesure avait pour but de prévenir la contrebande et d'assurer à la caisse royale les produits de la douane, ce qui pouvait le mieux se faire dans une ville entourée de remparts et de fossés comme l'était la capitale; mais la conséquence fut que le commerce de ces denrées se détourna de Copenhague et que la contrebande prit de l'extension dans les provinces; c'est pourquoi ce monopole fut aboli sous le règne suivant. On chercha, de même qu'auparavant, à favoriser les fabriques et les manufactures en appelant des étrangers; plusieurs fabriques furent aussi fondées à Copenhague, partie pour travailler des matières nationales et étrangères, notamment une grande draperie qui fournissait aux besoins de toute l'armée, et une fabrique de voiles à Kjœge. La *poste* qui, sous Frédéric III et Christian V, jusqu'en 1685, avait été administrée par Paul Klingenberg, fut ensuite remise, moyennant une redevance annuelle, au comte Gyldenlœve, comme une sorte de fief, pour lui et ses descendants mâles. Mais, sous Frédéric IV, elle fut reprise, en 1711, pour le compte du gouvernement et elle reçut alors diverses améliorations. Une partie de l'excédant de ses recettes fut employé en pensions pour les fonctionnaires civils et militaires en retraite et pour leurs veuves, pensions qui, en raison de la grande économie du roi, ne s'élevaient pas à plus de 11,000 rigsdaler, en 1729.

Frédéric IV montra une louable sollicitude pour la propagation du christianisme et de l'instruction publique. Pour le premier de ces buts, il fonda un collége des missions, qui travailla à évangéliser les Indes Orientales, la Laponie et le Grœnland. C'est sous son règne que le noble *Hans Egede,* enflammé d'enthousiasme pour la conversion des païens du Grœnland, quitta sa patrie, ses parents, ses amis et partit, en 1721, avec sa femme et ses enfants, pour le Grœnland, où il se soumit pendant quinze ans à des privations et des fatigues incroyables pour remplir la mission qui était le but de sa vie; il fut remplacé par son fils qui était animé du même esprit. — Jusqu'au temps de Frédéric IV, l'instruction du peuple fut à un niveau très-peu élevé; elle était donnée presque exclusivement par des maîtres d'école ambulants; pendant l'été, ceux-ci se rendaient de village en village pour donner aux enfants des leçons, qui, dans de pareilles circonstances, ne pouvaient être que très-insuffisantes. La plupart des localités étaient même privées de maison d'école : c'est pourquoi le maître et les enfants se réunissaient dans des huttes de terre, dont le toit était formé de branchages entrelacés ; aucune classe ne pouvait être faite pendant l'hiver. Frédéric IV fut le créateur de l'instruction primaire régulière : il fit construire en maçonnerie deux cent quarante écoles dans les domaines affectés à la cavalerie, alloua aux instituteurs un traitement fixe et publia une ordonnance spéciale sur la méthode d'enseignement élémentaire. *Hersleb*, qui était alors aumônier du château de Frederiksborg et qui devint plus tard évêque de Sélande, doit avoir été l'inspirateur de cette louable entreprise. Une autre excellente institution de Frédéric IV fut la *Maison des orphelins* (Vaisenhuus), où les enfants étaient à la fois élevés et instruits. Les sciences proprement dites que le roi ne pouvait apprécier, par suite de son éducation négligée, furent au contraire complétement mises de côté sous son règne. Mais il aimait et il favorisa la sculpture, la peinture, la musique et l'horticulture.

Outre les mesures dont il a été parlé, Frédéric IV prit beaucoup de dispositions excellentes relativement aux ministères ou *colléges de gouvernement* et il établit un ordre sévère dans l'administration. Il montra surtout beaucoup de sollicitude pour les finances, revoyant lui-même tous les comptes et introduisant des économies où il le pouvait. A sa mort la dette s'élevait à trois millions de rigsdaler environ, mais la moitié venait de Christian V, et il y avait dans les caisses publiques un reliquat de deux millions de rigsdaler à peu près. Il doit avoir en outre laissé un trésor de plusieurs millions, dont l'existence cependant est douteuse d'après les nouvelles recherches ; mais, alors même qu'il n'aurait rien laissé, il mérite d'être loué pour sa bonne gestion des finances, surtout si on la compare à celle de ses successeurs, et si l'on considère ses longues guerres, ses nombreuses et coûteuses fondations d'intérêt public, les édifices qu'il construisit, comme la Chancellerie, la Chambre des comptes, Fredensborg, Frederiksberg, l'agrandissement du château de Copenhague. Sans compter que, sous son règne, le Danemark fut affligé de diverses calamités, qui entraînèrent de grandes dépenses : ainsi, en 1710-1711, la Sélande fut ravagée par une terrible peste qui, à Copenhague seulement, enleva vingt-trois mille personnes, soit plus du tiers de la population d'alors ; la veille de Noël, en 1717, la rupture violente des digues dans les marsks ou pays d'alluvion fit périr plusieurs milliers de personnes et causa des pertes évaluées à beaucoup de tonneaux d'or; enfin, un incendie qui éclata à Copenhague, le 20 octobre 1728, consuma pendant plusieurs jours les quartiers septentrionaux et occidentaux de la ville et détruisit environ deux mille cinq cents maisons privées avec un grand nombre d'édifices publics soit environ les deux tiers de toute la ville. Les sciences firent à cette occasion une perte irréparable, car les flammes dévorèrent non-seulement l'Université avec ses dépendances et les fondations connexes, mais encore sa riche bibliothèque qui possédait de précieux trésors dans ses rares manuscrits, dont quelques-uns même étaient uniques en leur genre.

Frédéric IV épousa en premières noces *Louise* de Meklenbourg; mais cette union fut malheureuse à cause de la conduite du roi, et remplie d'amertumes et d'outrages pour la reine. Plusieurs années avant la mort de celle-ci, il se remaria, en 1712, avec *Anne-Sophie*, fille du grand-chancelier Conrad Reventlov; et peu de jours après le décès de la reine Louise (1721), il fit une seconde fois bénir son union avec Anne-Sophie, qui échangea le titre de duchesse de Slesvig, qu'elle avait porté jusqu'alors, contre le nom de reine. Cette bigamie et le couronnement de sa complice scandalisèrent extrêmement tous ceux qui respectaient les mœurs et les canons de l'Église et mirent la discorde dans la famille royale. Plusieurs des membres de celle-ci s'éloignèrent complétement de la cour, et le fils de la reine Louise, Christian, prince de la couronne, conçut une implacable haine contre sa belle-mère, dont l'intrusion blessait doublement sa piété filiale et ses sentiments religieux. Avant de nouer des relations avec Anne-Sophie, Frédéric IV avait eu plusieurs concubines, entre autres la comtesse *Viereck* et la comtesse *Schindel;* dans ses voyages en Italie, avant et après son avénement, il fut en relations avec une comtesse *Velo*. Il doit aussi avoir épousé la comtesse Viereck, alors qu'il était déjà engagé dans les liens du mariage.

Frédéric IV mourut le 12 octobre 1730, après trente-un ans d'un règne si remarquable qu'il mérite d'être regardé comme l'un des meilleurs de l'histoire de Danemark. Son éducation avait été négligée, mais par son application, et sa participation active au gouvernement, il chercha à y remédier et à acquérir les connaissances nécessaires. Il ressemblait à Christian IV pour l'assiduité et, comme lui, il voulait connaître toutes les affaires de l'État; aussi passait-il souvent une partie de la nuit à parcourir les pétitions, les projets, les rapports qui lui étaient adressés. Quand il était en présence de besoins réels, il se montrait généreux, et n'épargnait rien lorsqu'il s'agissait d'institutions d'une utilité générale; autrement, il ménageait strictement les ressources de l'État. Dans ses relations politiques, il fit preuve d'habileté, et le royaume qu'il laissa à son successeur avait un territoire plus étendu et des revenus plus considérables. Ce monarque était Danois d'esprit, loyal, d'un caractère ouvert, simple de mœurs et affable envers les petits comme envers les grands. C'est seulement dans ses dernières années qu'il se montra parfois trop soupçonneux : défiance excitée par la déloyauté qu'il découvrait trop souvent chez les fonctionnaires. Il aimait le peuple, contenait la noblesse dans des limites convenables et ne prodiguait ni les titres ni les décorations; l'ordre des paysans le compte avec Christian II, Christian IV et Frédéric VI parmi ses grands bienfaiteurs. C'est donc avec raison que le peuple danois a conservé bon souvenir de son nom et de son règne.

IV

Christian VI. — Les hauts fonctionnaires. — L'ordre des paysans est opprimé. — Le piétisme favorisé par des moyens extérieurs. — Progrès du germanisme. — Prodigalités. — Sollicitude pour les sciences et l'instruction primaire. — Commerce et fabriques. — La banque. — La flotte. — La succession de Suède.

Dès que *Christian VI* eut succédé à son père, le personnel gouvernemental subit un complet remaniement: presque tous les amis du roi défunt et les grands fonctionnaires, surtout ceux qui avaient favorisé le mariage avec Anne-Sophie Reventlov, furent congédiés. La reine douairière elle-même reçut du roi une lettre conçue en termes très vifs et fut reléguée au château de *Klausholm* en Jutland, après avoir été forcée de renoncer à divers domaines, et même à une partie des joyaux et bijoux que son royal époux lui avait donnés ou légués. Il ne fut pas non plus permis d'imprimer les discours et les vers qui avaient été composés en l'honneur du feu roi. Les ministres qui devinrent les plus influents pendant les cinq premières années du règne de Christian VI, furent *Iver Rosenkrands,* homme fort capable, ami des sciences et lui-même en possession de nombreuses connaissances; *Louis Pless*, qui était très-expérimenté en matières de finances, et son frère *Charles Pless*.

L'attention du roi se tourna de suite vers la *classe rurale* qui, malgré l'abolition du servage et des baux forcés, sous Frédéric IV, ne jouissait pourtant pas encore de la liberté personnelle, mais gémissait sous le joug du domicile forcé, nouvellement établi avec la milice nationale. Christian VI résolut de les en affranchir et de les doter d'un bien, dont ils n'avaient pas joui depuis bien des siècles. Quatorze jours seulement après son avénement, il abolit la milice par l'ordonnance du 30 octobre 1730, « parce que, y est-il dit, l'expérience a suffisamment démontré que divers abus se sont introduits dans la milice nationale instituée par le roi Frédéric IV, abus qui font de cette institution une lourde et bientôt insupportable charge pour le pays en général et les jeunes gens en particulier ». Tout le Danemark retentit de l'allégresse des paysans et des louanges du roi, et la joie s'accrut, lorsque l'ordonnance du 5 janvier 1731 accorda un pardon général à tous ceux qui s'étaient soustraits à l'enrôlement ou s'étaient évadés du domaine de leur seigneur, de peur d'être appelés pour la conscription; à quoi fut même ajoutée la permission, pour chacun, de s'établir où il lui plairait, à la campagne ou dans les villes. Mais le ravissement fut de courte durée: deux mois après, le 5 mars 1731, parut une nouvelle ordonnance déclarant « que l'abolition de la milice ne devait pas donner à croire aux jeunes paysans qu'il leur était loisible d'abandonner leur service, de passer d'un domaine à l'autre, de s'établir dans les villes, ou même de quitter le royaume, ce qui entraînerait la ruine des fermes ». Pour prévenir cet inconvénient, le roi défendit à tout paysan de s'expatrier sans autorisation royale, sous peine d'être mis *hors la loi* (fredlœs); ceux qui s'éloigneraient du domaine de leur seigneur sans sa permission et sans passe-port, seraient poursuivis et arrêtés comme déserteurs; enfin, lorsqu'un seigneur, après avoir employé huit ans dans son domaine un de ses paysans, le jugeait incapable de prendre et de diriger une ferme, il pouvait le faire inscrire comme soldat, pourvu que l'incapacité du jeune homme fût reconnue de l'autorité. C'était la première ordonnance qui, sans avoir la milice en vue, attachait le paysan à son lieu de naissance, et cet asservissement dura deux générations, jusqu'à ce que l'heure de la liberté sonnât enfin le 20 juillet 1788. La conséquence naturelle de cette loi aussi dure qu'inattendue fut que les paysans effrayés tentèrent par bandes de franchir les limites du royaume, afin de chercher à l'étranger une liberté que leur refusait la patrie. Les frontières et les lieux d'embarquement furent surveillés, et les fugitifs capturés furent sévèrement punis. La milice nationale fut enfin rétablie par l'ordonnance du 4 février 1733, malgré l'opposition de Rosenkrands et des deux Pless, qui voyaient la vraie cause de l'émigration des paysans « dans l'excès de travail, la corvée et les durs traitements, qu'ils avaient à souffrir de la part de leurs seigneurs ». Pour former cette milice, dont l'effectif était d'ailleur de moitié moins élevé qu'autrefois, *on inscrivait tous les jeunes hommes de 14 à 36 ans* sur les rôles de la réserve, et le temps de service était fixé à huit ans. Les seigneurs obtinrent de nouveau le droit exprès de désigner pour le service militaire qui ils voulaient, faculté qui rendit toute latitude à l'avarice et à la tyrannie des seigneurs, des régisseurs et des chefs de culture. Cependant le paysan qui avait accompli sa trente-sixième année ou fini son temps de service, avait le droit de s'établir où il voulait ; mais, s'il s'évadait du domaine de son seigneur, pendant qu'il faisait partie de la réserve, il devait être puni, pour la première fois, de la prison à l'eau et au pain, et, en cas de récidive, de quelques années de travaux forcés. Après un tel début, les ordonnances de plus en plus sévères se succédaient ; l'une, qui parut à la fin de 1735, autorisa les seigneurs à renfermer dans un cachot et à mettre au pain et à l'eau les garçons qui atteignaient leur dix-huitième ou leur dix-neuvième année, sans avoir acquis assez d'instruction pour être admis à la communion et ensuite enrôlés comme hommes faits ; et, si cette peine était sans efficacité, de les soumettre aux travaux forcés ou de les envoyer aux Indes Occidentales comme soldats! Ensuite, le temps de service fut porté à douze ans, et, lorsqu'un jeune homme, après avoir servi si longtemps, refusait de prendre une ferme dans le domaine de son seigneur, celui-ci avait le droit de le livrer à la garde royale ou à un régiment de l'armée active, où il devait encore servir de huit à dix ans. Puis la durée de l'enrôlement fut prolongée jusqu'à la quarantième année, et, d'après l'ordonnance d'octobre 1742, le seigneur put retenir les jeunes gens depuis leur neuvième année. — Enfin, le couronnement de l'œuvre fut l'ordonnance du 1ᵉʳ juillet 1746, que le roi signa peu de jours avant sa mort, et d'après laquelle *aucun soldat de la milice ne devait être autorisé à s'établir ailleurs que dans le domaine où il avait été enrôlé et où il était tenu de prendre une ferme*. Ainsi Christian VI, en mourant, laissa comme un troupeau de serfs attachés à leur domicile tous les paysans danois qu'il avait trouvés en possession d'une certaine liberté limitée et qu'il avait lui-même fait jouir, pendant quatre mois, d'une liberté entière et sans réserve. On a prétendu qu'il ne voulait pas leur faire tort par ces ordonnances, mais qu'il avait plutôt en vue le bien de cette classe et l'intérêt public; d'après ses papiers autographes, il paraît que telle était réellement son intention ; que ce soit son excuse, mais ce système montre aussi combien l'on était alors éloigné de reconnaître les droits naturels de l'homme et de comprendre le véritable intérêt de l'État.

Pendant que la liberté personnelle des paysans était ainsi complétement anéantie, il parut plusieurs ordonnances qui, à plusieurs égards, furent pernicieuses pour cette classe. Il fut presque permis aux seigneurs de supprimer des fermes et des villages entiers et de réunir les terres à leur domaine direct, c'est-à-dire de les annexer à leur château (sædegaard). Il est dit, en effet, dans l'ordonnance du 10 février 1731 : « Bien que, en général, il soit interdit par la loi (de Frédéric IV, de l'année 1725) de supprimer des villages et des fermes, il est pourtant permis à ceux qui peuvent améliorer leurs domaines par des changements avantageux, de s'adresser au roi et de lui en demander l'autorisation, pourvu qu'il n'en doive pas résulter une diminution de revenus pour la couronne. » Les conséquences de cette loi pernicieuse furent pourtant si évidentes qu'il fallut l'abroger au bout de neuf ans et remettre en vigueur l'ancienne ordonnance, « attendu que divers propriétaires, au lieu de faire des constructions ou de placer des fermiers dans les terres en friches ou inoccupées, ont réuni celles-ci à leur propre culture ; *par suite de quoi, les paysans qui leur restent ont plus de corvées à faire, le pays se dépeuple et les revenus du roi sont diminués* ». Une autre mesure, qui nuisit tout à la fois à l'agriculture et au commerce, fut *la loi sur les céréales,* de 1735, interdisant l'importation des grains en Danemark et prescrivant au Sœndenfjelds, ou partie de la Norvège située au sud des montagnes, de n'en acheter qu'en Danemark. Le résultat de cette ordonnance injuste et déraisonnable, abrogée seulement en 1788, fut qu'aucun agriculteur ne s'appliqua à produire des céréales de bonne qualité, étant toujours assuré de la vente, et que le prix de cette denrée, même mauvaise, s'éleva outre mesure.

Christian VI était foncièrement religieux, mais sa dévotion, n'étant pas dirigée avec la prudence nécessaire, le porta à des actes qui, loin d'atteindre au but visé, étaient plus propres à ruiner toute vraie piété. Il promulgua en 1735 une *ordonnance sur le sabbat*, ou observation du dimanche, conçue dans un esprit plus judaïque que chrétien, et remettant en vigueur diverses dispositions déraisonnables et tombées en désuétude ; il y était par exemple enjoint à chacun, sous peine d'infraction à la loi religieuse, d'assister à la grand'messe et aux vêpres, les dimanches et jours de fête. Dans les villes, l'abstention était frappée de peines pécuniaires qui, à la requête du pasteur, étaient recouvrées par le lieutenant de police et le receveur ; à la campagne au contraire, les paysans qui ne pouvaient payer l'amende, étaient *mis au carcan;* aussi était-il prescrit au patron de chaque église *de faire élever un carcan sur le cimetière, devant la porte de l'église !* Même punition pour le paysan qui travaillait les jours fériés. Pour empêcher les parties de plaisir et les promenades, les portes de Copenhague et des autres villes fortifiées devaient être fermées ces jours-là jusqu'à quatre heures de l'après-midi. Un innocent amusement champêtre, la *chevauchée de l'été au village* (ride Sommer i By), fut complétement interdit, comme désordre et abus « qui offense Dieu et ruine le paysan » ; de même, dans les villes, la danse, les mascarades, les comédies, les chambrées de Noël et d'autres distractions analogues furent défendues, et l'on ne put faire de noces, de fiançailles et de festin, les dimanches et les fêtes ou leurs vigiles. Par une ordonnance postérieure de la même année, il fut prescrit de maintenir rigoureusement la discipline ecclésiastique par la confession publique et la réprimande du haut de la chaire avec désignation nominale du pécheur. Enfin, le 1ᵉʳ octobre 1737, fut institué un *collége d'inspection générale des églises,* chargé de veiller à ce que les pasteurs et les maîtres d'école remplissent convenablement leurs devoirs et enseignassent les doctrines de l'Église évangélique, sans altération et fidèlement, d'après les symboles et confessions de foi; il devait en outre veiller à ce que la discipline ecclésiastique fût maintenue et le service divin célébré partout « d'une manière édifiante et uniforme ». Enfin, il obtint le droit d'appeler à son tribunal chaque prêtre du Danemark et de la Norvège, pour étouffer immédiatement par son autorité les discussions religieuses qui pourraient surgir, et, dans le même but, il fut autorisé à soumettre à un nouvel examen les livres qui avaient subi la censure de l'évêque et de l'Université.

Ces mesures de Christian VI et l'animation que prit sous son règne la vie religieuse étaient en connexion avec le mouvement religieux qui s'était manifesté précédemment en Allemagne. Dans ce pays avaient paru, à la fin du dix-septième siècle et au commencement du dix-huitième, plusieurs personnages qui combattaient avec un zèle d'apôtres le rationalisme exclusif et le vain sens littéral qui avaient été longtemps en honneur, et s'efforçaient de faire pénétrer le christianisme dans le monde en agissant sur le cœur et le sentiment. Ces *piétistes*, comme on les appelait, exercèrent une heureuse influence sur le renouvellement de la vie religieuse après un long et triste engourdissement, mais d'autre part ils ne furent pas exempts d'exagération, d'exclusivisme et de partialité. Le nouvel esprit religieux inspira à Frédéric IV une bienfaisante sollicitude pour les missions et les écoles, mais sous Christian VI il prit une direction fâcheuse en exagérant et en entre-mêlant, d'une manière singulière, l'intérieur et l'extérieur, le principal et l'accessoire. L'essence de la religion fut ainsi méconnue et il s'ensuivit de graves inconvénients : partout se répandirent la bigoterie, le piétisme et une incroyable hypocrisie, car ceux qui affectaient la vertu et qui branlaient la tête, en soupirant sur les folies du monde, recevaient de l'avancement, tandis que les gens plus honnêtes, qui dédaignaient ces petits moyens, devaient se résigner à rester en arrière. La conscience des faibles était troublée; beaucoup de gens ennuyés de la vie se suicidaient ou bien commettaient des meurtres pour être délivrés de l'existence par la vindicte publique. L'Église, au lieu d'atteindre l'unité, fut déchirée par de violentes querelles, les prêtres orthodoxes défendant avec grand zèle les anciennes doctrines contre les nouveautés des piétistes; les partis s'anathématisaient mutuellement avec amertume du haut de la chaire et des assemblées séparatistes se formaient partout dans le royaume. Par son zèle inconsidéré et exagéré pour la religion, par ses mesures à contre-sens pour imposer la dévotion, le roi n'obtint finalement que la tiédeur et l'indifférence religieuses; après sa mort, celles-ci remplacèrent la sévère piété qui avait caractérisé les temps précédents. Le principal instigateur de ces malheureuses mesures fut l'aumônier de la cour, *Bluhme*, qui exerçait une influence considérable sur le roi; comme directeur de la conscience du monarque et comme chef du collège ecclésiastique, il aspirait à gouverner l'Église danoise avec une autorité papale, et il fut puissamment aidé dans cette tâche par la pieuse compagne de Christian VI, la reine *Sophie-Madeleine* de Kulmbach-Bayreuth.

Les mesures prises par Christian VI à l'égard des paysans et de l'Église ne le rendirent pas populaire, et cette antipathie entre la nation et le roi, en contraste frappant avec la sympathie dont jouissait son prédécesseur, fut encore augmentée par la raideur et la fierté qui dominaient à la cour. Le château était entouré de nombreux postes de différents corps et isolé par une chaîne de fer qui empêchait les voitures d'approcher trop près. Ceux qui traversaient la place du château devaient, à ce que l'on raconte, tenir leur chapeau à la main, tant qu'ils étaient devant la résidence royale: aussi le vide se faisait-il volontiers autour du roi, la plupart évitant ce passage. Lorsqu'un membre de la famille royale sortait, des laquais marchaient devant la voiture, l'épée dégaînée, des heiduques se tenaient sur le marchepied et des gardes à cheval suivaient par derrière; les cavaliers devaient mettre pied à terre et les personnes allant en voiture en descendre pour saluer la famille royale. Le roi parlait rarement à ses sujets, à moins qu'ils n'appartinssent à la haute noblesse, et c'était le cas à un plus haut degré encore pour l'orgueilleuse reine. Les disputes de préséance, qui avaient été réprimées sous Frédéric IV, obtinrent un nouvel aliment sous son successeur; les titres et les ordres furent recherchés avec tant d'avidité que, avec le produit de la vente des distinctions honorifiques, on put construire la tour de Notre-Dame et fonder diverses institutions publiques. A quoi il faut ajouter le germanisme, qui rentra à la cour sous Christian VI et atteignit un degré où il ne s'éleva jamais, ni avant ni après, en Danemark. La langue que parlait et écrivait ordinairement le roi, était l'allemand; parmi les nombreuses lettres que l'on a de lui, la plupart sont écrites en cet idiome, quelques-unes en français, mais pas une seule en danois. Il ne méprisait pourtant pas la langue nationale, comme faisait la reine allemande; il fit même preuve, en un point, de plus de sollicitude que ses prédécesseurs et ses deux premiers successeurs. Il ordonna en effet, comme on l'a déjà dit, de placer des pasteurs danois dans les paroisses danoises du Slesvig, et il s'opposa à un projet du parti allemand, projet qui avait pour but de faire apprendre la langue allemande à la jeunesse danoise dans les campagnes. La reine au contraire manifestait ouvertement sa haine pour la langue danoise et son dépit contre le prince de la couronne, Frédéric, qui aimait la langue et les mœurs nationales; aussi l'appelait-elle souvent par dérision « le prince danois ». Ses parents pauvres, avec une bande complète d'autres nobles allemands, affluèrent en Danemark, comme dans une terre promise et reçurent des présents, des postes honorifiques et des pensions. Le meilleur des immigrés allemands était *Schulin*, qui arriva dans le pays comme étudiant, mais qui devint bientôt le favori déclaré du roi et de la reine et qui s'éleva ensuite d'honneurs en honneurs. Il devint enfin membre du Conseil privé, et en cette qualité il eut, avec le comte *Jean-Louis Holstein*, la part la plus importante dans la direction du gouvernement, pendant les onze dernières années du règne de Christian VI. Schulin était un homme fort capable; mais l'habile Iver Rosenkrands, d'ancienne noblesse danoise, qui fut supplanté par lui, et Louis Pless, qui fut congédié pour s'être opposé aux prodigalités excessives de la reine, auraient pu, comme on l'a pensé non sans raison, gouverner le royaume aussi bien, si ce n'est mieux, que ne fit l'Allemand, étranger au pays et à son développement antérieur et trop faible pour résister aux exigences de la souveraine.

La prodigalité de Sophie-Madeleine se manifestait non-seulement par des largesses en faveur de ses parents et de ses compatriotes allemands, mais encore par le luxe exagéré de la cour et par un goût déraisonnable pour les constructions. Aussi les dépenses de la cour s'élevèrent-elles beaucoup plus haut sous Christian VI que sous Frédéric IV. Le château de Copenhague, pour la restauration duquel ce dernier avait récemment employé beaucoup de tonneaux d'or, fut démoli, parce que la reine ne le trouvait pas assez beau; après quoi *Christiansborg* fut construit avec tant de profusion, qu'il coûta au pays l'énorme somme de vingt-sept tonneaux d'or. Les châteaux de *Friederichsruhe*, de *Sofienberg* et de l'*Ermitage* furent rebâtis; l'ancien *Hœrsholm* fut rasé et remplacé par un nouvel édifice élevé, d'après le vœu de la reine, au milieu d'un marécage, à grands frais, et appelé en allemand *Hirschholm*. — Par suite de cette profusion, Christian VI éprouva sans cesse des embarras d'argent, et, à sa mort, il laissa une dette sur le chiffre de laquelle on n'est pas d'accord, mais, d'après les plus récentes recherches, elle s'élevait à 2,380,000 rigsdaler, de sorte que de la dette de Frédéric IV, montant à trois millions à peu près, fut réduite d'environ trois quarts de millions de rigsdaler et l'on trouva dans les caisses publiques un reliquat de un peu plus d'un million. On peut pourtant à peine regarder cette situation des finances comme satisfaisante, lorsque l'on prend en considération que ce monarque, de même que ses deux prédécesseurs immédiats, reçut des subsides considérables des puissances étrangères, que les revenus de l'État s'accroissaient chaque année par l'augmentation de la douane du Sund et par la prospérité du commerce, que les seize années de ce règne furent pacifiques, et qu'enfin, pendant cette période, le Danemark ne connut pas les fléaux et les calamités publiques qui l'avaient éprouvé sous les règnes précédents.

Voilà les points les plus noirs du gouvernement de Christian VI; heureusement qu'il a aussi des côtés plus brillants. La sollicitude de ce monarque pour les sciences, les arts, l'instruction publique, la meilleure administration de la justice, la navigation, le commerce, les fabriques et manufactures, honore sa mémoire et jette un voile sur les fautes qu'il commit à d'autres égards. L'incendie d'un côté, et d'autre part la négligence des deux précédents monarques, avaient fait ou laissé tomber l'Université de Copenhague dans un tel état de décadence, que l'étude du droit et de la médecine y avaient entièrement cessé; de même que, pour des causes accidentelles, il n'y eut pendant quelque temps qu'un seul professeur à la faculté de théologie. Le patron de l'Université, Iver Rosenkrands, aidé du savant et habile *Gram*, travailla énergiquement à la relever. Elle renaquit bientôt de ses cendres, reçut de nouveaux statuts conformes aux exigences du temps, les examens furent rendus plus sévères et le traitement des professeurs augmenté. La Faculté de droit fut pourvue d'une nouvelle chaire, occupée à partir de 1734 par le célèbre *André Hœier*, que l'on a appelé le père de la jurisprudence danoise. Il eut pour disciples plusieurs de nos jurisconsultes les plus distingués, entre autres le premier historien du droit danois, *Kofod Anker*, et le remarquable légiste *Henri Stampe*. En outre, comme l'examen de droit fut institué à partir de 1736, on peut avec raison placer sous Christian VI l'origine de l'étude du droit en Danemark. La connaissance plus approfondie des lois influa naturellement sur l'administration de la justice qui gagna encore davantage à la réforme de la *Cour suprême*. Auparavant, en effet, tout conseiller de justice était membre de la cour, et, comme ces assesseurs ne recevaient aucune rétribution, il en résultait beaucoup de désordre, de négligence et des abus encore pires. Il fut décidé qu'à l'avenir ils auraient un traitement fixe et que l'on serait plus exigeant pour les membres de ce tribunal, qui se fit désormais une réputation de science, d'impartialité et d'indépendance. Une *commission législative* fut aussi instituée sous ce règne pour reviser la loi danoise de Christian V et les nombreuses ordonnances et résolutions royales postérieures, et rédiger un nouveau code; mais, bien qu'elle ait siégé pendant plus de cinquante ans, elle n'acheva pas son œuvre. La fondation d'un amphithéâtre d'anatomie et d'un collége médical, qui eut la direction de l'hygiène publique, ainsi que plusieurs excellentes mesures, furent le fondement sur lequel s'éleva depuis à une si grande hauteur l'art médical en Danemark.

Ce qui contribua aussi essentiellement aux progrès de l'instruction, ce fut le changement considérable introduit dans les écoles latines (1739), en grande partie avec le concours de *Gram*.

Elles furent réduites à vingt environ, tandis que auparavant il y en avait vingt-quatre dans le Jutland seulement et dix-huit en Sélande, n'ayant que des ressources insuffisantes, des maîtres peu nombreux et mal rétribués. Devenant moins nombreuses, chacune eut plus de professeurs et ceux-ci reçurent un meilleur traitement. Il fut en même temps pourvu à la rédaction de nouveaux manuels mieux appropriés aux connaissances du temps, et l'enseignement fut donné d'après un meilleur plan, quoique le latin continuât à occuper une trop grande partie des heures de classe. L'ordonnance tint pourtant quelque compte de l'idiome national, en prescrivant que les traités élémentaires seraient rédigés en danois et que les élèves seraient exercés à écrire leur langue maternelle. Le roi fonda un *gymnase* à Altona, en 1738, et quelques années après un *pædagogium* ou école normale, pour former des instituteurs; mais plus tard ces deux institutions furent supprimées. L'*école de Herlufsholm*, qui était tombée dans une profonde décadence, fut remise sur pied par le comte Holstein, et Christian VI s'occupa aussi de rouvrir l'*Académie de Soræ*, qui était fermée depuis 1665; les bâtiments furent reconstruits et l'œuvre progressa tellement, que l'Académie put être inaugurée un an après la mort de ce monarque, sous son successeur Frédéric V. Christian VI témoigna aussi de son amour des sciences en faisant voyager en Égypte et en Nubie le lieutenant de marine *Norden*, qui fit dans ces pays un assez grand nombre de découvertes et de remarques scientifiques, publiées plus tard.

Dans le même ordre d'idées, ce règne est encore remarquable par la fondation de deux sociétés savantes : d'abord la *Société des sciences de Copenhague,* qui eut pour origine une commission chargée de décrire les monnaies et médailles danoises. Sur la proposition du savant Gram, elle fut fondée, en 1742, sous la présidence du comte J.-L. Holstein, qui aimait les sciences comme son prédécesseur Iver Rosenkrands; l'histoire et l'archéologie nationale étaient ses premiers sujets d'études; plus tard son activité s'étendit aussi aux sciences naturelles, et dans ces deux directions elle a rendu de grands services. — L'autre société savante fut fondée en 1744 par le patriote *Langebek* et prit le nom de *Société pour l'amélioration de la langue et de l'histoire danoises.* Le fondateur, qui était entré depuis peu dans la carrière de l'érudition historique où il se rendit célèbre, édita, en sa qualité de président, le *Magasin danois* (Danske Magazin), dont le nom, comme celui de la Société elle-même, accusait une opposition au germanisme en honneur à la cour et chez les gens de qualité. Cette tendance est indiquée en ces termes dans la préface du tome premier de cette publication : « Nous ne croyons pas que les bons Danois nous fassent un grief de nous servir de l'idiome national; ils seraient choqués au contraire si des patriotes danois, qui écrivent dans un pays danois, sur des matières danoises, au profit du peuple danois, recouraient à une autre langue que le danois, lequel est aussi riche, aussi pur et aussi beau que pas une langue au monde. » Cette Société néanmoins obtint aussi bien que la précédente des témoignages de la bienveillance du roi et sa protection.

— Les arts furent encouragés par la construction de nombreux et somptueux édifices et honorés par d'habiles artistes appelés de l'étranger. Parmi ceux du pays, il faut citer *Nicolas Eigtved*, qui se fit un beau nom comme architecte; il était né de paysans au village d'Eigtved en Sélande. Un peu plus ancien que lui était *Magnus Berg*, Norvégien, qui se distingua comme sculpteur, et *Henri Krogk*, de Flensborg, qui se fit connaître comme peintre; ils travaillèrent surtout au temps de Frédéric IV, à l'avénement duquel existait déjà à Copenhague une école des beaux-arts, qui se développa sous son règne et sous celui de son successeur. Celui-ci établit en 1738 une académie de peinture et de sculpture, à laquelle il attribua certains revenus et un local pour enseigner et travailler. Elle reçut des développements sous Frédéric V, que l'on regarde généralement, mais à tort, comme son fondateur.

Bien que les sciences ne fussent pas dans une situation favorable sous les règnes de Christian V et Frédéric IV, il y eut pourtant alors quelques savants distingués, comme : *Peder Hansen Resen*, qui publia beaucoup d'ouvrages importants sur l'histoire, la statistique et les antiquités nationales; *Thomas Bartholin*, fils de l'anatomiste déjà cité; dans sa courte carrière, terminée à trente-un ans, il eut le temps d'immortaliser son nom par un ouvrage sur les mœurs, les coutumes et la manière de voir des anciens Scandinaves; le physicien et philologue *Ole Borch*, fondateur du collége de son nom, aussi appelé *Collegium Mediceum*; *Ole Rœmer*, qui ne rendit pas seulement toute sorte de services à sa patrie, dans ses fonctions, mais se fit aussi connaître comme savant, dans toute l'Europe, en inventant beaucoup d'ingénieux instruments d'astronomie et en déterminant la vitesse de la lumière; l'Islandais *Thormod Torfesen* ou *Torfæus*, le premier qui étudia à fond les sagas pour en tirer des lumières sur l'histoire du Nord; *Arne Magnussen* ou *Magnæus*, également Islandais, qui se fit un nom impérissable, non pas tant par ses écrits, qu'en formant une grande collection de manuscrits islandais et en affectant la plus grande partie de sa fortune à leur publication. Ces personnages dont le premier mourut en 1688, le dernier en 1730, eurent leur période d'activité sous Christian V et Frédéric IV. *Karen Brahe*, demoiselle noble, mérite aussi une mention honorable, en raison de la belle bibliothèque, riche surtout en rares et vieux livres danois, dont elle fit collection et qu'elle légua au couvent des demoiselles nobles à Odense. *Niels Steensen* ou *Nicolas Steno* († 1686), né à Copenhague, professa bien quelque temps à l'Université, mais il mourut à l'étranger, où il passa la plus grande partie de sa vie; il se fit connaître par ses vues profondes et ses découvertes en médecine et en histoire naturelle. Le célèbre anatomiste *Jakob Winslœv*, né à Odense en 1669, fit sa réputation surtout en France, où il passa la plus grande partie de sa vie et où il se convertit au catholicisme, comme Niels Steno l'avait fait précédemment en Italie.

Sous Christian VI vivait *André Hœier* († 1739), Slesvigois de naissance, qui ne se distingua pas seulement comme juriste, mais écrivit aussi plusieurs ouvrages historiques excellents, entre autres la vie du roi Frédéric IV. *Marc Wœldike* était un savant théologien; *Erik Pontoppidan*, historien ecclésiastique, naturaliste et économiste, propagea aussi l'instruction religieuse, en publiant nombre d'écrits populaires. *Hans Gram*, par sa science profonde et sa rare perspicacité, donna un aspect tout nouveau à l'histoire du Danemark pendant le moyen âge; il était aussi fort versé dans les langues anciennes et déploya comme fonctionnaire, en beaucoup de circonstances, une énergique activité pour l'avancement des sciences. Mais *Louis Holberg* († 1754) éclipsa tous ces personnages par son génie et son originalité, de même qu'il exerça sur le développement de la littérature danoise une influence beaucoup plus féconde que ces écrivains, dont la plupart se servaient du latin; d'autres, comme Hœier et parfois Pontoppidan, écrivaient même en allemand. Par ses comédies et ses poésies comiques, qui furent presque toutes composées sous Frédéric IV, et par ses œuvres historiques, Holberg fut le père de la littérature danoise moderne; bien qu'il ne fût pas aimé du morose Christian VI, pendant tout le règne duquel fut fermé le théâtre danois ouvert sous Frédéric IV, il gagna pourtant, malgré la défaveur de la cour, les sympathies populaires, dont rien ne saurait le priver, tant que la nation danoise aura conscience d'elle-même. Avant lui vivaient, au temps de Christian VI, les poëtes *Thomas Kingo* et *André Bording*. Le premier, dans ses poésies sérieuses, la plupart religieuses, fit preuve d'une force, d'une élévation et d'une richesse, jusqu'alors inconnues dans la langue danoise, que le second, dans ses joyeuses chansons et poésies de circonstance, mania avec une aisance extraordinaire. Leur contemporain, *Pierre Syv,* acquit de grands mérites par ses travaux grammaticaux et par la publication d'anciens monuments de la langue danoise ; tous trois, en purifiant, en ennoblissant et en formant celle-ci, ouvrirent la voie à Holberg. *Christian Falster*, qui vivait en même temps que le grand poëte, se fit une réputation considérable comme philologue latin et satirique danois. Bien que l'éclat de Holberg fît pâlir celui des poëtes contemporains ou postérieurs, il y en eut pourtant quelques-uns qui se firent une place au soleil et qui méritent d'être cités. *George Sorterup*, se distingua, dans ses Poëmes héroïques (Heltesånge), par un style noble et vigoureux et par une véritable inspiration poétique ; le psalmiste *H. A. Brorson* fut un digne successeur de Kingo ; *Ambroise Stub* († 1758) gagna sa réputation poétique par ses beaux chants et ses petits poëmes lyriques

Bien que Christian VI aimât et protégeât la science sérieuse, il s'en fallait beaucoup que lui et ses contemporains fussent arrivés à reconnaître qu'elle ne peut prospérer sans la *liberté*. Les préjugés du temps à cet égard eurent pour effet de rendre plus sévère le droit de censure attribué au Collège de surveillance ecclésiastique ; ils se manifestèrent encore, pour citer un exemple, dans le traitement infligé à l'historien *Langebek*, depuis si célèbre. Dans le tome premier de son *Magasin danois*, il avait relevé quelques dates fausses et d'autres erreurs dans l'Histoire de l'Église danoise d'Erik Pontoppidan, professeur et aumônier de la cour. Ce savant, d'ailleurs très-méritant, fut fort irrité de ce qu'un jeune homme comme Langebek, alors simple étudiant, pût signaler des fautes dans ses écrits; il publia à cet égard une lettre violente que Langebek ne laissa pas sans réponse. Celui-là se plaignit au roi qui enjoignit sévèrement à celui-ci de faire amende honorable devant le consistoire. Malgré cette rétractation, le public ne fut pas convaincu que les erreurs de Pontoppidan étaient des vérités!

L'enseignement primaire et le développement de l'instruction générale étaient des affaires qui, d'après les tendances religieuses de Christian VI, devaient lui tenir fort au cœur. Aussi n'établit-il pas seulement des écoles bourgeoises dans les nombreuses villes où furent supprimées les écoles latines; mais il ordonna en même temps, par l'ordonnance du 23 janvier 1739, qu'à la campagne, partout où les circonstances locales le permettraient, il fût établi, sous la surveillance de l'évêque et du grand bailli, des écoles élémentaires, afin que tous, même les plus pauvres enfants, pussent apprendre suffisamment la doctrine chrétienne, ainsi que la lecture, l'écriture et le calcul. En même temps fut publiée une ordonnance sur la méthode d'enseignement, qui est fondée sur des principes sains et rationnels. Mais le roi n'avait pas assez d'énergie pour mener à bonne fin cette entreprise et triompher des résistances que lui opposèrent les propriétaires égoïstes, se plaignant des dépenses occasionnées par cette œuvre. Ébranlé par les nombreuses représentations qui lui furent adressées à propos de cette ordonnance, il en abrogea la plupart des excellentes dispositions par une autre, du 29 avril 1740. Ce n'étaient en effet plus l'évêque et le bailli, mais les *propriétaires eux-mêmes* « qui, connaissant mieux la situation de leurs domaines et la condition de leurs paysans, et étant le mieux placés pour pourvoir aux besoins réels des uns et des autres », devaient non-seulement proposer les endroits où il faudrait établir les écoles et le nombre pour chaque domaine, mais encore *déterminer et répartir* les dépenses nécessaires. La conséquence fut que l'on fonda relativement peu d'écoles et que, malgré les bonnes intentions du roi, le peuple danois resta encore longtemps à un niveau peu élevé d'instruction et de civilisation. La même année où fut célébré le second centenaire de l'introduction de la Réforme en Danemark, une importante institution religieuse, la *Confirmation*, fut établie par l'ordonnance du 13 janvier 1736, et, depuis plus d'un siècle, elle exerce une influence heureuse sur la diffusion de la doctrine chrétienne. Cette institution excellente est due à l'aumônier *Bluhme* et à *Schrœder*, ancien précepteur du roi.

Le vif intérêt que le roi prenait aux progrès de l'instruction religieuse et laïque, appela aussi son attention sur ce qui se passait dans le Slesvig, où le christianisme était, en beaucoup de paroisses, prêché à des sourds, parce que le pasteur se servait d'une langue inintelligible aux habitants. Il résolut de changer cet état de choses et ordonna qu'une enquête fût faite et que des rapports lui fussent adressés sur la situation des écoles aussi bien que des églises. Les sources d'où proviennent les renseignements n'étaient pas bien pures, surtout dans les localités où régnaient les plus graves abus. Les rapports furent surtout l'œuvre de baillis, de prévôts et de pasteurs, tous Allemands, qui ne pouvaient juger ni avec impartialité ni avec lumières de l'affaire en question. Plusieurs d'entre eux cherchèrent aussi à voiler le mal par un exposé inexact ou embelli de la situation ; quelques-uns conseillaient d'y remédier en faisant donner l'instruction en allemand, même dans les localités où le danois était la langue de l'église ; un pasteur du canton d'Angel alla jusqu'à proposer de ne nommer instituteurs que des personnes sachant *seulement* la langue allemande ; le mal, selon lui, venait de ce que les enfants de famille danoise n'étudiaient pas l'allemand à fond. D'autres relevaient, comme un fait important, que si les paysans de l'Angel et d'autres parties du Slesvig parlaient danois, ce n'était pourtant pas le pur dialecte de la *Sélande*, et qu'il n'y avait en conséquence pas de motif de prêcher en danois dans leurs églises. La véritable situation ne put cependant être dissimulée, d'autant plus que dans certaines occasions le rapport flatté d'un Allemand était en contradiction avec celui d'un patriote danois. Le roi acquit la conviction que, dans beaucoup de localités du Slesvig, le service divin se faisait en allemand, bien que cette langue ne fût entendue d'aucun ou de peu des paroissiens ; et que l'enseignement à l'école ou au catéchisme était donné en allemand, même aux enfants qui ne le comprenaient pas. Il demanda de nouveaux renseignements et de nouveaux rapports de toutes les paroisses du Slesvig, et fit examiner l'affaire, à plusieurs reprises, par son Conseil. La résolution qu'il prit en 1739 fut cependant beaucoup moins importante que les enquêtes préliminaires ne pouvaient le faire supposer. Elle portait que désormais, lors de la nomination aux pastorats et aux emplois d'instituteur, il serait tenu compte aux candidats de leur connaissance du danois et de l'allemand ; et que les théologiens qui aspiraient à être placés dans le Slesvig, seraient invités à étudier les deux langues ; le roi annonçait, en outre, son intention de transférer à la première occasion quelques-uns des prêtres allemands, qui ignoraient complétement la langue de leur paroisse. Si ces mesures ne furent pas très-efficaces, le résultat final des efforts de Christian VI fut encore plus médiocre. Il n'y a pas d'indice que l'on ait, par la suite, tenu le moindre compte de ses prescriptions : tous les anciens abus se maintinrent ; non-seulement les prêtres allemands conservèrent leurs places, mais on nomma depuis dans des paroisses danoises des Saxons, des Brandebourgeois, des Lusaciens, des Holsteinois, des Poméraniens. Tout le résultat des dispositions prises par le roi fut que l'on cessa de chanter les psaumes en allemand dans deux paroisses où le service divin se faisait en danois. La raison pour laquelle échouèrent les bonnes intentions du roi, fut qu'il confiait à des conseillers et à des fonctionnaires allemands le soin de protéger la langue et la nationalité danoise contre l'oppression allemande !

Le *commerce*, les *manufactures* et les *fabriques* furent, sous Christian VI, l'objet d'une sollicitude très-méritoire, bien que les moyens employés pour les faire progresser ne fussent pas toujours corrects. Sur la proposition du comte de *Danneskjold-Samsœ* fut institué un Collége d'économie rurale et de commerce, dont les attributions fort étendues embrassaient presque toutes les affaires économiques de l'État. La Compagnie des Indes Orientales reçut, en 1732, un nouvel octroi qui étendit son commerce à la Chine ; elle devint tellement prospère qu'elle excita la jalousie des Hollandais. De 1731 à 1745 elle arma trente-sept navires, dont la cargaison valait quatre millions de rigsdaler courants, et qui importèrent des denrées pour une valeur de onze millions et demi de rigsdaler courants. La Compagnie des Indes

Occidentales et de la Guinée prit une extension considérable, en ce qu'elle acheta à la France l'île de *Sainte-Croix* pour 167,000 rigsdaler, après quoi elle obtint de grands priviléges. On chercha aussi, mais avec moins de succès, à favoriser le commerce de l'Islande et du Finmark ou Laponie norvégienne, en leur accordant de grandes franchises. On eut quelque temps l'idée de supprimer le commerce et la mission du Grœnland ; mais sur les pressantes remontrances d'*Egede*, qui trouvait un appui dans le zèle du roi pour la propagation du christianisme, on ne donna pas suite à ce projet. On estime que la flotte marchande se composait, sous ce règne, de 2,069 navires, jaugeant 193,000 tonneaux, avec un équipage de 12,500 matelots. Un des actes les plus importants du roi, en faveur du commerce et des transactions intérieures, fut la fondation d'une *banque d'assignation, de change et de prêt* (1736), qui reçut une direction tout à fait indépendante, avec la promesse que, dans aucun cas, le gouvernement ne mettrait la main sur ses fonds. Pendant une longue série d'années, elle contribua extraordinairement aux progrès du commerce et de l'industrie, et facilita le cours des espèces, à tel point que l'intérêt tomba de 6 à 4 pour 100 ; malheureusement, en 1773, le comte *Schimmelmann* l'ancien la racheta pour le compte du gouvernement. — Le roi avait une telle sollicitude pour les *fabriques et les manufactures* qu'on le regarde comme leur créateur en Danemark. Il appela des ouvriers étrangers pour fonder des manufactures de drap et de soie à Copenhague ; tous ceux qui voulaient fonder de nouveaux établissements, obtenaient facilement une subvention du roi ; aussi beaucoup d'aventuriers et de faiseurs de projet en profitèrent-ils pour soutirer de grosses sommes au gouvernement. Pour faciliter le débit, le roi consacra une tonne d'or à l'établissement d'un *Magasin*, où chaque patron pouvait déposer ses marchandises et en recevoir aussitôt le prix complet, tandis que les acheteurs obtenaient un long crédit. Cependant, comme on se plaignait de la mauvaise qualité et de la cherté des denrées, il fut établi une *Halle*, où les marchandises étaient examinées, estimées et estampillées. Il fut enjoint à tous les employés du gouvernement de faire au Magasin des achats pour une somme équivalente à la dixième partie de leurs appointements ; et, dès qu'une fabrique était à peu près sur pied, les produits étrangers similaires des siens étaient soit absolument prohibés, soit frappés de droits d'entrée fort élevés. Malgré tout, cette tentative n'eut pas de succès ; le Magasin fut encombré de marchandises, et l'on continua à préférer et à importer des produits étrangers, la prohibition et les hauts tarifs douaniers ne servant qu'à encourager la contrebande et le commerce interlope. On calcule qu'il y avait à Copenhague, dans les dernières années du règne de Christian VI, en tout six mille personnes occupées aux métiers, aux fabriques et aux manufactures.

Parmi les institutions d'intérêt général qui furent fondées sous Christian VI, il faut encore nommer la Société d'assurance contre l'incendie et la Caisse générale des veuves. Après l'abolition de la milice nationale, la situation de l'armée de terre fut moins bonne sous ce règne. La milice fut bien rétablie plus tard, mais seulement avec un effectif moitié moins élevé qu'auparavant, néanmoins sans diminution de la somme de deux millions de rigsdaler affectée à son entretien annuel ; car on maintint en même nombre qu'auparavant les troupes coûteuses et peu sûres, pour la plupart étrangères, qui étaient recrutées à prix d'argent. La marine danoise, au contraire, qui coûtait annuellement de 6 à 700,000 rigsdaler, fut mise sur un excellent pied par le comte Frédéric *Danneskjold-Samsœ*, qui fut activement secondé en cette tâche par l'amiral Suhm, père du célèbre historien. Lorsque Danneskjold prit la direction de la marine, la flotte, qui avait été fort négligée dans les dernières années du règne de Frédéric IV, n'avait en état de service que quinze vaisseaux de ligne et sept frégates ; mais, sous son administration de onze ans, elle fut portée à trente vaisseaux de ligne et seize frégates, sans compter nombre de bâtiments plus petits. Beaucoup de magasins furent en outre construits, le port de guerre considérablement creusé, la flotte mise à l'abri des attaques par des ouvrages bien disposés et l'important établissement du *Dock*, qui avait été deux fois entrepris en vain, fut heureusement terminé. Malgré ces nombreuses et coûteuses améliorations, Danneskjold sut, grâce à une sévère économie dans l'administration de la flotte et de l'Ilot (Arsenal), diminuer considérablement les dépenses ordinaires, de sorte que, dans les sept premières années seulement de sa direction, il épargna une somme de 850,000 rigsdaler. Il est à regretter que ce grand homme se soit déshonoré par son esprit vindicatif et son ambition, qui se trahirent surtout dans sa conduite envers *Benstrup* et *Frédéric Lütken*. Benstrup, qui avait fait faire beaucoup de progrès à la construction navale et bâti onze vaisseaux de guerre, si beaux et bons voiliers que l'on en eût jamais vu dans la flotte danoise, fut accusé par Danneskjold pour diverses fautes, dont on fit des crimes, et jeté en prison. Le noble et brave Lütken, qui refusa de souscrire à la sentence injuste de la commission chargée de juger Benstrup et qui persista à soutenir l'innocence de ce dernier, fut destitué de ses fonctions sans recevoir même une pension.

Les relations de Christian VI avec les puissances étrangères furent pacifiques, bien que la guerre ait été plusieurs fois sur le point d'éclater. Le différend avec Hambourg, qui avait commencé dès la fin du règne de Frédéric IV, à l'occasion d'une banque fondée par cette ville au détriment des finances danoises, fut terminé en 1736, par la suppression de cette banque et le paiement au Danemark d'une indemnité de 500,000 marcs de Lübeck. De même quelques difficultés avec le Hanovre et l'Angleterre, à l'égard du bailliage de *Steinhorst* dans le Lauenburg, furent bientôt réglées à l'amiable. Le point le plus délicat dans les relations internationales était la situation du Danemark vis-à-vis de la maison princière du Holstein, qui ne pouvait oublier la perte du Slesvig. En 1732 fut conclu, entre le Danemark, la Russie et l'Autriche, un traité par lequel la possession du Slesvig fut de nouveau assurée au Danemark, moyennant une indemnité d'un million de rigsdaler que son gouvernement paierait au duc *Charles-Frédéric*; mais le duc ne voulut pas accepter cette somme et repoussa tout arrangement à l'amiable. Plus dangereuse encore pour le Danemark devint l'inimitié de la maison de Holstein, lorsque le fils de Charles-Frédéric, le duc *Charles-Pierre-Ulric*, fut désigné comme héritier présomptif du trône de Russie en 1743, et que, la même année, un autre prince de la branche cadette de cette maison, *Adolphe-Frédéric*, fut élu pour héritier de la couronne suédoise. Ce dernier choix fut d'autant plus désagréable aux Danois qu'il anéantissait l'espoir, inopinément offert, d'unir de nouveau les trois royaumes du Nord. L'ordre des paysans suédois, le clergé et une partie de la noblesse, « le parti des chapeaux », qui était mal disposé pour la Russie, voulaient en effet désigner héritier de la couronne de Suède l'héritier présomptif de celle de Danemark, le prince *Frédéric*, et l'on pense que ce parti l'aurait emporté, si le Danemark avait été représenté en Suède par un envoyé plus capable que *Berkentin*. Les intrépides Dalékarliens, qui avaient été autrefois les adversaires si résolus de l'union avec le Danemark, se rendirent alors à Stockholm, au nombre de quelques milliers d'hommes armés, et demandèrent que le choix de la diète suédoise se portât sur le prince Frédéric de Danemark. Ils furent repoussés après un combat sanglant dans les rues de Stockholm, et *Adolphe-Frédéric* triompha par l'influence de la Russie. Le Danemark se prépara à la guerre, mais elle fut évitée grâce à l'humeur pacifique de Christian VI ; dans la situation d'alors, elle n'aurait d'ailleurs pas conduit au but désiré. Adolphe-Frédéric renonça à toutes ses prétentions sur le Slesvig, et le grand-duc *Charles-Pierre-Ulric* n'osa rien entreprendre contre le Danemark, tant que vécut sa tante l'impératrice Elisabeth.

Christian VI mourut le 6 août 1746. Son caractère était un amalgame de bonnes et de mauvaises qualités ; aussi a-t-il été apprécié très-diversement et souvent très-injustement. Sa piété n'était pas feinte, mais très-sincère. Il ne fut pas non plus un roi fainéant, mais il s'efforçait de se mettre au courant de toutes les affaires importantes de l'État ; il correspondait chaque jour avec ses ministres et les grands fonctionnaires, ce dont témoignent des milliers de lettres conservées. Mais il était faible, sans indépendance et incapable de résister à l'influence de la reine prodigue et altière, de l'aumônier de la cour Bluhme, et de la noblesse ; il se laissa donc induire à prendre des résolutions qui firent le malheur des classes rurales, mirent le trouble dans l'Église et le désordre dans les finances publiques, enfin le rendirent moins populaire qu'il n'aurait mérité de l'être, à en juger par la comparaison de ses vertus et de ses défauts. Que son bon cœur et sa bonne volonté, que sa sollicitude pour les sciences et l'instruction publique, pour le commerce, la marine et la navigation, soient ses titres de gloire et lui servent d'excuse auprès de la postérité !

V

Frédéric V. — Changement de ton à la cour. — Les grands fonctionnaires. — Différend avec la Russie à propos du Slesvig. — Échange de la partie gottorpienne du Holstein contre les comtés d'Oldenbourg et de Delmenhorst. — Sollicitude pour les fabriques, les manufactures, le commerce et la navigation. — Protection accordée aux sciences et aux arts. — L'académie de Sorœ. — Condition misérable des paysans. — Légère amélioration de leur sort. — La noblesse et les titres. — Accroissement de la dette publique. — Coup d'œil général sur la situation du pays.

Dès que *Frédéric V* eut succédé à son père, la société prit un nouveau ton. De paisibles et silencieuses qu'elles avaient été, la capitale et la cour devinrent libres et gaies. Frédéric V fit enlever la vilaine chaîne de fer qui entourait Christiansborg et supprima les nombreux postes qui donnaient au château l'aspect d'une forteresse craignant d'être surprise par l'ennemi. Les bals, les concerts et autres lieux de récréation furent rouverts; on vit à la cour d'autres invités que des nobles. Le théâtre danois recommença à donner des représentations, de sorte que Holberg eut le plaisir de voir jouer ses pièces de nouveau, après tant d'années de relâche, et de les entendre applaudir bruyamment. On donna aussi des comédies et des opéras italiens, mais peu de temps, car le public préférait aux pièces étrangères les œuvres pleines de saveur du maître danois. La *chevauchée de l'été au village* fut de nouveau permise, « afin que les paysans, occupés presque toute l'année des durs travaux de l'agriculture et d'autres labeurs, puissent aussi jouir quelquefois d'une petite récréation convenable et en rapport avec leur condition ».

Frédéric V, n'étant encore que prince de la couronne, s'était si bien fait aimer par l'affabilité et les manières sans prétention qui brillaient dans toute sa personne, que sa réputation de bonté fut sur le point de lui valoir le trône de Suède. Lorsqu'il devint roi, l'affection du peuple pour son prince augmenta, à la suite des mesures populaires par lesquelles il ouvrit son règne. La reine *Louise*, princesse anglaise, lui ressemblait pour le caractère et partageait avec lui l'amour de la nation. Frédéric V ne fit pas beaucoup de changements parmi les hauts fonctionnaires. *Schulin* conserva jusqu'à sa mort (1750) l'influence qu'il méritait si bien, et il eut pour successeur *Jean-Hartvig-Ernest Bernstorf*, qui n'était pas moins remarquable comme homme et habile politique; *Jean-Louis Holstein* continua son œuvre bienfaisante pour les sciences et la législation, en sa qualité de patron de l'Université et de président de la chancellerie danoise, où il trouva un actif et remarquable collaborateur dans *Henri Stampe*. Le comte *Danneskjold-Samsœ*, au contraire, qui avait dirigé la marine avec tant d'honneur sous Christian VI, fut congédié, sans que pourtant la flotte déchût sous Frédéric V; et *W.-A. von der Osten*, qui avait été à la tête des finances, dans les dernières années du règne précédent, fut remplacé par l'habile *Otte Thott*. Le roi laissa prendre aussi une grande influence à son favori, *Adam-Gottlob Moltke*, avec lequel il avait vécu dans la plus grande intimité avant son avénement et à qui il conféra depuis le titre de comte de Bregentved.

Le différend, qui existait entre le Danemark et la Suède dans les dernières années de Christian VI, fut réglé par les efforts combinés de Schulin et de Bernstorf, pour rétablir la bonne intelligence entre les royaumes voisins, dans la conviction que c'était dans l'intérêt réel des deux États. Pour prévenir les démêlés qui pourraient un jour s'élever entre le Danemark et la Suède, à propos des duchés de Slesvig et de Holstein, l'héritier présomptif du trône de Suède, *Adolphe-Frédéric*, en sa qualité de chef de la branche cadette ou épiscopale de la maison holsteino-kieloise, renouvela, non-seulement par un traité du 23 avril 1750, sa renonciation à toute prétention sur le *Slesvig*, mais s'engagea en outre, si la partie ducale du *Holstein* venait un jour à lui échoir, à l'échanger contre l'Oldenbourg et le Delmenhorst. L'année suivante, les frontières de la Suède et de la Norvège furent rectifiées par des plénipotentiaires des deux États, qui signèrent un traité pour mettre fin aux querelles de voisinage, autrefois si fréquentes. Afin d'affermir l'amitié entre les deux royaumes, Bernstorf négocia un mariage entre le fils d'Adolphe-Frédéric, plus tard roi de Suède sous le nom de *Gustave III*, et la princesse *Sophie-Madeleine*, fille de Frédéric V, union qui eut lieu peu de temps après la mort du roi de Danemark, malgré l'opposition de deux partis, l'un suédois, l'autre danois. Le Danemark, sous ce règne, ne prit aucune part à la guerre qui sévissait dans presque toute l'Europe ; le roi, au contraire, par l'intermédiaire de son ministre, le comte *de Lynar*, s'offrit comme médiateur dans la guerre de Sept ans et fit signer aux belligérants, dans le Nord de l'Allemagne, le traité de *Kloster-Zeven*, qui fut pourtant rompu bientôt après. Mais, bien que le Danemark gardât la neutralité, la paix lui était presque aussi onéreuse que la guerre ; car, pour protéger ses frontières, il dut, pendant plusieurs années, entretenir dans le Holstein une armée de vingt-quatre mille hommes, et le commerce fut troublé par les corsaires français et anglais. La Suède ne souffrait pas moins ; aussi les deux États s'accordèrent-ils à armer une flotte pour la défense des neutres (1756), et la Russie accéda plus tard à ce traité.

Les relations avec cet empire furent très-amicales, pendant tout le règne de la czarine Élisabeth ; mais, après la mort de celle-ci (1762), l'orage depuis longtemps menaçant éclata. *Charles-Pierre-Ulric*, qui monta sur le trône de Russie sous le nom de Pierre III, nourrissait depuis son enfance la plus violente haine contre le Danemark ; et, devenu puissant, il fit ses apprêts pour venger tous les griefs réels ou imaginaires de ses ancêtres. Il demanda la restitution du Slesvig, et, comme elle lui fut refusée, il menaça non-seulement d'enlever au Danemark le Slesvig et le Holstein, mais encore d'expulser la dynastie danoise de l'Europe et de la forcer de se réfugier à Tranquebar. Pour exécuter ces menaces, une grande armée russe pénétra en Allemagne et alla camper dans le Meklenbourg. Le Danemark ne restait pas non plus inactif, mais il assemblait toutes ses forces pour combattre l'énorme Russie. Une flotte de trente-six vaisseaux de guerre croisait dans la Baltique, et l'armée fut portée à soixante-onze mille hommes ; un corps de quarante mille hommes, sous la conduite de l'habile général français *Saint-Germain*, appelé exprès à cette occasion, marcha à la rencontre des Russes dans le Meklenbourg en 1762. Les deux armées étaient à quelques milles l'une de l'autre et l'on s'attendait chaque jour à une bataille décisive, lorsque la nouvelle de la déposition et de la mort de Pierre III se répandit subitement. Cet événement préserva le Danemark d'une guerre, qui lui aurait coûté beaucoup, alors même qu'elle eût été heureuse. *Catherine II* succéda à son mari et montra des dispositions pacifiques. La paix fut en effet conclue, après que quelques petits différends eurent été réglés à l'amiable.

Il restait néanmoins des germes de guerre pour l'avenir, tant que la maison de Kiel conservait la moitié du Holstein et continuait à élever des prétentions sur la partie ducale du Slesvig. C'est le plus grand mérite de Bernstorf d'avoir mené à bonne fin cette affaire hasardeuse. Griffenfeldt doit avoir eu déjà l'idée d'unifier la monarchie danoise en échangeant les comtés d'Oldenbourg et de Delmenhorst contre la partie ducale des duchés de Holstein et de Slesvig; Christian VI proposa cet échange au gouvernement russe et le comte de Lynar travailla dans le même but pendant la première année du règne de Frédéric V ; mais, les deux fois, cette tentative échoua contre l'opiniâtreté de Charles-Pierre-Ulric. C'est seulement après la mort de ce prince, que *Bernstorf* réussit, après plusieurs années d'habiles négociations, à faire signer un traité d'échange, le 22 avril 1767, dans l'année qui suivit la mort de Frédéric V. Par ce traité, la maison holsteino-kieloise renonçait à toute prétention sur le *Slesvig* et échangeait sa partie du *Holstein*, à l'exception d'*Eutin* et de quelques autres districts, contre les comtés d'*Oldenbourg* et de *Delmenhorst*. Ceux-ci étaient cédés sans detté, tandis que le roi de Danemark prenait à sa charge toute la dette de la maison holsteino-kieloise, s'élevant à 700,000 rigsdaler environ, et s'obligeait à payer à la branche cadette une indemnité de 300,000 rigsdaler. En outre, le plus jeune fils de Frédéric V, le prince héréditaire Frédéric, devait abandonner le diocèse de Lübeck, dont l'acquisition avait coûté au Danemark environ 400,000 rigsdaler, et il était alloué un apanage annuel de 12,000 rigsdaler à tous les princes de la branche cadette, jusqu'à ce que l'échange fût ratifié ; car le traité n'était conclu que provisoirement par Catherine II au nom de son fils Paul, qui ne devint majeur qu'en 1773. Comme appendice de ce traité, la ville de Hambourg, qui avait été vis-à-vis des rois de Danemark, en qualité de ducs de Holstein, dans une situation de dépendance souvent contestée par elle, mais toujours maintenue par eux, fut reconnue ville libre impériale, moyennant une indemnité d'un million de rigsdaler. Bien que cet échange contînt plusieurs conditions onéreuses pour le Danemark et entraînât de grands sacrifices, il doit pourtant être regardé comme heureux et profitable ; car il arrondit le royaume, compléta ses frontières et ferma une source intarissable de discordes, devenues doublement périlleuses depuis que des princes de la maison holsteino-kiéloise étaient montés sur les trônes de Russie et de Suède.

Frédéric V imita son père ou plutôt le surpassa dans sa sollicitude pour les manufactures, les fabriques, le commerce et la navigation ; en quoi il fut secondé avec zèle par Bernstorf, qui avait pris à tâche d'élever aussi haut qu'il était possible l'industrie du Danemark. Les principes que l'on suivit, et les moyens que l'on employa pour atteindre ce but, étaient les mêmes que sous le règne précédent. Des étrangers furent appelés et favorisés de toute manière ; des subventions en argent, soit à titre de don, soit à titre d'avances du trésor public, furent distribuées avec une grande libéralité ; des privilèges furent accordés en grand nombre, et l'importation de marchandises étrangères fut sévèrement interdite. C'est surtout à partir de l'année 1753 que les soieries, les étoffes de laine et de coton étrangères furent frappées de rigoureuses prohibitions. Personne ne devait en vendre, ni même s'en servir, « sous peine d'encourir, comme transgresseur de la loi, la disgrâce du roi et d'autres châtiments » ; les marchands qui étaient deux fois pris en faute à cet égard, devaient être privés pour la vie du droit de faire le commerce et en outre déclarés impropres à tout emploi ou service public ; les tailleurs, qui confectionnaient des vêtements avec ces étoffes, devaient être exclus de la corporation ; et tous les billets et engagements relatifs aux marchandises prohibées devaient être annulés. Ces ordonnances furent bien des fois renouvelées, car on continua à faire usage de produits étrangers, et les ordres du roi, comme il est dit expressément dans les ordonnances, « n'empêchaient pas le moins du monde les sujets de s'attacher à un luxe et à un lucre répréhensibles ». La liste des marchandises prohibées s'accroissait d'année en année, de sorte qu'elle finit par comprendre *cent cinquante* articles de commerce, entre autres les céréales, qu'il était défendu d'importer en Danemark. Ces mesures réussirent quelque temps à porter à un haut degré de prospérité les fabriques et les manufactures du Danemark. Pour l'aspect et la qualité, les soieries danoises rivalisaient avec les meilleurs échantillons de France et d'Italie ; leur seul défaut était d'être *plus chères* que les marchandises exotiques. Le nombre des artisans, des ouvriers et des manufacturiers de Copenhague, qui s'élevait sous Christian VI à 6,700 personnes, monta sous Frédéric V au chiffre de 8,400, auquel il faut encore ajouter 3,000 ouvriers spéciaux et journaliers ; le chiffre total était donc de 11,000 personnes, dont 4,000 seulement travaillaient aux manufactures. Il y avait à Copenhague 16 soieries avec 303 métiers à tisser, dont 105 à la soierie royale, et la fabrique de draps de la Maison d'Or occupait journellement 1400 ouvriers. On ne peut pourtant pas nier que cet éclat ne fût plus apparent que réel, étant suscité artificiellement par des libéralités et des subventions royales, des monopoles accordés aux dépens de la liberté générale de commerce et d'industrie. Plus importante que ces manufactures, dont il ne reste presque aucune trace aujourd'hui, fut la fondation de la fabrique d'armes à Helsingœr et des forges de Frederiksværk, avec leurs poudreries, leurs fonderies de canons et leurs autres ateliers pour le travail du fer. A côté des nombreuses entraves imposées au commerce pour favoriser l'industrie nationale, on trouve pourtant des indices d'efforts pour relâcher les liens oppressifs des corporations. Ainsi le roi déclara, en 1761, au magistrat de Copenhague, « qu'il avait une fois pour toutes décidé qu'aucune nouvelle corporation ne serait autorisée à l'avenir, et qu'il ne voulait pas non plus approuver de nouveaux articles des anciens statuts, à moins qu'ils ne fussent conçus de manière à permettre à chacun d'entrer sans peine et sans frais dans la corporation qu'ils concerneraient. Il avait aussi résolu de ne pas confirmer à l'avenir de monopoles permettant à quelques personnes, à l'exclusion des autres, de fabriquer et de vendre certaines marchandises. Les autorités devaient être désormais autorisées à dispenser un compagnon de présenter un chef-d'œuvre, lorsqu'elles avaient d'autres raisons d'être convaincues de la capacité du postulant ». En même temps tous les grands baillis reçurent une lettre portant « que, dans les villes où il n'y avait pas de corporation fermée, il devait être permis à tous ceux qui jouissaient du droit de bourgeoisie, de gagner leur vie du mieux qu'ils sauraient et pourraient, en se conformant aux lois, sans que l'on pût y mettre le moindre empêchement ».

Relativement au *commerce* et à la *navigation*, Frédéric V prit aussi son père pour modèle, en ce qu'il n'épargna ni soin ni dépense pour leur ouvrir de nouveaux débouchés. Jusqu'à la dernière année du règne de Christian VI, le pavillon danois était totalement inconnu dans la Méditerranée ; mais ce monarque engagea avec *Alger* des négociations qui aboutirent à un traité de commerce signé peu de jours après sa mort. Frédéric V continua cette œuvre et conclut des traités de commerce avec le *Maroc*, *Tunis*, *Tripoli*, le sultan des *Turcs*, *Gênes* et *Naples*. La déloyauté des États de corsaires empêcha pourtant que le commerce direct avec l'Afrique ne prît de l'importance, et la *Compagnie africaine* tomba après une existence de dix-sept ans, bien que le gouvernement eût employé environ deux millions dans ces entreprises. Mais cette somme ne fut pourtant pas perdue ; car les relations établies devinrent la base du nolis pour la Méditerranée, qui prit depuis tant d'extension et pour lequel la marine danoise fut plus considérée et plus recherchée que celle de la plupart des autres nations. Au reste, ces relations avec les États barbaresques brouillèrent le Danemark avec l'Espagne et le Portugal ; mais ces difficultés, qui durèrent quelques années, furent réglées sans que la guerre eût éclaté. Les plans pour l'extension du commerce danois dans la Méditerranée occasionnèrent aussi la fondation d'une *Compagnie générale de commerce* (1747), à laquelle s'unirent successivement les Compagnies grœnlandaise et islandaise. Cet établissement avait pour but de faire de Copenhague l'entrepôt des marchandises de la Baltique, qui de là seraient transportées dans la Méditerranée et les pays occidentaux (la France, l'Espagne et le Portugal), pour être échangées contre des produits du Sud ; mais cette entreprise n'eut pas le succès désiré. La *Compagnie des Indes Orientales* fut florissante sous le règne de Frédéric V, pendant lequel elle expédia soixante-deux navires ; leur cargaison était évaluée à 13,000,000 de rigsdaler courants, et ils importèrent à leur retour des marchandises valant plus du double (26 millions et demi de rigsdaler courants), dont 5 millions restèrent dans le pays, le reste fut expédié à l'étranger. Le commerce des Indes Occidentales, au contraire, ne put prospérer ; on crut que la cause de cet insuccès était le monopole accordé à une Compagnie, et l'on résolut d'expérimenter si la liberté commerciale ne conduirait pas à un meilleur résultat. L'essai réussit : tandis que le chiffre des vaisseaux occupés à ce commerce, l'année de la cessation du monopole (1753), ne s'élevait qu'à sept, il monta à trente-huit, avant la mort du roi, et la production du sucre à Sainte-Croix devint *onze fois* plus considérable; mais le rachat du privilége concédé à la Compagnie avait coûté à l'État la grosse somme de 2,220,000 rigsdaler. L'Islande reçut un bienfait non moins grand, lorsque le roi supprima, en 1759, la Compagnie qui avait si longtemps exploité cette île lointaine; mais celle-ci ne jouit que peu de temps de cet avantage ; car, cinq ans plus tard, le monopole fut rétabli en faveur de la Compagnie générale de commerce. Ce fut une des principales causes qui firent échouer plusieurs tentatives en faveur de l'élève des moutons, de la construction des bateaux, des pêcheries et de l'industrie en Islande ; car les marchands égoïstes et avides épuisaient cette île et s'opposaient à toutes les améliorations qui auraient soustrait les habitants à l'influence de la Compagnie.

Les sciences et les arts avaient des amis et des protecteurs zélés dans le roi lui-même, dans Bernstorf, J. L. Holstein, A. G. Moltke et le vice-chancelier de l'Université, Erik Pontoppidan. Ce dernier veillait assidûment à ce que les professeurs de l'Université remplissent leurs devoirs. On a blâmé le premier Bernstorf d'avoir donné à la cour un éclat plus grand que ne le comportaient les finances de l'État, et d'avoir encouragé les manufactures et les fabriques avec une libéralité hors de proportion avec les avantages qu'elle produisit, et l'on ne peut certainement pas le disculper à cet égard. Quant au reproche d'avoir appelé tant de savants étrangers, surtout allemands et français, on doit objecter que ces étrangers, par leur distinction et leur mérite, rendirent des services à la science et honorèrent le pays qui les reçut. De ce nombre étaient : *Cramer*, orateur de la chaire ; le célèbre poëte allemand *Klopstock*, qui était pensionné du gouvernement et qui acheva sa Messiade à Copenhague ; les naturalistes *Oeder* et *Kratzenstein;* le pédagogiste *Basedow* ; les historiens et économistes *J. H. Schlegel, Mallet, Roger, Reverdil*, ce dernier un des précepteurs du prince de la couronne, Christian. Reverdil et Oeder méritèrent bien de leur nouvelle patrie par le zèle avec lequel ils travaillèrent dans l'intérêt des paysans danois opprimés. Parmi les entreprises qui étaient aussi honorables pour le Danemark que profitables pour la science, il faut citer le voyage scientifique que Bernstorf fit faire en Égypte et en Arabie (1761) par *Niebuhr*, trois autres savants et un dessinateur, pour étudier les antiquités, la langue, les mœurs, la constitution sociale et la nature dans ces pays, surtout dans le dernier. Tous les compagnons de Niebuhr succombèrent à l'insalubrité du climat et aux fatigues du voyage ; mais il put consigner dans un savant ouvrage le fruit de ses recherches et des leurs ; ce magnifique résultat n'avait occasionné qu'une dépense de 21,000 rigsdaler. Le progrès des sciences fut également favorisé par la réouverture de l'Académie de Sorœ, fermée depuis 1665. Christian VI en avait élevé les nouvelles constructions ; mais, pour remettre l'institution sur pied, il manquait de l'argent ; les ressources nécessaires furent fournies par Holberg, qui fit donation à l'Académie de 15,000 daler en argent comptant et de plus de 1,000 tonneaux hartkorn ; il lui légua, en outre, sa bibliothèque considérable. L'Académie fut inaugurée en 1747 et elle eut, sous le règne de Frédéric V et une partie de celui de Christian VII, une période très-brillante, pendant laquelle fonctionnèrent et enseignèrent une foule de savants les plus distingués du Danemark, comme *Schytte, Kraft, Jens Schelderup-Sneedorf, Schœnning, Jon Eriksen, Ove Guldberg* et d'autres. Le règne de Frédéric V fut en outre illustré par les grands juristes *Kofod Anker* et *Henri Stampe*, dont le dernier était en même temps un homme d'affaires distingué ; par les historiens *Langebek* et *Suhm* ; *Holberg* continua encore pendant quelques années, sous Frédéric V, à produire ces œuvres célèbres qui ont développé et enrichi la littérature danoise. Il mourut en 1754. Pour dédommager Langebek de la profonde humiliation qui lui avait été infligée à la fin du règne de Christian VI, Frédéric V, aussitôt après son avènement, exempta de la censure, pour ses publications, la Société d'histoire et de philologie danoise, dont ce savant était le président. Les anciennes sociétés savantes reçurent beaucoup de témoignages de la bienveillance du roi, et il en fut fondé de nouvelles : à Copenhague en 1763, par Jens Schelderup-Sneedorf, Carstens, Luxdorf, Tyge Rothe et d'autres, la *Société des belles-lettres* (Selskabet for de skjœnne Videnskaber) ; et à Trondhjem, en 1760, par Gunnerus, Schœnning et Suhm, la *Société de Throndhjem*, appelée plus tard la *Société norvégienne des sciences* (Det norske Videnskabernes Selskab). *Otte Thott*, qui fut en Danemark le dernier membre de cette ancienne famille noble, rendit non-seulement de grands services à l'État dans de hautes fonctions, sous ce règne et le suivant, mais se distingua aussi par ses goûts scientifiques et son amour des livres. Il forma une bibliothèque qui était la plus grande collection privée de ce genre en Europe et qui, avant sa mort, s'élevait à 120,000 volumes; il en légua au public la partie la plus importante, c'est-à-dire tous les manuscrits et les incunables.

Mais c'étaient principalement les sciences naturelles et économiques qui étaient favorisées par le gouvernement, parce que l'influent comte A. G. Moltke et son favori, le vice-chancelier de l'Université, *Erik Pontoppidan*, polygraphe assidu, qui a lui-même écrit sur ces matières, les entouraient de leur prédilection. Le grand botaniste et économiste *Oeder* et le physicien *Kratzenstein*, appelés de l'étranger par Bernstorf, travaillèrent puissamment à propager l'étude des sciences naturelles en Danemark. Oeder fonda à proximité de l'hôpital de Frédéric un *jardin botanique*, où il professa lui-même, après quoi il entreprit un voyage d'abord à l'étranger, ensuite en Norvège et en Danemark ; le fruit de ses recherches fut l'excellente et magnifique *Flora danica*. Sur sa proposition et sous la présidence de A. G. Moltke fut créé à *Charlottenborg* un *Cabinet d'histoire naturelle et d'économie* (1759), où le savant naturaliste danois *George-Tyge Holm* et deux autres professeurs firent des cours.

L'Université fut pour la première fois pourvue d'un professeur d'*économie*, et l'on songea même à y créer une cinquième faculté pour cette science et ses congénères. La fondation de l'*Hôpital de Frédéric*, si parfaitement organisé et si richement doté, et d'écoles d'accouchement à Copenhague, à Flensborg et à Altona, fut utile au point de vue médical, en même temps qu'elle témoignait de l'humanité du roi. Le bon cœur de ce monarque se manifesta aussi par la création d'une *maison d'éducation* (Opfostringshuus), où deux cent soixante garçons pauvres étaient élevés et instruits gratis de leur cinquième à leur seizième année. Pour provoquer un examen plus libre et plus complet des matières d'économie et d'agriculture, parut en 1755 un document royal invitant les écrivains à envoyer au comte Moltke des mémoires sur ces sujets, et ces écrits furent non-seulement imprimés pour le compte de l'État, mais encore *dispensés de la censure*, faveur duc principalement au libéralisme du comte Moltke et à son zèle pour cette œuvre. La nation saisit avec empressement cette occasion : nombre de mémoires importants qui traitaient librement de ces matières furent envoyés et Erik Pontoppidan les publia, de 1757 à 1764, sous le titre de *Magasin d'économie* (Œkonomisk Magazin). La liberté de la presse accordée à leurs auteurs n'était pourtant pas absolue ; car le savant *Frédéric Lütken*, l'intrépide défenseur de Benstrup sous Christian VI, dut laisser supprimer plusieurs des passages les plus libéraux de ses « Pensées économiques soumises à un examen plus approfondi » (Œkonomiske Tanker til hœiere Eftertanke). — Le luxe à la mode sous Frédéric V et les efforts de ce monarque pour élever les manufactures et les marchandises danoises au niveau de celles de l'étranger, donnèrent une heureuse impulsion aux travaux artistiques. On attribuait la supériorité des manufactures françaises principalement à l'influence que lA'cadémie des beaux-arts de Paris exerçait sur le développement du goût et du sens artistique chez les ouvriers. Cette pensée détermina le roi à étendre considérablement le domaine de l'Académie de peinture et de sculpture fondée par son père et à l'organiser sur le modèle français, en lui donnant le nom d'« Académie royale de sculpture, de peinture et d'architecture » (1754). Il y fut placé plusieurs professeurs qui donnaient l'enseignement gratuit à tous ceux qui le désiraient ; depuis, celle-ci a fait beaucoup pour l'amélioration du sens artistique chez la nation en général et chez les ouvriers en particulier.

La classe rurale, qui, sous Christian VI, avait été opprimée de toute façon, ne le fut guère moins, quant aux corvées et à la liberté personnelle, sous Frédéric V, bien que ce prince fût bon pour le peuple. L'obligation de résider au lieu de naissance fut même renforcée par l'ordonnance du 13 avril 1764, par laquelle le droit du seigneur sur les futurs conscrits commença avec leur quinzième année ; le domicile forcé différa alors peu ou point de l'ancien attachement à la glèbe. A la vérité, les paysans n'étaient plus serfs de naissance, mais la liberté dont jouissait le jeune garçon, jusqu'à l'accomplissement de sa quatorzième année, n'avait pas grande signification, lorsque le père était lié à son domicile. Il s'en fallut beaucoup que cette aggravation de la loi eût le résultat désiré, qui était de retenir dans les domaines le nombre de paysans nécessaires à la culture de la terre : la campagne se dépeupla au contraire de plus en plus par les nombreuses émigrations et désertions que les règlements les plus sévères ne purent empêcher. Aussi recourut-on au déplorable expédient de permettre aux dépôts de mendicité et aux orphelinats de remettre des enfants pauvres aux propriétaires pour garnir leurs domaines. On eut aussi la velléité d'attacher les filles de paysans, comme l'étaient déjà les garçons, au domaine de leur naissance, et l'on tenta de renouveler cet usage déshonorant pour l'humanité, en réservant à l'acquéreur d'un domaine les personnes, comme les bestiaux, qui le garnissaient. Mais les paysans avaient dans *Henri Stampe*, procureur général et assesseur à la chancellerie danoise, un vaillant défenseur, qui profitait de toutes les occasions pour défendre leur cause auprès du gouvernement, et, grâce à ses représentations, ces deux tentatives furent étouffées à leurs débuts. Ce fut lui aussi qui exprima avant tout autre l'opinion que, si on voulait réellement venir en aide à la classe rurale, il fallait d'abord lui donner la liberté personnelle. — Une affaire qui contribua beaucoup à empirer la condition déjà si mauvaise des paysans, ce fut la vente des domaines de la couronne qui commença en 1765 et continua jusqu'en 1776. La couronne possédait plus de 61,000 tonneaux hartkorn ou environ la septième partie des terres du royaume, et ses domaines étaient administrés pour le compte du roi, mais ils donnaient peu de profit ou même pas du tout. On résolut donc de les vendre aux enchères publiques, et l'on en tira une somme de 4,000,000 de rigsdaler, qui fut une bonne ressource pour le trésor obéré. Mais, si les résultats de cette aliénation furent avantageux pour les finances de l'État, ils eurent de fâcheuses conséquences pour la classe rurale ; car ce fut seulement en quelques localités de la Fionie et de l'amt ou bailliage de Kolding (Jutland) que les paysans étaient assez aisés pour acheter leurs fermes et en devenir propriétaires ; la plus grande partie des domaines royaux furent achetés par des spéculateurs qui voulaient faire un bon placement de leur argent. Plusieurs vingtaines de nouvelles seigneuries furent érigées, et pour les agrandir de nombreuses fermes et même des villages entiers furent supprimés ; les fermiers, fort à plaindre, tombèrent de la dépendance des débonnaires agents de la couronne sous celle d'acheteurs impitoyables, qui aggravèrent les corvées, élevèrent les cens et commirent toutes sortes d'exactions, pour tirer le meilleur parti possible de leur acquisition.

Malgré ces circonstances défavorables pour la classe rurale, ce fut pourtant sous Frédéric V que pénétra dans la nation et le gouvernement l'esprit libéral qui provoqua l'affranchissement des paysans. La nation avait suivi avec intérêt les vicissitudes heureuses ou malheureuses de leur sort, sous les divers gouvernements. Elle avait partagé la juste indignation de Christian IV contre la résistance de la noblesse à ses nobles tentatives pour l'affranchissement des paysans et l'abolition de la corvée ; à la diète de 1660, la bourgeoisie défendit avec chaleur l'ordre des paysans non convoqué, mais sans rien obtenir. Lorsque Frédéric IV abolit le servage en 1702, tous les poëtes et les écrivains du temps célébrèrent à l'envi le bienfait royal, et la première mesure prise par Christian VI en faveur des paysans excita autant de joie universelle que ses dernières ordonnances, de tristesse et de désapprobation.

Pendant toute cette période, les écrivains soutinrent la cause des paysans avec autant de libéralisme que le permettait la rigoureuse censure ; mais c'est seulement lorsque le comte Moltke eut ouvert cette barrière en permettant aux écrivains de s'exprimer avec quelque liberté sur les questions agricoles et économiques, que l'affaire fut traitée sérieusement en public. Sans doute, le but de Moltke était plutôt de travailler à la réforme agricole, mais il était impossible que ces études ne fournissent pas beaucoup d'occasions d'effleurer l'obligation injuste et déshonorante de rester au domicile de naissance, la pernicieuse corvée, et l'incertitude des rapports du fermier avec son seigneur, si fâcheuse pour le premier ; on s'efforça aussi de montrer que la ruine du fermier était aussi au détriment du propriétaire, dans l'espoir que la voix de l'égoïsme aurait plus de prise sur ceux qui ne voulaient pas céder à des raisons d'humanité. Depuis ce temps, les plus nobles et les meilleurs citoyens se mirent à la tête du mouvement en faveur de la classe rurale, pour laquelle ils écrivirent, parlèrent, agirent avec des succès divers, tantôt fort éloignés du but, tantôt sur le point de l'atteindre, jusqu'à ce que finalement l'acte de 1784 assurât la victoire aux amis de la patrie et de l'humanité. Frédéric V montra combien les progrès de la classe rurale et de l'agriculture lui tenaient au cœur, en chargeant, en 1757, une commission particulière d'étudier surtout le côté économique de l'agriculture. La pernicieuse *communauté* qui, on l'a vu, s'était établie dès les premiers débuts de l'agriculture en Danemark et avait subsisté sans changements depuis des siècles, fut le premier objet des études de la commission, et, sur la proposition de celle-ci, il parut, de 1758 à 1761, plusieurs ordonnances qui tendaient à l'abolition de la communauté et à la division des terres ; mais ces dispositions législatives, ne concernant même pas les terres cultivées, mais seulement les communaux ou pâtis communs, rencontrèrent tant d'obstacles dans l'ignorance, l'égoïsme, les préjugés et la vieille routine, que rien d'important ne put être fait. C'est à quoi se bornèrent les mesures du gouvernement sous Frédéric V. Quant à la *liberté*, cette première et indispensable condition de tous les progrès, on ne voulait pas encore l'accorder aux paysans, bien que la justice et la politique parlassent fortement en sa faveur. Cependant l'esprit de réforme, une fois éveillé dans la nation, se manifesta par de belles entreprises de plusieurs patriotes, amis des paysans dont les noms méritent d'être conservés. En 1764, à l'instigation de son neveu, André-Pierre Bernstorf, plus tard si célèbre, le premier Bernstorf fit des terres de son domaine de Bernstorf, situé près de Copenhague, des lots au milieu desquels il fit transporter les maisons de culture, puis il passa avec les fermiers des baux emphytéotiques et les exempta de corvées et de dîmes ; aussi ces paysans, qui étaient alors dans une déplorable situation, devinrent-ils bientôt les plus aisés et les plus heureux du Danemark. Une colonne, élevée par les paysans dans le domaine, rappelle à la postérité les mérites du bienfaiteur et la gratitude de ses obligés. Déjà quelques années auparavant, d'après le conseil de l'ancien comte *Stolberg*, la reine douairière *Sophie-Madeleine* avait accordé les mêmes avantages à ses paysans, et ces beaux exemples furent, sinon entièrement, du moins en grande partie, imités par Knuth de Ravnstrup, Holstein de Lethraborg, Gyldenkrone de Vilhelmsborg, Askanius de Dueholm, Schack de Giesegaard, Lindenkrone de Gjorslev, Holsteen de

Holsteenhuus, Ryberg et d'autres. Comme ces essais furent couronnés de succès, les revenus des domaines augmentant, l'agriculture s'améliorant, le bien-être et le contentement se répandant parmi les paysans, il devint de plus en plus clair que l'abolition de la corvée, la propriété et l'emphytéose étaient aussi avantageuses pour les seigneurs que pour les paysans, et les exemples donnés trouvèrent des imitateurs.

Le côté le plus faible du gouvernement de Frédéric V était l'administration des finances. Dans les huit premières années de son règne, les efforts de *Otte Thott* réduisirent la dette à un million ; mais après 1754 celle-ci s'accrut d'année en année. L'inégalité des recettes et des dépenses tenait partie à des prodigalités inconsidérées, partie aux grands frais occasionnés par les hostilités avec la Russie, à la fin du règne de Frédéric V. L'entretien de la cour était si coûteux qu'il absorbait le cinquième de tous les revenus des deux royaumes, et l'on cherchait à rivaliser de luxe et d'éclat avec la cour de France, sans égard pour la différence des ressources du Danemark et de la France. Le faste exagéré fut porté à son comble lors du couronnement du roi, en 1747, et lors des deux jubilés qui eurent lieu sous ce règne : le premier, en 1749, à l'occasion du troisième centenaire de l'avénement de la dynastie d'Oldenbourg ; le second, en 1760, à l'occasion du centenaire de l'établissement du pouvoir absolu. La fondation de Frederiksstad, avec ses beaux édifices, embellit la capitale, mais coûta des sommes énormes. La construction de l'église de Frédéric, aussi appelée église de marbre, occasionna une dépense de 850,000 rigsdaler courants, soit 1,360,000 rigsdaler d'argent, avant que cet édifice fût abandonné sans être achevé. Il ne faut pourtant pas non plus oublier que de grandes dépenses furent faites pour d'utiles institutions et des œuvres de bienfaisance, comme l'académie des beaux-arts, le jardin botanique, l'hôpital de Frédéric, la maison d'accouchement, la maison d'éducation, le rachat de la Compagnie des Indes Occidentales, etc. La générosité avec laquelle le gouvernement subventionnait les manufactures et les fabriques, était au contraire, en beaucoup de cas, moins bien conçue que bien intentionnée ; aussi ne produisait-elle aucun fruit sain et durable. Il en est de même de l'entreprise de coloniser les landes jutlandaises. Un grand nombre de paysans allemands, attirés par de grandes promesses et de belles espérances, s'établirent dans les bruyères en 1759 ; mais la plupart furent bientôt dégoûtés de ce séjour et retournèrent dans leur patrie, le Palatinat et la Hesse. L'insuccès de cette tentative, qui avait coûté environ un million, eut pourtant un bon résultat : ce fut d'introduire en Danemark la *culture de la pomme de terre*. Non moins malheureux fut l'essai de doter la Norvège d'une flotte de galères, ces bâtiments ayant été construits avec de si grandes dimensions, que les rameurs seraient morts de fatigues, au bout de quelques années ; l'équité de Frédéric V ne lui permit pas d'employer à ce travail des condamnés à perpétuité, comme on lui en avait suggéré l'idée. Lors de la mort du dernier duc de Plœn, le roi reçut ses États à charge de payer la dette ducale, qui s'élevait à 880,000 rigsdaler courants, et plusieurs pensions considérables. Une partie de l'île d'Ærœ fut aussi rachetée pour 350,000 rigsdaler courants. Voilà les sacrifices qu'il fallait faire pour réparer les dommages résultant des anciens démembrements de la monarchie. Cependant la dette de l'État ne se serait pas élevée si démesurément, si les armements sur terre et sur mer pendant la guerre de Sept ans (1756-1763) et surtout la campagne contre la Russie (1762) n'avaient occasionné des dépenses extraordinaires, qui pour cette dernière affaire seulement doivent s'être élevées à 8 millions de rigsdaler courants. L'entretien de l'armée coûtait annuellement, sous Frédéric V, 2 millions de rigsdaler et la flotte 700,000. C'est seulement après la paix avec la Russie que le général de Saint-Germain réussit à diminuer de 300,000 rigsdaler les dépenses de l'armée de terre, soit en en réduisant l'effectif, soit en lui donnant une organisation plus simple et en supprimant les ornements inutiles ; mais ces réformes lui attirèrent de vives inimitiés et de sévères critiques. Pour remédier à la disette du trésor, l'ancien comte Schimmelmann, qui eut l'administration des finances dans les dernières années de Frédéric V, recourut à l'emprunt et à deux autres expédients : la vente si avantageuse des domaines de la couronne dont il a déjà été question, et une contribution extraordinaire. Celle-ci fut extrêmement vexatoire ; aussi occasionna-t-elle divers troubles en Norvège : chacun, sans distinction de rang et de fortune, était imposé à 8 skilling par mois ; les parents et les patrons devaient payer pour leurs enfants au-dessus de douze ans et leurs serviteurs; de sorte que, pour beaucoup de familles, cette charge pouvait être d'un rigsdaler par mois ou plus. Malgré l'importance de cette ressource, la dette publique s'élevait pourtant à 20 millions, à la mort de Frédéric V, outre la dette flottante, et l'intérêt s'était accru de 100,000 à 900,000 rigsdaler.

La mauvaise administration des finances n'est pas le seul reproche que l'on adresse au gouvernement de Frédéric V ; on s'est plaint aussi, et avec raison, de ce que, sous son règne, la noblesse jouit d'une considération et d'une influence dont il n'y avait pas d'exemple depuis 1660. De même que la fondation de l'académie noble de Sorœ sous Christian IV fournit divers traits caractéristiques de la puissance et de l'orgueil de l'ancienne noblesse danoise, de même divers faits qui se produisirent lors de la réouverture de l'académie sous Frédéric V, montrent quel esprit animait la noblesse d'alors et quel crédit elle possédait sous un monarque absolu. L'immortel *Holberg*, à qui était précisément due la réouverture de cette académie, ne fut pas jugé digne de s'asseoir à la table du roi, avec les grands seigneurs, lors de l'inauguration de cet établissement, mais il fut placé dans une autre pièce avec les simples invités, affront dont il se chagrina plus que de raison. La noblesse affirma son influence d'une manière plus choquante en obtenant que l'acte de donation et le testament de Holberg fussent violés et altérés. Le grand poëte avait en effet écrit dans son testament : « Ma dernière prière est qu'il plaise à Votre Majesté d'étendre le privilége d'être admis à l'académie aux gens de la classe moyenne, attendu que celle-ci renferme aussi beaucoup de personnes de mérite ; ne voulant pas avoir l'air de mépriser mon propre rang, j'ai toujours tenu beaucoup à ce que ce vœu fût exaucé. » Tout ce passage fut exclu de l'acte de donation, parce qu'il ne paraissait pas convenable que de jeunes nobles fussent élevés avec des enfants de la bourgeoisie, et Holberg, dans son tombeau, dut supporter le reproche, bien immérité, d'avoir méprisé la classe dont il était sorti. — Frédéric V prodigua les titres et les décorations et alimenta ainsi l'ambition mesquine, tout en faisant perdre leur importance à ces distinctions honorifiques. Dans ses vingt ans de règne, il ne conféra pas moins de cinq cent trente-deux titres élevés, trente-huit cordons bleus de l'ordre de l'Éléphant et cent dix-neuf cordons blancs de l'ordre du Dannebrog; il créa quatorze comtes et barons, et anoblit soixante-quatorze personnes.

Il mourut le 14 janvier 1766, à l'âge de quarante-trois ans seulement. Sa première femme, *Louise*, fille de Georges Ier d'Angleterre, se distingua avantageusement des autres reines par son affection pour tout ce qui était danois. Dès son arrivée en Danemark, elle congédia son personnel anglais, apprit le danois, parla cette langue et n'eut dans son entourage que des gens du pays. Ces faits, joints à ses manières affables et ouvertes, la rendirent extrêmement populaire, et sa mort subite (1751) excita de véritables regrets dans toute la nation. Le roi épousa ensuite *Julienne-Marie* de Brunsvig, qui fut mère du prince de la couronne, *Frédéric*. Le roi Frédéric V était fort aimé du peuple à cause de sa bonté et de sa douceur; mais la bonne chère et une vie désordonnée abrégèrent ses jours et le mirent hors d'état, surtout dans ses dernières années, de prendre une part active au gouvernement. A cet égard, il fut en général inférieur même à son père Christian VI et encore bien plus à son aïeul Frédéric IV ; mais ses ministres Schulin, Holstein et Bernstorf, surtout le dernier, étaient extrêmement capables.

Si l'on jette un coup d'œil sur l'état du Danemark en l'année 1766, on ne peut certes pas se dissimuler que les inconvénients dont souffrait l'État ne fussent nombreux et importants. La plus grande partie de la population, la *classe rurale*, gémissait dans la misère et la pauvreté, et son sort devait exercer l'influence la plus considérable sur les autres classes de la société; car l'agriculture et l'élève du bétail fournissaient aux fabricants, aux manufacturiers, aux ouvriers et aux commerçants, les produits et les denrées à travailler et à exporter. La corvée, l'indivision des communaux, le paiement de la dîme en nature, offraient des obstacles infranchissables à une agriculture perfectionnée; les pommes de terre, le trèfle et les autres fourrages artificiels étaient inconnus; le froment n'était cultivé que dans les îles de Laaland et de Falster; on ne semait que peu de lin et de chanvre, et encore moins de navette, de cumin et de sénevé. Le cultivateur asservi n'avait ni le goût ni le courage de faire de nouvelles entreprises, et les forces lui manquaient pour résister aux malheurs qui pouvaient l'atteindre. Si la récolte était mauvaise, le Danemark si riche en céréales n'en avait pas pour vivre et encore bien moins pour exporter, et une seule année de disette suffisait à ruiner beaucoup de paysans et à leur faire perdre leur maison et leurs terres. La population diminuait d'année en année ; beaucoup de fermes et même des villages entiers disparurent pour faire place à de nouvelles seigneuries, et le nombre des propriétaires diminua à tel point que, dans l'île de Laaland par exemple, où il y avait six cent dix-huit propriétaires peu d'années avant 1660, il en restait alors à peine cent. On admet que la population du pays est allée sans cesse en décroissant, depuis le XVIe siècle jusqu'au commencement du XVIIIe, et dans celui-ci l'accroissement fut si faible, que, dans les cinquante années comprises entre 1735 et 1784, il ne fut que de soixante-quatorze mille âmes. L'insignifiance de cette augmentation devient frappante, lorsque l'on sait que, dans les trente-trois premières années du XIXe siècle, la population du Danemark s'est accrue d'environ trois cent mille âmes, de sorte que l'excédant des naissances sur les décès fut beaucoup plus considérable pour dix années du XIXe siècle que pour cinquante années du précédent. Les compagnes ordinaires de la pauvreté et de la misère, la dépravation des mœurs, la servilité et l'indifférence, ne manquèrent pas non plus ici ; les vices, la superstition et la grossière ignorance trouvèrent un sol favorable à leur développement, d'autant plus que l'instruction primaire était à un niveau très-bas, malgré les efforts de Frédéric IV et de Christian VI. C'était une conséquence, partie du manque d'écoles normales pour former les instituteurs, partie de l'inertie des propriétaires qui ne voulaient pas aider le gouvernement à propager les lumières parmi le peuple des campagnes. La *noblesse*, dont la puissance avait été brisée en 1660, conservait pourtant encore de grands priviléges ; Christian V créa une nouvelle noblesse de plus haut rang, qui reçut des droits plus étendus, en matière d'exemption d'impôts, de justice spéciale et de patronage des églises, qui ne le cédait pas à l'ancienne dans son orgueilleux mépris pour les autres ordres et qui n'était pas moins avide de puissance et d'influence ; on en a vu de remarquables exemples dans ce qui précède. Elle choisissait fréquemment pour sénéchaux ses cochers, ses valets, ses secrétaires et d'autres individus ignorants et serviles qui vendaient souvent la justice pour des faveurs ou des présents. Jusque dans les dernières années du règne de Christian VI, on trouve un exemple révoltant des grands abus auxquels pouvait donner lieu ce droit de justice seigneuriale : le comte *Vedel-Vedelsborg* fit condamner par son sénéchal un paysan et sa femme à la prison et à la confiscation de leur mobilier, et la dernière à être en outre fustigée sur le pilori ; et, sans leur laisser la voie de l'appel, il fit exécuter la sentence par un bourreau désigné par lui. Plus tard le roi annula le jugement et déclara que la peine infamante subie par la femme ne porterait pas préjudice à sa bonne renommée ; enfin il pardonna au comte, « à cause des fidèles services de son frère » et par grâce singulière. Il y avait aussi de grands abus dans l'exercice illimité du droit de collation. Les cures étaient données, sans égard pour la science et la capacité, à ceux qui avaient gagné la faveur des patrons des églises, et, dans beaucoup de cas, le pasteur ainsi nommé ne se maintenait qu'en sacrifiant sa dignité de prêtre et son indépendance comme homme et fonctionnaire, bien que les relations extérieures de pasteur à seigneur, par suite des progrès de l'urbanité, fussent devenues peu à peu moins choquantes qu'elles ne l'avaient été avant 1660. La *bourgeoisie* se montra beaucoup moins active et entreprenante dans cette période que dans aucune des précédentes ; car, après l'établissement du pouvoir absolu, elle n'eut plus de part au règlement des affaires générales de l'État, et la constitution municipale n'avait non plus rien de ce qu'il eût fallu pour alimenter et éveiller l'esprit public, l'influence accordée aux bourgeois dans l'administration de la cité étant extrêmement limitée ; il n'y avait donc pas de stimulant pour développer l'esprit de corps et la libre coopération des citoyens, lequel est aussi utile pour l'État en général que pour les communautés particulières.

Dans le cours de ces cent ans, la manière de vivre était généralement devenue moins grossière, les mœurs plus polies, mais non plus pures ; l'éducation et les lumières étaient plus universellement répandues. L'excès des anciens temps dans le boire et le

manger, le faste de mauvais goût dans le costume, dans les parures
et le mobilier, avaient peu à peu cessé ; mais le luxe n'avait pas
disparu, seulement il était plus raffiné et mieux entendu. Sous des
rois portés pour la magnificence comme Christian VI et Frédéric
V, une somptuosité extraordinaire dans la manière de vivre, les
vêtements et les meubles se répandit de la cour et de la noblesse
dans les classes les plus riches et les plus élevées de la bourgeoisie. Les mets étaient moins substantiels qu'auparavant, mais
non moins coûteux ni moins abondants ; le thé, le café, le chocolat, qui furent connus en Danemark quelques années après
1660, supplantèrent la simple bière et la modeste soupe à la bière
qui suffisaient autrefois, le matin, même aux personnes de qualité. L'ivrognerie qui, avant 1660, avait été portée à un si haut
degré, à la cour et dans la haute société, en fut successivement
bannie, comme inconciliable avec le ton plus fin qui y régnait,
mais elle prit de l'extension dans les basses classes avec l'usage
plus répandu de l'eau-de-vie.

Sous les rois de cette période, à l'exception peut-être de Frédéric IV, l'esprit, le ton et l'idiome allemands régnèrent, plus ou
moins, à la cour et dans les hautes classes. Le germanisme atteignit son apogée sous Christian VI, mais il trouva alors des adversaires dans de patriotiques écrivains danois comme Langebek,
Holberg et d'autres ; il déclina sous Frédéric V, bien que l'on ait
continué longtemps encore à commander l'armée en allemand.
Sous Frédéric V, au contraire, le ton et le goût français commencèrent à pénétrer aussi bien à la cour et chez les autres classes
que chez les écrivains. Il en faut chercher la raison, partie dans
la considération dont jouissaient alors la cour de Versailles, la
langue et la littérature française, partie dans la faveur que le roi
et son ministre Bernstorf l'ancien témoignaient à tout ce qui
était français ; pourtant l'esprit national et la langue danoise
eurent un ardent défenseur dans Jens-Schelderup Sneedorf. —
Dans la première partie de cette période, les sentiments religieux
furent généralement fermes et sérieux ; mais, lorsque Christian VI
voulut imposer la piété par ordonnance, cette erreur produisit
d'abord l'hypocrisie, puis l'indifférence religieuse qui, par l'influence croissante des mœurs et de la littérature française, s'accrut à tel point que l'incrédulité et le mépris des choses saintes

étaient à l'ordre du jour vers la fin du xviii° siècle. Christian VI et Frédéric V aimaient et protégeaient les sciences qui, sous leur règne, firent des progrès considérables; mais le joug de la censure pesait encore sur les écrivains, entravant la libre marche des sciences et des lettres. Le commerce eut une période de prospérité, surtout sous les deux derniers monarques; seulement, en raison du niveau peu élevé où se trouvaient l'agriculture et l'industrie, il ne s'occupait pas beaucoup de l'exportation des produits du pays, mais le nolis pour la Méditerranée et le trafic dans les deux Indes étaient fort avantageux. Le luxe régnant n'exerça pas sur le développement de l'industrie l'influence que l'on aurait pu attendre ; ou du moins il ne l'eut que longtemps après la fin de cette période. Car on continuait encore, au temps de Christian VI, à importer d'Allemagne et de Hollande des tables, des siéges, des cassettes, des commodes et des meubles analogues; les fers à cheval même venaient tout forgés de la Suède. — Ce tableau du Danemark dans cette période n'est sans doute pas réjouissant; mais le ton foncé des couleurs est quelque peu adouci par la vue des progrès que firent en même temps les sciences, les arts, l'instruction publique et l'éducation, ainsi que le commerce et quelques branches de l'industrie. Beaucoup de questions avaient été aussi agitées, surtout à propos de la classe rurale, et elles n'attendaient que des circonstances favorables pour être résolues au grand avantage du pays. Dans les quarante-six dernières années, le royaume jouit d'une paix ininterrompue; aussi les habitants purent-ils se livrer paisiblement à leurs occupations, tandis que le reste de l'Europe était ravagé par la guerre et baignait dans le sang. Malgré cette longue paix, le Danemark n'avait rien perdu de sa considération à l'étranger et il s'était agrandi par l'annexion de plusieurs territoires considérables.

SECONDE DIVISION

(1766-1839)

I

Christian VII. — Changements dans le personnel des hauts fonctionnaires. — Voyage du roi à l'étranger. — Struensee, Brandt, Ranzau-Ascheberg. — Struensee placé à la tête du gouvernement. — Modifications administratives. — Finances, justice. — Les paysans. — L'Université. — La liberté de la presse. — Mépris de la langue et des mœurs. — Chute de Struensee.

Christian VII, âgé de dix-sept ans, succéda à son père au commencement de l'année 1766, et épousa peu après la sœur du roi Georges III d'Angleterre, la princesse *Caroline-Mathilde*, alors dans sa seizième année. L'ancien précepteur du roi, le noble et désintéressé *Reverdil*, fut nommé secrétaire du cabinet et jouit d'une grande influence, dont il se servit en faveur de la cause des paysans. Au reste, dans les premières années, le gouvernement fut dirigé d'après les mêmes principes que sous le règne précédent. L'ancien Bernstorf eut à soutenir un vif assaut de son ennemi, le comte Danneskjold-Samsœ, mais il se défendit si bien qu'il regagna toute la confiance du roi. Peu après, Danneskjold-Samsœ reçut du roi une lettre très-flatteuse, où il était invité à reprendre la direction de la marine et de la flotte, qu'il avait mise en si bon état sous Christian VI. Mais cette faveur dura peu : avant que l'année fût écoulée, il fut subitement congédié par une missive très-dure, qui lui enjoignait de vider la capitale dans le délai de trois jours. Ces procédés à l'égard d'un personnage si méritant sont attribués à son successeur dans l'administration de la flotte, le comte *Christian-Conrad Danneskjold-Laurvig*. Cet homme, méprisable à bien des points de vue, devait pourtant à son parent Danneskjold-Samsœ d'avoir pu rentrer à la cour d'où il avait été banni, à la fin du règne de Frédéric V, à cause de ses fautes; d'autres changements eurent lieu : le général de Saint-Germain fut congédié, Reverdil renvoyé dans sa patrie, en Suisse, et le comte Holck gagna une influence dont il abusa pour inspirer au jeune roi le goût des plaisirs indignes et pour le brouiller avec la reine.

En 1768, Christian VII fit à l'étranger un voyage qui eut des conséquences importantes pour le gouvernement; car c'est à cette occasion qu'il fit connaissance avec *Jean-Frédéric Struensee*. Ce personnage, qui était alors médecin et directeur de l'hygiène publique à Altona, était né, en 1737, à Halle, où son père, *Adam Struensee*, était pasteur et professeur; ce dernier fut appelé à Altona par le gouvernement danois, en 1757, nommé premier pasteur de cette ville et, trois ans après, *surintendant général* ou chef du clergé des duchés. Par l'influence de puissants protecteurs, le fils fut choisi pour accompagner le roi dans son voyage, en qualité de médecin; dans cette situation, il sut, par ses aptitudes variées et son habileté, produire une impression favorable sur le jeune monarque. Après le retour, il se concilia si bien la faveur du roi et de la reine, qu'il acquit bientôt l'influence la plus décisive dans les affaires du gouvernement. Un des auxiliaires dont il se servit pour assurer sa puissance fut *Enevold Brandt*, avec qui le roi se plaisait beaucoup, mais qui était d'ailleurs d'un caractère fort insignifiant. Struensee était imbu des nouvelles théories politiques, à tout prendre assez justes, qui, dans les derniers temps, avaient été appliquées avec plus ou moins de succès dans divers États de l'Europe, et il désirait les transplanter en Danemark, où la machine gouvernementale suivait la vieille routine. Les idées modernes n'y avaient pas encore pénétré, si ce n'est que la censure avait été quelque peu adoucie et que diverses tentatives avaient été faites pour améliorer la condition misérable des paysans. Mais un homme faisait obstacle à ces projets : c'était l'ancien Bernstorf qui, ayant eu pendant vingt ans de suite la principale part dans la direction des affaires publiques, s'était fait estimer de toute la nation et avait si bien mérité de la patrie. Avec l'aide du comte *Ranzau-Ascheberg*, qui avait été le premier à l'appuyer et à le recommander auprès du roi, Struensee réussit à renverser Bernstorf, le 13 septembre 1770, et c'est de ce jour que l'on peut vraiment dater son ministère. Une fois la voie débarrassée de cette pierre d'achoppement, des réformes plus radicales furent entreprises. Le Conseil privé, qui fonctionnait presque depuis l'établissement du pouvoir absolu et qui faisait subir un dernier examen à toutes les principales affaires d'État, fut totalement supprimé, le 27 décembre 1770, et ses membres, *Thott, Moltke, Reventlov* et *Rosenkrands*, reçurent leur congé; la même mesure avait déjà frappé antérieurement *Holck* et *Danneskjold-Laurvig*. *Ranzau-Ascheberg*, n'étant plus d'accord avec Struensee, fut également congédié et devint l'un des ennemis les plus acharnés et les plus dangereux de ce dernier. Après avoir ainsi écarté ceux des grands fonctionnaires qui étaient anciens et considérés, Struensee se vit en état de dominer totalement le roi et d'introduire dans le gouvernement les nombreuses modifications qu'il avait projetées. Il établit l'usage des *Ordres de Cabinet,* donnés directement par le roi et qui devaient être exécutés sans que les collèges ou ministères fussent consultés. De médecin du corps devenu conseiller d'État, ensuite conseiller de conférence et finalement fait comte avec son ami *Brandt*, il fut nommé ministre du cabinet privé, le 14 juillet 1771, et fut ainsi investi d'une dignité et d'une puissance sans exemple dans l'histoire de Danemark. Il lui incombait, en effet, de rédiger par écrit les ordres que le roi lui donnait verbalement et il reçut plein pouvoir de les émettre au nom du roi et sous le sceau du cabinet; pourvu qu'ils ne fussent pas en contradiction avec des ordonnances ou des résolutions royales antérieures, ils devaient avoir le même effet que s'ils eussent été écrits de la main du roi. Et comme pour montrer que c'était le ministre et non le roi qui gouvernait, il fut en même temps prescrit d'envoyer au secrétariat du cabinet toutes les lettres, les pétitions, les réclamations adressées au roi.

Plus tard, Struensee lui-même formula ainsi les principes de gouvernement qu'il suivit : « Mettre plus d'activité, d'ordre et de simplicité dans les hauts collèges administratifs, en divisant les affaires nombreuses et diverses qui leur étaient soumises; établir dans les finances des règles fixes, placer les diverses branches de revenus et de dépenses sous une direction commune; faire toutes les économies possibles, afin d'amortir la dette; améliorer la justice en abolissant la question, en organisant et distribuant les tribunaux d'une manière plus appropriée ; cesser d'entretenir les fabriques et manufactures aux frais de l'État, mais assister les classes rurales et encourager l'agriculture, et transformer en redevances pécuniaires toutes les prestations en nature ; ne plus prodiguer comme on l'avait fait les insignes et les titres honorifiques ; ne pas préférer les nobles aux bourgeois dans la nomination aux emplois, mais astreindre les uns comme les autres à passer par les grades inférieurs avant de s'élever aux plus hauts ; enfin dispenser l'État de travailler à la réforme des mœurs par des dispositions législatives et d'autres mesures, mais laisser ce soin aux précepteurs du peuple. » Struensee agit d'après ces principes dans son ministère qui ne dura guère plus d'un an ; et il en résulta beaucoup de bien, mais non sans mélange de méprises et de mesures absolument mauvaises.

Presque toute l'organisation politique, qui était en vigueur depuis 1660, fut modifiée : outre la suppression déjà mentionnée du Conseil privé, les chancelleries danoise et allemande, la chambre des comptes, le bureau des douanes, le collége du commerce, l'amirauté et la direction générale des postes furent transformés en bureaux avec départements, et l'expédition des affaires y fut simplifiée et exactement fixée. Mais c'est surtout l'administration des finances, où avait jusqu'alors régné un grand désordre, qui attira l'attention de Struensee ; et, en cette matière importante, il trouva d'excellents collaborateurs dans Oeder et son frère, l'habile conseiller de justice Struensee. Il fut institué un *collége des Finances* qui, sous la présidence du comte *Ulrik-Adolphe Holstein* de Holsteinborg, avait à administrer tous les revenus et les dépenses de l'État, autrefois placés dans les attributions de la chambre des comptes, du bureau des douanes, du collége de commerce et d'autres colléges. L'administration des finances fut soumise à des règles fixes, des économies furent introduites dans le budget de la cour, les serviteurs inutiles congédiés, et la liste des pensions diminuée. La douane du Sund, dont le produit entrait auparavant dans la cassette royale, versa désormais sa recette dans le trésor public, ce qui avait déjà été fait quelques années auparavant pour la douane du Nordenfjelds norvégien ; au lieu de ces revenus et d'autres qui étaient variables, une somme fixe fut affectée aux dépenses de la cour. — Quant à la nomination aux emplois, il fut établi comme règle qu'aucun domestique et serviteur personnel ne pourrait être pris en considération, comme ils l'avaient été si abusivement jusqu'alors. Dès que Struensee fut en faveur, le roi publia un rescrit (4 septembre 1770), où il déclara qu'il avait résolu désormais de conférer moins de rangs et de titres, de peur que, trop multipliés, ils ne perdissent leur signification comme récompense du vrai mérite. En même temps, il fut enjoint aux colléges de s'assurer que ceux qu'ils proposeraient pour les décorations en étaient dignes. Le magistrat de Copenhague reçut une organisation nouvelle, après que tous ses membres eurent été déposés et le Conseil des trente-deux aboli. La nouvelle direction, ayant pour premier président le comte Ulrik-Adolphe Holstein, se composa de quatre autres fonctionnaires, de quatre conseillers et de deux représentants de la bourgeoisie, ces six derniers élus par les bourgeois et renouvelables chaque année; le compte annuel des revenus et des dépenses de la ville devait être rendu publiquement. Il faut pourtant avouer que, malgré la justesse des principes invoqués dans l'ordonnance relative à cette réforme, celle-ci manquait pourtant de garanties, parce que le mode d'élection des conseillers et des représentants n'était pas déterminé. La capitale reçut aussi un nouveau préfet de police, *Bornemann*, qui en peu de temps établit un ordre inaccoutumé et affermit l'institution confiée à ses soins. Diverses dispositions législatives prescrivirent à la police de ne pas outrepasser les limites de ses pouvoirs et de ne pas entraver les citoyens dans l'exercice de leurs droits.

L'administration de la justice à Copenhague avait été partagée jusqu'ici entre six ou sept tribunaux différents, ce qui, sans parler d'autres inconvénients, occasionnait de grandes dépenses et retardait la prompte expédition des affaires, à cause des difficultés qui s'élevaient sans cesse à propos de la compétence. Il y fut mis ordre par la suppression de beaucoup de tribunaux et par l'institution du *Tribunal de la cour et de la ville* (Hof-og Stadsret), par lequel devaient être jugées toutes les causes de la capitale, à l'exception des procès militaires qui étaient de la compétence du tribunal militaire et maritime, et des affaires ecclésiastiques qui ressortissaient au tribunal du prévôt ou premier pasteur. Ce fut l'une des rares réformes de Struensee que maintint le ministère suivant en raison de leur utilité évidente. Moins bien partagée fut une autre mesure non moins louable de Struensee, l'abolition de la question donnée avec le chat à neuf queues et la garcette, ainsi que d'autres moyens analogues employés pour arracher des aveux aux accusés. L'ordonnance du 30 décembre 1771 dit à ce propos « que le roi aime mieux voir acquitter un coupable que torturer un innocent ; c'est pourquoi ces moyens de coërcition sont totalement interdits à l'avenir, attendu que l'accusé ne doit être convaincu que par des témoignages et la vraisemblance des faits ». Un autre mérite de Struensee dans le même ordre d'idées, c'est d'avoir rendu indépendante du pouvoir exécutif la puissance judiciaire du tribunal suprême. Sous le règne de Christian V, en effet, les instructions pour la cour suprême, du 15 avril 1690, portaient que, dans les affaires d'une importance particulière et notamment dans celles qui concernaient les revenus et les domaines du roi, le jugement ne devait pas être rendu, avant que la cause n'eût été soumise au roi et qu'il n'eût fait connaître sa résolution. Cette étrange disposition resta en vigueur jusqu'au 7 décembre 1771, où elle fut abolie par un nouveau règlement, de sorte que la cour pouvait prononcer son arrêt dans chaque cause, sans prendre l'avis du roi.

Au commencement de son règne, Christian VII s'était montré disposé à s'occuper des classes rurales opprimées et à améliorer leur sort. Dans les premières années il exempta de la corvée les paysans de l'amt (bailliage) de Copenhague et leur concéda leurs fermes en toute propriété : peu après il déclara que son dessein était d'affranchir tous les paysans ; cette belle résolution était due à l'influence exercée sur lui par son secrétaire de cabinet, le noble *Reverdil*. Il fut alors institué une commission rurale, où siégèrent *Reverdil* et *Stampe* et dont les efforts tendirent principalement à l'abolition du domicile forcé et de la corvée et à l'extension générale de la propriété. Mais Reverdil perdit peu après la faveur du roi, fut exilé du Danemark, et, après que les conseillers privés, Schack, Schimmelmann et Moltke eurent été nommés membres de la commission, transformée en *collége d'économie rurale* (Landvæsenskollegium), l'affaire prit une autre direction, comme s'il s'agissait moins de régler la position personnelle des paysans au point de vue légal que d'améliorer l'agriculture ; aussi bien, à ce dernier point de vue, parut-il diverses ordonnances utiles, notamment sur la suppression des communaux (29 juillet 1769) ; mais cette mesure rencontra beaucoup d'obstacles et rien d'important ne fut fait. On s'efforça de transformer la corvée d'indéterminée en déterminée, mais c'est aux seigneurs seuls que fut laissé le soin de la fixer! En ce temps, *Oeder* écrivait ses célèbres « *Considérations sur la manière de procurer aux paysans danois la liberté et la propriété* » ; mais cet écrit n'obtint pas l'approbation des détenteurs du pouvoir. Cependant, lorsque Struensee, qui voyait l'effet pernicieux des liens imposés à la classe rurale, fut mis à la tête du gouvernement, des mesures plus efficaces furent prises. Le collége d'économie rurale redevint une commission où Oeder fut appelé à siéger, et, le 20 février 1771, parut l'ordonnance, si favorable aux paysans, par laquelle la corvée fut réglée de la même manière que les autres charges des paysans, c'est-à-dire d'après le *hartkorn*, et plusieurs dispositions furent prises pour garantir le paysan de l'injustice. Ensuite, des prêts faits par la cassette royale furent promis aux fermiers qui deviendraient propriétaires, et l'on chercha à favoriser le transport des maisons d'exploitation au milieu des terres qui en dépendaient, en distribuant des récompenses à ceux qui faisaient cette opération. Après quoi, la commission présenta un projet pour l'abolition du domicile forcé ; mais, dans l'intervalle, Struensee fut renversé et les nouveaux détenteurs du pouvoir professaient d'autres opinions en matière d'économie rurale. — Struensee fit faire un grand pas à l'industrie, en appelant les *Frères Moraves* qui s'établirent à Christiansfeldt et dont la laborieuse activité fit de ce bourg un des principaux centres manufacturiers du Danemark.

L'Université, dont la situation était déplorable, et beaucoup d'institutions surannées n'échappèrent pas à l'esprit clairvoyant de Struensee ; il travailla aussi à les réformer, et à cet égard il recourut aux lumières du savant évêque de Throndhjem, *Gunnerus*, qui ne rédigea pas seulement un plan de réorganisation de l'Université de Copenhague, rempli d'idées claires et d'excellents avis, mais envoya encore un projet d'érection d'une université norvégienne. L'un et l'autre furent mis de côté sous le ministère de Guldberg, et c'est seulement sous Frédéric VI que les Norvégiens virent réaliser leur vœu ardent d'avoir une haute école à eux. L'académie noble de Sorœ subit un changement, en ce que les bourgeois y furent aussi admis, conformément aux dernières volontés de Holberg, dont on avait jusqu'alors négligé de tenir compte. Une des mesures les plus bienfaisantes du ministère de Struensee, et dont les écrivains même qui l'ont jugé le plus sévèrement n'ont pu se dispenser de le louer, fut *l'établissement de la liberté de la presse*. Le 14 septembre 1770, lendemain du jour où Bernstorf avait été congédié, fut expédié à l'Université, à tous les évêques et au grand majordome de l'académie de Sorœ, qui exerçaient alors la censure, un rescrit royal où il est dit : « Comme il est aussi nuisible pour la recherche impartiale de la vérité que gênant pour l'examen des erreurs et des préjugés des anciens temps, que des patriotes honnêtes et zélés soient, par suite de considérations personnelles, d'ordres ou d'opinions régnantes, détournés ou empêchés d'écrire librement, selon leurs lumières, leur conscience et leur conviction, ainsi que d'attaquer les abus et de dissiper les préjugés, — la liberté illimitée de la presse est autorisée dans tous les États et pays du roi, de sorte que, à l'avenir, personne ne soit obligé de soumettre ses livres et ses écrits à la censure jusqu'ici en vigueur. » Cette ordonnance fut accueillie par des applaudissements universels : Frédéric Lütken n'avait plus besoin de laisser mutiler ses écrits patriotiques, avant qu'ils vissent le jour, et Langebek n'avait plus à redouter de châtiment lorsqu'il choquerait quelque homme puissant, dans des discussions soulevées à propos de ses recherches historiques. Ce n'est pas seulement en Danemark, mais aussi dans toute l'Europe éclairée que cette émancipation de la presse causa une joyeuse surprise. Le vieux *Voltaire* adressa au jeune roi un poëme, où il le félicitait d'avoir montré au monde que la liberté de la presse, jusqu'ici regardée comme un privilége des États libres, n'était pas inconciliable avec les institutions d'une monarchie absolue. Cette liberté exerça une action vivifiante sur la littérature et donna la première impulsion aux grands progrès que firent plus tard la science et la poésie danoises, et que ne présageait guère leur situation avant 1770. Que l'ivraie ait été aussi mêlée au bon grain, que l'abus ait marché de pair avec l'usage raisonnable de cette liberté à laquelle on n'était pas encore accoutumé et dans un temps de fermentation politique, c'est ce dont on ne dut pas être surpris et ce qui n'égara aucun homme éclairé dans son jugement sur l'utilité et les effets salutaires de la liberté de la presse. Cet abus, qui fut très-grand au commencement, provoqua un rescrit royal du 7 octobre 1771, dans lequel il est dit que la liberté de la presse ne doit pas servir à violer les autres lois civiles et que chacun serait responsable devant les tribunaux de ce qu'il aurait publié. Personne ne blâmerait cette disposition si la liberté de la presse avait été réglée par une loi conçue dans le même esprit que celui qui se manifeste dans le rescrit sur l'abolition de la censure. Mais les termes généraux dans lesquels s'exprimait le rescrit du 7 octobre 1771, pouvaient être interprétés de façon à autoriser le plus grand arbitraire à l'égard de la presse, et c'est ce qui arriva après la chute de Struensee.

Tandis que ces réformes et d'autres analogues obtenaient l'éclatante approbation, au moins des hommes éclairés et clairvoyants, d'autres mesures de Struensee, concernant surtout l'Église et les mœurs, furent positivement et généralement désapprouvées par l'opinion publique, bien que certaines d'entre elles fussent bonnes et louables, et que, relativement à d'autres, il y eût beaucoup à dire pour et contre. Mais Struensee avait la réputation d'être un homme à principes détestables ; il en résulta naturellement que tout ce qu'il fit à l'égard de la religion et des mœurs, excita une animosité et une défiance trop bien justifiées par quelques-unes de ses mesures, qui paraissaient avoir directement pour but de saper toutes les bases de la morale. Un grand nombre de fêtes furent supprimées ou reportées au dimanche suivant, « parce qu'elles favorisaient plutôt la paresse et les vices que la vraie piété » ; les portes de Copenhague furent ouvertes pendant le service divin aussi bien que la nuit ; l'ondoiement fut permis ; il ne devait plus être fait de différence entre les enfants légitimes et naturels au point de vue soit civil, soit religieux ; les prohibitions jusqu'alors en vigueur contre les mariages entre parents furent considérablement restreintes ; et les amendes pour cohabitation illégitime furent totalement abrogées, ce qui causa beaucoup de scandale. Pour réprimer le luxe qui régnait dans les funérailles, il fut ordonné qu'elles auraient lieu la nuit, avant six heures du matin, limite que l'on porta plus tard à neuf heures ; et l'on se proposait d'interdire les inhumations dans l'enceinte des villes. Ces mesures ne pouvaient manquer d'être critiquées, parce qu'elles étaient en opposition avec les mœurs et les opinions du temps. Mais beaucoup de gens se sentirent froissés encore davantage dans leurs sentiments religieux et moraux par la transformation de la chapelle de l'hôpital Frédéric en infirmerie pour les maladies honteuses ; par la suppression de la fondation pieuse de Frédéric IV, l'orphelinat, et par la fermeture de son église. Ce fut cependant une ordonnance pour les duchés, en date du 28 juin 1771, qui causa le plus de scandale ; elle autorisait les adultères devenus libres par le décès de leur conjoint ou par le divorce à se marier ensemble ; c'était étendre la théorie d'après laquelle l'État n'avait pas à protéger les mœurs par des dispositions législatives, et l'étendre jusqu'à faire de l'État le protecteur de l'immoralité. Au milieu de tous ces changements, furent introduits nombre d'amusements et de divertissements, auparavant inconnus : cavalcades, courses de chevaux, bals, concerts, mascarades, quelquefois avec entrée gratuite pour chacun ; des pièces danoises, françaises, italiennes, étaient jouées non-seulement en semaine, mais encore le dimanche et les veilles des fêtes, ce qui n'était pas d'usage et fut interprété comme une insulte à la religion. Le jardin de Rosenborg, qui était auparavant fermé, fut désormais ouvert à tous, magnifiquement illuminé le soir et rempli de tentes, où les jeux de hasard furent permis, moyennant une redevance payée à la maison des enfants trouvés fondée par Struensee. A ce propos, on disait amèrement que le tout-puissant ministre cherchait à entretenir les fruits de la débauche avec les produits du jeu et que, en multipliant les plaisirs, il travaillait à étouffer le sens moral du peuple et à détourner son attention des changements politiques qui avaient lieu. Il ruina aussi la moralité, le bonheur et le bien-être social par la *loterie de série*, cette peste qu'il introduisit en Danemark par l'ordonnance du 12 janvier 1771.

Cependant il commença à se produire parmi le peuple des indices de fermentation latente et de mécontentement croissant, qui menaçaient d'une chute rapide la domination de Struensee. Tous ceux qui tenaient sérieusement à la religion et aux mœurs, voyaient en lui un ennemi juré de l'une et des autres ; ses meilleures mesures elles-mêmes devaient lui susciter une nuée d'adversaires, car il procédait trop brusquement et trop violemment. Des fonctionnaires très-méritants ou irréprochables étaient destitués contrairement à la loi et sans jugement et n'obtenaient souvent qu'une minime pension ou même rien du tout. C'est le petit nombre seulement qui entrevoyait les conséquences salutaires de ces réformes ; mais tous sentaient le mal présent. Toute la noblesse était soulevée contre un homme, qui était lui-même d'origine bourgeoise, qui avait souvent déclaré et maintes fois prouvé par des actes, qu'il ne préférait pas la noblesse à la bourgeoisie, mais plutôt celle-ci à celle-là, et qui se proposait même de restreindre les priviléges de la haute noblesse. En supprimant le magistrat de Copenhague et le conseil des trente-deux, il s'attira l'inimitié déclarée de nombre des familles les plus considérées et les plus puissantes de la capitale. En émancipant la presse, il avait mis entre les mains de tous ses ennemis, ouverts ou secrets, une arme redoutable dont ils ne manquèrent pas de se servir ; chaque jour il pleuvait des feuilles et des brochures remplies des attaques les plus haineuses et les plus venimeuses. La désaffection toujours croissante trouvait un riche aliment dans le mépris que Struensee professait pour la langue nationale. Tous les ordres du roi étaient donnés en allemand et tous les colléges royaux devaient rédiger leurs rapports en cette langue, excepté la chancellerie danoise, qui fut autorisée à se servir du danois, tout en ajoutant à ses rapports un résumé en allemand. Aucun solliciteur ne pouvait compter que sa pétition serait lue, à moins qu'elle ne fût écrite en allemand ; aussi voyait-on à Copenhague des gens qui couraient de côté et d'autre pour faire traduire leurs suppliques en allemand. Si ce mépris de la langue excitait la profonde indignation de tous ceux qui n'étaient pas indifférents à la patrie et à la nationalité, la manière indigne dont on disait que Brandt traitait le roi, dans la personne duquel toute la nation se sentait blessée, provoquait une véritable exaspération. Celle-ci se manifesta par plusieurs tumultes et mouvements séditieux. Quelques matelots norvégiens, dont la solde était en retard, avec des charpentiers de l'arsenal de l'Ilot, se rendirent en armes à Hirschholm, où séjournait la cour ; plus tard, lorsque l'on voulut supprimer la garde du corps et en répartir les soldats, tous indigènes, dans d'autres régiments, elle opposa une sanglante résistance et se porta sur Frederiksberg, menaçant de mort Struensee et son parti. Ces troubles ne furent apaisés pour un instant que par une molle condescendance pour les séditieux.

Struensee chercha désormais à se maintenir par la force ; les remparts de Copenhague furent garnis d'un plus grand nombre de canons ; à l'arsenal, des canons furent chargés à mitraille ; le château de Christiansborg fut entouré de forts postes, et, lorsque la cour sortait, les voitures étaient accompagnées de nombreux cavaliers, et le cortége passait au grand galop dans les rues de la ville, comme si l'on eût redouté une attaque. Cependant toutes ces mesures furent inefficaces. Lors du soulèvement des gardes du corps, Struensee doit avoir donné des preuves de découragement et avoir fait des préparatifs de fuite à l'étranger : ses ennemis n'en furent que plus ardents. A la tête de ces derniers étaient la reine douairière *Julienne-Marie* et son fils le *prince héréditaire Frédéric*, frère consanguin du roi. Ceux-ci avaient été totalement éloignés du roi, et ils croyaient en outre avoir été personnellement insultés par Struensee. *Ove Guldberg*, autrefois professeur à Sorœ, depuis précepteur du prince héréditaire, et récemment nommé son secrétaire de cabinet, ménagea une entente entre *Ranzau-Ascheberg*, *Osten*, le général *Eichstädt*, le colonel *Köller* et le commissaire général des guerres *Beringskjold*, dans le but de renverser Struensee et de se rendre maître de sa personne. Quelques régiments qui faisaient le service de garde du corps ayant été gagnés par Köller, les conjurés n'avaient rien à craindre. Ils réussirent à surprendre Struensee qui ne se doutait de rien et à s'emparer de lui, ainsi que de ses principaux adhérents, le 17 janvier 1772, de bon matin, après un bal de la cour. La populace de Copenhague se réjouit de la chute du ministre et, dans son transport, elle se livra à des désordres et à des violences, tandis que les journaux et les brochures accablaient à l'envi d'outrages et d'invectives le favori déchu. Struensee fut aussitôt traduit devant une commission mixte, composée à la vérité pour la plus grande partie de membres de la Cour suprême, mais où siégeaient aussi d'autres personnes, notamment Ove Guldberg lui-même. Dans le cours des débats, il avoua qu'il avait entretenu des relations illicites avec la reine ; un arrêt de mort s'ensuivit. Brandt ne fut pas condamné moins sévèrement, bien que les imputations à sa charge fussent douteuses ou moins graves. La sentence portait qu'ils avaient tous deux forfait l'honneur, la vie et les biens ; que leurs armoiries de comte seraient brisées de la main du bourreau ; qu'ils seraient décapités après avoir eu la main tranchée de leur vivant ; que leur cadavre serait écartelé et mis sous la roue, leur tête plantée au bout d'une pique ; et ce jugement barbare fut exécuté le 28 avril 1772, dans les Communaux de l'est (OEsterfælled), en dehors de Copenhague. La reine, la jeune et infortunée *Caroline-Mathilde*, fut d'abord emprisonnée à Kronborg et ensuite, après la dissolution de son mariage, envoyée à Celle dans le Hannovre, où elle vécut encore trois ans, exerçant en secret sa bienfaisance à l'égard des pauvres et des malades de cette ville. Elle y mourut à l'âge de vingt-quatre ans, le 10 mai 1775. — Struensee offre un exemple frappant du danger qu'il y a de vouloir changer par force les mœurs, la manière de voir et les opinions d'un peuple et d'afficher le mépris de sa langue. Il était doué de remarquables facultés intellectuelles et d'une perspicacité qui lui faisait voir les imperfections dont souffrait le corps social ; c'est pour y remédier qu'il entreprit la plupart de ses changements ; mais il manquait de sérieux et de pureté morale, qualités qui ne sont pas moins nécessaires à l'homme d'État qu'au particulier, pour produire quelque bien durable.

II

Le ministère de Guldberg. — Retour aux anciens errements. — Le grand-duc Paul ratifie la cession du Holstein. — A. P. Bernstorf. — La neutralité armée. — Le commerce. — Les finances. — Sollicitude pour la langue nationale. — L'instruction publique. — L'indigénat. — La presse traitée arbitrairement. — Oppression des paysans.

La reine douairière *Julienne-Marie*, qui était ambitieuse et dominatrice, mais à tous autres égards certainement meilleure que sa réputation, exerça le pouvoir, conjointement avec son fils, l'insignifiant prince héréditaire Frédéric, de 1772 à 1784. Mais avant peu, *Ove Guldberg* devint l'âme du gouvernement ; aussi bien avait-il pris une part active à la révolution du 17 janvier 1772. En 1774, il fut nommé secrétaire du cabinet privé, deux ans plus tard secrétaire d'État, l'année suivante anobli sous le nom de *Hœegh-Guldberg*, et enfin, au commencement de l'année 1784, peu avant que le prince de la couronne Frédéric prît la direction des affaires, il devint ministre intime d'État, et son influence fut si prépondérante que toute cette période a été nommée d'après lui. Otto Thott, Schack-Rathlau, le général Eichstädt et le comte Schimmelmann eurent avec Guldberg une part importante dans le gouvernement ; *F. C. Kaas*, bien que mal recommandé par l'expédition d'Alger (1770), qui s'était terminée avec honte et perte, fut, peu de jours après la chute de Struensee, nommé député à l'Amirauté et, après la mort de l'excellent amiral *Rœmeling* (1775), fut chef de l'administration de la flotte jusqu'en 1784. Divers autres personnages qui avaient aidé la reine douairière à renverser Struensee, ne conservèrent pas longtemps la faveur du nouveau gouvernement. Ranzau-Ascheberg, Osten et Köller furent avant peu éloignés des hauts postes auxquels ils avaient été élevés au commencement. Malgré la diversité des jugements sur Struensee, tous s'accordent pourtant à admettre qu'il avait un rare talent pour découvrir les hommes éclairés et capables d'exécuter ses vastes plans. Tels étaient le comte Ulrik-Adolphe Holstein, Gunnerus, Oeder, Sturz, son propre frère, le conseiller de justice *Struensee*, qui a la réputation d'avoir été habile financier et qui devint plus tard ministre d'État en Prusse, et l'excellent général Huth. A l'exception du dernier, tous ces fonctionnaires furent déposés et éloignés, et Reverdil, que Struensee avait rappelé en Danemark, éprouva le même sort. Les nouveaux gouvernants reprirent bientôt les anciens errements et abolirent peu à peu la plupart des mesures prises par Struensee, les bonnes pour la plupart, tout aussi bien que les mauvaises. Le Conseil privé fut rétabli sous le nom de conseil d'État intime, à quoi fut ajoutée, par l'ordonnance du 13 février 1772, la disposition que toutes les affaires, après avoir passé par le ministère compétent, seraient ensuite soumises au conseil d'État, de sorte qu'un ordre signé du roi ne devait pas avoir d'effet, à moins d'être expédié par le conseil d'État. Les chancelleries danoise et allemande, avec les autres collèges, furent remises sur l'ancien pied, et l'administration des finances fut de nouveau répartie entre diverses chambres et collèges. Le nouveau magistrat de Copenhague, avec les quatre conseillers et les deux représentants de la bourgeoisie, fut déposé, et l'ancienne administration, avec le conseil des trente-deux, réintégrée dans ses fonctions ; la question avec la garcette et le chat fut rétablie ; la police reprit son ancien pouvoir arbitraire ; enfin la commission d'économie rurale fut aussi supprimée et ses attributions transportées à la chambre des comptes. La loterie de série resta au contraire intacte. — Un des plus beaux ornements du ministère Guldberg fut *André-Pierre Bernstorf*, neveu de l'ancien homme d'État de ce nom qui fut appelé en Danemark, en 1773, et chargé de la direction des affaires étrangères. Il eut la satisfaction de voir ratifier et exécuter, en 1773, à la majorité du grand-duc Paul, le traité conclu par son oncle avec la Russie, en 1767, relativement à l'échange du Holstein royal contre les comtés d'Oldenbourg et de Delmenhorst. Le Danemark devint ainsi l'unique maître de tout le Holstein, et toutes les lignes de la maison holsteino-kieloise renoncèrent à leurs prétentions sur l'ex-partie gottorpienne du Slesvig. Les comtés d'Oldenbourg et de Delmenhorst, érigés en duché, furent abandonnés par le grand-duc Paul à un prince Frédéric-Auguste de la jeune branche kieloise. Lorsque le dernier duc de Glücksburg mourut six ans plus tard, ses possessions échurent au Danemark, de sorte que, en 1779, toutes les parties du royaume qui en avaient été détachées, furent réunies à l'exception des territoires de la ligne d'Augustenborg.

La dernière année dans laquelle Bernstorf dirigea la politique étrangère du Danemark, fut marquée par la participation du royaume à la *ligue de neutralité armée*. Pendant la lutte qu'elle soutint contre ses colonies de l'Amérique septentrionale, l'Angleterre avait été impliquée dans une guerre avec plusieurs des principales puissances maritimes; et pendant celle-ci, le Danemark qui jouissait de la paix faisait un commerce extraordinairement florissant dans la Méditerranée et l'Atlantique aussi bien que dans les Indes Orientales et Occidentales. Cependant ce trafic avait à subir bien des avanies de la part de corsaires et de vaisseaux de guerre français et surtout *anglais ;* car l'Angleterre ne voulait pas souffrir que l'Amérique septentrionale et les autres belligérants se servissent de navires neutres danois pour exporter leurs marchandises ou importer ce dont elles avaient besoin. Bernstorf ne songeait qu'à réprimer ces atteintes à la liberté générale du commerce et cherchait un moyen efficace de faire respecter les neutres, puisqu'il ne servait de rien de faire des représentations à l'Angleterre ni de se référer aux traités existants. Sur ces entrefaites, la Russie proposa au Danemark (août 1778) de se concerter pour l'envoi de vaisseaux de guerre destinés à protéger la navigation dans l'Océan glacial boréal. Ce projet ne sourit aucunement à Bernstorf, parce qu'il était trop limité et qu'au fond, il était tout à l'avantage de l'Angleterre, dont les vaisseaux marchands à destination d'Archangelsk avaient été capturés par les corsaires des États-Unis ; mais il lui donna occasion d'en présenter un beaucoup plus large, le 28 septembre 1778. Celui-ci tendait à la conclusion d'une alliance entre le Danemark et la Russie pour la protection des neutres, basée sur les principes suivants : tous les navires neutres auraient libre accès aux ports et aux côtes des belligérants ; le pavillon *couvrirait la marchandise*, en ce sens que les marchandises appartenant aux sujets des puissances belligérantes, à l'exception de la *contrebande de guerre*, deviendraient insaisissables lorsqu'elles seraient à bord d'un navire neutre ; mais l'idée ne devrait pas être étendue plus loin que ne le comportaient les dispositions des traités en vigueur, c'est-à-dire qu'elle devrait en général être restreinte aux objets vraiment nécessaires pour la continuation des hostilités. Pour faire respecter ces principes et protéger les bâtiments neutres, il proposait donc que les deux puissances armassent un certain nombre de navires de guerre pour les envoyer en croisière ; dans sa pensée, cette alliance ne devait comprendre que le Danemark et la Russie. Il espérait en effet que, par cette limitation, il éviterait une rupture ouverte avec l'Angleterre, qui était alors en relations très amicales et très intimes avec la Russie. Bernstorf était aussi convaincu que, dans la situation politique d'alors, l'Angleterre était, avec la Russie, le meilleur et le plus puissant allié du Danemark, et qu'il ne convenait pas de s'aliéner cette puissance en poussant les choses à l'extrême. Il était donc d'avis d'exclure la Suède de ce pacte parce qu'il connaissait les dispositions hostiles du roi régnant, Gustave III, à l'égard du Danemark, et parce que la Suède était étroitement alliée avec la France ; de sorte qu'il était à craindre que son admission dans la ligue n'entraînât celle-ci à rompre ouvertement avec l'Angleterre. Aussi, lorsque peu après la Suède, à l'instigation du ministre français à Stockholm, invita le gouvernement danois à négocier un traité pour la protection des neutres, Bernstorf fit une réponse si froide et si évasive qu'elle équivalait à un refus. Cependant ses propres ouvertures ne reçurent pas non plus un accueil favorable de la Russie, sans doute parce qu'elles étaient contre-balancées par l'envoyé d'Angleterre, *Harris*, qui était alors tout-puissant à la cour de Saint-Pétersbourg. La Russie finit par rejeter le projet de Bernstorf et revint au sien propre, qui fut à son tour repoussé par le gouvernement danois. Celui-ci, livré à lui-même, usa des moyens qu'il avait à sa disposition ; il arma un nombre considérable de navires de guerre et les envoya en croisière dans des parages plus ou moins éloignés pour protéger les bâtiments de commerce contre les entreprises des belligérants. En même temps Bernstorf continua à négocier avec l'Angleterre, cherchant surtout à en obtenir la concession que les royaumes de Danemark et de Norvège pourraient librement exporter dans les pays en guerre la viande salée, le poisson salé et séché, ces produits si importants pour eux que les Anglais regardaient comme contrebande de guerre. Mais l'*Espagne* aussi s'étant unie aux ennemis de l'Angleterre, celle-ci se trouva dans une situation fort critique. Comme elle ne paraissait pas être en état de tenir tête aux puissances maritimes coalisées, Bernstorf considéra comme un péril pour les propres intérêts du Danemark qu'elle fût affaiblie ou même complètement accablée et se montra disposé à se rapprocher d'elle, d'autant plus qu'il pouvait attendre que, dans ces circonstances, elle consentirait à faire d'importantes concessions en faveur du commerce neutre, non-seulement dans cette guerre, mais aussi pour l'avenir. En outre, l'Espagne avait, à l'égard des bâtiments neutres, usé de procédés qu'il fallait combattre par des moyens énergiques, afin d'empêcher la ruine totale de l'important commerce du Danemark dans la Méditerranée. Les Espagnols avaient capturé divers navires russes et, dans l'espace de six semaines, pris non moins de seize vaisseaux danois. Les premières ouvertures furent faites par l'Angleterre qui, par l'intermédiaire de son envoyé à Copenhague, proposa une alliance au Danemark. Bernstorf entra d'autant plus volontiers dans ce projet qu'il comptait se mettre par là en étroite conformité de vues avec la Russie qui, dans ces dernières années, avait toujours montré des dispositions très-amicales pour l'Angleterre. L'alliance à laquelle on supposait que la Russie accéderait et qui deviendrait ainsi une triple alliance, avait pour but d'imposer la paix aux ennemis de l'Angleterre, par une *médiation armée*, si les négociations ne suffisaient pas à leur faire accepter un arrangement équitable.

Mais, pendant que l'on était en pourparlers à Copenhague, il se faisait à Saint-Pétersbourg un revirement qui eut d'importantes conséquences. Le ministre d'Angleterre, Harris, avait, dit-on, au prix d'immenses sacrifices pécuniaires, mis de son côté le favori de l'impératrice Catherine, Potemkin, et, par l'influence de ce dernier, l'Angleterre et la Russie étaient sur le point de conclure une alliance qui aurait entraîné la czarine dans une guerre avec la France et l'Espagne. Mais le vieux *Panin*, qui était accoutumé à gouverner l'empire, voyant sa puissance menacée par son rival Potemkin et considérant d'ailleurs cette alliance comme funeste et contraire aux intérêts de la Russie, sut au moment décisif changer habilement les dispositions de l'impératrice. Profitant de ce qu'elle était exaspérée des procédés de l'Espagne à l'égard des bâtiments de commerce russes, il la détermina à abandonner la précaire alliance avec l'Angleterre et à se poser en protectrice du commerce des neutres, attitude qui flattait beaucoup sa vanité. En conséquence, elle publia le 10 mars 1780 (28 février du calendrier russe) un manifeste qui fut adressé à toutes les puissances belligérantes ; elle y déclarait qu'elle voulait défendre la liberté des neutres et qu'elle suivrait à cet égard les principes suivants : les relations maritimes avec les peuples en guerre doivent être libres ; le pavillon couvre la marchandise ; l'idée de contrebande doit être déterminée d'après les traités en vigueur ; le blocus, pour être valable, doit être effectif. En même temps, les puissances neutres furent invitées à souscrire à ces principes et à se liguer avec la Russie pour les soutenir. C'étaient à peu près les mêmes bases que celles sur lesquelles Bernstorf avait voulu établir l'alliance du Danemark avec la Russie, par son projet du 28 septembre 1778.

On pourrait donc croire qu'il accueillit avec joie ce manifeste et les ouvertures faites au Danemark. Il s'en fallut pourtant beaucoup qu'il en fût ainsi : d'abord, cette invitation arrivait fort mal à propos pour lui, au milieu des négociations qu'il avait entamées avec l'Angleterre et qu'il avait eu bien des raisons de croire conformes à la politique de la Russie. Ensuite, son projet différait essentiellement en un point de celui de la czarine, qui voulait admettre dans la ligue toutes les puissances neutres, par conséquent aussi la Suède, la Prusse, la Hollande, le Portugal, tandis que Bernstorf n'avait songé, au moins provisoirement, qu'à une alliance entre le Danemark et la Russie. Si la coalition s'étendait à tant de puissances, dont les intérêts en tant de points étaient très-différents et en partie opposés, il regardait comme inévitables des scissions qui paralyseraient l'activité des alliés ; il n'attendait donc pas grands résultats de ce projet. Enfin, cet exemple de versatilité du gouvernement russe lui inspira de la défiance contre sa politique et de l'hésitation à la suivre. Il pourrait arriver que le caprice de la souveraine ou les intrigues des ministres modifiassent de nouveau le système de la Russie et que la conduite du lendemain fût différente de celle de la veille. Cependant, pour ne pas rester isolé, le Danemark était réduit à accéder à la ligue. C'est ce qu'il fit par le traité du 9 juillet 1780 ; les autres puissances neutres en firent autant. Au reste, l'affaire tourna mieux que Bernstorf ne l'avait prévu. La puissante coalition imposa du respect aux nations belligérantes ; les principes de la neutralité armée furent reconnus par la France et l'Espagne ; l'Angleterre changea de procédés, de sorte que, dans le reste de cette guerre, le commerce du Danemark ne fut pas troublé.

Cependant, comme Bernstorf doutait au commencement que la ligue pût avoir une longue durée ou rien faire d'important, il continua avec l'Angleterre les négociations commencées et conclut, le 4 juillet, peu de jours avant la signature du traité avec la Russie, une convention par laquelle il fut spécifié que l'on ne considérerait comme contrebande de guerre ni le poisson ni la viande fraîche ou salée, ni la farine, ni le froment ou les autres céréales, pas plus que les autres denrées alimentaires en général ; que l'on regarderait au contraire comme contrebande les bois de construction navale, le goudron, la poix, les plaques de cuivre, les voiles, le chanvre et les cordages. On ne peut s'étonner de ce que ce traité avec l'Angleterre ait excité beaucoup de mécontentement à Saint-Pétersbourg et que l'on y ait considéré les concessions faites à l'Angleterre comme contraires aux principes sur lesquels reposait la neutralité armée; on en fut d'autant plus irrité que plusieurs des denrées désignées comme contrebande étaient précisément au nombre des articles d'exportation de la Russie. Panin donna cours à son exaspération dans les termes les plus violents, de sorte qu'il alla jusqu'à accuser Bernstorf de duplicité et de mauvaise foi. La colère de la cour de Russie émut tellement le ministère Guldberg, qu'il congédia Bernstorf, le 13 novembre 1780.

Ce fut principalement le commerce avec les Indes Orientales et Occidentales, ainsi que le nolissement pour la Méditerranée, qui fleurirent dans cette période. De 1775 à 1784, 106 navires furent envoyés dans les Indes Orientales et en rapportèrent des cargaisons pour la valeur de 54 millions; de 1781 à 1783 seulement, il alla dans les Indes Orientales 465 bâtiments, qui, dans une seule année (1782), importèrent à Copenhague des marchandises pour 3 millions de rigsdaler courants. Dans l'intérêt du commerce fut creusé, de 1777 à 1783, le canal qui relie le golfe de Kiel à l'Eider; long de 37 kilomètres et ayant coûté deux millions et demi de rigsdaler courants, il met la Baltique en communication avec la mer du Nord. Bien que la prospérité du commerce, l'augmentation de la douane du Sund et la consommation, qui croissaient d'année en année, aient rapporté de grosses sommes au trésor public, le gouvernement se trouva pourtant sans cesse à court d'argent sous le ministère Guldberg. Pour y remédier, le comte *Schimmelmann* l'ancien, qui dirigeait les finances, eut recours à l'expédient de racheter la banque privée et de la transformer en banque royale, bien que cette mesure fût en contradiction avec les priviléges octroyés à cet établissement par Christian VI et avec le vœu des intéressés. Elle eut de funestes suites : chaque fois que le gouvernement éprouva des embarras d'argent, il émit une quantité de billets de banque, sans être en possession d'une valeur correspondante en métal ou en propriétés, de sorte que les finances du pays finirent par être complètement en désordre. Bien que le gouvernement ait gagné plusieurs millions à cette opération, et que, dans cette période de paix ininterrompue, le commerce ait prospéré plus que jamais, la dette de l'État qui, dans les années 1766-1772, avait été réduite à 16 millions, monta à 29 millions et la dette en billets s'éleva de 5 à 16 millions, sous le ministère Guldberg.

Ce cabinet se distingua par sa louable sollicitude pour tout ce qui était danois, langue, littérature, sciences. La reine douairière, le prince héréditaire et sa femme, une princesse meklenbourgeoise, avaient pour la langue du pays des égards qui devenaient méritoires, à cause du mépris que lui avaient témoigné les précédents détenteurs du pouvoir. La troupe d'acteurs français fut congédiée, de sorte que la langue nationale régna seule au théâtre ; l'armée, au lieu d'être commandée en allemand, le fut en danois, et il fut prescrit d'employer le danois pour la justice militaire, lorsque c'était possible. Le prince héréditaire Frédéric donna des marques de ses sentiments patriotiques, en faisant ériger à Jægerspriis des monuments en l'honneur des hommes et des femmes qui avaient bien mérité de la patrie, et en rivalisant de zèle avec la reine douairière et Guldberg, lorsqu'il s'agissait d'encourager les savants indigènes et de subventionner les ouvrages scientifiques danois. Diverses réformes furent introduites dans l'Université, bien qu'elles ne fussent pas aussi étendues qu'il eût été désirable dans l'intérêt de la science, ni conçues dans les principes libéraux, développés par Gunnerus dans l'excellent projet de réorganisation de l'Université, qu'il avait présenté au gouvernement sous le ministère de Struensee. Les écoles savantes furent aussi mieux organisées par une ordonnance de 1775, dont le plus grand mérite est d'avoir montré de la sollicitude pour la langue nationale, jusqu'alors injustement négligée dans les collèges. Le témoignage le plus important de l'esprit patriotique qui animait le ministère Guldberg, fut l'ordonnance sur l'*indigénat* (15 janvier 1776), que le roi prescrivit à ses successeurs de maintenir comme une loi fondamentale. D'après les dispositions de celle-ci, ne pouvaient être élevés aux fonctions et aux postes honorifiques de l'État que les indigènes ou ceux qui en avaient obtenu les droits : « Car, y est-il dit, la justice veut que le pain du pays soit pour ses enfants et que les avantages de l'État soient réservés à ses citoyens. L'expérience de tous les temps a aussi appris que, dans un pays où il est pourvu à l'éducation de la jeunesse, il ne manque jamais de gens capables, lorsque le gouvernement en cherche. Aussi pouvons-nous avec satisfaction renvoyer à l'histoire du royaume, car elle offre des exemples d'hommes de toute condition qui ont servi, honoré et sauvé la patrie, et se sont sacrifiés pour le roi avec la plus noble résolution. » Après les grandes épreuves imposées au Danemark par les étrangers, une telle loi ne pouvait être regardée comme superflue et elle fut universellement approuvée par la nation.

Il pourrait sembler que l'amour des sciences ne pouvait être séparé de l'amour pour la liberté de la presse ; ce n'était cependant pas le cas chez Guldberg. Il encourageait libéralement les sciences et il était lui-même homme de science et écrivain ; néanmoins, pendant tout le temps où il eut une influence prépondérante dans le gouvernement, la presse fut livrée au plus grand arbitraire et à l'oppression. Par le rescrit du 20 octobre 1773, il fut interdit « d'insérer dans les annonces et les gazettes hebdomadaires *rien de ce qui concernait le gouvernement ou les mesures générales*, ou bien des polémiques, surtout de celles qui contenaient des attaques contre les personnes, ou des échos de la ville, ou des récits fictifs renfermant quelque chose de blessant ou d'inconvenant ». Le préfet de police était autorisé à punir les transgresseurs d'amendes de 50 à 200 rigsdaler, ou à condamner les insolvables à la prison au pain et à l'eau, de 4 à 28 jours, *sans qu'aucun appel pût être porté devant les tribunaux*. D'après un ordre royal contenu dans une circulaire de la chancellerie (27 novembre 1773), les dispositions de ce rescrit furent étendues aux gravures sur cuivre et aux autres publications. Parfois aussi le gouvernement exerça une action immédiate sur la presse par des ordres de cabinet ; les publications périodiques et les brochures n'étaient pas les seules qui fussent soumises à l'arbitraire du préfet de police, mais les ouvrages de plus grande étendue, qui traitaient souvent de questions de la plus haute importance pour le bien général, étaient aussi supprimés, confisqués ou mutilés, avant leur publication. Ainsi l'excellent écrit de Martfelt « sur le commerce danois des céréales », où étaient montrées les suites pernicieuses de l'interdiction d'importer des céréales, fut supprimé, et, bien que l'impression en eût commencé en 1774, il ne parut qu'en 1784, après que le ministère Guldberg eut cessé de gouverner. En raison de sérieuses remontrances de Guldberg, *Suhm* dut effacer beaucoup des passages les plus libéraux de son abrégé de l'histoire de Danemark, de Norvège et de Holstein, et « de peur d'être molesté par le préfet de police » il n'osa pas laisser circuler en librairie un autre écrit dont l'appendice contenait quarante-deux « règles remarquables de l'art du gouvernement ». Une apologie, en français, du ministère de Bernstorf l'ancien fut interdite et les exemplaires présents confisqués; une traduction annoncée du *Werther* de Gœthe fut étouffée à sa naissance. Parmi les actes arbitraires dont la presse fut alors l'objet, il n'y en eut pourtant pas qui aient produit plus de sensation que les procédés dont on usa à l'égard d'un ouvrage de *Thomas-Christophe Bruun*, intitulé : *Mes loisirs* (Mine Fritimer). C'est un ouvrage obscène et immoral, que ces défauts ont précisément sauvé de l'oubli mérité, où il aurait dû tomber depuis longtemps. Par ordre du roi non-seulement il fut confisqué et l'auteur condamné à 100 rigsdaler d'amende, mais il fut encore enjoint à ce dernier de se présenter chez l'évêque *Balle* pour être interrogé sur le catéchisme en présence de deux ecclésiastiques, et s'il ignorait les dogmes de la religion, comme on le supposait, il lui serait donné un précepteur, jusqu'à ce qu'il eût acquis les connaissances nécessaires. « Mais s'il refusait d'obéir ou se montrait récalcitrant, nous voulons en être informé, ajoutait l'ordre royal, afin de le placer, comme un homme mauvais et méprisable, dans la maison de correction. »

Quant à la question rurale, Guldberg professait l'opinion « *que les paysans ne pouvaient être soustraits au joug, sans que le Danemark en fût ébranlé dans ses fondements* »; il n'y avait donc rien à espérer pour eux, lorsque l'homme le plus influent du gouvernement pensait ainsi. Aussi la commission d'économie rurale fut-elle, comme on l'a remarqué, dissoute immédiatement après la chute de Struensee, et le plus actif de ses membres, *Oeder*, fut congédié par le ministre d'État *Schack-Rathlau*, avec le compliment peu flatteur : « qu'il avait été nuisible au Danemark ! » Les attributions de la commission furent ensuite transférées à la Chambre des Comptes, dont le président *Grégers Juel* n'était pas bien disposé pour les paysans. La bienfaisante ordonnance sur la corvée, qui avait été promulguée sous le ministère de Struensee, fut abrogée, et, par l'ordonnance du 12 août 1773, la corvée redevint indéterminée quant à la durée et à la mesure et dut être faite « *selon l'ancien usage et coutume de chaque lieu* ». L'année suivante le contingent de la milice nationale fut considérablement augmenté et il fut en même temps prescrit de garder sous les armes pendant six ans celui qui avait déjà servi douze ans, s'il ne voulait pas prendre une ferme à des conditions raisonnables et légales, et, même après ces dix-huit ans, les propriétaires injustes ne manquaient pas de moyens de retenir le vétéran sur le domaine où il avait passé les quatre premières années de sa vie. Les misères du paysan s'aggravaient avec le nombre toujours croissant des domaines seigneuriaux ; dans l'année 1774 seulement, neuf de ceux-ci furent formés lors de la vente des domaines royaux dans le bailliage d'Antvorskov. Dans ces années que l'on a appelées « la période des seigneurs », le sort des paysans fut aussi déplorable que jamais ; car le gouvernement d'alors semble avoir non-seulement renoncé aux tentatives pour leur procurer la liberté et le droit, mais encore avoir pris parti contre eux et s'être mis du côté des grands propriétaires. Pourtant, après que *Joachim-Gotsche Moltke* fut devenu président de la Chambre des Comptes, les communaux furent supprimés, le 23 avril 1781, dans une ordonnance importante pour l'agriculture et d'autant plus nécessaire, que les ordonnances antérieures concernant cette matière n'avaient presque servi de rien.

III

Chute du ministère Guldberg. — Le prince de la couronne Frédéric. — A. P. Bernstorf. — Guerre avec la Suède. — Le Danemark garde la paix au milieu de la conflagration européenne. — Mort de A. P. Bernstorf. — La neutralité armée. — Guerre avec l'Angleterre. — Combat dans la rade de Copenhague. — Rétablissement de la paix. — Les Anglais surprennent Copenhague. — Guerre avec l'Angleterre et la Suède. — Avénement de Frédéric VI. — Le prince Christian-Auguste d'Augustenborg. — Paix de Jœnkœping. — Participation à la grande guerre européenne. — Bataille de Sehested. — Paix de Kiel. — Perte de la Norvège.

Cependant le prince de la couronne, *Frédéric*, qui fut plus tard Frédéric VI, devenu grand avait été confirmé le 4 avril 1784, lorsqu'il était déjà dans sa dix-septième année. Peu de jours après cette cérémonie, un acte du gouvernement mit fin au ministère Guldberg. Par un ordre du 14 avril 1784, signé du roi, du prince de la couronne et des ministres d'État, *Schack-Rathlau* et *Otto Thott*, tout le cabinet fut congédié, et une ordonnance du 13 février 1772, promulguée sous le ministère Guldberg, mais tombée en désuétude dans les dernières années, fut remise en vigueur. Elle portait que toutes les affaires publiques devraient passer par le ministère compétent, avant d'être examinées par le Conseil d'État et soumises à la signature du roi. De tous les anciens ministres *Schack-Rathlau* et *Otto Thott* furent seuls conservés ; J. G. Moltke, Rosenkrone, Steman et Guldberg, avec l'ex-gouverneur du prince de la couronne, le général Eichstädt, furent congédiés, mais le prince de la couronne leur déclara qu'il leur conservait sa grâce, voulant oublier le passé et ne garder rancune à personne. A leur place il prit pour conseillers *Rosenkrands*, le général *Huth*, le conseiller privé *Henri Stampe* et *André-Pierre Bernstorf*, mis en disponibilité quatre ans auparavant, choix qui fut approuvé de toute la nation. Depuis ce temps, le prince de la couronne resta à la tête du gouvernement, jusqu'au jour où il monta lui-même sur le trône en 1808; car Christian VII qui, dans les premières années de son règne, avait brillé par son esprit et son intelligence, souffrit plus tard et jusqu'à sa mort, en 1808, d'une déplorable faiblesse d'esprit qui le rendait incapable de gouverner. On réunit donc ici, dans un même aperçu, les cinquante années qui suivirent; au point de vue tout à la fois des événements extérieurs et du développement social intérieur, elles ont été plus riches et plus importantes qu'aucun autre demi-siècle de l'histoire de Danemark.

L'étroite union du Danemark avec la Russie et les obligations qu'il avait contractées envers cet empire par le traité de 1773, le forcèrent de s'allier avec la Russie dans la guerre qu'elle engagea avec la Suède, en 1788. Bien que le gouvernement danois fût parfaitement instruit des sentiments hostiles de Gustave III et de ses dangereux desseins sur le Danemark et la Norvège, c'est pourtant à grand'peine qu'il se rendit à l'invitation de la czarine, encore s'efforça-t-il de réduire sa coopération au minimum. Cédant à la pression des circonstances, il fit entrer de Norvège en Suède (1788) une armée sous le commandement du landgrave Charles de Hesse, beau-frère de Christian VII. Dans cette campagne à laquelle participa le prince de la couronne, Frédéric, plusieurs provinces frontières, qui n'étaient pas suffisamment garnies de troupes, furent occupées, et la ville de Gœteborg elle-même était sur le point de se rendre, lorsque l'Angleterre et la Prusse, par leur médiation menaçante, mirent fin à cette guerre qui avait coûté au Danemark 7 millions de rigsdaler. — Peu après éclata la Révolution française, qui mit bientôt toute l'Europe en feu. Le Danemark seul garda une prudente neutralité sous la sage direction du ministre des affaires étrangères, *André-Pierre Bernstorf*, sans se laisser ébranler par les brillantes promesses des autres puissances et par leurs vives excitations à prendre part à la coalition contre la République française, que l'on représentait comme l'ennemie commune de l'Europe. Cette prudente et ferme politique eut les plus heureux résultats : pendant que le sang coulait à flot dans toute l'Europe, que les territoires étaient ravagés, que le commerce, l'industrie et les arts de la paix étaient inactifs, le Danemark atteignit un haut degré de prospérité et de force intérieure ; le gouvernement eut le loisir et les moyens d'introduire beaucoup de salutaires réformes aussi bien dans la société que dans l'économie rurale en particulier, ce qui mit l'État en mesure de supporter les grandes calamités qui le frappèrent depuis. Dans ces années de paix, où toutes les autres puissances maritimes étaient impliquées dans la guerre, le commerce du Danemark s'éleva à une hauteur et prit une extension dont il n'y avait pas d'exemples. L'*Angleterre* qui, grâce à sa puissante flotte militaire, était en état de protéger sa marine marchande, au milieu de la guerre, l'*Amérique septentrionale* et le *Danemark* se partagèrent le commerce du monde. Copenhague avait des négociants qui entretenaient des relations avec toutes les nations marchandes. Le trafic avec les Indes Orientales et la Chine était si animé que l'on importait *annuellement* à Copenhague des denrées pour une valeur de 5 millions de rigsdaler courants; le trafic avec les Indes Occidentales ainsi que le nolissement pour la Méditerranée étaient également très-lucratifs. Le commerce dans cette mer subit une courte interruption, en 1797, lorsque le Dey de Tripolis se permit d'insulter le pavillon danois; mais l'intrépide *Steen Bille*, à la suite d'un combat de trois navires danois contre sept vaisseaux tripolitains, le força de demander la paix et procura ainsi la sécurité au commerce danois dans ces parages. Le Danemark ne jouit pourtant pas de cette prospérité commerciale et des autres avantages de la paix sans être attaqué et subir des avanies de la part des puissances belligérantes; la République française notamment agit avec un arbitraire qui ne fut dépassé que par la puissante et orgueilleuse Angleterre. Aussi fallut-il toute la profonde prudence d'un Bernstorf, que les ennemis eux-mêmes ne pouvaient refuser d'admirer, pour conserver la paix sans l'acheter au prix de la dignité de l'État ou de l'abandon du système politique suivi jusqu'alors. Une importante mesure prise par Bernstorf pour garantir la sécurité du commerce du Nord, fut l'alliance conclue, en 1794, entre le Danemark et la Suède, qui s'engagèrent à faire une croisière commune dans les parages septentrionaux pour protéger les marines marchandes danoise, norvégienne et suédoise, contre les entreprises des navires belligérants. Mais l'habile ministre mourut en 1797 et ses funérailles arrachèrent des larmes à toute la nation qui sentait la perte irréparable qu'elle avait faite. Il est toutefois douteux que sa sagesse elle-même eût pu détourner l'orage menaçant, car le temps était venu où tout le droit public était foulé aux pieds et où les plus puissantes nations de l'Europe semblaient vouloir se dépasser l'une l'autre en violence et en injustice.

Pendant les guerres de la Révolution, l'Angleterre alla toujours de plus en plus loin dans ses empiétements sur la liberté commerciale des neutres et chercha notamment à donner à l'idée de *contrebande* une large interprétation, jusqu'alors inouïe et qui, si elle avait été appliquée rigoureusement, aurait anéanti presque tout le commerce du Danemark. En effet, tandis qu'auparavant on ne comprenait par contrebande de guerre que les armes, la poudre, les canons et les munitions, l'Angleterre voulait aussi placer dans cette catégorie *la viande, la farine, les céréales* et contestait au Danemark le droit de transporter ces denrées en France et chez les autres peuples belligérants. La France à son tour usait de semblables procédés à l'égard des navires neutres qui faisaient le commerce avec l'Angleterre ou ses colonies. Il s'éleva à ce propos beaucoup de difficultés que les habiles négociations de André-Pierre Bernstorf parvinrent à apaiser à l'amiable. Mais, après la mort de ce ministre, on commença à faire convoyer les bâtiments marchands par des vaisseaux de guerre, ce dont Bernstorf s'était précisément abstenu pour éviter des collisions avec l'Angleterre. La conséquence fut que celle-ci refusa de reconnaître le droit de protection aux navires de guerre et commença les hostilités en attaquant et en capturant la frégate danoise la *Freia*, qui ne voulait pas laisser visiter par des croiseurs anglais une flotte marchande qu'elle convoyait (25 juillet 1800). Afin d'éviter d'autres hostilités pour le moment, le Danemark se décida à conclure une convention (29 août 1800), par laquelle la *Freia* lui fut restituée; mais il s'obligea à ne plus faire escorter ses bâtiments marchands, jusqu'à ce que la question en litige eût été tranchée dans des négociations ultérieures. Peu après, la Russie, la Suède et la Prusse conclurent un traité de *neutralité armée*, analogue à celui de 1780, et le Danemark fut invité à y accéder. Avant la convention avec l'Angleterre, de telles ouvertures auraient été bien accueillies par le gouvernement danois qui auparavant avait, à plusieurs reprises, mais sans succès, proposé à la Russie et à la Suède de former une ligue pour la protection du pavillon neutre; mais, en ce moment, elles venaient fort peu à propos et ce n'est qu'après de longues hésitations que le gouvernement danois céda aux propositions menaçantes du capricieux czar Paul. Mais il ne souscrivit au traité qu'avec certaines réserves, de manière à ne pas violer la convention conclue avec l'Angleterre. Celle-ci n'en commença pas moins les hostilités, deux jours avant que le Danemark fût entré dans l'alliance des neutres (16 janvier 1801); elle mit l'embargo sur tous les bâtiments danois qui se trouvaient dans les ports anglais et elle donna des ordres pour l'occupation des Antilles danoises (14 janvier 1801).

Une escadre anglaise de cinquante-un navires, parmi lesquels vingt vaisseaux de ligne, pénétra dans le Sund, au mois de mars, sous le commandement des amiraux *Parker* et *Nelson;* bien qu'exposée au feu violent de la forteresse de Kronborg, elle réussit pourtant à passer devant ses batteries sans être endommagée, parce qu'elle rasa de près la côte suédoise, où aucun préparatif n'avait été fait pour résister à l'ennemi. Le motif de cette omission était la méfiance mutuelle des gouvernements danois et suédois. Le prince de la couronne, Frédéric, aurait vu d'un mauvais œil que l'on élevât des fortifications sur le littoral suédois du Sund, et l'on dit qu'à cette occasion, Gustave IV aurait manifesté des prétentions à une part dans la douane du Sund. Lorsque la flotte anglaise fut en vue de Copenhague, elle se divisa en deux parties dont l'une, sous Nelson, poussa plus loin vers le sud pour attaquer la ligne méridionale des fortifications danoises; l'autre, sous Parker, croisa entre l'île de Hveén et la batterie de Tre Kroner (Trois Couronnes.) L'escadre de Nelson se composait de douze vaisseaux de ligne, de sept frégates et de dix-neuf moindres bâtiments, avec mille deux cents canons et un équipage d'environ neuf mille hommes. La ligne méridionale de défense des Danois, la seule qui eut à combattre, comprenait sept gros vaisseaux rasés, d'autres plus petits, quelques prames et deux petites frégates, le tout avec six cent trente canons et un peu plus de cinq mille hommes d'équipage. La supériorité de forces était décidément du côté de l'ennemi, et elle consistait non-seulement dans le plus grand nombre de vaisseaux et de canons, mais aussi en ce que les navires anglais étaient tous à voile, tandis que les bâtiments danois, à l'exception de quatre petits navires, étaient immobiles. *Le jeudi saint, 2 avril* 1801, à dix heures du matin, commença une bataille sanglante qui fut continuée avec un extrême acharnement pendant quatre à cinq heures. Les marins danois se battirent avec la bravoure héréditaire et, sous le commandement d'*Olfert Fischer*, ils maintinrent leur ancienne gloire maritime contre Nelson, le favori de la victoire, et contre ses forces supérieures. Son vaisseau amiral fut fort maltraité et à la fin il ne tirait plus qu'avec quelques canons. Olfert Fischer, de son côté, qui était d'abord monté sur le *Dannebrog*, le quitta, lorsqu'il eut pris feu au milieu de la bataille, et se rendit à bord du *Holstein*; puis, lorsque celui-ci eut été à son tour criblé de boulets et mis hors de service, le commandant danois, quoique blessé, se transporta à la batterie de Tre Kroner (Trois Couronnes), pour continuer à donner des ordres. L'équipage du Dannebrog, commandé par *Braun* et ensuite par *Lemming*, continua à se battre au milieu des flammes, et c'est seulement lorsque le tiers des hommes eurent été tués ou blessés et que tous les canons, à l'exception de trois, furent endommagés, que le navire en feu fut abandonné à l'ennemi. Parmi les vaisseaux rasés, la *Pierre de touche* (Prœvestenen) se distingua particulièrement; le brave *Lassen* la défendit contre deux vaisseaux de ligne, une frégate et un brick, jusqu'à ce qu'elle fût réduite à l'état de carcasse et qu'elle n'eût plus que deux canons en état de servir. *Risbrich* sur le ponton la *Wagrie* (Vågrien) combattit avec non moins de bravoure contre des forces presque aussi disproportionnées. Le jeune *Villemoes*, qui commandait une batterie flottante, avec laquelle il se posta tout près du vaisseau amiral anglais et lui tira plusieurs coups à fleur d'eau, mérita l'admiration de Nelson et s'immortalisa dans la mémoire de ses compatriotes.

Lorsque la bataille eut duré trois heures, l'amiral Parker, commençant à désespérer du succès, donna à Nelson le signal de la retraite; mais celui-ci ne tint aucun compte de cet ordre et continua à se battre encore quelques heures. Cependant la ligne méridionale de défense était en grande partie détruite, tandis que celle du Nord n'avait aucunement souffert, et la plupart des vaisseaux anglais étaient dans un état déplorable. Plusieurs d'entre eux avaient perdu leurs voiles et leurs vergues, et les mâts étaient tellement criblés de projectiles qu'ils menaçaient à chaque instant de tomber à la mer; en outre, dans cette passe étroite et mal connue de l'ennemi, plusieurs de ses navires avaient échoué; trois de ses plus puissants vaisseaux de ligne allaient à la dérive devant *Tre Kroner* (Trois Couronnes), et l'un d'eux s'ensablait même devant cette batterie dont les canons ouvrirent sur lui un feu violent. Dans ces circonstances, Nelson envoya à terre une lettre où il déclarait que si les Danois continuaient à tirer, il serait forcé de brûler les navires danois qu'il avait en sa puissance, sans en pouvoir sauver les équipages. Pendant que son parlementaire accomplissait cette mission, l'amiral anglais tint un conseil de guerre où l'on discuta s'il était opportun d'attaquer, avec les vaisseaux les moins endommagés, la ligne septentrionale de défense, qui n'avait pas encore pris part à l'action. Mais les assistants furent unanimement d'avis que c'était impossible et que le meilleur était de se retirer ; il fallait profiter du vent favorable, qui soufflait justement, pour sortir de cette passe dangereuse, où l'on était, à chaque instant, exposé à échouer. Après avoir reçu la lettre de Nelson, le prince de la couronne qui n'était pas bien informé des incidents de la bataille, envoya un parlementaire avec de pleins pouvoirs pour conclure un armistice préliminaire et entamer les négociations. Ainsi finit cette sanglante affaire si glorieuse pour le Danemark. Nelson rendit justice à la bravoure des Danois et, lorsqu'il descendit à terre pour diriger personnellement les négociations, il déclara que parmi les 105 batailles sanglantes auxquelles il avait pris part, celle de la rade de Copenhague été avait la plus sanglante et la plus acharnée. La perte des Danois fut de 1,035 morts et blessés ; celle des Anglais fut, d'après leur aveu, de 1,200 hommes ; mais il n'est pas douteux qu'elle n'ait été beaucoup plus grande, puisqu'ils avouent déjà avoir perdu 220 hommes sur un seul navire. Les négociations aboutirent à une trêve de 14 semaines, pendant laquelle le Danemark s'engageait à ne pas participer activement à la neutralité armée. L'empereur Paul ayant été assassiné dès le 23 mars 1801, les affaires prirent une autre tournure; car son fils et successeur, *Alexandre*, abandonna la ligne des neutres et conclut avec l'Angleterre une paix à laquelle accéda aussi le Danemark.

Le commerce danois se remit bientôt du coup que lui avait porté la guerre avec l'Angleterre. Le trafic avec les Indes orientales et occidentales refleurit comme auparavant et il fut importé annuellement de l'Amérique du Nord des denrées pour une valeur de 8 millions de rigsdaler. Par suite de la guerre avec la France et ses alliés, le commerce anglais était considérablement restreint: aussi le Danemark neutre fut-il la voie par laquelle une grande partie de l'Europe s'approvisionna de denrées coloniales. Pour ce motif, la navigation dans le Sund et le canal de l'Eider fut extraordinairement active pendant les années de guerre; il passait annuellement 12,000 navires dans le Sund et environ 3,000 dans le canal. Mais, dans toute cette période, l'État eut à supporter de lourdes charges, en raison des hostilités continuelles qui avaient lieu sur les frontières du Danemark et qui l'assujettissaient à de grandes dépenses pour l'entretien d'un corps de troupes dans le Holstein. — Lors de la dissolution de l'empire d'Allemagne, en 1806, le Holstein fut relevé de ses devoirs de vassalité envers l'empereur et, par la patente du 9 septembre 1806, déclaré partie inséparable de la monarchie danoise.

Depuis 1720, à quelques courtes interruptions près, en 1788 et 1801, le Danemark avait joui de la paix qui, dans les dernières années surtout, avait eu la plus heureuse influence pour les progrès de l'État et son développement intérieur. Cette heureuse situation cessa en 1807, où une série de calamités, en partie imprévues et imméritées, se précipitèrent sur le Danemark et le mirent au bord de l'abîme. Le gouvernement danois avait, aussi longtemps que possible, cherché à maintenir sa neutralité ; mais au milieu de la violente lutte qui ébranlait toute l'Europe, sa situation le mit dans l'impossibilité de rester neutre, et, comme il hésitait à se prononcer pour un des partis, il fut à la fin violemment entraîné dans la mêlée. Napoléon voulait fermer aux Anglais tous les ports du continent et, pour atteindre ce but, il fut convenu entre lui et l'empereur Alexandre de Russie, par quelques articles secrets du traité de Tilsit (9 juillet 1807), que le Danemark serait invité à déclarer la guerre à l'Angleterre, si cette puissance ne voulait pas conclure à des conditions raisonnables la paix avec la France. Cependant, avant que des ouvertures en ce sens eussent été faites au Danemark soit par la Russie, soit par la France, l'Angleterre ouvrit les hostilités en capturant des bâtiments danois et en envoyant dans le Sund une flotte de 54 navires dont 23 vaisseaux de ligne, et 500 transports sous le commandement de l'amiral *Gambier*. Celui-ci demanda que la flotte danoise lui fût livrée, « parce que, disait-il, le gouvernement anglais était informé qu'elle allait être cédée à la France pour être employée contre l'Angleterre » ; et en cas de refus, il menaça de recourir à la force. Mais, alors même que le Danemark aurait été obligé de se déclarer contre l'Angleterre, cette puissance ne manquait pas de moyens efficaces pour se garantir de tout danger à cet égard : elle n'avait qu'à entretenir une flotte suffisante dans la Baltique, et elle dut toujours en venir là ; par suite de ses relations hostiles avec la Russie. Mais elle aima mieux commettre un crime contre le droit des gens, et son gouvernement d'alors, à la tête duquel étaient *Canning* et *Castlereagh*, se souilla d'une tache ineffaçable. Le gouvernement danois avait été, à plusieurs reprises et de différents côtés, averti d'une attaque que méditait l'Angleterre ; mais, par un singulier aveuglement, le ministre des affaires étrangères, *Christian Bernstorf*, et son frère, *Joachim Bernstorf*, qui dirigeait le département de l'extérieur, avaient refusé de tenir compte de cet avertissement et, par suite, aucun moyen de défense n'avait été pris. Les dispositions des bourgeois de Copenhague et des militaires peu nombreux qui se trouvaient dans la ville étaient pourtant bonnes et elles s'élevèrent jusqu'à l'enthousiasme, lorsque Frédéric, ce prince si populaire, arriva en toute hâte du Holstein, le 11 août. On était persuadé qu'il voulait partager les périls des citoyens et le sort commun. Mais bientôt cet espoir fut cruellement déçu : au bout d'un jour, le prince repartit pour le Holstein, pour aller chercher, disait-on, une partie des troupes qui s'y trouvaient; or, c'était impossible, puisque les Anglais dominaient sur mer et interceptaient toute communication maritime. Ce n'est pas ainsi que le roi Frédéric III avait défendu Copenhague, en 1658. La retraite du prince de la couronne causa une fâcheuse impression ; tous les autres membres de la maison royale abandonnèrent aussi, en longue file, une capitale qui semblait vouée à la destruction. Bien que ces faits produisissent le découragement, tous les citoyens étaient pourtant prêts à faire leur possible. Lorsque la révoltante prétention des Anglais eut été repoussée délibérément, ils débarquèrent sans trouver de résistance, le 16 août 1807, à *Vedbek*, à 17 kilomètres au nord de la capitale. Le corps de débarquement était commandé par le général *Cathcart* et peu à peu des renforts venus de l'Allemagne du Nord les portèrent au chiffre de 30,000 hommes. Des miliciens, sous *Castenskjold* et *Oxholm*, cherchèrent à résister près de Kjœge, mais ces troupes inexpérimentées et mal armées, n'ayant pas même assez de poudre pour les canons, peu nombreux et mauvais, qu'elles conduisaient avec elles, ne purent tenir tête aux soldats exercés que commandait *Arthur Wellesley* (Wellington). Bien que diverses sections combattissent bravement, le désordre se mit bientôt dans le rang des miliciens, et les Anglais les dispersèrent sans grande peine par une violente attaque de cavalerie et par un terrible feu de leur nombreuse artillerie. La ville elle-même fit plusieurs sorties audacieuses dans lesquelles surtout le corps bourgeois des chasseurs de la garde, sous F.-C. Holstein, gagna de la gloire et des palmes sanglantes. Les étudiants maintinrent leur réputation des anciens jours. Les canonniers aussi combattirent avec honneur dans diverses rencontres le long de la côte. La ville avait été investie le 18 août, et le 2 septembre commença un terrible bombardement qui dura trois jours; plus de 300 maisons privées, sans parler d'un grand nombre d'édifices publics, entre autres la magnifique église de Notre-Dame avec son haut clocher, furent réduites en cendres, et plusieurs centaines d'hommes tués ou mutilés. La continuation du bombardement aurait transformé la ville en un amas de décombres, et il eût été impossible de repousser l'assaut que les Anglais préparaient. Le commandant en chef, le vieux général *Peymann,* se décida donc à signer une capitulation (7 septembre 1807), par laquelle la flotte était cédée aux Anglais, et la citadelle de *Frederikshavn* fut occupée par eux pendant six semaines, tandis que les navires appareillaient. La résistance ayant été proportionnée aux forces et aux circonstances, la reddition n'avait rien de déshonorant. Aucun secours ne pouvait être attendu, puisque les navires anglais croisaient dans le Petit-Belt et empêchaient l'armée danoise de passer du Holstein en Sélande. Un messager du prince de la couronne qui apportait l'ordre de brûler plutôt la flotte, s'il le fallait, que de la livrer à l'ennemi, fut malheureusement fait prisonnier par les Anglais. Le riche butin qu'emmenèrent ceux-ci, consistait en 18 vaisseaux de ligne, 17 frégates, 8 bricks et 35 petits bâtiments et canonnières, avec de grands approvisionnements de toute sorte que contenait l'arsenal maritime. L'Ilot fut complétement pillé et les pirates détruisirent ce qu'ils ne pouvaient emmener; ils mutilèrent et renversèrent notamment plusieurs vaisseaux de guerre qui étaient sur le chantier. — Le général Peymann, commandant en chef, les généraux Bielefeldt et Gedde avec d'autres officiers généraux, furent traduits devant un conseil de guerre et condamnés à des peines sévères : Peymann et Bielefeldt, à la perte de la vie, de l'honneur et des biens; Gedde, à mort; leur crime pourtant n'était que d'avoir rendu une ville, que leurs supérieurs eux-mêmes avaient négligé de pourvoir de moyens de défense suffisants. Par cette poursuite et ce jugement, le gouvernement semble avoir voulu couvrir et faire oublier ses propres fautes capitales et son manque de prudence et de précautions vulgaires. Les condamnés furent bientôt graciés.

Après de tels procédés, le gouvernement anglais osa offrir au Danemark le choix entre une alliance avec l'Angleterre, ou le maintien de sa précédente neutralité, ou la guerre; dans cette dernière alternative, elle menaça de travailler à la séparation de la Norvège pour l'unir à la Suède. C'était la première fois qu'il était question de ce plan, si tristement réalisé sept ans plus tard. La proposition d'*alliance* que faisait l'Angleterre au Danemark, après l'avoir si injustement traité et lui avoir fait un outrage inouï, était une nouvelle insulte, une cruelle dérision. La juste indignation qui animait le peuple et le gouvernement danois, ne permit pas un instant de prêter l'oreille à ces propositions, quoique la restitution de la flotte volée, après la fin de la guerre, fût offerte en perspective, comme prix d'une alliance. Mais s'allier avec l'Angleterre, c'eût été déclarer la guerre à la France. Il en eût été un peu différemment d'un *traité de paix*. Plusieurs écrivains ont pensé que le Danemark aurait dû accepter la paix; à la faveur d'une heureuse neutralité, il aurait évité non-seulement de grands revers et des calamités intérieures, pendant la guerre de sept ans qu'il soutint moitié désarmé, mais encore la perte de la Norvège, funeste résultat de cette lutte. On peut toutefois objecter que le Danemark n'était pas libre d'agir différemment : lorsque la flotte anglaise faisait voile pour le Sund, Napoléon avait dit : « Si le Danemark ne déclare pas la guerre à l'Angleterre, c'est à moi qu'il aura affaire ! » et il avait sur les frontières du Danemark une armée prête à exécuter ses ordres. Il n'y a pas de motif d'admettre qu'il ait changé de résolution après l'enlèvement de la flotte danoise, ou qu'il eût souffert que le Danemark fît la paix avec l'Angleterre. Il en serait, en effet, résulté que les relations commerciales entre les deux royaumes auraient été rétablies et que le Danemark neutre aurait été la voie par laquelle la Grande-Bretagne se serait mise en communication avec tous les pays riverains de la Baltique. Mais le but principal de Napoléon à cette époque était précisément d'anéantir la puissance et la propriété de sa rivale, en l'excluant de tout commerce avec le continent européen. Il ne permettait à aucune nation de rester neutre dans cette lutte, et il aurait d'autant moins souffert qu'un État, situé comme le Danemark, entretînt des relations pacifiques avec son mortel ennemi, le seul de ses adversaires qu'il n'eût pas encore vaincu. La manière dont il traita le Danemark très-peu de temps après, montre qu'il en était vraiment ainsi. La puissante volonté de Napoléon était alors une loi pour toutes les puissances continentales de l'Europe et le Danemark ne pouvait se soustraire au sort commun. En tout cas, il ne pouvait rester neutre. Le prince de la couronne se décida donc à continuer les hostilités avec la Grande-Bretagne et à conclure une étroite alliance avec l'Empire français ; c'est seulement après avoir vu détruire sa capitale, enlever sa flotte et capturer plusieurs centaines de ses bâtiments de commerce, que le Danemark déclara la guerre à l'Angleterre, le 4 novembre 1807 ! L'attentat de l'Angleterre excita une juste indignation, non-seulement en Danemark, mais chez tous les peuples de l'Europe pour qui le droit des gens n'était pas un vain mot ; chez les Anglais eux-mêmes, aussi bien au parlement qu'en dehors, les procédés du ministère furent l'objet d'une vive et amère critique. L'empereur Alexandre de Russie exprima hautement sa désapprobation et déclara qu'il voulait rompre toute relation avec l'Angleterre, jusqu'à ce qu'elle eût réparé ses torts à l'égard du Danemark. Ce sentiment de la justice ne l'empêcha pourtant pas de se liguer peu d'années après, avec l'Angleterre et la Suède, pour détacher la Norvège du Danemark. Dans l'année qui suivit la rupture avec l'Angleterre, un nouvel ennemi se déclara contre le Danemark : c'était le roi Gustave IV de Suède, qui était animé d'une haine violente contre son voisin de l'ouest ; quoiqu'il fût à peine en état de se défendre dans son propre royaume, il étendait pourtant la main vers la couronne de Norvège. Ses sentiments hostiles et ses relations avec l'Angleterre motivaient assez une rupture, qui devint inévitable après l'alliance du Danemark avec Napoléon. Comme celui-ci était brouillé avec la Suède, le gouvernement danois déclara la guerre à cette puissance, le 29 février 1808.

Peu de jours après, Christian VII mourut à Rendsborg, le 13 mars 1808, laissant le royaume dans une situation critique. Il eut pour successeur son fils, qui prit le nom de *Frédéric VI*. Le Danemark était en guerre avec deux puissances et, n'ayant pas de flotte, il était hors d'état de faire grand mal à son plus dangereux ennemi, l'Angleterre ; sa politique était liée à celle de Napoléon qui ne suivait que ses propres intérêts, sans égards pour ceux du Danemark ; les finances commençaient à s'embrouiller ; l'activité intérieure était paralysée et le commerce presque anéanti ; 600 bâtiments marchands, d'une valeur de 18 millions de rigsdaler, avaient été capturés par les Anglais pendant la neutralité du Danemark, et il en fut pris presque autant dans le cours de la guerre déclarée.

Sous prétexte d'aider le Danemark contre la Suède et d'entreprendre une descente en Skanie, de concert avec les troupes danoises, une armée française de 33,000 hommes, sous la conduite de *Bernadotte, prince de Ponte-Corvo*, entra dans la péninsule jutlandaise, au commencement de 1808. Une partie considérable de ces forces consistait en Espagnols (14,000 hommes), sous le commandement du marquis *de la Romana,* le reste en Français et en Hollandais. De grands préparatifs furent faits pour un débarquement en Skanie ; plusieurs centaines de transports notamment furent réunis, au printemps, dans le Grand-Belt et le Sund, et on les y tint rassemblés pendant longtemps, au grand préjudice du commerce et de l'approvisionnement de la Norvège qui avait grand besoin de céréales. Pendant que Bernadotte traînait l'affaire en longueur, il survint une nouvelle difficulté, en ce que les Anglais trouvèrent l'occasion d'envoyer des vaisseaux de guerre dans le Belt et le Sund. Il devint peu à peu manifeste que Napoléon n'avait jamais eu sérieusement l'idée de faire une descente en Skanie, et même, si ce projet avait été exécuté, il y a de bons motifs de croire que ce n'eût pas été dans le but d'aider le Danemark et de lui procurer des avantages, mais seulement de faire une diversion en faveur des Russes qui, avec la connivence de

Napoléon, avaient attaqué la Suède en ce temps et cherchaient à lui prendre la Finlande. En occupant la Nordalbingie et la Fionie, l'empereur des Français semble avoir eu surtout en vue de mettre ses troupes en subsistance dans de bonnes contrées et de prendre des garanties contre le Danemark qu'il soupçonnait toujours de vouloir pactiser avec l'Angleterre. Les auxiliaires étrangers se répandirent dans le Holstein, le Slesvig et une partie du Jutland, et ils se comportèrent en maîtres du pays ; ils fournirent même une partie de la garnison des forteresses de Rendsborg et de Glückstadt. La bonne intelligence ne régnait pas toujours entre les éléments dont se composait cette armée. Les soldats espagnols, arrachés malgré eux à leur patrie et emmenés dans le nord lointain, afin de combattre pour une cause qui leur était étrangère et indifférente, étaient extrêmement mécontents et s'accordaient mal avec les Français. Pour éloigner les Espagnols, on en transporta une grande partie en Fionie et quelques régiments en Sélande. Cependant Napoléon avait détrôné le roi d'Espagne et mis à sa place son frère Joseph ; mais bientôt la nation espagnole tout entière se souleva contre le maître qui lui était imposé. A la nouvelle de ces événements, les Espagnols cantonnés en Danemark passèrent de l'irritation à la révolte ouverte ; la plupart refusèrent de prêter serment au nouveau monarque, ou firent des réserves qui ne pouvaient être admises ; dans quelques localités, il y eut des scènes de désordre. Le marquis de la Romana, qui partageait les sentiments de ses soldats, résolut de faire une tentative pour les soustraire au joug étranger : il se mit en relations avec des navires anglais qui croisaient près des îles de Fionie et de Langeland, et qui étaient tout disposés à prendre les Espagnols à bord. Une grande partie de ceux-ci s'embarquèrent dans l'île de Langeland, d'autres surprirent et occupèrent Nyborg, d'où ils passèrent sur les vaisseaux anglais (9 août 1808) ; ceux qui étaient au nord du Jutland se rendirent à Aarhuus et, s'étant mis de force en possession des bâtiments qu'ils trouvèrent dans le port, ils allèrent rejoindre leurs compatriotes. Ceux, au contraire, qui étaient dans des localités plus méridionales du Jutland et les deux régiments cantonnés en Sélande furent désarmés et faits prisonniers. Bernadotte resta dans la péninsule nordalbingienne encore longtemps après cette scène ; c'est seulement au printemps de l'année suivante (1809), après avoir passé plus d'une année en Danemark, qu'il retira totalement ses troupes, dont Napoléon avait besoin ailleurs. Cette armée avait été une plaie et une lourde charge pour les habitants; elle avait épuisé les ressources de l'Etat par les dépenses extraordinaires exigées pour son entretien, et sa présence n'avait pas été de la moindre utilité pour le Danemark.

Comme les Anglais dominaient sur mer, les communications avec la Norvège devinrent extrêmement difficiles; aussi jugea-t-on à propos de remettre le gouvernement de ce pays à une commission qui siégeait à Christiania. Son président, le prince *Christian-Auguste d'Augustenborg,* devint aussi, à partir de 1806, commandant général en Norvège; un autre des membres les plus importants de la commission était *Enevold Falsen,* qui lui fut bientôt enlevé par une mort soudaine ; peu après, le comte *Herman Vedel-Jarlsberg* fut appelé à en faire partie ; c'était lui témoigner une confiance qu'il ne méritait pas et qu'il récompensa bien mal. Comme les corsaires et les croiseurs ennemis écumaient le Kattegat et la mer du Nord, le Danemark avait la plus grande peine à approvisionner de céréales la Norvège qui était menacée de disette et de cherté. Le gouvernement danois fit des efforts extraordinaires pour la préserver de ces maux, et, si l'on ne réussit pas entièrement, ce n'est du moins pas faute d'avoir fait des sacrifices. Après la rupture avec la Suède, les hostilités s'ouvrirent sur les frontières de la Norvège, et, bien que cette guerre n'ait pas été marquée par de grands événements, ses suites furent cependant d'une grande importance. Un corps suédois, l'armée de l'ouest, franchit la frontière; mais l'habile commandant des troupes norvégiennes, le prince Christian-Auguste, repoussa l'ennemi dans plusieurs combats glorieux; par là, il affermit encore davantage la grande popularité que lui avait conquise sa conduite antérieure et se fit aimer plus que personne en Norvège. Mais les hostilités s'arrêtèrent même avant la fin de l'année 1808. La Suède était alors dans la situation la plus triste. Tandis qu'une armée avait à défendre la frontière du côté de la Norvège et qu'une autre veillait sur la Skanie, quelque temps menacée d'être envahie par les Danois, la Finlande était, malgré la bravoure des Suédois, inondée de Russes, et la Suède propre elle-même restait exposée aux entreprises de l'ennemi. Gustave IV, avec son opiniâtreté et sa déraison qui touchaient à la folie, conduisait le pays toujours de plus en plus près de l'abîme. A la fin, plusieurs patriotes ne virent d'autres moyens de salut que la déposition du roi et l'élection d'un autre monarque. Le chef de la révolte était *George Adlersparre*, qui se trouvait pour le moment à la tête de l'armée de l'ouest, près de la frontière norvégienne. Il négocia avec le prince Christian-Auguste et en obtint la promesse que, si l'armée de l'ouest marchait sur Stockholm pour déposer le roi, les troupes norvégiennes ne franchiraient pas la frontière, à moins que le roi ne l'ordonnât, ou que les Russes n'envahissent la Suède et ne demandassent leur coopération militaire. Adlersparre se dirigea ensuite vers Stockholm où il n'arriva qu'après l'accomplissement de la révolution (13 mars 1809) : le roi avait été fait prisonnier au milieu de scènes de désordre et renversé du trône. Cet événement changea la situation politique et ouvrit de nouvelles perspectives. Frédéric VI, qui avait au commencement blâmé l'armistice conditionnel accordé aux Suédois, finit par l'approuver. En apprenant la chute de Gustave IV, il avait conçu l'espoir de pouvoir joindre la couronne de Suède à celles de Danemark et de Norvège et, par cette union, de préparer aux trois royaumes un avenir pacifique, heureux et fort. Le prince d'Augustenborg se chargea de travailler à son élection, avec le concours des amis qu'il avait en Suède. S'il s'en est occupé, il n'obtint du moins rien. On vit avant peu que Frédéric VI s'était abusé relativement aux dispositions des Suédois : l'oncle du roi déposé, Charles XIII, fut élu à la diète d'Œrebro, et l'élection de l'héritier présomptif n'offrait pas non plus de chances au roi de Danemark. Il apprit, au contraire, par des bruits et des rapports, que des agents secrets cherchaient à détacher la Norvège du Danemark pour l'unir à la Suède. Le moyen devait être de désigner comme successeur de Charles XIII le prince Christian-Auguste, si populaire en Norvège, afin qu'il apportât ce pays en dot à sa nouvelle patrie. Les renseignements donnés à Frédéric VI n'étaient pas faux, bien que le péril ne fût pas aussi grand qu'on le disait ; car le peuple norvégien était sincèrement dévoué au roi et ne songeait pas à se séparer du Danemark, dont il avait si longtemps partagé la bonne et la mauvaise fortune. Mais il y avait un Norvégien influent qui avait formé des plans incompatibles avec son serment de fidélité envers Frédéric VI. C'était le comte *Herman Vedel-Jarlsberg*, membre de la commission de gouvernement. Il travaillait à l'union de la Norvège avec la Suède et, dans ce but, il s'était mis en relation avec les hommes dirigeants de la Suède, le comte Platen, George Adlersparre et d'autres. Ces personnages, avec le concours d'adhérents qui partageaient leur espoir, parvinrent à faire élire Christian-Auguste, comme héritier présomptif, à la diète d'Œrebro (18 juillet 1809). La nouvelle de l'élection d'un homme qui s'était chargé de travailler en faveur de Frédéric VI, causa une désagréable surprise à la cour danoise, et augmenta les soupçons que l'on commençait à concevoir sur les desseins du prince. Cette méfiance fut confirmée par la conduite étrange qu'il avait tenue dans les derniers temps. Frédéric VI, en effet, après s'être convaincu qu'il n'avait aucune chance d'être élu en Suède, résolut de suivre une autre politique. Il était probable que la Suède, qui avait tant souffert du mauvais gouvernement de Gustave IV et qui était épuisée de sa pénible lutte avec la Russie, chercherait à faire la paix avec ses voisins et avec la France, après s'être donné un nouveau roi. Il était donc important pour le Danemark de gagner auparavant quelques avantages, pour obtenir des conditions de paix favorables : le moment semblait opportun, puisque les Russes agissaient avec énergie dans la partie orientale de la Suède ; il n'était pas non plus conforme aux engagements que Frédéric VI avait pris à l'égard de la France et de la Russie, de rester inactif dans cette circonstance et de laisser l'armée inoccupée près de la frontière norvégienne. Dès la fin de mai 1809, il ordonna au prince de se préparer à prendre l'offensive et de ne pas entrer en négociations, mais d'exécuter rigoureusement les ordres qui lui étaient donnés. Plus tard, le roi lui enjoignit d'envahir les provinces limitrophes de la Suède et, comme le prince faisait tantôt des objections, tantôt feignait de ne pas comprendre les lettres du roi, celui-ci lui répéta plusieurs fois cet ordre dans les termes les plus précis ; mais Christian-Auguste continua à désobéir à son chef, à son souverain. Cela se passait pendant que la diète d'Œrebro délibérait sur l'élection de l'héritier présomptif ; elle était instruite de la conduite du prince, et c'était pour lui un grand titre de recommandation auprès de la diète. A la vérité, on ne peut dire ou du moins, il n'est pas démontré qu'il ait approuvé ou favorisé les criminels desseins du comte de Vedel-Jarlsberg, lequel était d'ailleurs son ami intime ; mais, par sa conduite louche et peu réservée, il a mérité les jugements sévères qui ont été portés sur lui. Les progrès des Russes forcèrent la Suède à entamer des négociations qui aboutirent à la paix de *Frederikshamn*. Par ce traité, que la Russie conclut en septembre 1809, sans se préoccuper de son allié de Danemark, elle gagna la Finlande qui fut perdue pour le monde scandinave. Le Danemark, dont l'armée était restée, pour les motifs indiqués, presque entièrement inactive sur les frontières de la Norvège et de la Suède, conclut avec celle-ci, en décembre 1809, le traité de *Jœnkœping*, qui rétablit le *statu quo* d'avant la guerre. — Le prince Christian-Auguste ou Charles-Auguste, comme il s'appela en Suède, fut enlevé moins d'un an après, par une mort prématurée (le 28 mai 1810). Il fut de nouveau question d'élire un héritier du trône de Suède. Frédéric VI posa derechef sa candidature et, pendant quelque temps, il sembla avoir des chances de succès ; son concurrent, le prince *Frédéric-Christian* d'Augustenborg, frère du prince décédé, était soutenu par un parti plus considérable ; mais l'affaire prit subitement une tournure inattendue, et les suffrages se portèrent sur un des généraux de Napoléon, *Bernadotte, Prince de Ponte-Corvo*.

Cependant le Danemark continuait, avec exaspération et au prix d'énormes sacrifices, la guerre avec la Grande-Bretagne ; mais, par suite de la perte de sa flotte, il ne pouvait frapper avec force cet odieux ennemi, dont les escadres couvraient toutes les mers du Nord. Les vaisseaux de guerre peu nombreux qui, ne se trouvant pas à Copenhague en 1807, avaient ainsi échappé aux Anglais, furent successivement accablés et détruits par eux. Le *Prince Christian*, vaisseau de ligne commandé par le brave *Jessen*, fut, après un glorieux combat contre deux navires anglais, jeté sur des bas-fonds, près de la côte septentrionale de la Sélande et brûlé (1808). La frégate *la Naïade*, nouvellement construite et commandée par le capitaine *Holm*, fut surprise par des forces supérieures dans le port de Lyngœr (Norvège méridionale) et, après un combat sanglant et acharné, anéantie en 1812. Dans la détresse de l'État, le patriotisme se montra sous son plus beau jour ; les bourgeois rivalisaient entre eux par de nobles sacrifices de biens et d'argent, et de cette manière on put construire en peu de temps une flottille de galiotes, avec laquelle la marine danoise put tenir tête à l'orgueilleux ennemi. A la vérité, le Danemark n'avait que des chaloupes canonnières; mais le courage indomptable des matelots danois, qui ne se montra jamais sous un plus beau jour que dans cette lutte inégale, suppléa à la faiblesse des moyens et fit subir à l'ennemi bien des pertes sensibles dans le cours de la guerre. Beaucoup de vaisseaux, de bricks et de cutters anglais durent baisser pavillon devant des canonnières danoises et norvégiennes. Le commerce de la Grande-Bretagne dans les mers septentrionales fut aussi continuellement troublé par d'audacieux corsaires, sortis des ports du Danemark et de la Norvège. Malgré tout, on ne put empêcher les Anglais de s'établir au milieu du Kattegat, dans l'île d'*Anholt* (1809), ce qui gêna beaucoup le commerce international. Une tentative, faite en 1811, pour reprendre cet îlot, eut une issue malheureuse, accompagnée de grandes pertes.

Cet état de choses se prolongea jusqu'en 1812 ; c'était la septième année que le Danemark se défendait, avec bien de la peine, contre la Grande-Bretagne restée sa seule ennemie. Bientôt il en eut beaucoup d'autres et fut emporté par le grand tourbillon de la guerre européenne. Le prince héritier de la Suède, Jean Bernadotte ou Charles-Jean, comme il s'appelait désormais, avait repris le plan déjà conçu par Gustave III, remis sur le tapis lors de l'élection du prince Christian-Auguste, et qui consistait à arracher la Norvège au Danemark pour l'unir à la Suède, plan dont la réussite aurait puissamment contribué à la popularité de la nouvelle dynastie. L'ancien maréchal de France ne pouvait compter sur l'appui de Napoléon, avec lequel il était en relations délicates, depuis son élection, n'ayant pas voulu suivre la politique impériale, qui était contraire aux intérêts de la Suède. Il est vrai que celle-ci, à la demande de l'empereur, déclara la guerre à la Grande-Bretagne, mais ce n'était que par feinte ; à la grande colère de Napoléon, le commerce continua entre les deux nations, comme pendant la paix la plus profonde. Des troupes françaises occupèrent la Poméranie suédoise et, pour compléter la rupture, il ne manquait plus qu'une déclaration de guerre. Cependant une autre perspective s'ouvrit et favorisa les vues de Charles-Jean : les relations entre la France et la Russie devenaient de plus en plus hostiles, et cette dernière pouvait s'attendre à voir ses limites franchies par l'immense armée que rassemblait l'empereur des Français. En vue de la terrible lutte qui allait s'engager, il était essentiel pour la Russie de prendre ses sûretés du côté de la Suède, son ancienne ennemie, qui, on pouvait le supposer, ne négligerait pas une occasion si favorable ; l'amputation d'un membre important comme la Finlande avait laissé une blessure qui saignait encore, et l'armée suédoise avait un chef expérimenté dans l'héritier présomptif de la couronne. Aussi le czar engagea-t-il des négociations pour une alliance avec la Suède, et Charles-Jean entra volontiers dans une union qui lui permettrait de satisfaire sa haine contre Napoléon et de réaliser un projet longuement médité. Le prix de sa coopération ne devait pas être la Finlande, mais *la Norvège*. Le 5 avril 1812, fut signé à Saint-Pétersbourg un traité par lequel la Suède promettait son concours au czar, lequel s'engageait à lui faire céder la Norvège par le Danemark, à l'amiable et contre dédommagement en Allemagne, si c'était possible, sinon par force. Cette alliance fut confirmée dans une entrevue personnelle de Charles-Jean et de l'empereur Alexandre, à Abo en Finlande, en août 1812, c'est-à-dire au temps où la grande armée pénétrait au cœur de la Russie. C'est à cette singulière complicité de deux ennemis héréditaires, se mettant d'accord pour dépouiller un faible voisin, qu'est due la séparation du Danemark et de la Norvège. Il faut noter qu'alors la Suède et la Russie étaient complétement en paix avec le Danemark ; le czar Alexandre qui, cinq ans auparavant, avait exprimé publiquement l'horreur que lui causait l'attentat de l'Angleterre, se rendait à son tour coupable d'une violation non moins odieuse du droit des gens. La Grande-Bretagne, bien qu'elle fût déjà en guerre avec le Danemark, ne céda que l'année suivante (3 mars 1813), malgré elle et après bien des hésitations, aux exigences dont Charles-Jean faisait dépendre sa participation à la guerre contre Napoléon.

Frédéric VI fut instruit, dès la fin de l'année 1812, des dangereux projets de Charles-Jean et il s'efforça, par des négociations et un changement de politique, de détourner ce péril imminent.

Il était d'autant plus nécessaire d'entrer dans cette voie que, après la défaite de la France, il n'y avait que peu ou point de secours à attendre d'elle. Le roi fit savoir à Napoléon que les circonstances lui faisaient une impérieuse nécessité de séparer sa cause de celle de l'empire et de chercher à s'arranger avec l'Angleterre et les autres puissances qui menaçaient le Danemark. Napoléon, reconnaissant que les représentations du roi étaient fondées, le laissa libre d'agir comme l'exigeaient les intérêts de son royaume; c'était de sa part une modération extraordinaire, qui eût été pourtant bien plus méritoire dans ses jours de prospérité qu'au temps du déclin de sa puissance. Frédéric VI entama alors des négociations avec la Russie et l'Angleterre, offrit d'entrer dans la ligue contre Napoléon et envoya au czar Alexandre et au gouvernement anglais des plénipotentiaires spéciaux pour faire appel à leur équité. Un rayon d'espérance apparut un instant: le prince Dolgorouki vint à Copenhague, en mars 1813, et conclut un traité où il n'était pas question de la cession de la Norvège, mais par lequel le Danemark s'engageait seulement à fournir aux alliés un contingent en hommes. Volontairement ou involontairement, l'envoyé russe avait mal interprété la vraie pensée de son gouvernement; la Suède, fort mécontente de sa conduite, s'étant plainte de lui, l'empereur Alexandre le rappela et désavoua tout ce qu'il avait fait à Copenhague. Bientôt après, Joachim Bernstorf, qui avait été envoyé à Londres, rapporta la réponse désolante, que la paix ne pourrait être conclue sans la cession de la Norvège et qu'il fallait la demander à la Suède. Pourtant une autre proposition anglaise faite en même temps ne réclamait que la cession du *diocèse de Throndhjem;* mais le cœur de Frédéric VI se révolta à l'idée du démembrement de la Norvège et aucune suite ne fut donnée à ce projet. Il fut repris par l'Autriche, dont l'empereur, cruellement éprouvé lui-même, compatissait aux malheurs du roi de Danemark; mais il venait trop tard (novembre 1813) pour qu'il y eût utilité à l'adopter. Charles-Jean était alors avec son armée dans le Holstein, et il exigeait sa proie entière. Ainsi repoussé par l'Angleterre et la Russie, Frédéric VI se retourna vers Napoléon qui l'accueillit avec bienveillance, de sorte que l'alliance entre le Danemark et l'empire français fut renouvelée. Environ 10,000 Danois, sous la conduite du prince Frédéric de Hesse, beau-frère du roi, se joignirent à l'armée française du Nord de l'Allemagne, que commandait le maréchal Davoust, prince d'Eckmühl. Un prince de la maison royale, *Christian-Frédéric*, fils du prince héréditaire Frédéric, fut envoyé en Norvège, dont le prince de Hesse avait été vice-gouverneur depuis le départ de Christian-Auguste. La situation était difficile pour le jeune prince, mais sa personnalité sympathique lui gagna l'amour du peuple et lui facilita la tâche. S'il n'avait tenu qu'aux Norvégiens, le danger n'eût pas été grand, car ils étaient encore attachés avec dévouement à l'ancienne union avec le Danemark et n'avaient aucun désir d'en contracter une nouvelle avec la Suède. Il n'y avait que quelques mécontents, à la tête desquels était le comte Herman Vedel, qui méditaient une félonie et faisaient campagne avec l'ennemi de leur souverain.

Un moment la fortune parut sourire au Danemark. Napoléon semblait avoir recouvré son ancienne vigueur ; il battit ses ennemis à plusieurs reprises et, au commencement du printemps de 1813, il avait repris une attitude énergique et menaçante qui donnait au Danemark l'espoir d'une heureuse issue. L'armée danoise, sous Frédéric de Hesse qui opérait de concert avec Davoust, entra dans le Meklenbourg au mois d'août et combattit avec succès ; quelques revers, survenus aux Français dans l'Allemagne orientale, la forcèrent de se replier sur le Lauenburg où, pendant tout l'automne de 1813, elle maintint l'honneur des armes danoises, dans une série d'escarmouches contre les Allemands et les Russes commandés par *Walmoden* et *Tettenborn*. Mais à la fin, la fortune abandonna totalement Napoléon ; la perte de la grande bataille de Leipzig et la défection de ses alliés le contraignirent à évacuer l'Allemagne. Le maréchal Davoust fut par là réduit à se jeter dans la ville forte de Hambourg et de se séparer du contingent danois qui dut penser à se retirer devant de grandes masses de troupes qui débouchaient de tous côtés. Le brave général français *Lallemand* resta avec l'armée danoise, et Davoust conserva avec lui les *dragons jutlandais*, commandés par les colonels Engelsted et Bonnichsen ; par leur courage et leurs exploits dans cette courte campagne, ces cavaliers se firent une brillante réputation. Charles-Jean, qui avait eu une part essentielle dans les succès des alliés contre Napoléon, commença à songer à ses propres intérêts. Abandonnant la poursuite de l'armée française, à la fin de novembre, il dévia du Hannovre vers la frontière danoise : c'est dans le Holstein qu'il fallait conquérir la Norvège. Il avait 25,000 hommes sous ses ordres, mais les troupes allemandes de Walmoden et le corps russe de Tettenborn ayant fait jonction avec lui, l'armée combinée atteignait le chiffre de 50,000 hommes et, s'il en était besoin, elle pouvait être facilement grossie de divisions campées dans le voisinage. C'était à ces forces qu'avait à résister la petite armée danoise réduite à 9,000 hommes. Charles-Jean marchait à travers le Holstein oriental, par Lübeck et Segeberg ; Walmoden, par le milieu du duché, vers Oldesloh et Neumünster ; et Tettenborn, à travers le Holstein occidental, vers l'Eider. Dans leur retraite, les troupes danoises eurent une première rencontre avec celles de Walmoden, près du village de Boden, dans les environs d'Oldesloh ; mais peu après, le 7 décembre, une lutte plus sérieuse s'engagea à *Bornhœved*. L'avant-garde de l'armée suédoise, se composant de douze escadrons de hussards, sous le général Skœldebrand, avait laissé passer, sans l'inquiéter, dans la bruyère de Segeberg, l'arrière-garde danoise, commandée par le général Lallemand ; mais lorsque le gros de cette troupe fut engagé dans l'étroit passage, d'un kilomètre de longueur, que traverse la route au Sud de Bornhœved, les Suédois chargèrent avec une indomptable impétuosité, prirent deux canons placés devant le passage, pénétrèrent dans celui-ci, se mêlèrent avec les Danois et s'avancèrent jusqu'à Bornhœved ; mais ici ils rencontrèrent des forces supérieures et durent battre en retraite ; il fallut s'engager de nouveau dans le chemin couvert et passer sous les canons de fusil des Danois, qui occupaient les deux côtés du défilé. Les pertes des Suédois furent sensibles ; d'après leur propre rapport, ils laissèrent derrière eux plusieurs centaines de morts et de blessés. L'armée danoise continua sa route vers le nord et elle se rassembla dans les environs de Kiel pour se préparer à passer le canal de l'Eider, ce qu'elle fit le 9 décembre. Mais sa situation devint bientôt critique ; Walmoden avança vers l'Eider et occupa le passage de *Kluvensick*, vis-à-vis *Sehested ;* une division de son armée sous le général Dörnberg franchit l'Eider et marcha dans la direction d'Egernfjord. Le général Tettenborn avait traversé l'Eider à Frederiksstad et ses cosaques galopaient vers la ville de Slesvig ; les Suédois enfin étaient en marche pour faire jonction avec Walmoden. L'armée danoise était tournée, sa ligne de retraite vers le nord coupée et les communications avec la forteresse de Rendsborg interceptées. Dans ces circonstances, Frédéric de Hesse résolut de s'ouvrir, coûte que coûte, le chemin de Rendsborg ; là seulement ses troupes seraient à l'abri et pourraient se joindre au reste de l'armée danoise, si celle-ci se mettait en campagne, comme on pouvait s'y attendre. L'unique voie par laquelle il pût se rendre à Rendsborg, passait par *Sehested;* aussi un vif combat s'engagea-t-il pour la possession de cette localité. Il commença le 10 décembre à dix heures du matin, et dura toute la journée. Les Danois culbutèrent d'abord l'ennemi de la position qu'il occupait au nord de Sehested, et se rendirent maîtres du village même, au bout de plusieurs heures de combat acharné. Mais les Suédois se rassemblèrent de nouveau à l'issue méridionale du village, qu'ils reprirent après avoir reçu des renforts. Ils ne le conservèrent pas longtemps : le prince Frédéric ayant donné le signal de l'attaque à trois escadrons de dragons fioniens, ceux-ci pénétrèrent avec impétuosité dans le village, sabrèrent le bataillon qui l'occupait, s'emparèrent de plusieurs canons et firent 250 prisonniers. Le sort de la bataille paraissait être décidé. Mais, lorsque les dragons fioniens, dans leur poursuite, eurent rencontré des troupes fraîches et durent se retirer avec perte, Walmoden crut le moment venu de tenter encore une attaque et d'essayer de tourner la fortune de son côté ; une lutte acharnée s'engagea de nouveau au sud de Sehested ; après une sanglante mêlée, dans laquelle tout un escadron de chasseurs meklenbourgois, qui était en tête des assaillants, fut totalement taillé en pièces, l'ennemi fut enfin repoussé et se retira vers l'Eider. Pour purger entièrement la rive septentrionale de cette rivière, une nouvelle charge fut exécutée par deux escadrons dits holsteinois, mais composés exclusivement de jutlandais des environs de Kolding et de Haderslev ; ils culbutèrent aussi les fantassins ennemis qu'ils rencontrèrent ; mais comme leur courage n'avait pas de mesure et que, dans leur zèle, ils se hasardèrent trop loin, comme avaient fait les cavaliers fioniens, ils éprouvèrent des pertes considérables. Walmoden, désespérant d'obtenir un meilleur résultat, franchit l'Eider à Kluvensiek, vers quatre ou cinq heures de l'après-midi, et prit ses quartiers au sud de la rivière. La route était libre maintenant pour l'armée danoise qui continua sa marche sur Rendsborg, sans être inquiétée. Les pertes des Danois s'élevèrent à environ 300 morts et blessés; l'ennemi avoua 4 à 500 morts et blessés et il perdit en outre environ 650 prisonniers.

Le combat de Sehested fut un beau fait d'armes qui, vers la fin de la guerre, jeta de l'éclat sur l'armée danoise; mais il s'en fallait de beaucoup qu'il suffît à satisfaire le sentiment patriotique du peuple danois. Outre cette armée de 9 à 10,000 hommes, le Danemark en avait encore une autre de 30 à 40,000 hommes qui, depuis plusieurs années, était tenue sur le pied de guerre, au prix d'énormes sacrifices. En voyant un de ses corps combattre avec tant de bravoure, on se demandait ce qu'aurait pu faire toute l'armée. Les soldats étaient aussi bien exercés qu'on peut l'être avant d'avoir eu l'occasion de se mesurer avec l'ennemi; la cavalerie surtout était excellente. Si cette armée s'était jointe aux troupes françaises après le renouvellement de l'alliance avec Napoléon, il n'est pas invraisemblable qu'elle eût pu changer la tournure de la guerre d'Allemagne; mais en tout cas il eût fallu s'en servir, lorsque les généraux ennemis envahissaient le royaume et demandaient impérieusement et insolemment la cession de la Norvège. L'honneur et le sentiment national exigeaient qu'une grande bataille fût livrée pour la Norvège et que l'on fît des efforts désespérés pour éviter le démembrement de la monarchie. L'armée, dont la plus grande partie, toute prête à marcher, restait en Fionie, tandis que l'on se battait dans le Holstein, brûlait du désir d'être menée contre l'ennemi et de répondre à l'attente de la patrie : mais elle restait immobile comme un lion enchaîné. Rien ne fut fait. Frédéric VI était abandonné de tous, et il ne trouvait pas en lui-même la confiance, la force, la décision, qui eussent été nécessaires dans ce moment solennel. Après le combat de Sehested, un armistice fut conclu et l'on entama des négociations qui aboutirent à une paix malheureuse. Peu avant la signature du traité un nouveau malheur s'ajouta aux autres : le général Czernikow, commandant de la forteresse de *Glückstadt* qui était bien approvisionnée, la rendit sans nécessité à l'ennemi, après une courte et faible résistance. Par la paix de *Kiel* (14 janvier 1814), la Norvège fut cédée à la Suède qui donna une sorte d'indemnité au Danemark en lui abandonnant la *Poméranie suédoise* et l'île de *Rügen*, plus tard échangées à la Prusse contre le Lauenburg et une somme d'argent. L'Islande, les Færœer ou Færeys et le Grœnland restèrent au Danemark. La Norvège prenait à sa charge une partie proportionnelle de la dette publique, à liquider au 1er janvier 1814. Le même jour et au même lieu fut conclue la paix avec l'Angleterre qui obtint l'îlot de *Helgoland;* le Danemark s'obligeait en outre à prendre part à la guerre contre Napoléon et à fournir à cet effet un contingent de dix mille hommes. Peu après furent rétablies par différents traités les anciennes relations avec la Russie, la Prusse et l'Espagne. Lorsque enfin Napoléon fut renversé et la Confédération germanique constituée par le traité de Vienne, le duché de Holstein en devint membre, avec participation aux droits et aux charges qui en étaient la conséquence.

La rupture des liens qui, pendant plusieurs siècles, avaient uni les deux peuples frères, causa en Danemark une vive affliction qui fut complétement partagée par la grande majorité du peuple norvégien. Si, à diverses époques, il s'était élevé des plaintes et des discordes, relativement assez rares, elles furent instantanément oubliées; on pensait seulement aux services que les deux nations s'étaient rendus mutuellement, à leurs communs souvenirs historiques, à la fidélité avec laquelle elles étaient restées l'une à côté de l'autre dans les bons et les mauvais jours, à l'intimité qui s'était établie pendant une longue union et qui avait pour ainsi dire fusionné les deux peuples. Par la violence et l'injustice de l'étranger, ils étaient maintenant séparés l'un de l'autre et la Norvège, traitée comme un domaine ou un trésor, devenait la proie de l'heureux vainqueur. Mais cet abandon révolta tous les sentiments du peuple norvégien. Le prince *Christian-Frédéric*, qui avait gagné l'amour de la nation pendant qu'il était lieutenant du roi en Norvège et qui lui rendait bien cette affection, devint le chef autour duquel s'assemblèrent tous ceux qui voulaient l'indépendance et la liberté de la Norvège. Après s'être consulté avec plusieurs personnages importants, il prit les rênes du gouvernement, rejeta au nom de la Norvège les dispositions de la paix de Kiel et proclama l'indépendance du pays. Une assemblée issue de l'élection fut convoquée à *Eidsvold*, le 10 avril 1814, pour délibérer sur le sort de la Norvège et lui donner une constitution. Dès le 17 mai, celle-ci, conçue dans les nouvelles idées libérales, était votée par l'Assemblée nationale d'Eidsvold et, le même jour, Christian-Frédéric était élu *roi* de Norvège. Mais il fallait maintenant défendre par les armes la liberté et l'indépendance du pays; car Charles-Jean avait en toute hâte regagné la Suède et il s'approchait des frontières de la Norvège avec une armée de 30,000 hommes, exercés et aguerris dans une récente campagne, pour exécuter par force les conditions du traité de Kiel; l'Angleterre et la Russie avaient promis de l'aider dans cette entreprise, tandis que des navires anglais et suédois bloquaient les ports et les côtes de la Norvège. Il était difficile et presque impossible de résister à cette agression. Le peuple était à la vérité brave et décidé, mais peu exercé aux armes, et la Norvège manquait d'argent, de vivres, de matériel de guerre et encore plus d'un général capable; car, bien que Christian-Frédéric fût doué de plusieurs belles qualités, il n'était rien moins que stratégiste. Il n'y avait pas de secours à attendre ; le Danemark était impuissant et Frédéric VI, poussé par les puissances, se trouvait dans la pénible situation d'avoir à désapprouver et à menacer Christian-Frédéric. Les hostilités s'ouvrirent le 26 juillet; le succès alterna avec les revers pendant les quelques semaines que dura la guerre; mais il n'était pas difficile de prévoir le résultat final. Heureusement, Charles-Jean était disposé à la modération; il comprit que la nouvelle union serait mal cimentée par le sang et il chercha à gagner le peuple norvégien par de bons procédés. Il offrit un armistice et des conditions pour un accord auquel personne n'avait à perdre, si ce n'est Christian-Frédéric qui dut renoncer à la couronne récemment posée sur sa tête. La trêve fut signée à *Moss*, le 14 août 1814, et le même jour et au même lieu fut conclue une convention, par laquelle Charles-Jean reconnut au nom du roi de Suède la constitution votée à Eidsvold, à laquelle ne pourraient être apportées, avec le consentement du Storthing (grande Assemblée), que les modifications nécessitées par l'union avec la Suède.

Christian-Frédéric s'obligeait à donner sa démission dans un Storthing convoqué à cet effet. C'est ce qui fut fait : le 10 octobre, il déposa la couronne et remit le pouvoir à l'Assemblée. Le soir du même jour, il quitta la Norvège. Il mérite le bienveillant souvenir et la reconnaissance du peuple norvégien, qui lui est principalement redevable de la facilité avec laquelle eut lieu la transition de l'ancien au nouvel état de choses. C'est sous lui que furent fondées tout à la fois l'indépendance et la liberté, et cette œuvre une fois accomplie n'était pas facile à détruire. On ne sait ce qui serait arrivé si la Norvège n'avait pas eu en lui un chef et un guide dans ce moment solennel ; sa présence empêcha la discorde, l'indécision et le désordre qui auraient pu si facilement se produire dans de telles circonstances, et qui sans aucun doute auraient suggéré de tout autres sentiments à Charles-Jean et les auraient en partie justifiés. — Dans les négociations suivantes qui, en vertu de la Convention de Moss, eurent lieu entre le Storthing et les plénipotentiaires suédois, la Norvège fut déclarée unie avec la Suède, comme royaume indépendant, quelques modifications furent faites à la loi fondamentale, et Charles XIII fut ensuite élu roi de Norvège, le 4 novembre 1814. L'année suivante, les relations mutuelles des deux royaumes furent plus amplement déterminées par une convention appelée *Rigsakt* (acte d'État).

La Norvège eut le bonheur de traverser, sans beaucoup de sacrifices et de souffrances, les terribles tempêtes qui ébranlèrent l'Europe pendant une génération d'hommes, et elle entra dans la période contemporaine avec une situation meilleure que celle qu'elle occupait au début des bouleversements. Elle gagna en un clin d'œil et sans grande peine de précieux avantages politiques, la liberté et l'indépendance, pour lesquelles beaucoup de peuples ont combattu pendant une série d'années, en déployant toute leur énergie et en versant des flots de sang, parfois même sans atteindre le but. Cet heureux résultat fut comme un dédommagement que la Providence réservait à la Norvège pour les longs siècles d'effacement, où, unie au Danemark, elle avait été privée non-seulement de liberté politique, mais même d'indépendance nationale.

IV

Réformes en faveur des paysans. — Le prince de la couronne Frédéric. — C. D. Reventlov. — Abolition du domicile forcé. — Extension de la propriété. — Rachat de la corvée, des dîmes, etc. — Résistance des propriétaires juttlandais. — Restriction des privilèges de la noblesse. — La situation sociale des juifs est améliorée. — Abolition de la traite des nègres. — Réformes judiciaires et militaires. — Sollicitude pour l'instruction publique et les écoles. — L'Université. — Les sciences et les arts. — La liberté de la presse est limitée. — Les finances et la Banque nationale. — L'opinion publique et les idées régnantes. — Développement de l'esprit national.

La situation du Danemark, immédiatement après la fin de la guerre, était aussi mauvaise que l'on peut se le figurer; si l'État ne fut pas accablé sous le poids des maux qui fondirent sur lui l'un après l'autre, c'est grâce surtout aux importantes améliorations intérieures qui avaient été faites pendant les années de paix et qui avaient donné au pays de nouvelles forces pour résister aux coups du dehors.

Encourager l'agriculture et alléger le fardeau sous lequel gémissait la classe rurale, tel avait été le premier but des efforts du prince de la couronne, lorsqu'il prit part au gouvernement en 1784 ; en quoi il fut puissamment aidé par de nobles citoyens, *Christian-Ditlev-Frédéric Reventlov*, *André-Pierre Bernstorf* et *Christian Colbjœrnsen*. Les diverses mesures que l'on avait prises auparavant pour améliorer la condition des paysans, avaient été pour la plupart retirées sous le ministère Guldberg, et leur situation était, en 1784, aussi triste que possible. Il y avait à la vérité des propriétaires équitables qui exerçaient avec douceur et modération la puissance étendue que la loi leur donnait sur leurs paysans; mais dans les domaines, en beaucoup plus grand nombre, dont le propriétaire n'était pas animé de principes humanitaires, ou avait abandonné, en son absence, l'administration de ses biens à un régisseur égoïste, ou bien lorsque le domaine, comme c'était fréquemment le cas, avait été acheté dans le seul but d'en tirer momentanément le plus grand avantage possible, le paysan sans défense était livré à toute sorte d'arbitraire. — A partir de sa quatrième année, le paysan était astreint au domicile forcé dans l'endroit où il était né, et, même après dix-huit ans de service militaire, cette obligation subsistait encore. Si le jeune paysan cherchait à se soustraire par la fuite à la tyrannie d'un seigneur injuste, il était poursuivi comme déserteur, et, s'il était saisi, c'était la prison qui l'attendait pour la première fois, et les travaux forcés pour la seconde. La désignation des conscrits dépendait entièrement du bon plaisir du seigneur, ce qui permettait à celui-ci, lorsqu'il manquait de droiture, ou bien à son régisseur cupide, d'exercer les plus honteuses exactions ou l'arbitraire le plus révoltant. Le droit que le seigneur avait eu de forcer un paysan à prendre à bail, pour une somme fixée par lui, le domaine le plus négligé, avait été abrogé par Frédéric IV, mais rétabli par Christian VI, et les propriétaires égoïstes et impitoyables en abusaient de la manière la plus inique. Ils imposaient les plus mauvaises fermes aux jeunes gens les plus riches, et, lorsque ceux-ci avaient dépensé leur fortune à l'amélioration du domaine, ils l'expulsaient sous quelque prétexte et remettaient le bail à un autre pour une somme plus élevée. L'occasion de rompre le bail ne pouvait manquer à un seigneur injuste, puisque l'entrée en jouissance n'était pas *précédée d'une visite*. Aussi était-il toujours impossible de contredire le propriétaire, lorsqu'il prétendait que le fermier avait ruiné les terres ou diminué le cheptel. Lorsqu'un paysan était expulsé pour cette raison, ou parce qu'il ne pouvait payer le cens, les contributions et les redevances, le seigneur s'arrogeait les attributions d'un foged (bailli), en décrivant lui-même sa ferme, et celles d'un préposé au partage, en s'adjugeant ses conclusions, ce qui donnait lieu aux plus graves abus et ce qui était une violation de la loi danoise, laquelle défend expressément d'être juge et partie. La *corvée* qui avait été déterminée sous le ministère de Struensee, *cessa de l'être* sous son successeur, et elle était si lourde qu'elle ruinait nombre de paysans. Les fermiers étaient non-seulement astreints à cultiver les terres dépendant du manoir seigneurial, mais on les forçait encore de faire beaucoup d'autres travaux totalement étrangers à la corvée, comme d'extraire de la tourbe, de couper du bois, de hacher de la paille, de creuser des fossés, de dessécher des marécages, de défricher des terres incultes, etc. Le paysan n'était jamais maître de son temps, mais il était tenu de quitter son travail, dès que le château le mandait pour la corvée; aussi ses propres champs étaient-ils mal cultivés; les labours et la moisson n'avaient pas lieu en temps opportun, et par conséquent la récolte était le plus souvent si mauvaise que le paysan, après avoir payé le cens et les contributions, manquait ordinairement de céréales pour l'hiver. S'il refusait de remplir la tâche qui lui était imposée, le régisseur, le fermier, le chef de culture, le garde-chasse, le courrier, étaient là pour le faire obéir à coups de fouet ou de bâton. Les idées du moyen âge sur *l'obéissance et la soumission absolues* subsistaient encore dans toute leur rigueur, et, si le paysan montrait quelque velléité d'indépendance, le seigneur qui ne trouvait pas son compte à le forcer à une résiliation, pouvait lui rappeler, par des peines barbares, comme *le cheval de bois, le carcan, le capuchon espagnol, le cachot,* etc., qu'il était esclave et qu'il avait des devoirs, mais point de droits. La *communauté* qui, malgré l'ordonnance de 1781, subsistait encore dans la plupart de localités, *la prestation de la dîme en gerbes* et *les lois funestes sur le commerce des grains,* jointes aux autres inconvénients, mettaient l'agriculteur dans une situation déplorable. De même que sa condition extérieure était extrêmement mauvaise, de même son long esclavage l'avait rendu apathique, paresseux, ignorant, borné; il ne connaissait pas à fond ce qui le touchait de plus près et il ne s'inquiétait pas du reste du monde. L'instruction primaire, qui n'avait jamais atteint un degré bien élevé, avait plutôt empiré qu'elle ne s'était améliorée dans les derniers temps; les écoles de village, fondées par Frédéric IV, avaient même été en partie supprimées lors de la vente des domaines royaux, les acheteurs s'étant refusé à faire les frais de leur entretien.

Les premières améliorations agricoles furent introduites dans les domaines royaux des amts de Kronborg et de Frederiksborg, par une commission nommée à cette occasion sous la présidence du comte *Christian Reventlov* (3 novembre 1784). Dans le courant de quelques années, les terres furent réparties, les bâtiments transportés au centre de l'exploitation et les champs enclos; ensuite la corvée fut abolie et transformée, ainsi que la dîme, en une redevance pécuniaire raisonnable; enfin les fermiers purent devenir propriétaires des biens qu'ils cultivaient, moyennant une faible augmentation de leurs contributions. 1,300 familles de laboureurs et 2,500 familles de journaliers profitèrent de ce bienfait; par leur aisance croissante, par leur instruction que facilitait le nombre des écoles fondées en même temps dans beaucoup de localités, elles fournirent des preuves irrécusables de l'utilité qu'il y avait à abolir la corvée et à rendre le cultivateur propriétaire de sa ferme. Le succès qui couronna ces essais encouragea le gouvernement à prendre des mesures plus générales et plus décisives. En exposant diverses plaintes formulées par quelques agriculteurs, Reventlov profita de l'occasion pour représenter au prince de la couronne les maux dont souffrait la classe rurale, mais il ne dissimula pas qu'il était alors difficile d'y remédier. « Il me semble pourtant, répliqua le prince, que, dans une affaire si importante dont dépend le bien du pays, il n'y a pas un jour à perdre. Ne peut-on pas aussi bien commencer à s'en occuper demain qu'après-demain? » Le résultat de cet entretien fut la nomination d'une commission (25 août 1786), chargée d'étudier les moyens d'améliorer la situation de la classe rurale. *Reventlov* et *Colbjœrnsen* en furent l'âme et ils trouvèrent le plus puissant concours dans le noble *A. P. Bernstorf* qui, une vingtaine d'années auparavant, avait stimulé son oncle, l'ancien Bernstorf, à affranchir les paysans du domaine de Bernstorf, près Copenhague, et avait ainsi le premier donné l'exemple, si fécond en résultats, de l'abolition de la corvée et du domicile forcé. Dès l'année suivante, les études de la commission portèrent leur fruit, dans l'ordonnance du 8 juillet 1787, où les droits et les devoirs réciproques du fermier et du propriétaire furent déterminés avec ampleur et précision. Désormais aucune ferme ne devait être amodiée avant d'avoir subi la *visite* d'experts jurés; autrement le propriétaire n'avait aucun recours contre le fermier, si celui-ci ruinait le domaine. Lorsque ce dernier ne remplissait pas ses obligations, le seigneur ne pouvait l'expulser de sa propre autorité, sans encourir des peines sévères; le résiliement ne pouvait être prononcé que dans les formes légales et il ne devait être exécuté que par les officiers de justice; de même c'était le juge ordinaire du lieu qui avait à apprécier les réclamations du propriétaire sur l'héritage du fermier. L'ordonnance détermina en outre les limites de la soumission et de l'obéissance du fermier envers le propriétaire et elle déclara abolir pour toujours le carcan, le cheval de bois, le cachot, le capuchon espagnol, etc. Cette loi bienfaisante fut bientôt suivie d'une autre qui était, si c'est possible, encore plus importante et plus radicale : *l'ordonnance du 20 juin 1788, sur l'abolition du domicile forcé.* « Comme la classe rurale, est-il dit dans les considérants, comprend la partie la plus nombreuse de la population du pays et que la force de l'État, aussi bien au point de vue de la défense que de la prospérité générale, dépend surtout de l'industrie, du courage et du patriotisme de cette classe importante, — le roi ne peut faire de son autorité un usage plus agréable pour lui et plus profitable pour le bien public que de l'employer à protéger et à maintenir soigneusement les droits de ses sujets de la classe rurale, *surtout la liberté personnelle,* qui n'appartient pas moins à cette classe qu'aux autres. » D'après cette ordonnance qui fut déclarée irrévocable et immuable, l'obligation de demeurer au lieu de naissance fut *aussitôt* abolie pour tous les paysans qui avaient moins de 14 ans et plus de 36, et pour tous les autres à partir du 1er janvier 1800. Comme conséquence, fut aussi supprimée l'institution sur laquelle était fondé le domicile forcé, savoir : l'obligation pour les propriétaires de fournir un contingent à la milice ; le service militaire fut désormais une charge personnelle immédiate, imposée à toute la classe rurale et basée, non sur le hartkorn, mais sur la population de chaque contrée. Ainsi fut extirpé pour toujours un mal, qui d'abord sous forme de servage, ensuite de lien domiciliaire, avait imprimé à la classe rurale les stigmates de l'esclavage, et, après beaucoup de siècles de lourde oppression et de dégradation, le paysan danois entra dans le xixe siècle comme citoyen libre et honorable, et commença une nouvelle existence dans des conditions qui n'avaient jamais été si favorables, depuis les beaux jours de la liberté populaire.

Outre ces deux mesures capitales prises pour améliorer foncièrement le sort de la classe rurale, il parut antérieurement et postérieurement une série d'ordonnances, qui tendaient au même but. Une loi des plus mauvais temps de l'aristocratie était encore en vigueur : elle défendait aux paysans *d'engraisser des bœufs dans l'étable* et réservait ce droit exclusivement pour les seigneurs et les habitants des villes. Comme en outre *l'exportation des bœufs de pâturage* avait été interdite, en 1747, à cause d'une épidémie qui régnait alors, le paysan était réduit à vendre à vil prix son bétail aux seigneurs qui, après avoir étable quelque temps le bétail, le vendaient avec un bénéfice exagéré. Cette loi déraisonnable et injuste eut pour conséquence la ruine du nourrissage des bestiaux et l'appauvrissement des paysans. Ce grand mal fut supprimé par l'ordonnance du 11 juin 1788, qui permit à chacun de tenir son bétail à l'étable ou de l'envoyer au pâturage, comme il lui plairait; la prohibition de l'exportation fut abolie et les droits de douane considérablement diminués. Ces droits furent plus tard réduits encore (12 janvier 1827) et même totalement supprimés pour le bétail exporté dans les duchés. Le *commerce des céréales* aussi était entravé de la manière la plus déraisonnable : en 1735, les grands terriens avaient obtenu de Christian VI une loi qui interdisait l'importation des céréales et donnait au Danemark le privilége exclusif d'en fournir au Sœndenfjelds ou partie de la Norvège située au sud des montagnes. Cette loi était injuste pour cette contrée, en même temps que nuisible pour le Danemark, parce que l'agriculteur, certain de vendre ses grains, ne s'inquiétait pas de les obtenir de bonne qualité ; elle n'était avantageuse que pour les grands propriétaires que les hauts prix enrichissaient, et elle fut abrogée par l'ordonnance du 6 juin 1788, qui permit la libre importation des céréales. Plus tard, la liberté de ce commerce fut complète, lorsque l'ordonnance du 27 décembre 1810 eut supprimé les droits d'exportation des céréales. L'extension de la *propriété* chez les paysans était un des principaux objets de la sollicitude du gouvernement. Il avait lui-même donné un bon exemple à cet égard et, par plusieurs lois tendant au même but, il continua à encourager les particuliers à l'imiter. Plusieurs résolutions royales (1784, 1785, 1791) donnèrent aux propriétaires de châteaux la faculté d'être autorisés, sous certaines conditions, à aliéner les fermes dépendant de la seigneurie sans perdre leur exemption d'impôts et sans avoir besoin de répondre à l'avenir des contributions de la partie vendue, ce qui avait été jusqu'alors une règle de rigueur; il fut même permis de diviser en parcelles les terres de la résidence seigneuriale, tout en leur conservant les priviléges nobiliaires. Bien des milliers de propriétés libres furent constituées de cette manière entre 1785 et 1807; mais, à cette dernière date, le gouvernement jugea à propos de restreindre ces encouragements, pensant que l'affaire était en assez bonne marche pour n'en avoir plus besoin. Mais la guerre, le mauvais état des finances et d'autres événements malheureux nuisirent considérablement à la vente de parcelles détachées des seigneuries. L'extension de la propriété, la transformation de la corvée et de la dîme, le partage des communaux et les autres améliorations agricoles, furent grandement facilités par la création d'une *caisse de crédit*, en 1786. Jusqu'en 1804, où les hostilités commencèrent à ralentir son action, cette caisse prêta à un taux très-modéré, de 3 à 4 millions de rigsdaler aux paysans et aux propriétaires de seigneuries.

La commission rurale avait encore à résoudre deux problèmes qui présentaient des difficultés particulières, savoir : la transformation de *la corvée* et de *la prestation de la dîme en nature*. Ici, le gouvernement ne pouvait agir d'autorité, puisqu'il s'agissait de droits de propriété dont on ne pouvait sans injustice priver les ayants droit actuels, à moins de les indemniser convenablement. L'État pouvait cependant, en raison de la manifeste illégitimité de la corvée *indéterminée* et de sa totale incompatibilité avec le bien public, se croire autorisé à la transformer en une prestation *déterminée*, qui fut fixée de façon à ne pas empêcher le paysan de suivre sa propre culture. Cette réforme fut opérée presque partout, en vertu de plusieurs dispositions législatives de 1791, 1793, 1795 et 1799, soit par l'accord amiable du paysan et du seigneur, soit par la sentence de commissaires délégués à cet effet par le gouvernement. En diverses localités, beaucoup moins nombreuses qu'il n'eût été à désirer pour le bien de la classe rurale et de l'agriculture, la corvée fut changée en une redevance pécuniaire annuelle. Ce cas était le plus commun dans le Jutland; il le fut moins en Sélande et dans les îles voisines, dont la classe rurale était plus asservie et appauvrie par une longue oppression et où plus de la moitié des propriétés seigneuriales furent cultivées en corvée jusqu'en 1848. *La prestation de la dîme en gerbe* est nuisible parce que, entre autres inconvénients, elle prive le cultivateur d'un dixième de la paille qui lui est si utile; injuste, parce qu'elle est en proportion des peines que prend le laboureur pour améliorer sa culture et en augmenter le produit. Par une ordonnance royale, promulguée le 18 mars 1796, le gouvernement chercha d'abord à amener ceux qui devaient la dîme et ceux qui la recevaient à s'entendre amiablement sur sa transformation : de cette façon, dans les dix années suivantes, la prestation de la dîme en nature fut, dans beaucoup d'endroits, changée en une redevance pécuniaire fixe ou en un certain nombre de boisseaux de grains. Le règlement final de cette affaire importante fut cependant retardé par les hostilités qui suivirent, jusqu'à ce que enfin fût promulguée l'ordonnance du 8 janvier 1810, qui ménageait tous les droits acquis et satisfaisait en même temps aux exigences de l'équité : d'un côté, elle assurait au propriétaire la jouissance de la dîme ou de sa valeur; d'autre part, elle accordait au fermier la *faculté* de demander que la dîme en nature fût transformée en une redevance pécuniaire fixe ou bien en un certain nombre de boisseaux de grains. — Dans le Holstein et le Slesvig (notamment dans la partie orientale occupée par les descendants des peuples vendes, autrefois immigrés dans ce pays et vaincus), le fermier était soumis à un joug encore pire que le domicile forcé : *le servage*, qui faisait de la femme, comme de l'homme, la propriété du seigneur. Par le zèle de Bernstorf, l'affaire fut amenée au point que, en 1797, on résolut d'abolir le servage, et cette mesure fut mise à exécution, malgré la résistance de la chevalerie et des propriétaires, par l'ordonnance du 19 décembre 1804, qui donna à 20,000 familles serves la liberté et la propriété.

Depuis le temps où Christian IV avait fait les premières tentatives pour affranchir les paysans et abolir la corvée, l'opinion publique avait sans cesse exprimé une vive compassion pour les souffrances de la classe rurale ; c'est surtout depuis le temps où la liberté générale de la presse avait été proclamée, que la cause du paysan opprimé avait été soutenue avec chaleur et que l'opinion avait prêté un puissant concours aux efforts du gouvernement. Celui-ci reconnut lui-même l'utilité de cet examen public et fit imprimer les délibérations de la commission agricole. Le parti des seigneurs ne manqua pourtant pas de publier des brochures où il défendait ses droits prétendus ; mais ces objections, suggérées par les préjugés et un aveugle égoïsme, ne servirent qu'à mettre mieux en lumière la portée et la justice des mesures prises à cet égard. Ne pouvant rien obtenir de cette façon, ils présentèrent au prince de la couronne, en 1790, une *adresse de confiance* (Tillidsskrift), signée de 102 propriétaires jutlandais, qui demandaient l'annulation des mesures prises, comme nuisibles au pays et contraires à la constitution. Mais cette tentative, peu honorable pour ses promoteurs, les grands propriétaires *Lyttichau* et *Beenfeldt*, échoua devant la fermeté du prince qui voulait maintenir la liberté et les droits des paysans. Tout le reste de la nation éprouvait un sentiment de gratitude pour la juste et sage conduite du gouvernement dans l'affaire des paysans. Cette disposition des esprits se manifesta en partie dans des chants enthousiastes du poëte *Thaarup*, partie dans l'érection de la Colonne de liberté (Frihedsstœtten), en dehors de Copenhague, le plus noble monument que puisse offrir un pays. Le 31 juillet 1792, le prince de la couronne posa la première pierre des fondations de cette colonne, sur l'une des faces de laquelle est l'inscription suivante : « *Le roi a ordonné d'abolir le domicile forcé et de mettre l'ordre et la vigueur dans les lois agricoles, afin que le paysan libre puisse prendre de l'assurance, devenir éclairé, laborieux, bon, honorable citoyen et heureux.* »

L'abolition du lien domiciliaire, le règlement des rapports entre le seigneur et le fermier, la conversion de la corvée et de la dîme, privèrent la noblesse, dont faisaient encore partie la plupart des propriétaires de seigneuries, de divers priviléges injustes qui lui avaient été accordés à une époque où les droits généraux de l'homme et du citoyen étaient peu respectés. Mais la noblesse et les privilégiés qui lui étaient assimilés possédaient encore divers avantages aussi contraires à l'équité qu'inconciliables avec le bien général et avec les principes d'un gouvernement bien ordonné : notamment la nomination à d'importantes fonctions ecclésiastiques et judiciaires, droit qui avait donné lieu à beaucoup d'abus et qui, pendant des siècles, avait été l'objet de doléances fondées. Par la loi du 3 juin 1809, le roi déclara que ce droit, qui appartenait exclusivement au gouvernement, ne serait plus, à l'avenir, octroyé à des particuliers; il fut aboli et converti en un *droit de présentation,* qui fut accompagné de plusieurs dispositions restrictives : les titulaires actuels pouvaient seuls l'exercer et ils ne le transmettaient à leurs descendants légitimes que s'ils étaient nobles. Le *droit de varech* (Forstrandsret), appartenant à la noblesse, fut également restreint par une ordonnance de 1815. Lors du coup d'État de 1660, l'aristocratie n'avait reçu qu'une promesse *d'exemption d'impôts*, conditionnelle et dépendante des besoins de l'État. Aussi fut-elle soumise aux contributions pendant tout le règne de Frédéric III ; mais son fils, Christian V, accorda, à tous ceux qui possédaient une certaine quantité de terres, l'exemption d'impôts pour une partie de leur domaine, qui était appelée le *hartkorn libre*. Les choses restèrent sur le même pied jusqu'au commencement de ce siècle, où les circonstances rendirent nécessaires de nouvelles taxes. L'ordonnance du 10 octobre 1802 et plusieurs lois subséquentes imposèrent le hartkorn libre aussi bien que l'autre, partant du principe que les domaines seigneuriaux et les autres terres privilégiées étaient bien exempts des anciennes taxes sur le hartkorn, mais ne pouvaient l'être des *nouvelles* charges que les besoins de l'État rendaient indispensables. Depuis, l'ordonnance du 15 avril 1818 réunit ces contributions en un impôt foncier appliqué au hartkorn libre, et celui-ci, en raison du bouleversement que les finances avaient subi dans l'intervalle et du changement qui s'ensuivit en matière d'impôts, ne fut guère inférieur à l'accroissement de charges mises sur les roturiers. Alors même que ces contributions n'auraient pas été suggérées par une pressante nécessité, elles eussent été suffisamment justifiées par la loi de l'équité, qui défend de favoriser une classe de citoyens au préjudice des autres. — Les possesseurs du hartkorn libre s'étaient autrefois soustraits à la charge, si lourde pour les paysans, *de la construction et de l'entretien des chemins ;* mais l'ordonnance du 13 décembre 1793 prescrivit aux propriétaires de seigneuries de participer aux dépenses pour l'établissement de nouvelles *routes royales*, d'écluses et de ponts ; de même le hartkorn libre eut à supporter, comme l'équité l'exige, une partie des dépenses nécessaires pour l'entretien de diverses institutions d'intérêt général, dans la commune rurale de sa situation.

Le même esprit de justice dont le gouvernement fit preuve dans les mesures prises en faveur de la classe rurale, se manifesta aussi à l'égard d'un nombre moindre d'habitants du Danemark qui, bien que soumis à toutes les charges des citoyens, étaient jusqu'ici presque entièrement privés de droits civils. Les *Juifs* du Danemark étaient dans la même condition que ceux du reste de l'Europe : exclus de la plupart des métiers, des industries et des emplois, ils n'avaient pour gagner leur vie que des ressources réprouvées par l'opinion publique ; ils étaient, en conséquence, l'objet des mauvais propos, de la haine et du mépris ; il en résulta qu'ils s'enracinèrent encore davantage dans leurs choquantes singularités et devinrent plus dissimulés, défiants et étrangers au pays où ils vivaient. Le Danemark, en les traitant avec équité, donna un bel exemple à plusieurs États, qui passaient d'ailleurs pour être à un degré élevé de développement social : dès 1788, une ordonnance leur ouvrit l'accès aux corporations ; mais la plus importante mesure à cet égard fut la loi du 29 mars 1814, qui leur reconnut « la même faculté qu'aux autres sujets, d'exercer toute profession autorisée par la loi » ; et, à la même occasion, des dispositions convenables ayant été prises pour l'instruction de la jeunesse israélite, l'État eut la certitude que la génération croissante deviendrait capable d'occuper une situation honorable parmi les autres sujets. Cette loi bienfaisante gagna à la société plusieurs milliers de citoyens. Les juifs s'accoutumèrent, en effet, peu à peu à se considérer comme tels dans l'État qui les protégeaient ; ils renoncèrent aux honteuses industries, prirent des métiers et d'autres occupations utiles ; aussi l'opinion publique devint-elle de moins en moins sévère à leur égard ; plus tard ils furent admis à prendre part à l'administration communale et aux élections pour les États ; il leur manquait néanmoins encore un droit civique important : celui de siéger aux assemblées d'États.

Le même esprit d'humanité qui s'était manifesté dans l'émancipation des israélites, inspira aussi l'ordonnance du 16 mars 1792, par laquelle fut abolie l'odieuse *traite des nègres*. Non-seulement cette loi supprima pour toujours cet infâme trafic dans les Antilles danoises, à partir de l'année 1803, mais on prit également soin d'améliorer la situation des esclaves noirs en les instruisant de la religion chrétienne, en facilitant les mariages réguliers, en défendant de séparer les époux l'un de l'autre ou les parents de leurs enfants, avant que ceux-ci n'eussent atteint un certain âge, d'ailleurs trop peu élevé (6 ans). De même qu'il y avait eu beaucoup d'obstacles à surmonter pour l'abolition du domicile forcé, la suppression de la traite des nègres trouva aussi des adversaires bruyants qui voyaient dans cette mesure la ruine des colonies, et une partie des colons sollicitèrent même le retrait de cette loi ou tout au moins son ajournement ; mais les nègres ne manquèrent pas non plus de chaleureux défenseurs, et le gouvernement maintint sa résolution avec fermeté. Le Danemark fut le premier État qui donna au monde cet exemple d'humanité, et l'Angleterre, le premier qui le suivit. Plus tard, celle-ci a aboli l'esclavage et le Danemark l'a imitée.

De grandes réformes furent apportées à l'*administration de la justice* dans cette période. Une ordonnance du 10 juillet 1795 institua les importantes *Commissions réconciliatrices* (justices de paix), qui ont tant contribué à diminuer les procès inutiles et coûteux, et dont l'usage a été si généralement reconnu que plusieurs États les ont prises pour modèle. L'année suivante (1796) fut signalée par une excellente loi sur l'*administration convenable et rapide de la justice,* rédigée par Christian Colbjœrnsen; cette loi, tenant compte « des plaintes aussi générales que justifiées sur la lenteur de la procédure, abrégea les détours de la chicane, et les praticiens subalternes furent soumis à une si étroite surveillance des tribunaux supérieurs, qu'ils ne pouvaient éviter d'être punis, s'ils osaient recourir aux chicanes et empêchaient que la justice ne fût rendue ou retardaient son œuvre. ». En enlevant aux particuliers le droit de nommer les juges, en améliorant l'enseignement du droit et par plusieurs dispositions particulières, on a en outre fait beaucoup dans les derniers temps pour assurer l'équité et la marche rapide des tribunaux. Au lieu des anciens landsthings (cours provinciales) établis dans chaque province et des tribunaux de la chambre du conseil dont chaque ville était pourvue, deux cours provinciales supérieures furent instituées en 1805 : l'une pour le Jutland, à Viborg; l'autre pour les îles, à Copenhague ; celle-ci fut unie au tribunal de la cour et de la ville. La loi pénale fut considérablement améliorée par une nouvelle ordonnance sur le vol, du 20 février 1789 ; mais outre ses autres défauts, cette loi présentait en beaucoup de cas une disproportion trop grande entre le délit et le châtiment ; aussi une nouvelle ordonnance sur ce point important de la législation pénale a-t-elle été promulguée dans ces derniers temps. Lorsque la partie ducale du Holstein fut unie à la monarchie danoise, la torture qui y était en usage fut abolie ; plus récemment, l'abolition de la question employée en certaines circonstances, de la marque et de la barbare bastonnade ont donné de nouvelles preuves de l'esprit humain du gouvernement danois.

Au siècle passé, *l'armée* se composait : partie de mercenaires allemands, sur la fidélité desquels il y avait si peu à compter, qu'il fallait, pendant l'hiver, mettre des postes sur la glace pour les empêcher de déserter en Suède ; partie de miliciens qui étaient choisis arbitrairement par les seigneurs et formés au service militaire, avec commandement en allemand, par le bâton de sous-officiers tudesques. Le ministère Guldberg introduisit le commandement en langue danoise et la justice militaire, mais il laissa subsister sans changement la plupart des autres abus. C'est seulement après que l'influence des seigneurs sur la conscription eut été abolie avec le domicile forcé, qu'une réforme fondamentale eut lieu dans l'organisation de l'armée. Le contingent à fournir fut proportionné à la population de chaque district, le service fut abaissé de 12 ans, parfois 18 ans, à 8 ; encore était-il réduit en temps de paix à 2 ou 3 ans. Les primes de recrutement furent complètement supprimées et la défense du pays fut laissée à ses habitants. En 1776 avait été instituée une école d'artillerie, à laquelle le général *Huth* rendit de grands services ; l'amélioration des écoles militaires fut continuée depuis, et *la haute école militaire* fondée en 1830 eut pour mission de donner aux officiers les connaissances et l'instruction générales dont ils étaient privés autrefois. L'armée étant ainsi devenue danoise par l'éloignement des éléments étrangers, et ses officiers éclairés et instruits, la mésintelligence qui régnait autrefois entre les civils et les militaires, fut peu à peu remplacée par de meilleures dispositions.

La classe rurale était devenue libre ; mais la liberté sans les lumières est un non-sens. En conséquence, une série de mesures en faveur de l'instruction publique furent prises par le gouvernement danois et sont pour lui un titre de gloire. Dès l'année qui suivit l'abolition du domicile forcé, une commission fut chargée de délibérer sur cette affaire importante et l'on donna aussitôt des bases durables à l'amélioration de l'instruction primaire en formant des pépinières d'instituteurs capables : plusieurs séminaires ou écoles normales furent fondés; plus tard, leur nombre fut réduit à quatre, savoir : *Jonstrup* en Sélande, *Skaarup* en Fionie, *Snedsted* et *Lyngby* en Jutland; un *cinquième*, celui de *Jellinge*, fut ajouté plus tard. Une grande quantité de nouvelles maisons d'école furent construites en beaucoup de localités, et les anciennes distribuées plus commodément et plus agréablement qu'auparavant; partout les instituteurs furent logés gratuitement et, en leur attribuant l'office de sacristain, en leur donnant des terres et d'autres revenus, leur condition fut considérablement améliorée, bien qu'il restât encore beaucoup à faire à cet égard. En 1806 parut un règlement préliminaire pour les écoles rurales, lequel, après avoir subi plusieurs années d'épreuves, passa, avec divers changements et réformes dans le règlement général sur ce sujet (29 juillet 1814). Le gouvernement ne montra pas moins de sollicitude pour les écoles des villes et, par une ordonnance promulguée le même jour, il leur donna une meilleure organisation. De nouvelles écoles furent fondées où il en était besoin; des catéchistes à traitement fixe furent institués dans les villes pour donner, de concert avec plusieurs maîtres subalternes, l'instruction à la jeunesse; de nouvelles matières furent enseignées d'après une meilleure méthode. Partout en Danemark, aussi bien à la campagne que dans les villes, chaque enfant peut recevoir l'instruction gratuite, et ce n'est pas seulement une faculté, mais bien une obligation pour les parents, qui n'ont pas le moyen de faire instruire leurs enfants, que de les laisser profiter de l'instruction donnée au compte de l'État. Aussi le peuple danois est-il aussi instruit que n'importe quel autre et il surpasse même à cet égard les habitants de plusieurs pays incomparablement plus grands et plus favorisés. Plusieurs nobles citoyens, comme les frères *Christian* et *Louis Reventlov*, travaillèrent en outre avec zèle à la diffusion de l'instruction primaire, et le pasteur *Massmann* à Copenhague mérita bien de cette ville en fondant, en 1800, des écoles du dimanche, où dans le cours des années plusieurs milliers d'artisans, maîtres, compagnons et apprentis, reçurent l'éducation appropriée à leur état. Postérieurement se fit sentir le besoin d'un enseignement plus élevé pour ceux qui, sans être destinés aux études, désiraient pourtant une instruction scientifique; on y pourvut en fondant des écoles professionnelles spéciales ou bien en annexant ces écoles aux colléges existants. D'une haute importance, aussi bien pour les sciences que pour le développement des métiers et des arts mécaniques, fut l'*École polytechnique* fondée en 1829. Depuis qu'elle existe, elle a travaillé efficacement à propager la connaissance des sciences naturelles et de leur application pratique, et notamment, au moyen des écoles d'arts et métiers et de l'institut métallurgique, qui lui sont annexés, elle a contribué à répandre chez les ouvriers un meilleur goût, une plus grande habileté technique et des lumières plus profondes.

L'*instruction secondaire* et l'*Université* ont subi de grandes modifications dans le dernier demi-siècle, et, bien qu'il reste encore fort à faire, reçu beaucoup d'améliorations réelles. Après qu'une commission eut été instituée, en 1790, sous la présidence d'un homme éclairé et zélé, le duc *Frédéric-Christian d'Augustenborg*, la question d'un changement dans l'organisation des écoles savantes fut discutée publiquement, comme le duc lui-même en donna l'exemple, en publiant ses propositions à cet égard. En 1797 parut une ordonnance provisoire sur les écoles latines, et, comme le règlement pour l'instruction primaire, elle fut soumise à une expérience de plusieurs années, avant d'être rendue généralement exécutoire par l'ordonnance du 7 novembre 1809. Elle maintint l'étude approfondie des langues anciennes comme le vrai fondement de l'instruction secondaire ; mais, par une meilleure méthode d'enseignement et un meilleur emploi du temps, il fut possible d'introduire dans les programmes plusieurs nouveaux sujets d'étude. A la même occasion, le traitement des maîtres fut augmenté, de meilleurs manuels adoptés, et divers abus supprimés, comme l'usage, pratiqué par les écoliers depuis le moyen âge, d'aller chanter à l'église ou au dehors. Un séminaire ou école normale supérieure fut fondé, en 1799, pour former des maîtres pour les écoles latines, et lorsqu'au bout de quelques années, il eut été supprimé, faute d'élèves, un examen particulier fut plus tard imposé, en 1818, à ceux qui aspiraient aux chaires supérieures dans les colléges. En même temps l'Université, d'abord sous la direction du vice-chancelier *Janson*, ensuite du duc *Frédéric-Christian d'Augustenborg*, fut l'objet d'une réforme, qui fut une application partielle du projet si longtemps négligé de Gunnerus, et qui, en connexion avec des changements postérieurs inspirés par le même esprit, a donné à l'Université une organisation plus conforme aux exigences du temps. L'Université reçut de nouveaux statuts, en 1788; son revenu s'accrut par une meilleure administration de ses domaines, le nombre des chaires fut augmenté par la nomination de professeurs extraordinaires payés par l'État et, par suite, plusieurs nouvelles matières furent enseignées; l'abusive inscription privée fut abolie; les examens pour les fonctions devinrent plus sévères et, en 1805, l'examen des arts reçut une nouvelle organisation qui depuis a été plusieurs fois améliorée; enfin, la même année, l'Université et les écoles savantes furent placées sous une même direction. La fondation de l'*Université frédéricienne* en Norvège (1811) accomplit, peu avant la séparation de ce royaume d'avec le Danemark, un vœu longtemps nourri et exprimé dans ce pays dès 1661. L'académie ou collège de Sorœ, qui fut incendié en 1813, rentra en activité en 1822, et l'académie de chirurgie, fondée en 1785, fut annexée à l'Université, en 1842, pour faciliter les progrès des deux branches de l'art médical. Une des améliorations les plus utiles, que Gunnerus avait proposée soixante ans auparavant, ne fut réalisée qu'en 1835 : à la langue latine, qui était gênante aussi bien pour les professeurs que pour les auditeurs, fut substitué l'idiome national, aussi bien dans les leçons de la plupart des professeurs que dans les examens. Parmi les mesures prises dans cette période, qui exercèrent une sensible influence sur la science en général ou sur les diverses sciences en particulier, il faut citer, outre la fondation de l'académie de chirurgie, en 1785 : l'ouverture de la grande bibliothèque royale qui devint publique (1793); la fondation du musée des antiquités septentrionales (1807); de la société des antiquaires du Nord qui, de concert avec la commission du legs arna-magnæen, a travaillé si activement à la publication d'écrits qui éclairent l'histoire et les monuments du passé; de la société d'histoire naturelle; de l'école polytechnique et de l'école militaire.

Dans cette période, presque toutes les sciences furent cultivées avec zèle et succès et des savants danois se sont distingués dans plusieurs d'entre elles. *Langebek, Schœnning* et *Suhm* sont trois noms célèbres dans l'étude de l'histoire du Nord. Suhm écrivit pendant un demi-siècle (1748 à 1798), surtout sur l'histoire, mais encore dans d'autres branches de la littérature, et il se fit une réputation immortelle par sa science profonde et les talents qu'il déploya dans ses nombreuses publications. Il ne se distingua pas moins par son zèle actif et dévoué pour tout ce qui pouvait servir aux progrès de la littérature et de la science, et, en raison de sa grande fortune et de l'indépendance de sa situation, il put se livrer à ses nobles penchants dans une mesure qui est bien rare chez un particulier. Ces trois personnages eurent de dignes successeurs dans le savant *Carstens* qui était doué d'un profond sens critique, dans *Jon Eriksen, Skule Thorlacius, Abraham Kall, Nyerup, Münter, L. Engelstoft, F.-H. Hahn* et *P.-V. Jacobsen. H.-F.-J. Estrup* ne se distingua pas moins par l'étendue et la profondeur de sa science historique que par son patriotisme ardent et actif. Le perspicace *Peter-Erasmus Müller* a donné un nouvel aspect à l'histoire légendaire du Nord. *Finn Magnusen* se rendit célèbre dans l'étude de l'antiquité septentrionale. Les évêques *P.-E. Müller* et *Münter*, déjà cités, se distinguèrent comme théologiens et le dernier était de plus très-versé dans les langues et les antiquités de l'Orient. Le Danemark eut d'autres théologiens de mérite dans *Bastholm, Ballé, Rasmus Mœller, Tage Müller, Tryde, Jacob-Christian Lindberg* et *Rudelbach;* l'avant-dernier avait en outre des connaissances profondes dans les langues sémitiques ; le dernier, dans l'histoire de l'Église ; tous deux soutinrent aussi d'ardentes polémiques dans les mouvements religieux et les luttes théologiques de leur temps. *Sœren Kierkegaard* était un penseur ingénieux et profond qui, bien qu'enlevé à un âge peu avancé, s'est fait, par ses œuvres remarquables, un nom immortel dans la littérature danoise. Vivement regretté fut *Jakob-Peter Mynster* qui, dans ses fonctions d'évêque de Sélande et dans d'autres situations élevées, a exercé une influence considérable sur le développement intellectuel du Danemark au xix° siècle. C'était un savant théologien, mais c'est surtout par sa puissante éloquence qu'il contribua à ranimer et à entretenir les sentiments religieux qui avaient été sur le point de périr au commencement du siècle : il eut une grande part dans l'amélioration qui s'est manifestée à cet égard. Ses grands talents et les connaissances abondantes et étendues dont il s'était orné l'esprit, le mirent à même de produire d'excellents ouvrages dans des branches très-différentes de la littérature ; tous ces écrits se distinguent par une exposition sûre et pleine de goût et par la pureté et l'énergie du style; l'auteur occupe une belle place parmi les philosophes peu nombreux que le Danemark a produits. *Moldenhawer*, dont la science était si variée et qui avait des notions si exactes sur la littérature et l'histoire de l'Orient et du Sud de l'Europe, n'écrivit pas beaucoup, mais il avait de la profondeur et sa manière d'exposer était extraordinairement élégante. *Ole Worm* mérita bien de l'ancienne littérature classique, mais il s'est surtout fait connaître dans la pédagogie, art auquel *N.-L. Nissen* et *M. Nielsen* rendirent aussi des services. *Jakob Baden* travailla de plusieurs manières à l'amélioration de la langue danoise. *Wilster* et *N. Dorph* traduisirent avec goût quelques anciens poëtes grecs. *Brœndsted* se rendit célèbre au loin par sa rare connaissance des monuments artistiques de l'antiquité grecque. *Rask* mourut prématurément; il s'est néanmoins immortalisé comme l'un des plus grands linguistes du monde. *Christian Molbech* s'est fait une place honorable dans la littérature danoise par une activité littéraire féconde, étendue et méritoire, qui embrassait tout à la fois la linguistique, l'histoire et la critique littéraire. *N.-M. Petersen* était un profond connaisseur de la langue, de la littérature et de l'histoire du Nord. Un sincère patriotisme et un sentiment national septentrional laissent leur empreinte dans toutes ses œuvres qui sont de nature à n'être pas oubliées et à ne pas vieillir de sitôt. *C.-J. Thomsen* s'est illustré comme collecteur, fondateur et organisateur du musée des antiquités septentrionales ; il est aussi le premier qui introduisit une méthode scientifique dans l'étude des anciens monuments du Nord et qui en assura ainsi l'application plus exacte à l'histoire.

Kofod Anker qui avait fait faire tant de progrès à l'étude du droit, eut des émules zélés dans *Kongslev, Dons, Jakob-Edvard Colbjœrnsen, J.-F.-V. Schlegel, Kolderup Rosenvinge* et *P.-D.-C. Paulsen*. Mais tous furent surpassés en science et en perspicacité par *Anders-Sandœ OErsted*, qui unissait à de profondes connaissances juridiques une solide éducation philosophique. Dans diverses situations éminentes, il exerça, pendant sa longue vie, une large activité pratique, qui ne l'empêcha pourtant pas d'enrichir la littérature d'œuvres importantes et étendues. La liberté politique, qui commençait à s'agiter en Danemark, trouva d'abord un appui en lui; mais elle se développa si rapidement qu'il ne put en suivre la marche; d'ami et de promoteur, il en devint l'adversaire. Comme homme d'État, il manqua de fermeté et de conséquence; les violentes attaques dont il fut l'objet dans la presse, en sa qualité de conservateur, lui aigrirent l'esprit et il finit par se trouver dans une situation fausse vis-à-vis de ses contemporains. Mais l'intégrité de son caractère, ses rares facultés intellectuelles et ses lumières peu communes sont universellement reconnues; elles lui assurent pour toujours une glorieuse renommée et une belle place parmi les hommes distingués et méritants du Danemark. *Pierre-George Bang* était habile juriste et excellent fonctionnaire. *J.-E. Larsen* ne se fit pas seulement estimer comme jurisconsulte savant et perspicace, mais il prit aussi un rang honorable parmi les hommes qui méritèrent bien de la patrie en développant et en affermissant le nouvel état de choses. Un des hommes dont le nom se perpétuera longtemps est *Jonas Collin :* doué de vues profondes et étendues dans différentes directions, d'une grande force de travail, d'une rare aptitude pour les affaires, d'un esprit bienveillant, d'un caractère ferme, il déploya pendant une longue carrière son activité bienfaisante dans les branches les plus diverses de l'administration publique : finances, économie rurale, commerce, industrie; l'art et la science trouvèrent également en lui un protecteur aussi compétent qu'actif. Toute entreprise d'utilité publique pouvait compter sur son concours et son appui.

La réputation des médecins danois, fondée de bonne heure, a été augmentée dans les derniers temps par *Tode, Callisen, M. Saxtorph, F.-L. Bang, Winslæv, Herholdt, Schumacher, O.-H. Mynster, A.-C. Fenger, Brandis, L. Jacobson* et *Thal, Withusen* se fit surtout connaître comme oculiste. Dans différentes branches de l'histoire naturelle, il faut citer : *Wahl*, un des plus grands botanistes de l'Europe; *O.-F. Müller*, zoologiste distingué, continuateur de la *Flora Danica* de Œder; *Rottbœll*, les deux *Fabricius, J.-V. Hornemann*, botanistes ; *Reinhardt* et *Krœyer*, comme zoologistes, et *Zeise* comme chimiste. *Tetens, Geuss, Degen, Th. Bugge, A. Krejdal* et *von Schmidten* sont connus comme mathématiciens; *Paul Lœvenœrn*, comme auteur de la carte des mers septentrionales; *Peter-Christian Abildgaard*, comme vétérinaire; il fonda l'école vétérinaire de Christianshavn (1773), dans la direction de laquelle il eut un digne successeur dans *Erik Viborg*. Le botaniste *Walich* fonda sa réputation à l'étranger, mais il n'oublia jamais sa patrie, dont il enrichit les collections par des dons précieux. *J.-G. Forchhammer* se fit un grand nom dans la géologie et dans d'autres branches des sciences naturelles. *Hans-Christian OErsted* se rendit célèbre dans le monde entier par la découverte de l'électro-magnétisme, qui fut si féconde aux points de vue pratique et scientifique. Par une quantité d'écrits, tout à la fois rigoureusement scientifiques et populaires et par de fréquentes leçons, il fit faire beaucoup de progrès aux sciences naturelles en Danemark et les vulgarisa dans un large cercle. La fondation de l'école polytechnique, qui embrasse en même temps les sciences naturelles et leur application pratique, est due surtout à son zèle et à son infatigable activité. Comme écrivain, il exerça une influence multiple en dehors de sa spécialité, et il se distingua toujours par la pureté du langage, la clarté de l'exposition, un sentiment patriotique et une chaleureuse participation à tout ce qu'il regardait comme utile à ses compatriotes, à la littérature ou à la science. L'estime et l'affection universelle l'accompagnèrent jusque dans la tombe. *J.-F. Schouw* est célèbre comme botaniste; il a pris une part considérable dans le développement de la géographie des plantes et de la climatologie, comme branches particulières de l'histoire naturelle. Ses puissantes facultés étaient employées concurremment à l'étude des sciences et aux progrès de la vie sociale et de la liberté politique en Danemark. A l'égard de cette dernière, il est peu de citoyens à qui la patrie doive autant qu'à lui. Il y travailla par ses écrits et par ses œuvres. Comme président, pendant une longue série d'années, d'abord des assemblées consultatives de la Sélande et du Jutland, ensuite de l'assemblée constituante du royaume, il contribua tout à la fois à faire progresser et à modérer le développement politique; car en sa personne, la capacité pratique, la facilité de travail, un caractère résolu, s'unissaient à un rare degré avec la modération, le sentiment sûr du possible, et une douceur, une absence de prétention qui lui conciliaient tous les cœurs. Aussi ses paroles amicales et ses conseils dictés par l'expérience manquaient-ils rarement de produire leur effet. Sa mort, qui arriva dans un moment où la crise politique intérieure commençait à se faire sentir en Danemark, fut un coup violent pour tous ceux qui désiraient que la sagesse et le libéralisme décidassent de l'avenir du Danemark ; il fut donc regretté non-seulement de ceux qui partageaient ses opinions politiques, mais encore de ses adversaires ; car tous reconnaissaient son mérite.

Dans l'art, *Poulsen, Juel, Nikolai Abildgaard, Kratzenstein-Stub, Gebauer, W. Bendz, Chr. Holm, Rœrbye, Lundbye, Ernest Meyer* et *Eckersberg,* s'élevèrent à un haut rang comme peintres ; *Wiedewelt* et *Freund,* comme sculpteurs ; une plus haute place encore fut occupée par *Bissen,* qui était un des sculpteurs les plus éminents de cette période. *Harsdorf* et l'ingénieux *Bindesbœll* se distinguèrent comme architectes, et *Clemens,* comme graveur en taille-douce. Le sculpteur *Bertel Thorvaldsen* donna à l'art un nouvel aspect ; il s'illustra, ainsi que sa patrie, par des œuvres immortelles, qui l'ont fait apprécier de toutes les nations civilisées. *N.-L. Hœyen,* un des meilleurs esthéticiens contemporains, était très-versé dans l'histoire de l'art. Il fit encore plus par son éloquence que par ses écrits, et il a contribué extraordinairement à donner à l'art danois le caractère de naturel et de vérité, qui est une de ses qualités distinctives. Les compositeurs *Weyse* et *Kuhlau* étaient placés au nombre des premiers et des plus célèbres musiciens de leur temps. Parmi les artistes dramatiques distingués de ce siècle, il faut citer *Frydendal, Lindgreen, Ryge, Rosenkilde, Winslœv, Nielsen* et *madame Nielsen.* — Bien que le Danemark n'ait pas de philosophes proprement célèbres, *Chr. Hornemann, Treschow* et *Birckner* méritent pourtant une mention honorable. *Paul Mœller,* qui mourut si prématurément, s'occupa aussi de philosophie ; il était en même temps bien doué comme poëte et distingué pour la beauté et la pureté de son style et de son exposition. Non moins richement doué, au point de vue philosophique, était *Sœren Kierkegaard,* et *J.-L. Heiberg* unit la réputation de philosophe à celle de poëte. *Johannes Hage* se fit estimer comme publiciste et comme homme politique.

Les *belles-lettres* furent largement enrichies par la quantité de poëtes qui se signalèrent dans la présente période et par les soins desquels l'idiome national fut épuré, façonné, rendu plus abondant, plus flexible et plus précis. Il faut citer entre autres : *Tullin* († 1765), *Johan-Nordahl Bruun* († 1816), les frères *Claus Frimann* († 1829) et *Peter-Harbo Frimann* († 1839), *Storm* († 1794), *Peter-Magnus Troiel* († 1793), *Pram* († 1821), *Zetlitz* († 1821), *Rein* († 1821), qui fleurirent entre le milieu et la fin du dix-huitième siècle, bien que plusieurs d'entre eux aient vécu jusqu'au commencement du dix-neuvième siècle. Tous, à l'exception de Troiel, étaient Norvégiens. Ils se distinguèrent en général plutôt par une manière simple et sensée d'envisager la nature et la vie humaine que par la profondeur du sentiment ou la richesse de l'imagination et la verve, et ils imitaient en grande partie des modèles français, allemands et anglais. De beaucoup supérieur aux autres était le noble et malheureux *Johannes Evald* (1743-1781), dont la poésie profonde et intime n'était pas suffisamment comprise et appréciée des contemporains. Il marqua l'aurore de la nouvelle poésie danoise et fut le précurseur du grand génie qui, au commencement du dix-neuvième siècle, transforma la littérature danoise et lui ouvrit de nouvelles voies. Son contemporain, le spirituel norvégien *Wessel* (1742-1785) réagit avec force, dans sa parodie de l'*Amour sans bas* (Kjærlighed uden Strœmper), contre l'emphase et l'exagération, que l'imitation des tragédies françaises menaçait d'introduire dans la littérature danoise. *Knud-Lyne Rahbek*, dans sa longue carrière d'écrivain (1760-1830), mérita bien de la littérature, qu'il contribua à développer dans les directions les plus multiples, aussi bien comme poëte que comme prosateur. C'est surtout comme critique et esthéticien qu'il rendit les plus grands services, bien que à cet égard il appartienne plutôt au dix-huitième qu'au dix-neuvième siècle ; aussi survécut-il aux principes pour lesquels il avait combattu ; il les vit supplanter par le nouveau goût. *Thaarup* (1749-1821) se fit une place honorable parmi les poëtes par ses beaux chants nationaux. *Schack-Staffeldt* (1770-1826) fut presque unique par sa perspicacité clairvoyante et la richesse extraordinaire de ses pensées. *Jens-Immanuel Baggesen* (1764-1826) s'est assuré l'immortalité par la forme achevée de son langage, sa vive imagination et son esprit pétillant. Par ses descriptions de la nature et de la vie populaire du Danemark, *Steen Blicher* a inscrit son nom dans la série des poëtes que la nation n'oubliera jamais. *Adam Oehlenschlæger* est le père de la nouvelle poésie danoise; son puissant esprit créateur lui donna, ainsi qu'à la langue, une nouvelle empreinte. Il se transportait avec une égale légèreté dans l'ancien Nord dont les souvenirs ne devinrent familiers au peuple que grâce à lui, et dans le monde féerique de l'Orient, tirant sans cesse de la riche et intarissable source de son imagination de nouvelles images, de nouvelles figures et de nouvelles aventures. Son nom est immortel non-seulement en Danemark, mais dans tout le Nord, dont ses chants attiraient avec tant de force l'une vers l'autre les populations séparées. *Johan-Ludvig Heiberg* tient une place éminente parmi les poëtes et les esthéticiens du Danemark, par son esprit, son goût pur et sa forme accomplie. *Ingemann* se distingua comme poëte par l'intimité du sentiment et le ton patriotique. *Hertz* se fit un nom comme poëte lyrique et dramatique, et il s'éleva fort haut par la légèreté et l'élégance de la forme. — L'héritage artistique et scientifique des pères est cultivé et amélioré par la génération actuelle qui compte beaucoup de noms célèbres dont la place n'est pas dans ce récit, et qui assure au Danemark une belle place parmi les nations civilisées et savantes de l'Europe.

Le pouvoir arbitraire en matière de presse, qui avait été conféré au préfet de police sous le ministère Guldberg, lui fut maintenu encore quelques années après la chute de ce ministère. Le gouvernement qui suivit professait néanmoins d'autres principes relativement à la presse, et il le montra, *soit* en laissant publier sans entraves une grande quantité d'écrits libéraux, notamment celui de *Martfelt,* sur le commerce des grains en Danemark, ouvrage qui avait été interdit pendant dix ans, *soit,* plus ouvertement, en promulguant le rescrit du 3 décembre 1790, par lequel la presse fut affranchie du traitement arbitraire auquel elle était soumise depuis le rescrit du 20 octobre 1773 ; désormais toutes les affaires de presse devaient être jugées par les tribunaux ordinaires, selon les prescriptions de la loi. Le Danemark jouit dès lors pendant longtemps d'une grande liberté de la presse, mais la fermentation politique et religieuse qui agita les esprits dans les dernières années du dix-septième siècle et qui naturellement se refléta dans la littérature, finit par éveiller les scrupules du gouvernement et par le déterminer à prendre des mesures sévères contre la presse. Vint d'abord une série de procès de presse contre des écrits, dont le contenu et le ton paraissaient être injurieux et intolérables ; ensuite, deux années après la mort d'*André-Pierre Bernstorf*, le chaleureux et infatigable défenseur de la liberté de la presse, parut l'ordonnance du 27 septembre 1799, qui supprima la faculté de garder l'anonyme, introduisit des peines très-fortes pour les délits de presse, soumit à la censure perpétuelle les écrivains condamnés, et fit ainsi une large brèche à la liberté illimitée de la presse. Les plus remarquables de ces procès furent ceux de *P.-A. Heiberg* et de *Malte-Konrad Bruun*. Le premier, connu comme auteur dramatique et comme satirique spirituel et mordant, fut condamné au bannissement par jugement du tribunal de la cour et de la ville, en date du 24 décembre 1799 ; il se rendit en France accompagné des sympathies de l'opinion publique. *Malte-Konrad Bruun* qui, comme Heiberg, avait été plusieurs fois poursuivi pour délits de presse, fut condamné à la même peine et, à l'âge de vingt-cinq ans seulement, il quitta sa patrie qui perdit ainsi les fruits de ses grands talents. En France, où il vécut depuis constamment, il se rendit célèbre comme l'un des plus grands géographes du siècle. — Bien que la stricte exécution de l'ordonnance du 27 septembre 1799 ait été depuis plusieurs fois recommandée, que notamment les feuilles traitant de politique étrangère aient été soumises à la censure, et que le gouvernement ait plus tard été tenté à plusieurs reprises de rétablir la censure générale, le Danemark conserva pourtant la liberté de la presse, amoindrie à la vérité. L'ordonnance maintenait d'ailleurs « le droit pour chacun de publier avec liberté et convenance ses idées sur tout ce qui peut contribuer au développement du bien public et sur les réformes à introduire dans les lois, les ordonnances et les institutions publiques du pays ». Ce droit ne fut jamais aboli et toutes les affaires de presse continuèrent à être portées devant les tribunaux ordinaires.

Pendant la guerre, les finances du Danemark tombèrent dans le plus grand désordre. A la fin du dix-huitième siècle, la dette de l'État montait à 28 millions de rigsdaler courant et la dette sur billets ou avances de la Banque nationale à 16 millions et demi de rigsdaler; mais pendant la guerre de 1801 et par suite des armements sur terre et sur mer, que l'état de trouble des pays voisins sembla rendre nécessaires pendant les six années suivantes, celle-là s'éleva à 41 et celle-ci à 26 millions. Pendant la malheureuse guerre septennale, qui éclata ensuite, les besoins de l'État s'accrurent en même temps que diminuaient les ressources des contribuables. Dans ces circonstances, il était impossible d'émettre un emprunt à l'étranger; aussi prit-on un expédient auquel on avait déjà recouru bien des fois, depuis que la Banque avait cessé d'être privée (1773), savoir : d'émettre des billets, sans être en possession d'une valeur correspondante. En 1788, les duchés furent pourvus d'un système financier particulier, lors de la création de la caisse de dépôt (Speciesbank) à Altona, et ils échappèrent ainsi à toutes les pertes causées par la Banque de circulation (Courantbank) en Danemark. L'État émit des billets pour une valeur de 142 millions de courant danois (soit 649 millions de francs), tandis que sa dette, au 1ᵉʳ janvier 1814, avait atteint le chiffre d'environ 100 millions de rigsdaler d'argent (566 millions de francs). Celle-ci s'accrut par plusieurs emprunts considérables et elle montait en 1834 à 130 millions de rigsdaler de la Banque. Par suite de cet accroissement considérable du stock de billets, qui n'étaient garantis par rien, ceux-ci tombèrent fort au-dessous de leur valeur nominale. Aussi, dans le désordre financier toujours croissant, fallut-il recourir au déplorable, mais inévitable expédient, d'abaisser la valeur des billets, de sorte que 6 rigsdalers courant au lieu d'être comptés pour 27 fr. 42 c. ne l'était que pour 1 nouveau rigsdaler de la Banque, soit 2 fr. 83 c., ou le dixième à peu près de sa valeur nominale ; au contraire, les obligations royales d'une valeur nominale furent transcrites par rigsdaler courant (de 4 fr. 57 c.) en rigsbankdaler (de 2 fr. 83 c.). Les billets de banque furent émis par la Banque nationale nouvellement fondée (5 janvier 1813), qui, à défaut d'argent monnayé, fut hypothéquée sur les immeubles de tout le royaume ; tous les propriétaires de biens fonciers et de dîmes furent obligés d'affecter aux besoins de la Banque six pour cent de la valeur de leur domaine et d'en payer l'intérêt au taux de six et demi pour cent, jusqu'à ce qu'ils se fussent libérés par le paiement de leur contingent. Le trésor public se chargea pourtant des cinq sixièmes de ladite rente, pour les terres et les dîmes afférentes au Danemark, attendu que l'agriculture n'était pas en état de supporter cette nouvelle charge. Cette conversion des rentes était certainement une nécessité au point où les choses étaient venues ; mais elle apporta naturellement de grands troubles dans les fortunes et causa de grandes pertes aux particuliers, en même temps qu'elle ouvrit une large voie à la spéculation intéressée et à la tromperie. Pour garantir davantage les finances à l'avenir, la banque royale fut transformée, le 4 juillet 1818, en une institution privée, sous le nom de *Banque nationale*, et elle fut placée sous une administration indépendante du gouvernement. Elle était, à proprement parler, destinée à toute la monarchie; mais l'opinion publique, dans le Slesvig et le Holstein, s'étant fortement prononcée contre l'union de la banque des duchés avec celle du royaume et contre le papier-monnaie, le roi tint compte de cette opposition et décida que, malgré les inconvénients qui en résulteraient pour les finances du royaume, la monnaie réelle serait le seul mode de paiement légal dans les duchés. Il laissa en outre aux propriétaires de ces pays la faculté soit de conserver leurs actions à la banque nationale, soit de les retirer et de placer à celle d'Altona le contingent de six pour cent qu'ils avaient à payer sur la valeur de leur domaine. La plupart d'entre eux choisirent cette dernière alternative. La cotisation pour la Banque était établie d'après la même proportion pour les différentes parties de la monarchie, et c'est seulement plus tard que l'on s'est plaint, dans le Holstein et le Slesvig, d'avoir été imposé d'une manière inégale : il a été démontré clairement que ce grief n'était pas fondé. La Banque de la monarchie et la Banque nationale avaient pour principal objet d'arriver le plus tôt possible, avec les moyens dont elles disposaient, à rétablir les paiements en espèces ou en billets qui pourraient être à volonté échangés contre de l'argent. La dette publique ayant été peu à peu diminuée considérablement, de gros à-comptes payés sur les autres obligations que la Banque de la monarchie avait transmises à la Banque nationale, et une réserve métallique ayant été ramassée, il fut enfin possible, en 1845, de déclarer les billets de cette banque remboursables en argent. — Parmi tant d'autres funestes conséquences de la guerre, une des plus tristes fut la complète cessation du commerce et la ruine de beaucoup de négociants entreprenants, causées par la capture d'un nombre extraordinairement grand de vaisseaux marchands, ce qui, joint à d'autres circonstances malheureuses, porta au commerce danois un coup dont il n'a pu se relever. Le florissant trafic que faisait le Danemark avant 1807, et qui tenait en partie à ce que le pays jouissait de la paix, tandis que le reste de l'Europe était en guerre, fut anéanti, et l'on ne peut guère compter de le voir renaître sans des changements très-peu probables. L'ordonnance sur la douane, de 1797, fut la première dérogation au principe jusqu'alors régnant, de favoriser le commerce et l'industrie du pays par de hauts tarifs ou par la prohibition absolue d'importer certains articles : dans les derniers temps, on a continué à marcher vers le libre échange.

Les opinions, les dispositions du public et la manière générale d'envisager la vie ont subi de grandes vicissitudes en Danemark, depuis la dernière partie du dix-huitième siècle jusqu'à nos jours. A la fin du siècle passé régnait une joyeuse et bonne humeur : on jouissait sans souci et gaiement des biens de la vie, sans s'inquiéter outre mesure de ce que l'avenir pouvait amener. Le bien-être et l'aisance se faisaient partout sentir ; le commerce florissait et apportait chaque année sur les côtes du Danemark d'immenses richesses, qui étaient en partie réunies dans quelques mains, mais qui s'épanchaient aussi dans tout le pays en ondes fertilisantes, qui facilitaient le travail en récompensant l'activité et l'industrie et qui, répandant une opulence auparavant inconnue dans les diverses classes sociales, leur donnaient à la fois les moyens et le goût d'embellir la vie et de la rendre agréable. On se sentait si heureux et si sûr dans la patrie que l'on n'enviait rien au reste du monde troublé par des guerres, des effusions de sang et de terribles révolutions sans cesse renouvelées. On regardait ces tragédies avec beaucoup de compassion ; on en parlait et l'on écrivait sur elles avec ardeur, mais on était joyeux de se trouver à distance. Tout en discutant sur les droits de l'homme, en s'enthousiasmant pour la liberté, en exaltant la République française, on ne se trouvait pas moins fort bien d'être soumis à un autocrate et à un gouvernement absolu. Et l'on avait aussi raison d'être satisfait de ce régime tel qu'il était alors, car il était en harmonie complète avec l'esprit public et le pays se gonflait de bien-être pendant la paix ininterrompue : c'était le temps des grandes améliorations agricoles et d'autres réformes utiles, et les droits de l'homme n'étaient pas seulement respectés dans les cercles qui donnaient le ton à la nation, mais aussi dans la plus haute sphère gouvernementale. Le jeune prince de la couronne était universellement aimé, parce qu'il était l'homme du progrès et s'était jeté, avec une réserve d'ailleurs bien appréciée, dans les idées nouvelles, et parce qu'il s'était entouré d'hommes populaires d'une rare capacité et doués des meilleures intentions. Dans cette joyeuse période de contentement fleurissait *la vie des clubs,* un des signes du temps. Le jeune Danemark se réunissait assidûment dans des cercles et des sociétés, où l'on ne cultivait pas seulement la gaîté dans des libations et des chants qui exprimaient d'une manière claire et frappante le goût du jour, mais où l'on traitait aussi les questions de tout genre, grandes et petites, et où l'on discutait vivement la situation et les affaires du dedans et du dehors. De belles et audacieuses paroles s'y faisaient souvent entendre, mais ce n'étaient que des mots; le sérieux manquait à toutes ces manifestations. Les faits les plus grands et les plus importants eux-mêmes n'étaient que des sujets de conversation et produisaient tout au plus une effervescence passagère : on se trouvait trop bien de la sécurité et des avantages dont on jouissait pour être profondément et sérieusement ému par la marche des événements. Au milieu de ce concert, on distinguait pourtant quelques tons discordants. Les uns traduisaient le mécontentement à l'égard des poursuites sévères intentées en dernier lieu par le gouvernement contre les abus auxquels donnait lieu la liberté illimitée de la presse ; quelques condamnations, atteignant des hommes alors en haute faveur dans l'opinion publique, excitaient beaucoup de mauvaise humeur et une agitation extraordinaire. Une autre dissonance, parfois très-bruyante, était provoquée par le germanisme qui s'épanouissait encore fièrement et largement dans quelques cercles de Copenhague et que l'on ne supportait plus avec autant de patience qu'autrefois, maintenant que le sentiment national commençait à s'éveiller. Ces coteries allemandes, renfermées sur elles-mêmes et sans participation à la vie commune de la capitale, étaient composées partie de diverses familles nobles du Holstein, partie de quelques familles bourgeoises, venues de l'Allemagne à Copenhague où elles avaient gagné richesses et honneurs. A elles se joignait pour faire nombre la multitude de fonctionnaires allemands qui habitaient Copenhague. Quelques maisons, comme celles de Schimmelmann et de J. Chr. C. Bruun, prirent une certaine importance comme centre de ce teutonisme, qui affectait des airs de distinction, de culture littéraire et de sentimentalité. Quelques conflits avec l'opinion publique, le plus souvent accidentels, soulevèrent dans la presse des orages qui montrèrent combien était mal vu le germanisme. Celui-ci se dissimula peu à peu devant l'improbation dont il était l'objet ou disparut dans les vicissitudes des temps suivants.

On ne peut s'attendre à ce que la génération d'alors ait eu une conception sérieuse de la vie ou un sens profond pour les intérêts de l'esprit. La manière d'envisager l'existence n'était pas moins superficielle que l'existence elle-même. On se contentait d'une philosophie et d'une morale très-simples, et l'on ne sentait pas bien vivement le besoin de chercher des consolations et un appui dans une religion révélée : la vie coulait si facilement! On s'enthousiasmait au contraire pour la nouvelle *civilisation* qui régnait en Allemagne depuis le milieu du dix-huitième siècle et qui, plus tard, avait peu à peu pénétré en Danemark. Elle devait rompre les liens que les préjugés avaient imposés à l'humanité et dissiper les ténèbres du vieux temps. Elle jetait par-dessus bord tout ce qui n'était pas palpable et évident pour la raison, tout ce qui n'était pas d'une utilité présente. Elle se flattait de préparer un brillant avenir ; en inculquant ces principes à la jeunesse, on élèverait des membres utiles pour la société ; il fallait d'abord la débarrasser du levain des vieux préjugés, ensuite lui enrichir l'esprit de notions profitables dans la vie et appropriées à ses besoins les plus immédiats ; ces connaissances seules étaient utiles, tout le reste était nuisible et superflu. Civilisation et bien public, voilà deux devises du temps ; il y en avait encore deux autres : la vertu, et la félicité qui devait en être la récompense dans ce monde et dans l'autre. Il ne faut pas nier que ces tendances n'aient eu beaucoup de louables résultats. Elles livrèrent un combat, qui était bien nécessaire, contre l'esprit engourdi et les formes vides des temps précédents, contre leur stérile méthode d'éducation, leurs superstitions et leurs préjugés. L'amélioration de l'instruction publique, la fondation d'écoles et de séminaires, la diffusion de beaucoup de vérités utiles dans des cercles étendus, l'extirpation d'erreurs répandues dans la vie pratique, tels furent les résultats directs des efforts du siècle de lumières. Mais il ne faut pas nier non plus que c'était une demi-civilisation, trop pauvre et trop incomplète pour satisfaire les besoins de la vie humaine en général ; elle n'était pas en état de substituer un nouvel esprit à l'ancien, parce qu'elle était elle-même sans âme, étrangère à toute profonde conception de la vie et entichée de la doctrine des causes finales.

Avant même que ces tendances ne devinssent dominantes en Danemark, la piété sérieuse et l'exacte soumission à l'Église avaient été ébranlées, minées et remplacées d'abord par l'indifférence passive, ensuite par l'incrédulité et le scepticisme. C'étaient en partie les conséquences naturelles de la pression qui avait été exercée antérieurement en matière de religion, lorsque l'on cherchait, par voie d'autorité et de châtiments, à maintenir certaines pratiques extérieures, à conserver la lettre et les formules, tout en se préoccupant fort peu de l'esprit et de la libre adhésion. La vie religieuse s'éteignit peu à peu, il ne resta que les formes, des croyances mortes et l'usage de certaines pratiques. Le christianisme ainsi sapé et affaibli n'était pas en état de résister aux assauts de l'ennemi qui l'attaquerait avec quelque force. Ces agressions ne manquèrent pas. Dans les pays qui étaient accoutumés à exercer la plus grande influence sur l'opinion publique en Europe et sur la manière d'envisager les choses divines et humaines, en Angleterre, en France et en Allemagne, s'étaient introduites, dans le xviiie siècle, des idées qui, s'appuyant exclusivement sur la raison, avaient commencé par contester quelques doctrines du christianisme, qui bientôt, allant plus loin, avaient attaqué ses principes fondamentaux et finalement abouti à une complète incrédulité et rejeté toute doctrine révélée, toute vérité religieuse, en un mot tout ce qui jusqu'alors avait été sacré et consolant pour l'humanité. Ce rationalisme, né en Angleterre, développé en France, où il eut son principal siège et ses apôtres les plus zélés, s'étendit postérieurement en Allemagne. Les écrits français et allemands le propagèrent en Danemark, où il pénétra d'abord à la cour et dans la haute société, et enfin dans des cercles plus étendus. De la capitale et des villes l'incrédulité se répandit dans les campagnes; elle marcha de concert avec « la civilisation », qui contribua à la vulgariser. Les hommes « éclairés » ne poussaient pas la libre pensée jusqu'à ses dernières conséquences; ils conservèrent celles des vérités religieuses qui leur semblaient être compréhensibles et d'accord avec la simple et saine raison. Laissant le dogme de côté, ils prétendaient faire de la morale un guide suffisant pour conduire l'homme à une vie honnête et heureuse. A la fin du xviii° siècle, il y eut en Danemark beaucoup d'églises, et même presque toutes, où les prédicateurs ne touchaient pas aux doctrines fondamentales du christianisme, mais disaient toute sorte de choses triviales, qu'ils regardaient comme étant d'une utilité pratique et qu'ils jugeaient à propos d'enseigner à leurs auditeurs; pour varier, ils louaient le sage Jésus qui, par son excellente morale, avait si bien mérité de l'humanité. La négation des dogmes et de la vérité du christianisme pénétrait partout et elle avait même des représentants parmi les professeurs de l'Université, qui étaient chargés de former les futurs ecclésiastiques. Certain d'avoir un grand nombre d'adhérents, le scepticisme se montrait au grand jour, orgueilleux et menaçant comme un vainqueur, accablant de railleries et de mépris les rares personnages qui osaient prendre parti pour la Bible et le christianisme. Parmi ces derniers l'évêque de Sélande, *Nikolai-Edinger Balle*, mérite une mention honorable. Sans craindre la dérision et le dédain, sans se laisser décourager parce qu'il était presque seul à soutenir la lutte, il combattit bravement pour sa foi et sa conviction. Il n'était pas extraordinairement bien doué, mais c'était un intrépide et un loyal témoin de la vérité. Il ne put arrêter le torrent; il aurait fallu des forces plus grandes pour amener la réaction qui se produisit peu après.

Un nouvel esprit se manifesta en Danemark, précisément au début du xix° siècle, et de nouvelles sources y rafraîchirent la vie intellectuelle. La bataille du 2 avril 1801, dans la rade de Copenhague, ce premier acte viril de quelque importance après quatre-vingts ans de paix à peu près ininterrompue, sembla tirer le peuple danois de son long sommeil et réveiller ses forces assoupies. La disposition à la mollesse et la préoccupation des intérêts mesquins et passagers firent place à des sentiments plus sérieux; la nation, secouée et vivement émue, revint à elle-même et à ses magnifiques souvenirs : après avoir donné une preuve d'héroïsme, elle se sentit relevée par la conviction que la force signalée chez les ancêtres ne faisait pas encore défaut aux descendants. *Oehlenschlæger* parut alors, éveillé lui-même et éveillant les autres, et bientôt entraînant la nation entière par ses splendides poésies, où il peignait la vie puissante, riche et originale de de l'ancien Nord. Dans ce temps de renaissance, *Henri Steffens* joua un rôle important : plein d'enthousiasme, il se fit, par sa parole ardente, l'interprète du nouveau temps et de la nouvelle direction de l'esprit, et il ravissait tous ceux qui l'entendaient. Presque tous les contemporains qui prirent plus tard une part importante au nouveau développement, ont rendu témoignage de l'influence extraordinaire qu'exercèrent ses discours enthousiastes. Des influences étrangères d'une haute portée se firent également sentir. Depuis longtemps de nouvelles tendances intellectuelles régnaient en Allemagne. De grands et puissants esprits y avaient créé une nouvelle philosophie et une nouvelle poésie. La glace étant maintenant rompue en Danemark, la vie qui circulait là-bas si abondamment dans la science et l'art, vint aussi à exercer ici une influence non pas sur des imitateurs serviles, mais sur des esprits féconds et créateurs. La plupart des hommes qui se formèrent alors en éprouvèrent les heureux effets.

Il fallut peu de temps pour que les nouvelles tendances prissent le dessus; l'esprit ancien céda sans combat ni résistance, faisant tout au plus entendre quelques sourds murmures à propos de nouveautés dont il ne pouvait comprendre l'importance. Ce changement dans les idées, les tendances, la foi, la manière d'envisager la vie, se produisit d'autant plus rapidement et avec d'autant plus de force, que la période précédente avait été plus superficielle, plus pauvre et plus vide. Le Danemark offrait l'image d'une terre qui, après avoir été longtemps desséchée, absorbe avidement les ondées fécondantes. La littérature florissait avec exubérance; les beaux poëmes d'Oehlenschlæger se succédaient rapidement; Grundtvig parut bientôt; Baggesen était déjà célèbre ; plusieurs autres poëtes, quelques-uns de haute volée, s'ouvrirent une voie et fondèrent leur réputation. L'histoire nationale était cultivée avec zèle ; les antiquités du Nord, sa langue, son histoire, ses monuments, furent l'objet d'études étendues et des recherches les plus sérieuses. Les sciences naturelles furent mises en honneur par H.-C. OErsted et préparèrent leur future domination. Peu de temps avant cette renaissance, le gouvernement avait promulgué la rigoureuse ordonnance du 27 septembre 1799, par laquelle la liberté de la presse subissait une restriction si considérable. Les liens qui furent imposés à la presse s'harmonisaient mal avec l'esprit nouveau qui s'annonçait, et l'on pourrait croire qu'ils auraient dû arrêter le mouvement à ses débuts. A la vérité, l'ordonnance eut des effets coërcitifs et prohibitifs, mais elle atteignit principalement les hommes du vieux temps, qui pour la plupart se retirèrent ou se turent. C'était aussi surtout contre la libre discussion des actes du gouvernement et des affaires publiques, qu'elle prit une attitude menaçante. Sur ce terrain il se fit un silence, assez regrettable, mais qui probablement se serait toujours produit de lui-même. Car, pendant que Napoléon étendait sa main de fer sur l'Europe, il ne pouvait être question de liberté, et le libre examen des affaires de l'État devait cesser partout. Ces résultats étaient dus moins à l'ordonnance en elle-même, malgré la sévérité de ses dispositions, qu'à la surprise, à un soudain effroi et à l'importance exagérée que l'on attachait à cet acte. On vit plus tard, dans des circonstances différentes, où l'attention et les forces intellectuelles s'étaient de nouveau tournées vers la vie politique, que, malgré cette ordonnance, on pouvait se mouvoir avec une certaine indépendance dans la discussion des affaires publiques. Dans la situation d'alors, les entraves à la liberté de la presse favorisèrent en quelque sorte, et sans le vouloir, le nouveau développement littéraire, en ce que beaucoup d'hommes de talent, trouvant la voie de la publicité fermée ou malaisée, entrèrent dans une autre carrière où il n'y avait pas d'obstacle, et s'appliquèrent aux sciences et aux arts, que ce temps aimait et protégeait. Le Danemark fut ainsi doté d'une littérature la plus riche et la plus précieuse qu'ait jamais pu produire une si faible population, en aussi peu de temps. Aussi bien la nation témoignait-elle une affection et un intérêt remarquable à cette littérature croissante et à tout ce qui s'y rattachait. Elle semblait presque ne se passionner que pour elle ; la guerre malheureuse et la funeste paix qui la termina ne changèrent rien à cet égard. Au contraire, dans les temps suivants où la situation paraissait si désespérée, on s'enfonçait, comme à dessein, dans les souvenirs du passé et l'on cherchait, dans la contemplation de ses brillants exploits, un soulagement aux maux actuels et l'oubli du naufrage de l'État. N'ayant pas le courage de regarder en face le présent et la réalité, ceux qui, dans des circonstances plus normales, auraient éparpillé leur attention sur des questions multiples, la concentrèrent presque exclusivement sur la littérature et ses produits. Un nouveau poëme, un nouveau drame, une polémique littéraire, pouvaient faire sensation et exciter l'intérêt général, qui d'ordinaire ne s'attache qu'aux grands événements publics. Ces tendances se perpétuèrent jusque vers 1830, où l'action et les forces commencèrent à se tourner de nouveau vers le gouvernement et les affaires publiques.

La nouvelle direction que les esprits avaient prise au commencement du siècle, se manifesta relativement vite dans les différents domaines de l'intelligence, sauf dans celui de l'Église et de la religion, où elle mit longtemps à se produire. C'est que là une petite partie seulement de la nation, les gens instruits, furent saisis et émus, tandis qu'ici, il s'agissait de la rénovation intellectuelle de la grande masse du peuple. Ici la résistance fut plus tenace et l'on ne pouvait espérer de changement complet que lorsque les ecclésiastiques, élevés et formés sous l'influence du pur rationalisme, ou du franc scepticisme, seraient remplacés par d'autres appartenant à la nouvelle génération. A la fin pourtant l'esprit nouveau pénétra aussi de ce côté, et une religiosité plus profonde, une piété plus intime, plus sérieuse, après avoir eu quelquefois à lutter, souvent à surmonter des obstacles, a victorieusement supplanté l'indifférence et l'incrédulité des temps précédents. *J.-P. Mynster*, *N.-F.-S. Grundtvig*, *H.-N. Clausen*, ont, chacun à sa manière, pris une part très-importante dans cette rénovation de la vie religieuse.

V

Situation des langues dans le Slesvig. — Les tentatives de Frédéric VI pour soustraire à l'oppression la population danoise du Slesvig sont paralysées par la chancellerie du Slesvig et du Holstein à Copenhague. — L'agitation slesvig-holsteinoise, fomentée par la chevalerie et l'Université de Kiel, commence aussitôt après la paix de Kiel. — Les pétitions en faveur d'une constitution commune pour le Slesvig et le Holstein sont repoussées par Frédéric VI. — La chevalerie porte vainement ses doléances à la Diète de Francfort. — La Prusse déclare que la Confédération germanique n'a rien à voir aux affaires du Slesvig. — Institution d'États consultatifs. — Le Danemark recouvre peu à peu ses forces après les désastres financiers et les malheurs de la guerre. — Premiers actes des États. — Commencement de publicité dans l'administration des finances. — Lutte pour la liberté de la presse. — Procès de presse. — Mort de Frédéric VI. — Son caractère et son gouvernement.

Dès les années de guerre, l'attention de Frédéric VI avait été attirée par la situation pitoyable où se trouvaient la langue et la nationalité du Slesvig, par suite d'une longue oppression qui se continuait encore. Voici quelle était la situation au commencement de ce siècle : le danois était l'idiome du peuple, depuis les frontières du Jütland jusqu'à la Slie ou golfe de Slesvig ; c'est seulement dans le bassin de la Slie qu'une sorte de platt-deutsch, composé de mots danois, haut-allemands et d'un peu de bas-allemand venu des contrées plus méridionales, s'était introduit au milieu de l'idiome populaire danois. Au sud de la Slie et d'une ligne tirée de ce fjord à la ville de Husum, on trouvait le platt-deutsch, comme langue primitive ou tout au moins en usage de longue date ; sur le littoral occidental et dans les îles à l'ouest du Slesvig, le frison septentrional se maintenait avec peine ; le platt-deutsch faisait des progrès au sud du duché, et, des côtés du nord et de l'est, le danois littéraire se propageait de lui-même sans aucune contrainte. Malgré une oppression séculaire, l'idiome national danois n'avait perdu qu'une partie de son ancien domaine, savoir la péninsule de *Svans*, entre la Slie et Egernfjord, d'où il avait disparu. Mais à cette délimitation des idiomes parlés dans le Slesvig ne correspondait aucunement celle de la langue officielle, usitée dans les églises, les écoles primaires, les établissements d'instruction secondaire et supérieure, les tribunaux, l'administration publique et les actes du gouvernement. Par un incroyable abus, une langue étrangère, le haut-allemand, s'était introduite dans ce pays foncièrement danois et soumis au roi de Danemark, et y avait pris la première place, à l'exclusion de l'idiome national, de la langue parlée par les indigènes. C'est seulement dans la partie septentrionale du Slesvig que le danois était encore en usage dans les églises et les écoles, mais seulement à la campagne, l'allemand l'ayant supplanté ou s'étant placé à côté de lui dans les villes. Plus au sud, dans le Slesvig moyen et le district d'Angel, l'allemand régnait sans partage ; il y avait beaucoup de paroisses où l'enseignement dans les écoles était donné en allemand, bien ce que ce ne fût pas la langue maternelle des élèves, et où l'on ne prêchait qu'en allemand, bien que les habitants ne comprissent que le danois. La situation n'était pas meilleure dans les tribunaux, ou, pour mieux dire, elle était encore plus mauvaise, l'allemand étant employé par les hommes de loi, même dans les localités où le peuple entendait encore parler sa langue maternelle à l'église et à l'école. La procédure se faisait partout en allemand, excepté dans quelques cantons situés tout près de la frontière jutlandaise et dans les îles d'Als et d'Ærœ, et le danois fut même en partie exclu de ces îles et districts dans la première moitié de ce siècle, entre 1810 et 1840. Dans un pays danois, il fallait que les habitants vissent juger des affaires, où étaient engagés leurs plus grands intérêts, par des juges qui ne comprenaient qu'à moitié le danois ou déclaraient à l'occasion qu'ils ne le comprenaient pas du tout ; les témoignages danois étaient traduits en allemand dans les procès-verbaux, avec des fautes inévitables et préjudiciables ; chaque cause devait passer par les mains des avocats allemands, parce que la langue des tribunaux n'était pas celle du peuple. Il n'y avait pas dans tout le Slesvig un seul établissement d'instruction secondaire pour la population danoise ; l'école normale, les écoles savantes et les hautes écoles municipales étaient exclusivement allemandes ; et, depuis 1768, la fréquentation de l'Université de Kiel était obligatoire pour les étudiants du Slesvig ; ils étaient tenus d'y suivre les cours pendant deux ans. La langue exclusive des affaires, celle des autorités publiques, civiles ou ecclésiastiques, que ce fût au nord ou au midi, était l'allemand. Nous avons exposé précédemment l'origine et le développement de cette situation peu naturelle, et dit comment Frédéric IV, après avoir réuni le Slesvig au royaume, avait malheureusement négligé de mettre ordre à cette affaire si importante, alors que cette tâche était si facile, et comment la tentative faite par Christian VI n'avait abouti à rien. Depuis ce temps, l'idiome national avait subi une oppression de plus en plus grande, et les efforts pour le supplanter et le remplacer par l'allemand étaient devenus plus énergiques, plus persévérants et plus prémédités. *Adam Struensee*, père du célèbre ministre, est devenu fameux par le zèle avec lequel il tendit vers ce but, dans la longue série d'années (1759-91) pendant lesquelles il dirigea les églises et les écoles du Slesvig, en qualité de surintendant ou évêque. Né dans le *Brandebourg*, il était absolument étranger au Danemark, lorsqu'il fut appelé à ce poste par la faveur du Hannovrien J. H. E. Bernstorf. Certains faits, qu'il constata, auraient dû l'empêcher de persister dans sa pernicieuse entreprise : il s'était convaincu que le peuple parlait exclusivement le danois dans de grandes parties du Slesvig, où pourtant l'allemand régnait dans les églises et les écoles; et que dans les localités où le danois était employé à l'église et à l'école, « la jeunesse était bien instruite », tandis que « l'ignorance était grande » là où l'allemand était imposé; on lui fit aussi des représentations sérieuses sur ses procédés inconsidérés. Mais, bien loin de se laisser détourner de son but, il redoubla de zèle pour dénationaliser les enfants danois au moyen de l'éducation et en faire des Allemands; à cet effet il obtint successivement plusieurs rescrits, par lesquels il était sévèrement prescrit aux instituteurs de se servir de la langue allemande pour l'enseignement. Cette œuvre, qu'il poursuivit pendant trente-deux ans, ne produisit néanmoins que des résultats relativement médiocres; c'est que les écoles, dont il se servait comme d'un moyen de germanisation, étaient alors en Slesvig dans une déplorable situation et que, presque partout, les instituteurs enseignaient dans la langue du pays, c'est-à-dire en danois dans les districts danois, et en frison dans les localités frisonnes. Les rescrits promulgués dans l'intention de changer cet état de choses restèrent impuissants et devaient l'être, parce que dans la plupart des lieux les maîtres eux-mêmes ne possédaient pas la langue allemande. Il en fut autrement sous le successeur de Struensee, *J.-George-Christian Adler*, qui entra en fonctions en 1792. Le nouveau surintendant s'appliqua avec tout son zèle à la transformation et à l'amélioration des écoles; et, après plusieurs années d'un travail assidu, il parvint à leur donner une nouvelle forme. Des instituteurs façonnés à l'allemande et bien instruits vinrent des séminaires de Tœnder et de Kiel; l'enseignement fut donné avec plus de sollicitude qu'auparavant et seulement en langue allemande ; les élèves qui parlaient danois en classe ou pendant la récréation étaient punis; la fréquentation des écoles, qui auparavant avait été très-irrégulière, et parfois totalement interrompue en beaucoup de lieux pendant l'été, devint plus assidue et plus fixe, par suite des représentations faites aux parents et de mesures appropriées. Les écoles, après avoir été mises sur un bon pied dans les premières années de ce siècle, travaillèrent avec une toute autre force qu'auparavant à la germanisation du Slesvig. Il était difficile pour la langue danoise de résister aux attaques persévérantes et bien ordonnées qui étaient dirigées contre elle ; et celles-ci lui firent courir un péril plus grand qu'aucun de ceux auxquels elle avait été exposée jusqu'alors.

Lorsque Frédéric VI eut été mis au fait des circonstances peu naturelles qui existaient en Slesvig, il résolut aussitôt d'y mettre fin ; car il était révolté de voir une population danoise privée de sa langue maternelle, et son bon sens lui disait qu'il y avait, pour l'avenir, un danger politique à laisser ainsi briser un des plus puissants liens qui rattachaient le Slesvig au reste du royaume. Dans une mémorable lettre adressée, le 15 décembre 1810, à la chancellerie du Slesvig et du Holstein, il déclara que c'était sa volonté « de mettre fin à l'usage de la langue allemande dans le service divin, l'enseignement scolaire et l'administration de la justice, et de lui substituer l'emploi du danois dans toutes les localités du Slesvig, où cette dernière langue était l'idiome vulgaire ». Il prescrivit à la chancellerie de faire les préparatifs nécessaires pour que « ce changement, en général si utile et si important », fût effectué de la meilleure manière, et il ordonna qu'il lui fût fait un rapport à cet égard. Conformément à cet ordre, la chancellerie demanda l'avis et la déclaration de tous les fonctionnaires slesvigois, qui devaient être entendus sur cette affaire. Ceux-ci envoyèrent leurs réponses. Mais il se passa alors un fait très-remarquable : la chancellerie jeta de côté toutes les pièces de l'enquête, sans communiquer au roi les renseignements qu'elle avait reçus, ni lui adresser de proposition sur la manière d'opérer le changement qu'il avait lui-même qualifié d'important et d'urgent. Les documents en question disparurent des archives de la chancellerie. C'est ainsi que les bonnes intentions de Frédéric VI furent paralysées par ses fonctionnaires. Qu'il ait lui-même perdu l'affaire de vue, on se l'explique assez bien par les malheurs publics qui l'accablèrent précisément à cette époque et qui absorbaient toute son anxieuse sollicitude ; c'était le temps où la catastrophe financière était sur le point de se produire, où la séparation de la Norvège se préparait et où le Danemark était entraîné dans la grande guerre européenne. La conduite de la chancellerie slesvig-holsteinoise vis-à-vis du roi, en cette affaire, n'est pas isolée ; il en fut de même pour *trois autres ordres du roi* concernant les langues du Slesvig. Elle laissa la question en repos pendant dix ans ; puis, sur un avertissement du roi, elle fit des excuses et promit de se mettre immédiatement à l'œuvre ; mais elle ne fit rien tant que vécut Frédéric VI. Telle était l'impuissance du roi absolu, vis-à-vis de ces fonctionnaires allemands, lorsqu'il s'agissait de briser le joug sous lequel gémissaient des sujets danois du Slesvig, et d'établir dans ce pays une situation conforme au droit naturel et à la justice !

Après la paix de Kiel, l'élément allemand de la monarchie danoise commença à manifester des prétentions et à se donner, même en matière politique, une importance auparavant inouïe. Ce fait tenait à deux raisons : l'une était le grand essor qu'avait pris le sentiment national allemand après l'heureuse issue de la guerre de l'indépendance, lequel se montra d'autant plus outrecuidant que l'humiliation précédente avait été plus profonde ; l'autre était l'affaiblissement de la monarchie danoise et de l'élément scandinave, qui eut lieu lors de la perte de la Norvège ; l'élément germanique, au contraire, qui reçut alors un accroissement par l'annexion du Lauenburg, vint à peser un peu plus, dans l'ensemble de la monarchie, qu'il n'avait fait jusqu'alors. Les Holsteinois eurent bientôt conscience des avantages de leur nouvelle situation : tandis qu'auparavant ils s'étaient bien trouvés d'être unis au Danemark, et avaient même en certains temps regardé cette union comme un grand bonheur, ils en vinrent désormais, sous l'influence du nouveau sentiment national, à demander une position indépendante pour le Holstein ; bien plus, rendus audacieux par l'affaiblissement du Danemark, ils prétendaient entraîner le *Slesvig* avec eux. Non contents de la germanisation de ce duché, au moyen des pasteurs, des instituteurs, des fonctionnaires, ils voulaient maintenant une union politique entre les deux duchés.

Ce n'était cependant pas de la masse de la population holsteinoise que partaient ces prétentions; le menu peuple était alors complétement étranger à cette agitation qui avait son foyer dans la *Chevalerie holsteinoise* et l'*Université de Kiel,* dont les professeurs soutenaient l'aristocratie par la parole et la plume. C'est la chevalerie qui donna l'impulsion à un mouvement générateur d'une révolte, d'une guerre qui aboutit au démembrement de la monarchie danoise. Enhardie par les difficultés que le roi rencontrait de tous côtés, elle commença en 1815 et continua les années suivantes à obséder Frédéric VI de doléances importunes et de pétitions de plus en plus exigeantes. S'appuyant sur une disposition du Congrès de Vienne, d'après laquelle chaque État de la Confédération germanique devait avoir une diète, elle se posa en défenseur des droits du pays et agit comme si elle l'eût représenté légitimement ; et elle ne parlait pas seulement au nom du Holstein, mais encore en celui du Slesvig. Elle prétendait que l'ancienne assemblée d'États, qui avait été autrefois commune au Slesvig et au Holstein, était encore en pleine vigueur et elle demanda que la Constitution que le roi était tenu d'octroyer au Holstein, s'appliquât également au Slesvig ; elle exprima en outre le vœu que des hommes, tirés de son sein et élus par elle, prissent part à la rédaction de la future Constitution. En faisant cette démarche par l'intermédiaire de sa « députation permanente » (sorte de comité qu'elle avait été autorisée à former à une date passablement récente, en 1775, pour diriger ses affaires communes), la chevalerie manifestait des prétentions aussi peu justifiées que possible ; c'était une corporation privée qui avait divers priviléges, mais pas de droits politiques ; elle n'était aucunement autorisée à parler au nom du Holstein, encore moins au nom du Slesvig. La constitution d'États dont elle se prévalait était depuis longtemps tombée en désuétude ; il y avait environ cent cinquante ans qu'avait été tenue la dernière diète complète, et cent ans depuis la dernière diète partielle, composée seulement de chevaliers et de prélats (1712) ; toute relation politique entre le Slesvig et le Holstein avait cessé, au moins depuis 1721. L'union privée elle-même, le *nexus socialis*, comme on l'appelait, dépendait du bon plaisir du roi ; celui qui existait entre la chevalerie du Holstein et du Slesvig, et qui en faisait une *seule* corporation, n'avait été sanctionné par Christian VI, en 1732, qu'avec la réserve de son autorité souveraine et sous condition qu'il ne ferait pas échec à la prérogative royale.

Frédéric VI, en répondant à quelques-unes des nombreuses pétitions qui affluaient, repoussa décidément les prétentions mal fondées et déclara à la chevalerie qu'elle n'avait pas à discuter dans ses assemblées la constitution du pays ; qu'il n'appartenait pas à d'autre qu'à lui de fixer la date et la teneur de la constitution du Holstein ; que ce qui avait été convenu à l'égard de ce duché, au Congrès de Vienne, ne concernait pas le Slesvig, pays danois et partie intégrante de la monarchie danoise. Au reste, en sanctionnant le *nexus socialis* de la chevalerie, en 1815, il fit les mêmes réserves que Christian VI, et l'année suivante il confirma *séparément* les priviléges de la chevalerie holsteinoise et de celle du Slesvig, et pour celle-ci avec la même réserve de sa prérogative souveraine, que ses prédécesseurs sur le trône faisaient, depuis 1721, dans les actes de ce genre. La chevalerie devint d'autant plus audacieuse, et elle prétendit ouvertement que la confirmation de ses priviléges impliquait celle de l'ancienne constitution d'États pour le Slesvig et le Holstein, laquelle devait être désormais considérée comme inébranlable. En dehors de l'affaire de la constitution, elle présentait tantôt au roi, tantôt à la chancellerie du Slesvig et du Holstein, des doléances, conçues en termes peu mesurés, sur la situation du pays, sur la lourdeur des impôts, sur des indemnités de guerre, sur des remises d'arriéré, etc. Dans toutes ces affaires, les autres propriétaires nobles qui n'étaient pas membres reçus de la chevalerie, marchaient de concert avec elle. En présence de ces faits, le roi prit, le 3 février 1816, la résolution d'interdire absolument à la noblesse non reçue de participer aux délibérations de la chevalerie. Mais, l'année suivante, la chevalerie et la noblesse allèrent plus loin. Le 27 janvier 1817, par l'intermédiaire de la députation permanente, elles présentèrent des remontrances par lesquelles elles déclaraient sans réticence que l'on ne se croyait pas tenu de payer les impôts non votés par les États. On n'en resta pas aux paroles. A la foire de Kiel (Umschlag), un grand nombre de chevaliers et de nobles se coalisèrent pour supporter en commun les frais de saisies éventuelles ou déjà commencées, qui seraient mis à la charge des contribuables récalcitrants ; dans ce but, ils constituèrent une caisse commune à laquelle chacun apporta sa cotisation proportionnée. C'était plus que ne pouvait supporter un gouvernement quelconque. Le roi cassa et annula, dans les termes les plus forts, cette association illégale et menaça de toute la sévérité des lois ceux qui persisteraient dans la désobéissance. Malgré la dissolution de la société, il fallut presque partout exécuter les biens de la chevalerie et de la noblesse pour assurer le recouvrement de l'impôt. Elles firent une protestation où il est dit : « qu'elles cédaient à la force, mais ne renonçaient pas à leurs droits », et que les saisies opérées sur les récalcitrants étaient contraires aux priviléges que le roi avait dernièrement reconnus et confirmés. Plusieurs protestations de même genre ayant eu lieu dans le cours de l'année 1818, Frédéric VI perdit patience et, dans une proclamation du 5 décembre 1818, il ne se borna pas à réprimander très-sérieusement la chevalerie, mais il déclara en même temps que, si elle ne changeait pas de conduite, « il dissoudrait de suite et irrévocablement la députation permanente », qui n'avait été instituée en 1775 que par un effet de la faveur royale. L'apaisement se fit pour quelque temps, non pas que la chevalerie eût été effrayée, mais parce que les choses prirent une tournure peu favorable à ses prétentions : il se produisit à cette époque dans divers pays, et notamment en Allemagne, une violente réaction contre l'effervescence des idées de liberté, qui étaient gênantes et menaçantes pour les princes ; il n'y avait, à la vérité, pas beaucoup de libéralisme dans les aspirations de la chevalerie slesvig-holsteinoise, mais c'était en tout cas une opposition politique à laquelle les circonstances n'étaient plus favorables. Les résolutions du Congrès de Carlsbad, en 1819, soumirent à une sévère surveillance les Universités qui avaient été des foyers d'agitation, et la liberté de la presse fut de nouveau restreinte par une rigoureuse censure. L'année suivante, une addition aux traités de Vienne, tout en réservant à la diète germanique la faculté de veiller à ce que chaque État de la Confédération fût pourvu d'assemblées provinciales, comme il avait été convenu antérieurement, laissa pourtant à chaque prince le soin de régler la constitution de son pays, sans que la diète eût à s'en mêler ; c'est seulement lorsqu'une ancienne constitution était incontestablement en vigueur, que le prince était tenu de s'y conformer et ne pouvait y introduire de changements sans la coopération des États. La chevalerie se recueillit quelque temps, jusqu'à ce que l'orage, soulevé en 1819, se fût un peu apaisé et elle recourut alors à un nouvel expédient : à la fin de l'année 1822, elle s'adressa à la diète germanique, lui demandant son appui pour le maintien d'une constitution d'États qu'elle prétendait être en vigueur et reconnue commune au Slesvig et au Holstein. Cependant, par la résolution du 27 novembre 1823, la diète, comme on pouvait bien s'y attendre, repoussa cette pétition, attendu que l'ancienne constitution du Slesvig n'était pas en vigueur incontestée, et elle renvoya les chevaliers, comme de fidèles sujets, à la constitution que le roi avait promis d'octroyer au Holstein. La déclaration que le représentant de la Prusse fit à la diète, dans la séance du 10 juillet, mérite d'être rappelée à cause de l'attitude postérieure de cette puissance. « Les solliciteurs, disait-il, demandent le maintien de l'union du Slesvig et du Holstein sous une seule et même assemblée d'États ; mais, outre ce que l'on peut objecter à cet égard, ce sujet n'est pas de ceux sur lesquels la diète puisse exercer une influence quelconque, attendu que le duché de Slesvig n'appartient pas à la Confédération germanique et reste par conséquent en dehors de son action. »

Cette décision calma la chevalerie pour quelques années. Dès 1816, Frédéric VI avait institué une commission pour délibérer sur la constitution qu'il convenait de donner au Holstein, et, au bout de sept ans, il l'avait renouvelée, en 1823, après que la diète eut prononcé son arrêt. Mais sept années s'écoulèrent encore, sans que l'on vît de résultat des travaux de la commission. Frédéric VI était jaloux de son pouvoir absolu et il ne pouvait se résigner à le laisser diminuer soit dans la forme, soit en réalité. L'affaire sans doute en serait restée là, sans les remarquables événements de 1830. La révolution de juillet, qui avait éclaté en France, mit toute l'Europe en mouvement. Il y eut des scènes de violences dans plusieurs contrées de l'Allemagne, d'où l'agitation se communiqua au Holstein. En ce temps, *Uwe Lornsen*, naguère chef de bureau à la chancellerie du Slesvig et du Holstein, récemment nommé « landfoged » (juge et percepteur) de Sild, son île natale, publia une brochure « sur la constitution du Slesvig-Holstein ». Cet opuscule, qui produisit une sensation extraordinaire, augmenta l'effervescence déjà grande ; huit mille exemplaires en furent rapidement enlevés. L'auteur demandait une représentation commune pour le Slesvig et le Holstein, investie du droit de voter les impôts et les lois ; le transfert de tous les colléges du gouvernement dans les duchés, notamment à Kiel ; la complète séparation du royaume et des duchés, au point de vue administratif comme à tous les autres ; « le roi et l'ennemi » seulement devaient être communs. La chevalerie qui avait si longtemps invoqué ses priviléges comme base d'une constitution commune pour le Slesvig et le Holstein, se retira maintenant avec effroi : elle craignait ce mouvement qui prenait un caractère démagogique et elle goûtait peu une constitution qui, d'après Uwe Lornsen lui-même, devait donner la prédominance à la classe moyenne. Elle envoya au roi des protestations de loyauté, et plusieurs membres considérés de la chevalerie entrèrent en lice avec U. Lornsen, dans des brochures où ils réprouvaient son entreprise et contestaient ses propositions. Frédéric VI, qui avait résisté à la chevalerie, céda à la forte pression populaire. Le 28 mai 1831, il promulgua une ordonnance où il déclara sa résolution d'instituer des États consultatifs *séparés* pour le Slesvig et le Holstein, et il fit en même temps connaître les principales bases de la future Constitution. Quelques semaines auparavant, le 7 avril 1831, la chevalerie, tout en s'exprimant avec plus de modération que dans ses précédentes adresses au roi et à la chancellerie, avait fait encore une dernière tentative pour obtenir une Constitution commune au Slesvig et au Holstein. Mais Frédéric VI maintint fermement sa résolution de ne pas établir d'union politique entre le Slesvig, pays danois, et le Holstein, dépendant de la Confédération germanique.

Lorsque le projet de constitution d'États eut été soumis à l'examen du comité dit des hommes expérimentés et éclairés, et que les détails en eurent été finalement réglés, elle fut promulguée le 15 mai 1834. La première assemblée des États fut ouverte pour le Holstein le 1er octobre 1835, et pour le Slesvig le 11 avril 1836. Mais le jour de la promulgation de ces constitutions fut également signalé par l'établissement d'institutions communes pour le Slesvig et le Holstein, aussi inopportunes que funestes dans leurs conséquences. Le roi s'était, en effet, laissé induire à créer entre ces deux duchés une communauté administrative nouvelle et sans précédents. Jusqu'ici ils avaient eu chacun en particulier leur gouvernement local et leur cour suprême. Mais plusieurs ordonnances du 15 mai 1834 introduisirent un gouvernement commun résidant à Gottorp et une cour suprême commune (Overappellationsret) qui siégeait à Kiel; de plus, les candidats aux fonctions théologiques et judiciaires dans le Slesvig n'eurent plus à passer leur examen devant une commission spéciale, mais devant une commission commune qui fut mise en relations avec le nouveau gouvernement du Slesvig-Holstein. C'était établir de nouveaux liens entre un pays soumis à la Confédération germanique et une partie du royaume de Danemark, tandis que, dans les circonstances d'alors, la plus simple prudence commandait de les tenir séparés autant que possible ; c'est donner à un corps de fonctionnaires, mal intentionnés et hostiles à l'unité de la monarchie, le moyen de faire beaucoup de mal et ils ne manquèrent pas de s'en servir dans ce but. Cette lourde méprise annula en grande partie les résultats de la fermeté avec laquelle Frédéric VI avait refusé à la chevalerie de favoriser l'union politique du Slesvig et du Holstein.

Puisque le Slesvig et le Holstein avaient été dotés chacun d'une constitution accordant au peuple quelque influence sur son gouvernement et une certaine liberté politique, il ne convenait pas de priver le royaume du même avantage; aussi, le 15 mai 1834, le Danemark fut-il aussi pourvu d'une Constitution qui instituait deux assemblées provinciales, l'une pour les Iles, l'autre pour le Jutland. Le roi, prévoyant qu'une Constitution lui serait certainement demandée, aima mieux, comme il le disait, l'octroyer spontanément que de se faire prier. Le Danemark était du moins mûr pour la liberté qui lui était offerte. Le relâchement et le découragement qui avaient régné partout pendant quelques années avant la fin de la guerre, avaient peu à peu fait place à des dispositions plus confiantes et à un meilleur espoir pour l'avenir. L'aisance revenait peu à peu, bien que lentement, à cause des profondes blessures que le pays avait reçues. Après le bouleversement dans les fortunes qui avait été la conséquence de la révolution financière, il vint une période d'années (1820-1826), mauvaises et ruineuses, où le prix des denrées formant la principale richesse du Danemark, les céréales et les autres produits agricoles, tomba si bas que la détresse et les embarras de la classe agricole, la plus nombreuse du royaume, furent portés au comble, et que leurs effets se firent sentir à tous les autres habitants. Beaucoup de cultivateurs durent quitter leur demeure et leurs biens, et les vendre à vil prix ; beaucoup de propriétés rurales, grandes ou petites, durent être aliénées parce que leurs possesseurs n'étaient pas en état de payer les contributions. Le gouvernement prit diverses mesures pour assister l'agriculteur ; mais le mal était si grand et si répandu que rien ne put y remédier. La situation s'améliora pourtant à partir de 1826 et le pays prit visiblement des forces d'année en année. Les courages aussi se relevèrent au fur et à mesure. Comme on l'a déjà remarqué, c'était dans cette période d'affaissement et de découragement public que l'intérêt s'attacha si exclusivement à la littérature et à ses produits, qu'il semblait ne pas laisser de place à une autre passion. Il y avait là cependant les germes d'une autre vie qui commençait à se manifester et à se développer peu à peu ; on vit en effet la capitale et les classes les plus instruites tourner leur attention vers la politique et les affaires du gouvernement qu'elles avaient négligées depuis 1799. On suivait avec un vif intérêt les mouvements qui s'étaient produits partout en Europe pendant les dernières années, et les luttes pour la liberté politique, qu'elles eussent lieu sur les champs de bataille ou dans le sein des parlements, passionnaient les Danois autant que s'il se fût agi de leur propre cause. Lorsque la nouvelle de la révolution de Juillet émut l'Europe, le Danemark ne fut pas le pays où elle produisit le moins d'impression. En outre, on avait plus près de soi l'exemple de la Norvège dont on n'était séparé que depuis peu d'années et à laquelle on était encore attaché par tant de souvenirs. On suivait son développement avec sympathie et l'on voyait comment une constitution libre, dont usait avec intelligence et habileté un peuple congénère, arrivé au même degré de civilisation que les Danois, engendrait le bonheur et le bien-être et éveillait les forces assoupies. Il n'était donc pas étonnant que l'on désirât jouir d'un pareil avantage et que l'on crût pouvoir en tirer autant de profit. La nation n'était certes pas indifférente aux affaires publiques; et, s'il lui manquait l'éducation et l'expérience politiques, elle avait du moins le sens et l'intelligence de ce qui appartient à une constitution libre. Une autre circonstance favorisait encore la transition à un nouveau système de gouvernement. Il n'y avait pas en Danemark, comme dans beaucoup d'autres pays, une profonde séparation entre les classes de la société ; il n'y avait pas, comme dans le Holstein, par exemple, une puissante noblesse qui écrasait les autres citoyens par ses priviléges, ses richesses et sa prépondérance. Pendant la longue domination des monarques absolus, les différences sociales avaient diminué et le sentiment d'égalité avait fait des progrès. Les priviléges aristocratiques avaient été abolis peu à peu l'un après l'autre, et Frédéric VI lui-même en avait supprimé un certain nombre, comme le droit de nommer les juges et les pasteurs dans les domaines nobles et privilégiés. Il ne restait plus que les ruines des anciens abus ; les nouveaux impôts si importants qui avaient été établis depuis 1802, pesaient sur tous également. La classe rurale, autrefois attachée à la glèbe, étant devenue libre et ayant été admise au rang des citoyens, commençait à avoir le sentiment de son indépendance. La diffusion générale de l'instruction contribua en outre à rapprocher l'une de l'autre les différentes classes de la société et à niveler les conditions, et, lorsque les préjugés de caste tendaient à se faire valoir, ils trouvaient un contre-poids dans le sentiment d'égalité civile fortement développé. L'institution des États trouva ainsi le peuple danois en général bien préparé à faire le premier pas dans la nouvelle carrière, pas qui était fort important, parce que c'était le premier. Elle servit en même temps d'introduction et fut à plusieurs points de vue une excellente préparation à la vie politique, complétement libre, qui devait commencer plus tard.

La création d'assemblées provinciales avait pour but, comme le disait le roi dans l'ordonnance elle-même, « de lui procurer, ainsi qu'à ses successeurs sur le trône, la connaissance la plus exacte de tout ce qui pouvait contribuer au bien de ses chers et fidèles sujets, et par là de resserrer d'autant plus les liens qui unissent la maison royale avec la nation et de réveiller l'esprit public ». Les États n'étaient que consultatifs ; ils avaient à examiner et à discuter toutes les lois qui avaient pour objet de modifier les statuts personnels et réels, les impôts et les charges publiques. Ils avaient en outre le droit de présenter des pétitions, des projets de lois, des plaintes sur la mauvaise application des lois en vigueur et sur les abus dans l'administration publique. Divers membres de chaque assemblée étaient à la nomination du roi ; les élections étaient d'ailleurs directes, mais le droit électoral et l'éligibilité étaient attachés à la propriété ; le cens n'était pourtant pas très-élevé, et il était accessible aussi bien aux fermiers qu'aux propriétaires : la possession de cinq tonneaux hartkorn pour ceux-là et de quatre pour ceux-ci suffisant à conférer le droit de suffrage. Pour l'éligibilité, le cens était en général deux fois plus élevé. Les séances des assemblées n'étaient pas publiques et l'on ne devait livrer successivement à l'impression que l'essentiel des délibérations. — La première réunion des États eut lieu pour les îles à Roeskilde, le 1er octobre 1835, et pour le Jutland à Viborg, le 11 avril 1836. Dans les premiers temps, Anders-Sandœ Œrsted y fut fort apprécié et il le méritait bien ; exerçant pendant une longue série d'années les fonctions de commissaire royal aux États de Roeskilde et de Viborg, il contribua beaucoup, par ses rares talents, ses connaissances étendues, sa droiture et sa bienveillance, à ménager à la nouvelle institution une heureuse entrée dans le monde. Il était alors à l'apogée de sa popularité et on le qualifiait sans cesse du beau titre « d'homme du roi et du peuple ». Parmi les membres les plus importants de l'assemblée de *Roeskilde* dans cette période et la suivante, il faut citer : Algreen Ussing, Haagen, les propriétaires P. A. Tutein, Scavenius et C. Neergaard, les professeurs P.-G. Bang, J.-F. Schouw, H.-N. Clausen, J.-E. Larsen, C.-N. David, les négociants L.-N. Hvidt, H.-P. et A.-N. Hansen, le grand industriel J.-C. Drewsen ; à l'assemblée de *Viborg* : le paysan Ole Kirk, Funder, Fleischer, Otterstrœm, Brink-Seidelin, le juge With, le colonel Brock, les propriétaires Tang et Nyholm, l'assesseur à la cour suprême Bruun, le procureur Jespersen, le fabricant d'huile Schytte. J.-F. Schouw et J.-E. Larsen, déjà nommés, siégeaient aux deux assemblées.

Les finances de l'État seront toujours du nombre des affaires auxquelles les représentants du peuple doivent particulièrement consacrer leur sollicitude ; aussi, dès la première session, furent-elles l'objet d'un examen attentif et de mûres délibérations. Jusqu'ici la comptabilité nationale n'avait reçu aucune publicité, ou du moins celle-ci n'avait commencé que très-peu de temps avant la première réunion des États, lorsque le roi fit publier un aperçu général des revenus, des dépenses et de la dette de l'État. Cependant les États jugèrent ce résumé fort insuffisant et, après avoir discuté toute la question financière et le rapport des revenus avec les dépenses, ils furent amenés à demander au roi, dans une pétition, qu'il fût pris les mesures les plus énergiques pour diminuer les dépenses annuelles de l'État ; qu'une commission, ne se composant pas exclusivement de fonctionnaires, fût chargée d'étudier la situation financière et de dresser un budget annuel, enfin, que le compte de toutes les dépenses et recettes fût à l'avenir publié chaque année. La réponse du roi n'ayant pas été pleinement satisfaisante, cette pétition fut renouvelée à la session suivante. Quelques mesures préliminaires furent bien prises pour l'amélioration de la comptabilité, mais, pendant tout le temps que régna Frédéric VI, on n'alla pas plus loin qu'à la publication d'aperçus généraux de la situation financière.

Une autre question d'intérêt général, dont les États s'occupèrent dans les premiers temps, fut la réunion des États de Roeskilde et de Viborg en une seule assemblée. S'il était nécessaire et si la situation politique différente du Slesvig et du Holstein exigeait que ces deux duchés eussent chacun une assemblée, il n'y avait pas de motifs rationnels pour que le royaume de Danemark fût partagé en deux régions. Cette division causait une grande perte de temps ; l'examen répété des mêmes affaires, qui avaient été déjà discutées à fond, émoussait l'attention, paralysait l'intérêt et ne pouvait avoir d'autre résultat que de diminuer la sympathie nationale pour l'institution des États. Comme on ne pouvait trouver d'autres motifs de cette division, elle avait l'air d'avoir été imaginée par le gouvernement pour diminuer l'importance des États et pour empêcher que l'influence exercée par une assemblée unique ne fût désagréable et gênante. Mais cette pétition ne fut pas accueillie favorablement en haut lieu ; elle fut repoussée avec la remarque que cette union « ferait des assemblées d'État une institution d'une toute autre nature ». Le membre le plus actif et le plus méritant dans l'introduction et la discussion de cette affaire, ainsi que de la question financière, fut Algreen Ussing. — On sentit bientôt que l'absence de *publicité* était de nature à nuire à l'activité des États et à la sympathie nationale pour leur œuvre. Aussi, dès la première session, les États demandèrent-ils que les séances fussent publiques et que le compte-rendu publié dans la gazette des États fût complet. Le premier point fut repoussé ; quant au second, il fut décidé que, à l'avenir, le compte-rendu serait rédigé de manière à donner, à quelques exceptions près, une image fidèle des délibérations.

Pour exercer quelque influence, avec la médiocre autorité qui leur était octroyée, les États avaient besoin d'être aidés par une presse libre, qui marcherait de concert avec eux et exprimerait l'opinion publique en termes vrais et énergiques. La liberté de la presse était comme l'atmosphère indispensable pour que les nouvelles libertés, datant de 1830, pussent vivre et prospérer. Le Danemark, bien que gouverné par des rois absolus, avait eu le rare bonheur d'arriver à la possession de la *liberté de la presse*, qui semblait si inconciliable avec l'autocratie. Aussi les conflits n'avaient-ils pas manqué. La loi du 27 septembre 1799 avait porté une rude atteinte à cette liberté, et d'autres ordonnances et rescrits postérieurs l'avaient restreinte encore davantage. La vie qui s'était manifestée depuis 1799 avait été étouffée par ces dispositions législatives et par la réaction européenne générale. Pendant une génération on sut à peine qu'il restait une certaine liberté de la presse, on n'en fit du moins pas usage dans la sphère de discussion où elle avait le plus d'importance, c'est-à-dire dans

le domaine de la politique. Elle n'en subsistait pas moins en
Danemark, sous réserve de la responsabilité devant les tribunaux. Les feuilles qui traitaient de politique étrangère pouvaient
seules êtres soumises à la censure, qui avait été établie par une
ordonnance de 1810 et par plusieurs dispositions postérieures,
pour éviter des complications diplomatiques. Mais à peine le
mouvement de 1830 s'était-il communiqué au Danemark que l'on
se rappela les droits longtemps oubliés de la liberté de la presse
et que l'on se remit à en user. Il se forma une presse indépendante, qui eut à son service des écrivains capables, qui examina,
débattit, exposa avec franchise et connaissance de cause la situation du pays et toutes les affaires de l'État. Elle fit de l'opinion
publique une vraie puissance. Mais elle eut bientôt à combattre.
Le vieux roi ne pouvait comprendre les temps nouveaux; tout ce
qui se passait alors lui rappelait la période d'avant 1799, et il songeait à employer les anciens moyens contre l'audace du jour. Les
grands fonctionnaires, qui pour la plupart aussi appartenaient au
passé, voyaient avec inquiétude et mécontentement que les actes
du gouvernement étaient jugés, critiqués, condamnés, et que la
presse faisait chaque jour des incursions de plus en plus hardies
sur un terrain qu'ils étaient accoutumés à regarder comme leur domaine exclusif. Au commencement de l'année 1835, la nouvelle se
répandit que le gouvernement préparait de nouvelles restrictions
à la liberté de la presse et songeait même à introduire la censure.
Ce bruit causa une inquiétude générale chez tous ceux qui
voyaient dans le maintien de cette liberté la condition du développement politique. On fit circuler à Copenhague et au dehors
une adresse au roi et l'on recueillit de nombreuses signatures en
faveur de la liberté de la presse; cette pétition exprimait l'espoir
que cette liberté ne serait limitée que par la loi, et les infractions
poursuivies seulement devant les tribunaux ordinaires. Frédéric VI fit une réponse pleine de mauvaise humeur. Peu après se
constitua la *Société pour la liberté de la presse*, société qui réunit
en peu de temps plusieurs milliers d'adhérents et qui eut une
grande influence sur les progrès de la vie politique. Ayant son
siége dans la capitale et de nombreuses succursales dans tout le
royaume, elle devint un centre pour tous ceux qui professaient
les idées nouvelles et fit beaucoup de bien en publiant nombre

d'excellents livres populaires. Peu après la remise de l'adresse au roi, le gouvernement avait commencé à persécuter la presse, et intenté un procès qui, étant la première cause de ce genre que le Danemark eût vue depuis longtemps, produisit une sensation extraordinaire et excita une grande agitation. Le professeur d'économie politique, *C.-N. David*, avait commencé à publier une feuille hebdomadaire, *la Patrie* (Fædrelandet), qu'il dirigeait avec la rare habileté et la science qu'il possédait ; il n'en avait paru que onze numéros, lorsque des poursuites furent exercées contre l'éditeur ; celui-ci fut acquitté par les tribunaux, mais il n'en fut pas moins privé de sa place l'année suivante (1836). Son collaborateur, qui devint plus tard co-directeur du journal, *Johannes Hage*, était un homme fort instruit, intrépide, libéral, qui, en très-peu de temps, mérita bien de la presse et de la liberté politique, dans le combat qu'elles eurent à soutenir. Il fut enlevé par une mort prématurée, dans sa 37ᵉ année, en 1837. Cependant le gouvernement persévéra dans la voie où il était entré. La presse fut soumise à plusieurs restrictions, dont la plus considérable était contenue dans l'ordonnance du 1ᵉʳ novembre 1837, qui fut promulguée, malgré l'opposition presque unanime des États de Roeskilde et de Viborg, et qui créait une nouvelle catégorie de délits de presse, « le manque du respect obligé ». Cette ordonnance était applicable lorsque les expressions incriminées ne tombaient pas directement sous le coup des anciennes dispositions de la loi du 27 septembre 1799. Ces mesures ne bâillonnèrent pourtant pas la presse, qui continua son œuvre, puissamment soutenue par l'opinion publique.

Frédéric VI décéda le 3 décembre 1839, dans sa 72ᵉ année, après cinquante-cinq ans de régence et de règne. Son gouvernement est un des plus remarquables de l'histoire de Danemark ; il fut marqué par de grandes vicissitudes intérieures et extérieures. La jeunesse du prince fut signalée par d'importantes réformes et de bienfaisantes améliorations de diverse nature ; la vieillesse du monarque, par l'octroi d'une constitution, qui fut le premier pas vers la liberté politique et le point de départ du développement ultérieur. Mais des souvenirs tristes et amers se rattachent à une partie considérable de son règne : la perte de la flotte, la destruction de la capitale, une malheureuse guerre septennale où se consumèrent les forces de la monarchie, la révolution financière, et enfin la séparation de la Norvège. Il est juste à la vérité de tenir compte de ce que les temps étaient aussi difficiles qu'ils l'ont jamais été, et de ce que la marche des événements était si violente, irrésistible et imprévue, qu'un pilote prudent, clairvoyant et ferme aurait eu lui-même peine à préserver de tout dommage et à conduire hors des écueils un petit navire comme celui de l'État danois. Il ne faut pourtant pas nier que si les désastres furent si grands, c'est parce que Frédéric VI était justement dépourvu des qualités qui eussent été nécessaires alors pour éviter le naufrage; il n'opposa pas aux périls le courage ou la fermeté, ni aux difficultés la prudence et la prévoyance. Faible dans ses actes, indécis et chancelant dans sa politique, il devait inévitablement succomber à la force majeure et à l'injustice des temps. L'État eut à payer chèrement les défauts et les méprises de son chef; néanmoins la nation danoise professa jusqu'à la fin, pour Frédéric VI, une affection, une estime et un dévouement dont rarement un monarque a été l'objet. Ces sentiments avaient leur racine dans la conviction que le roi aimait son peuple, que tous ses travaux et ses soins dans une vie longue et laborieuse avaient pour but d'assurer le bien public comme il l'entendait; et ils furent affermis par l'impression que produisait sa personnalité noble, loyale et sincère, par sa simplicité sans prétention, par ses sympathies pour le peuple, qui faisaient que son cœur et son oreille s'ouvraient aussi bien pour le simple citoyen que pour l'homme de haut rang et de grande naissance.

TROISIÈME DIVISION

(1839-1866)

I

Christian VIII. — Aspirations et espérances des contemporains. — Le roi refuse d'octroyer une constitution libérale. — Les comités des États. — Procès de presse. — Réformes dans l'administration publique. — Finances, régime municipal, justice. — L'affranchissement des nègres préparé et décidé. — Aisance croissante. — Mécontentement régnant. — Agitation de la classe rurale. — Le scandinavisme. — Pétitions des États. — Lutte des langues dans le Slesvig ; Nis Lorenzen de Lilholt. — Le rescrit des langues, du 14 mai 1840. — Les Slesvig-Holsteinois. — Le duc et le prince d'Augustenborg. — Le prince est nommé lieutenant général dans le Slesvig et le Holstein. — Peder-Hjort Lorenzen. — Patente du 29 mars 1844. — Les séparatistes slesvig-holsteinois deviennent plus entreprenants. — Résistance des États et de la population du royaume. — La question de succession. — Les lettres patentes du 8 juillet 1846. — Christian VIII change de système : le prince d'Augustenborg est congédié. — Les États du Slesvig et du Holstein se dissolvent. — La Confédération germanique. — Attente et inquiétude dans le royaume. — Mort de Christian VIII.

Le passé fut enseveli dans la tombe de Frédéric VI et le présent, avec d'autres tendances et d'autres convictions, qui avaient déjà commencé à se manifester dans les derniers temps de son règne, s'affirma sous son successeur *Christian VIII* avec une force irrésistible. Le nouveau roi était, en qualité de fils du prince héréditaire Frédéric, le plus proche héritier du trône devenu vacant par la mort de Frédéric VI qui n'avait pas de fils. Les plus belles espérances accueillirent son avénement. Il était fort instruit, extrêmement bien doué, versé dans les arts et les sciences, familiarisé avec le présent et ses idées. On croyait sans hésitation qu'il serait facile d'obtenir sous son règne ce qu'il aurait été inutile d'attendre sous Frédéric VI, une constitution libérale, et l'on fondait cet espoir sur ce que la Norvège avait obtenu, pendant son gouvernement, la constitution qui mit fin à l'ancien absolutisme. Aussitôt après son avénement il lui arriva de tous côtés des adresses, où les protestations de dévouement et les hommages rendus à ses brillantes qualités étaient mêlés de vœux politiques; on y exprimait l'espoir qu'il accorderait à ses sujets un bienfait semblable à celui que la Norvège avait obtenu par la constitution libérale qui unissait à jamais le nom du roi, comme un brillant souvenir, à cette nation sœur du Danemark. Le monarque, qui était alors élevé jusqu'aux nues par la faveur populaire, répondit en termes choisis, évitant le plus possible de blesser qui que ce fût, mais se gardant soigneusement de promettre une constitution; il annonça au contraire positivement qu'il introduirait des réformes radicales dans l'*administration*. Mais cette réserve était loin de satisfaire ceux qui voyaient dans une constitution libérale l'unique véhicule d'un heureux développement pour le Danemark, et leur grand désappointement d'être frustrés dans un espoir, que justifiait si bien le passé du roi, produisit bientôt un désenchantement considérable. Celui-ci augmenta lorsque le roi, loin de se laisser ébranler par les manifestations répétées de l'opinion publique, qui s'exprimait soit par la presse, soit par les États, procéda vivement et sévèrement contre l'agitation. Bientôt il y eut rupture complète entre lui et les *libéraux*, comme on appelait ceux qui travaillaient à l'émancipation politique du Danemark. Lors de la première session des États qui eut lieu après son avénement, en 1840, les assemblées de Roeskilde et de Viborg reçurent des pétitions, couvertes de milliers de signatures, où il était demandé que les deux assemblées du royaume fussent réunies en une seule et complètement dotées du droit de voter les impôts; d'autres pétitions allaient plus loin en exprimant le vœu que ce droit fût exercé par les représentants de tout le royaume, y compris ceux du Slesvig, réunis en une seule assemblée. Les États eux-mêmes, dans une adresse au roi, réclamaient la transformation des États provinciaux en une assemblée unique; la publicité des séances; la modification de la loi électorale; de façon que la possession d'immeubles ne fût plus la condition indispensable de l'électorat et de l'éligibilité; la présentation d'un budget qui comprendrait l'ensemble des recettes et des dépenses de l'État pour deux ans, et qui devrait être discuté par l'assemblée unique, avant d'être sanctionné par le roi; enfin la faculté de vérifier la comptabilité. Comme la constitution en vigueur ne permettait pas de demander ouvertement le droit de voter les impôts, les États se bornèrent à transmettre au roi les pétitions reçues, comme un témoignage des vœux de la nation et des tendances dominantes. Cependant le roi ne voulut pas entrer dans cette voie; et il déclara qu'il se tiendrait sur le terrain de la constitution octroyée par son prédécesseur et ne se prêterait pas à des modifications importantes. A l'égard des finances, il se référa aux réformes déjà accomplies et à celles qui devaient l'être. Quant à ceux qui avaient signé les pétitions relatives au vote des impôts, il prit une mesure passablement inattendue, qui montra combien l'on s'était abusé de croire que le roi consentirait à se dépouiller de son pouvoir absolu. Tous les fonctionnaires et les possesseurs de fief qui avaient souscrit ces pétitions reçurent de la chancellerie danoise, par ordre du roi, une sévère admonition, qui leur rappelait leur serment et leurs devoirs, et les menaçait, en cas de récidive, de la perte de leur place et de poursuites devant les tribunaux.

En même temps que le roi repoussait ainsi les pétitions des États sur le développement de leur institution, il les invitait (1842) à donner leur avis sur la création de *comités permanents*, composés de délégués des quatre assemblées d'États. Ces comités auraient à délibérer sur des affaires d'une importance particulière, qui leur seraient soumises par le roi et qui concerneraient soit et surtout l'ensemble de la monarchie, soit quelques-unes de ses parties. En s'adressant ainsi aux États, à propos de l'établissement d'une nouvelle et importante institution, qui leur ouvrait la perspective de jouer un rôle plus considérable, le roi avait pour but d'adoucir le refus des demandes qu'ils lui avaient adressées, et aussi de créer une institution commune pour servir de contre-poids aux tendances dissolvantes qui se manifestaient de plus en plus dans les assemblées du Slesvig et du Holstein. L'affaire reçut un excellent accueil des États du royaume. L'assemblée de Roeskilde recommanda les comités d'États comme moyen de favoriser l'unité de la monarchie et comme organe parfaitement approprié à la discussion du budget et des finances publiques, que le roi avait refusé de soumettre aux assemblées provinciales, parce qu'il aurait fallu trop de temps pour les consulter toutes. Les États de Viborg signalèrent quelques inconvénients qui pourraient résulter des comités permanents, si l'on n'y remédiait pas à temps; il furent pourtant d'avis de les instituer, notamment parce qu'il serait facile de leur soumettre le budget et parce qu'ils serviraient de transition à un mouvement plus libéral « dont le but devait être le régime constitutionnel ». Les États du Slésvig et du Holstein, au contraire, où la majorité voulait restreindre autant que possible la communauté avec le royaume et qui aspirait à en séparer complètement les duchés pour en former un nouvel État de « Slesvig-Holstein », se prononcèrent très-résolûment contre ces comités comme inconciliables avec la prétendue constitution de 1460. Dans le rapport des États du Slesvig, on osa même dire que ce duché n'avait pas plus de rapports avec le royaume de Danemark, que la Hongrie avec les États héréditaires de la maison d'Autriche. Lors de la session suivante, le roi notifia aux États qu'une seule assemblée, celle de Roeskilde « était entrée complètement dans sa pensée de développer ultérieurement l'institution des États en créant des comités permanents »; c'est pourquoi il avait renvoyé l'affaire à plus tard. Bien que l'assemblée de Viborg fût ici traitée comme celles du Slesvig et du Holstein, on peut cependant juger facilement, par ce qui vient d'être dit, que, si les intentions du roi avaient été mal comprises, c'était pour des motifs très-différents dans les diverses assemblées.

La lutte entre la presse et le gouvernement, qui s'était engagée dès les dernières années de Frédéric VI, se continua sous Christian VIII. Dans les premiers temps qui suivirent son avénement, il y eut une trêve, tant on était plein d'espoir qu'il donnerait spontanément une constitution libérale; mais, dès que l'on eut reconnu l'erreur, la lutte recommença d'autant plus violente et plus passionnée. Les nombreuses entraves mises à la liberté de la presse, sous Frédéric VI, subsistaient encore toutes; aussi l'autorité gouvernementale, exercée par la chancellerie danoise, avait-elle de puissantes armes contre la presse et elle ne négligeait pas de s'en servir. Les saisies et les poursuites judiciaires étaient à l'ordre du jour et continuèrent à l'être sous tout le règne de Christian VIII. La presse n'en fut pas accablée, mais elle devint plus amère. Les États étaient naturellement portés à prendre la défense de la presse, puisque leur propre influence dépendait en grande partie de l'appui qu'ils pouvaient trouver dans une opinion publique éclairée; ils ne manquèrent donc pas de réclamer la suppression de quelques-uns des liens les plus serrés qui entravaient la presse; mais le roi, se fondant sur les excès dont elle se rendait coupable, repoussa ces pétitions: A la fin, il fit présenter aux États un projet de loi sur la presse; celui-ci était de telle nature que non-seulement les deux Assemblées se virent amenées à proposer beaucoup de modifications importantes, mais firent même de la suppression de quelques articles une condition rigoureuse de leur acquiescement à ce projet; la promulgation n'eut pas lieu. — Une des affaires de presse qui eurent le plus de retentissement, fut le procès intenté à *Orla Lehmann* au commencement de 1841, à l'occasion d'un discours tenu dans une réunion électorale à Nykjœbing (île de Falster), et dont le compte-rendu avait été publié dans le journal du diocèse. L'orateur avait principalement traité des relations des anciens souverains avec l'ordre des paysans et s'était en même temps étendu sur la sécurité que procurait le régime constitutionnel, et sur sa prééminence sur le pouvoir absolu. L'accusé fut condamné par la cour suprême à trois mois de prison, mais il reçut tant de preuves de la sympathie publique, que le châtiment avait plutôt l'air d'un triomphe; ce fait montra clairement quel abîme il y avait entre l'état réel des choses et les vœux et les aspirations du jour.

Tandis que le roi persistait à refuser un changement de constitution, il travaillait avec grand zèle à introduire des réformes dans l'administration; à cet égard, il s'acquitta complétement des promesses qu'il avait faites à son avénement, et il introduisit des améliorations considérables pendant son règne de huit ans. Les finances étaient un des points essentiels; elles furent administrées avec un ordre et dans des conditions de publicité dont il n'y avait jusqu'alors pas eu d'exemple. Les dépenses furent fixées par un budget normal; chaque année on publiait un budget détaillé avec un aperçu des comptes de l'exercice précédent. Dans plusieurs autres branches de l'administration fut introduit un plus grand ordre et une marche plus simple. L'armée et la marine furent réorganisées d'après un nouveau plan en 1842. La loi municipale pour Copenhague, en date du 1ᵉʳ janvier 1840, faisait faire à la capitale des progrès considérables vers une vie communale plus libre et plus indépendante. Les autres villes avaient déjà reçu une constitution communale en 1837, sous Frédéric VI. Les communes rurales furent organisées à neuf, le 13 août 1841, par la création de conseils d'amt et de paroisse. Ces trois importantes lois donnèrent une nouvelle vie et de nouveaux moyens de développement à toutes les petites sociétés particulières que renferme la nation; en développant l'esprit social et en fournissant aux particuliers des occasions multiples de participer aux affaires publiques, elles préparèrent les capacités à jouer un rôle politique actif, lorsque le temps viendrait. Le tarif douanier, auquel l'ordonnance du 1ᵉʳ mai 1838, sous Frédéric VI, avait apporté des améliorations importantes, subit plusieurs modifications avantageuses. Une transformation radicale des écoles municipales et primaires de Copenhague, le 20 mars 1844, les mit mieux en état de remplir leur utile mission. Quant aux écoles savantes, un nouveau plan, dressé en 1845, tendait à élargir l'enseignement, de façon à pouvoir supprimer la première année d'études à l'Université; plus tard l'à-propos de cette mesure fut jugé très-diversement. Plusieurs parties de la législation criminelle furent transformées et améliorées : la présomption fut admise en matière pénale ; la réforme des prisons fut préparée par l'organisation des établissements pénitentiaires d'après de nouveaux systèmes. Les châtiments corporels furent abolis dans l'armée en 1846, de sorte qu'ils ne pussent à l'avenir être appliqués qu'aux hommes placés par un jugement de la cour militaire dans la seconde classe des simples soldats. La peine des verges avait déjà été supprimée dix ans auparavant. Pour améliorer la condition des nègres dans les Antilles danoises, on prit d'abord quelques mesures tendant à fournir aux esclaves l'occasion de travailler plus souvent pour leur propre compte et d'amasser un pécule pour se racheter. Plus tard une lettre royale du 28 juillet 1847 disposa que les enfants d'esclaves naîtraient libres à partir de cette date, et que tout le reste de la population servile le deviendrait après un délai de douze ans qui serviraient à préparer la transition. Mais celle-ci fut fort abrégée par des désordres auxquels se livrèrent les nègres en 1848 et qui eurent pour conséquence leur affranchissement immédiat. Le tribut annuel ou présent, jusqu'alors payé au *Maroc* pour que ses corsaires n'inquiétassent pas les navires danois dans la Méditerranée, fut supprimé en 1845, à la suite de négociations appuyées par des vaisseaux de guerre, de sorte que la sécurité de la navigation fut garantie par un traité et non plus par une humiliante composition. A cette occasion, les trois royaumes du Nord agirent de concert. La même année, celles des possessions danoises situées dans l'Inde, qui n'étaient pas réellement utiles à l'État, furent cédées à la Compagnie anglaise moyennant une indemnité d'environ un million de rigsdaler. Le roi témoigna de son intérêt pour la science en chargeant la corvette *la Galatée* d'un voyage de circumnavigation (1845), qui avait en outre pour objet de préparer de nouvelles voies au commerce danois dans les parages lointains.

Dès les dix dernières années du règne de Frédéric VI, la prospérité nationale avait pris un grand essor; l'agriculture et l'élève du bétail, le commerce et la navigation, l'industrie intérieure, étaient en progrès marqué. En 1831, l'exportation des céréales et des graines oléagineuses montait à 1 million de tonneaux environ ; mais en 1840, elle s'était élevée à 2,377,000 tonneaux, malgré l'accroissement de la population qui consommait une plus grande quantité de ces denrées. La moyenne annuelle pour cette période (1831-1840) fut de 1,800,000 tonneaux, dont 217,000 tonneaux de navette. Dans cette exportation, la part afférente au royaume était des deux tiers; celle des duchés, d'un tiers. L'exportation du beurre (principalement des duchés), de la charcuterie, des bestiaux et des chevaux, s'était aussi considérablement accrue dans la même période. Le nombre et la capacité des navires mis en activité par le commerce ou le nolis s'accrurent aussi dans des proportions considérables. La prospérité croissante du pays se manifesta dans les recettes de l'État et améliora la situation financière. La dette publique, qui s'élevait en 1834 à 130 millions, se trouvait réduite à 124 millions, lors de la mort de Frédéric VI. Le puissant développement de presque toutes les branches d'industrie qui constituent la richesse du Danemark, commencé sous le règne de Frédéric VI, ne se continua pas seulement sous Christian VIII, mais, à la faveur des bonnes récoltes et d'heureuses années de paix extérieure, il prit un essor encore plus rapide. L'exportation des céréales et de la navette qui, on l'a vu, s'élevait en moyenne à 1,800,000 tonneaux par an, dans la période de 1831 à 1840, fut de 2,770,000 tonneaux par an de 1844 à 1847 ; et comme, dans ce chiffre, le royaume avait 2 millions pour sa part, il exporta plus en moyenne dans ces années que l'ensemble de toute la monarchie dans la période précédente. Les douanes et l'accise, qui produisaient plus de 3 millions en 1841, donnaient, en 1847, une recette de 4 millions, indice certain de l'accroissement de l'aisance. Les revenus de l'État formaient, en 1841, un total de 16 millions et, en 1847, de près de 18 millions. Cependant les dépenses aussi augmentaient proportionnellement, attendu que l'on n'observait pas les prescriptions du règlement normal, et il était difficile de les observer à cause des besoins croissants. Cette augmentation parallèle des dépenses et des recettes, jointe à la diminution de la dette publique, ne causait pourtant pas d'inquiétude, car la publicité donnée au budget et à la comptabilité les mettait sous le contrôle des États et de l'opinion publique, et les finances étaient généralement bien employées. Sous le règne de Christian VIII, la dette publique fut réduite de 124 à 104 millions de rigsdaler ; mais cette diminution de 20 millions ne fut pas produite uniquement par l'amortissement ; une partie considérable de cette somme, environ 6 millions, provenait de la suppression des nombreux fonds particuliers qui étaient placés sous diverses branches de l'administration. Ces fonds, qui pour la plupart consistaient en obligations de l'État, furent directement portés à la décharge de la dette publique.

Mais ni les nombreuses réformes administratives, ni l'amélioration des finances, ni la prospérité de l'industrie, ne satisfaisaient l'opinion publique : elle aspirait à une participation effective à la vie politique, à une influence active sur l'administration, à une constitution libre, qui assurerait l'avenir et donnerait des garanties contre les hasards de l'hérédité monarchique. On cessa de célébrer la fête de mai, commémorative de la promulgation de l'ordonnance sur l'établissement des États; on ne s'intéressait plus à ceux-ci; on les dédaignait et les espérances se tournèrent vers un avenir qui satisferait mieux les besoins et les vœux du temps. L'agitation descendit plus bas et, ce qui était de grande importance, elle se communiqua aux paysans, qu'elle n'avait jusqu'alors que peu ou point atteints. Le gouvernement chercha à arrêter le mouvement, en interdisant les réunions dans les campagnes (8 novembre 1845), à moins que l'autorité ne les permît, après avoir été renseignée sur l'objet des délibérations et sur les personnes convoquées; encore, en aucun cas, les personnes étrangères à la paroisse n'y pouvaient-elles prendre part. Mais au bout de six mois il fallut supprimer cette importante restriction à la liberté de réunion. Vers ce temps (1845), il se forma une société des *Amis des paysans* (Bondevenner), partie pour défendre les intérêts particuliers de la classe rurale, partie pour exercer une influence politique plus générale. Elle a grandement contribué à éveiller l'intérêt des paysans pour la vie publique et, sous différentes formes, elle a continué son œuvre jusqu'à ces derniers temps.

Le *scandinavisme* apporta un nouvel élément de fermentation. Les rapprochements antérieurs, qui avaient eu lieu entre les peuples septentrionaux, notamment à la fin du siècle passé, eurent bientôt fait place aux anciens sentiments d'éloignement et d'hostilité. Depuis, Oehlenschlæger et ses poésies, qui étaient lues dans tout le Nord, avaient opéré une réconciliation en renouvelant le souvenir de l'antiquité, et fait naître un certain sentiment général de l'affinité des peuples septentrionaux et de l'unité du Nord. Mais, pour que cette idée pût devenir féconde et active, il fallait une impulsion plus forte et plus déterminée. Celle-ci ne manqua pas non plus : elle partit du Danemark. Au milieu de l'agitation populaire qui commence en 1830 e de la surexcitation du sentiment national, provoquée par la lutte ardente en faveur de la langue maternelle et du danisme dans le Slesvig, les Danois vinrent à sentir qu'ils n'étaient pas un peuple isolé; ils acquirent la conscience de leur parenté avec les Norvégiens et les Suédois; ils comprirent que, en leur qualité de Scandinaves, s'ils voulaient agir conformément à leur propre nature, ils devaient entrer en société et participer à un développement commun avec les peuples auxquels les rattachaient l'origine, la langue et les tendances intellectuelles. Ils firent retour sur eux-mêmes et, tout en se sentant Danois, ils trouvèrent qu'ils étaient membres de l'unité septentrionale. Peu à peu, ils se convainquirent de plus en plus que les trois peuples scandinaves devaient s'unir entre eux et que c'était pour eux la condition essentielle d'un développement sain et puissant, aussi bien dans le domaine intellectuel que dans celui des intérêts matériels. C'était l'*idée scandinave* à sa naissance. Elle crût en paix au milieu des agitations de toute sorte par lesquelles se manifestait la vie nouvelle, quelques années avant et après 1840, et elle ne tarda pas à s'affirmer au dehors. Elle prit sa première forme extérieure au Congrès des naturalistes scandinaves. Bien que l'élément national joue un moindre rôle dans les sciences naturelles que dans beaucoup d'autres, ce furent pourtant les adeptes de celles-là qui, les premiers dans le Nord, sentirent le besoin de s'associer. Antérieurement, ils avaient souvent pris part aux congrès des naturalistes allemands; mais le grand avantage qu'offrait, pour les relations scientifiques, la communauté de langage et les tendances de l'époque qui portaient l'un vers l'autre les peuples congénères, fit que l'idée d'un congrès scandinave, aussitôt exprimée, obtint l'approbation et l'adhésion publiques. La première session fut tenue à Gœteborg, en 1839; une autre à Copenhague, l'année suivante, et depuis il y en eut chaque année, sauf quelques intervalles, dans une des capitales du Nord. Le gouvernement, loin de leur être hostile, les facilita au contraire par des subventions.

Cependant l'idée de l'unité du Nord prit une plus grande signification, lorsque les étudiants l'adoptèrent avec un enthousiasme qui bientôt s'étendit aux hommes plus âgés. Ceux des Universités voisines, Copenhague et Lund, s'étaient déjà visités mutuellement, en 1839 et 1842, à l'occasion du congrès des naturalistes; un plus grand pas fut fait, lorsque ceux de Copenhague, joints à ceux de Lund, se rendirent à Upsala en 1843; deux ans après, Copenhague réunit la jeunesse des trois autres Universités. Dans cette ville, non moins qu'à Upsala et à Stockholm, toutes les classes et tous les âges montrèrent l'intérêt le plus vif pour le congrès, et les sessions de 1843 et de 1845 fondèrent et consolidèrent si bien le scandinavisme, que sa croissance fut assurée pour l'avenir. Depuis, les sessions se sont répétées dans les différentes villes universitaires avec une animation et une plénitude qui ne se sont pas démenties. Plus tard des congrès d'ecclésiastiques scandinaves ont embrassé une autre grande sphère d'intérêts communs. Le gouvernement regardait avec défiance et défaveur les premiers congrès scandinaves, parce qu'il éprouvait en général une sorte d'appréhension pour tout ce qui remuait le public; il craignait aussi que des plans politiques ne se dissimulassent derrière l'idée d'unité scandinave. En 1843, il s'opposa à la fondation d'une société scandinave à Copenhague, mais il dut à la fin céder à la force de l'opinion et laisser cette société se constituer sans entraves. Il semble aussi qu'un changement se soit produit peu à peu dans les dispositions de la cour : les trois royaumes agirent de concert pour la suppression du tribut payé au Maroc; dans l'année qui suivit la session du Congrès des étudiants tenue à Copenhague, le roi Oscar avec plusieurs membres de la famille royale de Suède visita la cour danoise (1846), et il fut accueilli avec cordialité par Christian VIII et avec enthousiasme par la population. L'année suivante, le prince de la couronne, Frédéric, se rendit à Stockholm et se lia étroitement avec le prince royal de Suède, Charles ; et leurs relations devinrent encore plus intimes, lorsqu'ils occupèrent chacun un des trônes du Nord, après la mort de leur père. Le scandinavisme reçut le baptême du sang, en 1848, pendant la lutte du Danemark contre la domination de l'Allemagne : des jeunes gens de Norvège et de Suède accoururent alors sous les étendards danois, combattirent, donnèrent leur sang et leur vie pour la cause du Danemark, qui était la cause commune du Nord.

Pendant ces événements, les États continuèrent leur œuvre dans la direction qu'ils avaient prise d'abord. Les assemblées de Roeskilde et de Viborg, bien que séparées, marchaient toujours de concert, faisant régulièrement sur les mêmes sujets d'intérêt général des propositions conformes tant pour l'esprit que pour le contenu. La seule différence était que les Jutlandais parlaient d'ordinaire plus librement et plus hardiment, tandis que l'on trouvait dans l'assemblée de Roeskilde un plus grand talent de discussion, des vues généralement plus profondes et une connaissance des affaires plus étendue. Les motions sur les finances, la liberté de la presse, les comités permanents, la réunion des assemblées et l'extension de leurs attributions, furent renouvelées, mais en vain. Lors de la dernière session qui fut tenue sous Christian VIII (1846), on proposa à Roeskilde comme à Viborg de modifier la composition et l'organisation du conseil d'État privé et, pour la première fois, il y fut fait ouvertement une motion relative à une constitution libérale; mais celle-ci ne fut pas même renvoyée à une commission et celle-là ne fit l'objet d'aucun vœu des États. Il se produisit peu à peu une scission parmi ceux qui avaient autrefois travaillé ensemble au développement de la liberté politique. Plusieurs de ceux qui avaient été les plus actifs dans les premières sessions, eurent des scrupules en voyant la marche rapide que semblaient prendre les choses : ils ne voulaient pas sortir du terrain limité par l'institution des États, mais y asseoir les constructions ultérieures. Cependant les exigences de l'opinion devinrent de plus en plus grandes en ce qui concerne une constitution véritablement libérale, et ceux qui voulaient se contenter de ce qui avait été octroyé et de ce qui en découlait directement, se trouvèrent en opposition avec ceux qui voulaient aller plus loin ; aussi furent-ils accusés d'avoir trahi leurs premières convictions. La vérité est que le temps marchait trop vite pour eux et qu'ils ne pouvaient le suivre. L'opinion publique devenait chaque année de plus en plus mécontente ; la nation était aussi lassée de l'institution des États que ceux-ci de la stérilité de leurs travaux; la presse continuait à critiquer amèrement les actes du gouvernement. Les esprits étaient mal disposés, troublés, agités et comme oppressés par le pressentiment d'orages et de bouleversements futurs. Cette inquiétude avait sa source non-seulement dans les faits exposés précédemment, mais aussi, et tout autant, dans la tournure déplorable et menaçante que prenaient les relations avec le Slesvig et le Holstein, et dans l'étrange irrésolution que montrait le roi dans cette affaire, la plus importante de toutes. Cette situation qui, depuis l'avènement de Christian VIII, prenait d'année en année un caractère plus grave, ne pouvait faire moins que d'alarmer pour l'avenir tous ceux qui aimaient la patrie.

Il a déjà été parlé de la dure oppression qu'eurent à subir, pendant des siècles, la langue et la nationalité danoise dans le Slesvig, et des tentatives inutiles de divers rois pour y porter remède. L'institution des assemblées provinciales donna pour la première fois au peuple le moyen d'exercer quelque influence sur sa propre destinée, et d'essayer s'il pourrait obtenir par ses propres efforts ce que les monarques avaient été impuissants à lui donner ; ce but était de mettre fin à l'oppression et de permettre à la langue et à la nationalité danoises de s'affirmer sur leur propre terrain. Ce fut un paysan slesvigois, *Nis Lorenzen* de *Lilholt*, qui ouvrit la voie, lors de la première session des États tenue dans le Slesvig en 1836. Il fit la motion de substituer le danois à l'allemand, comme langue judiciaire et administrative, dans tous les districts où celui-là était en usage dans l'église et à l'école. Cette proposition fut appuyée par un grand nombre de pétitions adressées aux États de différentes localités du Slesvig. Elle ne reçut pas de solution dans cette session, mais elle reparut dans la suivante, en 1838. Après de vifs débats elle finit par être adoptée, avec une majorité de trois voix seulement, mais il y fut rattaché une autre proposition qui fut votée presque à l'unanimité et qui portait que dans les *écoles primaires des villages danois*, l'enseignement serait donné en *allemand!* Ainsi, tandis que l'on accordait à peine au danois sa part légitime, on se dédommageait en ouvrant de nouvelles voies à la germanisation du Slesvig jusqu'au Kongeaa. Par des lettres patentes du 14 mai 1840, le roi établit, conformément à la délibération des États, que le danois serait la langue des tribunaux et de l'administration dans les parties du Slesvig où il était la langue de l'Église ; en même temps il décida que, dans les mêmes localités, les maîtres d'école seraient tenus de donner l'enseignement en langue allemande. La flagrante injustice qu'il y avait à se servir, dans les prétoires et les bureaux administratifs, d'une langue qui n'était pas celle du peuple semblait enfin abolie, au moins pour une partie du Slesvig. Mais l'exécution de cette mesure si équitable fut entravée, autant que possible, par les plus grands propriétaires fonciers du Slesvig, le duc d'Augustenborg, la chevalerie slesvig-holsteinoise, qui avait des domaines dans ce duché, par les nombreux avocats allemands, dont la prospérité dépendait en partie du maintien de la langue allemande, et enfin par les fonctionnaires judiciaires, qui étaient élevés à l'allemande. Cette opposition et divers adoucissements aux dispositions des lettres patentes, que se laissa arracher le faible monarque, firent que le règlement des langues ne fut appliqué qu'à demi, et encore tout au plus. On ne se contenta pas d'en empêcher l'application, on travailla même ouvertement à le faire abroger dès sa publication. Les mêmes États du Slesvig qui, en 1838, avaient trouvé raisonnable que la langue danoise servît à rendre justice à la population qui la parlait, demandèrent, en 1840, que l'on revînt à la vieille routine et que les lettres patentes, réclamées par eux deux ans auparavant, fussent révoquées, ou qu'il fût au moins sursis à leur exécution. On présenta en même temps une motion tendant à supprimer l'édition danoise du Bulletin des États (Stændertidende), et une pétition relative à la publication conditionnelle de ce compte-rendu. La haine pour le danois et l'injustice à l'égard de la grande majorité des habitants du duché qui parlaient cet idiome, n'étaient pas uniquement fondées sur une présomptueuse croyance en la supériorité de l'allemand sur le danois ou sur toute autre langue, mais elles étaient en étroites relations avec les projets politiques que l'on caressait et qui tendaient à désagréger et à démembrer la monarchie danoise pour faire de deux de ses parties un État de Slesvig-Holstein. En se fondant sur le document de 1460 qui, depuis longtemps, avait perdu toute valeur, et qui ne contenait d'ailleurs pas ce que l'on y cherchait, on prétendait que le Slesvig et le Holstein étaient inséparablement unis et formaient un État indépendant, le *Slesvig-Holstein*, ayant un autre ordre de succession et une autre constitution que le royaume de Danemark. Or, la langue danoise était un des principaux obstacles à la réalisation de cette idée ; car, aussi longtemps que la population conserverait, avec cette langue, la conscience de son union avec le reste de la nation danoise, il serait difficile de la détacher de cette dernière pour la fusionner avec le Holstein. C'est pourquoi l'on haïssait le danois et l'on cherchait à l'opprimer par toute sorte de moyens.

Les chefs du mouvement slesvig-holsteinois étaient deux frères, le duc *Christian d'Augustenborg* et le prince *Frédéric de Noer*. Le premier se flattait de poser sur sa tête la couronne du futur

Etat et s'en prétendait héritier pour le cas, assez probable et prochain, où la branche agnatique de la dynastie royale viendrait à s'éteindre. Mais le Slesvig était soumis à la même hérédité politique que le royaume, et, lors même que le Holstein eût été régi par une autre loi de succession, le duc n'était pas le plus proche héritier pour ce duché; ses prétentions étaient donc aussi vaines que possible. Toutefois son ambition criminelle le porta à user de toute sorte de moyens, même de la trahison s'il le fallait, pour arriver à son but. Afin de se faire un parti, il se lia étroitement avec les Slesvig-Holsteinois, les soutint dans toutes leurs entreprises hostiles contre l'État et la nationalité danoise, et d'ordinaire, avec le prince de Noer, il était leur chef avoué ou secret, lorsqu'il y avait quelque acte de félonie à tenter contre le Danemark. Il composa lui-même des écrits anonymes, où il travaillait à démontrer ses droits de succession; il écrivait ou faisait écrire par ses stipendiés un grand nombre d'articles de journaux pour exciter la population contre le Danemark et lui inspirer la haine et le mépris de tout ce qui était danois. Il ne dédaignait pas le concours des gens les plus méprisables, pourvu qu'il servît ses passions. A l'Assemblée des États, il s'opposa à l'introduction du danois, comme langue judiciaire, dans les districts de langue danoise; et, depuis, il empêcha l'application du règlement des langues, tant dans ses domaines que dans les localités où il avait de l'influence. Son frère et lui, ils attaquaient à l'envi la nationalité danoise et l'unité de la monarchie. Le prince Frédéric parlait sans cesse, devant les États, des droits du pays (die Landesrechte); il vota pour l'union de l'assemblée slesvigoise avec celle du Holstein, qualifia le Danemark de pays étranger, refusa tout droit à la langue danoise, proposa de supprimer l'édition danoise du Bulletin des États, etc. Dans ces circonstances, c'était de la part de Christian VIII un inexplicable aveuglement et une incompréhensible faiblesse, que de nommer le frère et le complice du prétendant lieutenant-général et commandant en chef dans le Slesvig et le Holstein, et président supérieur du gouvernement provincial. C'était introduire le loup dans la bergerie. Cette nomination, qui eut lieu en mars 1842, est d'autant plus étrange que le roi était animé d'excellentes intentions et voyait clair dans les événements; il doit avoir compté sur les sentiments

chevaleresques du prince! Elle était tellement contraire à la plus
simple prudence politique que deux anciens serviteurs du gouvernement, le ministre des affaires étrangères, Krabbe-Carisius,
et le président de la chancellerie slesvig-holsteinoise, Otto Moltke,
n'en voulurent pas partager la responsabilité et aimèrent mieux se
démettre de leurs fonctions. Cet acte du roi découragea l'opinion
publique et produisit la plus mauvaise impression. Sur le conseil
du prince, le comte Joseph Reventlow-Criminil fut nommé président de la chancellerie slesvig-holsteinoise; il justifia pleinement
par sa trahison subséquente le choix qu'avait fait de lui Frédéric
de Noer. Le comte Henri Reventlow-Criminil, frère du précédent, devint ministre des affaires étrangères et, au préjudice
de sa bonne renommée, A.-S. OErsted entra dans le gouvernement ainsi formé, en acceptant le titre de membre du conseil
intime.

Les conséquences de la grave erreur du roi ne tardèrent pas à
se faire sentir : le slesvig-holsteinisme prit un nouvel et puissant
essor. Les États du Slesvig, qui se réunirent dans l'automne de
1842, enchérirent sur l'esprit hostile des précédents et sur leurs
tendances pernicieuses pour l'État. Dans une adresse où ils remerciaient le roi d'avoir fait choix des nouveaux dignitaires, ils
qualifièrent sans façons le Slesvig de duché *allemand*. A cette
assemblée, il fut fait des motions sur l'incorporation du Slesvig
dans la confédération germanique et le Zollverein, sur la suppression de la cocarde danoise et du Dannebrog comme drapeau
national, sur la création d'un nouvel étendard pour le Slesvig-Holstein, sur la séparation des finances des duchés et du
royaume, sur l'institution d'une académie militaire à Rendsborg
pour former des officiers slesvig-holsteinois, etc. Les États du
Holstein suivirent fraternellement l'assemblée slesvigoise ; les
mêmes motions y furent présentées et les mêmes vœux exprimés.
Seulement le ton de celle-là était encore plus passionné et plus
violent que celui de la diète holsteinoise; elle montrait une plus
grande animosité contre le Danemark, dénaturait encore davantage les faits historiques, et faisait un plus fréquent usage de
sophismes et d'argüties pour prouver les prétendus droits politiques des duchés. Il devait en être ainsi : les États du Slesvig,
ayant encore plus de torts que ceux du Holstein, ne pouvaient

agir comme ils le faisaient, sans se mettre au-dessus des scrupules, sans nier la patrie, sans rompre tout lien avec elle.

Dans cette même session, les États du Slesvig poussèrent à l'extrême le mépris de la langue parlée dans la plus grande partie du duché : ils en interdirent l'usage dans les délibérations. Antérieurement on s'en était souvent servi sans opposition ; mais le député *Peter Hjort-Lorenzen* avait exaspéré les Slesvig-Holsteinois, en défendant avec talent et éloquence la cause danoise, et en combattant avec force les tendances déloyales de la diète et les expressions haineuses dont plusieurs membres se servaient à l'égard du Danemark, sans être rappelés à l'ordre par le président Falck et le commissaire royal, Joseph Reventlow-Criminil. Lui qui avait auparavant parlé l'allemand, il se servit désormais du danois, comme c'était naturel au point de vue où il se plaçait ; défense lui ayant été faite par le président de parler danois, ses discours ne furent pas reproduits dans le protocole, et l'un d'eux qui avait été déjà traduit en allemand, fut supprimé. Comme il continuait, malgré cette prohibition, à se servir de la langue de la majorité des habitants, le président lui ordonna de quitter la salle, se promettant bien de pourvoir à ce qu'il n'y reparût plus. Le commissaire royal ne fit absolument rien pour protéger P. Hjort-Lorenzen contre cette violence. Lors des sessions suivantes, il fut aussi interdit à d'autres députés de parler danois, notamment à Nis Lorenzen de Lilholt, qui ne s'était jamais servi que de cette langue. La nouvelle de ces événements produisit une émotion indescriptible en Danemark ; la surprise, la colère, l'indignation, étaient générales dans les villes et les campagnes : la défense faite à un citoyen danois de parler dans son propre pays la langue nationale était un trop grand outrage pour pouvoir être supporté. La diète de Viborg, qui était justement assemblée à cette époque, exprima en termes énergiques l'impression du pays dans une adresse au roi ; de nombreuses adresses de différentes contrées du royaume furent envoyées à P. Hjort-Lorenzen, pour le remercier d'avoir défendu courageusement les droits de la langue nationale ; plusieurs sociétés se formèrent dans le but de soutenir la cause danoise dans le Slesvig ; de nombreuses réunions populaires, par exemple celle de Skamlingsbanke (en mai 1843), où six mille paysans slesvigois étaient rassemblés, fortifièrent l'opinion et encouragèrent la population danoise à combattre pour sa langue maternelle et à s'opposer à l'injustice et à l'oppression. Mais la nationalité danoise ne trouva pas de défenseur auprès du roi, et la langue danoise elle-même ne fut pas protégée comme on aurait pu l'espérer. Les lettres patentes du 29 mars 1844 produisirent une aussi fâcheuse impression que la nomination du prince de Noer comme lieutenant-général en Slesvig. D'après ce document, les députés danois ne pourraient se servir de leur langue maternelle à la diète slesvigoise que s'ils ne se croyaient pas assez familiarisés avec l'*allemand*, et les discours danois ne devraient être insérés au protocole que *traduits en allemand;* toutes les demandes écrites devraient être rédigées en *allemand*. Ces dispositions montrèrent que la langue danoise ne pouvait obtenir justice, pas même du roi de Danemark ; l'idiome du pays était méprisé et tenu à l'écart comme une langue étrangère. Le mécontentement fut profond et universel ; il se manifesta dans une sérieuse adresse au roi, pour laquelle on recueillit vingt mille signatures dans toutes les parties du royaume. La même année (1844), les diètes de Viborg et de Roeskilde supplièrent instamment le monarque de protéger la langue danoise dans le Slesvig et de lui assurer la justice et la sécurité qui lui manquaient totalement. Ces démarches n'ayant produit aucun résultat appréciable, l'affaire fut reprise à la session suivante.

Cependant on se convainquit peu à peu qu'il était nécessaire, si l'on ne voulait pas tout perdre, de trouver un autre moyen pour se faire écouter de Christian VIII. Cette conviction était produite par ce qui se passait en Slesvig et en Holstein, soit dans les diètes, soit en dehors, par les efforts de plus en plus manifestes pour démembrer la monarchie, par les intrigues anti-patriotiques du prince et du duc d'Augustenborg, lesquelles étaient depuis longtemps évidentes pour tous et qui finirent par l'être également pour le roi ; elles excitaient dans le royaume une opposition et une exaspération si violentes et si universelles, que la patience du peuple danois semblait être à bout. La diète slesvigoise de 1844, à laquelle les députés de langue danoise refusèrent de prendre part, à cause des lettres patentes du 29 mars, ne fut pas moins rebelle et injuste que la précédente. Elle ne voulut pas même reconnaître le droit fort restreint que le roi avait accordé aux députés qui ne parlaient pas l'allemand, mais elle prétendait réserver pour la majorité allemande la faculté de décider si un Danois pouvait en quelque circonstance faire usage de sa langue maternelle. Cette assemblée et la diète holsteinoise, qui se réunit peu après, exprimèrent sans retenue des vœux en faveur de la fondation d'un État de Slesvig-Holstein, et donnèrent ainsi la preuve la plus certaine qu'ils travaillaient à la dissolution de la monarchie. Les diètes du royaume, qui siégeaient en même temps, ne restèrent pas impassibles. Celle de Viborg supplia instamment le roi de prendre souci de l'unité de la monarchie ; celle de Roeskilde, sur la motion d'Algreen Ussing, exprima le même vœu dans une pétition conçue en termes plus précis, et demanda que le roi déclarât solennellement à ses sujets que toutes les parties de la monarchie danoise se transmettraient en héritage indivisible, d'après l'ordre de succession établi par la loi royale ; et qu'en outre, lorsque cette déclaration serait promulguée, le roi prît des mesures efficaces pour mettre terme aux intrigues anti-unitaires. Cette supplique excita la plus vive émotion dans la diète holsteinoise alors assemblée ; dès que la proposition en eut été faite à Roeskilde et approuvée par le commissaire royal, mais avant que les États eussent pris aucune résolution à cet égard, un membre de la chevalerie porta l'affaire à la connaissance de la diète d'Itzeho et en parla comme d'une attaque audacieuse et périlleuse contre les droits incontestables du Slesvig-Holstein ; les États adoptèrent ensuite une adresse au roi, où se trouvaient les affirmations suivantes : les duchés sont des États indépendants ; la ligne agnatique peut seule les gouverner ; ils sont étroitement liés l'un à l'autre. Ces trois propositions devinrent la devise constante du parti slesvig-holsteinois. Lorsque cette déclaration fut rendue publique, les diètes du royaume n'étaient pas assemblées, mais les représentants municipaux de Copenhague se chargèrent, au nom de la patrie, de représenter au roi (10 avril 1845), ce qu'il y avait de périlleux et de menaçant dans une situation où l'on pouvait exposer ouvertement des propositions anti-unitaires, et ils invitèrent le monarque à prendre des mesures sérieuses pour la sécurité de l'État ; de plus, ayant la conviction d'exprimer l'opinion universelle, ils déclarèrent que la nation danoise ne souffrirait jamais que le Slesvig fût séparé du royaume, mais qu'elle était prête à tout oser et à tout sacrifier pour conserver ce duché. La diète de Viborg, dans sa session suivante, parla du même ton dans une adresse au roi.

Dans ses réponses aux adresses et aux pétitions des États, le roi laissa percer quelque mécontentement et il donna notamment à entendre que, par ces actes, les assemblées provinciales sortaient un peu des limites de leurs attributions légales, qui se bornaient aux propres affaires du royaume ; toutefois les circonstances ci-dessus exposées l'impressionnèrent tellement qu'il résolut de prendre une mesure qui servirait tout à la fois à calmer l'opinion publique et à réprimer les tendances séparatistes. Comme celles-ci paraissaient avoir leurs racines dans les doutes qui s'étaient élevés sur la succession, en cas d'extinction de la ligne agnatique, il crut, et beaucoup de personnes professaient alors la même opinion, que l'inquiétude serait apaisée et que les agitations des Augustenborg perdraient leur énergie, lorsque les incertitudes seraient dissipées et que l'ordre de succession établi par la loi royale serait reconnu pour applicable à toutes les parties de la monarchie. Il chargea une commission d'étudier cette affaire et, bientôt après, il entama des négociations avec la Russie et les autres grandes puissances pour écarter les contestations sur la validité générale de la loi de succession. Il lui importait surtout de se ménager l'appui et l'adhésion de la cour de Saint-Pétersbourg ; car la partie du Holstein que le Danemark avait reçue de la Russie, à titre d'échange, c'est-à-dire l'ancienne partie gottorpo-kieloise, ne lui paraissait pas aussi incontestablement soumise que le reste de la monarchie aux dispositions de la loi royale : le traité de 1773, en effet, portait seulement que ces territoires étaient cédés au roi de Danemark et à ses descendants mâles. Déjà, sous Frédéric VI, aussitôt après que le duc d'Augustenborg eut manifesté ses prétentions par un écrit anonyme (1837), il avait été ouvert des négociations à ce sujet, mais elles avaient été presque aussitôt interrompues par la mort du roi qui arriva peu après.

Par des lettres patentes du 8 juillet 1846, qui portaient aussi les signatures du prince de la couronne Frédéric et du prince héréditaire Ferdinand, le roi déclara que, pour réagir contre les

fausses idées sur l'ordre de succession que l'on cherchait à répandre parmi ses sujets, il se trouvait amené à faire les communications suivantes : De l'examen des documents politiques, il
résultait clairement et indiscutablement que le même ordre de
succession était en vigueur dans le Slesvig et le royaume ; en
conséquence, lui et ses successeurs sur le trône, ils regarderaient
comme étant de leur devoir de maintenir l'union entre ces
deux parties de la monarchie. Relativement à certaines parties
du Holstein, ajoutait-il, on n'avait pas encore la même certitude,
mais il avait pris à tâche de lever les doutes et d'assurer le maintien de l'union des diverses parties de la monarchie danoise par
le même ordre de succession. Bien que cette déclaration fût assez
mal conçue, elle contredisait pourtant positivement les prétentions des Augustenborg et du parti slesvig-holsteinois. Elle fut
donc accueillie de ce côté par les marques de l'exaspération la
plus violente. Lors de la réunion des États holsteinois, qui eut
lieu peu après la publication des lettres patentes, il leur avait
été notifié que le roi ne recevrait pas de pétition sur l'ordre de
succession et les affaires politiques ; ils rédigèrent néanmoins
une adresse insolente et menaçante, où ils attaquaient avec la
plus grande vivacité la déclaration du roi. Le commissaire royal
ayant refusé de recevoir cette adresse, ils protestèrent et, après
avoir décidé de porter l'affaire devant la diète germanique, ils se
séparèrent spontanément. Le duc d'Augustenborg protesta contre
les lettres patentes, ainsi que le duc Charles de Glücksburg et le
grand-duc d'Oldenbourg. Soit par suite des résistances qu'il
rencontra, soit parce que, en publiant ses lettres patentes, il
avait résolu d'être ferme, Christian VIII rompit avec ses habitudes
et montra par plusieurs mesures que ce changement de système
était sérieux. Le prince Frédéric de Noër fut relevé de ses fonctions de lieutenant-général et de toutes les autres ; le duc
Charles de Glücksburg fut rayé des listes de l'armée danoise;
plusieurs membres de la chevalerie perdirent leur voix virile aux
assemblées des États du Holstein et du Slesvig; Joseph Reventlow-Criminil fut destitué de ses fonctions de président de la chancellerie allemande, et six membres du gouvernement slesvig-
holsteinois furent congédiés. *L.-N. Scheele* fut mis à la tête du
gouvernement renouvelé et l'énergique et loyal *Charles Moltke*

devint président de la chancellerie allemande. Ces changements ne purent réprimer le slesvig-holsteinisme; on lui avait trop laissé le temps de se développer et de s'organiser; ils eurent pourtant le mérite de contrecarrer les tendances séparatistes, qui auparavant avaient été encouragées par les plus hauts fonctionnaires. Dans le Holstein et le Slesvig où le roi s'était rendu pour passer quelques mois de l'été, il y eut en plusieurs localités des scènes tumultueuses; une grande assemblée politique fut tenue à Neumünster; une plus grande encore devait se réunir à Nortorf, mais elle dut se séparer, parce que la force militaire avait occupé le lieu de réunion. La diète slesvigoise, convoquée pour l'automne de 1846, la dernière fois pendant le règne de Christian VIII, suivit entièrement les traces des États du Holstein. Elle rédigea d'abord une pétition sur l'incorporation du Slesvig dans la confédération germanique, puis une adresse au roi, conçue dans le même esprit que celle de l'assemblée holsteinoise. Le commissaire royal, qui n'était plus Joseph Reventlow-Criminil, mais L.-N. Scheele, n'ayant voulu recevoir ni la pétition ni l'adresse, les États se séparèrent après des protestations emphatiques. Les doléances qu'ils adressèrent à la diète de Francfort, n'eurent pas grand résultat pour le moment; mais, le roi s'étant prêté à donner des éclaircissements sur les rapports du Slesvig avec le Holstein (7 septembre 1846), l'Allemagne profita de ses relations avec ce dernier duché pour se mêler des affaires de la monarchie danoise; elle prétendit que le Holstein tirait de son union avec le Slesvig un *droit* qu'il appartenait à la diète de maintenir.

Les dernières années du règne de Christian VIII s'écoulèrent dans les préoccupations et l'attente. Le slesvig-holsteinisme, bien que gêné dans ses intrigues et moins libre qu'auparavant, continua son œuvre et prépara ouvertement une résistance par les armes. Dans le royaume régnait l'inquiétude et l'anxiété. Le roi mourut presque subitement dans sa soixante-deuxième année, le 20 janvier 1848. Son règne ne peut être appelé une période heureuse, soit pour ses États, soit pour lui-même. De joyeuses espérances avaient salué son avénement, et elles étaient justifiées par son passé, ses bonnes intentions, sa grande intelligence, son instruction variée et ses lumières; mais elles s'évanouirent bientôt, ne laissant derrière elles que déception et mécontentement.

Il fut dans une fausse situation vis-à-vis de la plus grande partie de son peuple, et en lutte perpétuelle avec les exigences du temps, parce qu'il ne voulait ou ne pouvait octroyer la constitution libérale sur laquelle on avait fermement compté. Les affaires du Slesvig et du Holstein, qui étaient déjà difficiles à son avénement, s'embrouillèrent sous son règne d'une manière inextricable, et, par sa faiblesse de caractère, par sa politique vacillante et sans suite, il fut cause que, à sa mort, on en était venu au point qu'une rupture violente était une possibilité prochaine. Il en avait un pressentiment et, dans ses derniers jours; il doit avoir cherché à la prévenir en accordant une constitution libérale à toute la monarchie ; la mort seule empêcha la réalisation de ce projet. Mais les bases de cette constitution, qui furent rendues publiques aussitôt après sa mort et que l'on dit avoir été posées par lui, ne satisfirent personne, soit au nord, soit au sud du Kongeaa.

II

Frédéric VII. — Proclamation du 28 janvier 1848. — Désapprobation générale de la Constitution commune annoncée. — La révolution de février en France. — Les Slesvig-Holsteinois préparent une insurrection. — Réunion à Rendsborg, le 18 mars 1848. — Réunions au Casino. — Nouveau ministère. — Soulèvement du Holstein. — Surprise de Rendsborg. — Le duc et le prince d'Augustenborg. — Rencontre de Bov. — La Prusse envoie le général Wrangel avec une armée contre le Danemark. — Combat de Slesvig. — L'armée danoise prend position dans l'île d'Als. — Les Allemands occupent le Slesvig, et envahissent le Jutland. — Batailles de Nybel et de Dybbel. — Volontaires norvégiens et suédois. — Armistice de Malmœ. — Il est violé par les Slesvig-Holsteinois et la guerre recommence. — L'armée allemande et le général Prittwitz; l'armée insurrectionnelle et le général Bonin. — Combat d'Ullerup. — Catastrophe d'Egernfjord. — Bataille de Kolding. — Siége de Fredericia. — Retraite en Jutland du général Rye. — Bataille de Fredericia. — Situation de l'Allemagne. — Armistice de Berlin, 10 juillet 1849. — Commission mixte en Slesvig. — Paix de Berlin, 2 juillet 1850. — Bataille d'Isted. — Position du Dannevirke. — Attaque de Mioesund. — Assaut de Frederiksstad. — Tillisch nommé commissaire extraordinaire du gouvernement dans le Slesvig. — Règlement des langues.

Frédéric VII succéda à son père Christian VIII, et il hérita aussi des difficultés excessives qui s'étaient accumulées de plus en plus nombreuses sous le règne précédent. Le changement de souverain donna une nouvelle vie à toutes les aspirations à une constitution libérale, qui s'agitaient depuis longtemps, mais qui jusqu'ici n'avaient pu franchir les obstacles. L'urgence et la nécessité de prendre des mesures sérieuses et efficaces pour assurer l'unité de la monarchie devinrent plus manifestes que jamais. La presse, dirigée par des hommes de talent, discutait la situation du moment : deux hommes qui occupaient une place élevée dans l'estime de leurs concitoyens, J.-F. Schouw et H.-N. Clausen, publièrent une brochure où ils exposaient les besoins et les vœux du temps ; les représentants municipaux de Copenhague et les députés aux États présents dans la capitale exprimèrent dans des adresses au roi le vœu qu'un projet de constitution libérale fût soumis à une assemblée d'hommes choisis dans les diverses parties de la monarchie. Au milieu de ce mouvement, dès le 28 janvier 1848, le huitième jour après la mort de Christian VIII, Frédéric VII publia une proclamation où il annonçait une nouvelle constitution dont il indiquait les bases. Il devait être institué, pour le royaume et pour les duchés de Slesvig et de Holstein, des États communs, qui seraient composés d'autant de députés pour le royaume que pour les duchés, et qui se réuniraient tour à tour dans celui-là et dans ceux-ci. Ils auraient une action décisive sur les changements dans les impôts et sur l'administration des finances, ainsi que sur la confection des lois concernant les affaires communes du royaume et des duchés ; ils auraient également le droit de présenter des propositions sur des sujets rentrant dans le domaine des affaires communes. La loi constitutionnelle devait contenir des dispositions ayant pour but de protéger la langue danoise aussi bien que la langue allemande dans les districts respectifs du Slesvig. Les anciens États provinciaux devaient être maintenus sans changement à côté de la nouvelle diète commune. Le roi soumettrait ce projet de constitution à l'examen d'une assemblée composée d'hommes dont une partie, la plus considérable, serait élue par les États provinciaux, l'autre nommée par le roi ; il y en aurait vingt-six pour le royaume et autant pour les duchés.

Ce n'était pas une telle constitution que la nation danoise avait attendue. Ce projet excita le plus grand mécontentement, ou pour mieux dire une véritable exaspération ; car, avec un étrange aveuglement et un remarquable oubli de ce qui s'était passé depuis 1815 jusqu'alors, il favorisait directement le *parti slesvig-holsteinois* en divisant la monarchie pour mettre d'un côté le royaume et de l'autre les duchés, et en faire deux unités de même ordre ; il *sacrifiait* le royaume en ne lui donnant pas plus de représentants, pour 1,300,000 âmes, qu'aux duchés pour 800,000 âmes seulement ; il blessait le sentiment national par une organisation où l'ancien royaume de Danemark, qui avait toujours été et qui devait rester la partie principale dans la monarchie, aussi longtemps qu'elle s'appellerait danoise, n'aurait pas plus d'importance que les deux duchés, dont l'un était entièrement allemand et faisait partie de la confédération germanique. Le parallélisme était poussé si loin que le lieu de réunion de la diète ne devait pas être la capitale de toute la monarchie, mais alternativement dans le royaume et dans les duchés. La désapprobation de ce projet et l'appréhension des périls que cette constitution ferait courir au Danemark étaient si grandes et si universelles que des citoyens, jusqu'alors étrangers à la politique, comme J.-N. Madvig, se sentirent poussés à se prononcer ouvertement contre elle et à en signaler les dangers. La presse combattit ce projet avec zèle et talent. Quelques semaines auparavant, on avait désiré une constitution commune à toutes les parties de la monarchie ; mais l'échantillon qui en avait été donné produisit un revirement complet. Une idée, qui avait été exprimée et soutenue antérieurement, qui n'avait pu se faire adopter généralement, s'imposa alors à l'opinion publique et devint le programme politique des temps suivants : c'était de demander une constitution libérale commune pour le royaume et le Slesvig, en même temps qu'une situation et une constitution particulières pour le Holstein. — Bien que le parti slesvig-holsteinois dominant dans les duchés eût été grandement favorisé aux dépens du royaume, le projet de constitution excita autant, sinon plus, de mécontentement au sud qu'au nord du Kongeaa. Les séparatistes ne pouvaient être satisfaits d'un système qui maintenait un lien entre les différentes parties de la monarchie ; leur but était de détacher le Slesvig de la mère-patrie et de former un État indépendant de Slesvig-Holstein sous une autre dynastie que celle de

Danemark. Il s'en fallut de peu que l'on ne refusât de procéder à l'élection des hommes qui devaient être chargés d'examiner le projet de constitution. Dans une réunion de députés slesvigois et holsteinois, qui se tint à Kiel, on se décida à faire les élections, mais avec de grandes réserves inspirées par les tendances slesvig-holsteinoises.

Tandis que les aspirations étaient si opposées des deux côtés et la tension si grande qu'il suffisait d'un coup pour rompre le lien, la nouvelle de la révolution de Février arriva de France. Bientôt suivirent des bouleversements si violents et si étendus que le monde en a rarement vu de semblables. Les peuples se soulevèrent avec une terrible furie, les gouvernements furent renversés ; les trônes tombaient ou chancelaient, les empereurs, les rois et les princes étaient humiliés ; chaque jour annonçait une nouvelle révolution ; le monde semblait être sorti de ses gonds. Les États voisins sentirent fortement le contre-coup de ces catastrophes, dont l'Allemagne surtout était le théâtre. Le mouvement, commencé à Copenhague depuis l'avénement du nouveau roi, prit désormais des allures plus rapides, mais tout s'y passa pourtant avec un calme et une retenue présentant un heureux contraste avec les scènes qui avaient lieu dans tout le reste de l'Europe. Dans les réunions du Casino, on se prononça avec plus de résolution et moins d'égards sur la nécessité de garantir l'union du Slesvig avec le Danemark contre les périls suscités par le parti séparatiste, et l'on y désignait ouvertement une constitution libérale comme un *desideratum* qui ne pouvait plus être repoussé. Dans les réunions qui se tinrent en même temps (à partir de mars) à l'Hippodrome, des tendances plus démocratiques se manifestèrent et l'on y demandait que la loi électorale eût une base aussi large que possible. Un petit club de conservateurs, qui se réunissait à l'hôtel du Phénix, travaillait à réconcilier les partis et à prévenir une rupture ouverte avec les Slesvig-Holsteinois ; mais il ne servit qu'à attester l'existence d'opinions modérées dans ces temps d'exaltation.

Les événements de l'Allemagne produisirent un tout autre effet sur les Slesvig-Holsteinois : ils leur donnèrent le courage de s'insurger. Il y avait déjà longtemps que l'on s'y préparait, et le programme du parti, qui était d'arracher le Slesvig au Danemark, ne pouvait avoir d'autre résultat. Le duc d'Augustenborg et son frère, le prince de Noer, n'avaient ni répulsion pour la révolte, ni horreur du sang qu'elle ferait verser. Dans les derniers temps, on s'était secrètement exercé en divers endroits au maniement des armes pour se préparer aux éventualités. En février et en mars, les chefs du parti, le membre de la chevalerie Fr. Reventlow-Preetz, l'avocat Beseler, le directeur du chemin de fer Olshausen, l'avocat Gülich et d'autres, tinrent des conciliabules, discutèrent s'il n'était pas temps de se déclarer, et délibérèrent sur les moyens à employer. La nouvelle des progrès de la révolution en Allemagne mûrit les projets de révolte. Une grande réunion fut tenue à Rendsborg le 18 mars ; elle se composait partie de députés aux États du Slesvig et du Holstein, partie d'autres personnes qui jouaient alors un rôle. La ville de Rendsborg avait été choisie à dessein comme lieu de rendez-vous : on espérait y trouver l'occasion d'influencer la garnison allemande de la forteresse. Il ne s'y était rendu qu'un seul député du parti danois, *Hans Krüger*, propriétaire à Beftoft, qui, au milieu de cette assemblée allemande, défendit courageusement en danois les droits du Danemark et protesta contre l'illégalité. Les discours les plus séditieux se firent entendre, et les injures ne furent pas épargnées à la nation danoise ; *Olshausen* la qualifia de peuple indolent, paresseux, désuni, qui avait perdu toute considération aux yeux de l'Europe et dont on n'avait pas besoin de s'inquiéter. Après des discussions orageuses, on résolut, avant de lever franchement l'étendard de la révolte, d'envoyer une députation à Copenhague avec une adresse au roi, où l'on demandait une constitution commune pour les deux duchés et l'incorporation du Slesvig dans la confédération germanique. En même temps, on décida d'envoyer une députation à Francfort pour solliciter l'admission du Slesvig au nombre des États confédérés.

La nouvelle de la réunion de Rendsborg et des résolutions qui avaient été prises excita à Copenhague l'émotion la plus vive. Les membres du conseil municipal, sur la proposition de leur président, L.-N. Hvidt, adoptèrent une énergique adresse au roi, où ils déclaraient que le ministère n'avait pas leur confiance, et invitaient le roi à s'entourer d'hommes capables de résister aux périls du moment, de défendre l'honneur du Danemark et d'établir la liberté dans le pays. Le soir du même jour (20 mars) se tint au Casino une réunion convoquée par quelques patriotes; elle fut extrêmement nombreuse et agitée. On y prit des résolutions conçues dans le même sens que celle de l'adresse des conseillers municipaux, et l'on y promit au gouvernement le concours absolu de la nation danoise pour garantir l'intégrité du royaume dano-slesvigois. Le jour suivant (21 mars), les conseillers municipaux, auxquels s'était joint le magistrat de la ville, présentèrent l'adresse au roi. En quittant l'hôtel de ville pour se rendre au palais de Christiansborg, ils étaient accompagnés de plusieurs milliers de bourgeois de Copenhague, mais, malgré l'agitation des esprits, l'ordre le plus parfait régnait dans ce grand rassemblement. Frédéric VII, ayant donné audience à la municipalité, répondit qu'il avait prévenu son vœu, en congédiant le ministère, et il promit que, « si l'on voulait mettre en lui la même confiance qu'il avait en son peuple, il serait un guide sûr vers l'honneur et la liberté ». De ce jour data la popularité que Frédéric VII conserva depuis. Les ministres congédiés étaient Stemann, A.-S. OErsted, le comte A.-W. Moltke, le comte Henri Reventlow-Criminil et le comte Charles Moltke. La formation du nouveau ministère présenta, comme on peut le penser, bien des difficultés; il eut à passer par diverses combinaisons, passablement différentes de couleur; l'une d'elles aboutit enfin le 24 mars; le comte A.-W. Moltke, président du conseil, fut en même temps chargé des finances, Bardenfleth de la justice, Bluhme du commerce, le comte Knuth des affaires étrangères, Monrad du culte et de l'instruction publique, Tscherning de la guerre; Hvidt et O. Lehmann devinrent ministres sans portefeuille; et la marine fut confiée à Zahrtmann. Le comte A.-W. Moltke de Bregentved avait appartenu à l'ancien ministère et, par son entrée dans le nouveau, il les rattacha l'un à l'autre. Le sentiment de patriotisme qui le porta à appuyer le nouveau gouvernement mérite d'être apprécié et il fera toujours honneur à sa mémoire. Sa présence facilita la transition et servit à calmer les inquiétudes. — Un des premiers actes du ministère (24 mars) fut une ordonnance provisoire qui abrogea toutes les lois sur la presse, promulguées après l'ordonnance du 27 septembre 1799, et qui apporta même quelques adoucissements à diverses dispositions de celle-ci.

La députation qui apportait de Rendsborg les vœux des Slesvig-Holsteinois arriva à Copenhague le 22 mars et elle reçut la réponse du roi le 24. Il déclara qu'il n'avait ni le droit, ni la puissance, ni la volonté d'incorporer le Slesvig dans la confédération germanique ; mais qu'au contraire l'union indissoluble de ce duché avec le Danemark devait être fortifiée par une constitution libérale commune ; que le Slesvig aurait pourtant une diète provinciale pour ses affaires particulières ; que, pour le Holstein, il avait l'intention de lui octroyer, en qualité de membre autonome de la confédération germanique, une constitution vraiment libérale.

Cependant l'insurrection éclata dans le Holstein, sans que l'on attendît la réponse que devait apporter la députation envoyée à Copenhague, et avant que l'on sût comment serait composé le nouveau ministère. Elle commença à Kiel, dès le 23 mars, par le soulèvement de militaires égarés, qui arrachèrent la cocarde danoise. Il en fut successivement de même dans toutes les autres villes qui avaient une garnison allemande. Le soir du même jour, un gouvernement provisoire composé de l'avocat Beseler, de Fr. Reventlow-Preetz, membre de la chevalerie, du prince Frédéric d'Augustenborg, de l'avocat Bremer et du négociant M.-T. Schmidt, se constitua à Kiel. Le même soir aussi, il résolut de chercher à surprendre la forteresse de Rendsborg et il fit aussitôt les préparatifs pour l'exécution de ce projet. Le lendemain matin, 24 mars, cet acte de haute trahison fut accompli par le prince d'Augustenborg qui ne rencontra pas d'obstacles, le commandant de la forteresse, le général Lützow, vieillard apathique, n'ayant pris aucune des mesures de précaution qu'exigeaient les circonstances. La prise de cette place ne mit pas seulement entre les mains des insurgés une forteresse solide et importante, mais encore deux à trois millions de rigsdaler qui se trouvaient dans les caisses publiques et qui furent une excellente ressource pour leurs entreprises ultérieures. Le duc d'Augustenborg ne voulut pas rester en arrière de son frère dans l'œuvre de félonie. Dès le 21 mars, il partit pour Berlin, afin de demander au roi de Prusse son appui pour l'insurrection. Il en reçut aussi la promesse de la part de ce monarque, naguère humilié par la population de sa capitale autant et plus que souveraine le fut jamais. Dans une lettre au duc, en date du 24 mars, Frédéric-Guillaume IV annonçait de prompts secours et il confirmait en quelque sorte les trois propositions fondamentales du slesvig-holsteinisme : que le Slesvig et le Holstein étaient des États indépendants, mais étroitement liés l'un à l'autre, et que la ligne agnatique était seule appelée à les gouverner. Le duc eut naturellement soin de donner à cet écrit la plus grande publicité possible. Bientôt des officiers prussiens affluèrent dans le Holstein, comme avant-coureurs d'une armée qui allait arriver. Dans ces jours, la révolte trouva un puissant encouragement dans la chevalerie slesvig-holsteinoise, qui avait l'habitude de se vanter de sa fidélité au trône et de sa loyauté intacte, et qui pourtant adhéra au gouvernement provisoire et lui promit son concours.

La révolte ne pouvait désormais être réprimée que par la force des armes. Le 20 mars, à la nouvelle des événements du Holstein, l'ancien ministère avait donné des ordres pour mettre l'armée sur le pied de guerre, mais, dans les quelques jours qu'il lui restait à vivre, il n'avait pu faire grand'chose ; la première tâche du nouveau gouvernement fut donc de pourvoir à l'armement et à l'équipement des recrues. Tscherning pour l'armée et Zahrtmann pour la marine y procédèrent avec toute l'énergie et la rapidité que comportaient les circonstances. Les meilleures dispositions régnaient parmi le peuple ; les soldats convoqués se rendaient allègrement et joyeusement aux lieux de réunion ; un grand nombre de jeunes gens s'engageaient comme volontaires ; les dons pécuniaires, les chevaux et les autres ressources militaires affluaient. La nation était unanime, l'amour de la patrie n'animait pas seulement une classe, mais toutes ensemble. Dans les derniers jours de mars, les troupes danoises entrèrent dans le Slesvig, où une petite armée d'environ dix mille hommes fut réunie, au commencement d'avril, sous le général *Hedemann*. Un peu auparavant, l'armée insurrectionnelle, commandée par le général Krohn, s'était répandue de Rendsborg sur une grande partie du Slesvig, jusqu'à Flensborg, d'où elle lança un détachement sur Aabenraa. Elle se composait d'environ sept mille hommes et comprenait, outre les troupes régulières qui avaient trahi leur drapeau, nombre d'étudiants de Kiel, de gymnastes et de volontaires holsteinois. Il y eut une rencontre à *Bov*, près de Flensborg, le 9 avril. Après une lutte acharnée, les insurgés furent battus et prirent la fuite ; on leur fit plus de mille prisonniers. Le prince d'Augustenborg, dans la proclamation emphatique qu'il avait adressée aux rebelles, lors de leur départ de Flensborg, avait promis de chasser les Danois de l'autre côté du Belt ; mais il ne cueillit pas de lauriers cette fois ni plus tard.

Deux jours après la bataille de Bov, l'armée danoise entra dans la ville de Slesvig, et la révolte aurait été bientôt réprimée, si le Danemark n'avait eu affaire qu'aux Slesvig-Holsteinois ; car la grande majorité de la population des duchés n'avait que peu de sympathie pour l'insurrection ; c'est seulement dans quelques localités, comme le pays d'Angel, où des fonctionnaires parjures avaient réussi, en travaillant longtemps les esprits, à les exciter et à leur donner des idées fausses, que les habitants prirent une part active et volontaire à la rébellion. Mais les insurgés furent secourus par l'Allemagne, et le Danemark, avec ses faibles forces, eut bientôt à soutenir la lutte contre ce puissant ennemi. Un courage et une confiance inébranlables en la justice de leur cause permirent aux Danois de se tirer heureusement de cette épreuve. Il y avait plus d'un motif pour que l'Allemagne se jetât ainsi sur le Danemark. Pendant une longue série d'années, l'opinion publique y avait été travaillée, avec une telle persévérance, par les Slesvig-Holsteinois et le duc d'Augustenborg, qu'une grande partie de la nation allemande croyait réellement à la vérité de mensonges sans cesse répétés ; et ceux qui n'y croyaient pas trouvaient commode de faire, comme s'ils eussent été convaincus. Les Slesvig-Holsteinois trouvèrent l'appui le plus décidé dans l'assemblée nationale de Francfort et dans le parlement préliminaire qui l'avait précédée ; un certain nombre des plus considérés d'entre eux siégeaient même dans cette assemblée et y jouissaient d'une grande influence. L'ancienne diète germanique, qui se pliait aux circonstances et qui essayait de ressaisir le pouvoir qui lui glissait des mains, agissait dans le même esprit que le parlement. Tous les princes de l'Allemagne ne désiraient que trouver dans une guerre contre le Danemark un dérivatif aux violentes commotions qui ébranlaient leurs trônes. C'était surtout le cas pour le roi de Prusse. A quoi il faut ajouter que princes et peuples brûlaient du désir de faire des conquêtes ; la circonstance semblait favorable pour arracher à un faible voisin un bon morceau de territoire, avec d'excellents ports et d'habiles marins : l'Allemagne se procurerait ainsi ce qui lui manquait et ce qu'elle désirait vivement.

Conformément à la promesse que le roi de Prusse avait faite au duc d'Augustenborg, ses troupes entrèrent dans le Holstein, dès les premiers jours d'avril, et il ne fallut que quelques jours pour que vingt et quelque mille soldats allemands fussent sur le territoire slesvigois. Les Prussiens, qui formaient la plus grande partie de cette armée, furent d'abord sous les ordres de *Bonin*, ensuite sous ceux du général *Wrangel;* les Hanovriens et le reste du contingent germanique étaient sous le commandement du général *Halkett*. Le 12 avril, la diète de Francfort avait confié à la Prusse la mission très-enviée de défendre les droits du Slesvig-Holstein contre le Danemark; aussi le Prussien Wrangel était-il le général en chef de toute l'armée. Le Danemark ayant repoussé les prétentions de la Prusse, qui voulait faire évacuer le Slesvig par les troupes danoises, les hostilités s'engagèrent, et le jour de Pâques, 23 avril 1848, il y eut un sanglant combat près de Slesvig. Les forces ennemies s'élevaient à 32,700 hommes, dont 19,000 seulement, c'est-à-dire les Prussiens et les insurgés, prirent part à la bataille. L'armée danoise, sous le général Hedemann, ne comptait que 11,000 hommes; elle avait pris position au nord et à l'ouest de Slesvig, où la nature du terrain favorisait la défense même contre des forces supérieures. L'est, c'est-à-dire le flanc gauche, était couvert par la Slie, dont le passage le plus important, celui de Micesund ou Mysunde, était occupé. Le centre de l'armée était posté plus près de la ville de Slesvig, où il y avait, à l'ouest et au nord, d'importantes collines boisées; l'intervalle entre celles-ci et le terrain s'étendant à leur pied consistait en tourbières et en prés marécageux. L'attaque de l'ennemi survint à l'improviste; en ce jour de grande fête, une partie de l'armée danoise était à l'église de Slesvig, et c'est à grand'peine que les troupes furent placées dans leurs positions au dernier moment. La lutte se concentra d'abord à Bustrup et à la partie du Dannevirke située au sud de ce village; elle fut acharnée et sanglante. Le village et le rempart furent pris par l'ennemi, qui fut ensuite délogé par les Danois, mais à la fin ceux-ci durent céder à des forces de beaucoup supérieures. Beaucoup d'entre eux périrent par les armes ou furent engloutis et foulés aux pieds dans le sol marécageux et la vase, des deux côtés de la digue de Bustrup. La lutte se continua avec acharnement, comme elle avait commencé, pendant le reste de la journée. Les Danois défendirent leurs positions avec le courage le mieux soutenu et ils repoussèrent plusieurs fois l'ennemi. Mais, comme celui-ci avait la faculté de renouveler ses attaques avec des troupes fraîches, ils durent enfin battre en retraite à la tombée de la nuit, après un combat qui avait duré de dix heures du matin à huit heures du soir. Ils abandonnèrent à l'ennemi les hauteurs situées autour de Slesvig; leurs pertes furent de six cents tués et blessés, parmi lesquels un grand nombre d'officiers, car ceux-ci, pour encourager les soldats non accoutumés au feu, étaient toujours en avant et s'exposaient au plus haut degré. Après avoir bivouaqué la nuit du 23 au 24 avril, entre les lacs de Langsœ et d'Arnholt, l'armée danoise se retira en bon ordre à Flensborg. Près d'Oversœ, une partie de l'arrière-garde fut surprise et dispersée, mais quelques compagnies du second corps des chasseurs se firent grand honneur par le courage héroïque avec lequel elles se défendirent contre les attaques violentes d'assaillants supérieurs en nombre. Malheureusement quelques dragons fugitifs donnèrent une fausse alarme à Flensborg, comme si toute l'armée allemande eût été aux portes de la ville. Une panique s'empara des habitants et le trouble se mit dans les rangs des soldats qui commençaient à se reposer, après une marche fatiguante à la suite d'une journée de combat. Cependant la tranquillité fut bientôt rétablie, et la plus grande partie de l'armée se retira, à travers le Sundeved, dans l'île d'Als, située tout près de la terre ferme, mais séparée par un profond détroit accessible aux plus grands vaisseaux de guerre; celle-ci était parfaitement appropriée à servir de quartier d'assemblée pour l'armée danoise et de point de départ pour des entreprises ultérieures. Pendant que les troupes s'y reposaient, elles s'augmentèrent successivement et des fortifications furent élevées près du détroit.

Halkett suivit l'armée danoise avec 10 à 12,000 hommes de l'armée fédérale et il campa dans le Sundeved, en face de l'île d'Als; Wrangel, avec les Prussiens et les insurgés, envahit le

Jutland; le gros de ce corps s'arrêta à Kolding et à Veile, mais des détachements furent envoyés vers le nord jusqu'à Aarhuus. Le 18 mai, Wrangel imposa au Jutland une rançon de 4 millions de rigsdaler, qui devaient être payés avant le 28 mai, sinon levés de force. Vaine menace! car, avant cette date, il quitta précipitamment le Jutland pour se rendre à Flensborg. C'était le résultat d'une note de la Russie à la cour de Berlin, par laquelle le czar demandait d'un ton menaçant que les hostilités ne s'étendissent pas au nord du Kongeaa. La Prusse craignait alors la Russie plus que toute autre puissance; aussi Wrangel reçut-il de son gouvernement l'ordre d'évacuer de suite le Jutland. Halkett ne resta pas longtemps en repos dans le Sundeved; car l'armée d'Als s'était assuré la possibilité de faire une descente dans cette contrée, en établissant vis-à-vis de Sœnderborg les têtes d'un pont qui fut jeté sur le détroit. Celui-ci fut traversé le 28 mai par l'armée danoise qui attaqua l'ennemi de tous côtés. Ce fut pour elle une glorieuse journée; après une lutte acharnée, les Allemands furent chassés de leurs positions sur le Dybbelbjerg et près du moulin de Nybel. Le général Schleppegrell, Norvégien de naissance, se distingua surtout dans ce combat par son courage audacieux et devint le favori du soldat. Wrangel et Halkett voulurent prendre leur revanche de cette défaite et choisirent pour leur attaque le 5 juin, anniversaire de la naissance du roi de Hannovre. Leur plan était de se jeter entre les Danois et le pont du détroit, de les disperser et de les faire prisonniers. Ils attaquèrent à l'improviste, et, au commencement, les Danois, ne pouvant résister à leurs violents assauts, durent battre en retraite vers le Dybbelbjerg. Le gros de leurs troupes était dans l'île d'Als, mais il arriva rapidement des renforts, et l'affaire prit alors une autre tournure. Après plusieurs heures de combat, une vigoureuse attaque d'ensemble repoussa l'ennemi sur toute la ligne et le força vers le soir à céder sur tous les points. La fête de *Dybbel* ne fut pas agréable au roi de Hannovre et à ses guerriers. — Beaucoup de volontaires norvégiens et suédois prirent part à ces deux combats. La nouvelle de la rude lutte soutenue par les Danois, le jour de Pâques, près de Slesvig, causa partout une profonde émotion dans le Nord. Les Norvégiens en furent vivement impressionnés; leurs anciens sentiments de parenté et tous leurs bons souvenirs du passé se réveillèrent; ils ressentirent la même sympathie qu'on éprouve pour des frères en danger. L'émotion ne fut guère moins grande en Suède, où les anciennes haines s'étaient évanouies pour faire place à des sentiments naturels envers une nation sœur, qui avaient pris naissance dans les dernières années et avaient été entretenus par les réunions d'étudiants des trois royaumes. Dans les jours d'épreuves, ces jeunes gens n'oublièrent pas leur promesse de considérer tout le Nord scandinave comme leur commune patrie. Beaucoup de jeunes Norvégiens et Suédois accoururent sous les étendards danois, lorsqu'ils apprirent que le Danemark courait le danger d'être accablé. A la bataille de Dybbel, trois d'entre eux payèrent de leur vie cette fidélité à la cause septentrionale; c'étaient le Norvégien Lœvenskjold et les Suédois Sommelius et Leyonhufvud.

Le gouvernement danois n'avait pas manqué de s'adresser aux deux puissances qui, en 1720, avaient garanti au Danemark la possession du Slesvig : l'Angleterre et la France. Mais l'Angleterre qui, en général, n'intervient guère lorsque ses intérêts ne sont pas directement menacés, était, dans ces temps de troubles et d'agitation, encore moins disposée à s'engager sérieusement dans une querelle étrangère, et elle se borna à offrir sa médiation. La France avait alors assez de ses propres affaires; elle renouvela pourtant la garantie pour le Slesvig et envoya à Berlin et à Francfort des notes énergiques en faveur du Danemark. La Russie, comme on l'a déjà vu, rendit au Danemark un grand service en forçant Wrangel à évacuer le Jutland. Le gouvernement suédois-norvégien hésitait à se mêler de cette guerre; il donna pourtant un utile appui au Danemark en faisant de sérieuses représentations à la cour de Berlin. Le roi Oscar notifia à celle-ci qu'il ne souffrirait aucune invasion dans les îles danoises et le Jutland, et, pour donner plus de force à ses paroles, il rassembla en Skanie une armée, dont plus tard une partie fut transportée en Fionie, tout près du théâtre de la guerre. Cette attitude menaçante de la Suède contribua sans doute aussi à la rapide évacuation du Jutland. — Il y avait eu de longues négociations pour un armistice, que la Prusse elle-même désirait; car, avec toute l'Allemagne, elle souffrait extraordinairement de la complète interruption du commerce, qui était une conséquence du blocus de tous les ports allemands de la mer du Nord et de la Baltique, et de la capture de ses vaisseaux marchands, partout où ils se montraient dans les eaux danoises. La flotte danoise n'avait aucun ennemi à combattre sur mer, mais son activité à paralyser le commerce de l'ennemi était de la plus haute importance. Le 2 juillet 1848 fut conclu à Malmœ un armistice de trois mois, à la suite de négociations entre le comte Pourtalès, plénipotentiaire de la Prusse, et le ministre danois des affaires étrangères, le comte Knuth. Mais Wrangel, qui jusqu'alors avait agi comme général prussien, refusa, contre toute prévision, de se soumettre à ce traité. Bien que la Prusse eût reçu de pleins pouvoirs de la confédération dans la lutte contre le Danemark, il prétendit être placé sous la direction du parlement de Francfort et de l'archiduc Jean, récemment élu administrateur de l'empire; sans le consentement de ce dernier, il ne voulait pas reconnaître la suspension d'armes. La Prusse, qui souffrait du blocus et qui craignait d'indisposer les puissances médiatrices, obtint enfin de nouveaux pouvoirs de Francfort; après quoi elle conclut l'armistice de Malmœ, le 26 août. Cette trêve devait durer sept mois et les parties avaient un mois pour la dénoncer; le blocus cessait et les navires capturés devaient être rendus avec leur cargaison. Le Slesvig et le Holstein devaient être évacués par les troupes danoises aussi bien que par les troupes allemandes; mais le Danemark pouvait mettre deux mille hommes en garnison dans l'île d'Als, et l'Allemagne autant à Altona, pour la garde des dépôts militaires. Deux détachements de soldats nés dans le Slesvig et le Holstein devaient respectivement garder le duché auquel ils appartenaient. Les deux duchés auraient un gouvernement commun composé de cinq membres, dont le roi de Danemark élirait deux pour le Slesvig, le roi de Prusse deux pour le Holstein; le cinquième devait être choisi d'un commun accord pour présider au pouvoir exécutif, qui serait exercé au nom du roi de Danemark. Toutes les lois promulguées après le 17 mars seraient abrogées, mais le nouveau gouvernement aurait la faculté de les remettre en vigueur, s'il les jugeait utiles ou indispensables. Cet armistice fut ratifié à Francfort, mais seulement après une résistance désespérée de la part des Slesvig-Holsteinois qui siégeaient au parlement. Le professeur Dahlmann parvint même à renverser le ministère de l'empire ; mais, comme il ne réussit pas à en constituer un nouveau, l'ancien reprit ses fonctions et confirma l'armistice. Celui-ci fut pourtant sans conséquence, et il nuisit plus qu'il ne servit au Danemark. Le gouvernement provisoire de Kiel agit comme si aucune trêve n'avait été conclue ; il menaça même de faire arrêter, partout où ils se montreraient, les membres de la commission mixte nommés par le roi de Danemark ; et une constitution illégale, qui violait à la fois les droits du roi et ceux de la monarchie, fut adoptée plusieurs semaines après la signature de l'armistice. Le gouvernement commun, qui finit par être installé, s'inspira totalement de l'esprit des Slesvig-Holsteinois ; il confirma leur Constitution et mit à profit la durée de l'armistice pour affermir la rébellion et opprimer les Danois du Slesvig restés sans défense.

La situation de ce duché, pendant tout l'armistice, était intolérable et pire que la guerre ; aussi des paysans du Slesvig septentrional prirent-ils les armes pour résister à l'affreuse tyrannie des Slesvig-Holsteinois ; mais cette tentative fut violemment réprimée dans la rencontre de Brœns. Le 15 décembre 1848, le roi déclara illégal le gouvernement commun, qui usait de son nom pour couvrir des actes séditieux, et l'armistice, qui depuis le commencement avait été violé dans presque tous ses articles, fut dénoncé, conformément à une résolution du Conseil d'État, le 21 février 1849, pour qu'il prît fin le plus tôt possible, c'est-à-dire le 26 mars. C'était un nouveau ministère, celui de novembre, qui était alors aux affaires ; celui du 24 mars 1848 avait donné sa démission dès le 15 novembre de la même année. On admet généralement qu'il se retira par suite d'un désaccord avec le roi sur les conditions auxquelles on pourrait faire la paix avec l'Allemagne. Le ministère de mars était disposé à accepter comme pis-aller une division administrative du Slesvig ; mais le roi refusait d'admettre ce partage comme base des négociations, en quoi il avait toute la nation avec lui. Le nouveau ministère se composait du comte A.-W. Moltke de Bregentved et de C.-E. Bardenfleth, qui avaient tous deux fait partie du ministère précédent, et de P.-G. Bang, le comte Sponneck, les professeurs Madvig et Clausen, le général Hansen, comme ministre de la guerre, et Zahrtmann, comme ministre de la marine par intérim. Lors de son arrivée aux affaires, il déclara qu'il continuerait le système du cabinet de mars et qu'il soutiendrait le projet de Constitution élaboré par celui-ci et soumis aux délibérations de l'Assemblée nationale.

Depuis la dernière campagne, le Danemark avait porté son armée au chiffre de trente-trois mille hommes pour la plupart bien exercés et bien équipés, sous le commandement du général *Krogh*. La flotte était prête à appareiller pour commencer le blocus des ports de l'Allemagne septentrionale. L'armistice expirait le 26 mars; on fut tout surpris en Allemagne et ailleurs de ce que le Danemark l'eût dénoncé; on s'était figuré qu'il aimerait mieux se soumettre à tout que de recommencer une lutte inégale contre son puissant ennemi; les grandes puissances qui se souciaient peu du droit et qui se préoccupaient davantage de la reprise des hostilités, désapprouvèrent l'acte du Danemark qui, à la demande de l'Angleterre, consentit à une prolongation de huit jours, pour laisser à une nouvelle tentative de médiation le temps de se produire. Celle-ci fut infructueuse et elle fut très-préjuciable au Danemark, en ce qu'elle permit à l'Allemagne d'achever ses préparatifs pour l'invasion du Holstein et du Slesvig. Elle dérangea ainsi le plan qu'avait formé le Danemark, d'attaquer l'armée slesvig-holsteinoise et de la repousser avant qu'elle eût opéré sa jonction avec les troupes allemandes. La dénonciation de l'armistice et le péril que courait le Slesvig-Holsteinisme firent immédiatement cesser la désunion entre les partis qui se querellaient au parlement de Francfort. Reventlow-Preetz et Beseler furent nommés gouverneurs du Slesvig-Holstein, et une armée de soixante mille hommes, composée des troupes des divers États de la Confédération, fut envoyée contre le Danemark. Le général prussien *Prittwitz* avait le commandement en chef; l'armée des Slesvig-Holsteinois était conduite par le général *Bonin*, également un Prussien. Il avait déjà commandé les premières troupes que la Prusse avait envoyées dans le Holstein, au commencement d'avril 1848, pour soutenir les insurgés; plus tard, il était entré au service du gouvernement provisoire. Une grande partie des autres officiers de l'armée slesvig-holsteinoise étaient aussi Prussiens; d'autres venaient des diverses contrées de l'Allemagne, qui avait aussi fourni un contingent considérable de simples soldats. Le commencement de la guerre fut, en partie par suite de cette prolongation de l'armistice, très-malheureux pour le Danemark. Le gros de l'armée danoise était rassemblé dans l'île d'Als; des forces moindres se trouvaient près du Kongeaa sous le général Rye. Les deux corps d'armée devaient entrer en même temps dans le Slesvig et opérer leur jonction près de Flensborg. On commença à exécuter ce plan, mais on dut bientôt l'abandonner, parce que de grandes masses de l'armée de la Confédération avaient déjà envahi ce duché et s'étaient concentrées à Flensborg. Une partie de l'armée danoise traversa le détroit d'Als et, le 3 avril, elle eut une rencontre avec les Slesvig-Holsteinois; le même jour, Rye franchit le Kongeaa et pénétra dans le Slesvig septentrional. Un combat encore plus vif s'engagea, le 6 avril, à *Ullerup* dans le Sundeved, entre les troupes confédérées et les Danois. Celles-là, qui avaient attaqué, furent très-bravement rejetées en arrière. Mais la veille, le 5 avril, un triste événement eu lieu à Egernfjord. Le vaisseau de ligne *le Christian VIII* et la frégate *la Gefion*, avec quelques bateaux à vapeur, avaient été envoyés en cette localité, dans le dessein d'inquiéter l'ennemi, de détourner son attention de la péninsule du Sundeved et d'amener, si c'était possible, la division de ses forces. C'était proprement une partie de l'ancien plan de campagne, que l'on croyait opportun de mettre à exécution. Un fort vent de l'est soufflait droit dans le fjord, au fond duquel l'escadre s'embossa, vis-à-vis des batteries de l'ennemi. Ce vent gênait les manœuvres et rendait la retraite difficile, si elle était nécessaire; et c'est à cet inconvénient que devaient parer les navires à vapeur de la flottille. Un violent combat d'artillerie s'engagea entre les batteries de la côte et celles de l'escadre, et se prolongea pendant plusieurs heures. Mais la *Gefion* ne put conserver sa position; elle vint à être placée de sorte qu'elle reçut des coups d'enfilade; tous ses efforts pour se remettre en défense furent inutiles et elle souffrit extrêmement du feu auquel elle était exposée. Le vaisseau de ligne ne put faire taire les batteries de l'ennemi, qui le maltraita par ses coups fort bien dirigés. Il n'y avait pas d'autre parti à prendre que d'abandonner la lutte et de se retirer; les bateaux à vapeur se mirent à l'œuvre; mais les revers se succédèrent: les cordes de halage se rompirent ou furent coupées par les projectiles; l'un des vapeurs perdit son gouvernail, l'autre reçut un boulet dans sa machine;

ils ne purent donc être d'aucun secours ; le vaisseau de ligne et la frégate restaient livrés à leur malheureux sort. Le combat continua, mais la *Gefion* finit par être dans un tel état que toute résistance était impossible : elle dut baisser pavillon. Le vaisseau de ligne essaya de gagner le large à l'aide des voiles ; mais une pluie de boulets rouges et d'autres projectiles incendiaires détruisirent les cordages et les voiles, de sorte que le bâtiment resta immobile ; il finit par être jeté à la côte sous les batteries ennemies, et il dut aussi se rendre. Mais à l'intérieur couvait depuis longtemps un incendie que l'on avait inutilement essayé d'éteindre. Le feu prit le dessus et le navire ne tarda pas à sauter en l'air. La *Gefion* devint la proie de l'ennemi et depuis fit partie de la flotte prussienne. La nouvelle de cet événement excita une allégresse générale dans chaque coin de l'Allemagne, tandis qu'elle produisit en Danemark une profonde impression de douleur et de regrets. Bien que ce revers n'ait pas exercé d'influence sur l'issue de la campagne, il n'est peut-être pas de désastre dans toute guerre qui ait causé un deuil plus profond et plus général. Mais le découragement ne se mêla pas au chagrin. Le même jour où la nouvelle en arriva à Copenhague, on entendit résonner dans les rues des chants de guerre ; c'étaient des matelots recrutés pour le nouveau vaisseau de ligne que le ministère de la marine avait de suite ordonné de gréer pour remplacer le *Christian VIII.*

En raison de la grande supériorité numérique des troupes allemandes, on résolut de faire passer le gros de l'armée danoise dans l'île d'Als ; et en même temps le général Rye reçut l'ordre d'évacuer le Slesvig septentrional. Le général Krogh fut remplacé comme commandant en chef par le général *Bülow* ; on ne laissa qu'une ligne de postes avancés sur la colline de Dybbel. Ceux-ci furent attaqués le 13 avril par onze mille Bavarois et Saxons sous le commandement du général Wynecken et furent facilement rejetés en arrière. L'artillerie allemande s'approcha ensuite et commença à canonner les ouvrages de l'île d'Als, qui se trouvaient en face. Mais ceux-ci répondirent si vigoureusement que les batteries ennemies durent quitter leur position en toute hâte, abandonnant plusieurs canons. Deux de ceux-ci furent pris par le 10ᵉ bataillon slesvigois, qui débouchait de la tête de pont. C'est cet exploit des troupes fédérales, que les écrivains allemands appellent la victoire de Dybbel et « l'assaut des retranchements de Dybbel ». Toute la partie continentale du Slesvig était au pouvoir de l'ennemi, qui s'avança ensuite vers le nord, dans le Jutland. Les Slesvig-Holsteinois sous Bonin ayant attaqué et occupé Kolding, le général Bülow résolut de reprendre cette ville. C'était le 23 avril, jour anniversaire de la bataille de Slesvig. L'aile gauche et le centre sous Schleppegrell et Moltke pénétrèrent, après un combat acharné et sanglant, dans la ville de Kolding, que les fugitifs incendièrent avec des grenades. L'issue de l'affaire dépendait de l'aile droite qui combattait à l'ouest, près d'Eistrup sous le général Rye. Mais celui-ci rencontra tant de difficultés dans le terrain boisé et mamelonné et ses adversaires lui résistèrent si vivement qu'il renonça à l'espoir de percer les lignes ennemies avec les forces dont il disposait. Il en donna avis dans des termes qui donnaient à supposer qu'il était dans une situation périlleuse. Le général Bülow se décida donc à mettre fin au combat et fit sonner la retraite, qui fut exécutée dans l'ordre le plus parfait. — Le 7 mai, après une autre chaude rencontre près de Gudsœ, le gros de l'armée danoise se retira à Fredericia. Un détachement occupa cette forteresse, dont les ouvrages étendus et en mauvais état furent restaurés autant qu'on le put faire avec rapidité; le reste fut conduit en Fionie. Les Slesvig-Holsteinois avec toutes leurs forces, ayant investi Fredericia, commencèrent à l'assiéger. Le général Rye ne s'était pas dirigé sur Fredericia, mais il avait gagné le Jutland. Son petit corps fut poursuivi par vingt-cinq mille hommes, sous le général Prittwitz, qui comptait le disperser et l'anéantir. Mais Rye sut, par son courage, son habileté et ses prudentes manœuvres, déjouer ce projet et même infliger de temps à autre des pertes à l'ennemi. A la fin, il se retira en bon état dans la petite péninsule de Helgenæs, qu'un isthme étroit réunit au reste de Mols, et qui, protégée par des retranchements, offrait une position absolument sûre et en communication avec la mer. Les troupes de la Confédération restèrent à Aarhuus.

Ce fut un temps de tristesse et de douleur pour le peuple danois que les mois d'avril, mai et juin de l'année 1849. D'abord une série de revers, ensuite une inactivité de l'armée, presque complète, du moins en apparence; les envahisseurs étaient maîtres du Slesvig et d'une grande partie du Jutland ; le corps de Rye se retirait devant des forces supérieures ; environ quinze mille Danois cantonnés dans l'île d'Als et observés par un corps ennemi, en nombre à peu près égal ; une autre partie de l'armée danoise répartie dans l'île de Fionie ; la garnison de Fredericia investie par toute l'armée slesvig-holsteinoise qui, des retranchements qu'elle éleva successivement, bombarda la forteresse pendant les mois de mai et de juin, dans le cours desquels il ne se produisit d'ailleurs aucun événement. De jour en jour, on attendait avec impatience et anxiété la nouvelle de quelque exploit qui pût rendre le courage et l'espoir aux esprits abattus. Mais le temps s'écoulait sans apporter de consolation, jusqu'à ce qu'arrivât subitement de Fredericia la joyeuse nouvelle d'une victoire. L'armée allemande était dispersée sur une longue ligne, le long de la côte orientale de la Chersonèse cimbrique, depuis le Holstein jusqu'à Aarhuus. Les troupes danoises étaient également divisées en plusieurs détachements : l'un dans l'île d'Als, un autre en Fionie, un troisième dans le Jutland. Mais elles pouvaient se rassembler à l'insu de l'ennemi, par la voie maritime, et porter alors un coup mortel à la partie de l'armée allemande qu'elles attaqueraient. C'est ce qui eut lieu. Un détachement du corps du général Rye fut transporté de Helgenæs en Fionie, où le général de Meza conduisit également une brigade de l'île d'Als. Les nouveaux venus se réunirent avec les forces qui étaient depuis le mois de mai sous le commandement du général en chef Bülow ; le tout passa de la Fionie à Fredericia. Les assiégeants occupaient une série de retranchements unis entre eux par des tranchées et abondamment pourvus d'artillerie. Leur effectif était d'environ seize mille hommes ; les troupes danoises qui prirent part à la bataille étaient à peu près en nombre égal. Peu après minuit, le 6 juillet, avant que le soleil parût à l'horizon, l'armée danoise fit une sortie et engagea une bataille des plus acharnées et des plus sanglantes ; elle donna l'assaut aux positions de l'ennemi qui vomissaient le feu et d'où tombait une grêle de balles qui renversaient des rangs entiers d'assaillants. Mais rien ne put résister à la furie danoise ; lorsqu'un assaut était repoussé, on le renouvelait une fois, deux fois et même plus, jusqu'à ce que l'on eût délogé les assiégeants. Cette lutte sanglante se répéta ainsi sur tous les points ; à la fin l'ennemi commença à faiblir, et bientôt la fuite devint générale. Toute l'armée ennemie fut dispersée ; une partie se retira vers Veile, le reste s'enfuit par bandes détachées jusqu'à Slesvig, laissant entre les mains des vainqueurs deux mille prisonniers, quarante pièces de canons, plusieurs milliers d'armes et une grande quantité de matériel de guerre. A la nouvelle de cette défaite des insurgés slesvig-holsteinois, les troupes de la Confédération, sous le général Prittwitz, se retirèrent vers le sud sans rien entreprendre. La victoire des Danois était chèrement achetée : ils eurent mille neuf cents morts et blessés ; l'élévation de ce chiffre tenait à la nature du combat, qui fut un assaut sans relâche contre des retranchements fortement occupés et bien fortifiés. Une perte particulièrement sensible fut celle du général Rye, Norvégien de naissance, qui avait, tout à la fois par sa bravoure et son caractère bienveillant et ouvert, gagné à un haut degré l'affection du soldat. La dernière parole qui ait été recueillie de sa bouche fut : « Aujourd'hui personne ne doit reculer. »

Quelque temps déjà avant la bataille de Fredericia, des négociations pour un armistice et la paix avaient été entamées avec le gouvernement prussien, comme représentant de l'Allemagne. La Prusse désirait beaucoup la fin des hostilités, ayant été fort incommodée cette année, comme la précédente, par le blocus de ses ports et la complète interruption de son commerce ; et ces dispositions pacifiques furent puissamment encouragées par l'effroyable désordre qui régnait en Allemagne. Dès l'automne de 1848, la guerre civile avait éclaté en plusieurs endroits. Vienne fut bombardée et prise d'assaut par l'armée impériale ; Berlin fut mis en état de siège et occupé militairement ; l'Assemblée constituante fut chassée de cette ville et dut aller siéger à Brandebourg. La réaction levait partout la tête et commençait sa marche victorieuse, combattant partout la Révolution. Au parlement de Francfort, la haine et la discorde implacables régnaient entre les démocrates et les modérés. La reprise des hostilités contre le Danemark amena une réconciliation momentanée, qui fit bientôt place à des dissensions plus acharnées. Frédéric-Guillaume IV, roi de Prusse, fut élu *empereur héréditaire d'Allemagne*, mais il n'eut pas le courage d'accepter ce titre. Tout se dissolvait dans le désordre et la confusion, pendant que çà et là des tentatives d'insurrection étaient violemment comprimées par les baïonnettes. Le pouvoir central et l'administrateur de l'empire perdirent toute importance. Le parlement de Francfort lui-même se dispersa en mai 1849, par la retraite en masse de membres élus par divers États. Une centaine environ, qui persistaient à siéger, se réunirent quelque temps à Stuttgart, mais ils furent bientôt dispersés par la force armée. Telle fut la honteuse fin d'une assemblée, qui avait eu la prétention de fonder l'unité et la liberté de l'Allemagne. Une des nombreuses raisons de cet échec fut que la nation allemande n'avait aucun sentiment de l'équité et pas de modération : en même temps qu'elle travaillait à sa propre émancipation, elle se jetait sur des voisins plus faibles pour comprimer leurs droits, leur liberté et leur nationalité. — La défaite de la Révolution ne ramena pas encore l'union en Allemagne. L'Autriche, qui avait été sur le bord de l'abîme et sur le point de se désagréger, se releva de ses ruines et redevint la première puissance de l'Allemagne. Elle nourrissait une haine profonde contre la Prusse et son roi, qui avaient fait des tentatives, bien que faibles et incohérentes, pour la supplanter dans le rôle qu'elle avait joué pendant des siècles en Allemagne. Dans la lutte qui suivit entre les deux puissances rivales et qui fut sur le point de dégénérer en bataille sanglante, la Prusse eut le dessous. Aussi, dans ces circonstances difficiles, chercha-t-elle d'autant plus volontiers à se débarrasser de la périlleuse guerre avec le Danemark.

La bataille de Fredericia accéléra la conclusion des négociations de Berlin. Le quatrième jour après la bataille, le 10 juillet, le plénipotentiaire danois, C. Reedtz, et le plénipotentiaire prussien, Schleinitz, sous la médiation de l'envoyé d'Angleterre, le comte de Westmoreland, se mirent d'accord pour un armistice qui devait durer au moins six mois ; les troupes ennemies devaient évacuer le Jutland et le Slesvig ; pourtant six mille Prussiens pouvaient rester dans ce dernier duché au sud d'une ligne tirée de Tœnder à un point situé un peu au sud de Flensborg ; le Danemark avait la faculté d'occuper militairement les îles d'Als et d'Ærœ ; la partie du Slesvig située au nord de la ligne de démarcation pouvait être occupée par deux mille (plus tard quatre mille) hommes pris dans les armées neutres de la Suède et de la Norvège ;

le blocus des ports allemands devait être levé. Tout le Slesvig serait administré par une commission composée d'un Danois et d'un Prussien, avec un Anglais qui serait arbitre dans les contestations qui s'élèveraient entre ses deux collègues. La commission aurait le pouvoir de maintenir ou d'abroger les lois et les ordonnances qui avaient été promulguées depuis le 17 mars 1848 ; les forces armées du Slesvig méridional et septentrional seraient à la disposition de la commission. Le même jour furent adoptés les préliminaires d'une paix finale entre le Danemark et l'Allemagne. On tomba d'accord que le Slesvig aurait une constitution propre au point de vue législatif et administratif, sans être uni avec le Holstein, et de façon que ses relations politiques avec la couronne danoise restassent intactes ; l'organisation finale, en conformité de ces principes généraux, devait être l'objet de plus amples négociations sous la médiation anglaise. Le Holstein et le Lauenburg continueraient à faire partie de la confédération germanique et leur situation serait réglée par un accord ultérieur. Les liens non politiques, qui avaient existé auparavant entre le Holstein et le Slesvig, et qui concernaient exclusivement les intérêts matériels, devaient être maintenus dans la mesure qui serait conciliable avec les préliminaires de paix.

La lieutenance des duchés dut, bien malgré elle, se soumettre au moins en apparence aux clauses de l'armistice. L'armée slesvigholsteinoise repassa l'Eider, et la lieutenance, qui avait quelque temps siégé sur le territoire slesvigois, au château de Gottorp, retourna à Kiel, après quoi la commission administrative entra en fonctions. Elle se composait de *Tillisch*, nommé par le gouvernement danois, d'un Prussien, le comte *Eulenburg*, et d'un Anglais, le colonel *Hodges*; elle siégea à Flensborg. Elle eut relativement peu de peine à rétablir l'ordre dans la partie du Slesvig où étaient les troupes suédoises et norvégiennes ; mais il en fut tout autrement au sud de la ligne de démarcation, dans le pays occupé par les Prussiens. La Prusse n'avait qu'extérieurement rompu avec les insurgés ; par-dessous main elle favorisait et appuyait de son mieux les efforts de la lieutenance pour rendre aussi insignifiantes que possible les clauses de l'armistice et pour paralyser l'action de la commission administrative ; en quoi la lieutenance fut puissamment aidée par les fonctionnaires slesvig-holsteinois, civils et ecclésiastiques. Les ordonnances du gouvernement n'étaient pas promulguées au sud de la ligne de démarcation, le produit des impôts était envoyé à Rendsborg, la désobéissance était impunément poussée à l'extrême, les prêtres refusaient de placer le nom du roi dans les prières de l'Église, les fonctionnaires indisciplinés que le gouvernement destituait continuaient à remplir leurs fonctions : le tout parce que les troupes prussiennes refusaient leur coopération pour le maintien de l'ordre ou l'accordaient de telle façon qu'ils encourageaient l'opposition, au lieu de la réprimer ; la rébellion continuait dans le Slesvig méridional sous la protection des armes prussiennes.

C'est ainsi que se passa le temps jusqu'à l'été de 1850. Sous la pression des événements de l'Allemagne, la Prusse désirait conclure la paix avec le Danemark ; aussi bien, la Révolution était alors partout comprimée, l'ancien ordre rétabli, et les grandes puissances, notamment la Russie qui avait été complètement à l'abri de la grande agitation européenne, faisaient de nouveau sentir leur influence. La paix fut enfin conclue à Berlin, le 2 juillet 1850, sous la médiation de l'envoyé d'Angleterre, le comte de Westmoreland, par les plénipotentiaires danois Reedtz, Pechlin et Scheel, et le plénipotentiaire prussien von Usedom. D'après le traité, l'amitié et la bonne entente devaient désormais régner entre le Danemark et la confédération germanique ; les anciens traités et conventions entre les deux puissances étaient remis en pleine vigueur et les deux parties se réservaient tous les droits dont elles avaient joui avant la guerre. Le roi de Danemark pouvait, conformément à la constitution germanique, faire appel à l'intervention de la diète pour le rétablissement de son pouvoir légitime dans le Holstein ; si cette intervention était refusée ou restait sans résultat, il lui était loisible de faire usage de sa force armée pour rétablir l'ordre dans le Holstein. D'après une convention qui fut signée le même jour, le roi de Prusse devait, aussitôt après l'échange des ratifications, retirer ses troupes du Slesvig, du Holstein et du Lauenburg, et les troupes suédoises et norvégiennes devaient en même temps quitter le Slesvig. Cette paix insignifiante n'était au fond qu'une interruption des hostilités pour une période indéterminée. Chacun réservait ses droits et les nombreux points litigieux restaient en suspens, comme une ample matière à des contestations qui ne manquèrent pas de s'élever. Le roi de Danemark ne gagnait, à proprement parler, que la promesse de n'être pas empêché par la Prusse de réprimer l'insurrection du Slesvig.

Toutes les mesures étaient prises pour atteindre ce dernier résultat. Le Danemark avait une armée de 38,000 hommes en état de combattre, avec une artillerie de 96 canons. Le général *Krogh* était commandant en chef, Flensborg chef d'état-major; Moltke et Schleppegrell conduisaient chacun une division; Flindt commandait la cavalerie, Fibiger l'artillerie. Mais les Slesvig-Holsteinois aussi, qui recevaient sans cesse d'Allemagne des officiers et de nombreux volontaires, avaient fait tous leurs préparatifs pour la bataille décisive; leur armée s'élevait à 30,000 hommes avec 82 canons; les trois quarts environ des officiers étaient allemands, surtout prussiens, de même qu'un grand nombre de sous-officiers et de simples soldats. *Willisen*, aussi un Prussien, était devenu général en chef, en place de Bonin, que la défaite de Fredericia avait totalement déconsidéré et qui avait été congédié. Le 13 juillet 1850, l'armée slesvig-holsteinoise franchit l'Eider, et le général Willisen, accompagné du duc d'Augustenborg, fit son entrée dans la ville de Slesvig, où le gouvernement insurrectionnel établit de nouveau son siège, mais pour la dernière fois. Willisen choisit pour champ de bataille les environs du village d'*Isted*, situé à huit kilomètres au nord de Slesvig. Le 16 juillet divers détachements de l'armée danoise traversèrent le détroit d'Als et le Kongeaa et se dirigèrent au sud, par un soleil de juillet qui rendait la marche extrêmement pénible et difficile. Le 23 juillet, lorsque l'armée prit les chemins qui conduisaient de Flensborg à Slesvig et à la Slie, la bataille était imminente; car Willisen avait choisi Isted pour sa position principale et lancé ses avant-postes vers le nord et l'ouest. Pour épargner à ses soldats une marche de plusieurs milles le jour même de l'affaire, le général danois résolut de n'engager sérieusement le combat que le 25 juillet, et de n'employer la journée du 24 qu'à déloger l'ennemi de ses positions avancées. Les insurgés avaient occupé Popholt, Stenderupskov, Elmholt et plusieurs petits bois, entre lesquels serpente le *Helligbæk*, des deux côtés de la route qui conduit à Isted. Une lutte animée s'y engagea le 24 juillet. Les Danois s'emparèrent d'abord de la position; mais le gros de l'armée holsteinoise ayant envoyé des renforts, le combat reprit, devint opiniâtre et se prolongea, jusqu'à ce que les Danois fussent maîtres de la position de Helligbæk, vers neuf heures du soir. Le même jour, à la tombée de la nuit, le colonel Schepelern avec une brigade s'était avancé vers l'ouest jusqu'à *Solbro* et s'était posté devant le pont de la Treene, qui reçoit près de là le Helligbæk. Telle fut l'œuvre du premier jour. Le lendemain, 70,000 hommes avec 180 canons devaient décider, dans une sanglante mêlée, si le Slesvig serait danois ou allemand.

Le champ de bataille s'étendait de Solbro à l'ouest jusqu'à Vedelspang à l'est, sur une longueur de dix-huit kilomètres. Sa partie occidentale se composait de vastes bruyères, de marécages et de prés tourbeux, coupés de nombreux cours d'eau, qui rendaient extrêmement difficiles les mouvements militaires. Près et en arrière d'Isted, où se tenait l'ennemi, le terrain s'élevait en collines couvertes de bois; plus loin vers l'est, jusqu'à Vedelspang, il était de même nature, mamelonné, boisé et coupé de lacs. Une série de lacs s'étendaient à l'est d'Isted jusqu'à Vedelspang : d'abord le lac d'Isted à l'est et, au sud de ce village, le *Langsœ* (lac long), qui, comme le nom l'indique, est long et étroit; à Vedelspang, il reçoit les eaux du Vedelbæk. Entre le lac d'Isted et le Langsœ est un bois, le Grydeskov, coupé par un ruisseau qui se décharge dans le premier de ces lacs; un fort détachement posté en cet endroit empêchait les Danois de passer entre les deux lacs, dont la rive méridionale était presque partout mamelonnée et boisée. L'armée slesvig-holsteinoise était couverte par les lacs depuis Vedelspang jusqu'au pas d'Isted et se déployait à l'ouest jusqu'à la bruyère. La force naturelle de la position était augmentée par des retranchements et des épaulements. Près de Guldholm, dans la partie la plus étroite du Langsœ, l'ennemi avait jeté un pont léger de la rive méridionale à la rive septentrionale du lac, en face du village d'Œvrestolk, situé sur une hauteur. A moins de le tourner à l'ouest pour le prendre à revers, on ne pouvait l'attaquer que par deux points, le pas d'Isted et celui de Vedelspang. A Isted, il s'était fortifié par tous les moyens qu'offre l'art de la guerre; il n'y avait donc qu'une voie par laquelle on pouvait s'approcher de lui : cette voie traversait les bruyères déjà mentionnées et était, des deux côtés, bordée de tourbières et de marécages. Vedelspang, à l'extrémité du Langsœ, était également une très-forte position ; un unique petit pont permet d'y traverser le Vedelbæk, qui se jette tout près de là dans le lac et qui coule au fond d'une profonde vallée, entre des collines boisées.

Comme on en peut juger par cette description, l'attaque avait de très-grandes difficultés à surmonter, et la défense trouvait pour la repousser d'inappréciables facilités dans la nature du terrain. Le plan du général danois consistait à faire avancer le centre par la route d'Isted pour occuper cette position et rompre la ligne ennemie ; l'aile gauche, qui marchait plus loin à l'est, à travers l'Angel, avait ordre d'occuper le passage de Vedelspang et de le défendre, si l'ennemi cherchait à le forcer, et de déloger celui-ci du Grydeskov, de traverser ce bois, d'opérer sa jonction avec le centre et de faire un commun effort pour repousser et tailler en pièces l'armée slesvig-holsteinoise. En même temps, la brigade de Schepelern devait continuer son mouvement tournant vers l'ouest, s'approcher de Slesvig et prendre l'ennemi en flanc et à dos. L'exécution de ce plan pousserait vers l'est les troupes de Willisen, qui seraient pressées entre l'armée danoise et la Slie et exposées à être anéanties ou faites prisonnières.

La bataille commença à la pointe du jour, le 25 juillet, sous une pluie battante et au milieu d'un brouillard, qui tint longtemps et qui permettait à peine de distinguer l'ami de l'ennemi. Les trois brigades du centre s'avancèrent sur la route de Slesvig, se déployant des deux côtés dans la bruyère dont il a été question. La marche était extrêmement difficile, les soldats enfonçaient dans la vase et la tourbe, jusqu'à la ceinture et étaient réduits à sauter de touffe en touffe d'herbe. Le combat fut long et opiniâtre surtout à l'ouest dans le Bœgemose (tourbière du hêtre). Les Danois furent quelque temps refoulés, mais ils reprirent le terrain perdu, lorsque des troupes fraîches furent menées au feu, et ils s'ouvrirent progressivement un passage vers le sud. La lutte n'était pas moins acharnée plus près d'Isted et à l'est de la route. Il y avait plusieurs heures que l'on se battait au centre avec furie et grande effusion de sang, mais sans résultat, lorsqu'il arriva soudain une nouvelle imprévue de l'aile gauche conduite par Schleppegrell.

Ce général était parti à deux heures du matin avec deux brigades. Krabbe avec quelques bataillons occupa la partie septentrionale du passage de Vedelspang et, avec ses forces relativement petites, il défendit la position, pendant toute la durée de la bataille, contre les attaques violentes et répétées de l'ennemi. Il avait aussi à surveiller le pont du Langsœ, que l'on croyait avoir été jeté sur la partie orientale du lac. Schleppegrell lui-même, avec la brigade de Baggesen et quelques bataillons s'avança par Œvrestolk. Le colonel Læssœ était à l'avant-garde avec trois bataillons et, après avoir passé Œvrestolk, il marcha vers le Grydeskov pour le traverser et soutenir l'attaque dirigée par le centre contre le passage d'Isted. Mais le brave officier qui marchait avec intrépidité à la tête de ses soldats, exposé à une grêle de balles, tomba frappé à la poitrine par un projectile. Sa mort fut pour tous un sujet de deuil et de chagrin; car presque tous ceux qui l'avaient connu en campagne ou sur le champ de bataille, s'accordaient à voir dans le jeune guerrier l'étoffe d'un grand capitaine. Le général Schleppegrell, accompagné de peu de troupes, était alors arrêté sur une éminence au sud-ouest d'Œvrestolk, où se trouvaient encore les derniers bataillons. A cinq heures du matin, on entendit subitement la fusillade à Œvrestolk pendant que le colonel Trepka, avec le 13e bataillon, traversait ce village; des fenêtres et des portes, des haies et des clotures, les projectiles pleuvaient sur les Danois; le colonel tomba et le bataillon, ne pouvant se défendre dans les ruelles étroites, fut dispersé ou décimé. Cette attaque imprévue produisit une effroyable confusion dans les rangs des Danois; elle partait de la brigade du général Horst qui, à la faveur de la pluie et du brouillard, avait traversé de bonne heure le pont de Guldholm, en échappant à l'attention des Danois convaincus, d'après les renseignements recueillis, que le passage serait tenté plus loin vers l'est. Les commandants danois étaient en outre si pressés d'atteindre le Grydeskov et d'occuper ce point, où serait décidé le sort de la bataille, que, aussitôt après avoir passé Œvrestolk, ils se dirigèrent au sud-ouest, sans se préoccuper du lac et de la contrée s'étendant au sud devant eux. Il en résulta que la ligne danoise offrit une lacune par laquelle l'ennemi passa sans être remarqué et se posta à la lisière et à l'est du village d'Œvrestolk. En entendant les coups de fusil, le général Schleppegrell crut d'abord qu'ils étaient tirés par des paysans d'Œvrestolk et il envoya des dragons pour purger la localité; mais presque tous furent tués ou blessés; l'ennemi sortit alors du village. Le général danois, ne voulant pas reculer, chargea l'ennemi avec le peu d'hommes qu'il avait avec lui, mais il ne put rien faire et, mortellement blessé par une balle qui l'atteignit à la tête, il tomba de cheval en s'écriant : « Courage, soldats, en avant seulement! »

Lorsque la nouvelle de ce malheur arriva au quartier général, on se battait avec ardeur devant Isted, sans que l'on eût encore remporté d'avantage décisif. Dans cette situation périlleuse, le général Krogh résolut de rappeler Schepelern, pour que le gros de l'armée fût rassemblé pendant la marche incertaine de la bataille; il envoya en même temps des renforts considérables à l'aile gauche qui était menacée. Le général de Meza, homme intrépide et plein de sang-froid, fut chargé de remplacer Schleppegrell et de rallier les troupes qu'il avait commandées. Mais, à son arrivée, il trouva la situation déjà un peu meilleure qu'on ne l'avait supposé. Le lieutenant-colonel Henckel était arrivé à Stolk avec la réserve de Schleppegrell et, avec une intrépidité et un courage inébranlables, il avait délogé l'ennemi de ses positions à Stolk et dans les environs, et s'était avancé hardiment en poursuivant ses succès. Les trois bataillons de Lessœ avaient continué, après la mort de leur chef, à se battre dans le Grydeskov, s'étaient emparé du passage et l'avaient franchi, menaçant le centre de l'ennemi à Isted. Sur ces entrefaites, ils reçurent la nouvelle du revers de Stolk et de la mort de Schleppegrell. Ils furent contraints de battre en retraite, ce qu'ils firent en se défendant avec acharnement contre la brigade du général Horst. Celui-ci, qui ne recevait aucun renfort, se trouva lui-même dans une situation critique, à mesure que ses adversaires se ralliaient et reprenaient contenance sous la main dirigeante du général de Meza. Il ne lui restait pas d'autre alternative que de se retirer promptement par où il était venu. A neuf heures et demie, de Meza put annoncer que tout était en bon ordre à l'aile gauche, et qu'il était prêt à marcher en avant.

Au centre, l'épuisement réciproque avait produit, dans la matinée, l'interruption des hostilités. On se reposait et l'on reprenait des forces pour un dernier combat sanglant et décisif; celui-ci s'engagea par un violent duel d'artillerie qui dura une heure et demie et se prolongea jusque vers midi. Cependant Schepelern avait terminé son mouvement tournant, forcé le passage de la Treene à Solbro et, à l'heure fixée, c'est-à-dire à onze heures et demie du matin, il se trouvait à Skovby, à quatre kilomètres à l'ouest de Slesvig, prêt à prendre l'ennemi en flanc et à dos et à lui couper la retraite. Une ordonnance lui apporta alors au grand galop un ordre du quartier général qui lui prescrivait de s'en retourner avec sa brigade. Cet ordre fut un coup de foudre pour Schepelern et ses officiers, qui n'y comprenaient rien, car ils entendaient déjà de plus près le bruit des canons danois qui gagnaient du terrain. Mais le brave colonel n'osa pas différer l'exécution d'un ordre précis et clair. Il retourna donc sur ses pas. Cependant sa marche jusqu'à Skovby n'avait pas été infructueuse : le général Willisen fut saisi de crainte en se voyant menacé de ce côté; l'indécision et la perplexité dont il avait donné des marques à plusieurs reprises pendant la bataille, augmentaient à chaque instant. Au même moment, vers midi, les lignes danoises firent une attaque générale; du nord et du nord-ouest les colonnes se précipitèrent, en poussant de vigoureux hourras, vers les passages d'Isted et du Grydeskov, où elles furent accueillies par une grêle de grenades et de balles. Mais rien ne put les arrêter ni résister au terrible choc des masses d'attaque réunies. L'ennemi chancela, céda, s'enfuit, abandonnant une partie de ses canons; puis il se rallia, s'efforça de les reprendre, mais fut de nouveau repoussé; une confusion et une presse effroyables se produisirent dans les passages étroits. Bientôt la fuite devint générale; à une heure, Willisen donna l'ordre de la retraite sur toute la ligne. La bataille était perdue pour lui; mais, par suite de la fatigue des soldats danois et de la nature du terrain, qui était coupé de haies, de fossés et de marécages, la poursuite ne put être bien vigoureuse, de sorte que l'ennemi réussit à se retirer sans grande perte, à l'est, au-delà de Miœsund, et à l'ouest de Slesvig dans la direction de Rendsborg. Il en aurait été autrement sans le revers d'Œvrestolk, qui avait fait rappeler la brigade de Schepelern; car alors l'armée ennemie aurait difficilement évité d'être désorganisée et anéantie. Cependant, même dans l'état des choses, la victoire était déjà grande et belle : la rébellion slesvig-holsteinoise avait reçu le coup de grâce et, dans cette bataille sanglante et opiniâtre, le courage du soldat danois avait brillé d'un éclat aussi vif que jamais, dans les temps anciens ou récents ; les fils n'avaient pas dégénéré de leurs ancêtres : ils avaient maintenu le droit et l'honneur du Danemark ; on le sentait et toute la nation en était pénétrée de joie depuis le plus humble jusqu'au plus grand. La victoire coûta au Danemark trois mille six cents morts et blessés.

La situation politique en général et les clauses de la paix du 2 juillet relativement à l'intervention de la diète germanique dans le Holstein ne permirent pas à l'armée victorieuse d'aller assiéger Rendsborg et de réprimer totalement l'insurrection dans le Holstein. Elle s'établit dans un camp retranché près de l'ancien boulevard méridional du Danemark, le *Dannevirke*, qui fut transformé et fortifié par de nouveaux travaux, autant que les circonstances le permettaient et que le nouvel art de la guerre en donnait les moyens. Elle resta bien des mois dans cette position du Dannevirke, jusqu'à ce que l'armée insurrectionnelle fût dissoute au commencement de l'année suivante. Outre la position du Dannevirke, au sud et à l'ouest de la ville de Slesvig, il y avait à l'est comme à l'ouest des forces considérables, de sorte qu'une forte ligne de défense s'étendait comme une chaîne de fer, à travers toute la péninsule, depuis la Baltique jusqu'à la mer du Nord. A l'ouest, Frederiksstad sur l'Eider était un point important ; la Treene, l'Eider et d'autres rivières dont les eaux furent endiguées, offraient dans ces contrées d'excellentes ressources pour fortifier la position ; à l'est, l'armée s'appuyait sur Egernfjord et sur Miœsund, situé sur un détroit de la Slie, qui n'était pourtant encore que faiblement fortifié. A la dernière heure, la lieutenance voulut de nouveau tenter le sort de la guerre, afin de pouvoir, en cas de succès, réveiller l'intérêt de l'Allemagne pour les insurgés. Le désespoir qui cherche toute issue, même la moins rationnelle, eut plus de part que la science et les vues militaires, aux deux tentatives faites pour rompre la ligne danoise. L'une fut l'attaque de *Miœsund*, qui eut lieu le 12 septembre 1850 et qui échoua complétement ; l'ennemi dut reculer, après avoir éprouvé de grandes pertes. L'autre fut le siége de *Frederiksstad*; le premier assaut donné le 29 septembre fut repoussé ; vint ensuite un bombardement de cinq jours, pendant lequel la ville fut incendiée et presque réduite en cendres ; l'assaut général fut donné le 4 octobre. La ville était défendue par le brave colonel norvégien *Helgesen* avec quelques milliers de soldats danois et quelques petits canons de campagne. L'ennemi attaquait avec des forces quatre fois plus considérables et était soutenu par un grand nombre de bouches à feu du plus gros calibre. Ce fut un des combats les plus terribles de cette guerre sanglante, et la lutte fut aussi opiniâtre et désespérée de la part de l'ennemi, que si tout eût dépendu de l'issue de cette journée. Le soldat danois soutint l'attaque avec le plus grand sang-froid et le courage le plus inébranlable ; il plaisantait et riait au milieu des flammes, des bombes qui éclataient et des balles qui sifflaient. Après plusieurs heures de combat furieux, les Slesvig-Holsteinois durent se retirer. Les digues et les fossés étaient jonchés de cadavres. On a évalué à douze cents hommes la perte de l'ennemi dans cette affaire. A partir de ce jour, le nom de Helgesen fut inscrit en caractères ineffaçables dans l'histoire de Danemark, et, parmi les nombreux exploits que l'on peut citer dans le cours de cette guerre, il en est peu qu'on se rappelle plus volontiers que la défense de Frederiksstad, ou auxquels on se reporte plus facilement, lorsque l'on veut se bien représenter les vertus militaires qui distinguent le soldat danois. Après cet assaut, la guerre triennale n'offrit plus d'événements de quelque importance.

Dès que l'armée danoise eut occupé Slesvig en juillet 1850, Tillisch avec des pouvoirs étendus prit, en qualité de commissaire extraordinaire du gouvernement, l'administration de ce duché, et commença à mettre l'ordre dans la situation longtemps troublée ; en quoi il ne rencontra plus les mêmes obstacles qu'auparavant, lorsqu'il avait pour collègues un Prussien et un Anglais. Plusieurs des fonctionnaires allemands qui ne voulaient toujours pas obéir à la loi furent congédiés, mais un bien plus grand nombre s'éloignèrent spontanément, ayant parfaitement conscience de la félonie dont ils s'étaient rendus coupables, et ils cherchèrent refuge en Allemagne, où les gouvernements, et surtout la Prusse, non-seulement soutenaient et protégeaient à l'envi ces hommes qui avaient violé leur serment et pris part à la révolte contre leur souverain légitime, mais leur confiaient même des fonctions publiques. Un des actes les plus importants de l'administration de Tillisch est le règlement des langues qui rendit enfin justice à la langue nationale. On suivit à cet égard les indices fournis par le véritable état des choses, tel qu'il s'était formé dans le cours des temps et qu'il existait alors. Dans une partie du Slesvig la population parlait exclusivement danois ; dans une autre, seulement le plattdeutsch ; dans une troisième, limitée au nord par le district purement danois, au sud par le district bas-allemand, on parlait conjointement les deux langues. En conséquence, dans la partie danoise, le danois fut la langue adoptée pour l'église, l'école, les tribunaux et l'administration; dans les localités qui parlaient le plattdeutsch, le haut-allemand resta, comme par le passé, la langue officielle ; dans les districts intermédiaires et mixtes, les deux idiomes furent placés sur le même rang ; seulement on enseignait en danois dans les écoles, mais on y donnait en même temps des leçons d'allemand. En outre, conformément à la situation, l'enseignement secondaire fut organisé de telle sorte qu'il y eut à Haderslev un collége exclusivement danois pour la partie septentrionale du Slesvig; un collége allemand à Slesvig, pour la partie méridionale du duché, et un collége mixte à Flensborg, pour la population mêlée. Les Allemands ont protesté bruyamment contre ce règlement, comme s'il eût fait tort à la langue allemande. On aurait pu, avec beaucoup plus de raison, en se plaçant au point de vue danois, se plaindre de ce que la langue nationale n'avait pas été remise en possession de tous ses droits. Car il est certain que plusieurs villes et localités, où la langue était pour ainsi dire exclusivement danoise, ont été comprises dans le district mixte, et que des contrées, où le danois existait encore à côté du plattdeutsch, furent considérées comme purement allemandes.

III

Constitution du 5 juin 1849. — Occupation du Holstein par les Autrichiens. — Échange de notes avec l'Autriche et la Prusse. — Nouveaux ministères. — Proclamation du 28 janvier 1852. — Traité de Londres, 8 mai 1852. — Changement dans l'ordre de succession. — Mise à exécution de la constitution commune. — Nouvelles constitutions d'États pour le Slesvig et le Holstein. — Le Rigsdag danois s'oppose à la nouvelle loi de succession. — Il combat pour les droits constitutionnels du royaume. — Ministère despotique d'Œrsted. — Constitution commune du 26 juillet 1854. — Ministère Scheele. — Constitution commune du 2 octobre 1855. — Le Rigsraad. — Ministère Hall, 1857. — Les Slesvig-Holsteinois relèvent la tête. — Ministère Rottwit. — Ministère Hall, 1860. — Prétentions inconciliables. — Manifeste du 30 mars 1863. — Constitution dano-slesvigoise de 1863. — Mort de Frédéric VII. — Son caractère, ses mariages.

Pendant que le Danemark soutenait une rude lutte contre l'Allemagne et l'insurrection, il avait fait une grande œuvre de paix et fondé sa constitution libérale. Dès le 22 mars 1848, Frédéric VII avait promis de partager son pouvoir avec la nation et tenu fidèlement parole. Le 23 octobre 1848, l'Assemblée constituante se réunit pour la première fois à Copenhague ; elle était élue d'après une loi électorale qui ne tenait aucun compte de la richesse et de la propriété ; pourtant quelques membres choisis par le roi siégeaient à côté des membres désignés par le suffrage universel. Le ministère de mars avait déposé le projet d'une loi fondamentale pour la monarchie danoise, projet auquel adhéra le ministère de novembre, qui arriva aux affaires peu de temps après. A la suite d'amples débats, dans lesquels furent modifiés plusieurs articles, la constitution fut adoptée par l'Assemblée constituante et sanctionnée par le roi, le 5 juin 1849. Elle devait aussi s'appliquer au Slesvig, et le droit d'accession fut réservé à ce duché qui avait été empêché par la guerre de prendre part aux travaux de la Constituante. Les principales dispositions de cette loi fondamentale, qui a reçu plus tard (le 28 juillet 1866) différentes modifications, étaient ainsi conçues notamment en ce qui concerne les élections au Landsthing : le Rigsdag (parlement) exerce conjointement avec le roi le pouvoir législatif et le droit d'établir les impôts ; toute loi doit être votée par le Rigsdag et aucune contribution ne peut être imposée, modifiée ou abolie, si ce n'est par une loi. Les ministres sont responsables des actes du gouvernement, pour lesquels ils peuvent être mis en accusation et jugés par la Haute-Cour (Rigsret). Le Rigsdag se réunit annuellement ; il est composé du *Folkething* (Chambre populaire) et du *Landsthing* (Chambre des propriétaires fonciers). Le droit d'élire et d'être élu au Folkething appartient à chacun, sous certaines conditions personnelles, qui tiennent à la nature des choses ; il faut par exemple que l'élu ait atteint un certain âge, qu'il soit d'une moralité irréprochable, etc. ; mais peu importe sa qualité ou sa fortune. Le droit de suffrage pour le Landsthing est soumis aux mêmes conditions ; seulement il ne s'exerce pas immédiatement, il est à deux degrés. Pour être éligible à cette seconde Chambre, il faut, outre les conditions générales, jouir d'un revenu annuel net d'au moins 1,200 rigsdaler (3,360 francs), ou bien avoir payé dans la dernière année à l'État ou à la commune 200 rigsdaler (560 francs) de contributions directes. Les membres du Folkething sont élus pour trois ans, ceux du Landsthing pour huit ans. Les fonctionnaires élus membres du parlement n'ont pas besoin, pour accepter ces fonctions, d'y être autorisés par le gouvernement. Entre autres dispositions importantes, qui ont pour but de garantir la liberté personnelle et civile, l'indépendance et l'impartialité de la magistrature, l'égalité générale des citoyens relativement aux charges et aux droits publics, il faut mentionner l'introduction de la complète liberté de conscience, et le droit de s'unir en société religieuse et d'avoir un culte public, à condition de ne rien faire ni enseigner qui blesse la moralité ou l'ordre public ; en outre, la liberté d'association, de réunion, de la presse, sous la responsabilité légale ; l'abolition de la censure à perpétuité. La liberté personnelle est garantie par l'obligation de présenter au juge dans les vingt-quatre heures toute personne arrêtée ; le magistrat doit juger à bref délai si l'inculpé doit être maintenu en état d'arrestation ou remis en liberté. Le domicile est inviolable et des perquisitions n'y peuvent être faites qu'en vertu d'un jugement. Il dit en outre que toutes les restrictions à la liberté du travail qui ne sont pas justifiées par le bien public, devraient être abrogées par des lois ; que tout privilégé attaché par la législation à la naissance, au titre ou au rang, serait aboli ; qu'aucun fief, majorat ou fideicommis ne pourrait être établi à l'avenir. D'après la même constitution, tout homme en état de porter les armes est tenu de contribuer de sa personne à la défense de la patrie ; les juges ne peuvent être destitués sans jugement, ni déplacés sans leur consentement ; la justice doit être séparée de l'administration et l'autorité judiciaire attachée à certaines propriétés doit être abolie par une loi ; la publicité et la procédure orale doivent autant que possible être introduites dans tous les tribunaux ; les causes criminelles et politiques doivent être soumises au jury. Tels sont les points fondamentaux de la nouvelle constitution dont fut doté le Danemark et d'après laquelle la société doit à l'avenir être gouvernée, dirigée et se développer.

L'antique pouvoir absolu était descendu au tombeau ; aucune haine ou rancune ne lui survécut, comme ce fut le cas pour tant d'autres pays où la liberté avait remplacé le despotisme. Il n'était pas non plus tombé après une lutte rude et opiniâtre, mais il s'effaçait spontanément comme un vieillard décrépit qui s'est survécu, et il fit place à la jeune et nouvelle constitution que le temps avait portée dans son sein. On pouvait, en général, lui donner un bon certificat lors de sa disparition. A très-peu d'exceptions près, que l'on peut signaler seulement dans les premiers temps, les rois absolus avaient exercé avec modération et équité la puissance qui leur était confiée ; sous leur règne, l'histoire de Danemark offre relativement peu d'exemples de dureté, d'arbitraire, d'oppression et d'épuisement du pays et du peuple, tandis qu'il y en eut un si grand nombre dans d'autres États qui se trouvaient sous un régime analogue ; la justice suivait son cours sans obstacle, aussi bien à l'égard des grands que des petits, et si elle s'en écartait parfois, c'était plutôt dans la direction de la grâce que dans celle de la sévérité ; l'instruction publique et les sciences ne manquaient ni d'encouragements ni de protection. C'est surtout dans les dernières générations de son existence que l'autocratie éleva un monument glorieux pour sa mémoire. Elle s'appropria toutes les lumières des temps nouveaux et gouverna conformément à leurs aspirations, avec l'appui des hommes les plus éminents. Cette période est signalée par de grandes et bienfaisantes réformes ; et celles-ci, jointes à l'instruction générale que le gouvernement favorisait si volontiers, préparèrent la liberté à venir et lui permirent de prendre racine si facilement et de se développer si heureusement.

La nouvelle constitution, qui est une des plus libérales du monde, a déjà duré une série d'années et s'est montrée sous l'aspect le plus avantageux ; elle a gagné de la force et s'est affermie par l'action qu'elle a exercée sur l'ample et heureux développement du Danemark dans les directions les plus diverses. Elle fut accueillie au commencement avec crainte et défiance par beaucoup d'esprits, surtout à cause de la large base de la loi électorale. On disait que c'était un trop grand pas ; et effectivement il était grand, mais il allait dans la direction que le progrès suivait depuis longtemps. Sous le gouvernement des rois absolus, le sentiment d'égalité avait crû et s'était propagé; vis-à-vis de l'autocrate tous étaient devenus égaux ; la noblesse, autrefois puissante avait été abaissée, ses priviléges abolis pour la plus grande partie, et la classe rurale enfin relevée de sa profonde humiliation. Ces sentiments égalitaires, qui étaient déjà si bien enracinés dans la conscience de tous et qui prirent une nouvelle force dans le mouvement général de l'Europe en 1848, trouvèrent leur expression naturelle dans le suffrage universel. Il est heureux pour le Danemark d'avoir déjà fait ce pas ; car il devait toujours en arriver là, par suite du développement général du monde dans le sens de la liberté et de l'égalité ; et la période de transition aurait été certainement accompagnée de luttes et de discordes dont le Danemark est maintenant préservé. L'expérience acquise, pendant le temps qu'a duré la nouvelle constitution, ne confirme pas non plus les craintes qu'elle inspirait à l'origine, et, pour l'avenir, le caractère paisible et posé du peuple danois et son profond sentiment d'équité offrent une garantie aussi forte qu'aucune autre.

Conformément aux clauses de la paix du 2 juillet 1850, le roi avait fait appel à l'intervention de la diète germanique pour le rétablissement de l'ordre dans le Holstein, et l'Allemagne se préparait enfin à éteindre le feu qui brûlait encore dans ce duché et qu'elle avait elle-même si longtemps alimenté et attisé. La lieutenance, loin de se plier aux circonstances et à la réalité, continuait à parler d'un ton provoquant et menaçant, comme si l'on eût encore été en 1848, et non en 1850, et comme si rien ne s'était passé à Fredericia et à Isted. Elle s'aperçut pourtant bientôt que les beaux jours de la révolution étaient finis. Ce fut l'Autriche qui prit l'affaire en main. Pour éviter la guerre avec cet empire redevenu fort et puissant, la Prusse avait dû se courber devant lui avec une profonde humiliation, lors du traité d'Olmütz (novembre 1850), et lui abandonner la conduite des affaires de l'Allemagne. Et l'Autriche, qui avait elle-même réprimé la révolution dans son propre territoire, voulut aussi y mettre fin dans le Holstein. Au commencement de janvier 1851, ce duché fut occupé par une armée autrichienne sous le feld-maréchal Legeditsch; les Prussiens formaient la réserve. Les troupes étaient accompagnées de deux commissaires, l'un autrichien, l'autre prussien, qui demandèrent la démission de la lieutenance, la dissolution de l'assemblée insurrectionnelle, et la retraite des troupes slesvig-holsteinoises au sud de l'Eider pour être licenciées. C'est ce qui fut fait. L'assemblée tint sa dernière séance le 17 janvier 1851; la lieutenance, exercée par Fr. Reventlow-Preetz seul, depuis que Beseler s'était retiré, déposa le pouvoir le 1er février 1851, et la plus grande partie de l'armée fut licenciée. Le pays fut gouverné provisoirement par les deux commissaires conjointement avec H. Reventlow-Criminil, nommé par le roi de Danemark; ils instituèrent pour l'expédition des affaires courantes une administration civile qui leur était subordonnée. Ainsi la rébellion était vaincue, mais le roi n'avait pas encore recouvré son autorité, car l'armée autrichienne resta dans le duché, attendant le résultat des négociations qui étaient engagées avec le gouvernement danois.

Ces négociations avaient été entamées, en exécution de la promesse que le roi avait faite, lors du dernier traité de paix, de communiquer à la diète ses vues sur le règlement de la question du Holstein. Cependant, en raison de la situation, elles prirent bientôt un plus ample développement et embrassèrent aussi le Slesvig. Au commencement, on avait encore en Danemark l'espoir de maintenir le royaume jusqu'à l'Eider, conformément au programme du ministère de mars, ou tout au moins l'union constitutionnelle du Slesvig avec le royaume, tout en laissant à ce duché une certaine autonomie provinciale, tandis que le Holstein, membre de la confédération germanique, serait moins étroitement lié au Danemark. Un projet dans ce sens avait été approuvé par l'Autriche et il fut soumis à une assemblée de notables pris dans toutes les parties de la monarchie, qui furent convoqués à Flensborg, en mai 1851, pour donner leur avis. Mais depuis l'Autriche changea tout à fait d'opinion, et le projet rencontra chez les notables du Holstein une complète opposition, tandis que ceux du royaume et du Slesvig étaient disposés à l'adopter. Il fallut l'abandonner. Un autre projet du gouvernement danois (26 août 1851) n'obtint pas non plus l'adhésion des puissances allemandes qui, profitant de leur situation avantageuse dans le Holstein, cherchaient toujours de plus en plus à détourner le gouvernement danois de l'idée du royaume jusqu'à l'Eider (Eiderstat) et à l'amener à celle d'un État complexe (Heelstat) ou à l'union de toutes les parties de la monarchie sous une constitution commune. Elles étaient appuyées dans ces vues par la Russie; le Danemark ne trouva aucun appui en France, non plus que dans l'Angleterre libre et constitutionnelle; l'Autriche et la Prusse ne dissimulaient pourtant pas qu'un des buts de leur pression sur le gouvernement danois était de détruire la constitution libérale du Danemark, ou au moins d'empêcher que les grandes libertés politiques du royaume et sa loi électorale ne fussent appliquées au Slesvig et au Holstein. La marche des négociations, dans lesquelles le Danemark cédait toujours de plus en plus, se manifesta par les fréquents changements de ministère. Le ministère de novembre, qui avait déjà subi différentes modifications, fut dissous le 13 juillet 1851. Plusieurs de ses membres pourtant trouvèrent place dans le nouveau cabinet. Le plus important de ceux qui se retirèrent définitivement fut H.-N. Clausen, le puissant avocat de l'idée danoise et nationale. Le nouveau ministère se composait de A.-W. Moltke, H.-C. Reedtz, F. Tillisch, Sponneck, A.-W. Scheel, Madvig, Fibiger, van Dockum, Bardenfleth et Charles Moltke. Ce dernier avait été membre du cabinet qui fit place au ministère de mars. Le 18 octobre de la même année, le ministre des affaires étrangères Reedtz, Fibiger et Charles Moltke, donnèrent leur démission; le premier fut remplacé par Bluhme. Le 7 décembre, Madvig se retira également et eut pour successeur, aux cultes et à l'instruction publique, P.-G. Bang.

Blühme mena à bonne fin les négociations avec l'Autriche et la Prusse. Le roi se décida à faire à ces puissances une communication sur la manière dont il se proposait de régler la situation politique de la monarchie danoise, pourtant avec la déclaration expresse que, en ce qui concernait le Slesvig, il agissait de sa pleine autorité et sans y être tenu ni obligé. Le point essentiel est qu'il se prononçait pour l'État complexe, en manifestant l'intention d'établir un lien constitutionnel organique et homogène entre toutes les parties de la monarchie. Le Slesvig devait conserver une indépendance provinciale et ne pas être incorporé dans le royaume ; mais, en même temps, toute union entre le Slesvig et le Holstein devait être abolie, à moins qu'elle ne fût une conséquence des relations des deux duchés avec le royaume, et notamment l'union judiciaire et administrative des deux duchés, établie en 1834, devait être rompue à jamais ; par exception certaines institutions communes, n'ayant aucun caractère politique, furent maintenues. Afin que le roi pût réaliser la constitution complexe en question, il fut réservé expressément que la diète germanique renoncerait à toute prétention de se mêler des affaires du Slesvig, pays de la couronne danoise, et que, dans l'exercice de sa souveraineté en Holstein et en Lauenburg, le monarque ne rencontrerait pas plus de restrictions que n'en comportait la législation fédérale en vigueur. — Les gouvernements autrichien et prussien se déclarèrent satisfaits de ces explications. Dans sa réponse, le premier exprima l'espoir que les divers pays qui devaient être réunis en État complexe, seraient placés sur le même pied comme des parties d'un tout dans lequel l'un ne serait pas subordonné à l'autre. Il était dit expressément qu'il allait de soi que la diète fédérale ne pourrait étendre son autorité au Slesvig, ce duché ne dépendant pas de la confédération. A propos de la déclaration faite à la diète par Christian VIII, le 7 septembre 1846, concernant les relations mutuelles du Holstein et du Slesvig et la résolution que la diète y joignit le 17 septembre de la même année, il était remarqué que ces actes, étant uniquement l'expression de la situation d'alors, ne pouvaient être considérés comme une règle obligatoire pour l'avenir. — Par un manifeste du 28 janvier 1852, le roi fit connaître, conformément aux communications qu'il avait faites à l'Autriche et à la Prusse, ses intentions à l'égard des rapports mutuels des parties de la monarchie, et promulga diverses dispositions transitoires qui devaient être appliquées jusqu'à ce que la constitution unitaire pût entrer en vigueur. L'Autriche ayant ainsi obtenu ce qu'elle voulait, les troupes allemandes évacuèrent, en février 1852, le Holstein qu'elles avaient occupé pendant plus d'un an. La diète germanique approuva, le 29 juillet 1852, la conduite de l'Autriche et de la Prusse dans cette affaire, et déclara que les dispositions du manifeste du 28 janvier 1852, en tant qu'elles concernaient le Holstein et le Lauenburg, étaient d'accord avec la législation fédérale.

Mais, la veille de la promulgation du manifeste du 28 janvier 1852, une crise ministérielle avait eu lieu, et les membres qui croyaient ne pouvoir coopérer à la nouvelle constitution se retirèrent. C'étaient A.-W. Moltke, F. Tillisch, Bardenfleth, Flensborg et van Dockum. Le nouveau cabinet fut composé de Bluhme, comme premier ministre du royaume et ministre des affaires étrangères de la monarchie, Sponneck aux finances, Hansen à la guerre, Bille à la marine de toute la monarchie, A.-W. Scheel à la justice du royaume, et P.-G. Bang aux affaires intérieures, au culte et à l'instruction publique du royaume; Ch. Moltke devint ministre du Slesvig, et H. Reventlow-Criminil, du Holstein. Ces personnages se chargèrent d'appliquer le manifeste du 28 janvier 1852, et plusieurs d'entre eux ont eu une part importante à sa confection. Dans cet acte, le roi exprime sa résolution de maintenir et de fortifier l'union entre les différentes parties de la monarchie pour en faire un tout bien organisé, d'abord en faisant administrer les affaires communes par des fonctionnaires communs, puis par une constitution commune pour lesdites affaires, constitution pour la réalisation de laquelle il prendrait des mesures le plus tôt possible. Les affaires qui devaient être communes ressortiraient aux ministères des affaires étrangères, des finances, de la guerre et de la marine; les attributions des ministères de l'intérieur, de la justice, du culte et de l'instruction publique du royaume devaient être les mêmes que par le passé. Le Slesvig aurait un ministère propre pour ses affaires particulières;

en devait être de même pour le Holstein-Lauenburg. Ces deux ministres ne seraient responsables de leurs actes que devant le roi; la responsabilité des autres ministres devant le parlement danois serait restreinte aux affaires spéciales du royaume. Tous les ministres auraient siége au conseil d'État privé. Le roi exprimait en outre la ferme résolution de maintenir intactes les dispositions de la constitution danoise, et il annonçait le dessein d'étendre constitutionnellement les attributions des États provinciaux du Slesvig et du Holstein, jusqu'à leur accorder voix délibérative dans les affaires où ils avaient seulement voix consultative. Relativement aux rapports des duchés, notamment à la communauté judiciaire et administrative, le roi répétait ce qu'il avait dit dans ses communications à l'Autriche et à la Prusse. Il promettait de mettre sur le même pied et de protéger également les langues et les populations danoise et allemande.

La question de savoir si l'ordre de succession établi par la loi royale serait applicable dans toutes les parties de la monarchie danoise, à l'extinction de la ligne agnatique régnante, avait joué un rôle considérable dans l'insurrection; et comme, dans ce cas, la branche de la dynastie d'Oldenbourg qui occupait le trône de Russie élevait sur certaines parties du Holstein des prétentions dont la valeur restait incertaine, il était de haute importance de donner une solution finale aux affaires de succession, qui étaient en rapport si étroit avec l'organisation projetée de l'État unitaire. Il y avait déjà longtemps que des négociations à ce sujet étaient entamées. Le 2 août 1850, à Londres, l'Angleterre, la France, la Russie et la Suède-Norvège avaient publié une déclaration à laquelle l'Autriche [accéda plus tard et où ces puissances se prononçaient en faveur du maintien de la monarchie danoise dans toute son intégrité et approuvaient le dessein du roi de Danemark, de faciliter ce maintien par un nouveau règlement de l'ordre de succession, qu'elles se réservaient de faire reconnaître en Europe par une déclaration collective. Depuis, l'empereur de Russie avait, par un acte daté de Varsovie, le 5 juin 1851, renoncé à ses prétentions en faveur de l'héritier désigné, le prince Christian de Glücksburg, et de ses descendants mâles. Par une convention de famille, le plus proche héritier en vertu de la loi royale, le fils de la sœur de Christian VIII, le prince Frédéric de

Hesse, avec sa famille, renonçait à son droit (18 juillet 1851) en faveur de sa sœur, la princesse Louise, mariée avec le prince Christian de Glücksburg. Ce couple réunissait donc les droits divers; aussi fut-il décidé que, en cas d'extinction de la ligne agnatique régnante, le prince Christian hériterait du trône, et après lui la ligne agnatique issue de son mariage avec la princesse Louise. Par le traité de Londres, du 8 mai 1852, ce règlement de la succession fut, eu égard à son importance pour les intérêts généraux de l'Europe et pour le maintien de la paix, ratifié par les cinq grandes puissances et par la Suède-Norvège. Il était dit en outre que, si plus tard la nouvelle ligne agnatique était menacée de s'éteindre, les mêmes puissances, s'attachant toujours au principe du maintien de la monarchie danoise dans son intégrité, prendraient en considération les ouvertures que le roi de Danemark pourrait leur faire à ce sujet.

Il s'agissait maintenant de mettre à exécution le manifeste du 28 janvier 1852; mais il fallut surmonter bien des obstacles. L'affaire alla passablement bien dans le Slesvig et au commencement aussi dans le Holstein, qui plus tard souleva tant de difficultés et fit une opposition qui prit de l'importance, parce qu'elle fut appuyée par l'étranger. Un projet de nouvelle constitution et de nouvelle loi électorale pour le Slesvig fut soumis par le gouvernement à l'Assemblée d'États ou diète provinciale, qui se réunit à Flensborg, dans l'automne de 1853, et dont les membres étaient élus d'après l'ancienne loi électorale. La nouvelle constitution accordait aux États voix délibérative, au lieu de voix consultative, dans les affaires concernant spécialement le Slesvig. On a plus tard reproché, et avec raison, à la nouvelle loi électorale, d'avoir donné à la chevalerie et aux grands propriétaires, qui pour la plupart étaient Allemands de naissance ou d'opinion, une part disproportionnément grande dans la représentation. Les quatre premiers paragraphes, qui traitaient de certaines matières générales et qui notamment déterminaient les affaires relevant de la constitution commune, furent soustraits à l'examen de la diète. Cette assemblée fit plusieurs remarques sur certains points de détail, mais elle admit les points essentiels du projet, qui reçut force de loi, le 15 février 1854. Un projet analogue fut présenté à l'Assemblée des États du Holstein; les six premiers paragraphes étant d'une portée plus générale, de même que les quatre premiers de la constitution du Slesvig, ne furent pas soumis aux délibérations de la diète et, en faisant cette restriction, le gouvernement partait du principe que le droit des États se bornait à discuter les affaires spéciales au duché. L'opposition fut plus forte et plus vive à la diète du Holstein qu'à celle du Slesvig. Dans le rapport de la commission nommée pour examiner le projet de constitution, il se trouvait une proposition tendant à maintenir légalement l'union politique des duchés, c'est-à-dire à reconnaître le Slesvig-Holstein ; mais ce passage fut exclu de l'adresse définitive des États, qui autrement aurait été repoussée par le commissaire royal. Cette adresse renfermait aussi des objections contre la constitution commune projetée qui, prétendait-on, à en juger par les articles connus, ne donnerait au Holstein ni « l'égalité », ni garantie pour son « indépendance » ; et l'on alla jusqu'à conseiller le rejet de ce projet, tandis que l'on demandait le retour à l'absolutisme, avec des états consultatifs, comme en 1848, sous prétexte que ce régime était le seul qui garantît l'heureuse coexistence des différentes parties de la monarchie. Cette singulière préférence pour le despotisme était d'autant plus frappante que la constitution adoptée peu auparavant, pendant l'insurrection, avait une tendance fortement démocratique. Cependant le gouvernement ne tint aucun compte de ces remarques et transforma le projet en une loi qui fut promulguée le 11 juin 1854.

Mais la lutte fut plus vive et plus sérieuse dans le royaume qui possédait une constitution et un parlement ayant voix délibérative. Déjà la loi qui modifiait l'ordre de succession et qui fut soumise au Rigsdag, convoqué en octobre 1852, fut l'objet d'une opposition formelle, qui ne visait pourtant pas la désignation du prince Christian comme héritier du trône, ni la ligne agnatique issue de son mariage avec la princesse Louise de Hesse, mais bien l'abrogation absolue de l'ordre de succession établi par la loi royale. On désirait que, en cas d'extinction de la nouvelle ligne agnatique, la succession cognatique de la loi royale fût remise en vigueur, afin d'avoir un héritier désigné pour le royaume de Danemark ou Danemark-Slesvig, quel que pût être en ce cas le sort du Holstein. On craignait qu'autrement, si le trône devenait vacant par extinction de la ligne masculine, la Russie ne prît, en raison des prétentions qu'elle élevait sur une partie du Holstein, une influence trop prépondérante sur le choix du nouveau roi de toute la monarchie. Cependant l'opposition n'était pas seulement fondée sur l'appréhension de cette possibilité lointaine, qui se présenterait dans des circonstances difficiles à prévoir et qui en tout cas ne feraient pas courir grand danger au royaume, car, outre la Russie, les autres grandes puissances avec la Suède-Norvège auraient alors à se prononcer conformément au traité de Londres du 8 mai 1852. Mais l'opposition prenait aussi sa force dans les sentiments peu bienveillants de la nation pour un ministère qui avait accepté la charge de mettre en vigueur une constitution qui faisait brèche à tant de belles et légitimes espérances. Voilà ce qui contribua surtout à la rendre opiniâtre et pendant longtemps irréconciliable. Le gouvernement présenta aussi une nouvelle loi sur les douanes dont la limite était reculée jusqu'à l'Elbe. Cette loi faisait essentiellement partie du régime unitaire et il importait fort au ministère de la faire voter aussi tôt que possible. Mais le Folkething était peu disposé à modifier par pièces la loi fondamentale et il résolut d'ajourner l'affaire jusqu'à ce que l'on connût dans son ensemble la constitution commune. Le lendemain il fut dissous (13 janvier 1853); le Landsthing au contraire fut seulement prorogé jusqu'à la nouvelle réunion du Parlement. Les élections au Folkething, qui eurent lieu dans le mois suivant, donnèrent une assemblée composée presque des mêmes membres que la précédente. La loi de succession fut de nouveau présentée. D'après la constitution, cette affaire devait être décidée par les deux Chambres réunies en une seule, et il fallait les trois quarts des voix pour que le changement proposé fût adopté. Mais il y eut quatre-vingt-dix-sept suffrages pour le projet et quarante-cinq contre, de sorte qu'il fut rejeté. Dès le lendemain, 19 avril 1853, les deux Chambres furent dissoutes, et immédiatement après le ministère éprouva une remarquable modification. Simony qui, peu après la formation du ministère de janvier, y était entré comme ministre des cultes et de l'instruction publique, se retira avec Bang, ministre de l'intérieur. Ils furent remplacés par *Anders-Sandœ Œrsted*, comme président du conseil et ministre de l'intérieur, des cultes et de l'instruction publique. Le retour de ce personnage montra plus clairement que tout quelle profonde réaction s'était produite depuis 1848, dans les hautes régions du pouvoir et dans les principes d'après lesquels il paraissait se diriger. OErsted avait été ministre sous Christian VIII et jusqu'au 22 mars 1848, et, en raison de la résistance opiniâtre qu'il avait alors opposée aux exigences et aux aspirations du temps, il était très-mal noté dans l'opinion publique ; c'était l'un des hommes d'État que l'on était le moins désireux de voir aux affaires. Le parlement issu des nouvelles élections se réunit en juin 1853, pendant qu'une meurtrière épidémie de choléra faisait des ravages à Copenhague; il se montra traitable : la loi de succession fut adoptée, le 24 juin, à la majorité de cent dix-neuf voix contre dix ; l'importante loi douanière subit aussi victorieusement les épreuves de la discussion. Dans la séance de clôture (19 juillet), OErsted présenta un projet de modifications à la constitution du royaume ; ce projet restreignait la compétence du Rigsdag aux affaires particulières du Danemark ; il ne fut discuté qu'à la session suivante, en octobre 1853.

D'après les droits constitutionnels dont il était en possession, le parlement danois pouvait à la rigueur exiger que la nouvelle constitution commune, lui enlevant une grande partie de ses prérogatives en matière de législation et de finances, fût soumise à ses délibérations. Mais il renonça à ce droit, qui ne pouvait être accordé aux autres parties de la monarchie n'ayant que des États consultatifs. Il se déclara donc disposé à introduire dans la loi fondamentale les modifications qui étaient absolument indispensables pour la mise en vigueur de la constitution commune. Mais ce fut le terme de ses concessions. Il ne voulut en aucune façon se prêter à ce que le gouvernement profitât de l'occasion pour introduire d'autres changements dans la loi fondamentale ou pour restreindre la liberté politique que la nation devait à celle-ci. Il voulait en outre, avant de consentir à reviser la constitution, savoir ce que l'on mettrait en place, connaître la teneur de la constitution commune ; il supposait que l'Assemblée à laquelle passerait une partie des attributions du Rigsdag, serait pourvue d'une véritable puissance politique, avec voix délibérative en matière de législation et de finances. Le même parlement, qui avait été si conciliant dans l'affaire de succession et de douanes, fut intraitable dans les points énumérés. Le projet de constitution modifiée pour le royaume, que présenta OErsted, allait beaucoup plus loin qu'il n'était nécessaire pour l'établissement d'une constiution commune, en ce que plusieurs des droits politiques et civils les plus importants et les plus essentiels, énumérés dans la constitution du 5 juin 1849, ne figuraient pas dans le projet ; et OErsted déclara en même temps que les représentations des diverses parties de la monarchie n'avaient rien à voir dans la constitution commune que le roi octroyait de son plein pouvoir. Le Rigsdag ne tint aucun compte de cette manière de voir ; il n'adopta que les changements indispensables et fit dépendre leur mise en vigueur de sa résolution, lorsque la constitution commune lui aurait été communiquée ou que celle-ci aurait été votée par une assemblée commune. On se vit bientôt amené à faire un pas de plus. On soupçonnait le ministère de couver le dessein de modifier la constitution sans se conformer aux règles qu'elle prescrivait, et il avait fait une réponse évasive et ambiguë à une question qui lui avait été adressée à cette occasion. Sur la proposition de l'évêque Monrad, le Folkething adopta alors une adresse dans laquelle il déclarait que le ministère n'avait pas sa confiance au point de vue politique ; cette adresse reçut l'adhésion du Landsthing et fut remise au roi ; mais elle n'eut pas d'effet apparent. Le ministère resta à son poste et le parlement ne fut pas dissous. Cependant trois semaines après la clôture de la session, trois des membres les plus considérés du Rigsdag, qui avaient pris une part active aux débats précédents, furent destitués de leurs fonctions : le professeur *Hall* comme auditeur général, le lieutenant-colonel *Andræ* comme professeur à la haute école militaire, et *Monrad* comme évêque. L'unique grief contre eux était qu'ils avaient défendu avec force et habileté les droits de la nation qui les avait élus pour ses représentants. Ils n'avaient fait que remplir un devoir qui leur était imposé par l'honneur et la conscience. Cette mesure du gouvernement produisit une inexprimable sensation, où l'exaspération était le sentiment dominant. Sous les monarques absolus il était extrêmement rare qu'un fonctionnaire fût destitué arbitrairement. Il semblait donc que, au lieu d'avoir gagné la liberté civile et politique garantie par la loi, on n'avait fait qu'échanger le pouvoir patriarcal de l'autocratie contre le despotisme ministériel. En même temps, comme pour rappeler le souvenir du précédent ministère d'OErsted, les procès de presse foisonnèrent. Dans un seul jour, six journaux furent poursuivis pour quarante articles environ. Vers cette époque, le ministère s'accrut d'un nouveau membre, Tillisch, qui prit le portefeuille de l'intérieur. Une vive agitation, analogue à celles qui s'étaient produites à plusieurs reprises sous le règne de Christian VIII, commença à se manifester parmi le peuple. Il se forma des sociétés pour veiller au maintien de la constitution ; des réunions se tinrent au Casino ; des fonds furent recueillis pour être distribués aux fonctionnaires arbitrairement congédiés, des adresses couvertes de milliers de signatures, à Copenhague et dans toutes les contrées du royaume, furent présentées au roi comme protestations contre le ministère impopulaire. Cependant l'ordonnance sur la constitution commune de la monarchie fut promulguée le 26 juillet 1854 ; octroyée en vertu de la pleine puissance du monarque, elle avait des tendances essentiellement autocratiques. C'est seulement en matière d'emprunt, de nouveaux impôts et de modification ou d'abolition des anciens, que le *Rigsraad* (conseil de la monarchie), comme s'appelait la nouvelle assemblée pour les affaires communes, avait voix délibérative ; dans tout le domaine de la législation, des douanes, de la guerre, du budget, etc., elle ne pouvait donner que des avis. Elle se composait de cinquante membres de toutes les parties de la monarchie et vingt d'entre eux étaient nommés par le roi. Elle ne put d'abord être formée que de ces derniers. Comme la loi fondamentale du 5 juin 1849 n'avait pas encore été modifiée, il fut pourtant réservé que les matières communes, législation, budget, finances, autant qu'elles concernaient le royaume, seraient traitées par le Rigsdag, jusqu'à ce que la loi fondamentale eût été restreinte aux affaires spéciales. Mais les lumières politiques étaient trop largement répandues dans le pays, la nation danoise avait trop pleinement conscience d'avoir sauvé la monarchie et le trône par de lourds et nombreux sacrifices dont elle méritait d'être mieux récompensée que par la perte de ses droits légitimes, et il régnait dans chaque localité du pays trop d'exaspération contre le ministère, pour que ses entreprises pussent réussir. Le cabinet essaya pourtant quelque temps de poursuivre l'exécution de son dessein et de l'imposer par la menace et la compression.

Le Rigsdag se réunit en octobre 1854 et les événements qui s'étaient passés depuis sa dernière session n'avaient pas contribué à le rendre plus traitable. Il était une image fidèle de l'opinion publique et, à l'ouverture de ses séances, il était dominé par un sentiment de gravité et d'amertume. Dès les débuts, un grand propriétaire, P.-A. Tutein, fit la motion de charger un comité de préparer la mise en accusation du ministère, devant la haute Cour, pour violation de la constitution et transgression de la loi financière, et cette proposition fut adoptée presque à l'unanimité. Peu de jours après, sur la motion de Hall, le Folkething résolut d'envoyer au roi une adresse où il était dit, entre autres choses, que le Rigsdag danois ne pourrait jamais renoncer à l'idée que l'Assemblée, à laquelle seraient confiées les affaires communes de la monarchie, dût être pourvue de voix délibérative dans les parties de la législation et du gouvernement soumises à son contrôle. Cette adresse fut remise au roi le 19 octobre ; deux jours après, le Folkething fut dissous par des lettres patentes, qui contenaient aussi des paroles très-dures pour les représentants du peuple. Les électeurs furent de nouveau convoqués pour le 1ᵉʳ décembre, et à cette occasion fut publié le manifeste du 20 octobre, qui exhortait la nation à avoir confiance aux conseillers choisis par le roi et l'engageait à ne pas céder aux instigations pernicieuses des adversaires du gouvernement, qui ne se faisaient pas scrupule d'abuser scandaleusement des libertés de la presse et de réunion. Il y était dit en outre que le roi avait appris avec peine que plusieurs fonctionnaires n'avaient pas rempli les devoirs de leur charge lors des récentes agitations politiques, c'est pourquoi il leur était donné un sérieux avertissement d'être à l'avenir plus attentifs à cet égard. Enfin il était prescrit à tous les fonctionnaires de travailler avec le plus grand zèle au succès de l'entreprise du gouvernement. Toutes ces recommandations n'eurent aucune influence sur l'opinion publique. Lors des élections du 1ᵉʳ décembre 1854, presque tous les adversaires du cabinet furent réélus et il semblait que la lutte avec le Rigsdag dût se prolonger à l'infini ou se terminer par un coup de force. Mais les jours du ministère étaient maintenant comptés. A la fin d'octobre, le roi fit dans le Slesvig et le Holstein un voyage dans lequel il paraît s'être rendu compte de la vraie situation des choses. Aussitôt après son retour, il congédia tous les ministres : OErsted, H. Reventlow-Criminil, Ch. Moltke, F. Tillisch, C.-F. Hansen, Bluhme, Sponneck, Bille (le ministre de la justice, A.-W. Scheel, avait antérieurement reçu un congé pour cause de santé, et il fut relevé de ses fonctions un peu plus tard). On put de nouveau respirer librement en Danemark ; on se sentait soulagé comme si l'on se fût débarrassé d'un fardeau accablant ou que l'on se fût réveillé d'un songe affreux. La mésintelligence que le ministère renversé avait, pour la première fois pendant le règne de Frédéric VII, suscitée entre le roi et la nation, se dissipa bientôt et les anciennes relations cordiales et confiantes se rétablirent promptement.

Le nouveau cabinet, qui fut formé par *L.-N. Scheele*, landdrost ou bailli de Pinneberg, qui s'attribua le portefeuille du Holstein et du Lauenburg et par intérim celui des affaires étrangères, se composait en outre de P.-G. Bang, M. Lüttichau, O.-W. Michelsen, Andræ, Hall, Simony et Raaslœff ; il fut tout de suite en bons termes avec le Rigsdag. Les restrictions à la loi fondamentale, qui étaient nécessaires pour la mise en vigueur de la constitution commune, furent votées conformément aux règles prescrites par cette loi et sanctionnées par le roi, le 29 août 1855. Ces modifications furent promulguées le même jour que la constitution commune, le 2 octobre 1855, après que le contenu de celle-ci eut été communiqué au Rigsdag. Cette constitution différait de celle du 26 juillet 1854 qu'elle abrogeait, en ce qu'elle était véritablement constitutionnelle et attribuait au Rigsraad voix délibérative dans toutes les affaires communes de législation et d'impôts ; un budget normal devait être établi par la loi et un budget additionnel pour deux ans voté par l'assemblée ; le supplément de dépenses communes, qui était nécessaire pour couvrir le déficit des revenus communs, devait être payé par les diverses parties de la monarchie au prorata de leur population, savoir : 60 centièmes pour le royaume, 17 pour le Slesvig, 23 pour le Holstein, plus tard modifié ainsi : 62 centièmes pour le royaume, 16 $\frac{1}{3}$ pour le Slesvig et 21 $\frac{2}{3}$ pour le Holstein ; l'assemblée pouvait présenter au roi des adresses et des doléances, mais les propositions de loi ne pouvaient émaner que du gouvernement ; les ministres étaient responsables et pouvaient être mis en accusation devant une haute cour, soit par l'assemblée, soit par le roi. Tandis que, d'après la précédente constitution, 20 membres sur 50 devaient être désignés par le roi, la proportion fut maintenant de 20 à 80, qui était le chiffre des membres de la future assemblée. Trente des soixante membres élus l'étaient directement par les électeurs des diverses parties de la monarchie, le reste par leurs représentants. La constitution du 2 octobre 1855 ne rencontra aucune opposition dans le Holstein; elle y fut au contraire reconnue, en ce que l'assemblée des États et la population envoyèrent des députés au Rigsraad. Elle avait pourtant été accueillie avec malveillance par beaucoup de personnes, et elle ne tarda pas à être ébranlée dans ses fondements.

Le Rigsraad était à peine réuni en mars 1856, que onze de ses membres (sept du Holstein, un du Lauenburg et trois du Slesvig) proposèrent de demander, dans une adresse au roi, qu'il soumît aux États du Slesvig et du Holstein et à la représentation de la chevalerie et du pays de Lauenburg, les parties de la constitution commune et de la loi électorale pour le Rigsraad qu'elles avaient droit d'examiner en vertu de la constitution et notamment du manifeste du 28 janvier 1852; et qu'ensuite, en tenant compte autant que possible des vœux exprimés par les États, on soumît au Rigsraad un projet de constitution commune et de loi électorale. C'est ce qui aurait dû être fait, d'après les auteurs de cette motion, et, comme on avait négligé de consulter les États des duchés, tandis que l'on avait eu égard aux votes du Rigsdag danois, ils concluaient que la constitution et la loi électorale n'étaient pas valides. Mais leurs adversaires répliquaient avec beaucoup de raison que le manifeste de 1852 n'accordait pas aux assemblées spéciales le droit d'être entendues à propos de la constitution commune; que si l'on voulait baser ce droit sur les ordonnances de 1831 et de 1834 concernant les États provinciaux, celles-ci avaient été abrogées par les lois constitutionnelles pour le Slesvig et le Holstein (1854); que ces dernières ne justifiaient pas non plus les prétentions des onze membres; que, pour le Lauenburg, le roi avait ajouté une réserve sur laquelle il n'était pas permis de discuter; et qu'enfin la constitution commune n'avait pas été soumise aux délibérations du Rigsdag, mais qu'elle lui avait été seulement communiquée, à titre de renseignement, avant qu'il adoptât des modifications à la loi fondamentale de 1849. Il n'était d'ailleurs pas facile de savoir au juste ce que se proposaient proprement les onze ou ce qu'ils cachaient derrière leur projet d'adresse rédigé d'une manière un peu ambiguë. D'un côté, leur orateur, le baron Charles Scheel-Plessen, président supérieur de la ville d'Altona, qui avait tout à la fois des liens dans le duché et le royaume, comme membre de la chevalerie slesvig-hoslteinoise et comme grand propriétaire foncier en Sélande, semblait indiquer en termes vagues que les onze demandaient en réalité une révision de la constitution dans un sens réactionnaire, et il dit incidemment que, si l'ordonnance sur le *Heelstat* (État complexe) du 26 juillet 1854 était restée en vigueur, et si OErsted avait pu la mettre à exécution, la présente question n'aurait pas été soulevée. D'autre part, Reventlow-Jersbeck, aussi l'un des onze, proclama ouvertement et loyalement ses opinions slesvig-holsteinoises. Après des débats animés, le projet fut repoussé, ses auteurs n'ayant pu recruter que trois nouvelles voix. Mais Scheel-Plessen était dans le vrai quand il affirmait, dans le cours de la discussion, que ce rejet ferait douter pour longtemps de la possibilité de régler l'affaire d'une manière vraiment satisfaisante. Si les députés allemands avaient cette fois subi un échec, ils n'en étaient pas moins assurés d'avoir derrière eux une puissance redoutable qui saisirait avec empressement toutes les occasions de se mêler des affaires intérieures du Danemark. Les duchés, avec leurs excellents ports militaires, étaient une proie convoitée par la Prusse; il était, en outre, manifeste que la cour de Berlin, prenant sous sa protection la cause slesvig-holsteinoise, se concilierait l'opinion publique en Allemagne. Ce fut une des principales causes du malheur du Danemark, que les deux grandes puissances allemandes aient eu à régler entre elles un compte qui tôt ou tard devait amener un conflit sérieux, et que la question slesvig-holsteinoise fût une excellente arme pour celle des deux qui pourrait la résoudre. Car l'Autriche aussi, qui avait exercé une si forte pression sur le Danemark pour le pousser dans la voie fatale de l'unité de la monarchie, était contrainte de prendre en main la cause des Slesvig-Holsteinois, si elle ne voulait pas être éclipsée par la Prusse, maintenant que l'étoile des Hohenzollern commençait à briller d'un nouvel éclat. En outre, l'appui que le Danemark s'attendait à trouver chez les autres puissances signataires du protocole de Londres lui avait fait défaut ou, en tout cas, avait été sans efficacité.

Le Rigsraad n'avait pas encore terminé ses séances, qu'il arriva des dépêches de la part des gouvernements autrichien et prussien, qui adoptaient complétement les vues des onze et annonçaient une intervention de la diète germanique si la constitution commune restait en vigueur; car au point de vue allemand elle était, quant à la forme et quant au fond, en contradiction avec les lois fédérales et elle n'accordait pas à l'élément germanique une part proportionnée à son importance dans la monarchie danoise. Alors commença une série sans fin d'échanges de notes, où le gouvernement danois dut sans cesse battre en retraite. La question de la constitution commune ayant été ainsi soulevée au point de vue de la forme, on passa bientôt à la discussion du fond. Comme les puissances allemandes devenaient de plus en plus menaçantes, le gouvernement danois, alors dirigé par Hall, depuis que les procédés de Scheele à l'égard de ses collègues avaient provoqué une crise ministérielle (avril 1857), offrit de soumettre aux États du Holstein un projet de constitution révisée pour les affaires spéciales du duché; de plus, il leur serait donné plus tard occasion de s'exprimer sur les rapports du Holstein avec l'ensemble de la monarchie, sous condition de ne pas sortir de leur compétence. Mais la diète du Holstein refusa de répondre aux avances que lui faisait le gouvernement. Elle ne voulut pas délibérer sur le projet de constitution pour les affaires spéciales, avant que la constitution commune de 1855 n'eût été révisée de manière à tenir compte « des légitimes prétentions du duché à l'indépendance et à l'égalité »; elle demandait avant tout que les diverses parties de la monarchie fussent représentées « comme telles » à l'assemblée commune et que les deux nationalités eussent chacune le même nombre de représentants au conseil d'État privé. Pour donner plus de poids à ces exigences, plusieurs membres allemands du Rigsraad déposèrent en même temps leur mandat.

Dans l'automne de 1857, il se produisit un fait auquel on s'attendait depuis longtemps : la chevalerie et les députés du

Lauenburg se plaignirent à la diète de Francfort de ce que les constitutions de 1854 et de 1855 eussent été promulguées, avant que les États des duchés eussent pu se prononcer à leur égard, ce qui était contraire aux dispositions de l'acte final des traités de Vienne et aux conventions de 1851 et de 1852; de ce qu'en outre le gouvernement danois n'avait pas tenu ses promesses de donner aux duchés une position « d'égalité » dans la monarchie. En même temps, la Prusse et l'Autriche invitèrent la diète fédérale à délibérer sur la situation du Holstein, et, malgré les protestations du gouvernement danois, la diète adopta, le 11 février 1858, une proposition du Hannovre, portant qu'elle ne pouvait regarder comme constitutionnelles les ordonnances de 1854-1856 sur les constitutions du Holstein et du Lauenburg, parce qu'elles ne donnaient pas à ces duchés l'indépendance et l'égalité qui leur avaient été promises dans l'ensemble de la monarchie; qu'elle ne trouvait pas non plus la constitution commune entièrement conforme aux principes du droit fédéral. La diète voulait donc inviter le gouvernement danois à établir dans les duchés un état de choses qui fût d'accord avec les lois de la confédération et les promesses antérieures. Pour rendre l'affaire plus claire, la diète de Francfort prit, quatorze jours plus tard, une nouvelle résolution où elle exprimait l'espoir que le gouvernement danois s'abstiendrait à l'avenir, pour le Holstein et le Lauenburg, de tout acte législatif contraire à la résolution du 11 février et basé sur des lois qui n'étaient pas constitutionnellement en vigueur dans les duchés.

L'opposition allemande au Rigsraad releva de nouveau la tête, lorsqu'elle fut assurée d'être soutenue à Francfort, et c'est en vain que le gouvernement danois, dans sa réponse aux résolutions susmentionnées de la diète, promit de faire quelques légères concessions, tout en déclarant d'ailleurs qu'il ne pouvait admettre comme bien fondée l'interprétation donnée par la diète à certaines dispositions, prétendues conventionnelles, concernant la situation du Holstein dans l'ensemble de la monarchie. Il offrait par exemple de soumettre aux États du Holstein les six premiers paragraphes de la constitution spéciale pour le Holstein, du 11 juin 1854, afin de leur fournir l'occasion de donner leur avis sur la situation de ce duché dans la monarchie; il proposa de faire examiner par des délégués, qui pourraient se réunir à Francfort, la question des rapports du Holstein avec la constitution commune et il promit de suspendre provisoirement certaines réformes législatives, surtout le projet de loi douanière, qui avait été soumis au Rigsraad. Cependant, en mai 1858, la diète fédérale, sans entrer dans les détails de cette proposition, demanda au gouvernement danois de lui donner le plus tôt possible des explications sur la manière dont il pensait régler les affaires du Holstein et du Lauenburg, et elle se réservait de prendre de nouvelles mesures, si les actes ultérieurs du Danemark les rendaient nécessaires. Il ne servit de rien que le cabinet de Copenhague promît de regarder la constitution commune comme abrogée provisoirement pour le Holstein et le Lauenburg. La diète menaçant de procéder à une exécution militaire, Hall, qui avait par intérim le portefeuille des affaires étrangères, jugea le moment venu de faire une série de concessions importantes (6 novembre 1858). En vertu du § 23 de la constitution commune, d'après laquelle toute obligation découlant des relations du Holstein et du Lauenburg avec la Confédération germanique était en dehors de la compétence du Rigsraad, un manifeste royal abrogea pour ces duchés les lois constitutionnelles de 1855, tout en les maintenant en vigueur pour les parties de la monarchie qui n'appartenaient pas à la confédération; le roi se réservait en outre expressément la faculté de prendre des mesures pour rétablir l'union constitutionnelle du Holstein et du Lauenburg avec le reste de la monarchie. De plus, les six premiers paragraphes de la constitution particulière du Holstein, de 1854, furent abrogés, et enfin les États du Holstein furent convoqués en janvier 1859 pour donner leur avis sur la question de la constitution. La situation embrouillée était ainsi devenue encore plus compliquée, maintenant que l'édifice de la monarchie complexe, si péniblement construit, était tombé en ruines. Il s'agissait d'abord de sortir du provisoire, mais les premiers essais faits pour poser les fondements d'une construction plus durable devaient bientôt montrer l'impossibilité d'accomplir un dessein qui n'avait peut-être pas toujours été irréalisable.

Les États du Holstein qui se réunirent au temps fixé manifestèrent dès le commencement les dispositions les plus irréconciliables, et les frères et amis d'Allemagne firent de leur mieux pour attiser le feu. Déjà auparavant le Hannovre avait proposé de faire de Rendsborg une forteresse fédérale; maintenant le prince Guillaume de Prusse, qui exerçait la régence depuis la maladie de son frère Frédéric-Guillaume IV, promettait de garantir aux duchés l'usage de tous les droits qui leur appartenaient en vertu des lois fédérales, et en même temps le prince Frédéric, fils du duc d'Augustenborg, sans tenir compte des promesses de son père, protesta contre la loi de succession de 1853. Le gouvernement danois avait soumis aux États un projet de constitution particulière pour le Holstein, dans laquelle étaient remaniés les fameux six premiers articles de la constitution de 1854, et il les avait en conséquence invités à exprimer leurs vœux sur la situation future du Holstein dans la monarchie, sur la base de la constitution commune et de la loi électorale de 1855 considérées comme esquisses de la nouvelle constitution. Mais, dans leur réponse, les États ne laissèrent subsister aucun doute sur ce qu'ils voulaient réellement. Ils demandaient en effet qu'aucune loi sur les affaires communes ne pût être promulguée sans leur consentement, avant que la situation du Holstein dans la monarchie n'eût été réglée définitivement; ils protestèrent contre la suppression de l'union administrative et législative du Slesvig et du Holstein, blâmèrent en termes très-vifs le règlement des langues dans le Slesvig, et proposèrent enfin qu'à l'avenir il n'y eût plus de représentation commune pour la monarchie, mais bien quatre assemblées législatives particulières, une pour le royaume et une pour chacun des trois duchés. Quant aux affaires communes, aucune loi nouvelle ne devrait être promulguée et les lois en vigueur ne pourraient être ni modifiées ni abrogées, sans le consentement des quatre assemblées ; les projets de loi sur les affaires communes, soit à toute la monarchie, soit au Slesvig et au Holstein, ne pourraient être adoptées que dans la forme sous laquelle ils étaient présentés et sans amendement ; enfin, chose significative! ils proposèrent d'abolir l'indigénat, qui jusqu'alors eût été commun pour toute la monarchie, de sorte que si leur projet eût été adopté, la population aurait été divisée en deux classes totalement étrangères l'une à l'autre, les Danois et les Allemands ; le conseil d'État devrait se composer de sept membres, savoir : quatre ministres communs, dont un au moins devrait être holsteinois, et trois spéciaux, un pour le royaume, un pour le Slesvig et un pour le Holstein, jouissant chacun de l'indigénat dans le pays qu'il représenterait. En d'autres termes, aucune loi commune ne pourrait être promulguée, aucune addition ne pourrait être faite au budget commun sans le consentement des quatre assemblées. Si celles-ci n'étaient pas toutes d'accord sur les projets dans la forme où ils seraient présentés, il suffisait d'une faible majorité dans l'une d'elles seulement pour arrêter l'œuvre législative dans toute la monarchie. C'était aussi du pur slesvig-holsteinisme que de réclamer l'union législative et administrative des duchés « avec les modifications exigées par les circonstances ». Il n'était pas non plus possible de se méprendre sur la situation, lorsque l'on entendit, lors de la clôture de la session, le président de l'Assemblée, Scheel-Plessen, s'écrier que le Holstein ne pouvait faire partie d'une unité nationale autre que le Slesvig-Holstein ! Le chevalier holsteinois jugeait alors superflu de conserver le masque de loyauté sous lequel il dissimulait ses plans de trahison, lorsque trois ans auparavant il portait la parole au nom des onze dissidents du Rigsraad dans la capitale du Danemark.

Il était clair pour tous que le projet holsteinois était irréalisable, aussi le gouvernement danois ne prit-il pas la peine de le discuter. Par les *lettres patentes du 23 et du 25 septembre 1859*, le roi se borna à prendre quelques dispositions transitoires pour sauvegarder les intérêts du Holstein, lors des délibérations sur les affaires communes, dans l'intervalle qui devait s'écouler jusqu'au règlement définitif de la question constitutionnelle; en même temps il déclara qu'il persistait dans le dessein de travailler à l'union constitutionnelle du Holstein et du Lauenburg avec le reste de la monarchie, et, au mois de novembre de la même année, il proposa à la diète germanique de faire examiner la question constitutionnelle par une commission pour laquelle le Rigsraad dano-slesvigois et les États du Holstein nommeraient les membres par moitié, et qui serait chargée d'élaborer un projet de nouvelle constitution commune. L'année 1859 n'apporta d'ailleurs aucun changement dans la situation politique. L'Allemagne était trop occupée dans la guerre d'Italie pour oser faire aucunes démarches décisives en faveur des duchés, et en Danemark aussi la chute du ministère Hall au mois de décembre absorba quelque temps l'attention des hommes politiques. Le nouveau cabinet présidé par Rotwitt n'eut pas non plus le temps de s'occuper sérieusement des affaires slesvig-holsteinoises, car il fut dissous dès le mois de février 1860, par la mort soudaine de son chef. Hall fut de nouveau chargé de la direction du gouvernement ; mais, dans l'intervalle, les points noirs avaient disparu de l'horizon politique de l'Europe, et l'Allemagne reprit son ancien jeu. Le 8 mars 1860, la diète de Francfort se déclara prête à accepter la proposition de novembre 1859, à condition pourtant que les membres de la commission seraient pris dans le Rigsraad danois, les États du Slesvig et ceux du Holstein. Elle exprima son mécontentement sur la manière dont le gouvernement danois avait rejeté le projet des États du Holstein, mais elle voulait bien différer l'exécution militaire, pourvu que les prescriptions du manifeste de 1852 fussent appliquées exclusivement, jusqu'à la mise en vigueur de la constitution commune conforme aux conventions de 1851 et 1852 ; pourvu enfin qu'aucune loi sur les affaires communes, notamment en matière de finances, ne fût promulguée pour les duchés sans le consentement de leurs États.

C'était pour la première fois depuis l'insurrection que la diète se mêlait des affaires du Slesvig et cette intervention devint bientôt, secrètement ou ouvertement, le mot d'ordre dans toute l'Allemagne. Le baron de Schleinitz, ministre des affaires étrangères de la Prusse, ne se fit pas scrupule d'encourager les agitateurs en proclamant hautement à la Chambre des députés de Berlin, que les vœux légitimes de la Confédération à l'égard du Slesvig n'avaient pas encore obtenu satisfaction, et il ne servit à rien au gouvernement danois de protester devant l'Europe contre les tendances de la diète germanique à se mêler des affaires du Slesvig, cette ancienne dépendance du Danemark, qu'aucun lien ne rattachait à l'Allemagne. Au mois de juin de la même année, le baron de Schleinitz chercha à prouver dans une note le droit qu'avait la Prusse de parler au nom du Slesvig ; et, un mois plus tard, l'Oldenbourg proposa de procéder à l'exécution fédérale contre le Danemark, parce que le gouvernement danois avait fixé le contingent du Holstein dans le budget commun, en vertu des lettres patentes du 25 septembre 1859. Bien que celles-ci fussent antérieures à la résolution fédérale du 8 mars 1860, la diète déclara cependant, le 7 février 1861, qu'elle ne pouvait reconnaître ni les lettres patentes de 1859, ni le budget de 1861-1862, promulgué sans le consentement des États du Holstein, et que le Danemark était invité, sous peine d'exécution militaire, à se conformer à la résolution du 8 mars 1860.

La situation commençant à devenir de plus en plus critique, le Rigsdag fit circuler une *adresse au roi*, où il était dit que « la nation danoise ne prétendait aucunement faire la loi au Holstein ni au Lauenburg, mais qu'elle ne souffrirait pas que les relations de ces duchés avec le reste de la monarchie danoise fussent réglées de façon à mettre celle-ci dans un état de dépendance à l'égard de la diète germanique, et qu'elle était prête à faire tous les sacrifices pour maintenir l'union constitutionnelle existant entre le royaume et le Slesvig et les droits légitimes de la nationalité danoise sur ce duché. » Cette adresse recueillit 71,000 signatures et ce ne fut pas la seule manifestation patriotique du peuple danois. Tout présageait la guerre; le gouvernement poussait avec la plus grande activité ses préparatifs de guerre, mais auparavant il voulait faire une dernière tentative pour réconcilier le Holstein. En mars 1861, il soumit aux États de ce duché quelques points fondamentaux d'une nouvelle constitution commune, devant servir à régler provisoirement la situation du Holstein dans la monarchie et un projet de constitution spéciale pour ce duché. Ces projets faisaient aux Holsteinois d'importantes concessions, et l'on pouvait tout au plus objecter qu'elles étaient trop artificielles, trop compliquées et difficiles à mettre en application. Mais cette fois encore les États ne voulurent pas accepter ce qui leur était offert. Autre fait déplorable, le commissaire royal Raaslœff, ministre du Holstein, agit contradictoirement avec ses instructions, lorsque, dans le cours des débats, il laissa soulever la question de savoir si le budget commun de la monarchie pour 1861-1862 était soumis ou non aux États. Le projet du gouvernement relatif à la constitution commune et au provisoire fut repoussé; quant à la constitution spéciale, les États voulaient bien l'adopter, mais seulement avec des modifications considérables et sous condition que, pendant le provisoire, le gouvernement reconnaîtrait aux États le complet pouvoir de délibérer et de décider en matière d'affaires communes. Une circonstance encore plus fâcheuse fut que le ton des débats était aussi séditieux qu'on peut se l'imaginer. Dans leur précédente session (1859), ils disaient par exemple qu'ils avaient travaillé, « sérieusement et avec abnégation », à trouver une solution, mais que le gouvernement n'avait pas tenu compte de leurs efforts. Le projet qui leur était maintenant soumis et tout ce qui s'était passé dans les dix dernières années montraient seulement qu'il était impossible d'arriver à un résultat satisfaisant, en persévérant dans la voie que l'on avait suivie jusqu'alors. La situation incertaine dans laquelle était tenu le Slesvig ne faisait que perpétuer la lutte intestine. Pendant des siècles, une étroite union politique avait existé entre les duchés, et les États étaient fermement convaincus que, tant que cette union ne serait pas rétablie, on ne pourrait arriver à une pacification réelle ; le Danemark non plus ne pouvait se dissimuler qu'il lui était impossible de vivre en paix solide et durable avec l'Allemagne, tant qu'il priverait les duchés de leurs droits. Les États étaient bien peinés de ce qu'il fût question d'exécution fédérale, mais ils envisageaient maintenant l'avenir avec d'autant plus de confiance que le Holstein avait trouvé un soutien puissant et prépondérant. Le commissaire royal qui avait remplacé le ministre Raaslœff refusa naturellement de recevoir cette adresse, et les États furent congédiés, sans que leurs délibérations eussent eu d'autres résultats que de creuser l'abîme encore plus profondément.

L'année 1861 fut d'ailleurs marquée par de nouvelles concessions de la part du Danemark et de nouvelles usurpations de la part de l'Allemagne. L'Angleterre, qui s'était déjà employée pour concilier les parties proposa, le 12 juin, que la question fût décidée dans une conférence des sept puissances qui avaient signé le protocole de Londres relatif à l'ordre de succession ; mais la Prusse refusa d'adhérer à cette proposition, sous prétexte que « tous reconnaissaient qu'il s'agissait ici d'une affaire purement fédérale. » Pour détourner provisoirement l'orage, le gouvernement danois promit, le 29 juillet, pour l'année financière courante, de réduire la part du Holstein dans le budget commun de la monarchie à la somme fixée par le budget normal du 28 février 1856, et en même temps il déclara que pour le moment il n'avait pas dessein de promulguer de lois générales applicables au Holstein. Il atteignit ainsi son but, en ce que la diète résolut, le 12 août, de suspendre l'exécution ; mais, en mettant comme condition à ses dernières concessions, que des négociations internationales seraient entamées avec l'Allemagne, en dehors de la diète, et en exprimant l'espoir que les puissances amies appuieraient le Danemark de leur influence, il s'était engagé dans une mauvaise voie, comme on s'en aperçut bientôt, et l'on s'était mépris en comptant sur l'intervention active des autres puissances. Car dans une conférence internationale, où l'on eût argumenté au point de vue du droit des gens, mais non de la législation fédérale, il aurait été possible à l'Allemagne de mettre le Slesvig en cause, comme on l'avait fait dans les fatales années de 1851 et 1852. Provisoirement on ne fit rien des deux parts, et c'est seulement sur l'invitation de l'Angleterre que le comte de Bernstorff, qui avait remplacé le baron de Schleinitz, comme ministre prussien des affaires étrangères, se déclara disposé à négocier. Dans une dépêche du 26 octobre 1861, le gouvernement danois proposa un règlement provisoire de la question constitutionnelle du Holstein, à peu près analogue au projet soumis antérieurement aux États de ce duché. Mais les grandes puissances allemandes ne voulurent pas entendre parler d'une séparation du Holstein, et, dans leur réponse du 5 décembre, elles repoussèrent comme insuffisantes les propositions du gouvernement danois et elles l'invitèrent à expliquer comment il comptait s'acquitter des promesses de 1851 et 1852, d'autant plus que l'oppression systématique de la nationalité allemande dans le Slesvig, et que le maintien effectif de la compétence du Rigsraad pour les affaires slesvigoises, rendait absolument indispensable une telle déclaration. Dans sa réponse du 26 décembre 1861, le cabinet de Copenhague rappela qu'en 1851 la Prusse elle-même avait dénié à la diète germanique le droit de s'occuper du Slesvig, ce duché étant étranger à la confédération ; que l'Allemagne avait accueilli avec satisfaction les lettres patentes du 6 novembre 1858, qui portaient que le Rigsraad continuerait à fonctionner pour les parties de la monarchie danoise qui ne dépendaient pas de la confédération germanique. Ce fut en vain : depuis que l'on était entré dans la voie des négociations internationales et que l'on avait abandonné le terrain du droit strict, on était exposé aux plus tristes éventualités et à toutes les entreprises de la ruse et de la violence. En février 1862, les deux grandes puissances allemandes renouvelèrent leurs demandes à l'égard du Slesvig, et en mars la diète fédérale adopta cette manière de voir, que le gouvernement danois s'efforça inutilement de rectifier.

Cependant les négociations des derniers temps avaient de plus en plus convaincu la majorité de la nation danoise de la nécessité d'abandonner l'idée de l'État complexe ; la question n'était plus guère que de savoir comment on réglerait les relations du royaume et du Slesvig. Les ultra-démocrates ou *amis des paysans* professaient l'opinion qu'il fallait abroger complétement la constitution de 1855. Ce serait alors le cas d'appliquer la réserve faite en 1855 par le Rigsdag, pour le rétablissement de la loi fondamentale de 1849, laquelle serait étendue au Slesvig, avec le suffrage universel pour base. Les plus modérés voulaient au contraire conserver la constitution commune pour le royaume et le Slesvig, tout en y introduisant certaines modifications, tandis que l'on s'efforcerait de donner au Holstein une situation totalement indépendante dans la monarchie. L'entrée d'*Orla Lehmann* dans le ministère, en septembre 1861, fit espérer que le gouvernement s'avancerait résolûment dans cette direction; mais la session du Rigsraad, au commencement de 1862, montra clairement que l'on s'était trompé à cet égard, et les négociations avec l'Allemagne furent poursuivies dans la même mauvaise voie qu'auparavant. Après que le Danemark eut fait appel aux puissances amies, la Prusse et l'Autriche émirent les prétentions suivantes, en août 1862 : la constitution commune de 1855 serait complétement abrogée, même pour le Slesvig, et serait remplacée par une autre qui devrait être soumise aux assemblées particulières et où l'on abandonnerait le principe absolu d'accorder à chaque partie de la monarchie un nombre de représentants proportionné au chiffre de sa population ; jusqu'à ce que cette constitution eût été votée, les assemblées spéciales jouiraient de droits égaux en matière d'affaires communes, enfin le règlement des langues dans le Slesvig serait supprimé et l'on retournerait à la situation d'avant 1848, jusqu'à ce que les États eussent adopté une nouvelle loi à cet égard. Le gouvernement danois ne pouvait naturellement se plier à de telles exigences; mais, avant qu'il eût envoyé sa réponse, il se produisit un nouvel événement fâcheux. De Gotha, en effet, où la reine Victoria avait rendu visite aux parents du feu prince consort, le chef du *foreign-office*, lord John Russell, qui avait tant contribué à faire entrer la question du Slesvig-Holstein dans la voie des négociations internationales, écrivit la dépêche du 24 septembre 1862, où il prit ouvertement parti pour l'Allemagne, en ce qu'il proposait principalement de réaliser le fameux projet des États du Holstein sur la division de la monarchie en quatre États. Bien que la nation anglaise eût de plusieurs manières désapprouvé cette opinion de son ministre des affaires étrangères, cette dépêche ne pouvait qu'être nuisible au Danemark, car elle obtint l'adhésion de la Russie; la France seule éleva quelques objections. Le gouvernement danois eut beau protester contre l'intervention de l'Allemagne dans les affaires du Slesvig, les négociations diplomatiques avaient été épuisées sans que le Danemark en eût recueilli autre chose que des désavantages, lorsque l'année 1863 amena des événements d'une portée incalculable.

En octobre 1862, Otto de Bismarck-Schœnhausen avait été nommé président du ministère prussien et chargé du portefeuille des affaires étrangères, et la signification de ce choix ne devait pas être longtemps douteuse, quoiqu'il semblât d'abord que la lutte constitutionnelle en Prusse dût absorber l'attention publique dans ce pays et la détourner de la question du Slesvig-Holstein. Les États du Holstein furent convoqués en janvier 1863; mais, comme le gouvernement ne voulait pas leur présenter un projet de loi sur les affaires communes, conformément à la résolution fédérale du 8 mars 1860, ils refusèrent d'examiner les lois communes qui leur étaient soumises et ils portèrent leurs plaintes à la diète de Francfort. On constata ainsi de nouveau qu'il était impossible d'arriver à un arrangement avec le Holstein, en suivant la voie dans laquelle on s'était engagé; mais il n'était pas moins certain que la situation ne pouvait longtemps se prolonger ainsi, sans amener la ruine de la monarchie. Dans ces circonstances, une grande réunion eut lieu au Casino, le 28 mars 1863, et elle exprima l'opinon qu'une Constitution sous le contrôle de la diète germanique serait incompatible avec l'indépendance de la couronne danoise, que l'union constitutionnelle du Slesvig avec le royaume devait être maintenue et resserrée; et que, après les derniers actes des États du Holstein, le Danemark devait rompre la communauté avec ce duché. Le gouvernement danois, en effet, par le manifeste du 30 mars 1863, prit les premières mesures pour la dissolution de la communauté constitutionnelle du Holstein et du Lauenburg avec le reste de la monarchie. Dans toutes les affaires communes intéressant le Holstein, le pouvoir législatif devait être exercé conjointement par le roi et les États de ce duché ; mais, lorsqu'une loi serait adoptée par les États et promulguée par le roi, sans qu'il fût possible d'en faire voter une semblable dans les autres parties de la monarchie, les mesures nécessaires devaient être prises; si cette loi concernait quelque affaire où une législation différente était inconciliable avec le maintien de la communauté existante. Au reste, le gouvernement devait soumettre aux États un projet qui entrerait dans les détails, de manière à réaliser les vœux exprimés sur l'extension non-seulement de la liberté religieuse et politique, mais encore de l'électorat et de l'éligibilité, et sur le pouvoir délibératif à attribuer aux États du Holstein, dans toutes les affaires financières intéressant le duché. Un autre pas important dans le sens de la séparation était le passage du manifeste annonçant que le Holstein et le Lauenburg auraient une armée spéciale, où serait pris le contingent fédéral ; mais les événements empêchèrent la réalisation de ce programme, bien que tout indiquât que le gouvernement était sérieusement résolu à l'exécuter. Ainsi, à l'ouverture de la session du Rigsraad, en avril 1863, il déclara, dans le discours du trône, que toute loi adoptée par le Rigsraad et sanctionnée par le roi serait mise en vigueur dans le royaume et le duché de Slesvig, à moins qu'il n'y fût dit expressément que la promulgation dépendrait du vote d'une loi correspondante pour le Holstein ; et que le contingent voté par le Rigsraad, pour le budget normal, pourrait être employé, à moins que le contraire ne fût exprimé dans la loi elle-même, et cette manière de procéder fut en effet appliquée dans les différentes lois que le Rigsraad adopta pendant cette session.

Cependant l'orage approchait. Les amples concessions que le manifeste du 30 mars avait faites aux Holsteinois paraissaient trop larges à beaucoup de Danois ; elles firent pourtant jeter de hauts cris au parti allemand. Tandis que l'on prêchait la révolte dans les duchés, en répétant les vieilles erreurs, à savoir que le Slesvig et le Holstein n'avaient jamais renoncé à leur droit d'être réunis par une constitution commune et de former un État indépendant avec un ordre de succession particulier, l'Autriche et la Prusse protestaient, l'une le 13, l'autre le 15 avril, contre le manifeste comme illégal et contraire aux traités. Dans sa réponse à ces dépêches, le gouvernement danois ayant persisté dans ses résolutions, la diète fédérale lui prescrivit, le 9 juillet 1863, de retirer ce manifeste et de rendre compte, dans le délai de six semaines, des mesures prises pour l'établissement d'une constitution commune; celle-ci devait placer le Holstein et le Lauenburg dans une union homogène avec le Slesvig et le royaume proprement dit, soit par une complète exécution des conventions de 1851 et de 1852, soit sur la base du projet présenté par lord Russell, en septembre 1862. On écrivit note sur note; au dernier moment, l'Angleterre chercha à se mettre d'accord avec la France pour empêcher l'exécution fédérale, mais, lorsque l'empereur Napoléon demanda en retour que l'Angleterre s'engageât expressément à admettre toutes les conséquences de sa proposition, elle se hâta de battre en retraite. Ce fut un irréparable malheur pour le Danemark que les deux grandes puissances de l'ouest fussent brouillées en ce moment à l'occasion de la question polonaise, tandis que la Prusse s'était assuré l'amitié de la Russie en la soutenant dans sa lutte contre la malheureuse Pologne. L'Angleterre ne voulait rien tenter au-delà des démarches diplomatiques, et la France, depuis son échec dans la question polonaise, n'osait pas s'avancer de peur d'être laissée seule au moment décisif; en outre, l'empereur Napoléon avait trop souvent proclamé le principe des nationalités pour se prononcer contre les Allemands du Slesvig et du Holstein qui invoquaient ce principe, indûment à la vérité, mais la diplomatie et la presse germaniques avaient tellement embrouillé la question que l'opinion publique en France ne fut que tardivement éclairée sur le véritable état des choses dans le Holstein et surtout dans le Slesvig. La Russie, sur les bons offices de laquelle tant de personnes avaient compté, se fit au contraire l'interprète des prétentions slesvig-holsteinoises. La seule puissance de laquelle le Danemark pouvait attendre un secours effectif était la Suède-Norvège, mais cet espoir devait être également déçu.

L'impossibilité de gouverner avec la constitution en vigueur était devenue manifeste pour tous, après ce qui s'était passé à Flensborg au mois de juillet. Depuis la dernière réunion des États du Slesvig, des élections générales avaient eu lieu pour leur renouvellement ; à l'ouverture de la session qui eut lieu en juillet 1863, le commissaire royal invita ceux qui voulaient protester contre les élections à exposer leurs raisons ; comme le parti allemand avait perdu plusieurs de ses membres, il réclama contre la validité de quelques élections ; mais le commissaire royal démontra que, même en admettant le bien fondé de ces protestations, elles ne suffiraient pas à faire invalider les élus ; c'est pourquoi, en vertu de la constitution, il refusa de renvoyer l'affaire à une commission. Vingt-quatre députés allemands déposèrent alors leur mandat, et trois de leurs suppléants seulement vinrent les remplacer ; l'assemblée, n'étant pas en nombre suffisant pour prendre des délibérations valables, dut se séparer au bout de quelques jours. Il était extrêmement douteux que les députés restés à leur poste voulussent ou pussent élire de nouveaux membres du Rigsraad, en place de ceux qui avaient été élus indirectement et dont les mandats expiraient avec l'année 1863. Un changement de constitution était donc devenu plus nécessaire que jamais et le gouvernement osa enfin faire le pas décisif. Le lendemain de l'ouverture de la session du Rigsraad (28 septembre 1863), il présenta à l'assemblée un projet de constitution pour les affaires communes du royaume de Danemark et du duché de Slesvig ; après des débats assez vifs, ce projet fut adopté avec quelques modifications, le 13 novembre ; il réalisait le programme de 1848, c'est-à-dire du Danemark jusqu'à l'Eider. On rompait avec l'idée du Heelstat (monarchie complexe), mais il n'était aucunement question d'incorporer le Slesvig dans le Danemark, car la nouvelle loi fondamentale ne changeait rien à la constitution spéciale du Slesvig, qui devait continuer à fonctionner comme auparavant. Elle tirait principalement son importance du lien constitutionnel qu'elle établissait entre le Slesvig et le Danemark ; et c'est aussi pour cette raison que les Allemands l'attaquaient. Comparée avec la constitution commune de 1855, elle constituait un véritable progrès, quoi que l'on pût objecter contre elle. Le nouveau *Rigsraad* devait se composer de deux chambres : le *Folkething* avec cent trente membres (dont cent et un pour le royaume et vingt-neuf pour le Slesvig), qui devaient être élus immédiatement par la nation, d'après les règles en vigueur pour l'électorat et l'éligibilité au Rigsdag du royaume ; et le *Landsthing* avec quatre-vingt-trois membres, dont dix-huit désignés par le roi (douze pour le royaume, six pour le Slesvig), tandis que le reste (cinquante-deux pour le royaume et treize pour le Slesvig) devait être élu immédiatement, mais avec le même cens électoral qui était en vigueur pour les élections directes au Rigsraad, institué par la constitution commune de 1855. D'autres progrès importants, dans le sens libéral, étaient les droits accordés au Rigsraad quant à l'initiative pour la proposition des lois, aux amendements dans les détails, aux interpellations, à l'élection du président et des vice-présidents de chaque chambre, à la fixation de l'ordre du jour des séances, etc. Le pouvoir délibératif du Rigsraad continuait au contraire à être restreint en matière financière par l'existence d'un budget normal, tandis qu'il était entier quant au budget additionnel.

Deux jours après la présentation du projet de constitution, le Danemark avait été invité par la diète fédérale (1er octobre) à se conformer dans le délai de trois semaines à la résolution fédérale du 9 juillet 1863, sous peine d'exécution militaire. Dans sa réponse, il persista à ne pas annuler le manifeste du 30 mars, mais il se déclara prêt à discuter avec la diète sur les modifications de détail qui pourraient être introduites dans le règlement constitutionnel. Il était impossible de prévoir si la diète procéderait réellement à l'exécution et si celle-ci serait suivie d'hostilités ; mais, en tout cas, on comptait alors en Danemark, plus fermement que jamais, sur l'appui des frères scandinaves et l'on espérait que la France protégerait une telle alliance. Mais tout à coup il survint un événement qui empira la situation comme par enchantement : après une courte maladie, le roi Frédéric VII mourut au château de Glücksburg, en Slesvig, le 15 novembre 1863.

Sans être doué de talents qui pussent faire de lui un grand monarque, ce prince avait pourtant su gagner au plus haut degré l'affection de son peuple et, à beaucoup de points de vue, il a offert le type d'un roi constitutionnel. La nation l'aimait surtout à cause de ses sentiments danois : elle voyait en lui, depuis sa jeunesse, le représentant de la haine nationale contre les Allemands ; elle le savait attaché, plus que qui que ce fût, aux souvenirs les plus chers de la patrie, à laquelle son cœur était étroitement uni. A ces louables qualités, il faut ajouter la consciencieuse fidélité avec laquelle le roi avait maintenu la constitution octroyée par lui au début de son règne. Quelques mois seulement avant que la mort tranchât si brusquement le fil de ses jours, il avait dit au jeune prince Guillaume, qui quittait sa patrie pour aller gouverner les Hellènes sous le nom de *George I*er : « Avant ton départ, je veux te donner un conseil cordial et amical : travaille sans cesse à gagner et à conserver l'affection de ton peuple ! Je ne veux pas m'en faire gloire, mais je parle avec expérience lorsque je dis que c'est là le vrai bonheur des rois. Maintiens fermement la constitution de ton royaume, cherche toujours à lui attirer la reconnaissance publique et mets ta sollicitude à la faire respecter ! Prends ces préceptes pour règle et tu t'en trouveras bien, ainsi que ton pays. » Dans le cours de sa propre vie, il s'était fidèlement conformé aux maximes qu'il recommandait à son jeune parent, et le deuil profond dans lequel furent plongés tous les Danois à la nouvelle de sa mort, montra que la nation avait conscience des nombreux bienfaits dont elle était redevable à Frédéric VII.

Dans sa jeunesse, ce prince avait épousé (1828) la princesse *Wilhelmine-Marie*, la plus jeune fille de Frédéric VI; mais cette union n'ayant pas été heureuse fut rompue au bout de neuf ans, après quoi la princesse épousa son cousin, le duc Charles de Glücksburg (frère aîné du roi régnant, Christian IX). Frédéric ne trouva pas plus le bonheur dans le mariage qu'il contracta, en 1841, avec la princesse *Caroline-Charlotte-Marianne* de Meklenbourg-Strelitz, et cette union fut aussi dissoute au bout de peu d'années (1846). Frédéric VII était sur le trône lorsqu'il épousa morganatiquement, en 1850, une fille de la bourgeoisie, *Louise-Christine Rasmussen*, qui fut anoblie sous le nom de *comtesse Danner*. Comme il était sans enfants, et son oncle, le prince Ferdinand, étant mort également sans enfants, la descendance mâle de la ligne agnatique de la maison d'Oldenbourg se trouvait éteinte.

A l'intérieur, le règne de Frédéric VII fut signalé à beaucoup d'égards par de grands progrès. La liberté religieuse proclamée par la Constitution fut plus amplement déterminée : par la loi du 13 avril 1851, concernant le mariage civil de personnes appartenant à des confessions non reconnues ou à des confessions reconnues, mais différentes; par la loi du 4 avril 1855 sur l'abolition du *lien paroissial* (Sognebaand), par laquelle chacun put librement choisir son pasteur parmi les prêtres de l'État; enfin par la loi du 4 mars 1857 sur l'abolition du baptême forcé. La liberté de la presse fut garantie par la loi du 3 janvier 1851. Des améliorations conformes à l'esprit du temps furent introduites dans l'administration de la justice; ainsi, un tribunal maritime et commercial fut créé à Copenhague, et il fut prescrit à la cour suprême de motiver ses jugements; mais il ne fut pas institué de jurés pour leur soumettre, conformément aux prescriptions de la loi fondamentale, les crimes de droit commun et les délits de presse; de même, le code pénal ne fut promulgué que par le roi actuel, bien que la partie essentielle du travail ait été faite sous Frédéric VII. Le service militaire fut imposé à tous par la loi du 12 février 1849, et il fut encore pris d'autres mesures pour la défense du pays. Deux lois du 29 décembre 1857 donnèrent à la femme des droits égaux à ceux de l'homme en matière de succession et de disposition de sa personne et de ses biens. La situation purement matérielle du pays ne s'améliora pas moins sous le règne de Frédéric VII. Les entraves qui jusqu'alors avaient gêné les métiers et l'industrie furent en partie supprimées par la loi du 29 décembre 1857. Un grand nombre de *lignes télégraphiques* reliant les points les plus importants du royaume facilitèrent les communications intérieures, qui gagnèrent encore davantage à la construction de plusieurs lignes de *chemins de fer* et à la création de *timbres-poste*. Les onéreux droits de consommation furent abolis. Par une série de traités conclus en 1857, les nations maritimes se libérèrent des droits qu'elles payaient auparavant aux *douanes du Sund* et des Belt, et ce fut fort heureux, bien que l'indemnité fût loin de former l'équivalent du produit moyen des dernières années; mais il était évident que le Danemark ne pouvait continuer plus longtemps à exploiter une source de revenus si peu justifiés. D'innombrables mesures furent prises en faveur de l'agriculture : la *corvée* fut abolie presque partout; au contraire l'importante question de la transformation des emphytéoses en propriétés ne fut pas résolue d'une manière satisfaisante pour tous. Pourtant, même à cet égard, il y eut d'importantes améliorations, soit directement en prescrivant de vendre les domaines de l'État et de certaines institutions publiques, soit indirectement en attachant des avantages ou en levant les obstacles à la vente des fermes appartenant aux particuliers et notamment aux fiefs et aux fidéicommis; mais une loi générale de conversion échoua principalement contre la résistance des propriétaires; il est d'ailleurs fort douteux, quand on envisage l'affaire à un point de vue purement juridique, que le bien public suffise à justifier une loi qui forcerait les propriétaires à vendre les biens affermés. Ces utiles mesures eurent naturellement pour conséquence que la prospérité devint de plus en plus générale, aussi bien pour les particuliers que pour l'État. Ainsi la *dette publique* qui, à l'avénement de Frédéric VII, s'élevait à 105 millions de rigsdaler et, à la fin de la première guerre des duchés (1er janvier 1851), à 127 millions, était réduite à peu près à 104 millions à la mort du roi.

IV

Christian IX. — Manifeste du duc d'Augustenborg. — Exécution fédérale. — Ministère Monrad. — Le scandinavisme. — La Prusse et l'Autriche occupent les duchés. — Évacuation du Dannevirke. — Prise des positions de Dybbel. — Invasion du Jutland. — Conférence de Londres. — Reprise des hostilités. — Combat naval près de Helgoland. — Perte de l'île d'Als. — Traité de Vienne. — Convention de Gastein. — Guerre d'Allemagne. — Le traité de Prague. — Question constitutionnelle. — La loi fondamentale revisée.

En vertu du protocole de Londres (1852) et de la loi de succession du 31 juillet 1853, le prince Christian de Glücksburg succéda à Frédéric VII sous le nom de *Christian IX*. Après quelques jours de réflexion, la nouvelle loi fondamentale pour le royaume et le Slesvig fut sanctionnée le 18 novembre 1863; mais il s'était déjà passé en Allemagne un événement qui fit flamber le feu qui couvait sous la cendre : du château de Dolzig en Silésie, le fils du vieux duc Christian d'Augustenborg, le soi-disant « prince héritier », *Frédéric d'Augustenborg*, avait notifié dans un manifeste aux Slesvig-Holsteinois, le 16 novembre, que concessionnaire des droits de son père sur les duchés et devenu duc par l'extinction de la ligne royale agnatique de Frédéric III dans la personne de Frédéric VII, il prenait le titre de Frédéric VIII. Le même jour, l'envoyé de Bade à la diète de Francfort lui notifia l'avènement du duc. Il se produisit dans toute l'Allemagne une agitation nationale, encore plus forte que celle de 1848 ; on disait que le moment était venu de délivrer du joug de la tyrannie les frères opprimés ! Dans toutes les grandes villes, à Stuttgart, à Dresde, à Munich, à Darmstadt, à Berlin, on accablait les gouvernements d'adresses, de pétitions, d'interpellations, pour les inviter à secourir les duchés. Les mêmes dispositions se manifestèrent dans les duchés, où nombre de fonctionnaires refusèrent de prêter le serment de fidélité au nouveau roi, tandis qu'une partie des députés aux États du Holstein réclamaient à grands cris la protection de la diète fédérale. Comme celle-ci n'avait pas signé le protocole de Londres, elle ne se fit aucun scrupule d'en nier la validité et, sur la proposition du comte de *Beust*, ministre de Saxe, elle refusa, le 28 novembre, d'admettre dans son sein l'envoyé de Christian IX et résolut de laisser vaquer provisoirement le siége du représentant holsteinois. Mais ni la Prusse ni l'Autriche ne voulurent se mettre ultérieurement à la remorque de la diète : elles étaient l'une et l'autre signataires du protocole de Londres, et toutes deux avaient des motifs de le maintenir. Cependant, bien que la question de succession n'eût aucun rapport direct avec la question constitutionnelle, les cours de Berlin et de Vienne prétendaient maintenant que les conventions de 1851-52 étaient en relation solidaire et intime avec le traité de Londres : aussi ne voulurent-elles pas entrer dans le projet du comte de Beust, qui consistait à changer l'exécution militaire en une occupation du Holstein jusqu'à ce que la question du successeur eût été résolue, et elles réussirent à faire adopter par la diète fédérale la résolution de procéder à l'exécution, sans préjudice de la question constitutionnelle (7 décembre). Il n'avait servi à rien que le gouvernement danois eût offert d'accorder à la représentation holsteinoise une pleine autorité en matière de finances (14 novembre) et annulé le manifeste du 30 mars 1863 (4 décembre). L'exaspération la plus violente animait le peuple allemand contre le gouvernement prussien, parce qu'il avait trahi la cause des Augustenborg. Une nombreuse assemblée de membres des assemblées législatives de l'Allemagne se prononça en faveur du prétendant et nomma un comité pour diriger le mouvement. Cette agitation ne fut pas sans influence sur les petits princes de l'Allemagne et le roi de Bavière lui-même reconnut le duc d'Augustenborg; mais le *comte de Bismarck* ne s'en émut pas, et il supporta avec un calme inébranlable l'orage soulevé à la Chambre des députés prussiens. A la suite de la résolution prise par la diète fédérale, la Russie, l'Angleterre et la France exercèrent une pression sur la cour de Copenhague, pour l'amener à abroger la loi fondamentale du 18 novembre, celle-ci ayant été qualifiée par la Prusse, dans une dépêche écrite deux jours avant la mort de Frédéric VII, de pierre d'achoppement pour une solution pacifique; mais cette abrogation n'aurait pas eu pour effet de suspendre l'exécution. Sous cette pression, le gouvernement danois se décida à évacuer le Holstein; aussi les troupes fédérales composées de douze mille Saxons et Hannovriens, sous le général *Hake*, ne rencontrèrent-elles pas d'obstacles, lorsqu'elles franchirent la frontière, le 23 décembre. Partout où elles passaient, le prétendant était proclamé duc; il se rendit en personne à Kiel, le 30 décembre, sans que les commissaires fédéraux y missent obstacle, et la proposition de lui interdire le territoire holsteinois, faite par les deux grandes puissances, fut repoussée par la diète de Francfort.

Le 1ᵉʳ janvier 1864, la nouvelle loi fondamentale fut mise en vigueur. Cependant le ministère Hall, ne voulant pas céder à la pression étrangère, avait donné sa démission à la fin de décembre et *Monrad* avait formé un nouveau cabinet, le 31 décembre 1863. Le 11 janvier, la Prusse et l'Autriche firent à la diète la proposition d'inviter le Danemark à abroger la constitution du 18 novembre 1863 pour le Slesvig et, en cas de refus, d'occuper ce duché pour obliger la cour de Copenhague à remplir ses prétendues obligations de 1851 et 1852; mais la majorité de la diète, qui partageait les préventions de tout le peuple allemand et qui voyait dans cette motion une trahison des droits du prétendant, ayant repoussé ce projet le 14 janvier, les deux puissances résolurent de prendre sans retard la direction de l'affaire, malgré les protestations de la majorité; le 16 janvier, elles adressèrent un *ultimatum* au Danemark, l'invitant à abroger pour le Slesvig, dans les vingt-quatre heures, la loi fondamentale du 18 novembre. C'est en vain que le ministère Monrad se déclara disposé à convoquer le Rigsraad pour lui proposer cette abrogation dans le délai de six semaines; qu'il promit de remplacer la constitution par un ordre de choses conforme aux dispositions du manifeste du 28 janvier 1852, tel qu'il serait interprété dans des conférences nouées sous les auspices des puissances étrangères; qu'il entra dans les vues de l'Angleterre sur un congrès des puissances signataires du protocole de Londres, auxquelles s'adjoindrait un plénipotentiaire de la diète germanique. Le moment décisif était arrivé; le tout était de savoir si le Danemark resterait isolé dans cette lutte. Il n'y avait pas à attendre la moindre assistance de la part de la Russie; l'empereur Napoléon, qui peu auparavant avait vu échouer contre l'opposition de l'Angleterre son projet de soumettre à un congrès général les questions en litige, n'avait pas éconduit ouvertement le prince d'Augustenborg qui s'était adressé à lui, tandis que le ministre des affaires étrangères, Drouyn de Lhuys, déclarait en termes généraux que l'empereur était porté à tenir compte du principe des nationalités. L'Angleterre comme auparavant écrivait notes sur notes, mais ce fut tout. La plus grande déception pourtant fut la conduite de la Suède-Norvège, juste au moment où le péril était plus imminent que jamais.

Les relations entre les États scandinaves n'avaient jamais été si amicales que sous le règne de Frédéric VII. La fraternité qui s'était manifestée de tant de manières pendant la lutte du Danemark contre les rebelles slesvig-holsteinois, s'était accrue les années suivantes dans des congrès d'étudiants, de médecins, de naturalistes, d'ecclésiastiques septentrionaux, et des visites réciproques des deux maisons royales; en outre, de nombreuses brochures avaient propagé l'idée d'une union plus intime des peuples du Nord; mais, pour les partisans de l'État complexe, le scandinavisme était une abomination et, en février 1857, dans une dépêche adressée aux envoyés danois à Londres, à Saint-Pétersbourg, à Paris et à Stockholm, le ministre des affaires étrangères, *Scheele*, avait de son propre mouvement anathématisé l'idée scandinave, « cette conception de poëte, à laquelle l'histoire n'a jamais pu donner un caractère précis et qui devrait être bannie pour toujours, à cause de l'impossibilité de sa réalisation pratique », tandis qu'il conviendrait de s'attacher au principe de l'intégrité de la monarchie danoise dans son étendue actuelle, « principe dont le maintien excluait d'un côté le partage ou le démembrement de la monarchie, et d'autre part son annexion à un autre corps politique ». Cet acte arbitraire du ministre ne troubla pas peu les bonnes relations des deux pays, d'autant plus que le roi *Oscar* avait franchement proposé à Frédéric VII une alliance entre la Suède-Norvège et le *Danemark jusqu'à l'Eider*, y compris le Slesvig. Son fils, le prince héréditaire *Charles*, qui gouverna pendant sa maladie, n'était pas moins bien disposé pour le Danemark; il ne fut pourtant pas possible d'amener le gouvernement de Suède-Norvège à publier, conjointement avec la cour de Copenhague, un manifeste commun de neutralité pendant la guerre d'Italie, en 1859, comme les États scandinaves l'avaient fait pendant la guerre de Crimée. Lorsque *Charles XV* eut succédé à son père dans l'été de 1859, le roi Frédéric VII se rendit à Stockholm pour nouer encore plus étroitement les liens de l'amitié et, les années suivantes, pendant le conflit dano-allemand, une série de dépêches attestèrent les bonnes dispositions de la cour de Stockholm qui pourtant réclamait toujours la séparation du Holstein. Dans l'été de 1860, le ministre Hall entama des négociations pour une alliance des États septentrionaux, mais elles furent sans résultat. En mars 1861, la Suède-Norvège invita les cabinets de Londres, Paris et Saint-Pétersbourg, à adresser en commun un ultimatum à l'Allemagne, sur la base de la séparation et de la neutralisation du Holstein, et elle dénia plusieurs fois à la diète de Francfort le droit de s'immiscer dans les affaires du Slesvig. En mai 1862, elle se déclara de nouveau prête à agir de concert avec les puissances non germaniques, et, à la fin de la même année, elle s'exprima vivement contre le fameux projet de lord Russell. Cependant elle réclamait de plus en plus instamment à la cour de Copenhague la séparation du Holstein. Le manifeste du 30 mars 1863 était un rapide acheminement à ce but, et, lors d'une visite à la cour de Frédéric VII, le roi Charles XV lui proposa franchement une alliance défensive entre leurs États (juillet 1863). Les négociations furent continuées plus tard par le ministre des affaires étrangères de Suède, le *comte Manderstrœm*, et l'envoyé de ce royaume à Copenhague, le comte Hamilton : dix à vingt mille Suédois devaient être envoyés au secours du Danemark, dès que l'Allemagne franchirait l'Eider. Rien ne paraissait devoir empêcher ou retarder la conclusion du traité, lorsque la mort imprévue de Frédéric VII amena le gouvernement de Suède-Norvège à retirer ses offres. Celui-ci se préparait à faire d'importantes réformes, et les hommes politiques les plus influents, notamment le ministre de la justice, comte de Geer, et le ministre des finances, Gripenstedt, n'étaient pas aussi dévoués à l'unité du Nord que Charles XV lui-même ; le comte Manderstrœm ne voulut pas non plus se mettre en avant : le roi avait donc à choisir entre son ministère et le traité ; il opta pour le premier et l'on prétexta, pour justifier la rupture, que le gouvernement danois, ayant soumis au Rigsraad le projet de constitution sans en avertir la cour de Stockholm, avait entièrement changé la situation, en ce qu'il tendait à l'incorporation du Slesvig. Le discours prononcé par le roi de Suède, lors de l'ouverture de la diète (décembre 1863), causa un profond désappointement en Danemark : il y était dit que, dans le conseil des puissances, le roi Charles mettrait toujours ses paroles au service de la justice, mais que l'on ne pourrait exiger qu'il y ajoutât son épée sans calculer si le but pouvait être atteint avec les moyens qu'il avait à sa disposition. Mais, en Suède comme en Norvège, la nation manifesta de plusieurs manières sa sympathie pour le Danemark ; et lorsque l'heure de l'épreuve fut arrivée, des Norvégiens et des Suédois accoururent au secours du Danemark, pour témoigner que la population n'était pas solidaire de la trahison du gouvernement.

Cependant, le 19 janvier 1864, la *Prusse* et l'*Autriche* notifièrent à la diète germanique qu'elles se proposaient d'occuper le Holstein, où elles pensaient ne rencontrer aucun empêchement de la part des troupes de la Confédération, et le même jour des courriers prussiens annoncèrent que des troupes prussiennes prendraient quartier à Hambourg. Les deux grandes puissances firent comme elles avaient dit, malgré toutes les protestations de la nation allemande, malgré les malédictions lancées contre le comte de Bismarck, malgré le refus de subsides de la part de la Chambre des députés de Prusse, malgré l'invitation partout adressée aux gouvernements des petits États d'opposer la force à la force. Aussi, le 21 janvier, les troupes prussiennes entrèrent-elles dans le Holstein et furent-elles suivies le lendemain par les Autrichiens, sans que les troupes fédérales fissent mine de résister. Les Prussiens étaient commandés par le neveu du roi Guillaume, le prince *Frédéric-Charles*, qui avait pris part à la guerre dans les mêmes contrées, seize ans auparavant; les Autrichiens avaient pour chef le lieutenant feld-maréchal de *Gablenz*, qui s'était particulièrement distingué dans la dernière guerre d'Italie. Le commandement général des armées combinées, qui comptaient environ soixante-dix mille hommes, était entre les mains du feld-maréchal *Wrangel*, connu par ses exploits dans les rues de Berlin, en 1848, et par la première campagne prussienne dans la péninsule jutlandaise (avril-août 1848). L'aile gauche était formée par la garde prussienne, sous les ordres du général von der Mülbe; le centre, conduit par de Gablenz, devait marcher sur Slesvig, en passant par Rendsborg; l'aile droite, composée des divisions Manstein et Wintzingerode, sous le prince Frédéric-Charles, s'avançait contre Egernfjord. A ces forces le Danemark ne pouvait opposer qu'un peu plus de trente-cinq mille hommes sous le lieutenant-général *de Meza*, qui avait occupé la position du *Dannevirke*, si solidement fortifiée pendant les dernières années, que beaucoup de personnes la regardaient comme imprenable, pourvu qu'elle fût défendue par des troupes en nombre suffisant.

Le 31 janvier, un major prussien, envoyé par de Wrangel, somma le commandant général danois d'évacuer le duché de Slesvig, et, sur le refus de ce dernier, les Allemands franchirent l'Eider, le 1er février. Dès le lendemain, le prince Frédéric-Charles tenta un assaut contre les retranchements de *Miœsund*, à l'extrémité de l'aile gauche des Danois; il pensait franchir la Slie en cet endroit, mais le lieutenant-général Gerlach repoussa victorieusement l'attaque après six heures de combat. Le 3, les Autrichiens réussirent mieux lorsque, après un combat à *Jagel* et *Œvreselk*, ils prirent d'assaut le Kongshœi et arrivèrent au pied du Dannevirke. Il fut alors résolu que, pendant que les Autrichiens attaqueraient de front cette position, les Prussiens feraient un mouvement tournant par Arnæs et Kappel, à l'est de Miœsund. De son côté, le quartier général danois, dans un conseil de guerre, prit, à la majorité de dix voix contre une, le parti d'évacuer la position du Dannevirke; et l'exécution de cette mesure commença à une heure avancée de la soirée, sans que le gouvernement en eût été prévenu à temps. Par une sombre nuit d'hiver, l'armée danoise au désespoir opéra sa pénible retraite, que le froid piquant, le verglas, la faim et la soif rendaient encore plus difficile. La nation danoise fut atterrée à la nouvelle de ce mouvement rétrograde. On cria à la trahison, parce que l'on ne connaissait pas le véritable état de choses, le public ignorant alors que la position n'était pas tenable et que la persistance à la défendre devait, selon toute vraisemblance, aboutir à un désastre; c'eût été exposer à une perte à peu près certaine toute l'armée, la seule que possédât le Danemark. L'enthousiasme d'autrefois, qui avait enflammé les esprits pendant la première guerre slesvigoise, avait disparu : aux yeux de beaucoup de gens, c'était folie de combattre pour un chiffon de papier comme la constitution du 18 novembre. Le gouvernement manifesta sa désapprobation en destituant le général en chef de Meza et en lui donnant pour successeur provisoire le lieutenant-général *Lüttichau*, le seul qui, au conseil de guerre, eût été d'avis de défendre la position du Dannevirke ; bientôt celui-ci fut à son tour remplacé lui-même par le général *Gerlach*.

Dès que les alliés eurent vent de l'évacuation du Dannevirke, ils se mirent à poursuivre l'armée danoise; mais comme celle-ci avait une avance considérable, c'est seulement à *Sankelmark*, au sud de Flensborg, que son arrière-garde, sous le colonel Max Müller, fut atteinte par l'avant-garde des Autrichiens ; cette rencontre fut extrêmement sanglante. Cependant le gros de l'armée danoise, composé de trois divisions, occupa sans empêchement son autre position principale, les retranchements de *Dybbel* sur la péninsule de Sundeved, tandis que la quatrième division sous *Heyermann-Lindencrone* continua sa retraite vers le nord de la péninsule. Pendant les dernières années, à mesure que la rupture avec l'Allemagne devenait plus probable, Dybbel avait été puissamment fortifié ainsi que le Dannevirke. Partout où passèrent les alliés, ils agirent en maîtres; les fonctionnaires danois furent expulsés, souvent avec brutalité; le lion qui avait été élevé au cimetière de Flensborg, en mémoire de la victoire d'Isted, fut mutilé et renversé pour être plus tard transporté à Berlin; les fortifications du Dannevirke furent rasées; la colonne du Skamlingsbanke, où de mémorables fêtes nationales avaient été célébrées à l'aurore de la liberté, fut détruite par la mine; l'allemand redevint la langue des écoles et de l'administration, car tout ce qui rappelait la domination danoise devait être effacé.

Tandis que les Autrichiens et la division de la garde prussienne, qui seulement alors vint prendre une part active à la campagne, s'avançaient vers le nord, le gros de l'armée prussienne tournait sur Dybbel; mais, manquant de grosse artillerie de siége, elle ne put rien entreprendre, et, après une série de combats d'avant-postes et l'occupation de Broagerland, elle dut se borner à investir la position danoise. Ce ne fut que plus tard (le 17 mars) que les Prussiens, après l'arrivée de l'artillerie de siége, réussirent à s'emparer de Ragebœl, Dybbel et Arnbjerg; ils ouvrirent alors un feu violent contre les fortifications ennemies, et, de tranchée en tranchée, ils s'en approchèrent peu à peu. Sœnderborg dans l'île d'Als fut incendié, « un des actes les plus cruels et les plus honteux de l'histoire militaire, non-seulement des peuples civilisés, mais encore des barbares ». Les Danois répondaient de leur mieux au feu des assiégeants, mais les retranchements en terre ne pouvaient résister aux ravages des projectiles, et ils furent bientôt hors de défense. Bien que les Danois supportassent avec une admirable ténacité les périls et les privations du siége, l'issue de l'affaire ne pouvait cependant pas être douteuse. Les Prussiens, après avoir échoué, par suite du temps orageux, dans une tentative de passage de *Ballegaard* à la pointe septentrionale de l'île d'Als, pour tourner les positions danoises, donnèrent assaut aux retranchements dans la matinée du 18 avril. En un clin d'œil, les six premiers ouvrages tombèrent au pouvoir des assaillants; il en fut de même de la seconde ligne, où le général *Duplat*, qui périt là d'une mort glorieuse, arrêta quelque temps les progrès de l'ennemi; mais bientôt les Danois durent se retirer derrière la tête du pont fortifié, et, à la suite d'un violent combat d'artillerie, ce dernier retranchement fut pris aussi, sans que pourtant les vainqueurs aient pu couper la retraite de l'armée danoise et l'empêcher de regagner l'île d'Als. Les pertes des vaincus s'élevèrent à 4,846 morts, blessés et prisonniers, parmi lesquels 108 officiers; celles des Prussiens furent de 1,184 hommes, dont 70 officiers.

Cependant le Jutland était aussi au pouvoir des alliés. Dès le 18 février ils avaient franchi le Kongeaa, qui forme la limite entre le Nordjutland et Sudjutland ou duché de Slesvig; mais provisoirement les Autrichiens, qui ne tenaient pas à prolonger les hostilités, restèrent immobiles près de Kolding. C'est seulement après que le général prussien de Manteuffel eut aplani toutes les difficultés à Vienne, que les opérations furent reprises. Après un rude combat, les Danois durent évacuer *Veile*, et le même jour *Fredericia* fut investie, mais cette forteresse ne pouvait être prise tant que l'ennemi manquait d'artillerie de siége. L'union entre les alliés était si fragile que de Gablenz refusa bientôt de prendre part au siége, ce n'est que plus tard qu'il se remit à cette opération. Cependant le général *Hegermann-Lindencrone* s'était retiré sans coup férir dans l'île de Mors, au milieu du Liimfjord; et lorsque les alliés, après la chute de Dybbel, purent disposer librement de leur artillerie de siége, ils la transportèrent au nord et ouvrirent un feu régulier contre Fredericia; mais, avant que les projectiles eussent causé aucuns dommages, le gouvernement danois donna au commandant l'ordre d'évacuer la forteresse, le 28 avril, et par là les alliés devinrent maîtres de la péninsule jutlandaise jusqu'au Liimfjord.

Cependant la diplomatie avait donné une nouvelle tournure aux affaires; l'Angleterre avait travaillé activement à réunir en *conférence* les États signataires du traité de Londres, et, après beaucoup de difficultés, il avait été convenu que les plénipotentiaires de ces puissances entreraient en négociations sans avoir de base précise et sans que les hostilités fussent interrompues. La conférence devait s'ouvrir le 12 avril, mais les cours allemandes traînèrent l'affaire en longueur, jusqu'à ce que la prise de Dybbel eût rendu leur situation plus favorable; c'est seulement le 25 que la session fut ouverte. Le 9 mai fut conclu un armistice d'un mois pendant lequel le blocus devait être levé; les Danois conservaient l'île d'Als, et les Allemands toute la partie du Jutland qu'ils occupaient; conditions que les vainqueurs n'avaient jamais songé à observer et qu'ils n'observèrent pas non plus. Le comte de Beust, qui représentait la diète germanique, demanda l'indépendance complète du Slesvig-Holstein sous le duc Frédéric VIII d'Augustenborg ; mais les deux grandes puissances allemandes préféraient un Slesvig-Holstein uni personnellement au Danemark, prétendant que la guerre avait annulé le traité de Londres. L'Angleterre, appuyée par la France et la Russie, proposa alors de partager le Slesvig par une ligne qui serait le prolongement de la Slie et du Dannevirke, d'annexer au Holstein tout ce qui se trouverait au Sud et de rendre ce duché absolument indépendant du Danemark. Mais l'Autriche et la Prusse ne voulaient entendre parler que d'une ligne de démarcation passant par Aabenraa et Tœnder. Lord John Russell, qui était vacillant comme d'habitude, proposa de s'en remettre pour la délimitation à un arbitre désintéressé dans la question, en lui laissant la latitude de tracer cette ligne entre celles qu'acceptaient l'Angleterre et les deux puissances allemandes, c'est-à-dire au nord du Dannevirke et au sud d'Aabenraa-Tœnder. Mais l'envoyé de la diète germanique ne voulut pas admettre que la sentence arbitrale dût être obligatoire ; il prétendait ne la considérer que comme une médiation amicale. En présence de cette réserve, le Danemark repoussa le projet de lord J. Russell. Une proposition faite par le plénipotentiaire français n'eut pas non plus de suite ; il s'agissait de faire voter les habitants de la partie contestée du Slesvig central, sur la question de savoir s'ils voulaient rester Danois ou être annexés à l'Allemagne ; car ce projet, n'ayant pas été formulé avec précision, ne fut pas mis en délibération. La conférence fut close le 25 juin, le jour où expirait l'armistice qui avait été prolongé, et les *hostilités* recommencèrent.

Le 9 mai, jour où il avait été convenu à la conférence de Londres que l'armistice serait conclu, une escadre danoise, composée des frégates *le Niels Juel* et *le Jutland* et de la corvette *le Heimdal*, avait soutenu dans les eaux de Helgoland une lutte honorable contre les frégates autrichiennes *le Schwarzenberg* et *le Radetzky*, qui étaient escortées d'une corvette autrichienne à hélices ainsi que de deux canonnières et d'une barque prussiennes. Mais, si honorable et si réconfortant que fût ce combat dans la triste situation d'alors, il ne pouvait toutefois exercer d'influence sur le cours des événements en général; la flotte danoise était d'ailleurs réduite à un rôle accessoire dans une guerre qui se faisait principalement sur terre. L'impuissance de la marine se manifesta d'une manière fâcheuse lorsque fut venue l'heure décisive. Dans la nuit du 28 au 29 juin, les Prussiens, sous le commandement de Hartwarth de Bittenfeld, s'embarquèrent à Snogebæk et à Satrupskov pour passer à Arnkilsœre et franchirent sur quatre colonnes le détroit d'*Als*, sans que les Danois leur opposassent de résistance sérieuse. Le *Rolf-Krake*, navire cuirassé, que l'on considérait généralement comme une excellente défense, n'entrava pas ce passage et le jour même, l'île, défendue sans énergie par le major général Steimann, fut au pouvoir des Allemands, avec une perte de trois mille deux cents hommes pour les Danois. La péninsule de *Vendsyssel*, située au nord du Liimfjord, fut bientôt évacuée et des officiers allemands arborèrent leur pavillon jusqu'à *Skagen* (14 juillet); enfin les îles jutlandaises de la mer du Nord furent également occupées par l'ennemi (le 19 juillet).

La force de résistance était brisée. Le ministère *Monrad* se retira et, le 11 juillet, *Bluhme* forma un nouveau cabinet où siégèrent d'anciens partisans de l'État complexe : Hansen, Tillisch et Charles Moltke. Comme aucune des puissances neutres, à l'exception de la Suède-Norvège, ne voulait faire de démarche en faveur du Danemark, la cour de Copenhague engagea immédiatement des négociations et, dès le 1er août, les *préliminaires de la paix* furent signés à Vienne; le *traité* définitif fut conclu le 30 octobre. Le Danemark cédait à la Prusse et à l'Autriche les duchés de Slesvig, de Holstein et de Lauenburg, et il s'engageait à reconnaître comme valables les dispositions que les deux empereurs pourraient prendre relativement à leurs conquêtes. Les parties du Jutland enclavées dans le Slesvig furent également cédées à ce duché, mais le Danemark put en retour s'incorporer l'île d'Ærœ et quelques enclaves dépendant du Slesvig; il n'avait pas d'indemnité de guerre à payer; les duchés prirent même à leur charge une part proportionnelle de la dette commune. Le présent payait ainsi fort cher les fautes politiques du passé et l'absence de politique nationale à l'égard du Slesvig : une des plus anciennes monarchies de l'Europe avait été abaissée et démembrée, sans que personne lui tendît la main pour la soutenir.

L'indifférence des puissances qui avaient garanti au Danemark la possession du Slesvig donna une triste idée de ce qu'est la morale politique.

Mais la paix était à peine conclue que les vainqueurs commencèrent à se disputer à propos du partage du butin. Le peuple allemand et la population des duchés étaient généralement portés pour l'idée slesvig-holsteinoise et pour le prétendant augustenborgois ; les Prussiens, au contraire, ne voulaient pas lâcher leur proie sans rançon : dans une entrevue avec le prétendant, le comte de Bismarck demanda, en retour de son adhésion aux plans des Slesvig-Holsteinois, que divers points fortifiés fussent cédés à la Prusse, que la surveillance du canal projeté entre la mer du Nord et la Baltique lui fût confiée, et que le futur État fût lié à la Prusse par une convention militaire. Mais l'insignifiant prétendant, qui n'était pas au fait de la vraie situation politique, présenta des objections impertinentes et fut dès lors abandonné par le puissant ministre. L'Autriche favorisait en général l'agitation slesvig-holsteinoise et, en tout cas, elle mettait des conditions inacceptables à sa renonciation aux duchés : elle exigeait, en effet, la rétrocession de la Silésie. Le 21 juillet 1864, les Prussiens occupèrent *Rendsborg* sans se soucier des protestations de leurs alliés, et, au mois de décembre, les troupes fédérales évacuèrent les duchés, où elles avaient joué un rôle pitoyable. En même temps le comte de Bismarck, pour aplanir la voie, fit déclarer par les jurisconsultes de la couronne que la renonciation du duc d'Augustenborg, en 1852, était parfaitement valable et obligatoire pour lui, de sorte que les dispositions de la paix de Vienne devraient seules être prises en considération, lorsqu'il s'agirait de savoir à qui appartenaient légitimement les duchés. Cependant l'Autriche, voyant que la Prusse refusait positivement de céder la Silésie, demanda que le prince d'Augustenborg fût proclamé sans plus tarder, mais le comte de Bismarck répondit qu'il fallait auparavant régler définitivement la situation de la Prusse à l'égard des duchés. Aussi les deux puissances continuèrent-elles en commun provisoirement à gouverner, le Slesvig et le Holstein. Enfin, au mois de février 1865, la cour de Berlin notifia ses conditions dans une note au cabinet de Vienne ; elle voulait garder Sœnderborg, Dybbel, Frederiksort et quelques autres points situés sur le golfe de Kiel, l'embouchure du canal projeté, Rendsborg qui deviendrait une forteresse fédérale; elle voulait introduire dans les duchés, comme dans toute autre province prussienne, ses douaniers, ses employés de la poste et du télégraphe, son armée et sa flotte, son organisation militaire, et même le serment de fidélité au drapeau prussien ; c'est seulement après avoir accepté ces conditions que le nouveau souverain pourrait être reconnu. L'Autriche repoussa naturellement ces propositions et, de concert avec la diète, elle travailla de nouveau en faveur du prétendant. La proposition faite par le comte de Bismarck, d'entendre les États slesvig-holsteinois avant de prendre une décision, n'était qu'un prétexte pour traîner l'affaire en longueur ; et, comme le grand-duc d'Oldenbourg protesta contre des élections qui seraient faites pendant le séjour du duc d'Augustenborg à Kiel, la Prusse déclara à la cour de Vienne qu'elle céderait, si l'Autriche abandonnait le duc d'Augustenborg et reconnaissait le duc d'Oldenbourg. Il était clair que celle-ci ne pouvait adhérer à ce projet, étant déjà trop engagée en sens contraire. Il devint dès lors évident qu'une lutte sortirait de ce différend ; ce n'était plus qu'une question de temps. C'est en vain que le comte de Bismarck chercha à s'assurer la neutralité de l'Allemagne pendant le duel entre les deux grandes puissances. Dans les duchés même, les Prussiens prenaient à dessein une attitude provocante. Cependant l'orage fut provisoirement conjuré par la *convention de Gastein* entre les deux grandes puissances allemandes (14 août 1865) : elles devaient continuer à posséder les duchés en commun, mais la Prusse gouvernerait le Slesvig, l'Autriche le Holstein ; le Lauenburg était cédé à la Prusse pour deux millions et demi (sept millions de francs) ; celle-ci devait provisoirement avoir la jouissance du port de Kiel et commander à Rendsborg au moins une année sur deux ; elle obtint de plus quelques voies militaires pour traverser le Holstein ; ses troupes d'occupation étaient desservies par la poste et le télégraphes prussiens ; elle avait la faculté de construire un chemin de fer et de creuser un canal entre la Baltique et la mer du Nord ; les duchés entraient dans le Zollverein, etc. L'opinion publique dans les duchés et dans toute l'Allemagne protesta vainement contre cet arrangement qui ne tenait aucun compte de la volonté nationale. La lutte constitutionnelle en Prusse n'eut pas non plus d'influence à cet égard : le comte de Bismarck marchait en avant sans se laisser détourner du but.

Tout annonçait que la Prusse se maintiendrait dans le Slesvig ; le général *de Manteuffel*, gouverneur de ce duché, réprimait avec une inflexible sévérité toutes les manifestations du parti augustenborgois et il notifia au prétendant, à qui les habitants d'*Egernfjord* avaient rendu hommage, que si pareille chose se reproduisait, il serait arrêté, conformément aux ordres du roi Guillaume. D'un autre côté, il affirma à diverses reprises au parti danois que la Prusse ne rendrait rien du territoire slesvigois, pas même sept pieds carrés ! qu'il aimerait mieux sacrifier sa vie pour conserver le pays conquis. Le général *de Gablenz* traitait le Holstein avec beaucoup plus de ménagements ; mais cette douceur fut précisément pour le comte de Bismarck une occasion de chercher querelle à l'Autriche. En janvier 1866, il adressa une note très-vive au cabinet de Vienne et lui demanda s'il ne voulait plus suivre la même politique que la Prusse dans la question du Slesvig-Holstein, car alors la Prusse reprendrait sa liberté d'action et ne consulterait que ses propres intérêts. La réponse de la cour de Vienne était conçue en termes non moins vifs, et il était clair qu'une rupture était prochaine. Des deux côtés on s'armait en toute hâte et l'on cherchait à se faire des alliés. La Prusse trouva enfin un prétexte de rupture longtemps cherché, lorsque l'Autriche eut enfreint la convention de Gastein, en soumettant à la diète germanique la question slesvig-holsteinoise (1er juin 1866) et en convoquant les États du Holstein. Le général de Manteuffel notifia au général de Gablenz que ces démarches nécessitaient le retour à l'état de choses antérieur, c'est-à-dire à l'occupation commune des duchés, qu'en conséquence les troupes prussiennes allaient rentrer dans le Holstein, comme il était loisible à l'armée autrichienne de rentrer dans le Slesvig. Mais de Gablenz, qui n'avait à sa disposition que quatre mille huit cents hommes, tandis que son adversaire en avait douze mille, ne put relever le gant et évacua le Holstein (12 juin), après que le général de Manteuffel eut pris en main l'administration supérieure de ce duché et dissous la diète holsteinoise d'*Itzehoe*. Le même jour, les relations diplomatiques furent rompues entre les deux grandes puissances allemandes et la guerre commença. Ce n'est pas ici le lieu de la raconter, il suffit de dire que l'empereur Napoléon fit insérer dans le *traité de Prague*, qui rétablit la paix entre l'Autriche et la Prusse (23 août 1866), une clause d'une grande importance pour le Danemark ; l'article 5 de ce traité porte que « l'empereur d'Autriche cède au roi de Prusse tous les droits qui lui ont été conférés sur les duchés de Holstein et de Slesvig par la paix de Vienne, avec la réserve que la partie septentrionale du Slesvig serait rétrocédée au Danemark, si la population manifestait par un vote libre le désir d'être réunie au Danemark ». On sait assez que jusqu'ici la population n'a pas été interrogée conformément à cette clause. Les fidèles Slesvigois du Nord ont souffert sous le joug de la Prusse, mais rien n'a pu affaiblir leur affection patriotique pour le Danemark, et ils attendent avec confiance le jour de leur réunion avec leurs concitoyens d'au-delà du Kongeaa et d'outre-Belt.

La perte du Slesvig nécessita la révision de la constitution danoise : il n'y avait plus de motifs de conserver deux constitutions, l'une commune, l'autre spéciale, et personne non plus ne désirait leur maintien ; toute la question était de savoir de quelle manière serait opérée cette modification. Les *amis des paysans* soutenaient en général que la constitution de 1863, promulguée en vue des relations communes du royaume et du duché, devait être abrogée du moment que cessait cette communauté ; que toute la puissance législative devait faire retour au Rigsdag et que la constitution de 1849 devait remplacer celle de novembre 1863 ; d'autant plus que le Rigsdag de 1855, en consentant à restreindre la loi fondamentale aux affaires particulières du royaume (29 août 1855), avait réservé que cette restriction resterait seulement en vigueur pendant le maintien de la constitution commune. D'un autre côté, on faisait valoir que les constitutions commune et spéciale, pour être mal nommées désormais, ne restaient pas moins en vigueur et, comme la constitution de novembre s'appliquait à une branche spéciale des affaires publiques, elle n'était pas abrogée parce que le royaume avait cessé d'être en communauté avec le Slesvig pour les affaires en question. Pour réfuter l'interprétation que les amis des paysans donnaient de la réserve mentionnée précédemment, on alléguait que cette réserve n'avait jamais été considérée comme obligatoire au point de vue du droit public ; que le ministère n'en avait pas tenu compte dans le temps et que plus tard, lorsqu'on l'avait remise sur le tapis, le gouvernement avait déclaré, sans être contredit, que cette réserve était nulle au point de vue légal. Malheureusement il paraissait, au commencement, ne pas savoir quelle attitude prendre. Bientôt pourtant il exprima clairement l'opinion que la perte du Slesvig n'entraînait pas par elle-même l'abrogation de la constitution de novembre, et que la fusion du Rigsraad et du Rigsdag en une seule assemblée représentative ne pouvait être opérée légalement qu'avec le consentement de l'un et de l'autre. Aussi, peu de mois après la conclusion de la paix, le ministère Bluhme soumit-il au Rigsraad un projet de loi fondamentale, par laquelle la constitution de novembre serait restreinte au royaume et aux parties incorporées du Slesvig ; admettre cette disposition, c'était reconnaître que la constitution de novembre avait continué à être en vigueur ; elle fut adoptée, le 23 décembre 1864, après de vifs débats qui faisaient mal augurer de la discussion sur la question principale. Deux jours auparavant, le projet de constitution avait été déposé par le gouvernement. C'était surtout une révision de la loi fondamentale de 1849, mais il y avait aussi plusieurs nouveaux articles importants qui étaient en partie empruntés à la constitution de novembre, comme par exemple : la composition du Landsthing ; le droit électoral restreint à ceux qui avaient eu dans les dernières années un revenu net de 2,000 rigsdaler (5,600 francs) ou avaient payé 200 rigsdaler de contributions directes à l'État ou à la commune ; le renvoi du budget à un comité, composé de membres des deux assemblées, en nombre égal et jouissant des mêmes droits, pour le cas où les Chambres ne pourraient se mettre d'accord sur les questions financières ; la convocation du Rigsdag tous les deux ans et par suite le vote du budget pour une période biennale, etc. Ce projet du gouvernement reçut, à tout prendre, un bon accueil au Landsthing, bien que divers points y aient été critiqués et modifiés ; mais, au Folkething, les amis des paysans cherchèrent dès le début à porter la lutte sur le terrain de la forme ; ils soutenaient que le projet de constitution devait d'abord être soumis au Rigsdag, parce que celui des parlements qui traiterait la question en dernier lieu serait influencé par l'autre; et que le Rigsraad en tout cas n'avait rien à faire qu'à poser les conditions sous lesquelles il consentait à renoncer à son droit, mais qu'il ne devait pas entrer dans l'examen détaillé de la constitution de juin, dont le défenseur naturel était le Rigsdag. A la fin pourtant le Folkething dut se décider à traiter la question au fond, mais il lui fit un si mauvais accueil que les deux assemblées durent nommer un comité mixte. Le projet de ce comité qui était essentiellement conforme à la constitution de 1849, à l'exception des règles pour la formation du Landsthing, fut repoussé par le Folkething (10 avril 1865), qui fut dissous le 5 mai suivant. Mais les nouvelles élections ne donnèrent pas une Chambre plus souple, et, lorsque le Rigsraad se réunit au mois d'août, le projet du gouvernement, sous la forme que lui avait donnée le comité mixte, y fut l'objet d'une opposition aussi vive que sous sa forme précédente. Les débats portèrent aussi principalement sur la composition du Landsthing, et l'affaire fut encore renvoyée à un comité mixte. Mais des négociations ayant eu lieu entre le comte Frijs au nom des grands propriétaires et J.-A. Hansen au nom des petits, on finit par tomber d'accord sur une manière nouvelle et très-compliquée de composer le Landsthing. Cet amendement obtint l'adhésion générale et, après la retraite du ministère Bluhme qui fut remplacé, le 6 novembre, par le ministère Frijs, le projet fut adopté et obtint la sanction royale le 17 novembre 1865.

Mais il fallait le porter devant le Rigsdag, car la constitution du 18 novembre 1863 ne pouvait être abrogée, que lorsqu'une nouvelle constitution aurait été adoptée par le Rigsdag dans trois sessions successives, et sanctionnée deux fois par le roi. Malgré l'opposition soulevée au Rigsdag par Tscherning, le projet du gouvernement fut adopté sans modifications dans les sessions de décembre 1865 et mai 1866. En outre, des élections ayant eu lieu conformément aux prescriptions constitutionnelles, les efforts les plus grands des adversaires du projet ne purent leur procurer la majorité dans la nouvelle assemblée. L'opposition persistante de Grundtvig et de Tscherning ne put pas non plus empêcher l'adoption du projet. Le 28 juillet 1866 fut donc promulguée « la loi fondamentale revisée du 5 juin 1849 », qui forme la base du droit public actuellement en vigueur. Mais, née au milieu des luttes les plus ardentes, elle renfermait dans son sein les germes des discordes qui ont éclaté dans les dernières années et paralysé les forces du Danemark dans un temps où il aurait besoin du concours de toutes les forces pour défendre son indépendance. Puisse le bon accord régner de nouveau et les forces intellectuelles de la patrie se développer comme le bien-être matériel, afin qu'elle conserve toujours sa place dans le rang des nations indépendantes!

FIN DU TOME SECOND.

TABLE ALPHABÉTIQUE DES MATIÈRES

A

Aabenraa, 200, II, 326 ; droit de ville, 160.
Aahuus, 108, 275.
Aalborg, ville, 102, 149, 264, 312 ; II, 15 ; combat, I, 312 ; évêché, II, 7.
Aalborg (Niels Mikkelsen), II, 83.
Aarhuus, ville, 64, 149, 322, 324 ; II, 9, 51, 229, 330, 337 ; assemblée nationale, I, 284 ; évêché, I, 64, 179.
Abel, roi de Danemark, 131, 155, 157.
Abildgaard, (Nikolai), II, 264.
Abildgaard, (Peter-Christian), II, 263.
Abo, réunion, II, 235.
Absalon, 104, 110, 112, 113, 114, 115, 116, 118, 120, 121, 124, 152.
Académie de chirurgie, II, 259.
Académie de sculpture, de peinture et d'architecture, II, 160, 180.
Académie pour l'armée, II, 145.
Académie pour les cadets de marine, II, 145.
Adalbert, 87.
Adaldag, 64.
Adam de Brême, 87, 88, 148.
Adelaer, Kort, II, 109, 121.
Adelby, village noble, 149.
Adler (J.-G.-C.), II, 281.
Adlersparre (George), II, 231, 232.
Adolphe, comte de Holstein, 119, 120, 126.
Adolphe, duc de Holstein-Gottorp, II, 14, 17, 24, 30.
Adolphe, fils de Gerhard VI, 218, 222, 227, 230, 244, 247.
Adolphe-Frédéric, roi de Suède, II, 168, 171.
Adolphe le Jeune, comte de Holstein, 130.
Adser, 103, 106, 107.
Ærœ, île, 173, 174, 177, 180, 189, 222, 227 ; II, 24, 185, 279, 399.
Ærteholms, II, 126.
Ættehœie, 5.
Afrique, 21 ; II, 176.
Age de bronze, 2, 4.
Age de fer, 2, 6.
Age de pierre, 2.
Agershuus, 261, 307.
Agnès, reine d'Erik Glipping, 174.
Agriculteurs, 144.
Agriculture, 46, 77, 148 ; II, 35, 128, 153, 187, 198, 244, 303, 387.
Ahlefeldt, II, 122.
Ahrensdorf (Frédéric), II, 120, 122, 124.
Aix-la-Chapelle, 56.
Albert, duc de Meklenbourg, 313.
Albert, roi de Suède, 199, 202, 204, 205.
Albert l'Ancien, duc de Meklenbourg, 198.
Albert le Jeune, duc de Meklenbourg, 202, 204.
Albert d'Orlamünde, 126, 130.
Albertsen (Louis), 180, 188, 189.
Albrecht, duc de Brunswig, 171.
Alchimie, II, 109.
Alexandre Ier, empereur russe, II, 222, 223, 227, 235, 236.
Alfifa, reine de Knud le Grand, 8..
Alfred, roi d'Angleterre, 70.

Alfs blancs, 55.
Alfssen Knut, 261.
Alger, II, 176, 205.
Algotsson, Bengt, 197.
Aliments, 47, 318-320.
Allemagne (Invasion dans le nord d'), 178.
Als, île, 173, 174, 177, 200; II, 45, 279, 329, 336, 396, 399.
Altona, II, 109, 135, 159, 179, 193, 268, 370, accomodement, II, 124.
Amager, île, 279; II, 77.
Amendes, 37, 40, 133, 134, 140, 150, 189, 267; II, 32; droit aux, I, 93, 300; II, 32.
Amérique septentrionale, II, 206, 218.
Amiral du royaume, 217; II, 67.
Amis des paysans, II, 305, 380, 403, 404.
Anatomie, (amphithéâtre d'), II, 52, 158.
Anders, trésorier, 265.
Andersen, (Bjœrn), 264.
Andersen-Beldenak (Jens), 270, 274, 292, 305.
Andersen, (Peder), 196.
Andersen (Stig), 173, 174, 175.
Andræ (Jacob), II, 28, 29.
Andreæ, II, 365, 368.
Angel, II, 140, 164, 279, 327.
Angles, 2.
Angleterre, 2, 21, 63, 70-71, 72, 75, 76, 82, 83, 86, 94, 99, 120, 149, 181, 222, 232, 253, 263, 288; II, 22, 52, 57, 63, 79, 109, 132, 136, 138, 168, 206, 210, 217, 218, 223, 233, 235, 241, 273, 331, 360, 378, 379, 381, 383, 390, 391, 397, 398.
Anholt, île, II, 234.
Anker (Kofod), II, 158, 178.
Anker (Paul), II, 78.
Anna, fille de Frédéric II, 327.
Anna, fille de Pierre le Grand, II, 141.
Anne-Catherine, reine de Christian IV, II, 67.
Anne-Sophie, reine de Frédéric IV, II, 148, 149.
Anschaire (Ansgarius), 57-60.
Antiquités, 4.
Antoine-Gunther, comte d'Oldenbourg, II, 118.

Antvorskov, 124, 293; II, 29; Synode, II, 7.
Anund (Jacob), roi de Suède, 80, 81, 85.
Anvers, 294, 326.
Apiculture, 47, 318.
Arabie, II, 178.
Arason (Jon), II, 9.
Arcembold, 268.
Archangelsk, II, 207.
Architecture, 77, 322.
Arkona, 107, 114.
Armée de terre, II, 109, 126, 167, 185, 296.
Armée permanente, II, 56, 256.
Armes, 4, 5, 25, 49, 78, 144, 232, 320.
Armoiries, 50, 212.
Arnæs, II, 395.
Arnegjæld, v. Fouage.
Arnfast, 169, 170.
Arnholt (lac d'), II, 329.
Arnkielsœre, II, 399.
Arnold de Lübeck, 151, 152.
Arreboe (André), II, 84.
Arrhes, 278, II, 36.
Arsenal, II, 55.
Asbjœrn Jarl, 90.
Ases, 11, 12.
Ask, 9.
Askanius de Dueholm, II, 183.
Askomanns, 89.
Assemblée des gardes, 78.
Assemblées provinciales, 90, 135; II, 255.
Assens, ville, 253.
Assolement triennal, 148.
Astride, fille du roi Burislav, 69.
Asunda, 269.
Augsbourg, 276; diète, 301.
Auguste, électeur de Saxe, II, 28, 29.
Auguste, électeur de Saxe et roi de Pologne, II, 132, 134.
Augustenborg (ligne d'), II, 24.
Aumonier de la cour, 216.
Aune, 276; II, 52.
Autbert, 58.
Autriche, II, 142, 168, 236, 340, 356, 360, 370, 371, 372, 380, 383, 389, 390, 393, 394, 398, 400, 401, 402.
Avignon, 187.
Avnbjerg, II, 396.
Azov (mer d'), 1.

B

Baagœ, île, II, 128.
Baden (Jacob), II, 261.
Bagger, II, 129.
Baggesen (A.), II, 346.
Baggesen (J.-J.), II, 265, 275.
Bahuus, 261; II, 75, 79, 120.
Baillis, II, 105.
Baillis diocésains, II, 7, 105.
Baillis royaux, II, 32, 33, 43, 67.
Baldr, 13, 55.
Balle (N.-E.), II, 214, 260, 274.
Ballegaard, II, 396.
Banc transversal, 51.
Bang (F.-L.), II, 262.
Bang (Peder), 169.
Bang (Pierre-George), II, 262, 292, 333, 358, 359, 363, 368.
Banner (Erik), 309.
Banque, II, 166, 211, 268.
Banque nationale, II, 269.
Baptême forcé (Abolition), II, 387.
Bardenfleth, II, 324, 333, 357, 359.
Bari, 97.
Barons, II, 112.
Bartholin (Caspar), II, 82.
Bartholin (Thomas), anatomiste, II, 82.
Bartholin (Thomas), historien, II, 160.
Basedow, II, 177.
Basse (Hans-Pedersen), II, 48.
Bastonnade, II, 256.
Bastholm, II, 260.
Beck (Ligne de), II, 24.
Beenfeldt, commandant à Kronborg, II, 77.
Beenfeldt, propriétaire, II, 252.
Beengjærd, v. Bérangère.
Bendz (W.), II, 264.
Bénédictins, 123, 124.
Benedikt, fils de Svend Estridsen, 95.
Bentgsson, Måns, 125.
Benstrup, II, 168.
Bérangère (Beengjærd), reine de Valdemar II, 131.
Berg (Magnus), II, 160.
Bergen, ville, 222, 246, 252, 272, II, 26, 110, 128.
Bergthora, 29.
Berkentin, II, 169.

Beringskjold, II, 203.
Berlin, II, 339, 389, 396; armistice, II, 340; paix, II, 342.
Bernadotte, prince de Ponte-Corvo, II, 228, 229, 233, 234, 236, 237, 238, 242.
Bernard, abbé, 124.
Bernhard, évêque en Skanie, 76.
Bernstorf (André-Pierre), II, 183, 206, 214, 216, 217, 218, 219, 244, 247, 251, 267.
Bernstorf (Christian), II, 224.
Bernstorf (Jean-Hartvig-Ernest), II, 171, 173, 174, 177, 178, 183, 190, 192, 193.
Bernstorf (Joachim), II, 224, 236.
Bernstorff (comte de), ministre prussien, II, 379.
Berthelsen (Iver), II, 83.
Beseler, II, 323, 325, 334, 356.
Beuningen (van), II, 77.
Beust (comte de), II, 389, 398.
Bible (traductions de), 294, 301, II, 11, 82.
Bibliothèque de l'Université, II, 51, 109, 148.
Bibliothèque (Grande) royale, II, 109, 259.
Bielefeldt, II, 226.
Bière, 47, 184, 318; II, 80, 190; droit sur la, I, 163.
Bilde, commandant à Kronborg, II, 77.
Bilde (André), II, 69, 74.
Bilde (Ove), 312; II, 2.
Bilde (Steen), II, 50.
Bille, ministre, II, 359, 368.
Bille (Steen), II, 218.
Bindesbœll, II, 264.
Birckner, II, 264.
Birger, archevêque, 292.
Birger, roi de Suède, 177.
Birkeret, v. Justice seigneuriale.
Bismarck-Schœnhausen (Otto de), II, 381, 390, 394, 400, 401, 402.
Bissen, II, 264.
Bittenfeld (Hartwarth de), II, 399.
Bjelke (Henri), II, 74, 90, 97.
Bjergfolk (gens de la montagne), 317.
Blanca, reine de Magnus Smek, 197.
Bleking, 87, 110, 155, 180, 191, 197, 289, 290, II, 21, 23, 65, 75, 79, 120.

Blicher, Steen, II, 266.
Blod Egil, v. Ragnarsen.
Bluhme, aumônier de la cour, II, 155, 164.
Bluhme, ministre, II, 324, 357, 358, 359, 368, 399, 404, 405.
Boden, II, 238.
Bodstiké, 36.
Bœufs (commerce de), 274.
Bœgemose, II, 345.
Bœrglum, évêché, 87; II, 7; cloître, II, 51.
Bœrnehuset, II, 54.
Bœrup (Martin), 324.
Bogbinder (Ambroise), 305, 310.
Bogesund, bataille, 269.
Bol, 142, 148.
Bologne, 323.
Bolt (Aslak), 246.
Bonde (Karl Knutsson), 224, 225, 230, 245, 250.
Bondevenner, v. Amis des paysans.
Boniface VIII, pape, 176.
Bonin, II, 328, 334, 337, 343.
Bonnichsen, II, 237.
Borch (Ole), II, 129, 160.
Bordesholm (accord de), 283.
Bording (André), II, 162.
Bornemann, II, 196.
Bornhœved, bataille, 131; II, 238; diète provinciale, I, 248.
Bornholm, île, 64, 87, 91, 108, 110, 162, 176, 179, 187, 188, 274, 287, 290, 314 II, 23, 75, 78, 79, 103, 107, 144 ; bataille, I, 313.
Boshouwer, II, 53.
Bothilde, reine d'Erik Eiegod, 103.
Bouclier, 49.
Bourgeoisie, 101, 158, 184, 187, 213, 240; II, 2, 42, 43, 59, 87, 102, 112, 189.
Bourgmestre, 158, 160 ; II, 102.
Bourgogne, 320 ; traité de commerce, 253.
Bourse, II, 54.
Bov, bataille, II, 327.
Bragé, 15.
Brahe (Karen), II, 161.
Brahe (Tycho), II, 26.
Brandebourg, 127; II, 73, 79, 107, 118, 119, 124, 129; ville, II, 339.
Brandis, II, 262.

Brandt, envoyé, II, 122.
Brandt (Enevold), II, 193, 194, 202, 204.
Brask, 270.
Braun, II, 221.
Breda, paix, II, 110.
Bredahl, II, 74.
Brême, 127; II, 58, 136 ; archevêché, I, 59, 97, 128, 259.
Bremer, II, 325.
Bremerholm, II, 56.
Breyde (Henri), 190.
Brink-Seidelin, II, 292.
Broagerland, II, 396.
Brochmand (Gaspar), II, 82.
Brock, colonel, II, 292.
Brock (Eske), 232.
Brockenhuus (Frants), II, 20, 21.
Brodersen (Abraham), 228.
Brœmsebro, entrevue, II, 42; paix, II, 65.
Brœndsted, II, 261.
Brœns, II, 333.
Brok (Niels), 178.
Brorson (H.-A.), II, 162.
Brostorp (Jean), 252.
Brudkaup (Achat de fiancée), 28.
Brunkeberg, bataille, 251.
Brunktofte Lund, bataille, 289.
Brunov, II, 77.
Bruun, assesseur de la cour suprême, II, 292.
Bruun (J.-Chr.-G.), II, 272.
Bruun (Johan-Nordahl), II, 265.
Bruun (Malte-Konrad), II, 267.
Bruun (Thomas-Christophe), II, 214.
Bryté, 38, 43, 144, 145, 238.
Bugenhagen, II, 7, 10.
Bugge (Niels), 195.
Bugge (Th.), II, 262.
Bugislav, duc de Poméranie, 118.
Bugislav, duc de Poméranie, 227, 231.
Bülow, II, 336, 337, 338.
Buno, II, 130.
Buris, fils de Henri Skatelaar, 145.
Burislav, roi des Vendes, 68, 71.
Burrhi, II, 109.
Bustrup, II, 328, 329.
Butin, 37.
Byraad (conseil municipal), 158; II, 102.

Byskat (contribution municipale), 163.
Bything, 158.

C

Cabinet des beaux-arts, II, 109.
Cabinet d'histoire naturelle et d'économie, II, 109, 179.
Café, 319 ; II, 190.
Caisse de crédit, II, 250.
Calendres, 100.
Callisen (George Calixt), II, 82.
Callisen, médecin, II, 252.
Canaux, 201 ; II, 211, 401.
Canning, II, 224.
Capitulation, 185 ; de Christophe II, 186 ; du duc Valdemar, 189 ; de Valdemar Atterdag, 196 ; d'Oluf, 202 ; de Christian Ier, 245 ; de Jean, 255-256 ; de Christian II, 266 ; de Frédéric Ier, 287 ; de Christian III, II, 4 ; de Frédéric II, 18 ; de Christian IV, 31 ; de Frédéric III, 70.
Capitulation de Christian Ier avec la chevalerie des duchés, 248.
Carlsbad, congrès, II, 286.
Carlskrona, II, 138.
Carlsteen, II, 120, 137.
Carnaval, 318.
Caroline-Charlotte-Marianne, reine de Frédéric VII, II, 386.
Caroline-Mathilde, reine de Christian VII, II, 192, 204.
Carstens, II, 178, 260.
Casino (réunion du), II, 322, 324, 366, 381.
Castenskjold, II, 224.
Castlereagh, II, 224.
Cathcart, II, 224.
Catherine, sœur d'Erik de Poméranie, 227.
Catherine Ire, impératrice de Russie, II, 141.
Catherine II, impératrice de Russie, II, 172, 209.
Caucase, 1.
Cécilie, favorite d'Erik de Poméranie, 227.
Célibat des prêtres, 104, 116, 280.
Celle, II, 204.
Cens, 163.

Censure, II, 83, 154 ; 162, 178, 180, 199, 267, 286, 294, 353.
Ceylan, II, 53.
Chambellan, 216.
Chambre des comptes, II, 147, 195, 206.
Chambres sépulcrales, 2, 3.
Chancelier de la maison, 226.
Chancelier du royaume, 217 ; II, 4, 67.
Chancelier royal, 136, 216, 217 ; II, 67.
Chancelier supérieur, 217, 226.
Chancellerie, II, 104, 147, 195, 205.
Chanoines, 122, 291.
Chants héroïques, 324.
Chants populaires, 324 ; II, 27.
Chapitres des églises cathédrales, 122, 152 ; II, 9.
Charlemagne, 54, 56.
Charles, archevêque de Lund, 188.
Charles, duc de Glücksborg, II, 317 ; 386.
Charles, évêque de Hammer, 262.
Charles, fils de Christian V, II, 135.
Charles, landgrave de Hesse, II, 217.
Charles, petit-fils de l'archevêque Eskil, 115.
Charles II, roi d'Angleterre, II, 108.
Charles IX, roi de Suède, II, 48.
Charles X, roi de Suède, II, 73-79.
Charles XI, roi de Suède, II, 110, 120, 121.
Charles XII, roi de Suède, II, 121, 132, 133, 134, 136, 137, 138.
Charles XIII, roi de Suède, II, 231, 243.
Charles XIV, roi de Suède, v. Bernadotte.
Charles XV, roi de Suède, II, 307, 392, 393.
Charles-Frédéric, duc de Holstein-Gottorp, II, 133, 141, 168.
Charles Knutsson, v. Bonde.
Charles le Téméraire, duc de Bourgogne, 251.
Charles-Pierre-Ulric (Pierre III), empereur de Russie, II, 168, 172.
Charles-Quint, empereur d'Allemagne, 279, 283, 288, 289, 306, 314, ; II, 12, 13, 23.
Charlotte-Amélie, reine de Christian V, II, 129, 132, 133.
Charlottenborg, II, 179.

Chasse, 3, 46; droit de, II, 101, 113 ; lois sur la, II, 38.
Châteaux fortifiés, 101, 239; 322.
Chefs, 35, 37.
Chemins de fer, II, 387, 401.
Chevage, 163.
Chevalerie holsteinoise, II, 283.
Chevaliers, 213.
Chevaliers Porte-Glaive de la Livonie, 131.
Chevauchée de l'été au village, 318 ; II, 153, 170.
Chine, II, 165, 218.
Chocolat, 319 ; II, 190.
Choléra, II, 364.
Christian, duc d'Augustenborg, II, 309, 310, 317, 325, 343.
Christian, fils de Christian IV, II, 68.
Christian Ier, roi de Danemark, 90, 245-254, 327 ; II, 22, 115.
Christian II, roi de Danemark, 237, 259, 261, 265-286, 288, 294, 306, 307, 310, 322, 324, 327, 329 ; II, 13.
Christian III, roi de Danemark, 296, 309-329 ; II, 1-16, 23, 25, 27, 35.
Christian IV, roi de Danemark, II, 23, 27, 29-68.
Christian V, roi de Danemark, II, 95, 111-132.
Christian VI, roi de Danemark, II, 145, 149-169.
Christian VII, roi de Danemark, II, 192-228.
Christian VIII, roi de Danemark, II, 237, 244, 297-319.
Christian IX, roi de Danemark, II, 360, 361, 362, 386, 388-406.
Christian-Albert, duc de Holstein-Gottorp, II, 110 118, 119, 121, 124.
Christian-Auguste, coadjuteur de Lübeck, II, 133.
Christian - Auguste d'Augustenborg, II, 230-233.
Christiania, II, 51, 55, 230.
Christianisme, 53, 64, 65, 66, 76, 86, 113, 128, 290 ; II, 146, 163, 254, 273.
Christianopel, II, 55 ; traité, II, 66.
Christiansand, II, 55.
Christiansborg, château, II, 157, 170.
Christiansfeldt, II, 198.
Christianshavn, II, 55, 263.

Christiansœ, citadelle, II, 126.
Christianspriis, II, 55.
Christianstad, II, 55, 120.
Christine, reine de Jean, 261, 274.
Christine, reine de Suède, II, 73.
Christophe, duc d'Oldenbourg, 311.
Christophe, fils de Valdémar-Atterdag, 198.
Christophe Ier, roi de Danemark, 131, 155, 164-169.
Christophe II, roi de Danemark, 176, 179, 180, 185-191.
Christophe de Bavière, roi de Danemark, 90, 161, 227, 230-234, 327.
Chronique danoise rimée, 325.
Chypre, 98.
Circumnavigation, II, 303.
Citeaux (ordre de), 124.
Clairvaux (monastère de), 116, 124.
Clausen (H.-N.), II, 277, 292, 320, 333, 357.
Clemens, II, 264.
Clément, marin, 288, 312.
Clément IV, pape, 171.
Clercs parisiens, 152.
Clergé, 74, 75, 87, 92, 103, 120, 121, 140, 165, 175, 179, 186, 189, 229, 231, 255, 273, 280, 287, 291, 297, 298, 308; II, 2, 6, 44, 88, 101.
Cloître (le), II, 25.
Clubs, II, 271.
Code pénal, II, 387.
Cojurants, 40, 136, 162.
Colbjœrnsen (Christian), II, 244, 247, 255.
Colbjœrnsen (Jacob-Edvard), II, 261.
Collège consistorial, II, 104.
Collège de commerce, II, 128, 145, 195.
Collège d'économie rurale, II, 497.
Collège d'économie rurale et de commerce, II, 165.
Collège de gouvernement, II, 104, 147, 194, 206.
Collège de la guerre, II, 104.
Collège de la justice, II, 104.
Collège de l'Amirauté, II, 104, 195.
Collège de la Trésorerie, II, 104.
Collège des Finances, II, 195.
Collège des missions, II, 146.
Collège d'État, II, 104, 111.
Collège d'inspection générale des églises, II, 154, 162.

Collège médical, II, 158.
Collège privé, II, 111, 116, 194, 205.
Collin (Jonas), II, 262.
Cologne, 252, 293, 323.
Colonne de liberté, II, 252.
Combat singulier, 23, 90, 136.
Comités permanents, II, 299.
Commerce, 39, 48, 67, 102, 149, 182, 199, 222, 229, 232, 233, 241, 253, 267, 274, 275, 287 ; II, 15, 23, 44, 48, 52, 109, 145, 153, 165, 174, 175, 206, 211, 218, 222, 228, 270, 303.
Commerce des céréales, 184 ; II, 153, 248, 304.
Commissions réconciliatrices, II, 255.
Communaux, 38, 69, 139.
Communauté (la), II, 25.
Communes (Constitution de), II, 320, 359, 364, 366, 368 ; organisation de, II, 302.
Compagnie d'assurances maritimes, II, 145.
Comtes, II, 112.
Concubines, 29, 345.
Confirmations, II, 164.
Congrès scandinaviens, II, 306.
Connétable, 216, 217.
Conrad II, empereur d'Allemagne, 80.
Conseil d'État privé, II, 104, 111, 194, 205.
Conseil du royaume, v. Rigsraad.
Conseil royal, 213.
Constitution dano-slesvigeoise de 1863, II, 384, 388, 390.
Contribution des temples, 37.
Contribution extraordinaire, II, 185.
Copenhague, 102, 121, 162, 197, 222, 228, 245, 252, 276, 281, 283, 285, 287, 301, 305, 307, 309, 311, 313, 314, 325 ; II, 45, 54, 55, 75, 76, 77, 102, 125, 128, 133, 137, 145, 147, 155, 156, 176, 179, 184, 196, 206, 218, 255, 302, 315, 320, 322, 323 ; assemblée, I, 295 ; II, 2 ; bataille, II, 220 ; bombardement, II, 225 ; concile, I, 229 ; II, 7 ; coutume de, I, 160, 162 ; diète, I, 302, 305, 328 ; II, 2, 17, 29, 61, 69, 88 ; évêché, II, 7.
Corbie (monastère de), 57.
Corporations, 229 ; II, 54, 175.
Corsaires, 21, 77, 89.

Corvée, 146, 235, 237 ; II, 35, 42, 60, 112, 114, 126, 180, 197, 214, 245, 250, 387.
Corvey (monastère de), 58.
Costume, 4, 48, 151, 281, 320 ; II, 80, 190.
Cotte d'armes, 49.
Cotte de mailles, 49.
Coureurs, 276.
Courlande, 129 ; II, 14, 19, 49.
Cour suprême, II, 101, 104, 116, 125, 158, 197, 387.
Cours provinciales, II, 255.
Cramer, II, 177.
Croisades, 113.
Culte divin, païenne, 14, 37.
Culture en commun, 148 ; II, 183, 198, 215, 245, 246.
Czarnetzsky, II, 74.
Czernikow, II, 240.

D

Dagmar, reine de Valdemar II, 128, 131.
Dagsværk, journées de travail, 146, 238.
Dahlmann, II, 232.
Dalby, évêché, 87.
Dalékarliens, 223, 258, 271 ; II, 169.
Daler, écu, 243.
Danearv, 38.
Danefé, 38.
Danegeld, 71, 73.
Danemark (Partages de), 73, 109, 155, 164, 189, 257 ; II, 14, 24 ; petits États de, 34.
Dannebrog, 128, 260 ; II, 312.
Dannehof, cour danoise, 90, 136, 239.
Danner, comtesse, II, 386.
Dannerliung, Landsthing de, 90.
Danneskjold-Laurvig (Christian-Conrad), II, 192, 194.
Danneskjold-Samsœ (Frédéric), II, 165, 167, 171, 192.
Dannevirke, 62, 65, 114 ; II, 328, 349, 394, 396 ; évacuation de, II, 395.
Dansborg, II, 53.
Dansk Tunge, (langue danoise), 16, 153.
Dantzig, 246.
Darmstadt, II, 389.

David (C.-N.), II, 292, 295.
Davoust, prince d'Eckmühl, II, 237.
Défense, II, 55, 56, 71, 126, 144, 256, 302.
Defensionsskibe, Vaisseaux à la défense contre les pirates, II, 52, 128.
Degen, II, 262.
Delmenhorst, 247 ; II, 118, 171, 173, 206.
Députation permanente de la chevalerie slesvig-holsteinoise, II, 283.
Dette publique, II, 126, 147, 157, 184, 212, 267, 303, 388.
Diderik l'Heureux, comte d'Oldenbourg, 245.
Diète germanique, II, 286.
Digues (rupture des), II, 148.
Dime, 54, 93, 104, 116, 232, 299, 300 ; II, 8, 250.
Discipline monastique, 281, 291.
Ditmarches, 131, 218, 252, 259-260 ; II, 14, 17.
Division des terres, II, 183, 215, 246.
Dock, II, 167.
Dockum, van, II, 357, 359.
Dolgorouki, II, 236.
Dolzig, château, II, 389.
Domaines de la couronne, 69, 150, 211, 219, 254 ; II, 181.
Domicile forcé, 147, 234 ; II, 144, 150, 180, 197, 245, 248.
Dominicains, 125.
Dons, II, 261.
Dörnberg, II, 238.
Dorothée, fille de Christian II, 314.
Dorothée, reine de Christian III, II, 16, 45.
Dorothée, reine de Christophe de Bavière et de Christian Ier, 244, 257, 258.
Dörph (N.V.), II, 261.
Douane, 150, 163, 241 ; II, 92, 249, 270, 302, 304, 363 ; bureau des, II, 195 ; du Sund, I, 199, 233 ; II, 21, 22, 32, 63, 65, 71, 138, 195, 387.
Dresde, II, 389.
Dressel, Trésor public, 256.
Drewsen (J.-C.), II, 292.
Droit de bris, 276.
Droit de collation, II, 7, 44, 101, 113, 126, 189, 252.

Droit de juger les paysans et d'exécuter les sentences, II, 4, 37, 101, 113.
Droit d'épave, II, 101.
Droit de place, 163.
Droit de varech, II, 113, 253.
Droit de ville, 160.
Droit maritime, II, 23.
Droit romain, 132.
Droits ecclésiastiques, 121, 167.
Drost, 136, 216, 226.
Drouyn de Lhuys, II, 391.
Duel, v. Combat singulier.
Duplat, II, 396.
Dureel, II, 73.
Dværge, nains, 317.
Dybbel, II, 400 ; bataille, II, 330, 337 ; assaut de, II, 395.
Dybvad (Christophe), II, 60.
Dybvad (George), II, 59.
Dynekilen, bataille, II, 136, 137.
Dysieaa, bataille, 117.
Dyveke, 272, 273.

E

Eau-de-vie, 319 ; II, 80, 145, 190.
Ebbesen (Niels), 191, 192.
Ebbo, 57.
Ebelholt, monastère, 124.
Échanges, 255 ; II, 39, 59.
Échanson, 216.
Eck (Jean), 297.
Eckersberg, II, 264.
Éclairés, II, 274.
École d'artillerie, II, 256.
École de navigation, II, 56, 128.
École polytechnique, II, 25.
École vétérinaire, II, 263.
Écoles, 122, 152, 279, 292, 296, 323 ; II, 10, 51, 147, 158, 163, 212, 247, 256, 258, 281, 302.
Écoles d'accouchement, II, 179.
Écoles professionnelles, II, 258.
Écosse, 21, 80, 182, 232, 254 ; II, 14.
Écussons, 212.
Écuyers, 213.
Edmond Côte de Fer, 73, 74.
Édouard, roi d'Angleterre, 83.
Edrik Streon, 74.
Éducation, 25.

Edwin, frère d'Edmond Côte de Fer, 74.
Égalitaires, 206.
Egede (Hans), II, 146, 166.
Egernfjord, II, 394, 402; combat, II, 335; loi municipale, I, 160.
Egino, 87.
Église catholique (Biens de l'), II, 8.
Églises, 59, 77, 116, 316, 322; II, 8, 9, 126.
Égypte, II, 159, 178.
Eichstadt, II, 203, 205, 216.
Eider, 57, 61.
Eidsvold, réunion, II, 242.
Eigtved (Nicolas), II, 160.
Einar Thambarskelfi, 84, 85.
Einherjar, 10.
Eirik Blodœxe, roi de Norvège, 63.
Eirik Jarl, 72, 74, 75.
Eirik Præstahatare, roi de Norvège, 174.
Eistein, roi de Norvège, 42.
Eistrup, combat, II, 337.
Elbe, bataille, II, 62.
Élection des rois, 38, 89, 143, 189, 199, 225, 231, 308; II, 69.
Éléonore-Christine, fille de Christian IV, II, 67, 72, 108.
Elers, II, 129.
Élève du bétail, 3, 46, 125, 150, 279; II, 4, 127, 248, 303.
Elfes, 317.
Elfsborg, 264; II, 49.
Eliæsen (Paul), 281, 282, 295, 299, 324.
Élisabeth, épouse de Gerhard VI, 218.
Élisabeth, fille de Geert le Grand, 193, 198.
Élisabeth, impératrice de Russie, II, 169, 172.
Élisabeth, reine de Christian II, 279, 320.
Elleholm, château, 115.
ElleKongen, roi des Elfes, 317.
Ellemose (Jean), 190.
Ellepiger, filles des Elfes, 317.
Elmholt, II, 343.
Elseneur, ville. V. Helsingœr.
Embla, 9.
Emma, reine de Knut le Grand, 76, 81, 82.

Emprunts, 243.
Engelbrektsen (Olaf), 306, 313.
Engelbrektsson (Engelbrekt), 223, 224, 225.
Engelsted, II, 237.
Engelstoft (L.), II, 260.
Enseignement, 152, 279, 323; II, 40, 51, 146, 159, 163, 256.
Épreuve du fer, 90, 136.
Erfurth, 323.
Erik, archevêque de Throndhjem, 119.
Erik, duc suédois, 178.
Erik, fils d'Abel, duc de Sudjutland, 164, 171, 173.
Erik, fils de Christophe II, 188, 190.
Erik, fils de Magnus Smek, 197.
Erik, fils de Valdemar IV, duc de Sudjutland, 185, 188.
Erik, roi de Jutland, 57.
Erik XIV, roi de Suède, II, 18, 19, 21.
Erik Barn, roi de Jutland, 60.
Erik de Poméranie, roi de Danemark, 90, 162, 164, 204, 206, 220-230, 234, 246, 251, 321, 322, 327.
Erik Eiegod, roi de Danemark, 95, 96-102.
Erik Emune, 103, 105, 107.
Erik Glipping, roi de Danemark, 161, 169, 170-174, 183, 321.
Erik Lam, roi de Danemark, 107-108, 123.
Erik Menved, roi de Danemark, 174-180.
Erik Plovpenning, roi de Danemark, 99, 131, 155-157.
Eriksen (Claude Slippeslot), 287.
Eriksen (Jens) Jœsse, 223.
Eriksen (Jon), II, 178, 260.
Erlandsen (Jacob), 160, 166-172.
Erlandsen (Niels), 169.
Erling Skakke, 114.
Erling Steinvegg, 126.
Ermitage, château, II, 157.
Esbern Snare, 113, 120, 162.
Esclavage, 20, 41, 91, 145.
Eskil, archevêque de Lund, 104, 107, 108, 115, 116, 121, 124, 152.
Eskil, fils d'Oppe l'Ingénieux, 79.
Eskilsœ, monastère, 124.
Espagne, 21; II, 52, 176, 208, 228, 241.

Esprit guerrier, 8, 19.
Esrom, monastère, 124.
Est-Anglie, 70, 72, 75.
Esthonie, 119, 128, 131, 149, 156, 194.
Estride, sœur de Knut le Grand, 74, 82, 84.
Estrup (H.-F.-J.), II, 260.
Ethelred, roi d'Angleterre, 71, 72, 73.
Eulenburg, II, 341.
Euphémie, sœur de Magnus Smek, 204.
Eutin, II, 173.
Evald (Johannes), II, 265.
Évêques (Élection des), 123, 255, 298 ; II, 7.
Exercices corporels, 25.
Exposition des enfants, 27.
Eyvind Særkvi, 26.

F

Faaborg, ville, 102.
Faaborg (Hans), 273.
Fabricius (les deux), II, 262.
Fabriques, v. Industrie.
Fælligsbryder, régisseurs associés, 145.
Færeys (Færœr), II, 100, 128, 241.
Fæster, fermier, 144, 234, 235, 278 ; II, 35, 36, 38, 61, 245, 247.
Falck, professeur, II, 313.
Falkenberg (bruyère de), bataille, II, 19.
Falkenberg (château de), 189.
Falkœping, bataille, 205.
Falsen (Enevold), II, 230.
Falster, île, 61, 155, 180, 189, 194, 237, 239, 258 ; II, 29, 40, 54, 75, 142, 187.
Falster (Christian), II, 162.
Falsterbo, ville, 183, 204, 253 ; bataille, II, 74 ; négociations, I, 206.
Familiers, 78.
Fastelavn, carnaval, 318.
Fées, 317.
Fémern, île, 173, 174, 177, 180, 189 ; II, 64, 121.
Fenger (A.-C.), II, 262.
Fenri, loup, 12, 13.
Ferdinand, empereur d'Allemagne, 289.

Ferdinand, prince héréditaire, II, 316, 386.
Fetaliebrœdre, frères ravitailleurs, 206.
Fête de Jol, 14.
Fête de l'Automne, 14.
Fêtes, II, 200.
Fibiger, II, 343, 357.
Fiefs, 137 ; II, 33, 67, 105.
Finances, II, 21, 31, 32, 105, 126, 147, 157, 184, 194, 195, 211, 267, 292, 301, 303.
Fincke (Thomas), II, 27.
Finderup, 174.
Finlande, 231, 245, 250, 289 ; II, 233.
Finmark, II, 48, 52, 166.
Finnois, 2.
Finsen (Pierre), 171.
Fionie, île, 2, 61, 87, 89, 94, 155, 161, 175, 180, 190, 193, 194, 231, 236, 285, 287, 311, 313 ; II, 40, 74, 75, 79, 181, 229, 331.
Fischer (Olfert), II, 221.
Flandre, 21, 59, 94, 95.
Fleischer, II, 292.
Flensborg, officier, II, 343, 359.
Flensborg, ville, 101, 102, 219 ; II, 179, 326, 329, 341, 351, 384, 396 ; assemblée des notables, II, 357 ; loi municipale, I, 160.
Flindt, II, 343.
Florence, 289.
Flotte, 172, 183, 198, 201, 263, 285 ; II, 56, 71, 109, 126, 167, 185, 224, 225.
Fodevig, bataille, 106, 122, 138.
Fœr, île, 222.
Foged, procureur du roi, 134, 135, 159.
Folkething, II, 353, 385, 404.
Fonctions judiciaires, 266.
Fontainebleau, paix, II, 121.
Forchhammer (J.-G.), II, 263.
Forkjøbsret, préemption, 163.
Forligelseskommissioner, commissions réconciliatrices, II, 255.
Formule d'unité, II, 29.
Forstrandsret. V. Droit de varech.
Fostbrœdrelag, 26.
Fouage, 163.
Frakturstrid, guerre de l'écriture, II, 133.

Français, ton et goût, II; 184, 190.
France, 21, 63, 152, 201, 253; II; 52, 57, 79, 107, 118, 129, 138, 176, 184; 208, 217, 219, 223, 273, 287, 322, 331, 360, 381, 383, 385, 390, 397.
Francfort, assemblée nationale, II; 327, 334, 339, 340.
Franciscains, 125.
François, duc de Lorraine, II, 12.
François I**er**, roi de France; 288 ; II, 12.
Fredensborg, II, 147.
Frédéric, comte palatin, 314 ; II, 12.
Frédéric, duc, évêque de Slesvig et de Hildesheim, II, 14.
Frédéric, électeur de Saxe, 281.
Frédéric, fils du duc d'Augustenborg, II, 374, 389.
Frédéric, prince de Hesse, II, 237.
Frédéric, prince de Noër, II, 310, 311, 317, 325.
Frédéric, prince héréditaire, fils de Frédéric V, II, 173, 187, 203, 204, 212, 237, 297.
Frédéric I**er**, roi de Danemark, 243, 249, 257, 260, 282, 283, 286-308, 327 ; II, 35.
Frédéric II, empereur d'Allemagne, 127, 130.
Frédéric II, roi de Danemark, II; 3, 13, 17-31, 35, 39.
Frédéric III, duc de Holstein-Gottorp, II, 61, 64, 73, 75, 110.
Frédéric III, empereur d'Allemagne, 251, 259.
Frédéric, III, roi de Danemark, II, 58, 69-110.
Frédéric IV, duc de Holstein-Gottorp, II, 124, 132, 135, 141.
Frédéric IV, roi de Danemark, II, 116, 132-149.
Frédéric V, roi de Danemark, II, 150, 169, 170-191.
Frédéric VI, roi de Danemark, II, 216-296.
Frédéric VII, roi de Danemark, II, 307, 316, 319-388, 392.
Frédéric Barberousse, empereur d'Allemagne, 109, 113, 118.
Frédéric-Auguste, duc d'Oldenbourg et de Delmenhorst, II, 206.

Frédéric-Charles, prince prussien, II, 394.
Frédéric-Christian, duc d'Augustenborg, II, 233, 258.
Frédéric-Guillaume, prince électeur de Brandebourg, II, 78.
Frédéric-Guillaume IV, roi de Prusse, II, 326, 339, 374.
Fredericia, ville, II, 71, 74, 78, 129, 337, 397 ; bataille, II, 338.
Frederiksberg, II, 147, 203.
Frederiksborg, II, 55 ; paix, II, 138.
Frederikshald, II, 79, 136, 138.
Frederikshamn, paix, II, 233.
Frederikshavn, citadelle, II, 225.
Frederiksort, II, 400.
Frederiksstad, II, 239, 349, 350.
Frederiksværk, II, 175.
Frédérique-Amélie, (fille de Frédéric III) II, 110.
Fredfrode (Frodafreid), roi de Danemark, 11.
Frei, 11, 15, 55.
Freia, 11.
Frères gris, 125.
Frères moraves, II, 198.
Frères noirs, 125.
Freund, II; 264.
Friederichsruhe, château, II, 157.
Frie og frels Mænd, hommes libres et francs, 243.
Frigg, 13.
Frihedsstœtten, colonne de liberté, II, 252.
Frijs, comte, II, 405.
Friis, trois nobles, II, 56.
Friis (Christian), de Borreby, II, 26.
Friis (Christian), de Kragerup, II, 61.
Friis (George), évêque de Viborg, 294, 305.
Friis (Jean), de Hesselager, II, 25.
Frimann (Claus), II, 265.
Frimann (Peter-Harbo), II, 265.
Frise, 89, 233.
Frisonne, langue, II, 278.
Frisons, 2, 57, 158, 200.
Frydendal, artiste dramatique, II, 264.
Frydendal, domaine royal, II, 102.
Fugger, 276.
Funder, II, 292.
Funérailles, 3, 4, 6, 8 ; II, 200.

27

G

Gaardsidder, locataire, 145.
Gabel, amiral, II, 136.
Gabel (Christophe), II, 90, 93, 103.
Gablenz (de), II, 394, 397, 402.
Gad (Hemming), 263, 268, 271.
Gadebusch, bataille, II, 135.
Galatée (Circumnavigation de), II, 303.
Gallas, II, 65.
Galt (Pierre), II, 65.
Gambier, II, 223.
Gamborg, 194.
Garçons poivriers, 242.
Gastein, convention, II, 401.
Gaut, 26.
Gaute, archevêque de Throndhjem, 255.
Gebauer, II, 264.
Gedde, II, 226.
Geer (comte de), II, 393.
Geert le Grand, duc de Holstein, 180, 188-192.
Genant, II, 33.
Gênes, II, 176.
George Ier, roi d'Angleterre, II, 136, 187.
George Ier, roi de Grèce, II, 386.
George III, roi d'Angleterre, II, 192.
Gerbrand, 76.
Gerhard, comte d'Oldenbourg, 247, 248.
Gerhard, fils de Gerhard VI, 218.
Gerhard, légat papal, 171.
Gerhard VI, duc de Slesvig, 203, 218.
Gerlach, II, 394, 395.
Germains, 1.
Germanisme, 109, 153, 249, 327; II, 83, 110, 139, 156, 164, 190, 202, 271, 278, 309, 313, 351, 396.
Gerner, II, 77.
Gersdorf, II, 75, 89, 94.
Gertrude, fille de Henri le Lion, 114.
Geuss, II, 262.
Ghemen (Godefroi de), 326.
Gildes, 98-99, 158.
Gimlé, 13, 55.
Gjæster, 163.
Gjæsteri, héberger le roi, 35, 145.
Gjæsteskud, chevage, 163.
Gjedde (Ove), II, 53, 69.
Gjœ (Brigitte), II, 25.
Gjœ (Henri), 285.
Gjœ (Mogens), 296, 304, 305, 309.
Gjœngeholm, 264.
Glücksburg (branche de), II, 24, 206.
Glücksburg, château, II, 385.
Glückstadt, II, 55, 63, 229, 241; recez, II, 110.
Gobelins, 317.
Gode Mænd, bons hommes, 213.
Godfred, 56, 62.
Gœrtz, II, 133, 135, 138.
Gœta-Elf, paix, 83.
Gœteborg, II, 48, 49, 79, 217, 306.
Gœtes occidentales, 106.
Gœthe, II, 214.
Gorm l'Ancien, roi de Danemark, 61-63.
Gotha, II, 381.
Goths, 1.
Goths (Roi des), 198.
Gotland, 197, 227, 246, 254, 257, 262, 288, 290; II, 12, 19, 21, 65, 121.
Gottorp (Branche de), II, 14, 206.
Gottorp, château, 221, 308; II, 14.
Gottorp, Partie des duchés, 257; II, 110, 206.
Gouvernement commun slesvig-holsteinois à Gottorp, II, 288.
Graabrœdre, frères gris, 125.
Gradehede, bataille, 111.
Gram (Hans), II, 158, 159, 161.
Gram (Lars), II, 50.
Grand (Jean), 175-177, 242.
Grand collège royal de la cour, II, 104.
Grand-maître de la maison du roi, 216, 226.
Grange, II, 38.
Gravœl, libations funéraires, 30, 69.
Grèce, 21, II, 386.
Grégoire, légat papal, 104.
Grégoire VII, pape, 88, 92, 123.
Grevefeiden, guerre de, comté, 311-314.
Griffenfeldt, II, 105, 118, 119, 120, 121-124, 125, 173.
Gripenstedt, II, 393.
Grœnland, II, 53, 128, 145, 146, 166, 176, 241.
Grœnning (André), II, 45.
Grœnsund, bataille, 177.

Gros, 243.
Grubbe (Pierre), II, 48.
Grundtvig (N.-F.-S.), II, 275, 277, 405.
Grydeskov, II, 344, 346, 347, 348.
Gudbrandsdal, massacre, II, 50.
Gudmundarson (David), II, 10.
Gudmundsen (Lauge), 157.
Gudsœ, combat, II, 337.
Guerre de Crimée, II, 392.
Guerre de la succession d'Espagne, II, 145.
Guerre de Sept Ans, II, 172, 185.
Guerre de Trente Ans, II, 57.
Guerre d'Italie, II, 392.
Guerre du comte, 311-314.
Guerre septentrionale de Sept Ans, II, 19.
Guido, 171.
Guillaume, abbé, 124, 125.
Guillaume, duc de Clèves, II, 12.
Guillaume, évêque, 88.
Guillaume, frère de Guillaume Ier, empereur, II, 374.
Guillaume III, roi d'Angleterre, II, 132.
Guillaume le Conquérant, roi d'Angleterre, 86, 94.
Guinée, II, 79, 109, 166.
Guldberg (Ove-Hœegh), II, 178, 203-216.
Guldborg, II, 49.
Guldholm, II, 344, 346.
Gülich, II, 323.
Gullharald, fils de Knud Dana-ast, 63, 64.
Gummelœs (Niels), II, 78.
Gunnar, 26, 42.
Gunner, évêque, 133, 151, 152.
Gunnerus, évêque, II, 178, 198, 205, 259.
Gunnhilde, fille de Knud le Grand, 80.
Gunnhilde, sœur de Sv. Tveskjæg, 72.
Gunnhilde, reine de Svend Tveskjæg, 69.
Gunnhilde, reine de Norvège, 63.
Günther de Schwartsburg, II, 19.
Gunzelin, duc de Schwerin, 129.
Gurre, château, 200.
Gustave Ier. v. Vasa.
Gustave III, de Suède, II, 171, 208, 217.
Gustave IV, de Suède, II, 220, 227, 231.

Gustave-Adolphe, roi de Suède, II, 49.
Gyda, fille de Svend Tveskjæg, 72, 82.
Gylden, 243.
Gyldenkrone de Vilhelmsborg, II, 183.
Gyldenlœve, fils naturel de Christian IV, II, 77.
Gyldenlœve, fils naturel de Frédéric III, II, 120, 122, 131, 146.
Gyldenstjerne (Knud), évêque, 306 307, 311 ; II, 2.
Gyldenstjerne (Knud Henriksen), 244
Gyllenstjerna (Christine), 269.
Gymnases, II, 51, 159.

H

Haagen, II, 291.
Haandfæstning, v. Capitulation.
Habitations, 50.
Haderslev, ville, 162, 200, 222, 227 ; II, 351 ; branche de, II, 14.
Hærmænd, hommes de guerre, 140, 213.
Hæstesko (Jacob Henriksen), II, 20.
Hættebrœdre, frères à chaperon, 206.
Hafn, 121.
Hage (Hans), II, 50.
Hage (Johannes), II, 264, 295.
Hagenskov, château, 169.
Hahn, II, 122.
Hake, II, 390.
Hàkon, fils de Magnus Smek, roi de Norvège, 197, 198, 202, 203.
Hàkon V, roi de Norvège, 177.
Hàkon Adalsteinsfostré, roi de Norvège, 63.
Hàkon Eiriksson, jarl, 82.
Hàkon Gamlé, roi de Norvège, 127.
Hàkon Ivarsson, 86.
Hàkon Jarl, 63, 65, 70, 71.
Halitger, 57.
Halkett, II, 328, 329, 330.
Hall, II, 365, 367, 368, 370, 373, 375, 376, 390, 392.
Halland, 61, 91, 110, 155, 174, 177, 180, 189, 191, 197, 313 ; II, 21, 23, 65, 75, 79, 120.
Halmstad, bataille, II, 120 ; réunion, I, 225, 246, 255 ; traité, I, 224.

Hals-og Haandsret (droit du cou et de la main), II, 37.
Hambourg, 58, 59, 87, 120, 126, 128, 130, 183, 248 ; II, 14, 23, 54, 62, 74, 108, 119, 124, 168, 173, 237, 393 ; archevêché, I, 58, 97 ; traité, II, 134.
Hameln, II, 58.
Hamilton (comte), II, 393.
Hammershuus, 179, 188.
Hamsfort (Cornelius), II, 42.
Hanovre, II, 132, 136, 168, 328, 372, 374.
Hanséates, 181, 197, 198, 199, 203, 206, 219, 221, 232, 241, 249, 252, 263, 275, 289, 327 ; II, 15, 23, 52.
Hansen (A.-N.), II, 292.
Hansen (Christophe), II, 91.
Hansen (C.-F.), général, II, 333, 359, 368, 399.
Hansen (H.-P.), II, 292.
Hansen (I.-A.), II, 405.
Harald, fils de Svend Tveskjæg, roi de Danemark, 73, 76.
Harald Blaatand, roi de Danemark, 63-67.
Harald Graafeld, roi de Norvège, 63.
Harald Grenské, 64.
Harald Hardråde, roi de Norvège, 85.
Harald Harefod, roi d'Angleterre, 82.
Harald Harfagré, roi de Norvège, 36.
Harald Hein, roi de Danemark, 90-91.
Harald Hilditann, roi, 16.
Harald Kesia, fils d'Erik Eiegod, 102-105, 106.
Harald Klak, 57.
Harald Skræng, 117.
Haraldsted, 106.
Harboœre, 86.
Hardeknud, roi de Danemark, 81, 83.
Hardenberg, II, 29.
Harengs (Pêche des), 151, 182.
Harpestræng (Henri), 323.
Harris, II, 208, 209.
Harsdorf, II, 264.
Hartkorn, II, 253.
Haute-Cour, II, 353, 367.
Haute École militaire, II, 256.
Hàvamàl, 31.
Havfruer (femmes de mer), 316.
Havmænd (hommes de mer), 316.
Havnelag, 142, 143.

Haye (la), préliminaires, II, 79.
Heaume, 49.
Hébrides, 254.
Hedeby, 58, 85, 89.
Hedemann, II, 326, 328.
Hedevige, épouse de Diderik l'Heureux, 245.
Hedevige-Sophie, épouse de duc Frédéric IV, II, 133.
Hegermann-Lindencrone, II, 395, 397,
Heiberg (J.-L.), II, 264, 266.
Heiberg (P.-A.), II, 267.
Heide, bataille, II, 17.
Heimdal, 44.
Hele, 10, 12.
Helge, roi, 12.
Helgeaa, bataille, 81.
Helgenæs, en Fionie, II, 338.
Helgenæs, en Mols, II, 337.
Helgesen, II, 350.
Helgoland, II, 241 ; bataille, II, 398.
Helheim, 10.
Helligbæk, combat, II, 343, 344.
Helsingborg, bataille, II, 134 ; château, I, 189 ; droit de ville, I, 161 ; négociations, I, 206 ; paix, I, 177.
Helsingœr, 192, 229, 281, 305 ; II, 49, 54, 80, 175.
Helvig, reine de Valdemar-Atterdag, 193.
Hemming, roi, 57.
Hemmingsen (Niels), II, 28, 82.
Hemmingstedt, bataille, 260.
Henckel, II, 347.
Henri (comte), évêque d'Osnabrück, 218.
Henri, duc de Meklenbourg, 202.
Henri, duc de Schwerin, 129.
Henri, duc de Sudjutland, 200.
Henri, évêque de Dalby, 87.
Henri, fils de Conrad II, 80.
Henri, fils de Gerhard VI, 218, 221.
Henri, roi des Obotrites, 105.
Henri Ier **l'Oiseleur**, empereur d'Allemagne, 61, 64.
Henri IV, empereur d'Allemagne, 123.
Henri V, empereur d'Allemagne, 123.
Henri VII, roi d'Angleterre, 263.
Henri le Lion, duc de Saxe, 110, 112, 114, 118.
Henri Skatelaar, 105, 106.

Hérédité des femmes, 69.
Herholdt, II, 262.
Herjedal, II, 65.
Herlighed (seigneuriaux), II, 41.
Herlufsholm, II, 25, 159.
Herpila (flèche de guerre), 36.
Herred (canton), 34.
Herredage (jours des seigneurs), 240.
Herredsthing (Assemblée nationale), 135.
Herreklostre, monastères de seigneurs, 125.
Herremand (seigneur), 140.
Herrisvad (monastère), 124.
Hersleb, II, 147.
Hertz, II, 266.
Hildesheim, 152 ; II, 14.
Hirde (garde), 37, 78.
Hirschholm, château, II, 157, 202.
Histoire, 152 ; II, 27, 81, 159, 160, 161, 178, 259.
Historiographes, II, 27, 81, 83.
Hjalmar, 21.
Hjelm, 174.
Hjœrungavàg, bataille, 70.
Hjort-Lorenzen (Peter), II, 313.
Hlidskjàlf, 10.
Hodges, II, 341.
Hœd, 13.
Hœier (André), II, 158, 161.
Hœie Tostrup, préliminaires, II, 75.
Hœrsholm, II, 157, 202.
Hœyen (N.-L.), II, 264.
Hofmester (grand-maître de la maison du roi), 216.
Hof- og Stadsret (tribunal de la cour et de la ville), II, 196.
Holaveden, II, 20.
Holberg (Louis), II, 161, 170, 178, 186, 190.
Holck (comte), II, 193, 194.
Hollande, 149, 222, 233, 306, 310, 314, 329 ; II, 28, 52, 57, 63, 64, 66, 71, 73, 77, 79, 107, 118, 128, 129, 132, 210, 228.
Holm, capitaine, II, 233.
Holm (Chr.), II, 264.
Holm (George-Tyge), II, 179.
Holmganga, 23.
Holsteen de Holsteenhuus, II, 183.
Holstein, 2, 120, 126, 127, 130, 149,
156, 164, 188, 198, 199, 200, 202, 248, 252, 257, 283, 295 ; II, 14, 29, 58, 64, 73, 75, 78, 132, 135, 168, 171, 172, 173, 206, 223, 229, 236, 238, 241, 254, 255, 269, 283, 310, 320, 325, 355, 360, 381, 399, 401.
Holstein (F.-C.), II, 225.
Holstein (Jean-Louis), II, 156, 159, 171, 177, 183.
Holstein (Ulric-Adolphe), II, 195, 196, 205.
Holum, II, 9.
Hommes du roi, 35, 137, 140.
Hongrie, 75 ; II, 145.
Hôpital de Frédéric, II, 179, 201.
Hornemann (Chr.), II, 264.
Hornemann (J.-V.), II, 262.
Horsens, ville, 149 ; II, 48.
Horst, général, II, 346, 347.
Horticulture, 125, 279 ; II, 147.
Hospitalité, 30.
Hôtelleries, 220.
Hovéri, v. Corvée.
Hroar, roi, 12.
Hrolf Kraké, roi, 11.
Huldrer (fées), 317.
Hunehals, 174, 175.
Huth, II, 205, 216, 256.
Huusbonde (patron), II, 41.
Huusbondhold, II, 40.
Huuskarlastefne (assemblée des gardes), 78.
Huuskarle (familiers), 78.
Huusmænd (journaliers), 145.
Huustoft (meix), 149.
Hveen, II, 26.
Hvide (Skjalm), 96.
Hvidt (L.-N.), II, 292, 323, 324.
Hvitfeldt (Arild), 287 ; II, 39, 81.
Hvitfeldt (Iver), II, 135.
Hydefad (Herluf), 262.
Hydromel, 47, 57, 318.

I

Idiome, 16, 153, 249, 264, 301, 303, 326, II, 83, 139, 160, 164, 202, 212, 259, 271, 278, 309, 313, 351.
Impôts, 140, 144, 157, 163, 272 ; II, 33, 101, 105, 111, 112, 113, 185, 253.

Impôts (Droit de voter les), 240; II, 298.
Imprimerie (Art de l'), 325.
Incrédulité, II, 190, 273.
Indes occidentales, II, 109, 128, 165, 176, 211, 218, 220, 254, 302.
Indes orientales, II, 52, 128, 145, 146, 165, 176, 211, 218, 303.
Indfæstning (arrhes), 278; II, 36.
Indigénat, II, 212, 374.
Industrie, 125, 229; II, 26, 54, 128, 146, 165, 174, 191, 198.
Ingé Bàrdarson, roi de Norvège, 127.
Ingeborg, fille d'Erik Plovpenning, 172.
Ingeborg, fille de Hakon V, 178, 189.
Ingeborg, fille de Valdemar I. 120.
Ingeborg, fille de Valdemar-Atterdag, 202.
Ingelheim, 57.
Ingemann, II, 266.
Ingimund, 26.
Inne, 140.
Innocent IV, pape, 157, 166.
Institution des États, II, 288, 292, 293, 298, 307, 308.
Instruction publique, 279, 292; II, 146, 163, 256, 272.
Intempérance, 319; II, 80, 189.
Interdit, 167, 172, 176, 177, 179, 269.
Intérêts, 243; II, 15.
Interprétation des songes, 29.
Intolérance religieuse, II, 11, 27, 82, 129.
Irlande, 21.
Irréligion, II, 190.
Isarnus, 176, 179.
Isebrandt (Wolf), 260.
Islande, 223; II, 9, 52, 100, 128, 176, 177, 241.
Islande, langue, 16, 153, 326; littérature, II, 82.
Iscère (Thing), 90.
Isted, bataille, II, 343-349; lac, II, 344.
Italie, 21, 23, 289; II, 134.
Itzehoe, II, 402.
Ivan II Vasilievitch, czar, II, 14, 19.
Ivrognerie, 319; II, 80, 190.

J

Jacobsen (L.), II, 262.
Jacobsen (P.-V.), II, 260.
Jacques III, roi d'Écosse, 254.
Jacques de Halland, 173, 174, 175.
Jægerspriis, II, 142, 212.
Jætnes, 9, 12.
Jagel, combat, II, 394.
Jahn (F.-H.), II, 260.
Janson, II, 258.
Jardin botanique, II, 50, 179.
Jarimar de Rügen, 169, 170.
Jarls, 34, 35, 37.
Jean (archiduc), II, 332.
Jean, comte de Holstein, 180, 185, 189, 190, 191.
Jean, roi de Danemark, 161, 236, 243, 247, 252, 254-265, 327; II, 22, 23, 39.
Jean III, roi de Suède, II, 21.
Jean l'Ancien, duc de Haderslev, 309; II, 14, 17, 24.
Jean le Jeune, duc de Sœnderborg, II, 24.
Jean-Adolphe, duc de Holstein-Gottorp, II, 61.
Jean-Adolphe, duc de Plœen, II, 122.
Jellinge (canton de), 189; pierres de, 18; séminaire, II, 257.
Jemtland, II, 65, 120.
Jensen (Pierre), 293.
Jerechini (Jean), 222.
Jérusalem, 97.
Jespersen (Niels), évêque d'Odense, II, 45.
Jespersen, procureur, II, 292.
Jessen, II, 233.
Joachim-Ernest, duc de Plœen, II, 118.
Jœnkœping, 271; paix, II, 233.
Jœtunheim, 9.
Jomsborg, 67, 68, 69, 70.
Jonsen (Laurits), 188, 189.
Jonsen (Ranild), 174.
Jonsson (Arngrim), II, 82.
Jonsson (Hakon), 204.
Jonstrup, séminaire, II, 257.
Jordebog, v. Terrier.
Jordskyld (cens), 163.
Joseph Napoléon, roi d'Espagne, II, 229.
Journaliers, 145, 236.

Juel, peintre, II, 264.
Juel (Christen), II, 57.
Juel (Esger), 177, 179, 187, 188.
Juel (Gregers), II, 117, 214.
Juel (Jens), II, 126.
Juel (Niels), II, 120.
Juel (Ove), II, 89.
Juifs, II, 129, 254.
Juleskud (contribution de Noël), 163.
Julienne-Marie, reine de Frédéric V, II, 187, 203, 204.
Julin, 67, 114.
Jurisprudence, II, 158, 261.
Jury, II, 354.
Justice (Administration de la), 37, 39, 40, 90, 93, 99, 102, 135, 158, 240, 277, 280; II, 37, 47, 113, 125, 157, 196, 255, 354, 387.
Justice seigneuriale, II, 36, 56, 104, 113, 188.
Jutes, 2.
Jutland (nord), 2, 34, 61, 89, 94, 110, 133, 137, 148, 155, 161, 175, 178, 180, 190, 191, 193, 194, 199, 227, 231, 285, 299, 312; II, 40, 48, 58, 64, 74, 181, 184, 229, 250, 330, 337.
Jutland (sud), 2, 34, 58, 61, 105, 108, 110, 119, 133, 148, 151, 155, 156, 160, 164, 170, 173, 174, 177, 189, 191, 193, 200, 203; v. duché de Slesvig.
Jutta, reine de Svend Estridsen, 87.

K

Kaas (F.-C.), II, 205.
Kaas (Niels), II, 30, 56.
Kaldsret, v. droit de collation.
Kall (Abraham), II, 260.
Kallundborg, ville, 162, 256, 287; II, 13, 54; comté, 189; diète, 255, 258; 283.
Kalmar, 224, 261; II, 49; guerre de, II, 49; réunion, I, 207, 256, 262; traité, I, 236.
Kammermester (chambellan), 216.
Kappel, II, 395.
Karlstadt, 282.
Ketilbjœrn, 43.
Kettler (Gothard), II, 19.
Kiel, 248; II, 141, 279, 282, 288, 325, 390,
401; réunions des députés, II, 322; paix, 190; II, 241.
Kierkegaard (Sœren), II, 260, 264.
Kingo (Thomas), II, 125, 162.
Kirk (Ole), II, 292.
Kjœge, II, 15, 146; bataille, II, 225.
Kjœge (Baie de), bataille, II, 121, 135.
Kjœge Huuskors (croix domestique de Kjœge), II, 80.
Kjœgemester (maître d'hôtel), 216.
Kjœkkenmœddings, 2.
Klausholm, II, 149.
Klingenberg (Paul), II, 71, 146.
Klintekonge (roi de la falaise), 317.
Klopstock, II, 177.
Kloster-Zeven, traité, II, 172.
Klotz (Étienne), II, 140.
Kluvensiek, II, 238.
Knærœd, paix, II, 49.
Knapper (valets), 213.
Kniphoff (Claude), 288.
Knud, fils de Valdemar II, 155.
Knud, petit-fils de l'archevêque Eskil, 115.
Knud VI, roi de Danemark, 79, 114-115, 118-120, 124.
Knud Dana-ast, fils de Gorm l'Ancien, 62.
Knud Lavard, duc de Sudjutland, 99-103, 105, 106.
Knud le Grand, roi de Danemark, 73-82, 124, 150.
Knud le Saint, roi de Danemark, 90-95, 97, 99, 316.
Knud Magnussen, roi de Danemark, 107-111.
Knuth, II, 122.
Knuth de Knuthenborg, II, 324, 332.
Knuth de Ravnstrup, II, 183.
Kobberskat, II, 33.
Kochlæus, 297.
Kock, II, 83.
Kœller, II, 203, 205.
Kofod (Jens), II, 78.
Kock (George Mœnter), 296, 310, 314.
Kola (Golfe de), II, 47.
Kolberg (Rade de), bataille, II, 64, 121, 136.
Kolbjœrnsen (Jean), II, 136.
Kolbjœrnsen (Pierre), II, 136.
Kolderup-Rosenvinge, II, 261.

Kolding, ville, 187, 189, 253; II, 16, 54, 330; bataille, I, 178; II, 337.
Kongens Thing, 135.
Kongsberg, II, 55; mine d'argent, II, 52.
Kongshœi, II, 394.
Kongslev, II, 261.
Konkordieformel (formule d'amitié), II, 29.
Konungahella, 174.
Konunglef, 139, 145.
Konungs Norrby, bataille, II, 20.
Korsœr (ville), 102; II, 76.
Kotkarle, 169.
Krabbe, II, 346.
Krabbe-Carisius, II, 312.
Kraft, II, 178.
Krag (Niels), II, 27.
Krag (Otte), II, 94, 95.
Kratzenstein, II, 177, 179.
Kratzenstein-Stub, II, 264.
Krejdal, II, 262.
Kringlen (George de), II, 50.
Krœpelin (Hans), 224.
Krœyer, II, 262.
Krogen, II, 22.
Krogh, II, 334, 336, 343, 347.
Krogk (Henri), II, 160.
Krohn, II, 326.
Kronborg, II, 22, 76, 138, 204, 220.
Krüger (Hans), II, 323.
Krummedige (Henri), 261.
Krumpen, 269, 271; II, 19.
Kuhlau, II, 264.
Kurvirke, 62.

L

Laaland, île, 61, 155, 175; 180; 189, 194, 237, 238, 258; II, 29, 34, 40, 54, 61, 75, 142, 187, 188; bataille, II, 65; conditions de, I, 235.
Laalands Vilkaar, 235.
Ladegaard (grange), II, 38.
Læssœ, colonel, II, 346.
Lallemand, II, 237, 238.
Landboer (agriculteurs), 144.
Landgilde, 146.
Landmilits ou Landeværn (milice nationale); II, 143.
Landskrona, 229, 289; bataille, II, 120.
Landsthing, 90, 135; II, 255, 353, 385, 404.
Langberg, II, 82.
Langdysser (tertres longs), 4.
Lange (Jacob), 175, 176.
Lange (Villum), professeur, II, 97.
Langebek, II, 159, 162, 178, 190, 259.
Langeland, 175, 180, 189; II, 40, 75, 229.
Langsœ (lac de), II, 329, 344, 346.
Langue danoise, 16, 153.
Langue norvégienne, 153.
Laponie, II, 48, 49, 146.
Larsen (J.-C.), II, 262, 292.
Lascy (Jean), II, 11.
Lassen, officier de la marine, II, 221.
Lassen (Peder), II, 106, 123.
Latin, 151, 152, 153, 291, 323, 326, 327; II, 11, 82, 83, 259.
Lauenburg, 126, 127, 129; II, 237, 244, 282, 372, 399, 401.
Laugstvang (règlement de corporation) 229.
Lauritsen (Timme), 178.
Laxmand (Paul), 264.
Leding, 37, 140, 145.
Ledingshær (armée de course), 141.
Ledingspenge (taxe de guerre), 163.
Legeditsch, II, 356.
Législation, 40, 79, 90, 102, 121, 132, 160, 275; II, 16, 23, 50, 56, 106, 124, 158, 255, 302; de Jomsborg, I, 68; de Norvège, II, 48, 125.
Lehmann (Orla), II, 301, 324, 380.
Leipzig, 326; bataille, II, 237.
Leire, 11, 34.
Lemming, II, 221.
Lena, bataille, 127.
Lensmænd (baillis royaux), II, 33.
Lessœ, île, 85.
Lettres d'écusson, 212.
Lettres de noblesse, 212.
Lettres mystérieuses, 47.
Leyonhufvud, II, 331.
Libations funéraires, 30, 68.
Libéraux, II, 298.
Liemar, 96.
Lien paroissial (Abolition du); II, 387.
Ligedelere (égalitaires), 206.
Light, entrevue, 74.

Lignes télégraphiques, II, 387.
Liimfjord, 86, 94.
Limbek (Klaus), 195.
Lindberg (Jakob-Christian), II, 260.
Lindenkrone de Gjorslev, II, 183.
Lindenov, II, 53.
Lindgreen, II, 264.
Lindholm, négociations, 206.
Linkœping, 270.
List, île, 222.
Livonie, 131, 149 ; II, 18, 24 ; 49,
Lœgumkloster, 125.
Lœvenhjælm, II, 120.
Lœvenœrn (Paul), II, 263.
Lœvenskjold, II, 331.
Lohede, bataille, 171, 190.
Loi danoise de Christian V, II, 125.
Loi fondamentale de Danemark, de 1849, II, 352, 365, 368.
Loi fondamentale révisée de 1866, II, 405.
Loi royale, II, 105, 362.
Loi sur les céréales, II, 153.
Lois provinciales, 132.
Loké, 12, 55.
Lolle (Pierre), 324, 325.
Londres, conférence, II, 397 ; traité, II, 361.
Longomontanus, II, 82.
Lorenzen, v. Hjort-Lorenzen.
Lorenzen (Nis), II, 309, 313.
Lornsen (Uwe), II, 287.
Loterie de série, II, 201, 206.
Lothaire, empereur d'Allemagne, 105, 109.
Lougen, II, 50.
Louis, électeur de Brandebourg, 192.
Louis XIV, roi de France, II, 112, 118, 119, 121, 129.
Louis de Bavière, empereur d'Allemagne, 191, 192.
Louis le Germanique, empereur d'Allemagne, 59.
Louis le Pieux, empereur, 57, 58, 59.
Louise, reine de Christian IX, II, 361, 362.
Louise, reine de Frédéric IV, II, 148.
Louise, reine de Frédéric V, II, 170, 187.
Louvain, 293, 323.
Lübeck, 120, 126, 130, 131, 156, 178,

182, 183, 201, 227, 233, 274, 283, 286, 289, 290, 307, 309, 310, 312, 313 ; II, 15, 23 ; évêché, II, 133, 173 ; paix, II, 38 ; traité, I, 193.
Lucques, 97.
Lummeaa, bataille, 117.
Lund, 48, 92, 101, 123, 149, 152, 289, 322 ; II, 9, 17, 51, 306 ; archevêché, I, 103, 108, 115, 162, 168, 179, 187, 252, 274, 287, 292, 298 ; bataille, I, 289 ; II, 120 ; évêché, I, 87 ; paix, II, 121.
Lundbye, II, 264.
Lünebourg, 183.
Luther, 281, 282, 293 ; II, 7.
Lütken (Frédéric), II, 168, 180.
Lutter sur le Baremberg, bataille, II, 58.
Lüttichau, lieutenant-général, II, 395.
Lüttichau (M.), II, 368.
Lützow, II, 325.
Luxdorf, II, 178.
Lykke (George), de Bunderup, II, 45.
Lykke (Ivar), 205.
Lykke (Kay), II, 106.
Lykke (Peder), archevêque, 229, 321.
Lynar, comte, II, 172, 173.
Lyngby, séminaire, II, 257.
Lyngœr, port, II, 233.
Lyœ, île, 129.
Lyon, 166.
Lyrskovshede, bataille, 85.
Lyskander, II, 83.
Lyttichau, II, 252.

M

Mads, prêtre, II, 45.
Madskat, II, 33.
Madvig (J.-N.), II, 321, 353, 357.
Magasin d'approvisionnement, II, 55.
Magasin des marchandises, II, 166.
Mageskifter (échanges), 255 ; II, 39, 59.
Magie, 277, 317.
Magnus, fils de Christian III, II, 18, 24.
Magnus, fils d'Erik Lam, 115.
Magnus, fils de Niels, 105, 106, 109.
Magnus Erlingsson, 114, 119.

Magnus Ladelaas, roi de Suède, 173.
Magnus Lagabœti, roi de Norvège, 172.
Magnus le Bon, roi de Norvège et de Danemark, 70, 82, 84-85.
Magnus Smek, roi de Suède, 191, 194, 197, 198, 199.
Magnussen (Magnæus), Arne, II, 161.
Magnussen (Finn), II, 260.
Maison d'accouchement, II, 184.
Maison d'assistance, II, 125.
Maison d'éducation, II, 179.
Maison des corrections, II, 54.
Maison des orphelins, II, 147, 201.
Maison d'or, II, 175.
Maître d'hôtel, 216.
Majordome, 226; II, 4, 51, 67.
Malkolm, roi d'Écosse, 80.
Mallet II, 177.
Malmœ, ville, 101, 285, 287, 296, 300, 301, 311, 314; II, 77; armistice, II, 332; entrevue, I, 290; paix, I, 263.
Man, île, 255.
Mandern (Charles van), II, 54.
Manderstrœm (comte), II, 393.
Mané, 55.
Manoir principal, II, 39, 111, 127.
Manstein, II, 394.
Manteuffel, II, 397, 402.
Marc, 150, 243.
Maréchal, 216, 217, 226; II, 4, 67.
Marguerite, fille de Christian Ier, 254.
Marguerite (Sprænghest, Sorte Grete), reine de Christophe Ier, 170.
Marguerite, reine de Danemark, 101, 161, 197, 198, 202-220, 230.
Marguerite (Dagmar), reine de Valdemar II, 128, 131.
Mariage, 28.
Mariage civil, II, 387.
Mariager, ville, 102.
Maribo, ville, 102, 125; monastère, II, 9, 51.
Marie, gouvernante des Pays-Bas, 314, II, 12.
Marie Tudor, reine d'Angleterre, II, 11.
Maroc, II, 176, 303, 307.
Marque, II, 256.
Marsk, v. Maréchal.
Marstrand, II, 120, 137.

Martfeld, II, 213, 266.
Marthe Ivarsdatter, 262.
Martin V, pape, 229.
Masius, II, 130.
Massmann, II, 257.
Mathias, évêque de Strengnæs, 269, 271.
Matrice cadastrale, II, 125.
Maurice, comte d'Oldenbourg, 247.
Mauritius (D^r.), II, 123.
Maximilian, empereur d'Allemagne, 262.
Médecine, 29, 323; II, 158, 178, 259, 262.
Mededsmænd, v. Cojurants.
Médiates, 162.
Meier (Marc), 310, 314.
Meix, 149.
Meklenbourg, 118; 126, 127, 129, 131, 180, 189, 199, 202, 204; II, 172, 237.
Mémoire pour les ancêtres, 30.
Mendiants, 277, 279.
Mer Noire, 1.
Mercie, 74.
Mersebourg, 109.
Mesures, 276; II, 15, 52, 125.
Métiers, 47, 77, 101, 105, 125, 184; 229, 242; II, 54, 254, 258.
Metzenheim, Hans, surnommé Bogbinder, 267.
Meursius, II, 81.
Meyer (Ernest), II, 264.
Meza (de), II, 338, 347, 394, 395.
Michelsen (O.-W.), II, 368.
Midgard, 9; serpent de, 12, 13.
Midsommersgjæld (impôt de la Saint-Jean), 163.
Mikkelsen (Jean), 294, 296.
Milice bourgeoise, II, 56.
Milice nationale, II, 143, 144, 150, 151, 167, 215.
Minni (souvenir), 30.
Miœsund, II, 328, 348; combat, II, 349, 394.
Missel, II, 125.
Mjœllni, 9.
Mœller (Poul), II, 264.
Mœller (Rasmus), II, 260.
Mœlln, bataille, 130.
Mœn, île, 237, 239, 258; II, 64, 79, 128.

Mœnter (George), v. Kok.
Mogens, évêque de Hammer, 307.
Mogensen (Martin), 176, 323.
Moines, 77, 124, 291, 304, 305.
Moines mendiants, 125, 301.
Molbech (Christian), II, 261.
Moldenhawer, II, 261.
Mols, II, 337.
Moltke, général, II, 337, 343.
Moltke (Adam-Gottlob), II., 171, 177, 179, 180, 194, 197.
Moltke (A.-W.) II, 324, 333, 357, 359.
Moltke (Otto), II, 312.
Moltke (Charles), II, 317, 324, 357, 359, 368, 399.
Moltke (Joachim-Gotsche), II, 215, 216.
Monastères, 124, 152, 281, 304, 308, 322 ; II, 9.
Monastères de seigneurs, 125.
Monnaies, 6, 7, 48, 122, 149, 150, 242, 272 ; II, 15 ; droit de frapper, I, 122, 150 ; II, 15.
Monrad, II, 324, 365, 390, 391, 399.
Mora (pierres de), 207, 245.
Moralité, 28, 277, 315 ; II, 80, 200.
Mors, île, II, 397.
Moscou, 289.
Moss (Trêve de), II, 242.
Moth (Paul), II, 129.
Moth (Sophie-Amélie), comtesse de Samsœ, II, 129.
Mühlberg, bataille, II, 14.
Mülbe (von der), II, 394.
Müller (Max), II, 395.
Müller (O.-F.), II, 262.
Müller (Peter-Erasmus), II, 260.
Müller (Tage), II, 260.
Mund, 28.
Mund (Pros), II, 65.
Mundskjænk (échanson), 216.
Munich, II, 389.
Munk (Christine), II, 67, 69.
Munk (Jens), II, 53.
Munk (Louis), II, 48.
Munk (Mogens), 284, 286.
Munk (Peder), II, 30.
Munkalif, monastère, 253.
Munkhaven, II, 50.
Munkholm, II, 123.
Münter, II, 260.

Musée des antiquités septentrionales, II, 259.
Musique, 323 ; II, 10, 147, 264.
Mynster (J.-P.), II, 260, 277.
Mynster (O.-H.), médecin, II, 262.
Mythologie, 8.

N

Nævninger (nommés), 135, 240.
Nains, 9, 317.
Nakskov, ville, II, 35, 75, 78.
Nam, 134.
Nansen, bourgmestre, II, 90, 93, 94, 97, 103.
Naples, II, 176.
Napoléon Ier, empereur, II, 223, 226, 228, 234, 236, 237, 240.
Napoléon III, empereur, II, 383, 391, 403.
Nastrands, 13, 55.
Navigation, II, 52, 175, 207, 303.
Nebbegaard, traité, 194.
Neergaard (C.), II, 292.
Nègres (Esclavage des), II, 254, 302 ; traité des, II, 254.
Nelson, II, 220.
Nestved, ville, 102, 124, 125, 162 ; bataille, 190, 239.
Neumünster, assemblée politique, II, 318.
Neutralité armée, II, 129, 172, 206, 219.
Nexus socialis, de la chevalerie slesv.-hôlst., II, 284.
Nicolas, petit-fils de Valdemar II, 129, 155.
Nidstœng, 24.
Niebuhr, II, 178.
Niels (Nicolas), moine de Sorœ, 325.
Niels, roi de Danemark, 79, 93, 95, 99, 103-107.
Nielsen, artiste dramatique, II, 264.
Nielsen (Madame), artiste dram., II, 264.
Nielsen (M.), II, 261.
Nielsen (Olaf), 253.
Nisaa, bataille, 86.
Nissen (N.-L.), II, 261.
Nisser, (Gobelins), 317.
Njal, 29.
Njœrd, 11, 15.

Nobles, pièces de monnaie, 243.
Noblesse 35, 78, 137, 152, 178, 186, 189, 195, 210, 211, 219, 240, 241, 255, 256, 287, 298, 299, 300, 308, 315; 321; II, 3, 6, 8, 18, 33, 34, 35, 36, 41, 43, 58, 66, 69, 81, 86, 101, 111, 115, 186, 188, 202, 252.
Noblesse féodale, 137.
Noces, 277.
Noël (Contribution de), 163 ; fête de, 318.
Nom (Désignation de), 27.
Noms des familles nobles, 213.
Norby (Séverin), 263, 268, 271, 288 ; II, 23.
Nord (cap), II, 47.
Nordborg, 119, 200 ; II, 24.
Nordborg (Branche de), II, 24.
Norden, lieutenant de marine, II, 159.
Normandie, 21, 63.
Normands, 21.
Norsk Tunge (langue norvégienne), 153.
Northumberland, 70, 72, 75.
Nortorf, assemblée politique, II, 318.
Norvège, 63, 70, 71, 80, 81, 82, 83, 84, 104, 106, 114, 119, 126, 172, 174, 177, 182, 198, 203, 204, 206, 209, 231, 246, 255, 258, 261, 288, 306, 313 ; II, 4, 15, 21, 47, 54, 79, 100, 125, 136, 138, 171, 185, 226, 227, 230, 235, 241, 242, 243, 249, 282, 305, 330.
Noviomagus (Paul), II, 11.
Nubie II, 159.
Nyborg, 162 ; II, 22, 74, 229 ; bataille, II, 79 ; diète, I, 167, 169, 173, 187, 221 ; II, 54.
Nybel, bataille, II, 330.
Nyboder (nouvelles baraques), II, 56, 145.
Nydal, monastère, 271.
Nydam, tourbière, 7.
Nyerup, II, 260.
Nyholm, II, 292.
Nykjœbing (dans l'île de Falster), II, 301.
Nykjœbing (dans l'île de Mors), 102.
Nykœping, en Suède, 224.

O

Obotrites, 87, 105, 113, 118.
Octroi, 241.
Odense, ville, 48, 65, 89, 94, 97, 101, 108, 123, 306, 316, 325 ; II, 17, 51, 161 ; arrangement, II, 24 ; concile, I, 167 ; I, diète, 297, 298 ; II, 7 ; évêché, I, 65, 76 ; II, 125.
Odin, 9, 10, 55.
Odinkar Hvide l'Ancien évêque d'Odense, 66.
Odinkar Hvide le Jeune, évêque de Ribe, 76.
Œder, II. 177, 179, 195, 198, 205, 214.
Œgmund, II, 9.
Œhlenschlæger, II, 266, 275, 305.
Œland, île, 231, 257 ; bataille, II, 121.
Œlgjæld (droit sur la bière), 163.
Œm, monastère, 124.
Œre, 150, 243.
Œrebro, diète, II, 231, 232.
Œresten, 261.
Œrething, 90.
Œrsted (Anders-Sandœ), II, 261, 291, 312, 324, 363, 364, 365, 368.
Œrsted (H.-C.), II, 263, 276.
Œrtug, 150, 243.
Œsel, île, 127 ; II, 14, 19, 65.
Œsterbœigd, II, 53.
Œvreselk, combat, II, 394.
Œvrestolk, II, 344, 346, 347.
Œxnebjerg, bataille, 313.
Ofen, (Bude en Hongrie) 221.
Olaf, roi de Danemark, 90, 202-204, 326.
Olaf Hvitaskàld, 153.
Olaf Kyrré, roi de Norvège, 94.
Olaf le Saint, roi de Norvège, 80 ; 81.
Olaf Skautkonung, roi de Suède, 72 ; 74.
Olaf Tryggvason, roi de Norvège, 65, 71.
Oldenbourg, 247 ; II, 118, 173, 206, 376.
Oldermænd (anciens), 98.
Olmütz, traité, II, 356.
Olshausen, II, 323.
Oluf, fils de Harald Kesia, 107.
Oluf Hunger, roi de Danemark, 94, 95.
Ombudsmand (procureur du roi), 134, 135, 159.

Opdam, II, 78.
Opfostringshuus (maison d'éducation), II, 179.
Oppe l'Ingénieux, 79.
Orcades, 254; II, 14.
Ordonnance religieuse, II, 7.
Ordonnance sur le Sabbat, II, 153.
Ordre de Dannebrog (ruban blanc), II, 115.
Ordre de l'Éléphant (ruban bleu), II, 115.
Ordres de cabinet, II, 194.
Orientaux, 21.
Orka, 43.
Ornum, 149.
Oscar, Ier, roi de Suède, II, 307, 331, 392.
Oslo, ville, 246, 262, 306; II, 5, 17.
Osten (von), commandant à Christianstad, II, 120.
Osten (Adolphe-Siegfried von der), II, 203, 205.
Osten (W.-A. von der), II, 171.
Ostfrise, 314.
Otte, fils de Christophe II, 191, 193.
Otterstrœm, II, 292.
Otton, duc de Schauenbourg, 247.
Otton, empereur d'Allemagne, 127.
Otton le Grand, emper^r d'Allemagne, 65.
Otton II, empereur d'Allemagne, 65.
Overappellationsret, à Kiel, II, 288.
Overdrev (pâtis), 149.
Oversœ, combat, II, 329.
Oxe (Peder), II, 16, 21, 25.
Oxe (Torben), 273.
Oxenstjerna (Jœns Bengtsson), 245, 246, 250.
Oxenstjerna, II, 63.
Oxholm, II, 224.

P

Paaskeskud (contribution de Pâques), 163.
Palatinat, II, 185.
Palestine, 113, 201, 221, 251.
Palladius (Pierre), II, 82.
Palnatoke, 66, 67.
Panin, II, 209, 211.

Pâques (Contribution de), 163.
Paris, 22, 152, 252, 323, 326, 329.
Parker, II, 220, 221.
Parrow (Henri), 205.
Pâtis 149.
Paul, empereur de Russie, II, 173, 206, 219, 222.
Paulsen (P.-D.-C.), II, 261.
Paysans (Insurrection des), 94, 116, 117, 178, 195, 227, 231-232.
Paysans nobles, 144, 234.
Paysans (Ordre des), 35, 94, 143, 187, 195, 202, 213, 232, 234, 278, 311; II, 2, 4, 18, 34, 35, 42, 59, 60, 80, 98, 102, 126, 142, 150, 180, 182, 187, 197, 214, 244, 305.
Pays-Bas, 253, 289, 306, 314; II, 13.
Pebersvende (garçons poivriers), 242.
Pêche, 3, 46, 150, 184.
Pechlin, II, 342.
Pedersen (Christian), 301, 324, 326, 329.
Pederskloster (monastère de Saint-Pierre), 124.
Peine des verges, II, 302.
Penning 150, 243.
Perche de déshonneur, 24.
Père de la victoire et des armées, 10.
Peste, II, 134, 147; noire, I, 201.
Petersen (N.-M.), II, 261.
Peymann, II, 225, 226.
Pfennig, 243.
Philippa, reine d'Erik de Poméranie, 222, 228, 243.
Philippe, chef des Bagler, 127.
Philippe, duc de Gottorp, II, 30.
Philippe, empereur d'Allemagne, 127.
Philippe-Auguste, roi de France, 120.
Philosophie, 323; II, 264.
Pierre III, v. Charles-Pierre-Ulric.
Pierre de Dacie, 323.
Pierre le Grand, empereur de Russie, II, 132, 137, 141.
Pierres runiques, 18.
Piétistes, II, 154.
Pinneberg, II, 368; traité, II, 124.
Piraterie, 20, 91, 108, 206, 315.
Plaisance, 97.
Platen (comte), II, 232.
Platt-Deutsch, II, 140, 278, 351.
Pless (Charles), II, 150.

Pless (Louis), II, 150, 156.
Pless (Sigfried von), II, 126.
Plœen (Branche de), II, 24, 185.
Podbusk (Henning), 199, 202.
Pædagogium, II, 159.
Poésie, 15 ; II, 84, 162, 265.
Poids, 276 ; II, 15, 52, 125.
Police, 158, 196, 277, 315.
Pologne, 181 ; II, 19, 73, 79, 134, 136, 383.
Polygamie, 29.
Poméranie, 126, 129, 189, 227.
Poméranie antérieure, 118.
Poméranie suédoise, II, 234, 241.
Pommes de terre, II, 185.
Pontanus, II, 81.
Pontoppidan (Erik), II, 161, 162, 177, 179, 180.
Popholt, II, 343.
Poppo, 65.
Population, 151 ; II, 188.
Porse (Knud), 188, 189.
Portugal, 21 ; II, 52, 176, 210.
Poste, 276 ; II, 54, 71, 146, 195.
Potemkin, II, 209.
Potentia (Jean-François de), 283.
Poulsen, peintre, II, 264.
Pourtalès, II, 332.
Pouvoir absolu, II, 100, 354.
Præstœ, ville, 102.
Prague (Traité de), II, 403.
Pram, II, 265.
Préemption, 163.
Presse (Liberté de la), II, 199, 213, 266, 271, 276, 293, 294, 295, 300, 301, 324, 366, 387.
Prêtres, 104, 279, 291 ; II, 10, 44 ; élection des, II, 7.
Prêtres lecteurs, 291.
Prêtresses, 29.
Preuve par témoin, 137.
Prévôts (Élection des), II, 7.
Prima signatio, 56.
Prisons, II, 302.
Prittwitz, II, 334, 337, 339.
Procureur du roi, 134, 135.
Prœvestenen, II, 145.
Propriétaires, 144, 235 ; II, 35, 38, 163, 249.
Proverbes, 325.
Prusse, 127, 129, 131 ; II, 136, 210,

217, 219, 241, 325, 327, 328, 350, 356, 370, 371, 372, 378, 380, 381, 383, 389, 390, 393, 394, 398, 400, 401, 402.
Psautier, II, 125.
Puke (Erik), 223, 225.
Puke (Erik-Ketilsson), 205.
Pultava, II, 134.
Pytheas, 47.

Q

Querelle des investitures, 123.
Question avec le chat, II, 197, 206, 256.

R

Raaslœff, II, 368, 377, 378.
Raben, II, 136.
Rachat de la peine, 134, 189 ; II, 4.
Ragebœl, II, 396.
Ragnar Lodbrok, roi, 16.
Ragnarœk, 12.
Ragnarsen, Egil (Blod Egil), 91.
Ragvaldsen (Niels), 261.
Ragvaldsson (Niels), 231.
Rahbek (Knud-Lyne), II, 265.
Randers, ville, 149, 192.
Rangforordning (règlem. des rangs), II, 114.
Ranzau (comté de), II, 142.
Ranzau (Christian-Ditlev), II, 142.
Ranzau (Daniel), II, 20, 21.
Ranzau (George), II, 134.
Ranzau (Henri), II, 17, 25, 81.
Ranzau (Jean), 288, 289, 312, 313 ; II, 14, 17.
Ranzau-Ascheberg, II, 193, 194, 203, 205.
Rask, II, 261.
Rasmussen (Louise-Christine), v. Danner.
Rebning, 148.
Recez, II, 3, 16, 56.
Reedtz (C.-H.), II, 340, 342, 357.
Reff (Hans), 306.
Réforme, 281, 287, 290, 292, 311 ; II, 1.
Régence (la), II, 50.
Reginar, 76.
Régisseurs, 235.
Régisseurs associés, 145.

Règlement ecclésiastique pour la Norvège, II, 48.
Règlements des rangs, II; 114.
Regner, 169.
Rein, II, 265.
Reinboth (Jean), II, 140.
Reinhard (Martin), 281.
Reinhardt, II, 262.
Reliques, 316.
Rembert, 60.
Rendsborg (Reinoldsborg), 120, 157; II, 14, 228, 229, 239, 240, 325, 374, 394, 400, 401; réunion, II, 323; traité, II, 119, 134.
Resen (Hans-Poulsen), II, 82, 83.
Resen (Peder-Hansen), II, 160.
Retterthing, 135.
Reval, II, 14, 18; bataille, 128.
Reventlov, général, II, 134.
Reventlov (Christian-Ditlev-Frédéric), II, 244, 246, 247, 257.
Reventlov (Conrad), II, 148.
Reventlov (Ditlev), II, 194.
Reventlov (Henri-Tagesen), 232.
Reventlov (Louis), II, 257.
Reventlow-Criminil (Henri), II, 312, 324, 356, 359, 368.
Reventlow-Criminil (Joseph), II, 312, 313, 317.
Reventlow-Jersbeck, II, 370.
Reventlow-Preetz (Frédéric), II, 323, 325, 334, 356.
Reverdil, II, 177, 192, 197, 205.
Ribbing, 271.
Ribe, 48, 60, 64, 89, 101, 123, 149, 162, 169, 187, 189, 192, 248, 253, 280, 322, 323, 324, 326; II, 9, 51, 56, 80; droit de ville, I, 161; évêché, I, 65, 76; synode II, 7; traité, I, 190.
Richardson, II, 53.
Richissa, fille d'Erik Glipping, 245.
Riga, II, 49.
Rigsadmiral (amiral du royaume), 217.
Rigsdag, 240; II, 352.
Rigsmål, 44.
Rigsraad, 210, 213, 230, 245, 255, 266; II, 2, 29, 66, 67, 69, 70, 71, 88, 90, 366, 369, 385.
Rigsret (haute-cour), II, 353.
Ringkjœbing, ville, 102.

Ringsted, 106, 117; assemblée provinciale, I, 90, 106, 121; II, 17; diète, I, 194, monastère, I, 124.
Risbrich, II, 221.
Rituel, II, 125.
Robert, comte de Flandre, 94.
Rœmeling, II, 205.
Rœmer (Ole), II, 125, 128, 160.
Rœnneby, 289.
Rœnnow, 306, 309, 311; II 2.
Rœrbye, II, 264.
Roeskilde, 48, 65, 81, 86, 89, 105, 108, 110, 149, 228, 280, 322, 324; II, 7, 29, 51, 102; droit de ville, I, 161; évêché, I, 76, 82, 88, 114, 162, 167, 228, 252; II, 7; paix, II, 21, 75; réunion, II, 93; réunion des États, II, 294.
Roger, II, 177.
Roi de la falaise, 317.
Roi des Elfes, 317.
Romana (marquis de la), II, 228, 229.
Rome, 22, 80, 171, 172, 251, 280, 298; concile, I, 104.
Rosenborg, château, II, 55, 68, 201.
Rosenkilde, II, 264.
Rosenkrands (Christophe), II, 57.
Rosenkrands (Frédéric-Christian), II, 194, 216.
Rosenkrands (George), II, 30.
Rosenkrands (Gunde), II, 107.
Rosenkrands (Holger), II, 81.
Rosenkrands (Iver), II, 150, 156, 158.
Rosenkrands (Oluf), II, 130.
Rosenkrone, II, 216.
Rostgaard, II, 77.
Rostjeneste, v. Serv. militaire à cheval.
Rostock, 178, 183, 206, 293.
Rotebro, bataille, 258.
Rothe (Tyge), II, 178.
Rottbœll, II, 262.
Rottwitt, II, 376.
Routes, 201, 276; II, 125, 253.
Roye (de), II, 126.
Rud (Otte), 263.
Rud (Otte), II, 19.
Rudelbach, II, 260.
Rudkjœbing, ville, 102.
Rudolphe II, empereur d'Allemagne, II, 27.
Rügen, 114, 118, 126, 129, 131, 169, 172, 182; II, 241.

Rügenwalde, 228.
Runamo, 18.
Runddysser (tertres ronds), 4.
Runes, 17, 58, 153.
Runes d'amour. 17.
Russell (John), II, 381, 383, 392, 398.
Russie, 23, 48, 89, 149, 181, 208, 250, 257, 289 ; II, 19, 134, 136, 141, 168, 172, 185, 206, 207, 209, 210, 217, 219, 223, 233, 234, 235, 241, 316, 330, 357, 360, 381, 383, 390, 391, 398.
Ruyter, II, 79.
Ry, village, 312.
Ryberg, II, 184.
Rye, général, II, 335, 336, 337, 338, 339.
Ryge, II, 264.
Rykloster (monastère), 125.

S

Sacrifices, 14, 39.
Sacrifices du printemps, 14.
Sadolin (George), 294, 296, 301, 306, 324.
Sædegaard (manoir principal), II, 39, 111, 127.
Sæhrimni, 10.
Særkvi (Sverker-Karlsson), roi de Suède, 127.
Sainte-Croix, II, 166, 177.
Saint-Edmond, 73.
Saint-Germain, II, 172, 185, 193.
Sainte-Hélène (Fontaine de), 316.
Saint-Jean, II, 128.
Saint-Jean (Impôt de la), 163 ; jour de la, I, 316, 318.
Saint-Libber (Colline de), 90.
Saint-Petersbourg, II, 235.
Saint-Thomas, II, 128.
Saints, 291, 316.
Saisie, 134.
Salle, 50.
Samsœ, île, 189.
Sandemænd, 135, 240.
Sandwich débarquement, 74.
Sankelmark, combat, II, 395.
Satrup (Bois de), II, 399.
Saxe, 127 ; II, 134.
Saxkjœbing, ville, 190.

Saxo, 120, 150, 151, 329 ; II, 27
Saxons, 2, 54, 56.
Saxtorph, M., II, 262.
Scandinavisme, II, 305, 391.[1]
Scavenius, professeur, II, 69.
Scavenius, propriétaire, II, 292.
Schack (Hans), II, 77, 90, 97, 123.
Schack de Giesegaard, II, 183.
Schack-Rathlau, II, 197, 205, 214, 216.
Schack-Staffeldt, II, 265.
Scheel (A.-W.), II, 342, 357, 359, 368.
Scheel-Plessen (Charles), II, 370, 375.
Scheele (L.-N.), II, 317, 318, 368, 370, 392.
Schepelern, II, 344, 345, 347, 348.
Schilling, 243.
Schimmelmann II, 166, 185, 197, 205, 211, 272.
Schindel (comtesse), II, 148.
Schlegel (J.-F.-V.), II, 261.
Schlegel (J.-H), II, 177.
Schleinitz, II, 340, 376, 379.
Schleppegrell, II, 336, 337, 343, 346, 347.
Schmalkalden (Ligne de), II, 13.
Schmidt (M.-T.), II, 325.
Schmidten (von), II, 262.
Schœnning, II, 170, 259.
Schouw (J.-F.), II, 263, 292, 320.
Schrœder, II, 164.
Schulin, II, 156, 171.
Schumacher, v. Griffenfeldt.
Schumacher, médecin, II, 262.
Schwabstædt, II, 75, 119.
Schwerin, II, 58.
Schytte, fabricant, II, 292.
Schytte, savant, II, 178.
Sciences, 122, 126, 151, 323 ; II, 25, 50, 81, 109, 129, 147, 157, 160, 177, 212, 259.
Segeberg, 283.
Segeberg, partie des duchés, 257.
Seglestad (Gudbrand), II, 50.
Sehested, bataille ; II, 238.
Sehested (vice-amiral), II, 136.
Sehested (Christen-Thomæsen), 213, II, 69.
Sehested (Christen-Thomesen), amiral, II, 117.
Sehested (Hannibal), II, 90, 103, 112 119.
Seigneuriaux, II, 41.

Seigneuries, 140, II, 127.
Sélande, 2, 34, 61, 81, 87, 89, 107, 109, 110, 132, 133, 155, 170, 175, 190, 194, 231, 237, 238, 287, 311; II, 40, 61, 75, 133, 137, 142, 147, 229, 250.
Selveiere, v. Propriétaires.
Séminaires, II, 257.
Servage de la glèbe, 147, 234, 239, 278; II, 34, 60, 80, 112, 114, 126, 128, 142, 143, 251.
Service militaire, à cheval, 140; II, 33, 41, 67, 112.
Sexe féminin, 27, 235, 315; II, 387.
Sextingshavne, 143.
Shetlands, 254; II, 14.
Siège d'honneur, 50.
Sigbrit, 272, 273, 279.
Sigismond, empereur d'Allemagne, 221.
Sigride Storràda, 71.
Sigurd Jarl, 63.
Sigurd Ring, roi, 16.
Sigvald, chef de Jomsborg, 68, 70.
Sild, île, 222; II, 287.
Silésie, II, 389, 400.
Simony, II, 363, 368.
Sinclair, II, 50.
Sixte, IV, pape, 251.
Sjœblad, II, 121.
Sjœrœd, paix, II, 49.
Skaarup, séminaire, II, 257.
Skagen, II, 399.
Skàlds, 15.
Skalholt, 223; II, 9.
Skamlingsbanke, II, 396; réunion populaire, II, 313.
Skanderborg, 187; II, 30; bataille, I, 192.
Skanie, 2, 34, 61, 81, 87, 89, 91, 104, 107, 108, 110, 116, 132, 143, 151, 155, 157, 167, 170, 180, 189, 190, 191, 194, 197, 199, 203, 225, 246, 288, 311, 313; II, 21, 23, 54, 64, 65, 75, 79, 119, 120, 134, 137, 228, 230.
Skanœr, ville, 48, 101, 102, 149, 183, 189.
Skara, 207.
Skatter, II, 33, v. Impôts.
Skeel, membre de Rigsraad, II, 75.
Skeel (Christian), II, 123.
Skifting, 317.

Skipæn, 143.
Skjelskœr, ville, 162.
Skjold, roi, 11.
Skjoldungs, 34.
Skodborg (Georges), 274.
Skœldebrand, II, 238.
Skovby, II, 348.
Skovkloster, 124, 162; II, 25.
Skovshoved, 311.
Skraa, 198.
Skram (Pierre), amiral, 313; II, 19.
Skram (Pierre), noble, II, 56.
Slagelse, ville, 124, 195.
Slaghœk (Diderik), 270, 272, 274, 283.
Slaves (roi des), 118, 131.
Slents (Thomas), 259.
Slesvig, diocèse, II, 14.
Slesvig, duché, 203, 218, 220, 221, 227, 230, 247, 257, 295; II, 14, 24, 29, 58, 61, 64, 73, 74, 75, 119, 124, 132, 135, 138, 164, 168, 169, 171, 172, 173, 206, 229, 239, 251, 269, 278, 283, 309, 320, 340, 356, 359, 360, 361, 399, 401.
Slesvig, margraviat, 61, 80.
Slesvig, ville, 48, 58, 59, 60, 61, 62, 64, 67, 85, 89, 101, 104, 105, 106, 149, 157, 322, 325; II, 269, 343, 351; bataille, II, 328; droit de ville, I, 161; évêché, I, 64, 119.
Slesvig-Holstein, II, 300, 310, 312, 315, 321, 375.
Smaaland, II, 20.
Snedsted, séminaire, II, 257.
Sneedorf (Jens-Schelderup), II, 178, 190.
Snell (Jean), 325.
Snogebæk, II, 399.
Société d'assurance, II, 167.
Société des antiquaires du Nord, II, 259.
Société des belles-lettres, II, 178.
Société royale des sciences II, 159.
Société d'histoire naturelle, II, 259.
Société norvégienne des sciences, II, 178.
Société pour la liberté de la presse, II, 294.
Société pour l'amélioration de la langue et de l'histoire danoises, II, 159, 178.
Sociétés commerciales, II, 52, 54, 109, 128, 145, 165, 176.

28

Sœborg, 119, 175.
Sœlvitsborg, 264, 289.
Sœnderborg, ville, 200, 307; II, 13, 24, 396, 400.
Sœnderborg (branche de), II, 24.
Sognebaand (lien paroissial), II, 387.
Solbro, II, 344, 348.
Sommelius, II, 331.
Sophie, fille d'Abel, II, 106.
Sophie (reine de Frédéric II), 327, II, 29.
Sophie, sœur de Knud Magnussen, 110.
Sophie-Amélie, reine de Frédéric III, II, 72, 76, 90, 106, 10. 110, 1228,
Sophie-Madeleine, fille de Frédéric V, II, 171.
Sophie-Madeleine, reine de Christian VI ; II, 155, 183.
Sophienborg, château, II, 157.
Sorcellerie, 277, 317; II, 80.
Sorœ, 102, 125; II, 25 ; académie, II, 51, 81, 109, 159, 178, 186, 199, 259 ; monastère, 120, 124; II, 25.
Sortebrœdre (frères noirs), 125.
Sorteplov, 107.
Sorterup (George), II, 162.
Sources sacrées, 316.
Spaa, II, 107.
Span, II, 126.
Spandau, réunion, 193.
Spandemager (Jean), 300.
Sparre (Aage), 274, 297, 305.
Sperling, II, 108.
Spire, paix, II, 13.
Sponneck, II, 333, 357, 359, 368.
Sprogœ, îlot, 174.
Stade (comtes de), 259.
Stækeborg (château), 258, 268, 269, 270.
Stageführ, 302, 304.
Stahl, II, 137.
Staller (connétable), 216, 217.
Stampe (Henri), II, 158, 171, 178, 181, 197, 216.
Stavnsbaand, v. Domicile forcé.
Stedsmaal, II, 36.
Steenvinkel, II, 77.
Steffens (Henri), II, 275.
Steinhorst (Bailliage de), II, 168.
Steinmann, II, 399.

Stemann, ministre, II, 216.
Stemann (P.), ministre, II, 324.
Stenbock (Magnus), II, 134, 135.
Stenderup (Bois de), 343.
Steno (Steensen, Niels), II, 161.
Sterling, 243.
Stettin, 114 ; paix, II, 21.
Stiftslensmænd, II, 7.
Stigsen (Uffe), 195.
Stiklarstads, bataille, 82.
Stisen (Ole), 321.
Stisen (Otte), 289.
Stjerneborg, II, 26.
Stockholm, 205, 224, 245, 250, 258, 261, 268, 269 ; II, 20, 169, 231, 306.
Stœd, impôt de guerre, 140.
Stolberg, II, 183.
Storm, 11, 265.
Stormarn, 252.
Stralsund, 178, 183, 228 ; II, 136 ; paix, I, 199.
Strandret (droit de bris), 276.
Strangesen (Ebbe), 264.
Strengnæs, 269.
Struensee, conseiller de justice, II, 195, 205.
Struensee (Adam), II, 193, 280.
Struensee (Jean-Frédéric), II, 193, 204.
Strutharald, 70.
Stub (Ambroise), II, 162.
Stubbekjœbing, ville, 102.
Sture (Sten) l'Ancien, 250, 255, 256, 258, 259, 261, 262.
Sture (Sten) le Jeune, 264, 268, 269, 271.
Sture (Svante-Nielsen), 258, 262, 264.
Sturz, II, 205.
Stuttgart II, 340, 389.
Stygot (Nicolas), 167.
Styrbjœrn, 72.
Styrismand, 143.
Styr-Kalmar, II, 55.
Succession (ordre de), 89 ; II, 93, 95, 105, 360, 362 : dans les duchés, II, 61, 317, 360.
Suède, 58, 59, 64, 80, 81, 89, 103, 110, 127, 173, 177, 181, 182, 187, 199, 202, 204, 219, 222, 227, 230, 233, 236, 245, 250, 256, 258, 261, 262, 264, 267, 290 ; II, 12, 18, 19, 48, 63, 73, 119, 124, 129, 132, 134, 168, 171, 207, 210,

217, 218, 219, 227, 230, 234, 305, 330, 331, 360, 384, 391, 392, 393, 399.
Suhm, amiral, II, 167.
Suhm, historien, II, 178, 214, 259.
Sundeved, II, 329.
Sunesen (André), 124, 128, 151, 152.
Superstition, 316.
Surintendants, II, 3, 7.
Surt, 13.
Svane, II, 89, 93, 94, 97, 103, 104.
Svans, II, 141, 278.
Svantevit, 114.
Svarterå, bataille, II, 19.
Svein Hakonarson, 72.
Sveinsson (Brynjulf), II, 82.
Svend, fils de Knud le Grand, 82.
Svend, fils de Svend Estridsen, 103.
Svend Aagesen, 120, 152.
Svend Estridsen, roi de Danemark, 66, 84, 85-90, 93.
Svend Grade, roi de Danemark, 107-111.
Svend Tveskjæg, roi de Danemark, 66, 67-73, 76, 78, 149.
Svendborg, ville, 162.
Svende, 213.
Svensson (Broder), 225.
Sverre, roi de Norvège, 119.
Svoldr, bataille, 72.
Syssel (bailliage), 34.
Syv (Pierre), II, 162.

T

Tabac, II, 145.
Tagesen (Iver), 171.
Tang, II, 292.
Taphede, bataille, 191.
Tast (Herman), 295.
Tausen (Jean), 293, 294, 296, 297, 301, 302, 309, 324; II, 7, 8.
Taxe de guerre, 163.
Terrier de Valdemar II, 150.
Tertres funéraires, 3, 30.
Tetens, II, 262.
Tettenborn, II, 237, 238, 239.
Thaarup, II, 252, 265.
Thal, II, 262.
Thé, 319; II, 190.
Théâtre, II, 153, 162, 170, 204, 212, 264.

Théologie, 323; II, 28, 161, 260.
Thing, 38, 135, 240; II, 255.
Thinglid, 78, 138.
Thomasius, II, 130.
Thomsen (C.-J.), II, 261.
Thor, 9, 42, 55.
Thorkel le Haut, 74, 75.
Thorlacius, II, 260.
Thorvaldsen (Bertel), II, 264.
Thott (Brigitte), II, 81.
Thott (Erik-Axelsson), 250.
Thott (Ivar-Axelsson), 254.
Thott (Otte), II, 171, 178, 184, 194, 205, 216.
Thourout, cloître, 59.
Throndhjem, 246; II, 7, 75, 78, 79, 236.
Thuresen, II, 77, 90, 93, 97.
Thurses (géants), 9.
Thy (Pays de), 232.
Thyge Post, 157.
Thyra, sœur de Svend Tveskjæg, 69, 71.
Thyra Dannebod, reine de Gorm l'Ancien, 61, 62, 64.
Tiggermunke, moines mendiants, 125.
Tillisch (F.), II, 341, 350, 351, 357, 359, 366, 368, 399.
Tilly, II, 58.
Tilsit, paix, II, 223.
Timbres-poste, II, 387.
Tode, II, 262.
Tœndebinder (Claude-Mortensen), 296, 300.
Tœnder, ville, 200; II, 340.
Tœnning, II, 135.
Tœnsberg, ville, 126.
Tolftingshavne, 142.
Tordenskjold (Peder), II, 136, 137.
Torfesen (Torfæus) Thormod, II, 110, 161.
Torp, 149.
Torstenson, II, 63, 65.
Torture, II, 256.
Torvegjæld, droits de place, 163.
Tour ronde, II, 52.
Tourbières, 2.
Traité de rachat, II, 71.
Traité de rescision, II, 71.
Trankebar, II, 53.
Traventhal, paix, II, 133.

Tredingshavne, 142.
Treene, II, 344, 348, 349.
Trepka, II, 346.
Treschow, II, 264.
Trevangskifte, assolement triennal, 148.
Tribunal de la cour et de la ville, II, 196.
Tribunal du prévot, II, 196.
Tribunal maritime et commercial, II, 387.
Tribunal militaire et maritime, II, 196.
Tribunal municipal, II, 125.
Tripoli, II, 176, 218.
Troiel (Peter-Magnus), II, 265.
Trois Couronnes, batterie maritime, II, 145.
Trolle (Erik), 268.
Trolle (Gustave), 268, 269, 270, 306, 311, 313.
Trolle (Herluf), II, 19, 25, 81.
Tromp, II, 121.
Trousseau de clefs, 28.
Tryde, II, 260.
Tscherning, II, 324, 326, 405.
Tugthuset, maison des corrections, II, 54.
Tullin, II, 265.
Tunis, II, 176.
Turquie, II, 136, 145, 176.
Tutein (P.-A.), II, 292, 367.
Tuvo, 124.
Tyltered, 137.
Tyr, 11.

U

Ubbe, fils de Svend Estridsen, 103.
Ubodemaal, 40, 134.
Uddevalla, bataille, II, 120.
Uffesen (Niels), 178.
Ufrie, non libres, 213; II, 44, 102.
Ugedagstjener, journalier; II, 38.
Ulf Jarl, 74, 81, 84.
Ulfeldt (Korfits), II, 67, 69, 72-73, 74, 75, 107-108.
Ulfsson (Jacob), 258, 259.
Ulfstand (Jens-Holgersen), 263.
Ullerup, combat, II, 335.
Ulrik, fils de Christian IV, II, 58.

Ulrique-Eléonore, fille de Frédéric III II; 121.
Université de Copenhague, 229, 251, 280, 281; II, 10, 25, 50, 148, 158, 179, 198, 212, 258, 306.
Université de Christiania, II, 198, 259.
Unni, 64.
Upsala, 14, 222, 246, 252; II, 306; bataille, I, 269.
Uranienborg, II, 26.
Urbain II, pape, 97.
Urbain IV, pape, 171.
Urne (George), II, 61.
Urne (Lage), 305, 329.
Urnehoved (Thing), 90, 165, 248.
Usedom (von), II, 342.
Ussing (Algreen), II, 291, 293, 315.

V

Vadstena, 223, 228.
Væbnere, écuyers, 213.
Vala, 13.
Valdemar, duc suédois, 178.
Valdemar, fils de Knud Magnussen, 119, 127, 130.
Valdemar, fils de Valdemar II, 129, 131, 155.
Valdemar, roi de Suède, 173.
Valdemar Ier, le Grand, roi de Danemark, 90, 108-118, 121, 124.
Valdemar II, le Victorieux, roi de Danemark, 119, 120, 124, 126-154.
Valdemar III fils d'Abel, duc de Sudjutland, 164, 170.
Valdemar IV, duc de Sudjutland, 173, 174, 177.
Valdemar V, duc de Sudjutland, 188, 191, 193, 198.
Valdemar Atterdag, roi de Danemark, 101, 164, 191-201, 202.
Valhalle, 10.
Valkendorf (Christophe), II, 26, 30, 81.
Valkyries, 10.
Vanes, 11.
Varberg, 174, 314; II, 21.
Varech (Ordonnance sur le), 276.
Varlets, 213.
Varsovie, II, 360.

Vasa (Christian-Nilsson), 224, 225.
Vasa (Gustave), roi de Suède, 268, 271, 285, 290, 311, 313; II, 2, 12, 18.
Vasa (Kettil-Karlsson), 250.
Vasili IV, czar, 289.
Vassal, 137, 140.
Vedbek, débarquement, II, 224.
Vedel (André Sœrensen), II, 27, 83.
Vedel (Jean-Knudsen), II, 83.
Vedel-Jarlsberg (Hermann), II, 230, 232, 237.
Vedel-Vedelsborg, II, 189.
Vedelbæk, II, 344, 345.
Vedelspang, II, 344, 345, 346.
Veile, 284; II, 330, 397; concile, I, 167.
Velo, comtesse, II, 148.
Vendelbo (diocèse de), II, 7.
Vendelbo (Pierre), 188.
Vendes, 67, 76, 85, 86, 96, 105, 107, 108, 113.
Vendes (six villes de), 183.
Vendetta, 27, 30.
Vendsyssel, 94, 201, 232; II, 398.
Verden, II, 58, 136.
Vessel (Peder). V. Tordenskjold.
Vethemann, 108.
Veuves (Caisse générale des), II, 167.
Viborg, 48, 123, 149, 284, 293, 296, 301, 322, 323; II, 9, 255; assemblée des États, II, 291, 292; assemblée provinciale, I, 80, 84, 90, 97, 108, 110, 189, 193, 230, 237, 281, 287; II, 17; bataille, I, 108; évêché, I, 87.
Viborg (Erik), II, 263.
Victoria, reine d'Angleterre, II, 381.
Vienne, II, 339; congrès, II, 241; paix, II, 399.
Viereck, II, 148.
Vigile, 98.
Vik (Vigen), 115, 290.
Vikings, 21, 89.
Villadsen, évêque de Viborg, II, 90, 93, 103.
Village, 149.
Villemoes, II, 221.
Villes, 39, 101, 158, 160, 162, 229, 240; II, 48, 257.
Vimose, tourbière, 7.
Vin, 57, 319; II, 80, 145.
Vinald, 204.
Vind (Holger), II, 123.

Vinding (Rasmus), II, 106, 123.
Visborg, 288, 289.
Visby, 197, 198.
Vitherlagsret, 79, 138.
Vitskœl, monastère, 124.
Vitslav, prince de Rügen, 128.
Voet (Barthélemy), 222.
Vogntold, taxe sur les voitures, 163.
Vogt, 238.
Voitures (Taxe sur les), 163.
Voltaire, II, 199.
Vordingborg, 102, 201; diète, I, 168; thing, I, 90; paix, I, 222.
Vorm (Oluf), II, 82.
Vormordsen (François), 300.
Vornedskab. V. Servage de la glèbe.
Voyages de découverte, II, 53.
Voyages d'étude, 323; II, 51.

W

Wagriens, 87, 113.
Wahl, II, 262.
Wallenstein, II, 58, 62.
Wallich, II, 263.
Walmoden, II, 237, 238, 239.
Walter, II, 72, 73.
Wandal, II, 7.
Wedderkopp, II, 133.
Wellesley (Arthur), II, 225.
Wessel, poète, II, 265.
Westmoreland (comte de), II, 340, 342.
Weyse, II, 264.
Weze (Jean), 283, 284.
Wieck, II, 14.
Wiedewelt, II, 264.
Wigmann, duc de Saxe, 65.
Wilbrord, 57.
Wilhelmine-Marie, reine de Frédéric VII, II, 386.
Willisen, II, 343, 345, 348.
Wilster, II, 261.
Wiltzes, 87.
Winhofer (Dina), II, 72.
Winslœv, artiste dramatique, II, 264.
Winslœv, médecin, II, 262.
Winslœv (Jacob), II, 161.
Wintzingerode, II, 394.

28.

Wismar, 178, 183, 206, 263; II, 120.
With, II, 292.
Withusen, II, 262.
Wittenberg, 281, 293.
Wœldike (Marc), II, 161.
Wollin, 67.
Worm (Ole), II, 261.
Worms, concordat, 123.
Wrangel, général suédois, II, 63, 74, 77.
Wrangel, général prussien, II, 328, 329, 330, 332, 394.

Wullenweber (George), 310, 314.
Wynecken, II, 336.

Y

Ymi, 9.

Z

Zahrtmann, II, 324, 326, 333.
Zedlitz, II, 265.
Zeeland, 233.
Zeise, II, 262.

FIN DE LA TABLE DES MATIÈRES.

TABLE DES MATIÈRES

DU SECOND VOLUME

TROISIÈME PÉRIODE

DEPUIS L'ANNÉE OÙ LA RÉFORME FUT RECONNUE POUR RELIGION DE L'ÉTAT JUSQU'A L'ÉTABLISSEMENT DU POUVOIR ABSOLU (1536-1660).

PREMIÈRE DIVISION

1536-1596

I. — Christian III. — Diète de Copenhague. — Introduction de la Réforme. — Recez et capitulation. — La Norvège perd son indépendance. — Organisation ecclésiastique. — L'Université et l'instruction publique. — Intolérance religieuse. — Relations avec l'empereur Charles-Quint. — Les gendres de Christian II. — Alliance avec la Suède à Brœmsebro. — Partage des duchés. — Commerce et législation 1

II. — Le roi Frédéric II. — Conquête des Ditmarches. — Le prince Magnus. — La guerre septentrionale de sept ans. — Daniel Ranzau. — Peder Oxe. — Douane de Sund. — Fin du rôle de la Ligue Hanséatique. — Nouveaux partages des duchés. — Sollicitude pour les sciences. — Tycho Brahe. — Oppression religieuse. — Niels Hemmingsen. — Christian IV. — Régence. 17

III. — Situation intérieure. — Finances et impôts. — Oppression croissante de la classe des paysans. — Justices seigneuriales; jugement et exécution. — Diminution du nombre des propriétaires. — Échanges. — Les paysans opprimés et le clergé avili par la noblesse. 31

DEUXIÈME DIVISION

1596-1660

I. — Christian IV. — Sollicitude pour la Norvège. — La guerre de Kalmar. — Améliorations intérieures. — L'Université et les écoles. — Commerce et industrie. — Nouvelles constructions, fondation de villes et de forteresses. — Maintien de la justice. — Participation à la guerre de Trente ans. — Malveillance des ordres inférieurs pour l'aristocratie. — L'ordre des paysans. — Relations avec les ducs de Gottorp. — Douane du Sund. — Guerre avec la Suède. — Différends du roi et du Rigsraad. 47

II. — Frédéric III. — La noblesse aggrave la capitulation. — Rapports avec la Hollande. — La poste. — Chute de Korfits Ulfeldt. — Guerre avec la Suède. — Paix de Roeskilde. — Nouvelle guerre avec la Suède. — Siège de Copenhague. — Paix de Copenhague. — Mœurs. — Sciences. — Intolérance religieuse. — L'idiome national. 69

QUATRIÈME PÉRIODE

DEPUIS L'ÉTABLISSEMENT DU POUVOIR ABSOLU JUSQU'A NOS JOURS

(1660-1866.)

PREMIÈRE DIVISION

1660-1766

I. — Frédéric III. — Situation du pays et dispositions du peuple. — La diète de Copenhague. — Désaccord entre la noblesse et les autres ordres. — Le roi est proclamé monarque héréditaire. — La capitulation est abolie. — Vœux de l'ordre des paysans. — L'acte de souveraineté. — Les trois ordres reçoivent chacun des priviléges propres. — Organisation du nouveau gouvernement, les colléges, etc. — Abus de pouvoir. — Kay Lykke. — Korfits Ulteldt. — Sollicitude pour le commerce et les sciences. — Guerre avec l'Angleterre. 85

II. — Christian V. — Faveur de l'aristocratie. — Création d'une haute noblesse. — Rangs et ordres. — Acquisition de l'Oldenbourg et du Delmenhorst. — Guerre avec la Suède. — Le duc de Gottorp. — Paix de Fontainebleau. — Griffenfeldt. — Favoris et courtisans. — Nouveau différend avec le duc de Gottorp. — Administration intérieure. — Dur asservissement de l'ordre des paysans. — Commerce et industrie. — Intolérance religieuse et méfiance politique 111

III. — Frédéric IV. — Guerre avec le duc Frédéric IV de Gottorp. — Guerre de onze ans avec la Suède. — Le Slesvig est réuni au Danemark. — Relations tendues avec la Russie. — Abolition du servage, établissement du domicile forcé. — Hans Egede. — Sollicitude pour l'instruction du peuple. — Bon ordre des finances de l'État 132

IV. — Christian VI. — Les hauts fonctionnaires. — L'ordre des paysans est opprimé. — Le piétisme favorisé par des moyens extérieurs. — Progrès du germanisme. — Prodigalités. — Sollicitude pour les sciences et l'instruction primaire. — Commerce et fabriques. — La banque. — La flotte. — La succession de Suède. 149

V. — Frédéric V. — Changement de ton à la cour. — Les grands fonctionnaires. — Différend avec la Russie à propos du Slesvig. — Échange de la partie gottorpienne du Holstein contre les comtés d'Oldenbourg et de Delmenhorst. — Sollicitude pour les fabriques, les manufactures, le commerce et la navigation. — Protection accordée aux sciences et aux arts. — L'académie de Sorœ. — Condition misérable des paysans. — Légère amélioration de leur sort. — La noblesse et les titres. — Accroissement de la dette publique. — Coup d'œil général sur la situation du pays. . . 170

DEUXIÈME DIVISION

1766-1839

I. — Christian VII. — Changements dans le personnel des hauts fonctionnaires. — Voyage du roi à l'étranger. — Struensee, Brandt, Ranzau-Ascheberg. — Struensee placé à la tête du gouvernement. — Modifications administratives. — Finances, justice. — Les paysans. — L'Université. — La liberté de la presse. — Mépris de la langue et des mœurs. — Chute de Struensee 192

II. — Le ministère de Guldberg. — Retour aux anciens errements. — Le grand-duc Paul ratifie la cession du Holstein. — A.-P. Bernstorf. — La neutralité armée. — Le commerce. — Les finances. — Sollicitude pour la langue nationale. — L'instruction publique. — L'indigénat. — La presse traitée arbitrairement. — Oppression des paysans. 204

III. — Chute du ministère Guldberg. — Le prince de la couronne Frédéric. — A.-P. Bernstorf. — Guerre avec la Suède. — Le Danemark garde la paix au milieu de la conflagration européenne. — Mort de A.-P. Bernstorf. — La neutralité armée. — Guerre avec l'Angleterre. — Combat dans la rade de Copenhague. — Rétablissement de la paix. — Les Anglais surprennent Copenhague. — Guerre avec l'Angleterre et la Suède. — Avénement de Frédéric VI. — Le prince Christian-Auguste d'Augustenborg. — Paix de Jœnkœping. — Participation à la grande guerre européenne. — Bataille de Sehested. — Paix de Kiel. — Perte de la Norvège. 216

IV. — Réformes en faveur des paysans. — Le prince de la couronne Frédéric. — C. D. Reventlow. — Abolition du domicile forcé. — Extension de la propriété. — Rachat de la corvée, des dîmes, etc. — Résistance des propriétaires jutlandais. — Restriction des priviléges de la noblesse. — La situation sociale des juifs est améliorée. — Abolition de la traite des nègres. — Réformes judiciaires et militaires. — Sollicitude pour l'instruction publique et les écoles. — L'Université. — Les sciences et les arts. — La liberté de la presse est limitée. — Les finances et la Banque nationale. — L'opinion publique et les idées régnantes. — Développement de l'esprit national... 244

V. — Situation des langues dans le Slesvig. — Les tentatives de Frédéric VI pour soustraire à l'oppression la population danoise du Slesvig sont paralysées par la chancellerie du Slesvig et du Holstein à Copenhague. — L'agitation slesvig-holsteinoise, fomentée par la chevalerie et l'Université de Kiel, commence aussitôt après la paix de Kiel. — Les pétitions en faveur d'une constitution commune pour le Slesvig et le Holstein sont repoussées par Frédéric VI. — La chevalerie porte vainement ses doléances à la diète de Francfort. — La Prusse déclare que la Confédération germanique n'a rien à voir aux affaires du Slesvig. — Institution d'États consultatifs. — Le Danemark recouvre peu à peu ses forces après les désastres financiers et les malheurs de la guerre. — Premiers actes des États. — Commencement de publicité dans l'administration des finances. — Lutte pour la liberté de la presse. — Procès de presse. — Mort de Frédéric VI. — Son caractère et son gouvernement. 278

TROISIÈME DIVISION

1839-1866

I. — Christian VIII. — Aspirations et espérances des contemporains. — Le roi refuse d'octroyer une constitution libérale. — Les comités des États. — Procès de presse. — Réformes dans l'administration publique. — Finances, régime municipal, justice. — L'affranchissement des nègres préparé et décidé. — Aisance croissante. — Mécontentement régnant. — Agitation de la classe rurale. — Le scandinavisme. — Pétitions des États. — Luttes des langues dans le Slesvig ; Nis Lorenzen de Lilholt. — Le rescrit des langues, du 14 mai 1840. — Les Slesvig-Holsteinois. — Le duc et le prince d'Augustenborg. — Le prince est nommé lieutenant général dans le Slesvig et le Holstein. — Peder-Hjort Lorenzen. — Patente du 29 mars 1844. — Les séparatistes slesvig-holsteinois deviennent plus entreprenants. — Résistance des États et de la population du royaume. — La question de succession. — Les lettres patentes du 8 juillet 1846. — Christian VIII change de système : le prince d'Augustenborg est congédié. — Les États du Slesvig et du Holstein se dissolvent. — La Confédération germanique. — Attente et inquiétude dans le royaume. — Mort de Christian VIII................... 297

II. — Frédéric VII. — Proclamation du 28 janvier 1848. — Désapprobation générale de la Constitution commune annoncée. — La révolution de février en France. — Les Slesvig-Holsteinois préparent une insurrection. — Réunion à Rendsborg, le 18 mars 1848. — Réunions au Casino. — Nouveau ministère. — Soulèvement du Holstein. — Surprise de Rendsborg. — Le duc et le prince d'Augustenborg. — Rencontre de Bov. — La Prusse envoie le général Wrangel avec une armée contre le Danemark.

— Combat de Slesvig. — L'armée danoise prend position dans l'île d'Als. — Les Allemands occupent le Slesvig et envahissent le Jutland — Batailles de Nybel et de Dybbel. — Volontaires norvégiens et suédois. — Armistice de Malmœ. — Il est violé par les Slesvig-Holsteinois, et la guerre recommence. — L'armée allemande et le général Prittwitz ; l'armée insurréctionnelle et le général Bonin. — Combat d'Ullerup. — Catastrophe d'Egernfjord. — Bataille de Kolding. — Siége de Fredericia. — Retraite en Jutland du général Rye. — Bataille de Fredericia. — Situation de l'Allemagne. — Armistice de Berlin, 10 juillet 1849. — Commission mixte en Slesvig. Paix de Berlin, 2 juillet 1850. — Bataille d'Isted. — Position du Dannevirke. — Attaque de Miœsund. — Assaut de Frederiksstad. — Tillisch nommé commissaire extraordinaire du gouvernement dans le Slesvig. — Règlement des langues 319

III. — Constitution du 5 juin 1849. — Occupation du Holstein par les Autrichiens. — Echange de notes avec l'Autriche et la Prusse. — Nouveaux ministères. — Proclamation du 28 janvier 1852. — Traité de Londres, 8 mai 1852. — Changement dans l'ordre de succession. — Mise à exécution de la constitution commune. — Nouvelles constitutions d'États pour le Slesvig et le Holstein. — Le Rigsdag danois s'oppose à la nouvelle loi de succession. — Il combat pour les droits constitutionnels du royaume. — Ministère despotique d'Œrsted. — Constitution commune du 26 juillet 1854. — Ministère Scheele. — Constitution commune du 2 octobre 1855. — Le Rigsraad. — Ministère Hall, 1857. — Les Slesvig-Holsteinois relèvent la tête. — Ministère Rottwit. — Ministère Hall, 1860. — Prétentions inconciliables. — Manifeste du 30 mars 1863. — Constitution dano-slesvigoise de 1863. — Mort de Frédéric VII. — Son caractère, ses mariages. 352

IV. Christian IX. — Manifeste du duc d'Augustenborg. — Exécution fédérale. — Ministère Monrad. — Le scandinavisme. — La Prusse et l'Autriche occupent les duchés. — Évacuation du Dannevirke. — Prise des positions de Dybbel. — Invasion du Jutland. — Conférence de Londres. — Reprise des hostilités. — Combat naval près de Helgoland. — Perte de l'île d'Als. — Traité de Vienne. — Convention de Gastein. — Guerre d'Allemagne. — Le traité de Prague. — Question constitutionnelle. — La loi fondamentale revisée. 388

TABLE ALPHABÉTIQUE DES MATIÈRES 407

ERRATA 446

FIN DE LA TABLE DU SECOND VOLUME

AVIS

POUR LE PLACEMENT DES CARTES ET DES TABLEAUX GÉNÉALOGIQUES

DANS LE PREMIER VOLUME

La carte des conquêtes des Danois et des Norvégiens en Occident (900-950).
La carte du Danemark au moyen âge.
Les tableaux généalogiques I et II.

DANS LE SECOND VOLUME

La carte du Danemark actuel, divisé en diocèses.
Les tableaux généalogiques III et IV.

ERRATA

T. I, p. 216, ligne 32 : maître d'hôtel ; *lisez* : Grand maître de la maison du roi.

— p. 226, ligne 12 : maître d'hôtel ; *lisez* : Grand maître de la maison du roi.

— p. 275, ligne 2 : Château d'Aarhuus ; *lisez* : d'Aalmus.

T. II, p. 109, ligne 36 : Burrhis ; *lisez* : Burrhi.

— p. 116, ligne 25 : Conseil privé ; *lisez* : Collége privé.

— p. 260, ligne 12 : F.-H. Hahn ; *lisez* : F.-H. Jahn.

— p. 399, ligne 12 : Steimann, *lisez* : Steinmann.

LE DANEMARK ACTUEL,
divisé en diocèses.

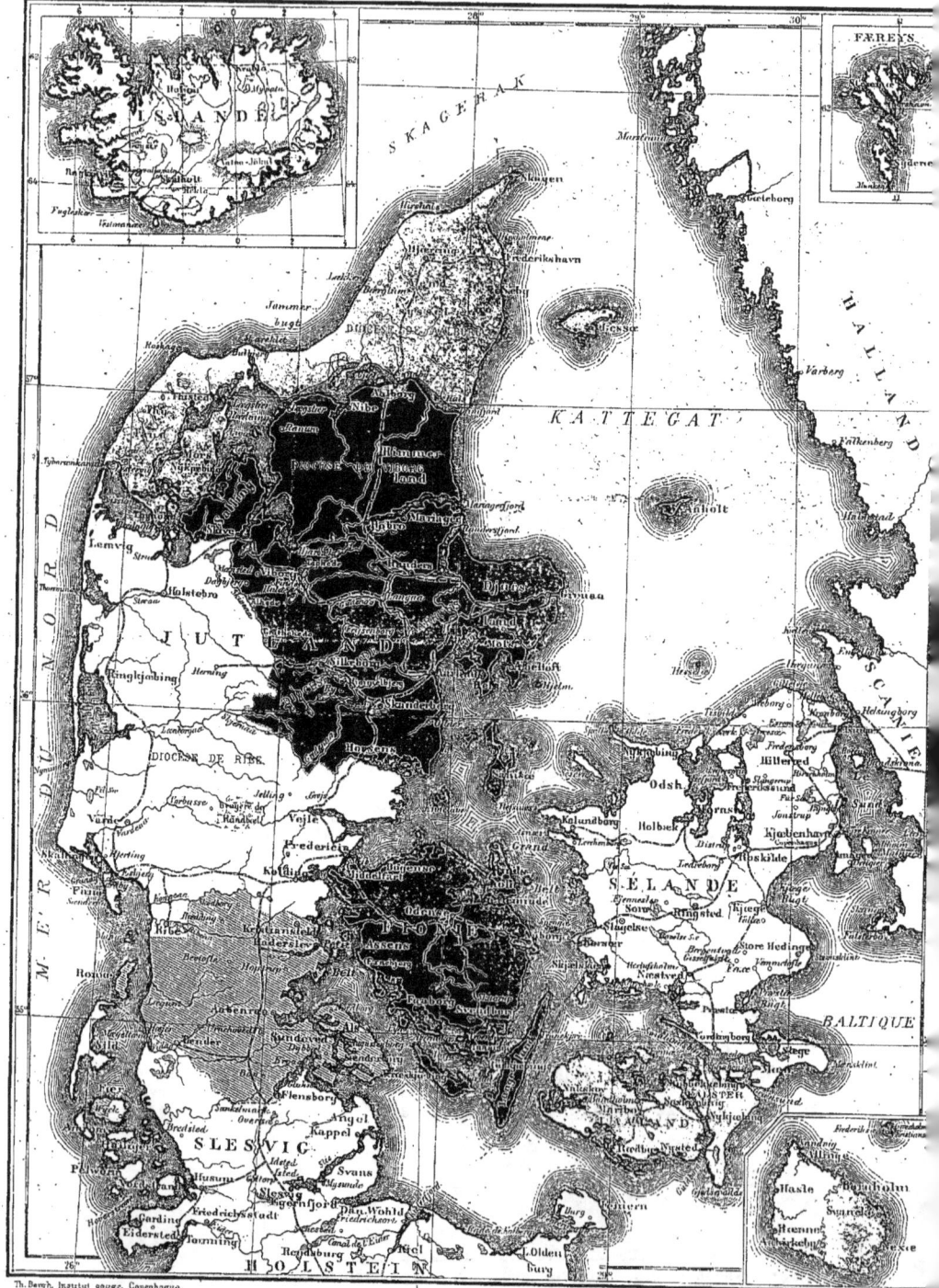

Population danoise du Slesvig.

TABLE GÉNÉALOGIQUE DE LA DYNASTIE D'OLDENBOURG EN DANEMARK.

TABLE GÉNÉALOGIQUE DES LIGNES DUCALES DE LA MAISON D'OLDENBOURG.

Branche de BECK, aujourd'hui de GLUCKSBURG, qui règne en Danemark depuis 1863.